牌揭幕仪式

# 广饶年鉴

# GUANGRAOYEARBOOK

广饶县人民政府 主办
广饶县史志办公室 主编

方志出版社
Publishing House of Local Records

# 《广饶年鉴》(2017卷)编审人员


主　　审　宋学华

副 主 审　迟　健

主　　编　张登峰

副 主 编　石丰武　赵向前

编　　辑　石丰武　赵向前　董　军　李　永　王海荣

编　　务　任金山

# 编辑说明

一、《广饶年鉴》坚持以马克思列宁主义、毛泽东思想、邓小平理论、“三个代表”重要思想和科学发展观为指导，贯彻落实习近平总书记系列重要讲话精神和治国理政新理念、新思想、新战略，坚持辩证唯物主义和历史唯物主义立场观点和方法，全面、准确、及时地记述广饶县政治、经济、文化、社会诸方面的基本情况，反映广饶县建设的新成就、新进展、新问题，为各行各业提供咨询服务，为各级领导提供决策依据，积累历史资料。

二、本卷记述2016年广饶县辖区内各行各业基本情况和重要信息，特殊情况适当上溯或下延。

三、本卷年鉴共设9个大篇目：特载、大事记、广饶县情综述、政治政务、经济、城乡规划建设与管理、社会事业与人民生活、镇街道开发区、人物等。卷首设反映全县重大事件和发展成就的彩色图片专辑。

四、本卷年鉴除特载、大事记外，其余内容分别设篇目、栏目、分目、条目四个层次。

五、本年鉴稿件由广饶县各镇（街道）、县直各部门、各单位和中央、省、市驻广饶各单位提供，并经各部门、各单位领导审阅，县史志办公室组织统编。为展示对内容负责，撰稿人署名于条目或分目之后。

六、本年鉴中有关全县国民经济和社会发展的主要数据，均以县统计局公布的统计数字为准，部分业务数据由各业务主管部门提供。

七、本年鉴前彩所用图片为《广饶大众》报社和相关单位提供，内文图片由相应单位提供。

# 广饶县行政区划图

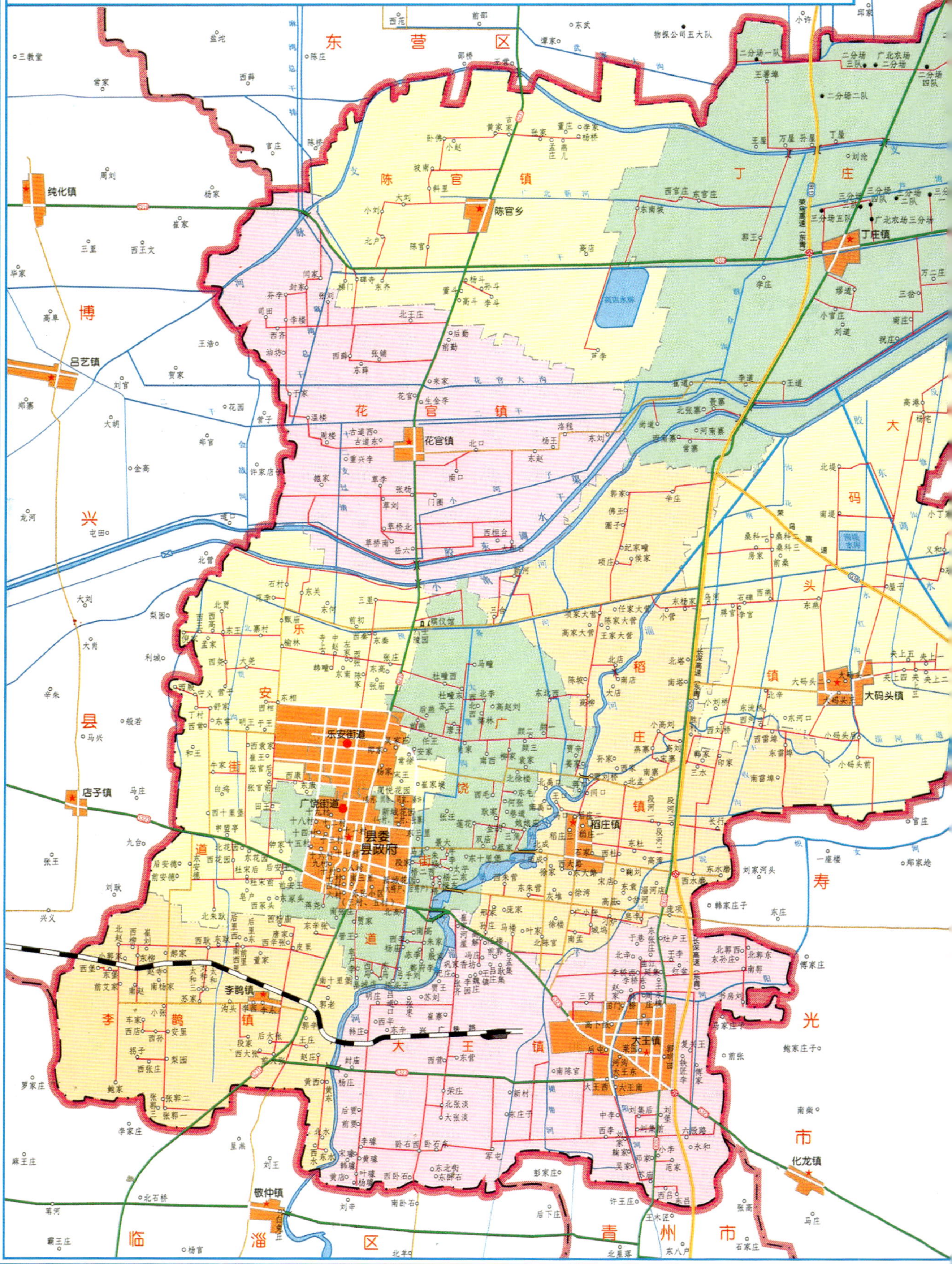

东营区
陈官镇
陈官乡
丁庄镇
丁庄镇
花官镇
花官镇
博兴县
纯化镇
吕艺镇
店子镇
大码头镇
大码头镇
乐安街道
乐安街道
广饶街道
广饶街道
县委
县政府
稻庄镇
稻庄镇
李鹊镇
李鹊镇
大王镇
大王镇
寿光市
化龙镇
临淄区
敬仲镇
青州市

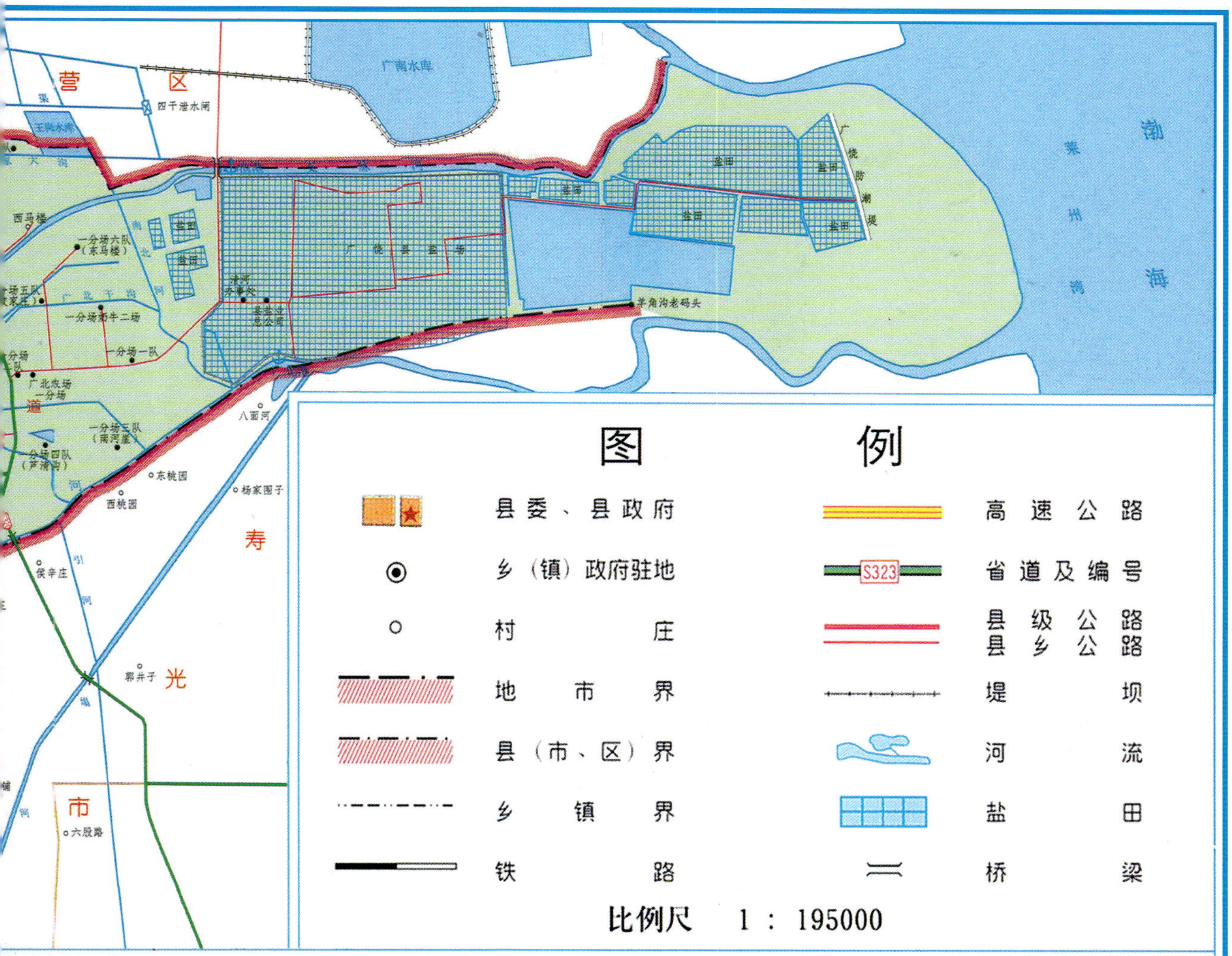
图　例
县委、县政府
乡（镇）政府驻地
村　庄
地　市　界
县（市、区）界
乡　镇　界
铁　路
高速公路
省道及编号
S323
县级公路
县乡公路
堤　坝
河　流
盐　田
桥　梁
比例尺　1：195000
营　区
寿
光
市
广南水库
四干渠水闸
王晌水库
渤
莱
州
湾
海
广饶防潮堤
盐田
广饶县盐场
羊角沟老码头
西马楼
一分场六队（东马楼）
一分场第十二场
一分场一队
广北农场一分场
一分场三队（南河崖）
一分场四队（芦湾沟）
东桃园
西桃园
八面河
杨家园子
侯辛庄
郭井子
六股路
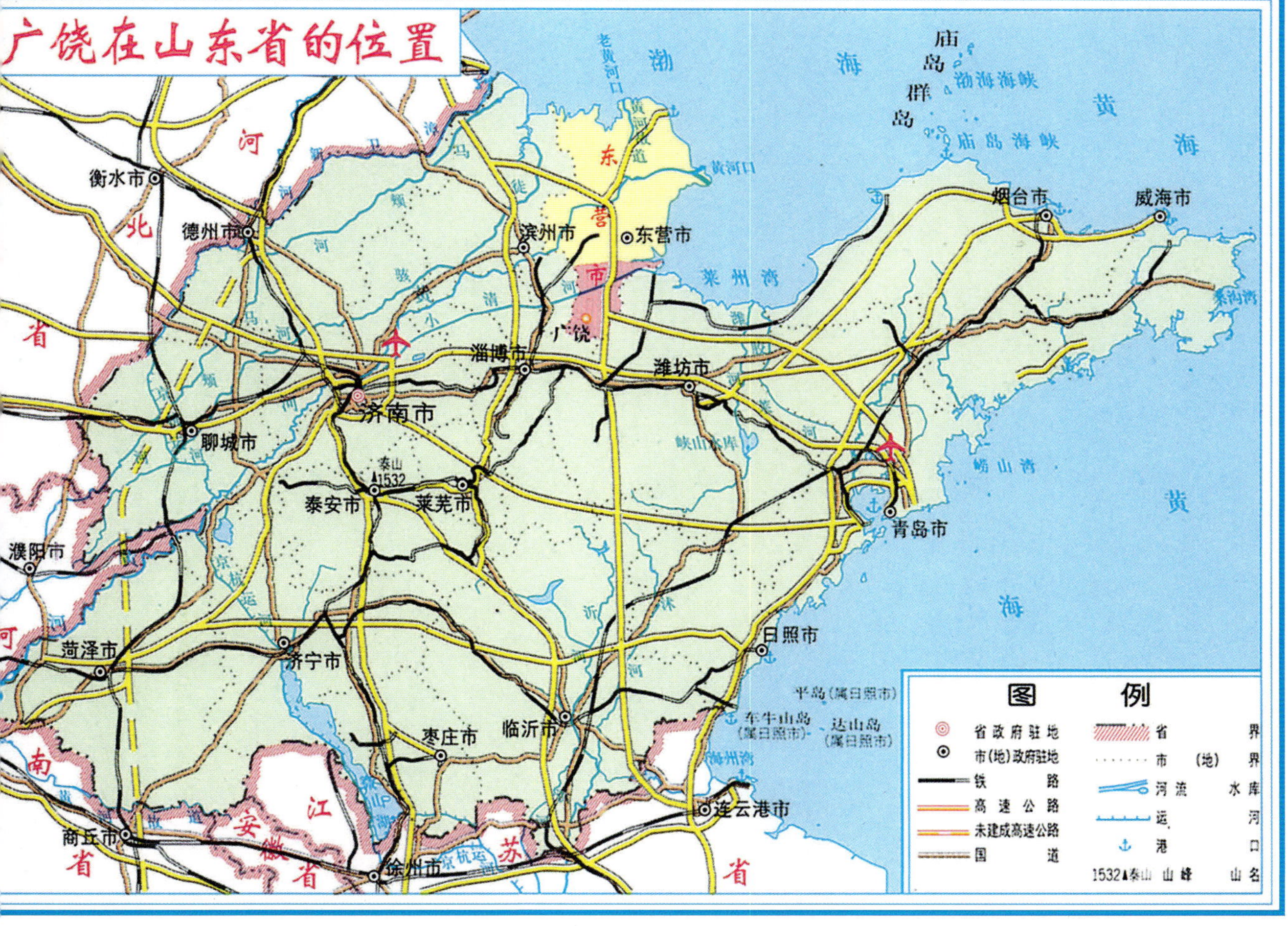
广饶在山东省的位置
渤
海
庙岛群岛
渤海海峡
庙岛海峡
黄
海
黄河口
东
营
市
东营市
滨州市
广饶
莱州湾
烟台市
威海市
淄博市
潍坊市
济南市
聊城市
德州市
衡水市
河
北
省
泰山
1532
泰安市
莱芜市
青岛市
崂山湾
峡山水库
濮阳市
菏泽市
济宁市
日照市
枣庄市
临沂市
连云港市
商丘市
徐州市
南
省
安
徽
省
江
苏
省
平岛（属日照市）
车牛山岛（属日照市）
达山岛（属日照市）
海州湾
图　例
省政府驻地
市(地)政府驻地
铁　路
高速公路
未建成高速公路
国　道
省　界
市（地）界
河流　水库
运　河
港　口
1532▲泰山　山峰　山名

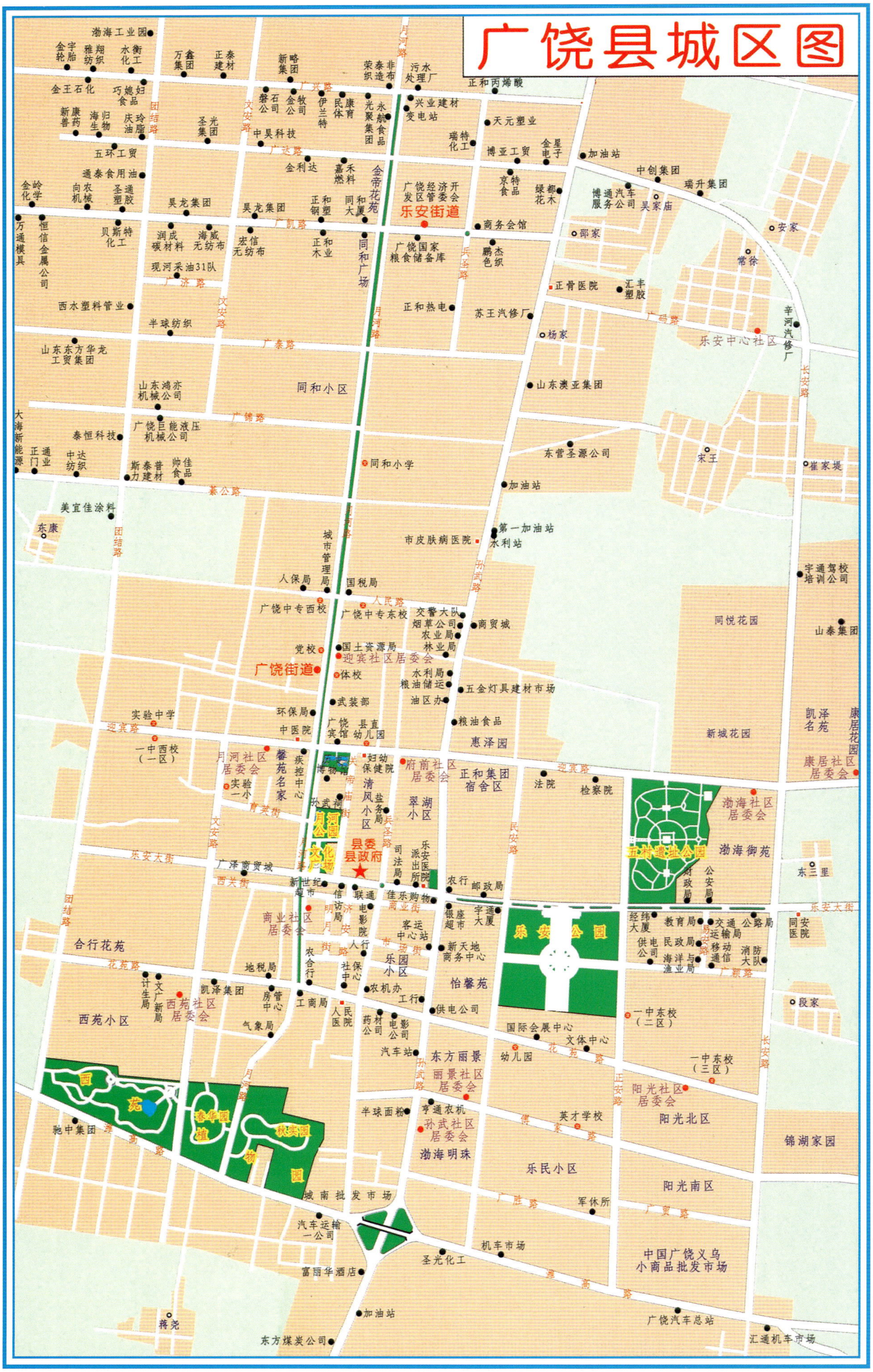
广饶县城区图
渤海工业园
金宇轮胎
雅翔纺织
水衡化工
万鑫集团
正泰建材
新略集团
荣泰非织造布
污水处理厂
正和丙烯酸
金王石化
巧媳妇食品
磐石公司
金牧公司
伊兰特
民康体育
光聚集团
永航食品
兴业建材
变电站
天元塑业
新康善药
海归生物
庆玲油脂
圣光集团
中昊科技
瑞特化工
博亚工贸
金星电子
加油站
五环工贸
金利达
嘉禾燃料
金帝花苑
中创集团
瑞升集团
通泰食用油
金岭化学
向农机械
圣通塑胶
昊龙集团
昊龙集团
正和钢塑
同和大厦
广饶经济开发区管委会
乐安街道
京特食品
绿都花木
博通汽车服务公司
吴家店
商务会馆
安家
万通模具
恒信金属公司
贝斯特化工
润戌碳材料
海威无纺布
宏信无纺布
正和木业
同和广场
广饶国家粮食储备库
鹏杰色织
邵家
常徐
现河采油31队
正骨医院
汇丰塑胶
西水塑料管业
正和热电
苏王汽修厂
辛河汽修厂
半球纺织
杨家
乐安中心社区
山东东方华龙工贸集团
同和小区
山东澳亚集团
山东鸿亦机械公司
大海新能源
泰恒科技
广饶巨能液压机械公司
正通门业
中达纺织
斯泰普力建材
帅佳食品
同和小学
东营圣源公司
宋王
崔家堤
加油站
美宜佳涂料
东康
城市管理局
第一加油站
市皮肤病医院
水利站
宇通驾校培训公司
人保局
国税局
同悦花园
广饶中专西校
广饶中专东校
交警大队
烟草公司
农业局
林业局
商贸城
山泰集团
党校
国土资源局
迎宾社区居委会
广饶街道
体校
水利局
粮油储运
油区办
五金灯具建材市场
实验中学
环保局
武装部
中医院
广饶宾馆
县直幼儿园
粮油食品
惠泽园
凯泽名苑
康居花园
新城花园
一中西校（一区）
月河社区居委会
馨苑名家
疾控中心
博物馆
妇幼保健院
府前社区居委会
正和集团宿舍区
法院
检察院
康居社区居委会
实验一小
孙武祠
清风小区
盐务局
翠湖小区
渤海社区居委会
月河公园
文化广场
县委县政府
司法局
乐安派出所
五村遗址公园
渤海御苑
广泽商贸城
新世纪超市
农行
邮政局
财政局
公安局
东三里
信访局
联通
电影院
佳乐购物
银座超市
宇通大厦
经纬大厦
教育局
交通运输局
公路局
同安医院
商业社区居委会
客运中心站
乐安公园
供电公司
民政局
海洋与渔业局
移动通信
消防大队
合行花苑
新天地商务中心
人行
乐园小区
地税局
农合行
社保中心
计生局
文广新局
西苑社区居委会
凯泽集团
房管中心
工商局
农机办
工行
怡馨苑
段家
西苑小区
气象局
人民医院
药材公司
电影公司
供电公司
国际会展中心
一中东校（二区）
文体中心
汽车站
东方丽景
幼儿园
一中东校（三区）
丽景社区居委会
阳光社区居委会
西苑
春华园
植物园
秋实园
半球面粉
亨通农机
孙武社区居委会
驰中集团
芙才学校
阳光北区
锦湖家园
渤海明珠
乐民小区
城南批发市场
阳光南区
军休所
汽车运输一公司
机车市场
中国广饶义乌小商品批发市场
圣光化工
富丽华酒店
加油站
蒋尧
广饶汽车总站
东方煤炭公司
汇通机车市场
团结路
文安路
月河路
乐安路
孙武路
民安路
正安路
长安路
广兴路
广达路
广凯路
广济路
广泰路
广锦路
綦公路
人民路
迎宾路
育英街
乐安大街
西关街
商业街
市场街
花苑路
傅家路
广彦路
广贸路
淳高路
济南路

2016 年 10 月 26 日，中共山东省委农村工作领导小组副组长王军民（左三）到大王镇调研

2016 年 6 月 30 日，中共山东省委常委、组织部长杨东奇（前左二）到大王镇调研

2016 年 4 月 15 日，山东省人民政府副省长王随莲（右一）到广饶县就企业标准化工作情况进行调研

2016 年 8 月 17 日，山东省人民政府副省长张务锋（左三）到广饶县轮胎试验场督导建设情况

省公安厅在广饶县调研

省关工委在广饶县调研

省民政厅在广饶县调研

2016 年 5 月 12 日，中共东营市委书记申长友（左二）就“两学一做”学习教育工作进行调研

2016 年 2 月 4 日，中共东营市委副书记、市长赵豪志到广饶县督导安全生产工作

山东省第三届吕剧艺术节节目演出

山东省第三届吕剧艺术节节目演出

第七届中国（广饶）国际橡胶轮胎暨汽车配件展览会开幕式

胶轮胎暨汽车配件展览会
ber Tire & Auto Accessory Exhibition
幕式
EXHIBITION SERVICE
❶ 展馆服务
Exhibition Service
❷ 物流服务
❸ 商务中心
Commercial Center

宣言纪念馆山东省爱国教育基地揭牌仪式

电影《大火种》全国首映式

重点工程项目开工仪式

广饶县银企座谈会

广饶县企业在齐鲁股权交易中心集体挂牌仪式

# 广饶街道

元灏面粉生产车间

广饶街道位于山东省东营市南部，省道潍高路、河辛路交汇处，辖区面积82.5平方公里，辖88个行政村，13个城市社区（含3个村改居社区），75个居民小区，境内常驻人口11.5万，是广饶县城驻地街道。近年来，广饶街道认真贯彻落实党的十八大及十八届四中、五中、六中全会和习近平总书记系列重要讲话精神，紧紧围绕建设“美丽、实力、幸福”街道的目标定位，以项目建设为总抓手、以城市建设为增长点、以民生工程为落脚点，有力促进了街道经济社会的持续健康发展。2016年，全街道实现地区生产总值达到86.3亿元；全社会固定资产投资32.13亿元；公共财政预算收入实现2.9亿元，同比增长39.8%；农村居民可支配收入17750元，同比增长8.8%。

葡萄丰收

广饶汽车城

尝百家宴，品邻里情——百家宴

幼儿户外活动

房地产也迅速发展

乐安城市广场

美丽乡村建设

# 大王镇

大王镇是东营市的南大门，全镇总面积122平方公里，辖1处省级经济开发区、97个行政村、27个居民小区，境内常住人口16万人。大王镇是革命老区，在革命战争时期，建立了全国最早的一批农村党支部，保存了全国首版《共产党宣言》中文全译本，诞生了邓天一、李耘生等诸多仁人志士；在抗日战争和解放战争时期，出现了清河大地第一支抗日武装力量，第一届广饶县委就诞生在大王刘集。大王镇是工业主导型乡镇，十一届三中全会之后，大王人步时代之先，率先发展乡镇企业，1986年成为鲁北第一个“亿元镇”，2003年成为鲁北第一个“百亿镇”，在经济体系上完全由一个传统农业镇发展成为工业主导型、三次产业融合的现代乡镇。特别是近几年来，大王人民高扬红色旗帜，坚持改革开放，走上了市场化、产业化、现代化、工业化、城镇化和生态化的发展之路。大王镇先后荣获全国先进基层党组织、全国文明村镇、全国小城镇建设示范镇、国家卫生镇等40多项国家和省部级荣誉称号，在2016年全国综合实力百强镇排名中列全国第68位、全省第1位。

华泰10号机升级改造项目

山东华盛橡胶有限公司年产2400万条高性能半钢子午胎项目

美丽乡村

农民专业合作社

家庭农场

消夏广场晚会

织女河水系

# 稻庄镇

两学一做学习工作座谈会

健身舞比赛

稻庄镇位于广饶县东部，总面积115平方公里，辖85个行政村，人口7.36万，东有东青高速公路，西与广饶县城毗邻接壤，镇区内建有“七纵五横”道路交通网络，是东营市重点支持的试点强镇和山东省百镇建设示范镇。近年来，稻庄镇在县委、县政府的正确领导下，主动适应新常态，积极应对新挑战，坚持改革创新增活力，优化结构促转型，经济社会总体保持平稳发展。2016年，全镇实现生产总值119.47亿元，同比增长6.4%；实现财政收入3.76亿元，同比增长10%；完成全社会固定资产投资128亿元，同比增长2%；人均纯收入达到17493元，同比增长7.9%。

2017年是全面实施“十三五”规划、加快科学持续发展的攻坚之年，也是稻庄镇持续作为、更上一层楼的关键之年。新的一年，我们将继续筑牢“园区、镇域”两大支撑，落实“转型引领、改革助力、富农强基”三项措施，突出“工业强镇、城乡一体、生态安全、民生优先”四项原则，争取到2017年底，全镇生产总值增长7%左右，公共财政预算收入增长5%左右，全社会固定资产投资增长12%左右，城镇居民、农村居民人均可支配收入分别增长7%、8%左右。

大营初中运动场

南塔敬老院

村级美化工程

兴达钢丝帘线

特色草莓种植大棚

# 李鹊镇

李鹊镇位于广饶县南部，辖57个行政村，3.74万人口，辖区总面积66.44平方公里。近年来，全镇上下紧紧围绕建设“生态李鹊、实力李鹊、和谐李鹊、魅力李鹊”目标，努力开启富民强镇发展新征程。李鹊先后荣获“全国生态文明先进乡镇”、“山东省苗木花卉百强镇”前十强和“山东省旅游强乡镇”等荣誉，并被国家农业部授予“美丽乡村”称号。2016年，全镇完成国内生产总值32.91亿元，同比增长8%；全社会固定资产投资19.4亿元，同比增长7%；一般公共预算收入4433万元，同比增长12.51%；农村居民可支配收入17438元，同比增长9%，全镇综合实力进一步提升。

校外教育实践基地

林下生态养殖

广饶物流园区

苗木花卉交易市场

小城镇新貌

# 大码头镇

大码头镇位于广饶县城东北25公里处，北依小清河，东南两面与寿光市接壤，荣乌高速、长深高速贯穿全境。总面积130平方公里，辖37个村，人口5万人。

2016年，大码头镇牢牢把握“创新、协调、绿色、开放、共享”发展理念，以提高发展质量效益为中心，以推动经济转型升级为主线，抓住“一个关键”，突出“四项重点”，夯实“两个保障”，实施28项重点工程项目和10件惠民实事，全镇经济社会实现平稳健康发展。大码头新材料工业园建设实现新的突破，基础设施配套不断完善，园区承载力进一步增强，在建3个项目2个相继达产，全部达产后可实现销售收入23.1亿元，利税4.3亿元，利润1.69亿元。农业产业结构不断调整，食用菌产业稳步发展，葡萄、蔬菜种植等高效生态农业积极推进。民生事业建设扎实有效，相继实施道路、水利、教育、村级公益事业、精准扶贫、社会保障等六大惠民工程，总投资达7600余万元。大码头镇先后荣获“全国一村一品示范镇”“全国科学·关爱·和谐示范乡镇”“省级文明村镇”“全省食用菌行业先进乡镇”“全省安全基层基础工作安全示范社区”“全省第六次人口普查先进集体”等省级以上荣誉称号。

润泽新材料有限公司年产10万吨碳氢制冷剂及环保溶剂项目

小清河北水南调工程

小丁家村西红柿采摘

村级道路硬化

群众文化活动丰富多彩

# 花官镇

花官镇位于广饶县城以北，总面积 117.3 平方公里，辖 39 个行政村，4.1 万人口。

历史文化底蕴深厚。境内有齐桓公会盟诸侯所筑柏寝台，有兵圣孙武故里乐安故城遗址，有扽腔、吕剧、古河道狮子舞、草柳编、剪纸等十多项非物质文化遗产和民俗艺术项目。

区位交通优势明显。S227 省道纵贯全境，长深高速、河广大道、庐山路、广青路等重大交通工程正在实施，小清河复航工程扎实推进，花官镇将成为未来广饶发展的重要交通枢纽。

产业化发展水平高。经过多年发展，形成了大蒜、肉鸡、食用菌、食品加工、秸秆综合利用等主导产业。荣获全国一村一品示范镇，花官镇走产业化之路的经验被教育部教材编写委员会编入初中地理教科书。广饶县生态工业示范园规划实施，花官镇成为全县跨越发展的新的增长极。

新型城镇化建设水平不断提高。以“一心、五区、一带”为建设骨架，逐步提升新型城镇化建设水平。社会事业协调发展，教育教学环境不断改善，公共文化体系建设步伐加快，公共卫生体系不断完善，各项惠民政策全面落实，2016 年农民人均可支配收入达到 16432 元。

积极构建文化服务体系

村村建设便民服务站

深入推进移风易俗工作

乐安府食品有限公司全自动饮料生产线一角

卫生院公共卫生综合楼投入使用

# 陈官镇

7000 吨年聚乙烯基吡咯烷酮(PVP)新型药用辅料二期项目

焕然一新的新型农民社区

陈官镇位于广饶县境北部，距县城 25 公里，距黄河三角洲中心城市东营市区 20 公里，河辛路、永青路两条省道贯穿全境，距离德大铁路 15 公里，紧临东青高速 10 公里，即将实施的长深高速西延工程、庐山路南延工程、河广大道工程、永青路拓宽工程纵贯全镇，区位优势明显，交通便利，资源丰富。全镇总面积 108 平方公里，辖 26 个行政村，2.5 万人，是国家级非物质文化遗产——短穗花鼓和省级非物质文化遗产——孙斗跑驴的发源地，是“全国环境优美镇”“山东省卫生镇”“山东省文明镇”。

2016 年，在县委、县政府的坚强领导下，全镇上下以加快发展为第一要务，紧紧抓住园区经济和招商引资两个重点，主动适应新常态，加快工业转型升级，聚力突破现代服务业，积极推进新型城镇化建设，大力发展现代农业，着力保障和改善民生，在加快建设幸福美丽新陈官的征程上不断迈出坚实的步伐，全镇经济社会实现了更有质量更高水平的发展。全镇实现生产总值 19.3 亿元，增长 9.97%；规模以上工业总产值 26.3 亿元，增长 24.1%；完成固定资产投资 24.1 亿元；地方财政收入 2745 万元，同口径增长 5.46%；农村居民可支配收入 16059 元，增长 8.7%；进出口总额达到 2.56 亿元，增长 172.8%，经济综合实力显著增强。

陈官短穗花鼓美名远扬

提升活动阵地，夯实基层党建基础

《孙斗跑驴》深受观众喜爱

便民服务中心打造便民利民平台

涉水涉地项目建设改善水利条件

# 广饶经济开发区

广饶经济开发区紧盯“进入省级经济开发区前10强”目标，牢牢把握“产业引领、创新驱动、产城融合、民生优先”四大战略，攻坚克难，加压奋进，在改革创新中积蓄力量，在转型发展中厚植优势，为创建国家级开发区，建设充满活力、富有效率、和谐幸福的新兴经济区和现代化新城区奠定坚实基础。2016年，全区实现生产总值172.8亿元，比上年增长7.3%；工业总产值1337亿元，增长11.5%；全社会固定资产投资156亿元；公共财政预算收入5.44亿元，增长6.6%。2016年经济考核类排第一名，综合排名第二名。先后被评为“山东省橡胶轮胎产业示范基地”“山东省汽车零部件产业示范园区”“山东省十佳最具投资潜力开发区”“山东十大最具经济活力的园区”“山东省投资环境最佳园区”。

位于开发区长城创新港的尖峰航空科技有限公司工作人员正在为客户介绍无人机产品

阿里巴巴农村淘宝广饶服务中心大型物流仓储工作人员正在配送货物

广饶经济开发区中赵村便民服务中心工作人员正在为村民提供办事咨询等服务

开发区志愿服务走进敬老院，开发区中心幼儿园孩子表演的《欢乐小兵》

环境优美的污水处理场

山东金宇实业股份有限公司高架立体智能仓库提高土地利用率，同时提高了企业产能

# 丁庄街道办事处

丁庄街道办事处位于东营市中心城的南邻、广饶县的东北部，东临渤海莱州湾，总面积 363 平方公里，耕地 16 万亩，境内有海岸线 12.35 公里，辖 45 个行政村、4.3 万人。2016 年 10 月经省政府批准，撤镇设立街道办事处。

近年来，丁庄街道牢固树立创新、协调、绿色、开放、共享的发展理念，紧紧围绕加快建设三产融合、宜居宜业、美丽幸福新丁庄的目标，坚持工业空间拓展、农业品牌创建、特色村镇打造、发展环境优化、民生持续改善和基层党建创新“六大工程”的工作思路，创新实干，锐意进取，经济综合实力、发展质量效益不断迈上新台阶。2016 年，实现生产总值 46 亿元，财政收入 12260 万元，农村居民可支配收入达到 16225 元。先后荣获全国环境优美镇、全国新农村建设科技示范镇、国家卫生镇、全国村务公开民主管理先进乡镇、全国安全社区、山东省文明镇、山东省生态建设模范乡镇、东营市村镇建设先进乡镇等 30 余项市级以上荣誉称号，被评为山东省最具发展潜力的乡镇。

工业发展转型升级

逐企排查安全隐患

特色农业种植助农增收

第五届广场舞大赛

文明乡村面貌一新

雷锋活动月　文明出行宣传

# 目 录

## 特 载



## 大事记



## 广饶县情综述



## 政治 政务

# 经 济

## 城乡规划建设与管理

# 社会事业与人民生活

## 镇、街道、广饶滨海新区



## 人　物



## 附　录

# 特　载

## 践行新理念　开启新征程<br>为建设生态宜居美丽幸福的现代化<br>新广饶而努力奋斗

——在中国共产党广饶县第十二次代表大会上的报告

（2017年1月20日）

梁润生

中国共产党广饶县第十二次代表大会，是在深入实施“十三五”规划、高水平全面建成小康社会的关键时期，召开的一次十分重要的会议。大会的主要任务是：以邓小平理论、“三个代表”重要思想和科学发展观为指导，深入学习贯彻习近平总书记系列重要讲话精神，回顾总结县第十一次党代会以来的工作，研究部署今后五年的目标任务，选举产生中共广饶县第十二届委员会和纪律检查委员会，动员全县各级党组织、全体党员和广大干部群众，团结一致，振奋精神，开拓进取，扎实工作，为建设生态宜居、美丽幸福的现代化新广饶而努力奋斗。

### 过去五年的主要工作和基本经验

县第十一次党代会以来的五年，是我们应对复杂挑战、经受重大考验的五年，也是广饶各项事业全面进步、取得显著成就的五年。五年来，在中央和省委、市委的正确领导下，县委团结带领广大党员干部群众，凝心聚力、顽强拼搏，攻坚克难、真抓实干，圆满完成了县第十一次党代会确定的主要目标任务，各项事业取得了新的发展、新的进步。

五年来，经济保持平稳健康发展，综合实力迈上新的台阶。坚持发展第一要务不动摇，持续加强项目建设，不断扩大经济规模。特别是面对经济发展新常态新挑战，全力以赴稳增长、保运行、防风险，全县经济实现持续平稳健康发展。初步统计，近五年全社会固定资产投资达到3000亿元，是上个五年的2.7倍；全县生产总值由539亿元增加到767亿元，年均增长12.1%；一般公共预算收入由22亿元增加到40.9亿元，年均增长13.2%。广饶在全国县域经济基本竞争力百强县中连续前移17个位次，跃居第42位，全省第12位；在全国科学发展百强县市中居第40位，全省第9位。

五年来，转型升级步伐不断加快，发展质量效益稳步提升。深入实施新型工业化战略，促进主导产业向高端高质方向发展，全县规模以上工业主营业务收入由2011年的2590亿元增加到4300亿元，我县在全国工业百强县市中居第10位，全省第2位；全县销售收入过百亿元企业达到10家，拥有中国500强企业5家，山东100强企业7家。强力推进技术创新、商业模式创新、管理创新和企业上市工作，省级以上科研机构达到44家，上市挂牌企业达到36家，我县被表彰为全国科技进步先进县。现代农业蓬勃发展，农业特色化、园区化、产业化进程加快，我县创建为全国首批农产品质量安全县。服务业规模不断壮大，广饶国际博览中心建成投用，孙子文化园建成开园，商贸物流、现代金融、文化旅游、会展经济联动发展，服务业增加值占GDP比重提高8.2个百分点。园区建设力度加大，各类园区竞相突破，综合实力持续提升，在县域发展中发挥了有效支撑作用。

五年来，新型城镇化加速推进，城乡面貌明显改善。扎实推进全省新型城镇化综合试点，以人的城镇化为核心，促进城乡统筹、产城融合、一体发展，全县城镇化率提高13个百分点，达到58%，广饶在全国中小城市新型城镇化质量百强县市中居第56位，全省第12位。城市建设改造步伐加快，规模、形象与功能、品质同步提升，我县顺利通过国家卫生县城复核和全国文明县城复审。支持镇街加快发展，3个镇街财政收入突破3亿元，大王镇列全国建制镇综合实力百强第68位，全省第1位。小城镇和新型农村社区建设稳步推进，农民市民化进程加快。基础设施建设力度加大，潍高路改线工程建成投用，城乡供水一体化顺利推进，城乡道路、电力等基础设施普遍改造提升，县域发展基础承载力进一步增强。

五年来，绿色安全发展理念深入人心，环境建设成效显著。积极回应群众关切，持续实施生态环境整治、公共安全、乡村文明建设三大专项行动，促进城乡环境不断优化。坚持铁腕治污、刚性降耗，逐年实施一批重点治污工程，着力强化环保日常执法监管，促进水气质量持续改善。生态修复力度加大，县域绿化体系逐步完善，我县被表彰为全国绿化模范县。安全生产责任进一步压实，基层基础有效强化，安全保障能力持续提升。乡村文明建设深入推进，60%的村庄达到典型示范村标准，我县被表彰为全省城乡环卫一体化全覆盖县、生态文明乡村建设工作先进县。

五年来，改革开放持续深化，发展动力活力不断增强。全面深化改革稳步推开，重点领域和关键环节改革取得阶段性成果。政府职能加快转变，工商注册制度便利化等改革举措顺利落地，有效激发了创新创业热情。我县居全国中小城市创新创业百强县市第24位，全省第5位。金融领域改革实现新的突破，政府性融资担保体系进一步完善，多措并举化解风险，金融运行总体稳健，我县先后4次荣获全省金融生态环境建设模范奖。开放型经济加快发展，五年累计实现进出口总额1679亿元，其中出口额1017亿元，占全市的一半以上。

五年来，民生事业不断加强，社会大局和谐稳定。每年将六成以上财政资金投向民生领域，逐年推出一批惠民政策、实施一批惠民实事，不断提高群众收入、增进群众福祉。城镇居民人均可支配收入由2011年的24425元增加到37027元，农村居民人均可支配收入由10517元增加到17272元。社会保障和救助体系不断完善，各类保障标准持续提高，整体保障水平位居全省前列。教育、卫生惠民力度加大，文化、体育事业繁荣发展，我县顺利通过义务教育发展基本均衡县国家认定，被表彰为全国群众体育先进单位、文化强省建设先进县。思想宣传工作扎实有力，社会主义核心价值观广泛践行，我县被表彰为省级文明县。法治广饶、平安广饶建设深入推进，政治社会保持长治久安。

五年来，全面从严治党深入推进，党的领导核心作用有效发挥。创先争优活动取得重要成果，县委被表彰为全国创先争优活动先进县党委。党的群众路线教育实践活动、“三严三实”专题教育成效显著，“两学一做”学习教育高标准推进，中央八项规定精神得到刚性执行，党风政风持续改善。建立健全述职评议、述责述廉等制度机制，开展党风党建巡查，进一步压实了各级管党治党责任。基层组织标准化建设深入推进，“一带四联”等活动取得扎实成效，基层党建工作水平整体提升。不断深化干部人事制度改革，选人用人公信力进一步提高。反腐倡廉建设向纵深推进，监督执纪力度不断加大。民主政治建设持续加强，人大、政协重要作用得到充分发挥，党管武装和群团等工作实现新的发展和进步。

五年砥砺奋进，成绩来之不易。这是中央和省委、市委正确领导的结果，是在历届县委打下的良好基础上，全县各级党组织和广大党员干部群众同心同德、艰苦奋斗的结果，是各人民团体、各界人士和中央、省、市驻广单位积极参与、大力支持的结果。在此，我代表十一届县委，向全县广大党员干部群众，向关心支持广饶发展的社会各界人士，向为广饶发展作出贡献的老领导、老同志，表示衷心的感谢并致以崇高的敬意！

各位代表、同志们，五年的奋斗充满艰辛，五年的成就令人欣慰，五年的实践也给了我们深刻的启示：

*一是始终把牢正确的政治方向。*我们牢固树立“四个意识”，始终在思想上政治上行动上同以习近平同志为核心的党中央保持高度一致。工作中，结合广饶实际，把党中央治国理政的新理念新思想新战略融入经济强县、生态之城、幸福家园建设的具体实践，确保上级各项决策部署在广饶落地生根，牢牢把握广饶工作的正确方向。

*二是始终坚持符合县情的发展之路。*我们立足广饶实际，坚持把新型工业化作为核心战略，不断优化投入、扩大总量，坚定不移扶持企业、发展产业，走出了一条以工业为主导的县域发展之路。这些年来，不管形势如何变化，我们始终沿着这条道路，一以贯之、持之以恒、持续用力，推动广饶发展不断迈上新的台阶。

*三是始终秉持团结实干的良好风尚。*我们坚持围绕发展选干部、抓班子、带队伍、正风气，锤炼了一支素质高、能力强的干部队伍，培育了一个敢于拼搏、勇创大业的优秀企业家群体，保持了上下一心、和衷共济、团结奋进的浓厚氛围。这些好的作风、好的传统、好的氛围，为我们攻坚克难、推进发展提供了强大动力和有效保障。

*四是始终牢记造福群众的发展追求。*我们深入践行为民宗旨，认真倾听群众呼声，持续加大民生投入，下大力气办好民生实事，在服务群众的过程中，进一步密切了与群众的联系。只要我们始终把群众放在最高位置，心中时刻装着群众，尽心竭力帮助群众，真心实意服务群众，就一定能够赢得群众的真心拥护和广泛支持。

*五是始终筑牢从严治党的根本保障。*我们坚持把抓好党建作为最大的政绩，把真管真严、敢管敢严、长管长严的标准和要求，落实到党的建设各个领域、各个方面，传导到每一个党组织、每一名党员。通过有效发挥各级党委的领导核心作用、基层党组织的战斗堡垒作用和广大党员的先锋模范作用，为经济社会发展提供了坚强有力的政治保证。

在充分肯定成绩的同时，我们也清醒地看到发展中存在的问题和不足。主要是：产业结构偏重，主导产业层次不高；企业创新能力不足，品牌意识不强，融资渠道单一，受宏观环境影响，部分企业生产经营困难；资源环境约束加大，生态体系不够完善，推进绿色发展、改善生态环境的任务艰巨；城乡、区域之间发展不够协调，城市功能品质需要进一步提升；公共服务存在短板，社会建设与管理任务加重；基层组织建设存在薄弱环节，干部不担当、不作为问题还不同程度存在，全面从严治党需要持续用力。对此，我们一定要高度重视，采取切实有效的措施，认真加以解决。

## 今后五年的指导思想和奋斗目标

回顾过去、展望未来，我们已经站在了新的历史起点上。今后五年，既是广饶高水平全面建成小康社会的关键时期，也是推动广饶爬坡过坎、转型跨越的紧要关口。这一时期，我们面临新的挑战和考验。纵观大势，世界经济总体保持复苏态势，但面临增长动力不足、需求不振等多重风险挑战；我国经济进入新常态，面临动力转换、方式转变、结构调整的繁重任务。环顾周边，各地竞相发展，区域竞争更加激烈。审视县情，原有的发展模式已经达到极限，资源环境压力加大，加快转型升级、提质增效的任务异常艰巨。挑战就在面前，我们别无选择，唯有振奋精神、勇往直前，方能攻坚克难、开辟新路。这一时期，我们具备新的机遇和优势。从大的环境看，世界新一轮科技革命和产业变革正在孕育兴起，我国经济发展长期向好的基本面没有变，特别是“一带一路”战略、供给侧结构性改革等深入推进，为我们加快新旧动能转换、推进转型升级带来了更好机遇。从区域发展看，京津冀协同发展战略和环渤海地区合作发展纲要加速实施，黄蓝两大国家战略继续推进，为我们吸引政策支持和要素聚集创造了更好条件。从广饶自身看，经过多年发展，形成了较为厚实的产业基础，骨干企业群体持续壮大，发展环境逐步优化，新的动能加快成长，广大干部群众和企业家干事业谋发展的愿望强烈，为今后发展奠定了基础、积蓄了力量。机遇稍纵即逝，发展时不我待，我们唯有主动作为、乘势而上，方能抢得先机、赢得未来。这一时期，我们肩负新的使命和责任。高质量实现“十三五”规划目标，高水平全面建成小康社会，是摆在我们面前的历史任务；巩固好在区域发展中的领先地位，当好全市引领发展新常态的排头兵，是我们应有的责任担当；让广饶变得更加美丽，让老百姓生活得更加幸福，是全县上下的共同心愿。重任在肩、责无旁贷，我们唯有勇于担当、积极作为，方能不负群众期盼、不辱历史使命。

面对新挑战、新机遇、新使命，我们要准确把握广饶所处的历史方位和时代特征，坚定信心、再鼓干劲，劈波斩浪、奋勇向前，在应对挑战中抢抓机遇，在攻坚克难中破解瓶颈，在担当实干中开创局面，努力把广饶发展推向更高层次、更高水平。

今后五年，全县经济社会发展的指导思想是：**高举中国特色社会主义伟大旗帜，以邓小平理论、“三个代表”重要思想和科学发展观为指导，深入贯彻落实习近平总书记系列重要讲话精神，按照“五位一体”总体布局和“四个全面”战略布局，以新发展理念为引领，以提高发展质量效益为中心，以推进供给侧结构性改革为主线，以增进群众福祉为目的，统筹推进经济建设、政治建设、文化建设、社会建设、生态文明建设和党的建设，为高水平全面建成小康社会，加快建设生态宜居、美丽幸福的现代化新广饶而努力奋斗。**

这一奋斗目标，立足现有基础，符合时代要求，体现广大群众意愿。我们要建设的生态宜居、美丽幸福的现代化新广饶，是在深入实施“十三五”规划、全面建成小康社会的基础上，阔步迈向现代化的新广饶，是根植千年古县底蕴、彰显现代文明风貌的新广饶，是天蓝水清、生态优美，人民群众安居乐业、生活幸福的新广饶，让广饶人民为这样的新广饶而憧憬向往，为这样的新广饶而感到无比自豪！

具体来说，就是要实现“五个明显提升”：一是经济综合实力明显提升。经济保持中高速增长，发展质量效益持续提高，全县生产总值突破1000亿元，一般公共预算收入突破60亿元，综合实力与竞争力跨入全省县域前列、全国百强上游水平。二是群众生活质量明显提升。居民收入稳步增长，社会保障体系更加完善，公共服务水平持续提高，人民群众享有更多改革发展成果。三是生态人居环境明显提升。污染治理与生态建设取得更大成效，环境空气质量优良率达到80%以上，城市功能品质更为优化，争创国家生态园林城市。四是文明和谐程度明显提升。社会主义核心价值观深入人心，公民文明素质不断提高，民主法治环境更加优良，社会保持安定有序、文明和谐。五是管党治党水平明显提升。党员干部思想作风不断提高，党内政治生态持续优化，各级党组织的凝聚力战斗力号召力进一步增强。

根据上述指导思想和目标任务，做好今后五年的工作，必须坚持五条基本原则：一是必须把发展新型工业作为基础。把发展工业、做强工业作为广饶发展的战略基点，深入推进新型工业化，以工业化为牵引，促进工业化、信息化、新型城镇化、农业现代化四化同步，进一步巩固和放大发展优势。二是必须把优化生态作为前提。始终坚持生态立县，以壮士断腕的决心打好水气污染治理攻坚战，以更大的力度抓好环境保护和生态修复，全面提升绿色发展水平，把广饶建设得更加生态宜居、舒适宜人。三是必须把建设城市作为支撑。破除县城的概念与束缚，积极推进撤县设市，进一步完善城市发展规划，拓展城市发展框架，优化城市空间布局，加快产城融合发展，促进广饶由县域经济向城市经济迈进提升。四是必须把强化创新作为动力。把创新作为发展的核心动力，全力推进科技创新、制度创新、管理创新等方方面面的创新，让创新成为广饶发展最强劲的动力，依靠创新抢占发展制高点、掌握发展主动权。五是必须把共建共享作为目的。坚持以人民为中心，把造福群众作为最大的发展追求，着力解决好群众最关心、最直接、最现实的利益问题，做到发展为了人民、发展依靠人民、发展成果由人民共享，使广大群众有更多获得感和幸福感。

各位代表、同志们，美好愿景鼓舞人心，宏伟蓝图催人奋进。我们坚信，只要全县上下始终坚定必胜的信心和勇气，鼓足前进的动力和干劲，凝心聚力，团结奋斗，扎实工作，我们的目标就一定能够实现！

### 今后五年的重点任务

今后五年，全县各级党组织和广大党员干部要紧紧围绕奋斗目标，灵活审慎地把握新常态新形势，突出重点、统筹推进，努力开创经济社会各项事业发展新局面。

**一、着力加快转型升级，构筑经济发展新优势**

把转方式调结构作为主攻方向，同步推进三次产业结构调整和内涵提升，加快构建以新型工业为主体、现代服务业为支撑、高效农业为基础的现代产业体系，推动全县经济高端高质高效发展。

集中力量做大做强工业。工业是广饶发展的基础和命脉。要始终坚持工业强县战略不动摇，坚定不移地走新型工业化道路，全面对标“中国制造 2025”，分行业科学制定调整提升计划，通过定向导控、精准发力，加快提升产业发展竞争力，推动广饶主导产业国内知名、世界有名。对化工、橡胶轮胎、造纸、机电汽配等主导产业，要大力引用高端装备，推广应用先进技术，加快高新化改造、智能化提升、服务化延伸、品牌化塑造，推动产业链向上下游拓展、价值链向“微笑曲线”两端延伸，全面提升产业层次水平，把广饶打造成为国内重要的高效化工基地、绿色造纸基地和机电汽配研发制造基地，建成国际知名的“轮胎之都”。要大力发展新兴产业，立足现有基础，聚焦新能源、新材料、生物医药、高端装备制造等领域，强化政策扶持、加大投入力度，培育形成新的支柱产业。对广饶来讲，工业转调是最重要的转调，工业提升是最根本的提升。我们要举全县之力支持工业、发展工业、提升工业，全力推进工业发展新旧动能转换，加快把总量优势、规模优势转化为质量优势、效益优势、品牌优势，努力创造广饶工业新的辉煌。

大力发展现代服务业。充分发挥工业体量优势，突出政策引领，强化载体支撑，加快构建与工业发展相匹配、与居民需求相适应的现代服务业体系。突出发展现代物流业，加快广饶物流园区、大王保税物流园区等重点项目建设，完善信息化、网络化、系统化物流服务体系，把广饶建设成为重要的区域性物流中心。鼓励发展总部经济和会展经济，加强城市综合体、产业地产建设，带动商务服务业蓬勃发展。大力发展现代金融业，加快金融商务区建设，不断完善县域金融体系，打造县域金融高地。强化全域旅游理念，完善旅游发展规划，加快发展乡村旅游、红色旅游，推进孙子文化旅游区创建国家5A级景区，建设全省旅游强县。积极发展电子商务、汽车销售、教育医疗、信息中介等新兴服务业，促进服务业发展提速、比重提高、贡献提升。

*加快发展高效农业。*坚持用工业化理念谋划和发展农业，高水平制定全县农业发展规划，打造全国重要的农产品生产加工基地。在稳定发展粮食等基础农业的同时，大力发展高端设施农业、精致农业、休闲观光农业和农产品加工业，推进农业与二三产业融合发展，建设现代农业示范区、精致农业景观区，提升农业集约化、特色化、品牌化水平。大力发展龙头企业、家庭农场等新型经营主体，培育新型职业农民，不断完善农业产业化经营链条。依托黄河三角洲农高区，加强农业科技成果转化和推广应用，建设省级农业高新技术产业开发区。强化农产品质量监管，推动农业安全发展。加强农田水利基本建设，为农业发展提供有力保障。

*大力支持企业发展。*企业是推进转型升级的主力军。要牢固树立服务企业就是服务发展的理念，坚持主动服务、靠前服务、优质服务，努力实现企业需求与政府支持的精准对接、同频共振。广大企业要坚持实业兴企、主业强企，大力发扬工匠精神，加强技术创新、管理创新和产品创新，努力当好产业升级的主角，挑起经济转型的大梁。企业家是企业发展的决定因素，是广饶发展的重要力量。要完善企业家培养机制，关心支持企业家队伍，使企业家政治上有地位、社会上受尊重、利益上有保障，激励广大企业家志存高远、放手发展，再创大业、再建新功。广大企业家要秉持和发扬广饶企业家的优良传统，依法诚信经营，自觉履行社会责任，努力做奉献社会、受人尊敬的企业家。

*加快园区开发建设。*按照高点定位、主业突出、差异化发展的思路，全力推进各级各类园区开发建设，加快打造特色鲜明、富有活力的经济板块。县经济开发区，要突出高新高端发展方向，加快提升产业层次和综合实力，建设创新发展、转型发展的先行区和示范区。大王经济开发区，要发挥“镇区一体”优势，做强主导产业集群，做大新兴产业规模，提高发展质量效益，带动大王镇在全国百强镇中不断跨越进位。聚力推进花官陈官高效生态产业园开发建设，坚持一体规划、整体开发，加快完善基础配套，积极培育特色产业，努力走出一条高效集约发展之路，打造全县发展新的增长极。其他园区，也要立足各自实际，进一步明晰功能定位，完善基础配套，壮大主导产业，带动区域经济快速发展。集约集聚发展，是园区转型升级的必然要求。各级各类园区要同步推进规划提升和资源整合，促进主导产业集中布局、集中配套、上下游结合，强化土地集约节约利用，充分释放规模效应和集聚效应，全面提升园区发展整体水平。

**二、着力强化创新驱动，培育经济增长新动能**

把创新摆在发展的核心位置，着力推进以科技创新为核心的全面创新，加快形成以创新为引领和支撑的发展方式，切实把发展转到创新驱动轨道上来。

*大力推进科技创新。*把科技创新作为实施创新驱动的主抓手，深化科技体制改革，完善科技创新体系，全面加快产业技术升级和企业创新步伐。坚持立足产业链部署创新链，围绕主导产业、重点领域，组织实施一批自主创新重大专项，抢占科技制高点。加强公共研发平台和企业科研机构建设，推进企业与名牌院校、实力院所的对接合作，经过五年努力，全县规模以上工业企业实现产学研全覆盖，设立科研机构比例达到35%以上。大力实施“互联网+”行动计划，促进互联网和实体经济深度融合，催生智造经济、创意经济、分享经济等新兴经济业态，为创新发展注入新的动力。

*积极培育创新主体。*企业是实施创新驱动的主体主力。要着力强化企业创新主体地位，推动创新政策向企业倾斜、创新要素向企业集聚，全面加快企业创新发展。支持骨干企业加强自主创新，积极参与各类技术标准的制定和实施，掌握尖端技术、打造优势产品，建设创新型行业领军企业。引导中小企业大力开展产学研联合创新，走“专精特新”发展路子，努力在创新上形成比较优势。大力推动大众创业、万众创新，加快建设一批低成本、全要素、开放式的孵化器和“双创”基

地，发展一批科技型、创新型小微企业，培育一批创新型企业家、创客团队、技术专家，让千千万万创新创业者的潜能充分迸发。

*广泛集聚创新人才。*人才资源是第一资源。要扎实推进“乐安学者”等重点人才工程，进一步完善引才、育才、用才机制，让更多的人才聚集广饶、贡献广饶。着力强化高端人才引用，坚持不求所有、但求所用，积极引进一批科技领军人才、高水平创新创业团队，以高端人才优势构筑技术创新优势。加大高素质人才培养力度，努力在每个领域、各个企业都培养一批技艺精湛、素质优良的高级技师、岗位能手，为创新发展提供有效支撑。建立健全人才政策激励机制，最大限度地激发人才的工作热情和创业激情。

*优化创新创业环境。*创新的种子要有创新的土壤。要加快政府职能转变，深入推进简政放权，不断提高创新服务水平，全力打造有利于创新的政务环境。建设县科技创新服务中心，加快建立覆盖创新全过程的公共服务体系。加大创新扶持力度，对创建国家级实验室、实施重大自主创新专项等进行重奖，为开展创新加油助力。加强知识产权运用和保护，积极培育创新文化，推动形成崇尚创新、支持创新、参与创新、服务创新的浓厚氛围。

抓创新就是抓发展，谋创新就是谋未来。我们一定要牢固树立创新发展理念，充分运用好创新这个驱动发展的有力杠杆，努力以创新开启广饶未来事业发展新高度。

**三、着力深化改革开放，激发经济社会发展新活力**

坚定不移地推进改革开放，突出重点领域、关键环节，加快培育改革发展新优势，拓展开放发展新空间，不断为广饶发展注入生机活力。

*抓好供给侧结构性改革任务落实。*综合运用多种手段，全面落实“三去一降一补”五大任务，加快提高供给质量和效益。坚持市场经济原则，加快淘汰落后产能，积极推进企业兼并重组，推动要素资源向优势行业、优质企业集中。科学把握供地节奏，推动房地产业健康有序发展。健全完善融资担保体系，加强金融风险防控，坚决维护金融生态安全。加快推进规模企业规范化公司制改制，推动企业多渠道挂牌、上市，提高企业经营管理水平。认真落实降低实体经济企业成本各项政策，有效减轻企业税费负担，让企业降本增效、加快发展。

*统筹推进重点领域改革。*坚持以全局观念和系统思维谋划改革，努力在重点领域和关键环节上取得决定性成果。扎实推进经济体制改革，完善公共资源交易体制机制，加强政府采购、招投标和工程审计规范管理，提高资源配置效率和公平性。深入推进财税和投资体制改革，健全政府预算体系，扩大政府购买公共服务范围，鼓励社会资本通过 PPP 等模式进入更多领域。深化农村综合改革，完善农村土地所有权、承包权、经营权“三权分置”办法。持续抓好事业单位分类改革等其他领域的改革，有效破除体制机制障碍，进一步增强发展活力。

*持续扩大对内对外开放。*实施更加积极主动的开放战略，大力推进国内国际双向开放，全面提升开放型经济发展水平。加大招商工作力度，实行项目与企业一起招、技术与人才一起引，实现招引总量和质量双提高、领域和层次双突破。拓宽利用外资方式和渠道，提升利用外资水平。支持县内企业与央企、强企开展战略合作，加大资金、技术和先进管理经验引进力度。加快转变贸易发展方式，加大先进技术、关键设备和重要能源资源进口，扩大高档次、高附加值产品出口，推动外贸向优质优价、优进优出转变。加强国际市场研究，指导企业积极应对贸易壁垒，支持优势企业开展境外投资，努力在“走出去”的过程中获得更多开放红利。

**四、着力建设现代化新型城市，构建城乡一体发展新格局**

充分发挥城市龙头带动作用，优化提升全域空间布局，科学统筹资源要素配置，不断完善基础服务功能，全面推进城乡一体协调发展。

*强化规划引领，建设现代城市。*以建设经济繁荣、生态宜居、文化厚重、美丽幸福的现代化新型城市为目标，坚持高起点规划，把广饶街道、县经济开发区、大王镇、稻庄镇作为广饶城市核心区，

一体规划，相向发展，拉开30万人口规模的中等城市发展框架，构建起东西联动、南北呼应、开放大气的现代城市格局。坚持文化铸魂，突出孙子文化、古齐文化、吕剧文化、红色文化特色，高标准做好城市设计工作，塑造城市文化符号，传承城市文化记忆，让城市有根有魂、有品位有魅力。完善新一轮城市总体规划和专业规划、控制性详规，加快推进“多规合一”，更加清晰地导控生产、生活、生态空间布局。严格规划执行，深入开展拆违治乱专项行动，确保一流规划高水平落地。

提升功能品质，建设宜居城市。把“城市让生活更美好”作为根本价值取向，突出生态特色打造，加强城市有机更新，加快建设高品质宜居宜业之城。树立“精明增长”理念，坚持量力而行、先急后缓，逐年规划实施一批城市开发建设和改造提升工程，稳步推进城中村、城边村搬迁改造，统筹基础设施配套和公共服务体系延伸，推动住宅、商业、办公、教育、医疗、文娱等功能区有机组合，增强城市内部布局科学性，方便居民工作生活。加强城市生态环境建设，大力推进城市绿荫功能化、水系景观生态化、道路绿化游园化，加快建设海绵城市，把城市打造得更加靓丽秀美、舒适宜居。坚持以产兴城、以城聚人、产城联动，大力发展城市经济，广泛招引人才、聚集人口、提升人气，促进城市繁荣发展。创新城市治理方式，加强大数据、物联网、云计算等现代信息技术在城市管理服务领域的拓展应用，加快建设智慧城市，全面提高城市管理人性化、智能化、精细化水平。

打造特色城镇，建设美丽乡村。把镇街作为统筹城乡发展的关键节点，完善差异化考核机制，强化政策扶持，引导各镇街立足实际、因地制宜，进一步明确发展定位、理清发展思路，做强特色产业、放大比较优势，加快实现跨越突破。加强小城镇开发建设，李鹊、花官、陈官、大码头四镇要深入推进产城融合，加快提升基础配套和公共服务水平，丰富城镇业态，搞活人流物流，建设产业发达、精致宜居、富有活力的特色小镇。深入推进美丽乡村标准化建设，坚持不懈抓好农村“七改”，积极推动基础设施向农村延伸、公共服务向农村覆盖、现代文明向农村辐射，建设一批村容整洁、功能配套、乡风文明的美丽乡村。

完善基础配套，强化发展支撑。按照科学规划、适度超前原则，加快实施一批事关全局和长远发展的重大基础设施，不断提高县域发展承载力。加强交通设施建设，规划实施河广大道、庐山路贯通、石大路拓宽改造工程，配合推进长深高速广饶至高青段、广青路改建等重点项目，进一步完善区域交通体系。加快现代能源体系建设，着力推进青岛港、东营港至广饶原油管道和广饶物流园区成品油外输工程；进一步完善区域电网，积极推进天然气户户通。加快实施第一水厂搬迁、高店水库增容等重点水利工程，实现城乡供水一体化，推进工业用水由地下水向地表水转换，强化经济社会发展基础支撑。

**五、着力加强生态文明建设，走出绿色发展新路径**

坚持“绿水青山就是金山银山”，积极构建生态产业体系，强力推进污染治理，持续改善生态环境，努力走出一条绿色可持续发展之路。

积极推进绿色循环低碳发展。加快生产方式绿色化转型，对化工、橡胶轮胎、造纸等重点产业，积极推动产业链循环生产、循环组合、循环改造，建立绿色循环产业发展体系。大力实施能源和水资源消耗、建设用地等总量和强度双控行动，严格控制“两高一资”行业发展，促进资源节约利用，全面完成节能减排任务。加快推动生活方式绿色化，深入开展生态文明宣传教育，使生态文明价值观念渗透到经济社会发展各方面、全过程。

强力推进环境污染治理。以改善生态环境质量为核心，系统推进大气、水、土壤等污染综合治理。实施蓝天工程。深入落实大气污染防治行动计划，建立健全大气污染监测防治体系，加强工业废气、城市扬尘、机动车尾气和散煤综合治理，持续增加空气优良天数。实施清水工程。严格落实“河长制”，建立完善“治用保”防控体系，加强重点河流水质管控，加大饮用水源保护和地下水污染防治力度，促进水环境质量实现质的提升。推进淄河全段治理，修复生态功能，再现河清湖秀的自然美景。实施净土工程。建立土壤污染防治体系，加强废弃坑塘治理保护，控制农业农村面源污染，全面改善土壤环境质量。实施绿地工程。深入实施“三年增绿”计划，持续推进植树造林，加快环城镇林带建设，不断扩大绿色生态空间。

加快构筑生态安全屏障。积极推进人工湿地建设，加强对地面沉降、咸水入侵的监测防治，提高生态保护实效。落实主体功能区战略，对生态功能区实行产业准入负面清单，将各类开发活动限定在资源环境承载能力之内。坚持源头严防、过程严管、后果严惩，健全完善智慧环保网格化监管体系，严厉打击各类环境违法行为，强化生态环境损害责任追究，坚决保证生态环境安全。

环境是最稀缺的资源，生态是最宝贵的财富。我们要以前所未有的决心和魄力，把治理污染、保护生态这一重大责任担当起来，持续用力、久久为功，让广饶的天更蓝、地更绿、水更清、环境更优美。

**六、着力加强文化和社会建设，开创文明和谐新局面**

坚持以社会主义核心价值观为引领，深化精神文明创建，加快法治广饶建设，加强和创新社会治理，全面提高社会文明程度。

加强思想文化建设。广泛开展中国特色社会主义和中国梦主题宣传教育，引导干部群众坚定道路自信、理论自信、制度自信和文化自信。严格落实意识形态工作责任制，加强意识形态阵地建设管理，牢牢把握正确舆论导向。深化群众性精神文明创建，大力实施“四德工程”，扎实推进移风易俗，在全社会形成崇德向善、健康文明的良好风尚。完善公共文化设施，大力实施文化惠民工程，争创国家公共文化服务体系示范区。积极发展文化产业，繁荣发展社会主义文艺，打造广饶特色文化品牌。

全面推进法治建设。牢固树立法治思维，完善党委、政府议事决策机制，提高依法决策、科学决策水平。着力深化司法体制改革，完善司法管理体制和司法权力运行机制，支持司法机关依法独立公正行使职权，努力让群众在每一个司法案件中感受到公平正义。健全公共法律服务体系，扎实推进“七五”普法，使尊法守法成为全县上下的共同追求和自觉行动。

加强和创新社会治理。顺应社会转型的新变化，坚持系统治理、依法治理、综合治理、源头治理，全面提升社会治理现代化水平。加强社会信用体系建设，增强全社会诚信意识。扎实推进平安广饶建设，健全完善立体化治安防控体系，严厉打击违法犯罪行为，不断增强广大群众安全感。坚守安全发展红线，严格落实安全生产责任，全面强化安全管理，切实保障群众生命财产安全。加强和改进信访工作，有效预防和化解矛盾纠纷，维护社会和谐稳定。

**七、着力保障和改善民生，创造共享发展新成果**

牢固树立以人民为中心的发展思想，深入落实各项惠民利民政策，加强普惠性、基础性、兜底性民生建设，全面提高广大群众的生活品质和幸福指数。

持续增加群众收入。把富民增收作为最大的民生，不断拓宽城乡居民增收渠道，努力实现富民增收与经济发展同步、劳动报酬增长与劳动生产率提高同步。实施更加积极的就业政策，完善就业服务体系，加强对重点群体的就业援助，稳定增加群众就业收益。坚持以创业带就业，加大创业扶持力度，有效提高创业成功率。在实现全面脱贫的基础上，实行贫困人口动态化管理，让贫困群众同其他群众同步进入小康。

不断提升社会保障水平。实施全民参保登记计划，加强制度衔接，完善筹资机制，形成覆盖全民、整合城乡、均衡协调的社会保障体系。全面实施城乡居民大病保险制度，完善最低生活保障制度和农村五保供养制度，逐步提高养老、低保等基础保障补贴标准，推动整体保障水平继续走在全省前列。加大社会救助工作力度，积极发展慈善和社会福利事业，广泛开展扶贫济困活动，更好地保障困难群众基本生活，兜住兜牢民生底线。

大力发展社会事业。根据人

口增长趋势和空间分布，统筹谋划、科学布局，推进基本公共服务普惠性、均等化。坚持教育优先发展，深化教育领域综合改革，加快发展学前教育，推进义务教育由基本均衡向高位优质均衡转变，普及高中阶段教育，完善现代职业教育体系，积极发展民办教育，推进高等教育转型发展，率先实现教育现代化。坚持从以治病为中心转变为以人民健康为中心，深入推进医药卫生体制改革，提高县级医疗机构综合服务能力，强化镇村医疗机构服务功能，推进中医药振兴发展，鼓励社会力量办医，形成布局科学、分工合理的医疗卫生服务体系。突出医养结合，积极发展健康养老事业。坚持计划生育基本国策，促进人口均衡发展。大力发展群众体育，积极推进全民健身。着力发展残疾人、红十字等事业，让全社会充满温暖和关爱。

人民群众对美好生活的向往，就是我们的奋斗目标。我们要始终把群众放在心中最高位置，认真做好事关群众切身利益的每一项工作，努力让50万广饶人民生活得更为殷实、更有尊严、更加幸福。

### 推动全面从严治党迈上新台阶

事业成败，关键在党。我们要牢固树立党建主责主业意识，严格落实管党治党政治责任，继续在“常和长、严和实、深和细”上下功夫，不断增强全面从严治党的系统性、创造性、实效性，为广饶新一轮发展提供最可靠、最坚强的政治保证。

*加强思想政治建设。*高度重视理论武装，持续深化“两学一做”学习教育，引导广大党员干部深入学习贯彻习近平总书记系列重要讲话精神，牢固树立“四个意识”，更加自觉地在思想上政治上行动上同以习近平同志为核心的党中央保持高度一致。深化理想信念和党章党规学习，引导广大党员干部补足精神之钙、筑牢信仰之基，不断改造提升世界观人生观价值观，拧紧“总开关”。加强道德修养教育，督促广大党员干部自觉正心修身、涵养文化，守住为政之本。把创先争优作为工作的鲜明导向，引导广大党员干部提升境界、开阔视野，主动跳出广饶看广饶，站在全省全国看广饶，自觉瞄准广东、江浙发达地区寻标、对标，自我加压、赶超跨越，始终保持勇争一流、昂扬向上的精神风貌。

*严格党内政治生活。*以党章为根本遵循，认真落实《关于新形势下党内政治生活的若干准则》，着力增强党内政治生活的政治性、时代性、原则性、战斗性。严守党的政治纪律和政治规矩，严格执行重大问题请示报告制度，始终对党忠诚老实。坚持民主集中制原则，认真执行党委(党组)议事规则和决策程序。严肃党的组织生活，认真落实“三会一课”、民主生活会和组织生活会、谈心谈话等制度，用好批评和自我批评武器，让党员干部习惯在相互提醒和督促中进步。尊重党员主体地位，畅通党员参与讨论党内事务的途径，切实保障党员民主权利。

*夯实党建基层基础。*牢固树立大抓基层的鲜明导向，制定2017～2022年基层党组织建设规划纲要，推动基层党建全面进步、全面过硬。坚持政治功能与服务功能相统一、分类指导与整体推进相结合，突出问题导向、找准工作短板，不断巩固扩大各领域基层党的组织和工作有效覆盖。深入推进服务型党组织建设，常态化开展软弱涣散基层党组织整顿，切实加强基层党组织领导班子和带头人队伍建设，积极推动人财物向基层倾斜，进一步提高基层党组织联系服务群众的能力。切实加强党员队伍建设，把全面从严治党要求贯穿到党员发展、教育、管理全过程，始终保持党员队伍的先进性和纯洁性。

*加强干部队伍建设。*坚持“好干部”标准，认真做好干部教育、培养、选用各项工作，不断提高干部队伍建设水平。加强干部教育培训，促进干部更新理念、开阔眼界，不断增强领导和推动发展的能力。改进干部选拔任用方式，严格落实《党委(党组)讨论决定干部任免事项守则》，提高干部选任工作水平。加大优秀年轻干部、后备干部、妇女干部和党外干部培养力度，优化干部队伍结构。选人用人是干部队伍建设的核心环节。选用什么样的人，就有什么样的干部作风，就有什么样的

事业成就。要大力倡树干事创业的用人导向，大力选用想干事、能干事、干成事的干部，坚决不用不担当、不干事、不称职的干部。坚持以实践为标尺、以实绩论英雄，突出在项目建设、招商引资、社会治理、服务群众等基层一线锻炼干部、识别干部、选用干部。按照“尽责免责、失责追责”原则，建立容错纠错等制度机制，坚决支持干事的、保护创新的、包容失误的、鞭策后进的、追究诬告的，旗帜鲜明地为担当者担当、为负责者负责、为干事者撑腰，让大胆探索的干部轻装上阵、善于攻坚的干部大显身手、苦干实干的干部脱颖而出，使干事创业、勇于担当成为广饶干部最鲜明的特征。

*深入推进党风廉政建设和反腐败斗争。*严格落实党风廉政建设责任制，坚持惩防并举、标本兼治，努力构建不敢腐、不能腐、不想腐的长效机制。深入开展党纪党规教育和警示教育，加强廉政文化建设，引导党员干部心存敬畏，筑牢思想防线。严格落实中央八项规定精神，坚决整治和查处侵害群众利益的不正之风和腐败问题，推进作风建设常态化、长效化。坚持纪在法前、纪严于法，用好监督执纪“四种形态”，抓早抓小，动辄则咎，有效防范和减少各类问题发生。认真执行党内监督条例，不断深化党的纪律检查体制改革，稳步实施监察体制改革，深入推进县委巡察工作，不断增强监督实效。坚持无禁区、全覆盖、零容忍，严肃查处各种违规违纪行为，决不姑息手软。广大党员领导干部要牢固树立正确的权力观，模范遵守廉洁从政各项规定，自觉接受各方面监督，永葆清正廉洁的政治本色。

*充分发挥党委领导核心作用。*我们党是各项事业发展的领导核心。各级党委要充分发挥总揽全局、协调各方的领导核心作用，进一步加强党对各方面、各领域的政治领导、思想领导和组织领导。坚持和完善人民代表大会制度，支持人大及其常委会依法履行职权，扩大人民群众有序政治参与。积极推进社会主义协商民主建设，支持人民政协完善民主监督机制，不断增强参政议政实效。加强同各民主党派、工商联、无党派人士的团结合作，扎实做好民族、宗教、侨务、台湾和港澳工作，巩固和壮大最广泛的爱国统一战线。加强国防后备力量建设，巩固新型军政军民关系。深化群团组织改革，支持工会、共青团、妇联、科协等群团组织依法依章程开展工作，做好关心下一代和老干部工作，最大限度地调动各方面积极因素，汇聚起推动广饶发展的强大合力。

各位代表、同志们，回望过去，我们创造了辉煌的发展业绩；放眼未来，我们肩负着建设广饶美好明天的历史重任。面对新的征程、新的使命，让我们紧密团结在以习近平同志为核心的党中央周围，在中央和省委、市委的坚强领导下，同心同德、群策群力，不忘初心、继续前进，为高水平全面建成小康社会，加快建设生态宜居、美丽幸福的现代化新广饶而努力奋斗！

# 政府工作报告

## ——2017年2月7日在广饶县第十八届人民代表大会第一次会议上

广饶县代县长　宋学华

### 一、过去五年的政府工作

过去五年，面对严峻复杂的国内外经济形势，在县委的坚强领导下，全县上下拼搏进取、创新实干，战胜了挑战、推动了发展，各项工作取得新的业绩，全面小康建设迈出坚实步伐。

保运行稳增长，综合实力再上新台阶。坚持不懈上项目抓投入，累计完成全社会固定资产投资2960亿元，年均增长14.2%。全力以赴保企业稳运行，规模以上工业企业达到288家，主营业务收入过百亿元企业10家，纳税过亿元企业11家。始终高度重视金融保障，全县存款余额达到618.7亿元、贷款余额达到994.8亿元，较2011年末分别增长287.9亿元、542亿元。持续推动新型工业化核心战略，全县规模以上工业总产值达到4332亿元，年均增长17%，工业实力位居全国工业百强县第10位、全省第2位。全县生产总值达到791亿元，年均增长12.1%；一般公共预算收入达到40.9亿元，年均增长13.2%。综合实力跃居全国百强县第42位，五年前移17个位次。

转方式调结构，发展质量稳步提升。三次产业结构优化为5.4∶65.1∶29.5。加快工业提档升级，累计实施重点工业项目252个，新兴产业产值占比达到21.6%，较2011年提高9.3个百分点；完成化工企业评级评价，淘汰落后生产线68条，实施兼并重组16起。聚力推动现代服务业提速扩量，规划建设了广饶物流园、大王保税物流园、滨海物流园和金融商务区，建设了孙子文化园、欢乐海洋等一批文化旅游项目，启动广饶生态国际慢城创建，全县规模以上物流企业达到50家，金融机构达到70家，A级以上旅游景区达到5家。持续举办轮胎汽配展、孙子文化旅游节等各类展会节庆活动98场次，轮胎汽配展成为国内最大的轮胎展会。中心商务区、全福元城市广场、乐安城市广场等大型商业综合体开业运营，全社会消费品零售总额达到192.7亿元，年均增长13%。服务业增加值占比较2011年提高7.7个百分点。围绕农业提质增效，规划建设了广饶精致农业示范区，全县现代农业园区达到50处，新型农业经营主体达到1075家，流转经营土地16万亩，农业产业化水平大幅提升。

抓改革促创新，发展活力不断增强。全面深化重点领域改革，建立完善现代政府预算体系，推行营改增和商事登记制度便利化，完成农村土地确权登记颁证和不动产统一登记整合，建成县农村产权交易中心，制度红利加速释放。深化教育综合改革，创新实施幼儿教师合同制招聘。全力推进公立医院改革，巩固完善基本药物制度，健全全民医保体系，医药卫生体制改革向纵深推进。开展全省县域金融创新试点、民间融资规范引导试点、新型农村合作金融试点，设立应急转贷资金和青银发展基金、能源产业升级基金，成立县经济发展融资担保公司、财金资产管理公司、镇街投资发展公司，保障了资金需求、稳定了金融生态。深入实施创新驱动战略，统筹推进技术创新、管理创新、商业模式创新和企业上市“三新一上”计划，创建省级以上研发机构44家、高新技术企业16家、知名品牌110个；启动规范化公司制改制和企业财务规范管理，65家企业完成改制，29家企业实现财务代管；建成胎大王、胎智汇等电商平台9个，全市首家阿里巴巴农村淘宝项目启动运营；新增挂牌上市企业33家，累计实现直接融资142亿元。大力提升对内对外开放水平，成功创建为国家级出口轮胎、出口食品农产品质量安全示范区，企业原油进口实现新突破，全县累计实现进出口1671亿元，其中出口1017亿元，实际利用外资1.3亿美元，到位外来固定资产投资270亿元。

*重建设严管理，城乡一体发展成效显著。*修订完善新一轮全县新型城镇化规划，统筹推进城乡建设管理，城乡面貌更加靓丽、城市功能更加完善。加大县城区开发力度，同步推进新区建设与旧城改造，实施城东水系、博览中心等城建项目306个，新增建筑面积568.3万平方米、绿地面积149万平方米，县城建成区面积达到30平方公里，城镇化率达到58.4%，较2011年提高13.4个百分点。加快小城镇和农村功能配套，推进实施77个镇区建设项目、9个农村新型社区项目，城乡环卫实现一体化管理、市场化运营。深入开展建筑市场“打霸治痞”和拆违治乱专项行动，积极推进“智慧广饶”建设，城乡精细化管理水平进一步提高。加大基础投入，新建各级公路项目693个、1256公里，寿平铁路、德大铁路建成通车，潍高路改线、东青路大修、河辛路大修等道路工程完工投用。孙武湖扩容、南水北调广饶输水、工业水厂一期等重大水利工程建成投用，发展承载能力进一步增强。

*办实事增福祉，群众生活条件持续改善。*坚持发展成果全民共享，五年民生投入达到148亿元，占到财政支出的64%。着力优化就业创业环境，社保综合服务中心建成投用，长城创新港等创业平台建设得到加强，全县各类市场主体达到24070家，是2011年的1.8倍；城镇居民人均可支配收入达到37108元，农村居民人均可支配收入达到17249元，年均分别增长9.3%和10.4%。全力提高社会保障标准，居民养老保险基础养老金增长1.9倍、达到175元，医疗保险补贴增长91%、达到430元，城市低保标准增长45%、达到每人每月550元，农村低保标准增长104%、达到每人每年4200元，农村五保供养标准增长103%、达到每人每年7300元，老年人、妇女、残疾人、家庭困难学生得到更好照顾，保障性住房新建5255套、达到7906套；县财政保障性投入五年翻了一番，达到28亿元。重视发展教育事业，新建改造城乡幼儿园、学校156所，完成职业教育资源整合和职业院校基础能力建设。着力完善医药卫生服务体系，实施县中医院迁建和基层卫生机构能力提升工程，新建改造城乡医疗机构209所。加强城乡文体设施建设，大力开展群众文体活动。城区公共自行车系统建成投用，城乡公交一体化全面实现。整合检验检测资源，加强市场监管，成功创建为省级食品安全先进县。以前所未有的力度强化环境保护，累计实施总投资40亿元的225个治污工程，基本实现了治污设施的全覆盖和环境监管的网格化，环境污染得到遏制，环境质量实现好转。大力开展生态绿化，累计植树造林12万亩。高度重视安全生产，健全安全责任体系和网格化监管网络，持续开展专项行动，深化源头预防和隐患治理，安全生产形势总体稳定。深入推进“平安广饶”建设，健全应急管理体系和治安技防设施配套，加强社会矛盾排查化解，部署禁毒行动，严厉打击违法犯罪，社会大局和谐稳定。

*转作风提效能，政府自身建设全面加强。*聚焦作风建设持续发力，严格落实中央八项规定精神，深入开展党的群众路线教育实践活动、“三严三实”专题教育和“两学一做”学习教育，着力推进“庸懒散”专项治理，政风行风焕然一新。加快政府职能转变，

持续深化“放管服”改革，制定实施行政审批事项目录清单、行政权力清单、部门及镇街责任清单，县政务服务中心、公共资源交易中心、网上政务服务大厅建成投用，线上线下协同办公，行政效能显著提升。建立政府法律顾问制度，积极落实行政首长出庭应诉，创新和加强行政复议，依法行政能力进一步提高。认真执行县人大及其常委会的决议决定，自觉接受人大、政协和审计、舆论监督，累计办理人大代表议案建议408件、政协委员提案1415件。严格落实党风廉政建设责任制，不断扎紧制度笼子，积极推进阳光政务，反腐倡廉工作向纵深挺进。

各位代表，五年的奋斗硕果累累、鼓舞人心、催人奋进。五年来，我们始终坚持高点定位、奋勇争先，努力提升综合实力、推动跨越发展。瞄准经济强县、生态之城、幸福家园的奋斗目标，锁定全市领先、全省前列、全国一流的发展定位，坚持“工作项目化、项目责任化”，累计实施重点工程项目740个，扩充了总量、增强了实力。面对持续加大的经济下行压力，迎难而上、主动服务，坚持实施领导干部联系企业、驻企联络员等制度，认真落实各级清障减负政策，真心实意为企业解难题办实事，让企业降本增效、轻装前行，全县跨越发展的根基更加牢固。五年来，我们始终坚持转型升级、提质增效，努力推动产业迈向中高端、打造经济升级版。清醒认识到广饶经济的症结弊端，对症施策，设立转型升级引导资金，聚力推进创新驱动，深化科技体制改革，加快化工产业转型升级和轮胎产业兼并重组，让传统产业焕发生机、再造优势；创新实施三产服务业分离等关键举措，大力发展现代物流、金融、电子商务等新兴业态，延展传统优势，培育现代服务业，实现了全县经济发展的稳中有进、稳中向好。五年来，我们始终坚持城乡统筹、一体发展，努力提升服务能力、拓展发展空间。按照“以人为本、城乡统筹、产城融合、一体发展”思路，推进城乡规划建设和管理服务一体谋划、统筹实施，着力推动教育、卫生、文体、供水等公共服务和基础设施向农村延伸，构建起县城、小城镇、农村新型社区衔接互动的新型城镇化格局；开展全省县域经济科学发展试点，规划布局了系列产业园区，加强基础设施互联互通，推动新型城镇化和产业园区化一体联动，实现了镇街发展有空间、产业发展有载体，为城乡统筹奠定了基础。五年来，我们始终坚持民生为先、执政为民，努力让群众有更多获得感幸福感。将民生作为最大的政绩、民声作为最大的方向，五年办理惠民实事51件，不断提高社会保障救助水平，深入开展水气污染整治、公共安全深化和乡村文明建设等专项行动，有效解决了群众关心关注的实际问题，政府决策更接地气、更暖民心。

五年的发展实践使广饶迈上了更高台阶，许多工作走在了全国前列，先后获得全国科技进步先进县、全国绿化模范县、全国农业标准化示范县、国家农产品质量安全县、全国义务教育发展基本均衡县、全国文明县城、国家卫生县城、全国文化先进县、全国群众体育先进县等多项荣誉。道路充满艰辛，成绩来之不易，这要归功于全县上下同心同德、顽强拼搏。在此，我谨代表县政府，向为广饶建设发展付出辛勤劳动的全县广大群众，致以崇高的敬意！向给予政府工作大力支持的人大代表和政协委员，向各民主人士、工商联、各人民团体、无党派和社会各界，向离退休老同志，向驻广部队、武警官兵和公安民警，向胜利油田和其他驻广单位，向所有关心支持广饶发展的海内外朋友，表示衷心的感谢！

同时，我们也清醒看到了差距和不足，主要是：产业结构偏重，主导产业层次不高；企业创新能力不足，品牌意识不强，融资渠道单一，受宏观环境影响，部分企业生产经营困难；资源环境约束加大，治污体系不够完善，推进绿色发展、改善生态环境的任务艰巨；城乡、区域之间发展不够协调，城市功能品质需要进一步提升；公共服务存在短板，社会建设与管理任务繁重；个别政府部门和工作人员执行力不强、服务效率不高，不担当、慢作为等问题不同程度存在，等等。对这些问题，我们将采取有力措施，着力加以解决。

## 二、今后五年的总体要求和目标任务

各位代表，刚刚召开的中国共产党广饶县第十二次代表大会确立了广饶发展的奋斗目标、重大战略，描绘了广饶未来发展的壮丽蓝图。今后五年是深入实施“十三五”规划、全面建成小康社会的关键时期。这一时期，我们还会面临新的风险挑战，国际贸易形势依然错综复杂，国内经济下行压力仍然较大，传统发展模式难以为继，环境资源约束持续加大，加快转型、提质增效任务异常艰巨。但无论形势如何复杂、问题如何突出，只要我们坚定信心、争先作为，牢记发展第一要务，紧紧扭住转型升级不动摇，狠抓创新创业不松劲，就一定能在新一轮科学跨越中当好标兵、走在前列，开创广饶更加辉煌的明天！

今后五年政府工作的指导思想是：**全面贯彻党的十八大和十八届三中、四中、五中、六中全会精神，牢固树立创新、协调、绿色、开放、共享的发展理念，按照县第十二次党代会的总体要求，围绕“五个明显提升”，坚持“五条基本原则”，以质量效益为中心，以改革创新为动力，着力调整经济结构，统筹城乡建设，注重环境保护，保障和改善民生，努力实现更高质量、更有效率、更加公平、更可持续的发展，加快建设生态宜居、美丽幸福的现代化新广饶。**

主要预期目标是：到2021年，全县生产总值突破1000亿元，一般公共预算收入突破60亿元，全社会固定资产投资年均增长10%以上，社会消费品零售总额年均增长10%以上，城镇化率超过63%，居民人均可支配收入比2011年翻一番，繁荣发展社会事业，总体实力跨入全国百强县上游水平，率先全面建成高水平的小康社会。主要工作任务是：

——*更加注重创新发展，推动经济转型升级走在前列。*围绕打造广饶经济升级版，深入实施新型工业化核心战略，强化创新驱动，率先完成主导产业转型升级，培育壮大新兴产业，力争到2021年，高新技术产业产值占比超过45%，把广饶打造成为国内重要的绿色化工基地、造纸基地和机电汽配研发制造基地，建成国际知名的“轮胎之都”。聚力突破现代服务业，推动功能完备、规模膨胀，把广饶建设成为全省重要的物流枢纽、金融大县和旅游强县。大力发展高端高效农业，打造全国重要的优质农产品生产加工基地。三次产业结构优化为5∶59∶36。

——*更加注重协调发展，推动城乡统筹走在前列。*围绕建设现代化新型城市，全力推动撤县设市，加快城市功能配套和内涵品质提升，全面拉开中等城市发展框架，争取到2021年，县城建成区面积达到35平方公里，城镇常住人口突破35万。以“域外枢纽、域内畅通”为目标，实施一批重大基础工程，河广大道、庐山路等南北大通道建成，东青高速改扩建，小清河复航，东营港、青岛港至广饶输油管线贯通，环渤海、京沪二线高铁得到实施，构建起现代化综合立体交通体系，推动综合城市、特色城镇、美丽乡村协同发展。

——*更加注重绿色发展，推动生态建设走在前列。*围绕国家生态园林城市创建，实施蓝天、清水、净土、绿地工程，坚决打好水气土污染治理攻坚战，区域环境质量得到全面提升。实施重点产业能效提升计划，推进工业集中供水、城乡一体供水，基本完成产业园区循环化改造和农村清洁能源替代。力争到2021年，全县重点河流得到全面治理，空气异味基本消除，天蓝河清、绿满广饶，良好生态成为广饶的靓丽名片。

——*更加注重开放发展，推动改革开放和对外合作走在前列。*围绕构建开放发展新高地，坚持优进优出战略，加强品牌建设和产品创新，推广国际标准、国际认证，发展跨境电商；深入推进国内国际双向开放，深度对接“一带一路”国家战略，大力开展招商引资、招才引智，支持优势产能对外合作，拓宽利用外资渠道，全面提升开放型经济发展水平。力争到2021年，到位外来固定资产投资超过300亿元，实际利用外资1.5亿美元以上。

——*更加注重共享发展，推动社会建设和民生保障走在前列。*围绕幸福广饶建设，不断提高就业创业质量，完善社会保障救助体系，创新和加强社会治理，增强优质公共服务均衡供给能力，让群众有更多获得感。深化教育卫生体制改革，完成全县教育资源、医疗资源新一轮优化提升，力争到2021年，各级各类教育实现更高层次的优质均衡发展，人人享有基本医疗卫生服务和基本体育健身服务，创建为国家公共文化服务体系示范区。

### 三、2017年政府工作总体安排

今年是党的十九大召开的喜庆之年，也是推进供给侧结构性改革的深化之年。贯彻好县党代会决策部署，做好政府各项工作、实现良好开局意义重大。我们要紧紧围绕“生态宜居、美丽幸福的现代化新广饶”奋斗目标，牢牢把握稳中求进工作总基调，坚持新发展理念，精准发力，定向施策，着力推进供给侧结构性改革，全面提升产业发展质量，统筹城乡建设，保障和改善民生，促进经济社会稳步发展，加快向全面建成小康社会迈进。

今年全县经济社会发展的主要预期目标是：生产总值增长7%左右，一般公共预算收入增长7%左右，全社会固定资产投资增长10%左右，社会消费品零售总额增长10%左右，进出口和出口保持适度增长，城镇居民、农村居民人均可支配收入分别增长7.5%、8.5%左右，全面完成节能减排约束性目标。

各位代表！当前改革发展任务异常繁重，必须统筹把握、重点突破，一要把工业作为全县的头等大事，举全县之力支持工业、发展工业，聚力创新驱动和项目带动，尽快把规模优势转化为竞争优势，让干工业的有信心、搞实体的有奔头，开创工业大县由大到强的广饶实践；二要把城建作为当前的发展要务，盯紧现代化城市奋斗目标，破除县城的观念与束缚，大气魄建城、大力度管城，不断提升居住质量，拉开城市建设大框架，以靓丽业绩书写发展城市经济的广饶方案；三要把民生作为人心向背的关键，牢记群众主体仍在农村的县情，把准群众脉搏，盯准群众需求，持续扩大财政投入，完善公共服务，配套基础设施，不断改善广大农村、镇街基层的生产生活条件，使社会保障与百强县实力永相匹配，展现执政为民的广饶担当。

围绕上述目标要求和县委提出的“七项重点任务”，突出抓好七个方面的具体工作：

（一）开拓进取，全力推动经济平稳健康发展。把稳增长作为经济工作的首要任务，抓住企业、项目、园区等重点，果断出手、综合施策，力促经济运行在合理区间，为结构转调赢得时间，为经济发展提供支撑。

全力抓企业稳运行。企业是富民强县的顶梁柱，服务企业就是服务发展。要让企业更加稳健，必须把防范资金风险作为当务之急，深化政银企保合作，把优质国有资产全部装入新设立的县级资产管理公司，做大担保机构和应急转贷资金，推动股权投资、资产盘活，支持联合授信、银团贷款，优化担保圈、缓解融资难，加快“僵尸企业”出清，大力度减税降负，助推企业轻装前行、健康发展。要让企业走得更高远，必须下大气力支持企业练内功、补短板，实施规范化公司制改制，多渠道对接资本市场，提升企业经营管理水平；必须把创新作为发展第一动力，出政策、建机制，推动创新要素向企业集聚，激发创新活力，锤炼工匠精神，走自主创新、品牌强企之路，提升核心竞争力，推动企业转型升级、加快发展。要培育出百年企业，必须旗帜鲜明支持大企业发展，鼓励合资合作、兼并重组，集聚优势资源培育产业大龙头、区域大集团，实现快速膨胀、倍增发展；要大张旗鼓加强企业家队伍建设，倾心培养、倾力支持，激励广大企业家争做发展上有本事、责任上有担当的模范群体，秉承好传统、把握大趋势，引领广饶企业脱胎换骨、永续发展。

全力抓投资促增长。在经济下行压力下，投资对经济增长的拉动作用更加凸显。要紧紧抓住项目建设这个牵动全局的牛鼻子，按照“工作项目化、项目责任化”要求，把全年目标任务落实到具体项目上，通过抓项目带投入促发展，务求首年大起步、实现开门好。要全力推进实施好总投资646亿元的114个县级重点项目，强化服务协调和要素保障，从紧调度、从快推进，力促总量扩张、结构优化。企业是生产的主体，也是投资的主力，要全力支持企业立足自身优势和市场需求上项目，深入推进银企合作，鼓励银行结对帮扶、扩大信贷投放，最大限度保障企业项目资金需求；要引导骨干企业组建“投资联盟”、设立“主业基金”，团结协作参与经济发展、产业转型。各级政府也要及时跟进，围绕棚户区改造、基础设施建设等领域，继续论证提出一批大项目、好项目，积极对接政策性银行，努力争取更多资金投放；要实施更加积极的财政政策，创新项目建设模式和投融资机制，发挥财政资金乘数效应，撬动社会投资，推动项目滚动建设、投资接续不断。

*全力抓园区强支撑*。按照高点定位、主业突出、差异化发展思路，强化规划引领和服务配套，全力推进各类园区各显神通、竞相跨越，为企业发展、项目落地搭建强大平台。要把花官、陈官产业园区合并建设上升为全县优先战略，统筹好规划编制和基础配套，推动项目建设分类布局、产业发展梯次推进；要围绕园区定位，突出管理创新，强化项目把关，培育特色产业，努力走出一条高效生态发展之路，加速形成新的经济增长极，带动全县产业发展再上新台阶。县经济开发区要按照国家级开发区创建标准，加强基础配套，加快产业转型，抓好总投资101亿元的13个重点工程项目，争取进入省级经济开发区前10强。大王开发区要按照镇区一体、融合发展思路，抓好总投资140亿元的18个重点工程项目，依托工业集群优势，加快转型升级步伐，确保持续走在全省镇域发展前列。要充分挖掘稻庄、大码头等新兴产业园区发展潜力，同步推进项目建设和基础配套，打造区域发展新引擎。

*（二）自强不息，加快产业转型升级*。新常态下抓住机遇、抢得先机，必须紧紧抓住工业这个广饶最大的优势，创新求变，敢于突破，持之以恒抓转调，以新型工业化带动服务业现代化、促进农业产业化，力推三次产业结构优化、实力倍增。

*推动工业转型发展*。全面对接“中国制造2025”，深入实施新型工业化核心战略，统筹规划、分类指导，推动主导产业创新引领、迈向中高端。着眼增强行业话语权，坚持投资驱动与约束倒逼，突出抓好正和集团等骨干炼化企业千万吨油品质量升级、华盛公司2000万条高性能半钢子午胎、兴达公司20万吨钢帘线等16个传统产业转型升级项目，加快绿色化工基地和轮胎之都建设；深入推进化工产业、轮胎产业评级评价，坚决淘汰落后产能，为优质项目腾空间、增优势。着眼提升产品竞争力，深度对接省级技术创新项目计划、“互联网＋”战略，大力推进科技创新和品牌创建，鼓励企业设立公共研发平台和技术创新联盟，参与技术标准制定，争取年内完成17家企业技术改造，新增2家省级以上研发机构、2家高新技术企业和6个省级以上知名品牌。着眼抢占未来产业制高点，重点抓好大海新能源公司1（GW）太阳能硅片、万圣博公司8000吨对位芳纶、恒鹏公司12000吨复合透气膜、江山集团20万吨铝板带、昊林铜业6万吨精密铜合金管材等11个新兴产业项目，推动新能源、新材料等战略性新兴产业发展壮大，培育产业新集群。

*推动服务业加快发展*。把发展服务业作为补短板、调结构的战略任务，突出商贸物流、现代金融、文化旅游、会展经济、居民消费等重点，建载体、强实体，壮大服务业规模。要坚持立足工业、服务产业，突破发展生产性服务业，围绕服务炼化企业，建设东营港、青岛港等原油管线和广饶物流园成品油管网，降低企业物流成本，缓解区域交通压力；围绕服务轮胎企业，聚力办好轮胎汽配展，依托场馆主场优势和国家级轮胎质检中心、轮胎试验场等技术支撑，加快我县轮胎企业“三同”认证，打响广饶轮胎品牌，增强行业话语权；突出抓好广饶物流园、大王保税物流园建设，支持物流企业加快发展，力争物流业营业收入超过21亿元；突出抓好金融商务区建设运营，完善多层次金融服务体系，力争新增贷款120亿元以上。加快发展电子商务，着力推进电商大厦、电商创业基地建设，打造阿里外贸服务综合体，带动县域产品优进优出。加快孙子文化旅游区开发建设，

加强基础配套和服务管理，确保孙子文化园“五一”全面开园。结合生态国际慢城创建，依托孙武湖景区，整合周边林场资源，强化功能配套，实现区域旅游资源的互联互通。积极发展会展经济，继续办好孙子文化旅游节、吕剧艺术节，全年举办各类展会50场次以上，带动文化休闲、信息中介等关联产业加快发展。支持房地产业稳健发展，优先满足刚性和改善性购房需求。

推动农业高效发展。坚持以农业供给侧结构性改革为主线，主动对接黄河三角洲农业高新技术产业示范区，大力发展高效农业、精致农业和特色种养，着力增加绿色优质农产品供给，再创农业发展新优势。依托李鹊小麦、花官大蒜等优势产业，实施农业“接二连三”融合发展试点，延伸农业产业链，完善利益联结机制，推动农产品生产、服务、加工、流通、销售“五位一体”发展。加快广饶精致农业示范区、休闲渔业园区建设，抓好粮油食品精深加工等6个农业产业化项目推进，培育壮大农民专业合作社、家庭农场等新型农业经营主体。组织好农水会战，实施好预备河水系治理、小清河险工加固、辛桥干渠衬砌等重点农田水利工程，建设2.35万亩高标准基本农田，改善农业生产条件。深化农村综合改革，抓好为民服务中心建设和农村产权交易中心运营，放活土地经营权，增加农民财产性收入，激发农业农村活力。

（三）双管齐下，强势强力抓好环境保护和安全生产。环保安全既是发展所急，也是民生所盼。我们将坚持力度不减、节奏不变，持续推动生态治理和公共安全向纵深发展。

坚持生态立县、环境优先，“铁”字当头治理污染。要“铁军上阵”，加强环保队伍建设，扩编增员，抓业务严纪律，努力建设一支作风正、业务熟、敢担当的环保人才队伍。要“铁腕执法”，严把项目环保准入关口，对高排放、高污染项目坚决落实“一票否决”；抓好环保监察智能化建设，对治污设施实现实时监控；加强与司法机关的配合联动，严查严管，始终保持打击环境违法犯罪的高压态势。要“铁规施治”，开展水气土污染整治专项行动，聚焦治理水污染，签订责任状，落实“河长制”，重点推进织女河全流域生态化、景观化综合治理，配套推进污水处理厂提标、织女河—淄河人工湿地环境提升、农村面源污染整治、大王镇和县经济开发区雨污分流管网改造等治水工程，年内实现河流水质稳定达到五类标准；聚焦治理空气异味，立下军令状，以燃煤锅炉排放改造和重点行业企业挥发性有机物治理为重点，深入推进重点区域环境监管，统筹做好扬尘防治、秸秆禁烧、土小污染企业取缔等专项整治，促进大气环境质量持续改善。要“铁面无私”，健全网格化监管体系，拓宽群众举报渠道，严肃环境信访案件查处，无论涉及企业还是个人，无论地位高低、贡献多少，都要一追到底、依法办事，该曝光的曝光、该约谈的约谈、该问责的问责，确保执法的公正性、严肃性。

各位代表，“三年增绿”是我们重点实施的生态工程，要按照“两带、三网、四环”总体布局，加快推进，确保年度植树造林2.1万亩。要把环城防护林建设放在突出位置抓实抓好，当前，城东已经建成以孙武湖林场、东青路绿化带为主体的2.1万亩防护林，城南已经建成以大王林场、李鹊苗木基地为主体的3万亩防护林，下一步，重点在城西规划建设新潍高路改线和河辛路西环100米防护林带，在城北规划建设预备河南岸6000亩防护林，配套慢行绿道等基础设施，打造为观光休闲的公园型林带，让绿化工程发挥更大生态效益、社会效益。

坚持预防为主、综合治理，“实”字为先保障安全。要抓实责任，按照“党政同责、一岗双责、失职追责”要求，持续抓好网格化实名制监管体系运行，促进安全生产责任全方位落实。要严实执法，持续开展“打非治违”专项行动，依法严查安全生产违法违规行为，保持对非法生产经营行为的高压严打态势；加快企业手续完善进程，从源头上降低非法存量。要扎实治理，大力推进风险分级管控和隐患排查治理双重机制建设，全面加强重点领域监管，坚决堵塞安全漏洞。要夯实基础，开展“一法一条例”宣传和安全生产标准化达标创建，突出加强安全教育，倡树主动预防理念；完善数字化监管平台，健全“黑名单”管理、举报奖励等机制办法，增强监管实效和监管水平；把安全生产和职业卫生工作纳入城乡综合治理体系，实施一批重点安全工程，夯实基层基础。

（四）因势利导，统筹推进城乡一体发展。抓住全省新型城镇化综合试点、全省Ⅰ型小城市试点机遇，高起点完善规划、大投入推进城乡建设、全方位提升管理水平，倾力打造城乡一体、宜业宜居的现代化新广饶。

大视野优化区域规划格局。围绕现代化新型城市建设标准，坚持高起点布局，推动县城区与大王镇、稻庄镇、县经济开发区相向建设、一体发展；坚持高标准规划，突出孙子文化、古齐文化、吕剧文化、红色文化，编制好中心城区城市设计，修订完善城市总体规划和专项规划；坚持“多规合一”，搞好国民经济和社会发展规划与城市建设、土地利用、环境保护等规划的有机衔接，真正实现全县规划“一张图、一盘棋”；健全规划推进路线图、时间表和责任制，确保各项规划项目化、工程化、路径化，推动规划有序落地。

大手笔提升城市功能品质。围绕“宜居城市”建设目标，抓好锦湖超市、乐安华府等公建和住宅项目建设，启动五金交电公司片区、长途汽车站片区、西关片区等棚户区、城中村改造，新建泰安路、锦湖家园便民市场，推进地下综合管廊建设和河辛路两侧改造提升，实施潍高路、河辛路、东青路、长安路、乐安大街等主干道路亮化工程，配套城区道路修建、集中供水供热等市政设施，进一步丰富城市功能；围绕国家生态园林城市创建，以群众需求为导向，实施全城区绿地改造、储备地植树造林和公园配套提升，加快海绵城市建设，实现城市绿荫功能化、水系景观生态化、道路绿化游园化，整体提升城区生态环境。城乡环境整治是块硬骨头，我们将坚持“先政府、后百姓，先干部、后群众”的导向，强力推进拆违治乱专项行动，突出做好月河路以东片区拆迁扫尾、铁路公路沿线环境治理，加强数字化、智能化建设，以精细化管理提升城市宜居度、群众满意度。

大力度统筹特色城镇、美丽乡村建设。围绕特色城镇建设，支持镇街立足禀赋发展园区经济，完善基础设施配套，提升公共服务水平，推进产城融合。围绕美丽乡村建设，创新农村新型社区建设机制，与园中村改造、土地增减挂钩做好结合，继续推进集中居住试点工程；按照整合资源、连片治理、逐年推进思路，统筹实施天然气进村入户、污水收集处理、旱厕改造、生活垃圾分类处理等项目建设，深入推进移风易俗和乡村文明，加速公共服务、基础设施向农村延伸，建成9处美丽乡村示范片区。

大投入推动基础设施配套。推进重大基础设施建设，不仅能为未来发展打基础、做铺垫，更是当前扩大投资、促进经济稳健运行的重要手段。要按照大外环思路，适度超前、加大投入，西部规划建设河广大道，北部拓宽改造石大路、广青路，东部新建庐山路，与去年通车的南部新潍高路，形成新的环城路网。实施东青高速西水出入口拓宽改造、潍高路阳河桥大修，完成石大路跨东青高速高架桥建设，配合推进长深高速西延和黄大铁路建设，积极争取小清河复航工程立项。推进城乡公交总站建设，优化城乡公交一体化，改善群众出行条件。加快高店水库增容扩建进度，加速城乡供水一体化进程。建设军屯、央上等输变电工程和内蒙古特高压输电线路，不断强化发展基础支撑。

（五）敢为人先，不断深化改革开放。坚持向改革要动力、以开放增活力，提升境界，创新举措，集聚加快发展新动能。

持续深化重点改革。全面做好“简政放权、放管结合、优化服务”各项工作，稳步推进事业单位分类改革。继续做好商事登记制度改革，落实“先照后证”改革，放宽住所登记条件，进一步释放发展活力。加快财税体制改革，完善政府全口径预算体系，落实预算绩效管理。加强国有资产管理，设立城镇建设发展基金，支持城镇化发展和重大基础建设。统筹农村产权制度、集体资产制度和户籍制度改革，释放政策红利。深入推进教育卫生领域改革，创新加强队伍管理，突出绩效激励，激发干事创业活力。启动撤县设市工作，加快经济发达镇行政管理体制改革，扩权强镇、激发动能，带动新型城镇化加快发展。

*不断扩大开放合作。*高度重视政策争取和招商引资工作，坚持以产业为纽带、以园区为平台、以项目为支撑、以服务为保障，围绕战略重组、先进装备制造业、战略性新兴产业、现代服务业和现代农业，创新工作方式，完善政策机制，支持跑上去争取政策、资金、项目，走出去引进项目、资金、人才，确保争引县外资金70亿元以上。积极对接京津冀协同发展、环渤海地区合作发展战略，主动融入国家区域发展新格局，进一步拓展广饶发展新空间。坚持优进优出导向，大力发展对外贸易，支持企业扩大先进技术、关键设备、核心零部件进口，加大高新技术产品、机电产品和农产品出口，提高外贸质量效益。研究制定促进加工贸易创新发展实施方案，引导企业向设计、研发、品牌等内涵延伸，鼓励企业开展境外商标注册和国际认证，打造一批具有国际影响力的知名品牌。继续实施境外市场开拓百展计划，鼓励企业参加境内外知名展会，提高产品市场占有率。加快海关监管直通场站、保税仓库、出口监管仓库资源整合步伐，提高进出口便利化水平。

*（六）不遗余力，保障和改善好民生。*民生无小事、民意大如天。必须把为民惠民作为政府工作的出发点、落脚点，持续加大财政投入，统筹做好各项社会事业，不断增进群众福祉。

*加强就业和社会保障。*认真落实各级促进就业创业的政策措施，完善中小企业公共服务平台，优化区域创业创新环境，加快建设提升一批创业园区、创业孵化基地、创业型镇街和创业型社区，全力稳定和扩大就业。高度重视社会保障工作，继续扩大保障覆盖面，不断提升保障标准，70周岁以上老年人救助金每人每年提高100元，为全县弱势老人购买服务，改造提升镇街敬老院居住条件，对全县适龄妇女实施“两癌”免费体检，对困难家庭实施医疗救助，城市低保标准提高到每人每月570元、农村低保标准提高到每人每年4500元、农村五保供养标准提高到每人每年8000元。用心用情做好慈善救助、关心下一代、残疾人、红十字等工作。积极推进医养结合和社会化养老事业发展。扎实做好精准扶贫，坚决打赢扶贫攻坚战。

*优先发展教育事业。*探索实施校长职级制、去行政化，推进教职工“县管校聘”，优化教育资源配置。实施城乡幼儿园改造提升工程、省级示范园和市级类别园创建工程，促进城乡学前教育均衡发展。实施大王育才小学新建，兴安学校、大王实验小学续建和同和小学扩建，推进教育信息化，统筹解决大班额问题，巩固提升基础教育。改造一中西校区，建设英才学校体育馆，新建部分镇街初中学生公寓楼、食堂，改善学校基础条件。实施东营科技职业学院迁建工程，培育地方发展急需职业人才。

*加快“健康广饶”建设。*科学规划、统筹实施县医院、县妇女儿童医院、县精神卫生服务中心建设，放大优质医疗资源优势。加快县中医院迁建及配套工程，加强国医堂、中医馆建设，提升中医药服务能力。深化县级公立医院改革，着力理顺机制、提升水平，增强看大病、解难症能力。加强基层医疗卫生机构建设，抓好乡村医生队伍管理，提高基层接诊能力。大力推进医联体建设，强化制度创新，加快形成合理分治、上下联动的就医新格局，真正做到“小病不出村、大病不出县、常见病治在卫生院”。

*完善公共服务功能。*围绕国家公共文化服务体系示范区创建，推进文化场馆、科普场馆建设，实施文化惠民工程，丰富群众精神文化生活。抓好体育产业运营，推进基层体育设施建设，助力全民健身深入开展。实施农村社区服务中心建设三年行动计划，建立社区公共服务综合信息平台。超前谋划、系统施策，积极应对人口计生工作新局面。强化食品药品安全监管，保障群众饮食用药安全。深入推进“平安广饶”建设，加快构筑立体化社会治安防控体系，打好三年禁毒人民战争，保持社会大局和谐稳定。

各位代表，今年我们还将着重办好以下惠民实事：新建改建

11所幼儿园、中小学校，为81所幼儿园接入教育城域网，更新全县教师教学用计算机、多媒体，为每所中小学搭建1个创客空间教室，提升教育教学条件；提高老年人、妇女、困难群众等特殊群体保障水平，让每名群众享受到政府的关爱和社会的温暖；对县城区12个老旧住宅小区和40处单位住宅楼实施全面改造，提升居住质量；实施安全防护工程，为全县居民小区、重点路口安装监控设施，建设学校智慧消防安全服务云平台；为7万多户农村群众改造旱厕，改善农村卫生条件；实施燃气村村通工程，为300个村庄8个农村社区7万多户村民接通燃气，改善农村生活条件；实施城乡供水一体化工程，推进城乡居民用水同网同质；同步推进城西、城北公墓建设，满足群众实际需求；为全县240个住宅小区安装灭蚊设施，提升小区居住环境质量；对全县8处畜禽养殖场实施粪便资源化、无害化处理，改善人居环境。惠民实事关系群众切身利益，我们将落实推进责任，强化公众监督，确保把实事办好、好事办实。同时，对民生工作实施动态把握，拓宽群众联系渠道，问计问需、即知即改，真正做到民有所求、政有所应。

（七）牢记使命，努力建设人民满意政府。践行新理念、开启新征程，需要我们以更大决心、下更大气力抓好自身建设，提高施政能力和服务水平，更好担当起转型跨越的历史重任。

高效施政，不断增强群众的满意度。巩固深化“两学一做”学习教育成果，牢记“三严三实”要求，忠诚践行群众路线。大力弘扬担当精神、效率意识，部署开展不作为、慢作为等问题治理。深入开展区域化评估评审，为项目落地、企业发展减负担、提效能。大力提倡开短会、发短文，把更多精力放在抓工作落实、促问题解决上。加强对抓落实的督导调度，打造以结果为导向的落实机制。探索建立监督检查、问责追责和通报曝光常态化机制，推动形成崇尚实干的良好氛围。

依法行政，不断改进干部的政绩观。坚持一切从实际出发，按客观规律办事，在推动发展中把握规律性、减少盲目性，使执政实践经得起群众检验。始终秉持法治精神，认真遵守政府工作规则，善于运用法治思维和法治方式处理问题、推动发展。完善行政决策合法性审查、风险评估和责任追究机制，全面推行部门法律顾问制度，加强法制监督，提高依法决策水平。推进综合执法，强化执法监督，进一步规范行政执法自由裁量权。主动接受县人大及其常委会的法律监督、政协民主监督，认真办理人大代表议案建议和政协委员提案，充分听取社会各界意见建议，确保政府工作合法规、顺民意。

廉洁从政，不断提升政府的公信力。认真落实党风廉政建设责任制，严格执行中央八项规定、廉洁从政准则和纪律处分条例，努力建设良好政治生态。规范政府采购、工程招投标程序，深化政务公开，加强“三公”经费管理，从源头上预防腐败。开展“两随机一公开”检查，着力创新监管、减权限权，有效压减寻租空间。完善权力运行制约监督机制，强化行政监察、财政监管、审计监督，严肃查处各类违纪违法行为，着力倡树清风正气，做到干部清正、政府清廉。

各位代表！广饶是一方美丽富饶的创业热土。多年来，我们团结奋斗、拼搏进取，创造了富民强县的辉煌业绩。展望未来，面对艰巨繁重的改革发展任务，更需要我们风雨同舟、携手共建，与黄河三角洲农业高新技术产业示范区，与胜利油田兄弟单位，与各级驻广机构，唱响主旋律，汇聚正能量，建设好我们共同的家园，创造出更加美好的明天！

各位代表！梦想照亮前方，奋斗正当其时。让我们紧密团结在以习近平同志为核心的党中央周围，在县委的坚强领导下，凝心聚力、锐意进取，为率先全面建成小康社会，加快建设生态宜居、美丽幸福的现代化新广饶而努力奋斗！

# 重点工程项目完成情况

2016年，县委、县政府继续对全县重点工程和重点项目实行工作目标责任制，成立了由县领导牵头、有关部门参加的重点工程和重点项目推进服务领导机构，明确任务目标、工作职责和奖惩措施，实行工作目标责任制，加快推进。其中，工业类项目24个、农业农村类项目6个、服务业类项目8个、城建及基础设施类项目45个、社会事业类项目6个、生态环境建设类项目2个。

**（一）工业类项目**

1. 正和集团股份有限公司油品质量升级项目。总投资24.7亿元，2016年投资10亿元。截至12月底，基础设计已完成，长周期、次长周期设备已订货。

2. 东营市润泽新材料有限公司10万吨/年碳氢制冷剂及环保溶剂续建项目。总投资3.2亿元，2016年投资1.3亿元。截至12月底，原料储罐、立罐及管廊已完成，达到试生产条件。

3. 山东金宇实业股份有限公司1500万套/年大轮辋高性能半钢子午胎及智能仓库项目。总投资21.9亿元，2016年投资3.5亿元。截至12月底，半钢子午胎生产流水线、立体智能仓库已建成。

4. 山东华星石油化工集团有限公司油品质量升级项目。总投资19.6亿元，2016年投资10亿元。截至12月底，项目设计、设备采购及土建工程已完成。

5. 山东华星石油化工集团有限公司汽油及柴油升级国Ⅴ项目。总投资1.2亿元，2016年投资1.2亿元。截至12月底，主体设备已安装试产。

6. 山东哈迪斯机车配件有限公司500万套/年轨道列车空气弹簧减震总成项目。总投资8.1亿元，2016年投资4亿元。截至12月底，一期已建成；二期生产车间主体基本完成，部分生产设备已到场。

7. 东营市麦瑞德纳米材料有限公司30亿只/年水性WPU一次性手套项目。总投资2.1亿元，2016年投资1亿元。截至12月底，生产车间主体已建成，主要设备已订购。

8. 山东兴达钢帘线有限公司20万吨/年钢帘线项目。总投资16.2亿元，2016年投资3亿元。截至12月底，生产车间已建成，5万吨/年钢帘线项目已投产。

9. 山东鲁宁集团机床暨钣金生产项目。总投资2.2亿元，2016年投资2.2亿元。截至12月底，机床、钣金加工车间新建完成，数控龙门五面体加工中心、龙门加工中心、精密动梁导轨磨床、数控折弯机等设备购置完成并投产，已具备400台/年高档数控机床生产能力。

10. 山东江山集团有限公司20万吨/年铝板带项目。总投资5亿元，2016年投资3亿元。截至12月底，主体车间已建成，8条铸轧生产线已投产运营，2条冷轧生产线试生产。

11. 迪耐特（山东）制动材料有限公司200万片/年高强度纤维环保型刹车片项目。总投资5.6亿元，2016年投资2.5亿元。截至12月底，一期1#车间、2#车间、仓库已建成，设备已安装投产。

12. 东营市华峰布业有限公司环保高性能工业丝项目。总投资2.1亿元，2016年投资1.3亿元。截至12月底，纺丝机、捻线机、织布机等生产设备已订购。

13. 广饶科力达石化科技有限公司120万吨/年油品质量升级项目。总投资4.4亿元，2016年投资3.5亿元。截至12月底，劣质柴油加氢改质装置及相关配套设施已安装完成，开始试生产。

14.山东昊林铜业有限公司6万吨/年耐腐蚀精密铜合金管材项目。总投资3亿元,2016年投资1.2亿元。截至12月底,正在进行车间主体建设,安装调试设备,配套建设开关站、软化水处理站。

15.山东神宇机械制造有限公司10000台/年抽油机、50000台/年齿轮减速器项目。总投资11亿元,2016年投资4亿元。截至12月底,抽油机生产线已建成投产;齿轮减速器项目生产车间已建成,正在安装调试设备。

16.山东正宇铝业有限公司300万只/年高端铝镁合金新材料车轮项目(二期)。总投资12.9亿元,2016年投资2亿元。截至12月底,1#车间已建成;二期设备已安装,达到生产条件。

17.山东大海新能源发展有限公司1GW/年太阳能硅片生产项目。总投资15亿元,2016年投资6亿元。截至12月底,生产厂房及配套工程已完成,设备已安装调试,开始试生产。

18.中触媒华邦(东营)有限公司异丁烯综合利用项目(二期)。总投资4.5亿元,2016年投资2.2亿元。截至12月底,2个球罐、22个立罐、4个内浮顶罐已安装;甲类仓库、备品备件仓库及配套设施已建成;主装置桩基施工已完成。

19.东营海瑞宝新材料有限公司聚氨酯新型液体扩链剂DETDA项目。总投资1.8亿元,2016年投资1.3亿元。截至12月底,1#车间已建成,设备已安装;2#车间完成基础施工;原材料仓库、成品仓库、管廊已建成;锅炉房、配电室等辅助设施已建成。

20.东营科海智能科技有限公司5000套/年工业用机器人项目。总投资1.5亿元,2016年投资1.5亿元。截至12月底,2套AGV轨道上料机构已投用。

21.东营市亚泰化工有限公司5万吨/年页岩气用抗高温、低残渣环保高效增稠剂项目。总投资5.2亿元,2016年投资2.5亿元。截至12月底,3#、6#车间已建成。

22.山东华盛橡胶有限公司2400万条/年高性能半钢子午胎项目。总投资20亿元,2016年投资5亿元。截至12月底,零部件车间、成型车间、硫化车间及辅房、检测车间及各功能仓库已建成,主要设备已订购,正在安装调试设备,部分车间产品已下线。

23.山东胜星化工有限公司120万吨/年连续重整项目。总投资4.5亿元,2016年投资4.5亿元。截至12月底,四合一加热炉、二合一预加氢反应炉等设备已安装。

24.东营市首邦植物纤维制品有限公司4.2万吨/年秸秆纤维制品项目。总投资2.1亿元,2016年投资6500万元。截至12月底,生产车间已建成,部分设备已订购。

**(二)农业农村类项目**

1.东营市瀚海渔业有限公司东营市瀚海农业示范园区。总投资5000万元,2016年投资2000万元。截至12月底,园区总体规划、施工图已完成。300亩规范化渔业养殖区、河海观光码头扩建、园区观光路及人工岛游步路施工已完成,部分采摘园已种植完成,停车场、嵩门、景观亭已建成;渔业温室大棚已建成,第一茬120万尾虾苗已投放喂养。

2.东营市翔宇工贸有限公司东营沃康生态农业示范园。总投资2200万元,2016年投资2200万元。截至12月底,垂钓园、鱼藕混养池、休憩区、餐饮区及采摘园已建成。

3.山东天红鸭业有限责任公司林下150万只肉鸡规模化养殖项目。总投资2500万元,2016年投资1000万元。截至12月底,8个养殖大棚已建成,基础设施配套及设备安装已完成,第一批20万只肉鸡已出栏。

4.广饶现代农产品加工产业园。总投资3.5亿元,2016年投资6000万元。截至12月底,经二路、辛王路2条主干道路已建成,部分雨污排管网已配套,绿化、亮化等工程规划已完成。

5.广饶县精致农业园区。截至12月底,四支路南段改造及配套设施建设已完成;孙武湖至大王水系引水延伸工程土方及管涵铺设已完成。鹊苑精致农业示范区、苗木花卉展示观赏区、农资配套服务区已建成,水、电、讯、灯等基础设施已配套;滨源蔬菜标准化基地、1300亩林木良种基地已建成。

6. 广饶汇通粮食种植农民专业合作社广饶县为农综合服务中心。总投资2080万元，2016年投资1000万元。截至12月底，农产品收储仓库、服务中心已建成；新购进智能终端配肥机1台、大型自走式统防统治喷雾设备2台、小型背负式喷雾器30台；2000亩高产示范田全部种植完成。

**（三）服务业类项目**

1. 广饶县辰峰房地产开发中心乐安城市广场商业开发项目。总投资3亿元，2016年投资1.5亿元。截至12月底，主体及室内外配套建设基本完成，已销售商品楼87套，农贸市场区、家具建材区已投入运营。

2. 山东宇通电子商务有限公司宇通电子商务综合服务平台项目。总投资1.1亿元，2016年投资5800万元。截至12月底，B2C开放平台宇通优购网上商城已建成并开放使用；物流配送系统“宇通e速”已投入使用；宇通优购O2O便民服务站、宇通优购实体店和乡村加盟店、宇通优购大型购物商场已建成。

3. 山东新兴物流有限公司广饶物流园铁路专用线二期及附属设施项目。总投资2.3亿元，2016年投资1.1亿元。截至12月底，露天平台、煤储区建设及园区道路硬化基本完成；22万伏变电站主体工程及装修已完成；铁路支线建设及附属设施配套已完成。

4. 大王保税物流园区建设。总投资45亿元，2016年投资2.4亿元。截至12月底，海关监管办公楼主体已投入使用；1＃、2＃、3＃出口监管仓库已建成。

5. 胎大王信息科技有限公司胎大王—中国轮胎电商第一平台。总投资4100万元，2016年投资3000万元。截至12月底，电商设备已安装，基础软件开发已完成，正在开展电商品牌宣传。

6. 山东龙德置业有限公司喜乐汇文化产业园。总投资7000万元，2016年投资3000万元。截至12月底，婚礼中心、接待大厅已建成投用。

7. 赛亚轮胎检测有限公司国家轮胎及橡胶制品质量监督检验中心广饶橡胶轮胎分中心试验场项目。总投资11.5亿元，2016年投资1亿元。截至12月底，ISO噪声测试道、湿滑制动测试道等轮胎法规性能测试道及多用途小动态广场、部分连接道路已建成。

8. 长城创新港二期项目。总投资4.5亿元，2016年投资1亿元。截至12月底，B1、B2厂房已建成投用；C1、C2厂房已建成；中心广场铺装已完成。

**（四）城建及基础设施类项目**

1. 中心商务区建设工程。2016年投资1亿元，累计完成投资3.88亿元。截至12月底，宇通和谐广场1＃、2＃住宅楼和商业裙房主体工程已完成；商业商务项目正在招商，协调土地挂牌出让。

2. 乐安文化市场建设。总投资1亿元，2016年投资6000万元。截至12月底，A段四层顶板已浇筑，B段正在进行三层模板支撑施工，C段正在进行一层模板支撑施工。

3. 华誉国际贸易中心建设。总投资3.1亿元，2016年投资1.5亿元。截至12月底，十八层主体工程已完成，规划总建筑面积5.2万平方米，建设华誉国际贸易中心。

4. 中南世纪城二期。总投资12亿元，27＃、28＃、29＃、31＃、32＃、33＃等7栋高层住宅已封项，配套管理用房主体已建成。

5. 圣泽·舜城项目。总投资10.5亿元，2016年投资5亿元。截至12月底，A区商业楼已交付使用；C区6栋住宅楼已交付使用，15栋住宅楼已完成内装。

6. 圣泽·水岸名居小区建设。总投资3.9亿元，2016年投资1亿元，建设8栋高层住宅楼，规模十七至二十二层。截至12月底，一期已完成竣工验收、达到分房条件。

7. 四季花城小区建设。总投资10亿元，2016年投资3.6亿元。截至12月底，7栋住宅楼、8栋商业楼主体已完成验收，配套施工基本完成；7栋住宅楼主体施工已完成，正在进行内外墙抹灰和水电安装施工。

8. 原长途汽车站及拖修厂片区改造项目。截至12月底，已签订《广饶汽车站搬迁改造意向协议》，66户住宅安置方案已制定，拖修厂资产评估已完成。

9. 县啤酒厂片区回迁安置项目。截至12月底，累计完成投资700万元，规划设计方案已评审完成。

10.乐安商贸城老片区搬迁改造项目。截至12月底，一期地上附属物搬迁工作已完成，腾空土地55亩；农贸市场、建材市场拆除工作已完成；村集体沿街营业楼协议已签订、部分已拆除；乐安华府规划设计工作已完成。

11.宏润居小区建设。截至12月底，3栋住宅楼正在进行六层主体施工，1栋住宅楼正在进行五层主体施工，5栋住宅楼正在进行四层主体施工，1栋住宅楼正在进行一层主体施工。

12.老城区改造项目。截至12月底，村庄院落调查工作已完成，西关片区涉及村庄平面图、安置院落认定方案已完成；国有土地上房屋征收补偿安置方案和集体土地上房屋搬迁补偿安置方案初步制定。

13.广饶街道桥头王村搬迁改造项目。截至12月底，安置区已建成，商业及旅游配套建设已完成；旧村改造规划设计基本完成。

14.丽景红郡小区建设。总投资3.9亿元，2016年投资2亿元。截至12月底，2＃、3＃、4＃高层住宅正在进行十层以上主体施工；2＃、3＃、5＃、6＃、7＃、8＃联排住宅正在进行主体施工。

15.怡景苑小区建设。总投资2.8亿元，2016年投资1.9亿元。截至12月底，4栋住宅楼已竣工交房。

16.老旧住宅小区环境改造提升。截至12月底，广饶街道老旧小区改造工程已完成，丁庄街道怡馨花园改造工程全面完工，大王镇17个老旧小区改造工程全面完工，花官镇春华园小区改造工程全面完工；西苑小区便民市场改造已完工。

17.东方丽苑小区建设。2016年投资1.1亿元，累计完成投资1.21亿元。截至12月底，3栋住宅楼十七层主体施工已完成，商务楼十六层主体施工已完成。

18.锦湖家园小区D区二期工程。2016年投资2.56亿元，累计完成投资9亿元。截至12月底，5栋住宅楼已竣工。

19.金融商务区道路等配套工程。截至12月底，两条道路已竣工，雨水、污水、电力、通信、热力管线及照明设施已配套。

20.河辛路两侧改造提升工程。截至12月底，沿路两侧林带外侧辅道建设及立体化多层次绿化施工已完成。

21.大码头新材料工业园消防站建设项目。截至12月底，正在进行执勤楼土建施工，配备大型消防车及灭火、抢险救援、防护、通讯、训练等器材。

22.智慧城市建设。截至12月底，累计完成水准测量175公里，片区修补测量约21平方公里；补测道路、水系总长度约52公里；外业探测、监理检查已完成，县城区地下管线普查和信息管理系统已开发建设完成；道路照明智能控制系统、城市管理视频监控系统、城镇供气设施智能管理系统、数字城乡环卫信息平台已建设完成，指挥中心视频监控存储设备已安装；时空信息云平台已开通运营。

23.城区集中供热工程。(1)华泰热电厂项目。2016年度投资1380万元。截至12月底，主体土建工程已完成，1＃、2＃机组主体设备已安装并投入运行，800万平方米换热首站已建成。(2)换热首站供热扩容项目。2016年度投资11000万元。截至12月底，换热首站供热扩容工程已完成；共完成管槽开挖10140米、管道焊接10800米、管道电预热10800余米、管槽回填10140米。(3)广饶开发区供热管网接入县城区供热主管网项目。2016年度投资1400万元。截至12月底，管道铺设工程基本完成。(4)稻庄镇敷设供热管网项目。2016年度投资2500万元。截至12月底，管道铺设工程已完成。

24.城区道路改造工程。2016年度投资560万元。截至12月底，已完工通车。

25.市政设施改造提升工程。2016年投资770万元。截至12月底，健身器材更换、道路标志牌路名牌安装、交通信号灯安装、顺安路(乐安大街至綦公路段)人行道维修、城区道路维修、道路标线施划、长安路(迎宾路至綦公路段)西侧人行道铺装改造已完成。

26.城区绿化提升工程。2016年度投资1620万元。截至12月底，全部完工。共清运垃圾11116立方米，回填种植土27138立方米，绿化给水开槽8000米，栽植乔灌木13000株、模纹及地被草花8万余平方米,铺装人行道及园路4500平方米,安装路缘石5400米,安装围网1650米,敷设管线23000米,砂滤罐、水箱、水泵、变频控制器等设备已安装。

27.城区雨污分流改造工程。2016年投资330万元。截至12月底,老城区文安路与迎宾路交叉路口、月河路与人民路交叉路口、傅家路与兵圣路交叉路口等8处雨污分流改造施工已完成;孙武沟、月河沟一体化泵站已安装。

28.公园提升工程。2016年度投资194万元。截至12月底,已完工投用。

29.华泰路南延建设工程。2016年投资250万元。截至12月底,已竣工通车,雨水、污水、给水管线及照明设施已配套。

30.月河西路修建。截至12月底,道路已建成通车,雨水、污水管线及人行道、照明设施已配套。

31.广凯路东延。2016年投资575万元。截至12月底,道路已建成,雨水、污水管线及道路生命防护配套施工已完成并竣工验收。

32.惠安路(乐安大街至老潍高路)大修工程。截至12月底,沥青混凝土面层及交通设施配套完成施工,已通车。

33.石大路跨S230东青线及G25长深高速(东青段)高架桥建设工程。2016年投资1900万元,累计完成投资2070万元。截至12月底,桥梁桩基、上部结构、部分道路已完成施工。

34.城乡公交总站建设。2016年投资605万元,累计完成投资1000万元。截至12月底,综合办公楼已完成主体验收,内外装施工基本完成。

35.S227河辛线广饶绕城段改线。截至12月底,立项手续已批复,勘察设计招标公告已发布。

36.道路安全生命防护工程。截至12月底,路段综合治理项目、城区设置安保设施项目、国省道设置安保设施项目、路口设置安保设施项目全部完工投用。

37.庐山路南延工程。截至12月底,工可报告已修改完善。

38.S323潍高路改线二期工程(广饶段)。截至12月底,路基路面、交通安保设施建设完成,已通车。

39.长深高速广饶至高青公路项目。截至12月底,征地拆迁工作已进入内业阶段,正在进行变更路段勘测放线和地面附属物清点工作。

40.老潍高路高田桥大修改造工程。2016年投资580万元。截至12月底,全长80米路段已完工通车。

41.大码头镇小清河调水修复改造工程。总投资2000万元。截至12月底,完成土方施工28.5万立方米,衬砌渠道9735米,新建支门、桥涵、节制闸等建筑物32座。

42.小清河小河子泵站和主干渠清淤及建筑物配套工程。总投资1275万元。截至12月底,二干、三干、麻湾总干、十二支等骨干渠道清淤已完成,30座支门维修改造、小河子泵站等工程已全部完成;花官镇片区、陈官镇片区工程已完成。

43.丁庄镇沿河扬水站及建筑物配套改造工程和片区治理工程。总投资1710万元,2016年投资1220万元。截至12月底,新建及维修扬水站8座,衬砌渠道24条、23000米,疏挖整修支、斗、农级沟渠路290条、176公里,完成土方施工72万立方米,新建及维修水工建筑物188座。

44.高店水库增容工程。总投资6亿元。截至12月底,土方围坝工程已开工建设,正在进行水库排水、清基、坑探等施工。

45.城乡供水一体化。总投资1.2亿元,2016年投资7458万元。截至12月底,新打水源井26眼,铺设输水管线55公里,丁庄街道、陈官镇清水池主体工程已完成。

**(五)社会事业类项目**

1.大王实验小学建设。总投资6000万元,2016年投资3500万元。截至12月底,综合教学楼、体艺楼、学生公寓主体已封顶,墙体砌筑已完成;体艺楼正在进行球形网架施工。

2.县同和小学扩建、食堂餐厅建设工程。截至12月底,正在进行扩建规划方案设计;食堂餐厅建设工程立项手续已办理,施工图设计、土建招投标工作已完成。

3.天然气镇镇通。总投资1.8亿元。截至12月底,项目初步设计、地质灾害评估报告已完成。

4.兴安学校建设工程。2016年投资3150万元。截至12月底，小学部主体已完成。

5.门诊病房综合楼项目。截至12月底，累计投资124万元；3个村106户（107个院落）房屋征收协议签订及房屋拆除工作已完成，正在处理遗留问题。

6.广饶县中医院（乐安街道社区服务中心）综合楼项目。2016年投资1500万元，累计完成投资8160万元。截至12月底，地面砖工程完成90%，外墙玻璃幕墙完成60%，外墙窗户完成80%，钢结构雨棚完成90%。

**（六）生态环境建设类项目**

1.大码头新材料工业园污水集中处理和中水回用项目。截至12月底，基础开槽已完成。

2.大王镇阳河、织女河综合治理工程。2016年投资8298万元，累计完成投资9589万元。截至12月底，阳河综合治理工程已完成；织女河河道疏挖及引水工程已完成。

# 惠民实事完成情况

2016年1月19日广饶县第十七届人民代表大会第五次会议《政府工作报告》中，提出要围绕民生急需、社会关注，着力办好十件惠民实事，进一步增进群众福祉。至年底，各项惠民实事按计划圆满完成。

**（一）改造提升城乡学校幼儿园方面**

新建兴安小学、大王镇实验小学均完成年度建设任务，新建英才学校初中部体育看台建成投用；新建稻庄镇徐楼学区幼儿园，丁庄镇中心幼儿园，大码头镇高杨、央上幼儿园，花官镇洛程、李楼幼儿园，陈官镇北户幼儿园；改扩建丁庄镇广北、牛圈、丁屋、辛桥幼儿园，李鹊镇皮里幼儿园，花官镇中心幼儿园，开发区张官、石村、前安德幼儿园，有效提升了学前教育基础设施建设水平。

**（二）提升城乡医疗卫生服务水平方面**

1.全县共新建社区卫生服务站3处、中心卫生所9处、标准化卫生室27处，改扩建社区卫生服务站2处、标准化卫生室5处，年内全部完成主体建设；医疗设备通过政府采购程序统一招标配备。

2.为广饶街道社区卫生服务中心配备了彩超机，为大王镇卫生院配备了彩超机、十二导同步心电图机，为稻庄镇卫生院配备了便携式彩超、妇科宫颈微波治疗仪，为丁庄镇卫生院配备了全自动尿液分析仪、便携式彩超，为花官镇中心卫生院配备了心电监护仪、数字胃肠机、十二导同步心电图机，为陈官镇卫生院配备了五分类全自动血液细胞分析仪、全自动尿液分析仪，为李鹊镇卫生院、开发区卫生院配备了便携式彩超。

3.全县共开展乳腺检查32271人，发现乳腺良性病变4114人、可疑患者339人，确诊乳腺癌患者14人；开展宫颈检查31229人，HPV阳性1989人、可疑患者156人，确诊宫颈癌7人。

**（三）丰富城乡居民文化生活方面**

1.在县城区建设3处集报纸阅览、便民信息等服务于一体的电子阅报屏。

2.在97个村居建设乡村剧场。

3.开展“进千村乐万家”文化惠民活动，实施“一村（社区）一年五场戏”公益服务，全年组织开展演出活动2310场。

**（四）实施老旧住宅小区环境改造提升方面**

1.对县城区清风小区、翠湖小区、康居花园、乐园北区、乐园南区、明月北区、明月南区7个老旧住宅小区自来水、监控设施等进行改造提升；对月河小区、乐民小区、渤海明珠、广泽商贸城、阳光北区、阳光南区6个小区实施停车位规划、监控设施改造、路面修补、路灯维修等改造提升。

2. 对58个县城区单位自建及破产企业住宅区实施路面维修、路灯改造、楼宇门安装、旱厕改造等改造提升。

3. 对西苑小区便民市场进行改造提升。

4. 对大王镇雅居苑、华星南区等17个小区及丁庄镇怡馨花园、花官镇春华园小区共19个镇街老旧住宅小区实施路灯改造、路面更新等改造提升。

**（五）道路安全生命防护工程方面**

1. 农村公路安全生命防护。完成高田桥、踊跃桥危桥改造；施划热熔标线11万平方米、振荡标线2万平方米，建设交通标志1200套、防撞护栏15000米、警示桩3600根。

2. 城市道路安全生命防护。安装限高架5套、黄闪警示灯6套、“T”型路口提示牌4套、学校提示牌6套，施划震荡减速标线1600平方米。

3. 国省道安全生命防护。建设单柱式标志20处、单悬臂式标志59处、单柱式轮廓标872根、附着式轮廓标136块、道口桩672根、警示桩60根，施划标线3797平方米、立面标记557平方米，安装护栏2029米。

4. 道路交通安全生命防护。完成新增设的7处交通信号灯及省道与县乡村道交叉口警示桩、减速带安装，共安装警示桩498根、减速带2614平方米。完成了14个路口标线施划。

**（六）城乡供水一体化方面**

1. 扩建第二水厂，日供水能力达到2万方，配套水源机井26眼，铺设管线55.4公里，解决县城区新建小区及丁庄镇、广饶街道、乐安街道63个村居6万名居民饮水安全保障问题。

2. 调整第一、第二水厂地下饮用水源地一级保护区范围，完成《全县饮用水地保护区划分报告》编制并通过联合审查；落实水源地保护区边界现场标志标识。

**（七）天然气镇镇通项目建设方面**

规划建设李鹊门站及花官、陈官、丁庄、大码头调压计量站，配套建设高压输气管线54公里，实现天然气镇镇通。县政府于2015年12月18日正式批复由山东鲁安天然气有限公司投资建设和运营天然气镇镇通项目（广政批复〔2015〕748号）。截至2016年5月上旬，该项目可行性研究报告、选址、环评、能评、土地预审、立项等手续及项目初步设计均办理完成。

**（八）农村旱厕改造方面**

全县共完成改厕18800户，其中大王镇完成4660户，稻庄镇完成4009户，李鹊镇完成2500户，丁庄镇完成1765户，花官镇完成1811户，陈官镇完成1525户，大码头镇完成2530户。

**（九）提高城乡居民社会保障水平方面**

1. 自1月1日起，将城乡居民医疗保险财政补助标准由每人每年400元提高至430元。2016年县财政支出比上年增加275.88万元。

2. 自1月1日起，为0～9岁符合救助条件残疾儿童提供抢救性康复救助，并为其每人每月发放200元交通食宿补贴。2016年县财政支出比上年增加16万元。

3. 自1月1日起，将特困残疾人救助标准提高到一级每人每月180元，二级每人每月150元；新增发放三、四级特困残疾人救助资金每人每月100元。2016年县财政支出比上年增加170万元。

**（十）提升食品安全水平方面**

1. 建设全县食品安全信息平台及在线监测系统，在50所学校食堂和100家食品生产企业、大型餐饮单位、大中型超市安装电子实时摄像头，对食品生产经营单位高风险环节进行实时监控。

2. 在10个镇街、开发区食品药品监管所、佳乐超市等4个大型食品流通单位、广饶宾馆等5个大型餐饮单位、1家蔬菜批发市场建设高标准食品快检室，提升食品安全现场快检能力。组织开展“你来送我来检”活动，引导消费者将所购食品送快检室检测，全年快检食品1163批次。

3. 为9个镇街及广饶滨海新区食品药品监管所配备执法记录仪、照相机、电脑等标准化执法装备，提升基层执法能力。

# 大事记

## ·1月·

5日,广饶县召开2015年度镇(街道)党(工)委书记抓基层党建工作述职评议会议。会议采取“一述一评”方式进行,各镇(街道)党(工)委书记分别就履行基层党建工作第一责任人抓基层党建情况、存在的突出问题和薄弱环节及下一步工作思路打算等进行述职。县委书记田和友主持会议并作了逐一点评,就抓好下一步工作提出要求。市委组织部有关领导在点评中对广饶县基层党建工作给予充分肯定,指出存在的问题和不足,并围绕从严从实抓好基层党建工作提出意见。与会人员对各镇(街道)党(工)委书记抓基层党建工作进行了民主评议。

18～19日,中国人民政治协商会议第九届广饶县委员会第五次会议在乐安大厦会议中心召开。

19～20日,广饶县第十七届人民代表大会第五次会议在乐安大厦会议中心举行。

21日,广饶县组织召开2016年全县银企洽谈会,20家市级银行机构、17家县内金融机构及49家2016年全县重点工程项目企业负责人参加会议。正和集团、永泰集团、大海新能源、正宇铝业等30家企业与20家银行金融机构进行项目签约,共达成合作意向148项,签约金额达145.7亿元。

是月,在团中央开展的“百县千乡”分类示范创建活动中,广饶县被团中央评为2015年度“全国农村基层团建示范县”。

是月,省财政厅公布2015年山东地方金融企业绩效评价结果,有100家企业被评为优秀,其中广饶县共有8家企业上榜。广饶农村商业银行以101.48的高分在全省农村信用社(农村商业银行、农村合作银行)中排名第1位;广饶县乐安小额贷款股份有限公司、广饶县丰泰小额贷款有限责任公司、广饶县金丰源小额贷款股份有限公司、广饶县勇鑫小额贷款股份有限公司、广饶县金岭小额贷款股份有限公司、广饶县鲁商小额贷款股份有限公司、广饶县金桥小额贷款股份有限公司在全省小额贷款公司制中分别排名第8位、第9位、第10位、第12位、第22位、第28位、第30位。

是月,广饶县山东宏盛橡胶有限公司“华盛及图”、山东国风橡塑有限公司“国风及图”、山东贝特尔车轮有限公司“贝特尔BELTEL”和山东正顺车轮有限公司“创A”4件注册商标被认定为山东省著名商标。

是月,中共东营市委、市政府公布2016年全市重点项目,广饶县12个项目入选,总投资107.5亿元、年内投资39.5亿元,其中,农业项目3个,总投资27.3亿元、年内投资9.6亿元;工业项目5个,总投资31.7亿元、年内投资15.2亿元;能源交通基础设施项目3个,总投资45.3亿元、年内投资13.7亿元;社会事业项目1个,总投资3.2亿元、年内投资1亿元。

是月,中石油泰青威天然气管道潍东线寿光分输站计量出口阀开启，省天然气下乡广饶支线建设工程正式投入运行。该工程起点为中石油泰青威支线潍坊—东营天然气管线寿光分输站，途经大王镇、稻庄镇至县经济开发区，沿线设化龙分输阀室、大王分输站、胜星分输阀室和稻庄分输阀室，终点为县经济开发区末站，全长约36.5公里，设计年最大输气量12亿立方米。

## ·2月·

4日，市委副书记、市长赵豪志到广饶县现场督导安全生产工作。先后到山东胜星化工有限公司，东营市第二人民医院新建综合楼，华泰集团70万吨/年高档铜版纸项目、45万吨/年新闻纸项目进行查看，听取了有关安全生产工作情况汇报，并仔细检查企业、医院消防设施配备及运行状况，深入了解安全管理制度落实情况，对存在的问题，要求相关负责人迅速整改到位，不留死角，全方位保障安全生产。

4日，国家卫计委在官方网站公布《全国爱卫会关于2015年国家卫生城市(区)和国家卫生县城(乡镇)复审结果的通报》，广饶县榜上有名，顺利通过国家卫生县城复审。

14日，全县经济工作会议召开。

17日，广饶县2016年春季用工招聘洽谈会举行。此次招聘洽谈会共有181家企业入场，提供就业岗位10260个，5700余名求职人员参加，达成用工意向4600余个。

25日，中共广饶县纪委十一届六次全体会议召开。会议传达学习习近平总书记重要讲话和十八届中央纪委六次全会、省纪委十届七次全会、市纪委五届七次全会精神，回顾总结2015年全县党风廉政建设和反腐败工作，研究部署2016年任务；审议通过张子柱代表县纪委常委会所作的工作报告和全会公报(草案)。

是月，东营市语言文字工作委员会组织的评估团对广饶县语言文字工作进行评估，广饶县顺利通过国家三类城市语言文字工作评估。

是月，省政府下发《关于下达2016年省重点建设项目名单的通知》，广饶县山东哈迪斯机车配件有限公司500万套/年轨道列车空气弹簧减震总成项目入选。

## ·3月·

3日，市委副书记、市长赵豪志到广饶县调研。先后到东营海瑞宝新材料有限公司聚氨酯新型液体扩链剂DETDA项目、东营市润泽新材料有限公司6万吨/年碳氢制冷剂项目、中触媒华邦(东营)有限公司4万吨/年异丁烯项目、稻庄镇绿都木业有限公司1200亩林木基地项目等进行查看，并听取相关工作情况汇报。

8日，广饶县45个重点工程项目集中开工。项目涵盖机械制造、新能源、现代服务业、生态环保等多个产业和领域，总投资156.7亿元。集中开工的重点工程项目中，工业类工程项目16个，农业农村类工程项目3个，服务业类工程项目6个，城建及基础设施类工程项目19个，生态环境建设类工程项目1个。

9日，广饶县对城乡居民基础养老金标准进行调整，由每人每月150元提高到每人每月160元，全县9.4万60周岁以上城乡老年人从中受益。

15日，由市国土资源局、市财政局和市农业局相关专家组成的联合验收组，对广饶县2014年度2个高标准基本农田建设项目进行验收，通过对项目进行全面审核，一致同意通过项目验收。项目涉及大码头镇和大王镇2个镇，36个行政村。总投资4216万元，建设总规模36002.25亩，建成高标准基本农田31093.65亩，其中大码头镇建成高标准基本农田15088.2亩，大王镇建成高标准基本农田16005.45亩，该项目于2014年10月正式动工，2015年12月底全面竣工。

24日，市委书记、市人大常委会主任申长友到广饶县就经济运行和基层党建工作进行调研。先后到稻庄镇南塔村、东营鲁宁机械科技有限公司机床生产项目、宇通和谐广场、圆通速递公司和山东大海新能源发展有限公司1GW/年太阳能硅片生产项目进行查看，并听取相关情况汇报。

是月，2016年度第一轮党风党建巡查工作于3月下旬启动，县委第一至第五巡查组分别对大王镇、乐安街道(广饶经济开发区)、大码头镇、陈官镇和广饶滨海新区开展巡查工作。

是月,中国橡胶工业协会公布“2016 年度中国橡胶工业百强企业”名单,广饶县 4 家企业榜上有名,兴源轮胎集团有限公司、赛轮金宇集团有限公司、盛泰集团有限公司入闱轮胎类前 14 强,分列第 6 位、第 8 位、第 10 位,万通模具有限公司入闱橡胶机械模具类前 12 强,位列第 10 位。

是月,国家质检总局公布第二批中国出口质量安全示范企业名单,广饶县山东恒丰橡塑有限公司和山东金宇实业股份有限公司 2 家企业入选。

是月,省政府下发《关于下达 2016 年省重点建设项目名单的通知》,广饶县山东哈迪斯机车配件有限公司 500 万套/年轨道列车空气弹簧减震总成项目入选。

是月,省工商联公布 2015 年“山东民营企业百强”名单,广饶县 8 家企业入选:华泰集团有限公司、山东大海集团有限公司、山东金岭集团有限公司、山东科达集团有限公司、兴源轮胎集团有限公司、盛泰集团有限公司、山东永泰集团有限公司、信义集团公司。

是月,全县 2016 年老年人生活救助金发放工作全面完成。发放标准为 70～74 周岁每人每年 500 元,75～79 周岁每人每年 730 元,80～99 周岁每人每年 1100 元。全县共为 36747 名符合发放条件的老年人发放生活救助金 2790.2 万元。

## ·4 月·

15 日,副省长王随莲一行到广饶县就企业标准化工作情况进行调研,先后到东营信义汽车配件有限公司、山东华泰纸业股份有限公司进行查看,并听取相关情况汇报。

21 日,省政府新闻办公室举行新闻发布会,发布山东省 2015 年税收情况以及纳税百强排行榜,广饶县华泰集团有限公司、山东华星石油化工集团有限公司、正和集团股份有限公司 3 家企业入闱 2015 山东纳税百强,分列 73 名、75 名、96 名。

22 日,全县“两学一做”学习教育工作座谈会召开。

28 日,广饶县庆祝“五一”国际劳动节大会召开。会议表彰为全县经济和社会建设发展做出突出贡献的劳动模范和先进工作者。

2016 年,广饶县城乡低保和农村五保供养标准再次提高,城市低保标准由每人每月 520 元提高到 550 元,农村低保标准由每人每年 3960 元提高到 4200 元,农村五保供养标准由每人每年 6800 元提高到 7300 元。

是月,山东省信息化工作领导小组办公室印发《2015 年山东省政府网站绩效评估报告》,广饶县政府门户网站“中国·广饶”在全省 137 个县(市、区)中排名第四,列全市五个县区第一。

是月,广饶县申报的村级公益事业一事一议财政奖补“乡村连片治理”试点项目获省财政厅批复,获省、市财政补助资金 900 万元。项目预算总投资 1331.94 万元,涉及稻庄镇马楼、叶家、北陈官、南徐楼、广小张、南孟、城坞、刁炉、皂李 9 个村,主要包括村内道路硬化、村容村貌治理、文体活动场所建设等内容,受益群众 5600 余人。

是月,广饶县高店水库增容工程项目获省发改委批复。工程将围坝加高培厚、防渗衬砌,新建北进出水枢纽、南出水泵站,使水库原设计库容 1100 万立方米,增至 2302 万立方米。工程建成后将有效缓解广饶县水资源紧缺状况。

是月,省住房和城乡建设厅公布山东省第三批“美丽宜居小镇、美丽宜居村庄”名单,广饶县大王镇、丁庄镇入选“美丽宜居小镇”;大王镇吴家村、丁庄镇西南寨村入选“美丽宜居村庄”。

## ·5 月·

12 日,市委书记、市人大常委会主任申长友到广饶县就“两学一做”学习教育和经济运行及投资等工作进行调研。先后到山东江山集团有限公司、稻庄镇淄河店村、华泰集团、孙子文化园进行查看。

15～17 日,第七届中国(广饶)国际橡胶轮胎暨汽车配件展览会在广饶国际博览中心举办。

本届展会由中国国际贸易促进委员会、山东省人民政府主办，中国国际贸易促进委员会山东省委员会、东营市人民政府承办，广饶县人民政府、中国国际贸易促进委员会东营市委员会、中国国际商会山东轮胎商会、中融商汇（北京）国际会展有限公司具体执行。展会共设7个室内展区和1个室外展区，展览面积4.2万平方米，主要展出轮胎制品、车轮制品、原料及制造设备、橡胶轮胎机械设备、轮胎翻新设备及原料、橡胶原材料、汽车配件、汽车维修保养设备等，还涉及到润滑油类，橡胶轮胎汽车配件行业专业期刊、杂志与媒体等相关内容。参展企业达到665家，较上年增长近10%。其中，境外企业120余家，轮胎企业290家，车轮企业31家，轮胎电商企业43家，40余家世界轮胎75强企业及世界500强企业参展。参会专业观众4.5万余人，境外采购商1500余人，涵盖俄罗斯、韩国、马来西亚、乌克兰、英国、巴西、印度、中国台湾地区等100多个国家和地区。展会期间，同期举办2016中国（广饶）国际车轮展览会、2016中国（广饶）国际汽车维修保养设备展览会，并举办2016中国（广饶）国际轮胎及橡胶新材料产业大会、2016年“丝绸之路经济带”国家工商会管理人员研修班、东营市橡胶轮胎暨汽车配件产业高端人才洽谈会、中国轮胎产业链资本升级高峰论坛、第三届车与轮会员大会、泰凯英新品招商会、博润德技术研讨会等同期会议。本届展会已达成贸易意向、协议、合同806个，涉及金额159亿元。

19日，省检察院党组书记、检察长吴鹏飞到广饶县检察院调研。先后到县检察院案件管理办公室、远程提讯室、办案工作区、侦查信息指挥中心、中心机房、奇正检察文化园进行查看，查阅了县检察院开展“两学一做”学习教育有关资料，观看刑事执行监督平台运行情况；召开了基层检察院建设专题调研汇报会。

是月，省新闻出版广电局公布2015年全民阅读活动示范单位，广饶县成功入选山东省首届全民阅读活动示范县（市、区），是全市唯一入选的县（区）。

是月，广饶县机关事业单位在职人员和退休人员医疗账户划拨基数调整完成，在职人员社保卡个人医疗账户每月人均由原来的69元提高到162元，退休人员社保卡个人医疗账户每月人均由原来的107元提高到205元。

## ·6月·

自是月1日起，广饶县执行新的最低工资标准。根据山东省政府《关于公布全省最低工资标准的通知》，全省执行新的最低工资标准。广饶县执行最高档，即月最低工资1710元，小时最低工资17.1元。

8日，全市移风易俗工作现场推进会在广饶县召开。

8日，广饶县举行网上信访受理平台开通新闻发布会。发布会上，公布了广饶县网上信访受理平台的网址及使用方法，受理范围和不予受理的事项。群众可以根据自己所反映的问题，登录网上信访受理平台反映有关信访事项。

17日，广饶县争峰新能源技术有限公司、胎智汇电子商务有限公司2家中小企业在齐鲁股权交易中心挂牌上市。

19日，庆祝建党95周年献礼影片《大火种》在北京举行全国首映式。中央组织部原部长、全国党建研究会原会长张全景，海军原副政委、中将王登平，国家新闻出版广电总局电影局局长张宏森，中央宣传部党建杂志社社长、总编刘汉俊，山东省委宣传部副部长王红勇，市委书记、市人大常委会主任申长友，县委书记、县人大常委会主任田和友等出席首映式。电影《大火种》根据铁流、徐锦庚荣获2014年度中宣部“五个一”工程奖的长篇报告文学《国家记忆》改编，影片再现了1926年冬中国首版《共产党宣言》如火种般在中共党员和人民群众之间传递的感人故事，是第一部描写《共产党宣言》在中国广大农村地区传播的电影。本片由中共山东省委宣传部、山东省新闻出版广电局、中共东营市委市政府、中共广饶县委县政府、山东国文文化传媒有限公司、北京海盛文化发展有限公司联合摄制，由华夏电影发行有限责任公司全国发行，将于6月27日登陆全国院线。

21日，国家发改委副主任胡

祖才到广饶县调研新型城镇化和特色小城镇建设工作。胡祖才一行到大王镇御景家园小区进行查看，并听取相关情况汇报后，对广饶县新型城镇化和特色小城镇建设工作给予充分肯定。

24日，市委副书记、市长赵豪志到基层联系点大王镇调研督导“两学一做”学习教育，给大王镇党政班子成员、各基层党组织负责人讲党课。走访慰问建国前入党老党员和生活困难党员。先后到稻庄镇冯口村、东杜村对建国前入党老党员和生活困难党员进行走访慰问，并送上慰问金和慰问品以及节日问候。督导水气污染整治和民生实事建设。先后到华泰热力燃煤机组超低排放改造项目、大王镇南陈官村天然气镇镇通项目及碳晶板节能供热项目、西李村农户改厕项目、刘集前村农户改厕项目进行查看，并详细了解项目进展情况。

27日，广饶县召开庆祝中国共产党成立95周年座谈会。会上，优秀个人和先进基层党组织代表作了发言。

30日，省委常委、组织部长杨东奇到广饶县调研。先后到中共刘集支部旧址纪念馆、《共产党宣言》纪念馆、大王镇西李村、华泰集团进行查看。

是月，自2016年5月1日起，广饶县调整水资源费征收标准，地表水水资源费征收标准调整为0.40元/立方米，地下水水资源费征收标准调整为1.50元/立方米。

## ·7月·

20日，市委书记、市人大常委会主任申长友，市委副书记、市长赵豪志等带领全市科学发展现场观摩会议与会人员到广饶县对经济社会发展及重点项目建设情况进行现场观摩。与会人员先后到山东金宇实业股份有限公司、山东大海新能源发展有限公司、广饶县物流园区、广饶街道国安社区、广饶县中心商务区等地进行现场观摩。

25日，全县领导干部警示教育大会召开。

29日，全国中小企业股份转让系统出具《关于同意山东秦恒科技股份有限公司股票在全国中小企业股份转让系统挂牌的函》，标志着山东秦恒科技股份有限公司在新三板成功挂牌上市，成为广饶县第3家在新三板挂牌上市企业。

是月，广饶县被中共山东省委、山东省人民政府、山东省军区授予“双拥模范县”荣誉称号，是广饶县连续七年获得该荣誉。

是月，广饶县2015农业综合开发项目全面通过市级验收。广饶县2015年共实施农业综合开发项目7个，其中土地治理项目4个，农业产业化项目3个。项目计划总投资2846万元，实际完成投资2846万元，完成计划的100%。

是月，智慧广饶时空信息云平台建设项目通过省市专家评审。智慧广饶时空信息云平台项目是2016年全县城建重点工程项目之一，计划12月底前完成地理空间框架基础数据与国土资源专业数据更新完善，完成软硬件支撑环境建设。项目完成后能够更新完善地理空间框架基础数据与国土资源专业数据，构建广饶县地理信息公共服务平台(政务版)及“天地图·广饶”节点(公众版)，建设典型应用示范系统，搭建智慧广饶时空信息云平台软硬件支撑环境。

是月，由中国棉纺织行业协会举办的“2015年中国棉纺织行业主要经济效益指标排名”发布，广饶县大海集团有限公司、澳亚纺织有限公司成功入围，分别位列第57位、第60位。

是月，中国石油和化学工业联合会、中国化工管理协会、中国化工情报信息协会联合发布2016中国橡胶制品制造业百强企业排行榜，广饶县兴源轮胎集团有限公司(列第8位)、山东永泰集团有限公司(列第12位)、山东盛泰橡胶集团有限公司(列第13位)、山东西水橡胶集团有限公司(列第19位)、山东金宇轮胎有限公司(列第24位)5家企业入选。

## ·8月·

4日，中国共产党广饶县第十一届委员会第十一次全体会议举行。

17日，副省长张务锋到广饶县调研。先后到东黄复线输油管道和东辛天然气输气管道孙斗村改线工程、国家轮胎及橡胶制品质量监督检验中心广饶橡胶轮胎分中心试验场项目查看。

24～28 日，广饶县第六届秋季汽车暨房产展销会在广饶国际博览中心成功举办。展会设 3 个室内展区和 1 个室外展区，展览总面积 26000 平方米，参展企业达到 80 余家，其中参展车商 60 余家，房展及其他企业 20 余家。展会吸引东营、潍坊、淄博、滨州等周边地区客商和消费者前来观展，观展人数达 3.2 万余人次，共销售汽车 894 辆，成交额 1.3 亿元，预定房产 16 套。

25 日，2016 中国民营企业 500 强新闻发布会在北京召开，全国工商联在会上公布了“2016 中国民营企业 500 强”“2016 中国民营企业制造业 500 强”。广饶县 4 家企业入闱“2016 中国民营企业 500 强”榜单，华泰集团有限公司，第 48 位，营业收入总额 602.3 亿元；山东大海集团有限公司，第 51 位，营业收入总额 588.5 亿元；山东科达集团有限公司，第 85 位，营业收入总额 436.2 亿元；山东金岭集团有限公司，第 116 位，营业收入总额 348.1 亿元。3 家企业入闱“2016 中国民营企业制造业 500 强”榜单，华泰集团有限公司，第 26 位；山东大海集团有限公司，第 28 位；山东金岭集团有限公司，第 69 位。

29 日，工业和信息化部直属研究机构中国信息通信研究院在北京正式发布《2016 年中国工业百强县（市）发展报告》，这是继在《2015 年中国工业发展报告》中发布之后，第二次正式发布中国工业百强县（市）发展报告。广饶县排名第 10 位，比 2015 年排名（第 16 位）前进 6 个位次，在全省 22 个上榜县（市）中位列第 2 位。

是月，为切实加强对残疾人的服务保障，广饶县印发《关于全面实行困难残疾人生活补贴和重度残疾人护理补贴制度的通知》，符合条件的困难残疾人将按月享受生活补贴，该补贴将使全县 5082 名残疾人受益。补贴标准为：残疾一级每人每月 180 元，二级每人每月 150 元，三、四级每人每月 100 元；重度残疾人按月享受护理补贴，发放标准为每人每月 80 元。

是月，中国橡胶工业协会公布 2016 年度中国轮胎企业排名，广饶县 4 家企业入闱 10 强，山东恒丰橡塑有限公司、兴源轮胎集团有限公司、赛轮金宇集团有限公司、盛泰集团有限公司分列第 3 位、第 5 位、第 6 位、第 9 位。

是月，农业部公布第六批全国一村一品示范村镇名单，大王镇成功入选。全县已有 4 个镇被评为全国一村一品示范村镇，分别为花官镇（大蒜、肉鸡、食用菌）、大码头镇（大码头食用菌）、稻庄镇（鲁野草莓）、大王镇（蔬菜）。

是月，广饶县经济发展投资有限公司作为发行主体，向国家发改委申请发行 20 亿元企业债券正式获得核准。9 月 7 日，县经济发展投资有限公司在中央国债结算公司成功发行。本次发行的 20 亿元企业债券期限为 7 年，票面年利率为 3.61%。是全市县级平台发行的首只债券，是广饶县第一次在资本市场以发行债券方式直接融资，第一次通过发行长期企业债券进行城市建设融资。

## ·9 月·

5 日起，广饶县县域范围内土地、房屋、海域、林木等不动产的各类登记，包括首次登记、变更登记、转移登记、注销登记、更正登记、异议登记、预告登记、查（解）封登记等各类不动产登记业务统一由广饶县不动产登记中心办理，颁发《不动产权证书》或《不动产登记证明》，原办理各类不动产登记的机构停止办理不动产登记业务。农村土地承包经营权予以五年过渡期，过渡期内，仍由县农业局负责登记办理，过渡期满后，由县农业局转为县不动产登记中心办理。

10～12 日，山东省第三届吕剧艺术节在广饶县举行。本届吕剧艺术节由山东省委宣传部、山东省文化厅、山东省文联、东营市人民政府主办，山东省戏剧家协会，东营市委宣传部，中共广饶县委、广饶县人民政府承办。本届吕剧艺术节共选拔出 97 名选手参加决赛，比赛设专业组和票友组。期间，还举行吕剧名家下基层、地方戏展演、专场汇报演出及吕剧传承基地授牌仪式等系列活动。在本届吕剧艺术节汇报演出中，公布了山东省第三届吕剧艺术节“十大票友”和票友组优秀表演奖、山东省第三届吕剧艺术节“吕剧小梅花”奖的获得者；专业组表演类一二三等奖以及专业组器乐类一二等奖的获得者。艺术节期间同期举办了民俗文化展、孙子文化旅游推介活动、“孙武故里，醉美广饶”全国摄影大赛、翰墨乐安·第二届中国广饶书画名家优秀作品博览会及第三届中国广饶孙子兵法研究成果奖评选启动仪式等系列文化活动。

12日，吕剧传承基地授牌仪式在广饶县举行。广饶县被授予“山东省吕剧传承示范基地”称号，县第一实验小学被授予“山东省吕剧传承示范学校”称号。

20日，经国务院批准，民政部公布第六批国家级烈士纪念设施名单，广饶县烈士陵园正式晋升为国家级烈士纪念设施。

26日，潍高路改线二期工程全段通车。工程起于潍高路与河辛路交叉口，沿潍高路改线一期向西南展线，止于老潍高路，采用双向六车道一级公路标准设计修建，设计速度80千米/小时，路面宽30.5米，路线全长8.9千米。

27日，由中国孙子兵法研究会主办、山东孙子研究会和广饶县人民政府承办的第三届中国孙子兵法研究成果奖启动仪式在广饶县举行。活动分为启动、征集、评审、颁奖四个阶段，拟于2017年9月在广饶县举行颁奖仪式。

30日，是全国第三个烈士纪念日，东营市公祭革命烈士大会在广饶县烈士陵园隆重举行，共2000余人参加公祭烈士活动。

是月，美国《轮胎商业》杂志公布2016年度全球轮胎75强排行榜，广饶县7家企业入围：恒丰集团，第21位，2015年销售额13.44亿美元；兴源集团，第22位，2015年销售额12.85亿美元；盛泰集团，第30位，2015年销售额8.24亿美元；永泰轮胎，第32位，2015年销售额7.5亿美元；中一橡胶，第45位，2015年销售额4.5亿美元；永盛橡胶，第52位，2015年销售额3.7亿美元。

## ·10月·

12日，全县县镇人大换届选举工作会议召开，会议传达了《全县县、镇人大换届选举工作安排意见》文件精神。

19日，广饶县高层次人才发展促进会成立大会召开。会上，审议通过《广饶县高层次人才发展促进会章程》和《广饶县高层次人才发展促进会选举办法》；选举产生了广饶县高层次人才发展促进会第一届理事会。

26日，省委农村工作领导小组副组长王军民到广饶县调研。王军民一行到华泰集团70万吨高档铜版纸项目现场进行查看，并听取了相关情况汇报。

是月，根据中国粮食行业协会、中国粮油学会、中国粮食经济学会《关于进行2015年度重点粮油企业专项调查的通知》(中粮协〔2016〕2号)和专项调查结果，评选出2015年度中国粮油加工企业“50强”“10强”名单，广饶县的山东半球面粉有限公司荣获全国小麦粉加工企业“50强”称号；山东乐悠悠花生油科技有限公司分别荣获全国食用油加工企业“50强”和花生油加工企业“10强”称号。

是月，2016年度东营市科学技术奖授奖项目和授奖人员通过东营市科技奖励评审，广饶县万圣博公司承担的芳纶1414纤维生产工程技术开发、金泰集团与哈尔滨工业大学(威海)联合承担的高强度钢板热冲压成形自动化生产成套装备关键技术研发、正和木业公司承担的水性聚氨酯热固化复合纤维板的研发等3项科技成果，荣获东营市科技进步奖(经济发展类)一等奖。

## ·11月·

7日，中国中小城市科学发展指数研究课题组、中国城市经济学会中小城市经济发展委员会、中小城市发展战略研究院联合发布2016年中国中小城市科学发展指数研究成果。其中，“2016年度中国中小城市综合实力百强县市(全国科学发展百强县市)”，广饶县位列第40位，比上年提高2位；“2016年度中国中小城市创新创业(双创)百强县市”，广饶县位列第24位；“2016年度中国中小城市新型城镇化质量百强县市”，广饶县位列第56位；广饶县大王镇入榜“2016年度中国建制镇综合实力前100强”第68位，比上年提高2位。

9日，广饶县阿里巴巴农村淘宝广饶服务中心启动暨广饶电子商务创业基地揭牌仪式在广饶经济开发区尚能时代广场举行。阿里巴巴农村淘宝广饶服务中心建筑面积2500平方米，筛选的首批30家村级服务站正式运营；驰中集团、鹤园集团、华誉集团、科力汽配、正宇车轮等50余家企业初步达成入驻平台意向。

17～20日，在昆山举行的第九届国际发明展览会上，广饶县参展项目山东大王金泰集团有限公司推荐的“高强度钢板热冲压成形自动化生产成套装备”项目荣获银奖；山东金山汽配有限公司推荐的“改性酚醛树脂基电子陶瓷刹车片”项目荣获铜奖。

29日，中国共产党广饶县第十一届委员会第十三次全体会议召开。

是月，广饶县按照“统筹城乡、整体推进，统一政策、提高水平”工作思路，将2017年居民基本医疗保险政策作适当调整。一是提高居民基本医疗保险财政补助标准。对参加医疗保险的城乡居民，财政补助标准由原每人每年430元提高到470元。二是调整居民基本医疗保险个人缴费标准。在校学生（含高校学生）个人缴费由120元提高至140元，其他居民个人缴费由220元提高至240元。三是拓宽居民基本医疗保险代缴补贴范围。在全县居民基本医疗保险原有的代缴补贴群体基础上，增加建档立卡贫困人口，在坚持政策普惠性的基础上，增强医保待遇对困难群体保障力度。

是月，根据上级要求，自2016年1月起，对符合补助条件的遗属，不分农村居民、城镇居民，补助标准由每人每月780元提高至每人每月825元。

是月，广饶县为6480名企业退休人员上调养老金，人均月增养老金177元，自2016年1月起执行。

是月，广饶县机关事业单位退休人员首次与企业退休人员同步调整基本养老金。此次调整，是机关事业单位养老保险制度改革后，首次按照基本养老金调整办法调整退休人员待遇，也是机关事业单位与企业退休人员第一次同步调整基本养老金标准。具体调整办法为：一是定额调整。每人每月增加70元养老金。二是挂钩调整。按两部分计算增加养老金：一部分是按2015年12月份本人基本养老金的1.8%确定月增加额；另一部分是根据本人职务（岗位、技术等级）层级分档，每档以57元为基数乘以不同的调整系数确定月增加额。三是适当倾斜。2015年12月31日前，年满70周岁不满75周岁（以办理退休手续时按规定确认的出生年月计算，下同）、年满75周岁不满80周岁和年满80周岁以上的退休人员，每人每月分别增加20元、40元和80元养老金。同时，综合考虑不同年龄人员以往年度倾斜的累计标准，对2014年10月1日至2015年12月31日期间达到75周岁和80周岁的机关事业单位退休人员，每人每月分别再增加60元和40元。

是月，广饶县城乡居民基础养老金连续第四次调整，由每人每月160元提高到每人每月175元。此次提高基础养老金标准后，全县将有9.6万60周岁以上城乡老年人从中受益。此次调整自2016年12月起执行，并对2016年7月至2016年11月的增发部分进行补发。

## ·12月·

10日，全县领导干部会议召开，宣布省委、市委关于广饶县党政领导干部调整的决定。会议宣布，经省委研究决定，梁润生任中共广饶县委书记，田和友不再担任中共广饶县委书记职务。经市委研究决定，梁润生任中共广饶县委党校校长，李道明任广饶县人大常委会主任，宋学华任广饶县人民政府县长，田和友不再担任广饶县人大常委会主任、中共广饶县委党校校长职务，霰景亮不再担任中共广饶县委副书记、广饶县人民政府县长职务。

14日，中国共产党广饶县第十一届委员会第十四次全体会议举行。

15日，是全县县、镇人大代表选举日。全县101个县选区、261个镇选区均采取召开选举大会、设立投票站和使用流动票箱等方式进行了县、镇两级人大代表投票选举,依法产生了新一届县、镇人大代表。

16日,全国县域经济专业研究机构社会智库中郡研究所发布《2016县域经济与县域发展报告》。报告以“五位一体”总体布局、“四个全面”战略布局和“五大发展理念”为指导,自2016年第十六届开始,采用“新时期县域经济与县域发展监测评价体系”,将县域经济强弱监测评价和县域发展质量优劣监测评价相结合,综合监测评价县域经济与县域发展状况。发布了第十六届全国县域经济与县域基本竞争力监测评价报告。广饶县由上年的全国百强第44位前移至42位。

23日,市委副书记、市长赵豪志到广饶县大王镇就安全生产工作进行督导检查。先后到海容新材料有限公司、金泰轮胎公司和华星集团查看企业安全生产制度落实、生产装置运行、消防安全管理、应急预案准备等情况,并召开座谈会。

23日,广饶县在齐鲁股权交易中心举行2016年度县企业集中挂牌仪式,大海纤维、飞雪粮油、乐悠悠花生油、正宜包装、信和化工、康柏德新材料、润金农林科技7家企业在齐鲁股权交易中心正式挂牌。

28日,广饶县举行中共刘集支部旧址纪念馆“山东省国防教育基地”揭牌仪式。

# 广饶西红柿

广饶西红柿是东营市广饶县种植的主要农产品之一，2016 年，种植面积近 1.5 万亩，年产量 17 万吨。广饶县的独特区域气候有利于西红柿的生长。广饶西红柿肉厚、味甜、汁多爽口，风味佳，营养丰富，具特殊风味。一般有红色、粉红色、黄色三种：红色番茄，果色火红，一般呈微扁圆球形，脐小，肉厚，味道沙甜，汁多爽口，风味佳，生食、熟食可，还可加工成番茄酱、番茄汁；粉红番茄，果粉红色，近圆球形，脐小，果面光滑，味酸甜适度，品质较佳；黄色番茄，果桔黄色，圆球形，果肉厚，肉质又面又沙，生食味淡，宜熟食。番茄的品质要求：一般以果形周正，无裂口、无虫咬，成熟适度，酸甜适口，肉肥厚，心室小者为佳。食用宜选择成熟适度的番茄，不仅口味好，而且营养价值高。

# 广饶葡萄

广饶葡萄是广饶县的特产，在广饶县已有 60 多年的栽培历史，久负盛名。广饶葡萄以皮色鲜艳、香味浓郁、清爽可口、营养丰富而著称，颇受广大消费者喜爱。葡萄种植已成为当地农民的支柱产业之一。

广饶县位于东营市南部，东北部濒临渤海莱州湾。该县地处暖温带，属季风气候，境内气候无明显差异，夏季气温高、湿度大、降水集中、气候湿润，秋季为 9～11 月，气温急降，年平均气温 12.3℃，年平均降水量 587.4 毫米，无霜期 198 天。该地区土壤多为农业土壤，土层深厚具有保水保肥等优良特性，土壤 PH 值 6.0～6.5。有小清河和支脉河两大水系的 12 条河流，为葡萄的生长提供了良好的自然环境。雨量骤减、天高气爽，独特的地域环境为“广饶葡萄”的生长提供了有利条件。

“广饶葡萄”地理标志证明商标的特定品质：果穗大，果粒着生紧，果穗大小整齐。果粒倒卵形，单性果果粒为圆形，果皮鲜红至红褐色，着色一致，成熟一致。果皮厚而韧，稍难与果肉分离，无涩味，果粉厚，果肉硬脆多汁，无肉囊，果汁浅红色，味浓甜脆爽。据测定，“广饶葡萄”每百克含葡萄糖大于 12 克，每百克含有机酸小于 1.4 克。

# 广饶县情综述

## 建置区划

### · 位置和面积 ·

广饶县位于山东省中部偏北,东营市南部。地理坐标为东经118°17′04″～118°57′11″,北纬36°56′09″～37°21′23″。北连东营区,南靠淄博市临淄区,东与潍坊市寿光市接壤,东南与潍坊市青州市相接,西与滨州市博兴县毗邻,东北部濒临渤海莱州湾,海岸线长12.35公里。县境东西最大距离60.1公里,南北最大距离46.2公里,总面积1166平方公里。

### · 行政区划 ·

2016年底,广饶县辖大王、稻庄、李鹊、花官、大码头、陈官6个镇,广饶街道、丁庄街道和广饶经济开发区(乐安街道)、广饶滨海新区,共553个行政村和17个居委会。

## 人口与民族

2016年末总人口523496人,其中男性261733人,女性261763人。全年人口出生率为19.66‰,死亡率为5.21‰,自然增长率为14.45‰,出生人口男女性别比为107∶100。

广饶县是一个多民族聚居的地区,2016年全县少数民族达31个,人口778人,约占全县人口的0.15%。人口排名前十位的少数民族是:满族162人、白族110人、彝族106人、回族81人、苗族66人、蒙古族59人、土家族39人、傈僳族32人、壮族22人和朝鲜族15人,其总数占全县少数民族人口的89.0%。

全县境内少数民族人口最多的5个镇是:大王镇265人、稻庄镇 140 人、广饶街道 111 人、乐安街道 77 人、丁庄镇 68 人。从人口列前五位的少数民族来说，94.4%的满族人口集中在广饶街道、乐安街道、大王镇、稻庄镇；84.5%的白族人口集中在乐安街道、大王镇、稻庄镇；62.3%的彝族人口集中在乐安街道、大王镇和稻庄镇；96.3%的回族人口集中在广饶街道、乐安街道、大王镇、稻庄镇；60.6%的苗族人口集中在广饶街道、大王镇、稻庄镇。

少数民族人口的受教育水平普遍不高。全县 6 岁及以上的少数民族人口中，具有大专及以上文凭的 52 人，占 7.0%；具有高中或中专文凭的 75 人，占 10.1%；具有初中文凭的 323 人，占 43.5%；小学文化程度的 236 人，占 31.7%。

少数民族人口年龄结构呈年轻化。全县少数民族人口中，0～14岁的人口 84 人，占少数民族人口的 10.8%，比全县常住人口同年龄段比重低 5.5 个百分点；15～64 岁的人口 688 人，占少数民族人口的 88.4%，高于常住人口同年龄段比重 14.9 个百分点；65 岁及以上的人口 6 人，占 0.8%，比常住人口同年龄段的比重低 9.4 个百分点。少数民族人口的平均年龄为 36.3 岁，低于全县常住人口平均年龄 2.2 岁。

少数民族人口就业大多以体力劳动为主。根据 10%调查户中就业状况分析，受教育水平制约，我县少数民族人口多集中在以下五个行业工作：制造业占 40.0%，农、林、牧、渔业占 26.6%，批发和零售贸易业占 20.0%，住宿和餐饮业占 6.7%，居民服务和其他社会服务业占 6.7%。

# 自然环境

## ·地　质·

东西向的齐河—广饶大断裂带从广饶县境中部穿过。断裂南盘上升，属鲁西台背斜，其上，北北西—南南东向的昌乐—广饶断层，穿过广饶县城西；断层西盘上升，属鲁西隆断区；东盘下降，属昌潍坳断区。齐河—广饶大断裂北盘下降，属辽冀台向斜的济南坳断区。此区又分两个次一级的构造单元，县北部属东营坳陷南坡，中部大营—赵嘴一带属广饶凸起。受上述构造格局控制，全县分为三个沉积环境—地貌—水文地质单元。以石村经颜徐至周庄村为分界线，此线以南为泰沂山北麓山前淄河冲积扇的中尾部，第四系地层较薄，由浅至深均含淡水；此线以北至小清河为山前冲积、黄河淤积和海潮侵袭交替作用形成的海陆相沉积，第四系地层较厚，地下水由浅至深为咸—淡水或淡—咸—淡水；小清河以北则为黄河淤积平原末端，第四系地层较厚，由浅至中等深度均含咸水。

## ·地　貌·

广饶县地势由西南向东北倾斜，西南部最高，地面标高＋28 米（黄海高程，下同），东北部地面最低，标高为＋2 米，坡降为 0.48‰。地貌属鲁北平原，南部由山前冲积而成，北部为黄泛淤积。境内主要是微地貌，差异不大，其类型有：缓岗，占全县总面积的8.72%，地面标高 10～28 米不等。浅平洼地，占全县总面积的 19.25%，分布在微斜平地之中，小清河以南各洼地面标高 5～20 米，比周围相对低 1～2 米；小清河以北地面高 3～5 米，比周围相对低 0.5 米左右。微斜平地，处于缓岗与洼地之间，在县内分布最广，占全县总面积的61.53%。河流阶地，因河水泛滥淤积而成，分布于淄河两岸，占总面积的 0.33%，土层主要是粗砂沉积物，高出河床 1～1.5 米。河流圈地，处于小清河与溢河坝之间，占总面积的 3.05%，呈封闭状况。滨海滩地，海拔不高于3.5米，占总面积的7.11%，分布于沿海老防潮坝以东。

## ·气 候·

广饶县地处暖温带，属季风型气候，境内气候无明显差异。气候特征是雨、热同季，大陆性强，寒暑交替，四季分明。春季为3～5月，气温回暖快，降水少，风速大，气候干燥。夏季为6～8月，气温高，湿度大，降水集中，气候湿热。秋季为9～11月，气温下降，雨量骤减，天高气爽。冬季为12～2月，雨雪稀少，寒冷干燥。境内历年平均日照时数为2494.7小时，年日照极值2881.4小时。历年平均气温12.6℃，年平均最高气温18.9℃，年平均最低气温6.8℃。极端最高气温41.5℃，极端最低气温－23.3℃。降水量历年平均562.2毫米，多集中在6～9月。全年主导风向为东南风。风向随季节有明显变化，冬季多吹西北风，春、夏季多吹东南风，初秋多吹东南风，晚秋多吹西北风。常年初霜日为10月21日前后，常年终霜日在4月6日前后，年平均无霜期为198天。

2016年，全县年平均气温偏高，降水量偏少，日照时数略少。总的气候特点是：冬季（2015/2016年）气温偏高，降水偏多，光照条件略显不足；期内气温波动幅度大，冷暖交替明显，1月23～24日出现极寒天气；降水时段分布不均，2月13日日最大降水量突破历史同期极值；雾和霾天气出现频繁。春季气温偏高，降水偏少，日照时数略偏少；降水时段分布不均，大雾、霾、干热风等天气均有发生。夏季气温偏高，降水与常年基本持平，日照时数略显不足；阶段性干旱、短时强降雨均有发生。秋季气温偏高，降水偏少，日照时数不足；阶段性干旱、雾和霾、阴雨雪、大风降温天气时有发生，10月20～25日出现连续阴雨寡照天气。年末（12月）气温偏高，雨雪偏多，雾和霾天气频现，日照时数偏少。

2016年大部时段气象条件基本正常，但部分时段出现的干旱、大雾、霾、大风、连阴雨等灾害性天气，给人民群众的生产生活带来不同程度的影响和损失。综合评价2016年度广饶县气候条件对各行业的影响，属一般年景。

气温　全年（1～12月）全县平均气温14.6℃，较常年偏高1.6℃。年极端最高气温38.1℃，出现在7月24日，年极端最低气温－18.0℃，出现在1月24日。

从各月气温指数计算评价结果（表1）得知，1月、5～8月气温正常，2月、11月气温偏高，3～4月、12月气温异常偏高，9～10月气温显著偏高，年平均气温正常。

图1.2016年各月平均气温与常年值的比较

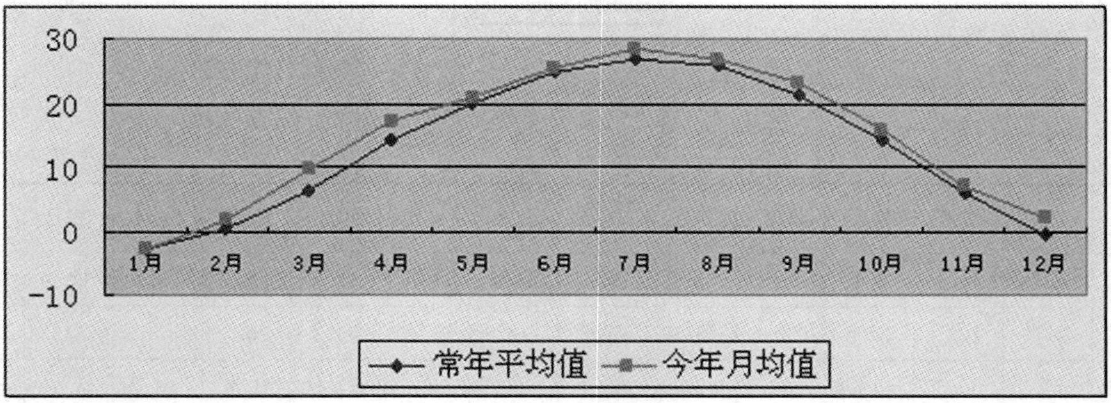

表 1　　**各月气温情况统计表**

单位℃

| 月份 | 1月 | 2月 | 3月 | 4月 | 5月 | 6月 | 7月 | 8月 | 9月 | 10月 | 11月 | 12月 | 全年 |
|---|---|---|---|---|---|---|---|---|---|---|---|---|---|
| 气温 | −2.9 | 1.7 | 9.6 | 17.2 | 20.7 | 25.5 | 28.2 | 26.8 | 23.0 | 15.9 | 7.1 | 2.0 | 14.6 |
| 常年值 | −2.8 | 0.4 | 6.3 | 14.1 | 19.9 | 24.8 | 26.8 | 25.6 | 21.0 | 14.4 | 6.1 | −0.6 | 13.0 |
| 距平 | −0.1 | 1.3 | 3.3 | 3.1 | 0.8 | 0.7 | 1.4 | 1.2 | 2.0 | 1.5 | 1.0 | 2.6 | 1.6 |
| 评价 | 正常 | 偏高 | 异常偏高 | 异常偏高 | 正常 | 正常 | 正常 | 正常 | 显著偏高 | 显著偏高 | 偏高 | 异常偏高 | 正常 |

降水　全年(1～12月)全县平均降水量518.6毫米，较常年偏少38.3毫米。冬季降水量偏多但时间分布不均，降水时段主要集中在2月中旬，其它大部时段降水偏少或无降水；春季降水量偏少，降水时段分布不均，3～4月部分时段持续无降水日数达41天；夏季降水较常年基本持平但时空分布不均；秋季降水偏少10月21～25日出现连阴雨天气；12月降水量偏多，雨雪过程主要集中在21～22日和26日。

**图2 各月降水距平**

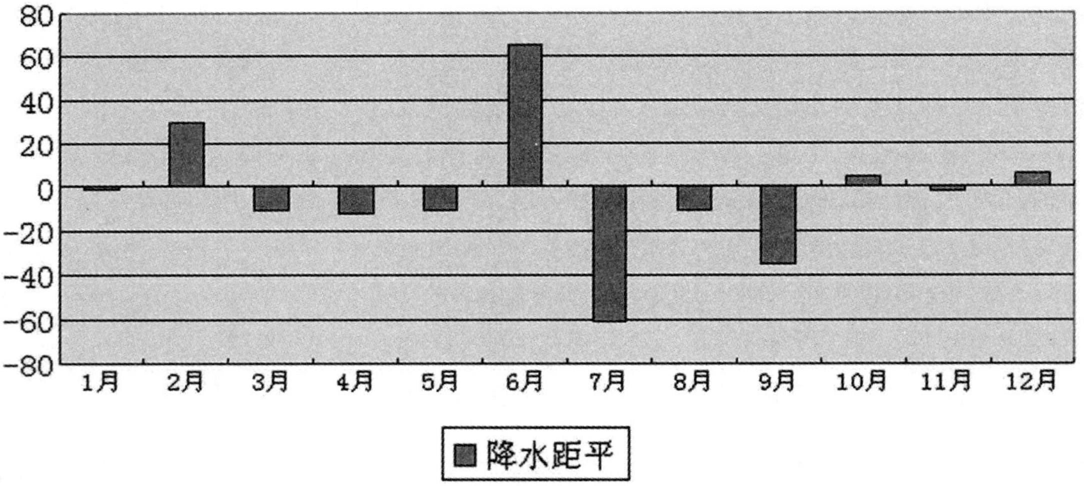


表 2　　**各月降水情况统计表**

单位 mm

| 月份 | 1月 | 2月 | 3月 | 4月 | 5月 | 6月 | 7月 | 8月 | 9月 | 10月 | 11月 | 12月 | 全年 |
|---|---|---|---|---|---|---|---|---|---|---|---|---|---|
| 降水量 | 3.7 | 40.4 | 1.7 | 11.2 | 46.2 | 142.3 | 81.9 | 112.8 | 18.2 | 33.1 | 15.1 | 12.0 | 518.6 |
| 常年值 | 4.9 | 10.1 | 12.5 | 23.6 | 57.0 | 77.2 | 142.8 | 123.3 | 53.2 | 28.7 | 17.0 | 6.6 | 556.9 |
| 距平 | −1.2 | 30.3 | −10.8 | −12.4 | −10.8 | 65.1 | −60.9 | −10.5 | −35.0 | 4.4 | −1.9 | 5.4 | −38.3 |
| 性质 | 正常 | 异常偏多 | 异常偏少 | 显著偏少 | 正常 | 异常偏多 | 偏少 | 正常 | 显著偏少 | 正常 | 正常 | 异常偏多 | 正常 |

从各月降水量指数计算评价结果(表2)得知,1月、5月、8月、10～11月降水正常,2月、6月、12月降水异常偏多,3～4月、9月降水异常偏少或显著偏少,7月降水偏少,全年降水情况为正常。

日照　全年(1～12月)全县平均日照时数2137.0小时,较常年偏少275.4小时(偏少11.4%)。

大气干旱评价　从各月大气干旱指数的计算结果(表3)可知,1～2月、6月、8月以正常为主,3～4月、12月以严重偏干为主,5月、7月、9～11月以偏干为主。综合评价全年旱涝情况为偏干。

**表3　广饶县2016年大气干旱指数定量评价一览表**

| 月份 | 1月 | 2月 | 3月 | 4月 | 5月 | 6月 | 7月 | 8月 | 9月 | 10月 | 11月 | 12月 | 全年 |
|---|---|---|---|---|---|---|---|---|---|---|---|---|---|
| 评价 | 正常 | 正常 | 严重偏干 | 严重偏干 | 偏干 | 正常 | 偏干 | 正常 | 偏干 | 偏干 | 偏干 | 严重偏干 | 偏干 |

主要天气气候事件

2016年广饶县出现的天气事件主要有雾和霾、大风、干旱、高温、暴雨、连阴雨等,对各行业生产和人民生活造成不同程度的影响。

雾和霾　2016年全县出现大雾日数17天,霾日数51天,雾霾天气造成高低空能见度显著降低,生态质量明显下降,人体健康和交通安全等受到影响。

大风　2016年全县大风日数为3天,其中4月2日,瞬时极大风速19.4米/秒;5月3日,县境内大部地区出现大风,县城极大风速17.3米/秒;6月30日,瞬时极大风速22.9米/秒;

寒潮低温　1月22～24日,受强冷空气影响,全县出现大范围寒潮降温天气过程,24日极端最低气温降至－18.0℃;2月13～15日,全县出现寒潮低温天气,15日最低气温降至－9.7℃,最低气温过程最大降幅11.8℃;11月21～24日,受强冷空气影响,县境内出现大风降温天气过程,23日最低气温降至－6.9℃,过程最大降温幅度12.2℃。

干旱　3～4月,全县日降水量≥0.1毫米的降水日数仅3天,期内全县连续无降水日数达41天(3月6日～4月15日),加之同期内气温偏高,部分时段风力较大,期内各类农田土壤湿度下降趋势明显,部分地块失墒迅速,旱象显现;受夏初部分时段(6月1～13日)气温偏高、持续无有效降水影响,部分地块墒情条件较前期下降,水浇条件较差地块旱象露头。

干热风　2016年出现10次干热风天气,分别出现在5月1日、30日和6月9日、16～19日及25～27日,大部时段为轻干热风。出现干热风地区日最高气温在32℃～36℃之间。

高温　2016年全县日最高气温≥35℃的高温日数有16天,较常年偏多3天,其中6月5天,7月9天,8月2天;日最高气温≥37℃的高温日数有4天,分别出现在7月24～25日和29～30日。夏季极端最高气温为38.1℃,出现在7月24日。

暴雨　2016年全县日降水量≥50.0毫米的暴雨日数为1天,出现在6月21日,日降水量75.0毫米;

连阴雨　10月21～25日,县境内出现连阴雨天气,期间过程平均降水量为19.8毫米。降雨过程对期内墒情改善和冬小麦出苗发育较为有利,但受阴雨天气影响光照条件不足,寡照天气对期内农作物生长特别是设施作物生长发育不利。

气候条件对各行业的影响

气候与小麦　冬季大部时段小麦处于越冬期,期内大部时段气温偏高,1月中下旬冷空气活动频繁,阶段性降温明显,对冬小麦安全越冬带来不利影响;期内降水量偏多，降水时段主要集中在1月下旬和2月中下旬，雨雪过程对有效改善麦田墒情和冬小麦越冬及后期返青发育均较为有利。春季是全县冬小麦返青至乳熟期，季内大部时段气温偏高，光照条件正常，4月中旬和5月上旬出现的较大范围降水过程，对期内冬小麦苗情转化升级和孕穗—灌浆发育较为有利；5月1日和30日部分地区分别出现轻干热风天气，对冬小麦乳熟期发育略显不利。夏初是小麦成熟收获期，期内大部时段多云间晴，光温条件充足，适宜夏粮成熟和收获晾晒，6月中、下旬少部时段出现的降水使夏收进度有所放缓。秋季大部时段气温偏高，降水分布不均，中期部分时段降水偏多，其它大部时段降水以偏少为主，部分地块受降水持续偏少等影响，冬小麦欠墒播种或推迟播种。

气候与棉花　春季中后期是棉花播种出苗期，2016年棉花播期自4月中旬后期开始，5月中旬结束，期内光温条件适宜，4月中旬和5月上旬降水充沛，对改善播前墒情和棉花播种出苗较为有利，但部分地区受降雨影响播期略有推迟。夏季是棉花现蕾—花铃—裂铃吐絮期。秋季是棉花吐絮收获期，期内大部时段气温偏高，降水偏少，利于棉花采摘收获。

气候与交通　冬季出现的雨雪天气使交通道路出现道路结冰，致出行车辆行驶受阻，给人们出行带来不便；受各季节大雾天气影响，部分路段能见度显著降低，多个时段高速公路被迫封闭，人们日常出行和交通运输安全受到威胁；夏季出现的暴雨天气，造成部分路段积水严重，城镇交通受到不同程度影响。

气候与生活　受部分时段雾和霾天气影响，高、低空能见度降低，城区空气质量和生态环境受到影响，给人们安全出行和身体健康带来不利，出现部分学校因此停课，快递物流延误，呼吸道疾病患者增加等情况。部分时段出现的大风天气对各类室外设施稳固和海上运输安全等造成不同程度的影响，船舶被迫进港避风；春季部分时段冷暖不均，由于穿脱棉衣不及时造成的风寒感冒、心脑血管等疾病增多，对公民身体健康不利；夏季部分时段出现的强降雨天气使城镇居民生活受到一定干扰。

## ·海　域·

广饶县境东北部濒临渤海莱州湾，海岸线长12.35公里，属淤泥质海岸，沿海水浅、滩宽、地势平坦，沉积物以粉砂和粘土质粉砂为主，5～8米水深的区域地貌较为复杂，形成了大量形态各异的坍塌、凹坑、洼地、冲沟、泥流舌等，—10米等深线以外基本属于淤积区，海底坡度变缓，较稳定。海域内有丰富的石油资源和沙蚕资源以及多种贝类资源，海域面积24万亩。近海海域有机质丰富，饵料种类数量繁多，为海域内栖息的底栖动物和鱼虾贝类生长和繁殖提供了良好的生态环境，有多种贝类生长，经批准建设了东营广饶沙蚕类生态国家级海洋特别保护区和广饶海域竹蛏国家级水产种质资源保护区。

## ·河　流·

境内有小清河和支脉河两大水系的12条河流。其中：小清河，全长237公里，境内流长34公里，流域面积585平方公里，防洪流量900立方米/秒，流向自西向东。淄河，旧称淄水，全长141.5公里，境内流长37.8公里，防洪流量900立方米/秒，为南北流向。阳河，境内流长14.6公里，流域面积26平方公里，南北流向。泥河子（亦称织女河），境内流长17公里，行洪能力130立方米/秒，流向自西向东。支脉河，境内流长48.2千米，东西流向。预备河，境内流长29.5公里，流域面积195平方公里，流向自西向东。广北新河，系人工河道，全长12.4公里，流域面积80平方公里，排涝流量40立方米/秒。

# 自然资源

## ·土地资源·

广饶县地形自西南向东北逐渐倾斜，地面坡降为0.3‰，地面高程3.9～5.4米（黄海高程）。受黄泛淤积、海相沉积和人为因素影响，形成了缓岗、洼地、坡地相间的地貌。土壤类型共分4个土类，8个亚类，11个土属，78个土种，小清河以南以褐土为主，岗间洼地有潮褐土、砂姜黑土；小清河以北由东向西依次为滨海滩地土、滨海潮盐土、滨海潮土，各类土壤呈复域存在。

至2016年底，全县土地总面积1165平方公里。其中耕地60135.35公顷，占总面积的51.62%；园地1275.83公顷，占总面积的1.1%；林地971.11公顷，占总面积的0.83%；草地257公顷，占总面积的0.22%；城镇村及工矿用地21489.1公顷，占总面积的18.45%；交通运输用地4519.87公顷，占总面积的3.88%；水域及水利设施用地22635.47公顷，占总面积的19.43%；其他土地5279.37公顷，占总面积的4.53%。

## ·水资源·

广饶县水资源由两大部分组成：一是当地水资源。包括当地地表水、地下水两部分，当地水资源总量多年平均15712万立方米，其中，当地地表水5998万立方米，地下淡水10733万立方米，地表水与地下水重复循环量1109万立方米。二是客水资源。包括内河客水、黄河客水两部分，总量15800万立方米，其中内河客水10200万立方米（其中：小清河8400万立方米，支脉河1800万立方米），引黄5600万立方米。全县水资源总量为31522万立方米。广饶县水资源可利用总量为26076万立方米，其中地表水可利用量为11476万立方米（含内河客水10200万立方米），地下水可开采量为9000万立方米，分配引黄指标5600万立方米。

## ·矿产资源·

县境内矿产资源主要有石油、天然气、煤炭、地下卤水、矿泉水、地热等。其中已探明的石油资源主要分布在花官、石村、大码头、丁庄等乡镇。地下卤水资源分布在东北部沿海地带。在大码头镇李官村建有矿泉水厂一处。煤炭主要分布在大码头镇区域。地下卤水的开发利用主要为浅层卤水，分布在东部沿海地带，主要以盐业生产为主。广饶盐区储存量为103658万立方米，卤水开采储量为6994万立方米。1998年在西刘桥乡李官村探明矿泉水一处，井深250米，水温21度，探明储量为500立方米/日，为含锶、偏硅酸复合型饮用天然矿泉水，根据山东省第四地质勘查院的报告，估算资源储量为6298万吨，矿床规模为小型。广饶县地热资源储层埋藏浅，出水温度低，热储厚度小，出水量小，受地热地质条件和开发利用条件等限制，不具备大规模开发条件。自2015年实施的吴家庙地区地热资源调查评价和广饶县地热回灌实验等2个省级矿产资源专项收入转移支付资金项目，野外施工已经完成。煤炭资源主要分布在东北部，已探明的广北含煤区，长约45公里、宽约5公里，面积约205平方公里，预测埋藏深度1000～2000米，含可采煤层5～7层，总厚度约17米，预测储量约21.7亿吨，由于煤层埋藏深度大，目前尚属潜在资源。初步发现的大码头煤层矿区，面积8平方公里，埋藏深度760～1100米，煤层厚度6.5米。

## ·生物资源·

动物资源中，饲养动物有马、牛、骡、驴、羊、猪、家兔、狐狸、鹿、貂、水獭、鸡、鸭、鹅、鸽等；野生动物有野兔、野狸、獾、黄鼬、艾虎、老鼠、刺猬、蛇、蝙蝠、麻雀、鸭篮、喜鹊、啄木鸟、鹌鹑、鹰、燕子、小天鹅、野鸭等；水生动物有鲫鱼、鲤鱼、鲢鱼、青鱼、草鱼、鲇鱼、黑鱼、泥鳅、黄鳝、梭鱼、鲈鱼、银鱼、鲅鱼、对虾、中国毛虾、三疣梭子蟹、绒毛细足蟹、甲鱼、乌龟、毛蚶、文蛤、海蛰等180余种。植物资源中，粮食作物主要有小麦、玉米、大豆、谷子等；经济作物有棉花、花生、芝麻等；蔬菜有大白菜、萝卜、大蒜、茄子、辣椒、黄瓜、韭菜、大葱、芹菜、西红柿等40余种。有各种树木（包括变种）93种，主要有杨、柳、槐、榆、桐等，经济树木有苹果、枣、桃、杏、桑、葡萄、山楂、梨等近30种。水生经济植物主要有苇、蒲、藕等。药材有车前子、蒲公英、益母草、香附、茵陈、枸杞、蛇床子等284种。近年，银杏、人参果等种植业发展较快。引进巴西木、南洋杉、荷兰郁金香等花木。

# 广饶县2016年国民经济和社会发展统计公报

### 一、综　合

初步核算，全年实现地区生产总值7909621万元，比上年增长7.5%。其中，第一产业增加值428831万元，增长2.5%；第二产业增加值5148259万元，增长7.5%；第三产业增加值2332531万元，增长8.5%。三次产业结构由上年的5.5∶66.9∶27.6优化为5.4∶65.1∶29.5。

年末总人口523496人，其中男性261733人，女性261763人。全年人口出生率为19.66‰，死亡率为5.21‰，自然增长率为14.45‰，出生人口男女性别比为107∶100。

年末实有各类市场主体24070户，比上年增长6.8%。其中，实有各类企业6770户，增长25.3%；实有个体工商户16618户，增长0.5%；实有农民专业合作社682户，增长13.1%。

### 二、农　业

全年实现农林牧渔业总产值883996万元，比上年增长3%。其中，农业产值451260万元，增长4.5%；林业产值3297万元，增长5.1%；畜牧业产值198847万元，下降4.4%；渔业产值126467万元，增长4.9%；农林牧渔服务业产值104125万元，增长9.3%。农林牧渔及服务业结构的比例为51∶0.4∶22.5∶14.3∶11.8。

全年粮食总产量50万吨。其中，夏粮单产443公斤/亩，总产量24.23万吨；秋粮单产448.2公斤/亩，总产量25.77万吨。蔬菜总产量56.93万吨，棉花总产量0.67万吨，水果总产量0.42万吨。

全年肉蛋奶总产量18.10万吨，比上年下降5.7%。其中，肉类总产量6.1万吨，下降6.8%；蛋类总产量2.09万吨，下降10.2%；奶类总产量9.91万吨，下降3.9%。

全年水产品总产量10.19万吨，比上年增长4.4%。其中，海洋捕捞3.45万吨，增长3%；海水养殖5.45万吨，增长5.6%；淡水捕捞0.1万吨，与上年持平；淡水养殖1.19万吨，增长3.5%。

全年共完成人工造林面积和人工更新面积682公顷，比上年增长15.8%。按林种主导功能分，防护林面积352公顷，占51.7%；用材林面积293公顷，占42.9%；经济林面积37公顷，占5.4%。林木覆盖率达到28.4%。

全年农业机械总动力达90.7万千瓦，直比下降11.8%，同口径增长6%。全年农村用电量29544万千瓦时，下降3.1%；农用化肥施用量(折纯)38924吨，下降0.1%；农用塑料薄膜使用量1759吨，下降15.1%；农药使用量1611吨，下降8.3%。

年末农业产业化龙头企业发展到135家，带动农户9.85万户。家庭农场发展到213家，比上年增长37.4%；经营土地3.12万亩，增长3.5%。

**三、工业和建筑业**

年末规模以上工业企业(年主营业务收入2000万元以上的工业法人企业)达到288家，比上年末增加7家。其中，年主营业务收入过10亿元的企业81家，过50亿元的企业23家，过100亿元的企业9家。全年完成规模以上工业总产值4332.24亿元，比上年增长9.3%。规模以上工业增加值增长7.5%。高新技术产业产值占规模以上工业总产值的比重达到39.5%。

全年规模以上工业企业实现主营业务收入4273.28亿元，比上年增长0.8%。在22个行业大类中，13个行业实现增长。从主导行业看，化工行业实现主营业务收入1656.84亿元，增长1.3%；橡胶轮胎行业实现主营业务收入1185.93亿元，增长3.5%；纺织行业实现主营业务收入538.16亿元，下降2.7%；汽车配件行业实现主营业务收入327.57亿元，增长6%；造纸行业实现主营业务收入164.62亿元，增长2.9%；食品加工行业实现主营业务收入133.76亿元，增长3.5%。全年规模以上工业企业实现利润总额362.33亿元，下降6.9%；实现利税总额424.4亿元，下降9.5%。总资产贡献率为18.5%，资本保值率为102.9%，流动资产周转率为2.72次，全员劳动生产率为52.89万元/人，产品销售率为98.9%。

全年实现建筑业增加值301089万元，比上年增长7%。全县具有资质等级的总承包和专业承包建筑业企业56家，完成建筑业总产值687751万元，下降11.6%；实现利润总额38899万元，下降23.1%。房屋施工面积330.18万平方米，增长1.4%；竣工面积135.74万平方米，下降21.4%。

**四、固定资产投资**

全年实施重点工程和项目117个，其中工业类33个，农业农村类6个，服务业类12个，城建及基础设施类58个，社会事业类6个，生态环保建设类2个。

全年完成固定资产投资6500618万元，比上年下降15.6%。分产业看，第一产业完成投资124796万元，增长4.7%；第二产业完成投资4141349万元，下降22%，其中工业完成投资4120874万元，下降21.9%；第三产业完成投资2234473万元，下降1.9%。新开工项目418个，增长18.1%。亿元以上施工项目79个，下降40.2%，其中10亿元以上项目12个，增长71.4%。改建和技术改造投资3050010万元，增长11.5%。高新技术产业投资1867893万元，增长7.9%。基础设施投资407704万元，增长38%。

全年房地产开发完成投资372438万元，比上年增长31.7%。其中，住宅投资282883万元，增长54.9%；商业营业用房投资44485万元，下降23.4%。房地产开发房屋施工面积219.99万平方米，增长13.3%。商品房销售面积44.18万平方米，增长2.7%，其中现房销售12.78万平方米，增长110.4倍；期房销售31.4万平方米，下降26.8%。商品房销售额223804万元，增长13.3%。

**五、国内外贸易**

全年实现社会消费品零售总额1927350万元，比上年增长11.3%。其中，城镇实现零售额1196653万元，增长6.3%，市场份额为62.1%；乡村实现零售额730697万元，增长20.5%，市场份额为37.9%。分行业大类看，批发业实现零售额475732万元，增长7.4%；零售业实现零售额1228398万元，增长12.7%；住宿业实现零售额9792万元，增长5.4%；餐饮业实现零售额213428万元，增长12.5%。年末全县限额以上商贸企业(单位、个体)209家。其中，批发业114家，零售业57家，住宿业6家，餐饮业32家。全年实现限额以上社会消费品零售总额782784万元，增长0.5%。

全年完成进出口总额3103039万元，比上年下降5.2%。其中，进口总额1345946万元，下降7.6%；出口总额1757093万元,下降3.3%。分行业出口看,纺织服装类出口13305万元,下降9.2%;农副产品类出口19269万元,增长5.6%;橡胶轮胎类出口1423875万元,下降6.1%;纸制品类出口9859万元,增长6.5%;化工产品类出口18243万元,下降40.1%;机电制品类出口130725万元,增长33.4%。全年实际利用外资8万美元,下降99.5%。全年新增自营进出口企业80家,自营进出口企业累计达到357家。

**六、交通、邮电和旅游**

年末公路通车里程2096.9公里,其中国道99.7公里,省道110.8公里,县道131.7公里,乡道494.5公里,专用公路68.7公里,村道1191.5公里。从技术等级看,高速公路54.8公里,一级公路97.3公里,二级公路171.7公里,三级公路71.8公里,四级公路1701.3公里。民用汽车拥有量104273辆,其中轿车89460辆。公共汽车运营车辆(县城)123辆,实有出租汽车300辆,均与上年持平。全县共有汽车站2个,全县公交线路32条,运营线路总长度876.5公里。

全年完成邮政业务总量4212.27万元,直比增长40.5%,同口径增长39.8%。年末固定电话用户6.65万户,下降11.2%;移动电话用户59.4万户,增长7.2%;互联网宽带用户15.14万户,增长21.8%。

全年共接待国内外游客273.9万人次,实现旅游总收入10.2亿元,比上年分别增长24.7%和24.4%。共有A级旅游景区5家,其中4A景区2家,3A景区2家,2A景区1家。省级旅游强镇4个,省级旅游特色村4个。

**七、财税、金融和保险**

全年实现中央及地方财政总收入671520万元,比上年下降3.8%。其中,地方财政收入519826万元,直比下降4.9%,同口径下降6.6%。地方财政收入中,一般公共预算收入409396万元,直比下降3.5%,同口径下降5.6%。地方财政支出614108万元,下降4.4%,其中一般公共预算支出499072万元,下降2.7%。国税、地税共完成税收562384万元,下降6.4%。其中,国税完成税收360614万元,增长1.8%;地税完成税收201770万元,下降18.2%。

年末金融机构人民币各项存款余额5922660万元,比年初减少213658万元。其中,住户存款余额2615006万元,比年初增加309065万元。人民币各项贷款余额9710355万元,比年初增加1170792万元。

年末保险公司发展到23家,全年完成保费收入9.88亿元,比上年增长9.7%。其中,财产保险公司13家,完成保费收入3.92亿元,增长3.4%;人寿保险公司10家,完成保费收入5.96亿元,增长14.2%。

**八、城市建设、环境保护和安全生产**

年末实有城市道路长度141.3公里,与上年持平,道路面积350.8万平方米,增长0.1%;排水管道长度259.1公里,增长0.5%;道路清扫保洁面积330万平方米,与上年持平;生活垃圾清运量7.9万吨,下降5.7%;城区绿地面积2502公顷,增长5.1%;建成区绿地面积1136.8公顷,增长11.9%。建成区绿化覆盖面积1259.5公顷,增长12.0%。

全年限期治理项目20项,投资4.6亿元。二氧化硫排放量13773吨,比上年下降6.9%;氮氧化物排放量6035吨,下降16.2%;烟(粉)尘排放量1145吨,下降4.4%。污水处理厂1座,污水处理厂集中处理率达到100%。全年空气优良天数162天。

全年共发生安全生产事故4起、死亡14人。其中,发生交通运输业较大事故2起、死亡12人。

**九、科技、教育、文化、卫生和体育**

全年共申报各级各类科技项目32项,有16项列入各级计划,其中国家级1项、省级4项、市级11项。新建扩建科技项目11项,研制开发高新技术产品(包括新产品、新技术和新工艺)11个。高新技术企业累计达到10家。全年组织开展产学研活动7次,筛选各类科技成果115项,签订科技合作合同(协议)18项,引进高层次专家11人,鉴定科技成果9项,10项获市级科技进步奖。全年申请专利数1024件，其中发明专利申请数190件。发明专利授权100件。

年末有高等职业学校1所，在校学生5718人，专任教师152人。普通中学16所，在校学生31340人，专任教师3136人，其中高级中学1所，在校学生10002人，专任教师898人。中等职业教育学校1所，在校学生4320人，专任教师333人。小学25所，在校学生26673人，专任教师1603人。幼儿园111所，在园儿童15849人，专任教师1289人。

年末有艺术表演团体1个，从业人员39人，全年演出80场。另有取得注册资质的庄户剧团57个，全年演出2260场。年末全县共有影剧院4个；文化馆、图书馆、美术馆和博物馆各1处。积极推进总分馆建设，建成以广饶县公共图书馆为总馆，9个镇街分馆、1个县直分馆和1个社区分馆，1个县直图书室为服务点，以图书流动服务车为补充的总分馆服务体系；县文化馆在全县9个镇街成立9处文化馆分馆。在城区内建设3处集报纸阅览、便民信息服务于一体的电子阅报屏；在97个村居建设“乡村剧场”；农家书屋305家；非物质文化遗产保护项目国家级1处、省级5处。公共图书馆图书总藏量达到28.9万册。

年末有医疗卫生机构385家，其中医院10家，卫生院10家，社区卫生服务机构6家，村卫生室328家，诊所、卫生所、医务室29家，疾病预防控制中心1处，卫生监督执法局1处。卫生技术人员达到3059人，其中执业（助理）医师1176人，注册护士1274人。实有医疗卫生机构床位数2838张，出院者占用总床日582133天。

年末有省级体育传统运动学校7处，市级体育特色运动队4处，市级业余训练点5处，在训人数600余人。全县共有标准400米田径场14个，300米田径场15个，篮球场280个，乒乓球台（室）1400个，健身活动广场500处。月河、康居、锦湖、稻庄四处公共体育场，增加全民健身面积3.6万平方米。全县有体育协会7个，俱乐部15个，三级以上社会体育指导员达到1260人。目前，广饶县共有体育场地1080个，占地面积121.6万平方米，人均体育场地面积2.2平方米。广饶县被省体育局授予2016年山东省第六届全民健身运动会先进县。

## 十、人民生活和社会保障

全县居民人均可支配收入达28442元，比上年增长8.1%。全县居民人均消费支出17450元，增长6%，其中食品消费支出3637元，增长17%，全县居民恩格尔系数为20.8%。全县居民人均住房建筑面积37.5平方米。其中，城镇居民人均可支配收入达37108元，增长7.9%，城镇居民人均消费支出21944元，其中食品消费支出4725元，城镇居民恩格尔系数为21.5%；农村居民人均可支配收入达17249元，增长7.9%，农村居民人均消费支出11646元，其中食品消费支出2231元，农村居民恩格尔系数为19.2%。

年末城镇职工基本养老保险参保90927人，比上年增长1%；城镇职工基本医疗保险参保78519人，增长1.1%；失业保险参保59720人，增长3.1%；工伤保险参保95848人，增长1.8%；生育保险参保49844人，增长0.1%。城乡居民基本医疗保险参保402918人，城乡居民医疗保险全年报销医疗费用26327万元。城乡居民基本养老保险参保273592人。年末，全县97665名60岁以上城乡老年居民领到城乡居民基本保险基础养老金。城镇居民最低生活保障人数356人，农村居民最低生活保障人数8342人。编制登记农村养老服务机构数9个，编制登记农村养老服务机构床位数1531张。

**注释：**公报所列数据均为初步统计数据，部分数据因四舍五入原因，存在与分项合计不等的情况；生产总值及其各产业增加值、农林牧渔业总产值、工业总产值、建筑业增加值绝对数按现价计算，增速按可比价计算；县级粮食产量为全县抽样调查数据。

**资料来源：**本公报中渔业数据来自海洋与渔业局；林业数据来自林业局；农业机械总动力、农业产业化龙头企业、家庭农场数据来自农业局；市场主体数据来

自市场监督管理局；外贸数据来自商务局；交通运输数据来自交通运输局、公路局；汽车数量来自公安局；邮政数据来自邮政公司；电信业务数据来自经济和信息化局；旅游数据来自旅游局；财政数据来自财政局；国地税数据来自国税局和地税局；金融数据来自人民银行；保险数据来自金融办公室；城建数据来自城市管理局；环保数据来自环保局；安全生产数据来自安监局；科技数据来自科技局；教育及体育数据来自教育局；文化数据来自文化广电新闻出版局；卫生数据、人口出生率、死亡率、自然增长率、出生性别比来自卫生和计划生育局；社会保障数据来自人力资源和社会保障局；社会福利数据来自民政局；其他数据均来自统计局。

# 政治　政务

## 中国共产党广饶县委员会

### 中共广饶县委全体会议

**中共广饶县委十一届十一次全体会议**　8月4日，中共广饶县委十一届十一次全体会议召开。会议的主要内容是深入学习贯彻习近平总书记系列重要讲话和省委十届十四次全会、市委五届九次全会精神，认真贯彻落实中央和省委、市委关于科技创新的决策部署，分析科技创新面临的新形势新任务，进一步明确推进科技创新的思路和举措，动员全县上下深入实施创新驱动战略，全面提升科技实力和创新能力，为率先全面建成小康社会、加快建设经济强县生态之城幸福家园提供有力支撑。会议书面传达了市委五届九次全体会议精神；审议通过了《关于深化科技体制改革加快创新发展的实施意见》《中共广饶县委工作规则》《全委会公报(草案)》；县委书记田和友，县委副书记、县长霰景亮分别作了重要讲话。县委委员、候补委员出席了会议；县纪委常委和有关方面负责同志列席会议。

**中共广饶县委十一届十二次全体会议**　10月19日，中共广饶县委十一届十二次全体会议召开。会议的主要内容是研究丁庄镇撤镇设立街道办事处工作。会议审议通过了《中共广饶县委关于丁庄镇撤镇设立街道办事处的决议》；县委书记田和友作了重要讲话，县委常委、副县长陈伟颂就丁庄镇撤镇设立街道办事处有关情况作了说明。县委委员、候补委员出席会议。

**中共广饶县委十一届十三次全体会议**　11月29日，中共广饶县委十一届十三次全体会议召开。会议的主要内容是研究召开县第十二次党代会有关事宜。审议通过了《中国共产党广饶县第十一届委员会第十三次全体会议关于召开中国共产党广饶县第十二次代表大会的决议》；县委书记田和友作了重要讲话，县委常委、组织部部长、统战部部长王兴法就《决议(草案)》作了说明。县委委员、候补委员出席了会议；县纪委常委和有关方面负责同志列席会议。

**中共广饶县委十一届十四次全体会议**　12月13日，中共广饶县委十一届十四次全体会议召开。会议的主要内容是学习贯彻党的十八届六中全会和省委十届十五次全会、市委五届十次全会精神，听取县委常委会工作报告，审议通过《中共广饶县委关于学习贯彻党的十八届六中全会精神深入推进全面从严治党的意见(草案)》,审议通过《中共广饶县委十一届十四次全体会议公报(草案)》。会议书面传达了市委五届九次全体会议精神;审议通过了《中共广饶县委关于学习贯彻党的十八届六中全会精神深入推进全面从严治党的意见》和《中共广饶县委十一届十四次全体会议公报》;县委书记梁润生代表县委常委会作了关于县委常委会工作的报告,并作了重要讲话。县委委员、候补委员出席了会议;县纪委常委和有关方面负责同志列席了会议。

## 中共广饶县委常委·会议纪要·

1月4日,县委书记田和友在县委常委会议室主持召开十一届县委第101次常委(扩大)会议。会议议程主要有七项:一是学习习近平总书记在中央政治局专题民主生活会上的重要讲话精神;二是研究并原则同意全县2016年拟实施的惠民实事;三是听取并同意县人大常委会党组《关于召开县十七届人大五次会议有关问题的请示》;四是听取并同意县政协党组《关于召开县政协九届五次会议的请示》;五是研究并同意县人大常委会党组《关于设立县人民代表大会专门委员会的请示》;六是研究并同意县编办关于县、镇街、开发区人大机构编制事项调整和县政协机关内设机构设置的意见;七是研究了干部任免。

2月3日,县委书记田和友在县委常委会议室主持召开十一届县委第103次常委(扩大)会议。会议议程主要有六项:一是学习习近平总书记在中央政治局"三严三实"专题民主生活会上的重要讲话;二是传达全市农村、扶贫开发、乡村文明建设专项行动工作会议精神,研究广饶县贯彻落实意见;三是听取并同意县委办公室关于全县2015年度科学发展综合考核情况的汇报;四是听取并同意县委办公室关于全县经济工作会议建议方案的汇报,讨论并原则同意《田和友同志在全县经济工作会议上的讲话(讨论稿)》《霰景亮同志在全县经济工作会议上的讲话(讨论稿)》;五是研究并同意《县委常委班子"三严三实"专题民主生活会整改工作方案(讨论稿)》;六是传达市纪委五届七次全会精神,研究并同意县纪委提出的贯彻落实意见。

3月2日,县委书记田和友在县委常委会议室主持召开十一届县委第105次常委会议。会议议程主要有三项:一是研究有关干部事宜;二是研究干部任免;三是学习中共中央纪委机关、中共中央组织部《关于加强换届风气监督的通知》。

4月14日,县委书记田和友在县委常委会议室主持召开十一届县委第109次常委(扩大)会议。会议议程主要有五项:一是听取县发展改革局关于全县一季度经济运行情况的汇报;二是传达省纪委到广饶县督导座谈会精神,研究并同意县纪委提出的贯彻落实意见;三是传达全市党委(党组)意识形态工作责任制座谈会精神,研究广饶县贯彻落实意见,研究并原则同意《广饶县党委(党组)意识形态工作责任制实施细则(讨论稿)》;四是听取并同意县委组织部关于2015年度全县科级领导班子及科级干部考核有关情况的汇报;五是研究并原则同意《中共广饶县委关于加强和改进党的群团工作的实施意见(讨论稿)》。

6月3日,县委书记田和友在县委常委会议室主持召开十一届县委第114次常委(扩大)会议。会议议程主要有六项:一是讨论并原则同意《镇街、县经济开发区、滨海新区科学发展综合考核暂行办法(讨论稿)》《县直部门、单位工作目标考核暂行办法(讨论稿)》《县教育卫生系统事业单位工作目标考核暂行办法(讨论稿)》;二是研究并原则同意《广饶县新型城镇化规划(2015~2020年)(讨论稿)》;三是研究并同意《关于县委常委参加"学党章党规、学系列讲话,做合格党员"学习教育工作安排方案(讨论稿)》《县委常委、党员副县长抓"两学一做"学习教育责任清单(讨论稿)》;四是听取并原则同意县盐化集团整体移交工作领导小组关于广饶盐化集团整体移交情况的汇报;五是传达全市城市社区党建工作会议精神,研究了广饶县贯彻落实意见;六是研究同意县编办关于县纪委、县监察局及所属事业单位机构编制事项调整，县委办公室领导职数调整，县委党代表联络办公室机构编制事项调整，县政协港澳台侨外事委员会更名，乡村安全生产环境保护、建设工程质量和道路交通安全监管及综合执法机构编制事项，县体育总会办公室设置，县高店水库管理站设置的意见。

6 月 20 日，县委书记田和友在县委常委会议室主持召开十一届县委第 116 次常委会议暨全面深化改革领导小组第九次会议。会议议程主要有两项：一是听取并同意县公务用车制度改革领导小组关于全县党政机关公务用车制度改革有关事宜的汇报，讨论并原则同意《广饶县党政机关公务用车制度改革实施方案》《广饶县党政机关公务用车制度改革涉及车辆处置办法》《广饶县党政机关执法执勤用车制度改革办法》《广饶县党政机关公务用车制度改革涉及司勤人员安置办法》《广饶县党政机关机要通信和应急用车保留方案》《广饶县党政机关机要通信和应急用车使用范围（暂行）》《广饶县党政机关公务出行社会化保障暂行办法》《广饶县关于县级党政机关所属事业单位车辆保留的意见》；二是研究了有关干部事宜。

8 月 2 日，县委书记田和友在县委常委会议室主持召开十一届县委第 123 次常委（扩大）会议。会议议程主要有五项：一是听取县发展改革局关于全县上半年经济运行情况的汇报；二是传达市委五届九次全体会议精神，研究广饶县贯彻落实意见；三是听取并原则同意县委办公室关于召开县委十一届十一次全体会议建议方案的汇报；四是传达市安全生产委员会全体成员（扩大）会议精神，研究广饶县贯彻落实意见；五是听取县环保局关于全县环保工作情况的汇报。

8 月 18 日，县委书记田和友在县委常委会议室主持召开十一届县委第 125 次常委会议。会议议程主要有四项：一是传达全市多元化解矛盾纠纷工作会议精神，研究广饶县贯彻落实意见；二是传达全市县区基层党建工作半年述职评议会议精神，研究广饶县贯彻落实意见；三是研究同意县编办关于县网络宣传中心更名、规格调整事项的意见；四是研究了干部任免。

10 月 19 日，县委书记田和友在乐安大厦会议中心二楼第三会议室主持召开十一届县委第 130 次常委会议。会议议程主要有五项：一是听取并同意县民政局关于丁庄镇撤镇设立街道办事处有关情况的汇报，听取县委常委、副县长陈伟颂就丁庄镇撤镇设立街道办事处有关情况作的说明；二是听取并同意县委办公室关于召开县委十一届十二次全体会议安排意见的汇报，确定 10 月 19 日召开县委十一届十二次全体会议，研究丁庄镇撤镇设立街道办事处工作；三是讨论并同意《关于丁庄镇撤镇设立街道办事处的决议（讨论稿）》，确定按程序提交县委十一届十二次全体会议审议。

11 月 17 日，县委书记田和友在县委常委会议室主持召开十一届县委第 133 次常委会议。会议议程主要有五项：一是传达全市加强换届风气监督工作座谈会精神，研究广饶县贯彻落实意见；二是传达全市深化“两学一做”学习教育工作会议精神，研究广饶县贯彻落实意见；三是研究并同意《关于从镇事业编制人员、镇（街道）优秀村干部、大学生村官中选拔镇领导班子成员的工作方案（讨论稿）》；四是传达省、市国家档案行政执法检查整改落实工作暨县级档案馆建设推进会等会议精神，研究了广饶县贯彻落实意见；五是研究同意县编办关于县社会科学界联合会机关设置，县老干部管理服务机构调整，县机构编制电子政务机构设置，县军队离休退休干部休养所更名，县电子商务办公室设置，县生猪屠宰管理办公室机构编制事项，公共资源交易管理体制整合规范和全县义务教育学校、幼儿园取消行政级别的意见。

11 月 26 日，县委书记田和友在县委常委会议室主持召开十一届县委第 135 次常委会议。会议议程主要有两项：一是研究了有关干部事宜；二是听取并原则同意县委组织部关于召开中共广饶县第十二次代表大会建议的汇报，讨论并原则同意《关于召开中国共产党广饶县第十二次代表大会的决议（草案）》，确定提交县委十一届十三次全体会议审议。

11月30日，县委书记田和友在县委常委会议室主持召开十一届县委第137次常委会议。会议议程主要有三项：一是研究并原则同意县十八届人大代表候选人初步建议人选名单；二是研究并同意县委组织部、县委统战部《关于做好十届县政协委员安排工作的意见(讨论稿)》；三是研究同意县编办关于丁庄镇机构编制事项的调整意见。

12月12日，县委书记梁润生在县委常委会议室主持召开十一届县委第142次常委(扩大)会议。会议议程主要有四项：一是传达市委五届十次全体会议精神，研究广饶县贯彻落实意见；二是听取并同意县委办公室关于召开县委十一届十四次全体会议建议方案的汇报，讨论并同意《中共广饶县委关于学习贯彻党的十八届六中全会精神深入推进全面从严治党的意见(讨论稿)》《梁润生同志在县委十一届十四次全体会议上关于县委常委会工作的报告(讨论稿)》《梁润生同志在县委十一届十四次全体会议第二次全体会议上的讲话(讨论稿)》；三是研究了当前工作；四是研究了其他事项。

12月29日，县委书记梁润生在县委常委会议室主持召开十一届县委第145次常委会议。会议议程主要有两项：一是听取并同意县委组织部关于全市组织部长专题会议和党代会代表选举工作培训会议精神及广饶县贯彻落实意见的汇报；二是研究并同意《县委统战部关于县工商联(民间商会)换届工作的实施意见(讨论稿)》。

## 中共广饶县委·重要会议纪要·

全县经济工作会议　2月14日，全县经济工作会议在乐安大厦会议中心召开。会上，传达了全市经济工作会议精神，学习了《2015年度科学发展综合考核情况通报》《2015年度企业纳税地方贡献50强企业通报》。县委书记田和友主持会议并作重要讲话，科学分析了面临的形势，明确了全年经济发展的工作基调、工作目标，并就做好有关重点工作提出要求；县委副书记、县长霰景亮作了重要讲话，对上年全县经济社会发展情况作了客观总结，对全年各项工作进行了安排部署。

全县农村、扶贫开发、乡村文明建设专项行动工作会议　3月4日，全县农村、扶贫开发、乡村文明建设专项行动工作会议召开。会上，县委常委、副县长燕东军就有关工作作了具体安排；县委书记田和友出席会议并作重要讲话，动员全县上下提高思想认识，突出工作重点，加大工作力度，加快农业转型升级，稳步推进农村改革，着力加强薄弱环节，深入实施乡村文明建设专项行动，坚持精准扶贫精准脱贫，努力开创全县“三农”工作新局面；县委副书记、县长霰景亮主持会议。

全县城镇生态环境建设年活动暨水气污染整治专项行动动员会议　3月4日，全县城镇生态环境建设年活动暨水气污染整治专项行动动员会议召开。会上，县委常委、副县长陈伟颂和副县长西牧山分别对两项工作作了安排部署；广饶街道、县城管局、县环保局、金岭化工公司主要负责人分别作了表态发言；县委书记田和友作重要讲话，动员全县各级各有关部门统一思想、提高认识，明确重点、狠抓落实，促进全县城镇规划建设管理水平和生态环境质量明显提升；县委副书记、县长霰景亮主持会议并讲话。

全县基层党建工作暨2016年组织工作会议　3月31日，全县基层党建工作暨2016年组织工作会议召开。会上，县委书记田和友作重要讲话，对深入贯彻落实中央和省委、市委关于全面从严治党的战略部署和有关会议精神作了具体要求，总结了2015年全县组织工作，对全县基层党建工作和2016年组织工作任务进行了安排部署；县委常委、组织部部长武文斌主持会议并讲话。

广饶县庆祝中国共产党成立95周年座谈会　6月27日，广饶县庆祝中国共产党成立95周年座谈会召开。会上，优秀个人和先进基层党组织代表作了发言。县委书记田和友作重要讲话，认真总结广饶发展实践，动员全县各级党组织和广大党员干部牢记党的崇高使命、践行党的时代要求，勇于担当、积极作为，真抓实干、开拓进取，为率先全面建成小康社会、加快建设经济强县生态之城幸福家园而努力奋斗。县委副书记、县长霰景亮主持会议。

**全县扶贫干部培训班**　7月13日，全县扶贫干部培训班举办。县委书记田和友作重要讲话，分析了县扶贫工作面临的形势任务，动员广大扶贫干部切实加强政策学习，提高思想认识，牢牢把握目标要求，加强领导压实责任，进一步提高推进精准扶贫、精准脱贫的素质能力，坚决打赢脱贫攻坚战；县委副书记宋学华主持会议。

**全县科级干部学习党的十八届六中全会精神轮训班**　12月23日，全县科级干部学习党的十八届六中全会精神轮训班开班。县委书记梁润生作重要讲话，要求把深入学习贯彻党的十八届六中全会精神，作为当前和今后一个时期的重大政治任务，吃透精神，把握实质，努力以全会精神为动力，扎实做好当前各项工作，推动全县经济社会持续平稳健康发展；县委常委、组织部部长王兴法主持开班仪式并讲话。

## 中共广饶县委·重要文件提要·

4月19日，中共广饶县委下发《关于加强和改进党的群团工作的实施意见》（广发〔2016〕1号）。文件明确了群团工作的重要意义、总体要求和目标任务，要求紧紧围绕“四个全面”战略布局，深刻把握中央和省委、市委关于党的群团工作的新部署新要求，始终坚持党对群团工作的统一领导，坚持发挥桥梁和纽带作用，坚持围绕中心、服务大局，坚持服务群众的工作生命线，坚持与时俱进、改革创新，坚持依法依章程独立自主开展工作，坚持问题导向、转变思想观念、创新体制机制、完善方式载体、改进薄弱环节，力争经过5年左右的努力，全县各级党组织领导党的群团工作的政治责任明显提升，更好发挥组织群众、动员群众、团结群众的作用，为率先全面建成小康社会、加快建设经济强县生态之城幸福家园汇聚强大正能量。

2月3日，中共广饶县委下发《关于印发〈县委常委班子“三严三实”专题民主生活会整改工作方案〉的通知》（广发〔2016〕2号）。文件围绕强化思想政治建设、坚定正确政治方向，认真执行民主集中制、构筑坚强领导集体，勇于担当积极作为、开创事业发展新局面，践行根本宗旨、提高为民服务水平，全面从严管党治党、加强干部监督管理，带头改进作风、树立良好形象等六个方面明确了整改方向和措施，切实解决不严不实问题，努力取得“三严三实”专题教育活动实效。

3月3日，中共广饶县委下发《关于印发〈2016年广饶县水气污染整治专项行动实施方案〉的通知》（广发〔2016〕3号）。文件要求明确目标导向，发挥示范带动作用，扎实开展环保评级，强化应急响应及处置，严格环境执法监管，加大社会监督力度，严格督查考核，深入开展好水气污染整治专项行动，进一步改善水气环境质量，促进生态文明建设取得良好成效。

3月3日，中共广饶县委、广饶县人民政府下发《关于印发〈广饶县城镇生态环境建设年活动实施方案〉的通知》（广发〔2016〕4号）。文件要求认真贯彻落实中央城市工作会议、全国住房城乡建设工作会议、市县经济工作会议精神和全市城市生态环境建设年活动部署要求，紧紧围绕建设经济强县生态之城幸福家园的目标，推动实施一批重点项目，努力提高城乡基础设施配套水平，不断改善全县城镇生态环境。

3月17日，中共广饶县委、广饶县人民政府下发《关于印发〈广饶县乡村文明建设专项行动实施方案〉的通知》（广发〔2016〕5号）。文件要求按照“健全机制，巩固成果，拓展内容，全面提升”的原则，以“净化”为重点，以“硬化、绿化、亮化、美化”为基础，启动“三年增绿”计划，开展第三批示范片区、示范村创建，调整优化城乡环卫一体化运行机制，着力提升农村公共服务水平，积极倡树社会文明新风尚，深入推进“民富、村美、风正、人和”的新乡村建设。

3月22日，中共广饶县委、广饶县人民政府下发《关于坚决打赢脱贫攻坚战的意见》(广发〔2016〕7号)。文件要求充分认识打赢脱贫攻坚战的重要意义,通过健全精准扶贫工作机制、实施产业扶贫、改善基础设施扶贫、深化教育智力脱贫、凝聚各方力量扶贫、推进医疗保险和社会救助扶贫等方式,扎实做好广饶县扶贫开发工作。

8月6日,中共广饶县委下发《关于印发〈中国共产党广饶县委员会工作规则〉的通知》(广发〔2016〕10号)。对组织和成员、职责、组织原则、议事和决策、组织实施和督促检查、纪律和作风、监督和追责等七个方面作出明确规定。

8月19日,中共广饶县委、广饶县人民政府下发《关于深化医药卫生体制改革提升全县医疗卫生服务水平的意见》(广发〔2016〕11号)。文件要求按照中央和省、市医改总体要求,以实现人人享有基本医疗卫生服务为目标,以公平可及、群众受益为出发点和落脚点,以保基本、强基层、建机制为工作抓手,进一步调整优化全县医疗卫生资源,构建合理就医秩序,完善县乡村卫生一体化,提升医疗卫生服务水平,为群众提供优质、便捷的医疗卫生服务。

10月14日,中共广饶县委、广饶县人民政府下发《关于深化科技体制改革加快创新发展的实施意见》(广发〔2016〕15号)。文件要求以党的十八大及十八届三中、四中、五中全会和习近平总书记系列重要讲话精神为指导,坚持创新、协调、绿色、开放、共享发展理念,以制度创新促进科技创新,进一步增强科技创新在供给侧结构性改革中的基础、关键和引领作用,健全知识创新、技术创新和管理创新体系,激发全社会创新潜能,为广饶县率先全面建成小康社会、加快建设经济强县生态之城幸福家园提供有力支撑。

11月4日,中共广饶县委、广饶县人民政府下发《关于实施全面两孩政策改革完善计划生育服务管理的意见》(广发〔2016〕19号)。明确了落实党中央、国务院和省市党委、政府关于实施全面两孩政策改革完善计划生育服务管理的有关政策文件规定,全面实施一对夫妇可生育两个孩子政策,改革完善计划生育服务管理,促进人口长期均衡发展。

## 中共广饶县委办公室
## ·重要文件提要·

1月16日,县委办公室、县政府办公室下发《关于公布2016年度惠民实事的通知》(广办发〔2016〕1号)。对2016年惠民实事落实工作目标责任制,明确了责任领导、责任单位和责任人等有关事宜。

2月6日,县委办公室、县政府办公室下发《关于印发〈广饶县安全生产举报管理办法〉等3个规范性文件的通知》(广办发〔2016〕2号)。明确了安全生产举报管理办法、安全生产重大事故隐患挂牌督办办法和安全生产约谈制度,为安全生产工作提供了重要依据。

3月2日,县委办公室、县政府办公室下发《关于建立健全生产安全事故应急处置联动机制的意见》(广办发〔2016〕4号)。对全县生产安全事故及敏感事故应急处置和现场救援工作进行了规范,明确原则要求、信息报告、联动响应、职责分工、事故查处、相关要求等有关事宜。

3月12日,县委办公室、县政府办公室下发《关于印发广饶县农村改厕实施方案的通知》(广办发〔2016〕5号)。对开展农村改厕工作作出安排部署,明确了工作的总体要求、时间安排、具体要求、组织保障等有关事宜。

3月29日,县委办公室下发《印发〈关于深入推进基层服务型党组织建设的实施意见〉的通知》(广办发〔2016〕7号)。明确了深入推进服务型党组织建设的标准和目标,并就有关工作作了安排部署。

4月21日,县委办公室下发《印发〈关于在全体党员中开展“学党章党规、学系列讲话,做合格党员”学习教育实施方案〉的通知》(广办发〔2016〕13号)。要求把开展“两学一做”学习教育作为一项重大政治任务,认真学习贯彻习近平总书记重要指示精神和各级部署要求,精心组织安排,强力推进落实,着力解决党员队伍在思想、组织、作风、纪律等方面的突出问题,解决党员教育管理、基层组织建设中的突出问题,使党的每个细胞都健康起来、每一个组织都坚强起来,做合格党员、建过硬支部,为广饶县率先全面建成小康社会、加快建设经济强县生态之城幸福家园提供坚强组织保证。

4月27日,县委办公室、县政府办公室下发《关于进一步做好打击打孔盗油违法犯罪净化油区治安环境专项行动有关工作的通知》(广办发〔2016〕16号)。要求准确把握形势,提高思想认识,加大打击防控力度,形成强力震慑;加强分工协作,抓好综合整治,做好宣传发动工作,营造浓厚氛围;强化考核奖惩,严格问责追究,并明确了有关部门分工。

5月28日,县委办公室、县政府办公室下发《关于深入开展“三争”活动的通知》(广办发〔2016〕17号)。要求全县各级各部门、单位充分认识开展“三争”活动的重大意义,进一步明确工作重点、任务目标,不断强化工作措施,全面提升“三争”工作水平。

6月12日,县委办公室、县政府办公室下发《关于印发〈镇街、县经济开发区、滨海新区科学发展综合考核暂行办法〉的通知》(广办发〔2016〕19号)。对各镇街、县经济开发区、滨海新区考核工作的分类、评价指标体系及权重、考核方式和考核结果运用等有关内容作出规定。

6月12日,县委办公室、县政府办公室下发《关于印发〈县直部门、单位工作目标考核暂行办法〉的通知》(广办发〔2016〕20号)。对县直各部门、单位考核工作的考核范围、考核内容、分值设定和计分办法、考核方式及考核结果运用等作出规定。

6月12日,县委办公室、县政府办公室下发《关于印发〈县教育卫生系统事业单位工作目标考核暂行办法〉的通知》(广办发〔2016〕21号)。对县教育卫生系统事业单位考核工作的考核范围、考核内容、分值设定和计分办法、考核方式及考核结果运用等作出规定。

6月22日,县委办公室、县政府办公室下发《关于印发广饶县党政机关公务用车制度改革实施方案的通知》(广办发〔2016〕22号)。明确了公务用车制度改革的指导原则、总体目标、参改范围、主要任务、管理和保障制度、组织实施等有关事宜。

6月25日,县委办公室、县政府办公室下发《关于开展县级党政班子成员向县纪委全会述廉述责工作的通知》(广办发〔2016〕23号)。明确了县级领导班子成员向县纪委全会述职工作的指导思想、述廉对象及述廉的主要内容、工作步骤和要求等有关事宜。

6月25日,县委办公室下发《印发〈关于建立领导干部上讲台制度的意见〉的通知》(广办发〔2016〕24号)。明确了领导干部上讲台制度的重要意义、主要目标、范围方式、授课要求和组织领导等有关事宜。

7月30日,县委办公室、县政府办公室下发《关于印发〈关于进一步加强全县移风易俗工作的实施意见〉的通知》(广办发〔2016〕28号)。明确了移风易俗工作的指导思想、工作任务、工作措施和要求等有关事宜。

8月7日,县委办公室、县政府办公室下发《关于印发〈广饶县河流水质考核办法(试行)〉〈广饶县环境空气质量考核办法(试行)〉的通知》(广办发〔2016〕33号)。对河流水质和环境空气质量考核的考核范围、考核对象、考核内容、计分办法、考核通报、考核结果运用等提出明确要求。

8月18日,县委办公室、县政府办公室下发《关于印发〈广饶县铁路沿线环境综合治理工作实施方案〉的通知》(广办发〔2016〕35号)。明确了铁路沿线环境综合治理工作的总体要求、主要任务、责任单位、进度安排和保障措施等有关事宜。

9月5日,县委办公室下发《印发〈关于在推进事业单位改革中加强和改进党的建设工作的实施意见〉的通知》(广办发〔2016〕36号)。对在推进事业单位改革中加强和改进党的建设工作进行了安排,明确了总体要求、目标任务、事业单位党组织的职责、领导班子和人才队伍建设、基层党组织和党员队伍建设、组织领导等有关事宜。

9月9日,县委办公室、县政府办公室下发《印发〈关于开展

“分类施策、结对帮扶、精准扶贫”加快推进农村扶贫开发工作的实施方案〉的通知》(广办发〔2016〕37号)。对加快推进农村扶贫开发工作作出安排,明确了工作的指导思想、目标任务、帮扶措施和保障措施。

11月1日,县委办公室、县政府办公室下发《关于印发广饶县全面推进政务公开工作方案的通知》(广办发〔2016〕43号)。对全县全面推进政务公开工作作出安排部署。

11月17日,县委办公室下发《印发〈关于从镇事业编制人员、镇(街道)优秀村干部和大学生村官中选拔镇领导班子成员的工作方案〉的通知》(广办发〔2016〕44号)。对从镇事业编制人员、镇(街道)优秀村干部和大学生村官中选拔镇领导班子成员的工作进行了安排部署,明确了工作原则、选拔范围及数量、资格条件、程序步骤、任用管理和组织领导等有关事宜。

11月22日,县委办公室下发《印发〈关于在全县机关事业单位党组织中深化“规范基础工作规范组织生活创建党建品牌”工作的意见〉的通知》(广办发〔2016〕45号)。对在全县机关事业单位党组织中深化“规范基础工作规范组织生活创建党建品牌”工作作出安排部署。

11月23日,县委办公室、县政府办公室下发《关于印发广饶县文艺精品项目扶持奖励实施办法的通知》(广办发〔2016〕46号)。明确了文艺精品项目扶持奖励工作的扶持奖励、申报评审、监督管理等有关事宜。

## ·政策研究工作·

2016年,坚持当高参、谋全局、创实效,紧紧围绕县委、县政府工作中心开展工作,着力加强对影响广饶发展全局的大事、影响广饶改革的要事、影响广饶稳定的急事的调研,较好地发挥了参谋助手作用。一是加强业务推进,全面提高调研工作成效。坚持“全面、精细、周到”原则,精心安排上级调研活动。先后组织安排市委政研室关于基层党建、城市拆迁情况等一系列调研活动。及时总结各级各部门改革发展创新的经验做法,并通过内部刊物予以刊发,为基层总结工作、交流经验搭建起有效平台。全年共编辑下发《调查与研究》《广饶改革》等内部刊物20余期。积极筛选优秀调研成果,通过调查报告、署名文章等形式予以上报,先后在省市级刊物发表调查报告、署名文章5篇。二是突出决策服务,着力拓展政研工作领域。立足县委政研室本职特点,紧扣县委、县政府工作中心,最大限度地把对上服务和对下服务有机结合起来,拓展政研工作领域。坚持把县委领导及基层关注的热点、难点问题作为工作的着力点,通过深入研究,分析对策,推动问题解决。2016年以来,先后围绕经济转型升级、生态文明建设、民生事业等方面进行专题调研,分别形成情况全面、分析透彻、措施建议可行性强的调研报告,得到县委领导的充分肯定,县委主要领导同志签批1篇。三是完善工作机制,提高政研工作规范化水平。自觉站在全县经济社会发展的战略高度,超前谋划年度调研工作目标、思路和工作重点,为全县各级各部门做好调研工作奠定基础。围绕全县主要工作部署,经认真筛选研究,确立重点调研任务,并细化分解到责任部门,明确完成时限和质量要求,增强调研工作的系统性和主动性。坚持实行调研工作目标责任制,把调研工作纳入全县年度专项考核,从责任落实、调研计划、任务完成、领导重视、调研成果五个方面入手,明晰考核内容,确定考核标准,推动调研工作健康持续开展。认真履行县委改革办工作职责,加强对全县改革工作重点任务和重点改革事项统筹协调,及时跟踪问效,确保各项改革事项按计划推进。健全完善全面深化改革工作考核评价体系,加大部门单位改革工作考核力度,提高各级各部门推进改革工作的主动性。广饶县在全市2016年度各县区全面深化改革工作考核中获得第一名。

## ·信息工作·

2016年,编发《广饶信息》64期。先后向省委办公厅、市委办公室上报各类信息300余条,被省委办公厅采用15条、市委办公室采用60余条，县委主要领导签批4期，信息综合采用量居全市各县区前列。县委办公室被评为全省党委系统信息工作先进单位。建立完善信息采集制度，通过“点题约稿”、会议收集、机关公文中收集、调查研究收集以及从报纸、刊物、广播、电视、网络等信息传播媒体中收集等多种渠道采集信息，不断增强信息的及时性、准确性和适用性。建立完善信息约稿制度，根据县委不同时期的工作重点，定期下发信息报送要点，不断提高信息服务的针对性。健全信息工作定期通报制度，每季度将各镇街、各部门单位信息采用情况统计汇总向各单位主要领导通报，不断增强基层单位上报信息的积极性和主动性。建立信息反馈制度，及时向信息报送单位反馈信息采用和领导批示情况，定期总结信息报送情况，找出问题不足，提出整改要求和措施，构建信息供需双方沟通交流的有效平台。积极加强基层信息员队伍建设，进一步完善信息员轮训制度和全员办信息制度，通过举办培训班、电话指导等多种方式，加强对党委系统信息工作的调度指导，努力提高信息报送质量。紧紧围绕县委中心工作，及时反映全县经济和社会发展的成绩、经验和问题，反映各镇街、各部门单位开展工作的思路、进展和成效，反映重大的社会动态和重要的社情民意，反映带有苗头性、倾向性的深层次问题。加强调查研究，积极开发出可能提出决策目标的启迪性信息、能够辅助论证决策方案的参谋性信息、有助于推动决策落实的经验性信息等高层次信息。围绕全县重点工程项目建设、转方式调结构、基层组织建设、安全生产和环境保护等方面，加强信息调度和编发，先后形成《我县房地产市场库存情况简析》《我县2016年春季企业用工情况简析》《“营改增”对我县地方财政影响分析》等一批高质量信息，为领导掌握情况、科学决策提供了高质量的信息服务。着眼省委、市委工作大局，深入挖掘和总结提炼广饶县在转方式调结构、新型工业化、统筹城乡发展、党的建设等方面的好经验、好做法，积极向市委办公室、省委办公厅报送，为省、市全面了解广饶，指导广饶工作提供依据。《广饶县双轮驱动推进新型工业化战略实施》《广饶县抓好橡胶轮胎产业供给侧结构性改革》《广饶县推进重点项目建设的做法》《广饶县利用红色资源加强理想信念和党性教育》等一批经验做法纳入省委、市委领导视野。认真贯彻落实市委办公室关于加强紧急信息报送工作的有关规定，建立并落实紧急信息报送责任制和责任追究制，严格按照紧急信息的报送内容、报送时限和运转程序采集报送信息，确保一旦发生紧急事件，快速反应，及时处理，杜绝迟报、漏报、瞒报现象发生。

## ·督查工作·

会同县政府督查考核办公室，对《关于对2016年全县重点工程和重点项目实行工作目标责任制的通知》（广办发〔2015〕43号）和《关于公布2016年度惠民实事的通知》（广办发〔2016〕1号）确定的全县重点工程、重点项目和重点工作，定期进行调度和通报，并适时开展现场督查调研，切实促进各项重点工程和重点项目的落实。对全县经济工作会议、县委全委会议、县委常委会议等重大会议确定事项，制定下发立项督查通知，定期不定期调度进展情况，确保各项任务落到实处。根据县委、县政府不同时期、不同阶段的工作重点，对安全生产、环境保护、重点项目推进服务等工作进行重点督查调度，推进工作开展。紧紧围绕人民群众关心的热点、难点问题，按照领导批示意见，坚持明查与暗访相结合，进一步加大领导批办、交办事项的查办力度，确保事事有着落、件件有回音。认真对批示件进行分类整理和综合分析，找出共性问题实行连续督查，达到“抓了一件，带好一片”的效果。2016年，共办理各类督查件38件，其中省市级督查件3件、县级督查件35件，办结率100%。认真落实各级党委关于进一步加强和改进党委督查工作的意见规定，不断改进工作流程，完善工作机制，使督查工作更加制度化、规范化。衔接市对县区综合考核办法，结合县委、县政府全年工作重点，修订2016年度镇街、县经济开发区、滨海新区综合考核暂行办法和县直部门单位、教育卫生系统事业单位工作目标考核暂行办法，使发展导向更加鲜明，更加符合全县发展实际。组织有关部门就市委、市政府对县区科学发展综合考核情况进行分析，为进一步发挥优势、查找不足，确保广饶县在考核中取得更好成绩提供决策参考。注重在日常工作中搞好督查调研，积极向县委领导和市委督查考核办公室专报督查工作做法和成效。将搞好重要节日期间的督查调度列入正式工作日程，分别对“春节”“国庆节”等重要节日期间全县有关工作情况进行分析调度，为县领导决策提供参考依据。完成承担的市委决策部署事项落实情况等任务，获得上级高度评价。

## ·保密工作·

一是注重宣传教育，干部群众保密意识不断增强。4月，在全县各部门单位组织观看《黄宇泄密案》等保密宣传教育片，形象直观地向全县干部职工进行保密警示教育。6月，县保密局举办全县保密干部培训班，有各部门单位分管领导、保密干部、网站管理人员240余人参加培训。县保密局向各部门单位发放《保密工作注意事项》《党政机关工作人员保密须知》4000余份，为各保密干部、工作人员做好保密工作提供了服务保障。二是狠抓保密管理，保密工作水平进一步提高。年初，县保密局在全县开展了涉密载体集中清理销毁活动，共回收涉密文件资料2463份，由保密局汇总后派专人专车统一送市国家保密局涉密载体销毁中心进行了集中销毁。5月，县保密局对全县的门户网站进行了重新登记备案，进一步规范各单位门户网站管理机制，并于6月对网站管理人员进行培训，进一步提高了门户网站管理的规范化水平。三是强化监督检查，保密工作防线更加牢固。4～6月和8～10月，对门户网站管理、涉密文件资料管理、保密技术防护专用系统的使用管理情况和相关制度落实情况等进行了保密检查，检查做到了部门全覆盖，共检查互联网计算机1000余台，涉密计算机10余台，办公内网计算机120余台，移动存储介质50余个、门户网站70余家。对检查中发现的问题都进行了及时指正，消除了失泄密隐患，全县保密工作规范化水平进一步提升。

## ·接待工作·

2016年，严格落实中央“八项规定”及省市厉行节约、反对浪费办法和国内公务接待管理办法有关规定，按照“热情、周到、勤俭、节约”的要求，坚持超前介入、主动服务、规范运作，认真履行基本职能，完成了各项接待工作。全年共接待国家、省、市、县级考察调研团队30余批700余人次。其中，包括接待国务院参事室特约研究员谭小英，民革中央副主席何丕洁，省委农村工作小组副组长王军民，省委常委、组织部部长杨东奇，省政协副主席许立全等省级及省级以上领导5人次。积极组织和筹备第七届中国(广饶)国际轮胎汽配展和全市经济社会科学发展现场观摩等大型活动。一是严格把握四项原则。坚持服务经济建设、服务机关工作的原则。围绕县委、县政府的重大经济活动，改进工作方法，牢牢掌握接待工作的主动权，努力开创“大接待”新格局。坚持热情周到、优质服务的原则。对各镇(街道)和县直各单位接待负责人及主要接待场所服务人员进行了岗位培训，提高了服务质量和水平。坚持实事求是、因地制宜的原则。根据广饶县的实际，注重挖掘民族、地方特色，量力而行，精心接待。坚持方便务实、勤俭节约的原则。在保证客人必要的工作、生活条件的前提下，坚持一切从实际出发，不摆阔气，不讲排场，严格按照要求办事。二是突出抓好五个环节。抓好迎送服务。从搞好迎送入手，详细了解情况，进行周密安排，做到热情简节，善始善终，使客人高兴而来，满意而去。抓好膳食服务。在膳食服务上突出地方风味和民族特色，精心安排饮食菜肴，妥善安排宴会。抓好住宿服务。根据客人的不同特点和要求，合理安排住宿地点，营造舒适住宿环境。抓好行车服务。及时协调有关部门，合理安排调动车辆，做到准时、畅通、安全。抓好安全服务。突出保密、消防和治安三个关键，注意消除一切不安全因素，保证客人及其物品、信息资料的安全。三是强化落实三项保障措施。抓制度化建设。健全完善以政务接待范围制度、政务接待信息反馈制度、政务用餐标准规定制度等在内的业务工作制度和以学习制度、人员管理制度、廉政建设制度等在内的单位管理制度等制度体系。抓整体联动机制的健全和运转。坚持对外接待一个口子，指挥协调一个系统，上下左右协作一套班子的原则指导下，建立起有主要领导牵头、接待部门具体操作、相关部门协调配合的接待工作体制。抓责任分工和落实。对每项接待工作进行细致分工，从接待部门的领导到工作人员层层明确责任，确定完成的时限和标准，使接待工作各个环节无缝隙，达到工作“零差错”，服务“零失误”。

## ·组织工作·

**概述**　至 2016 年年底，全县有党委 40 个，党工委 8 个，党总支 115 个，党支部 1681 个。党员总数 31025 人，其中女党员 5359 人，农村党员 17067 人，从事农牧渔业的党员 15012 人，全年共发展党员 378 人。

**“两学一做”学习教育**　按照上级统一安排部署，从 4 月下旬开始，在全县广大党员中开展“两学一做”学习教育。一是领导示范带头。县委常委班子率先垂范，通过县委理论学习中心组、个人自学等形式抓实学习教育；县委各常委以身作则，建立联系点，到所在党支部或分管部门单位参加集中学习并讲党课，靠前指导、示范带动。二是学习形式多样。各部门单位积极探索灵活多样的学习形式，坚持用好“党员活动日”，采取轮流领读领学、聘请党校教师授课、观看专题教育片、专题讨论等方式组织开展集体学习；同时结合实际，不断创新学习载体，加深广大党员、群众对“两学一做”学习教育的理解，推动学习教育深入开展。三是强化督导指导。县委成立“两学一做”学习教育指导协调小组，设立办公室和 14 个督导组，加强督促指导；各直属党(工)委充分发挥主体作用，认真开展集中自查、“回头看”等工作，加强对学习教育的过程控制。四是注重学做结合。各级党组织普遍从实际出发，搭建载体平台，教育引导党员学做结合、以知促行。五是抓好问题整改。突出问题导向，坚持边学边查边改，指导各级党组织采取组织点、党员找、群众提等多种方式深入查找党组织和党员存在的突出问题，逐项梳理分析；开展对照检查“负面清单”大讨论，引导每名党员对号入座，把自身问题找准、查实；实行跟踪督办，销号管理，强化整改实效。据统计，全县各级党组织共查摆问题 5200 多个，党员查摆问题 63000 多个，全部按照时限要求完成整改。

**县第十二次党代会**　一是统筹谋划，选好党代表。将代表选举工作作为开好县第十二次党代会的基础，专门召开工作安排会议，对县党代表选举工作进行安排部署。按照上级要求和规定程序，指导 10 个选举单位采取自下而上、自上而下、上下结合、层层遴选的方式进行推荐提名。对所

全县“两学一做”学习教育座谈会

有人选，统一组织考察、档案审核及个人事项审查，征求执纪执法部门意见，进行了集中公示。2016年12月26～28日，10个选举单位先后召开党代表大会（或党代表会议），差额选举产生252名县第十二次党代会代表。二是周密部署，开好党代会。2017年1月19～22日，县第十二次党代会胜利召开。梁润生同志代表中共广饶县第十一届委员会向大会作《践行新理念开启新征程为建设生态宜居美丽幸福的现代化新广饶而努力奋斗》的报告，张子柱同志代表中共广饶县十一届纪律检查委员会作了报告。大会一致通过关于县委、县纪委两个报告的决议，选举产生中共广饶县第十二届委员会委员、候补委员、县第十二届纪律检查委员会委员及70名出席市第六次党代会的代表。同时，按照市委组织部统一安排，做好出席党的十九大及省第十一次党代会代表候选人初步人选推荐提名工作。

县镇领导班子换届　把县镇领导班子换届作为全年干部队伍建设的重中之重，认真学习政策要求，严格按规定进行安排部署。9月20日召开全县镇领导班子换届工作会议，通过谈话调研听取意见、会议推荐及二次谈话、深入考察三个阶段，对镇（街道）班子和干部情况进行全面考察了解，在此基础上，综合干部工作专题调研、执纪执法部门联系通报等各方面的情况，对镇（街道）领导班子进行调整配备，共涉及干部139名，调优配强了镇（街道）领导班子。从10月开始，配合市委组织部干部考察组做好县级领导班子推荐考察工作，确保县级领导班子换届有序开展。高标准做好人大代表、政协委员、两委委员的推荐提名、考察审查工作。

干部监督管理　一是畅通干部监督渠道，实行执纪执法部门月通报制度，抓好科级干部日常有关事项报告和组织工作重要事项报告工作。二是建立及时沟通领导干部违纪违法案件中买官卖官信息工作机制，及时掌握行贿买官问题线索，对行贿买官人员进行严肃处理。三是积极开展全县行政人员出资办企业或在企业中兼职情况核实工作，对不符合政策规定的，督促变更或注销整改到位。四是狠抓换届风气监督，自换届一开始，就把纪律和规矩挺在前面，抓严抓实、正风肃纪，明确主体责任，制定责任清单，严格落实“四必看”“四必谈”“四必训”要求，切实加强换届纪律宣传，营造风清气正的换届环境。制定全县镇换届风气巡回督查工作方案，组建换届风气巡回督查组到镇（街道）开展巡回督查。健全来信、来访、网站、电话、短信“五位一体”信访举报受理平台，稳妥做好信访情况查核工作。

干部教育培训　以党的理论教育、党性教育和能力培训为重点，分类别抓好干部教育培训。抓好重点班次教育培训。充分利用高校优质资源举办高层次示范培训班，赴浙江大学举办公共管理高级研讨班1期，培训部门单位正职45名；举办素质能力提升培训班2期，培训科级干部100名。抓好党校主体培训班次。组织举办第14、15期科级干部进修班，举办全县中青年干部素质能力提升培训班、团干部、女干部、党外干部培训班等5期，组织举办科级干部学习十八届六中全会精神轮训班2期，共培训干部990余名。强化干部日常教育培训。印发《关于进一步加强干部日常

农村党组织书记示范培训班开班仪式

教育培训工作的意见》，落实各部门单位抓日常教育培训主体责任。严格落实干部教育培训办班备案管理制度，全年共有 34 个部门单位组织 2120 余名干部到高校开展业务培训。坚持领导干部学习卡制度，全年共编印学习卡 20 期，涉及 18 个专题 300 余个知识点。印发领导干部上讲台意见，推动领导干部、学术名家、先进典型、优秀基层干部上讲台。依托齐鲁先锋干部学习平台，加强学习调度，不断推进干部网络在线培训。

组织工作信息化建设　稳妥做好干部人事档案专项审核工作，重点完成审核信息反馈、问题调查处理及干部任免审批表签字确认工作。注重把审核结果运用到干部任免、干部工资、年度考核、有关事项报告等工作中。指导县人力资源社会保障局、县教育局、县卫生计生局等 3 个管档单位完成专项审核工作任务。严格执行干部档案任前审核制度，坚持从严执行政策，从严审核把关，对有关人选的干部档案，坚持凡提必审，对发现的问题坚持从严从速、快查快办。按照省市有关换届考察工作要求，对有关干部信息层层进行把关，重点审核人选的“三龄二历一身份”、任用资格条件等，为县镇换届工作提供及时准确的档案信息服务。加强干部档案日常管理，完善纸质档案与数字档案相衔接的一体化流程管理，对 1450 卷在职干部档案进行集中扫描维护，对 1200 余卷退离休干部档案进行集中整理。严把档案材料“入口关”“保管关”“出口关”，严肃档案查阅转递有关纪律。

广饶县高层次人才促进会成立大会

人才工作　一是研究改革人才工作考核办法。分类制定考核细则，重点考核党管人才职责落实、重点人才项目推进、高层次人才及平台新增数量、述职评议及满意度测评等 4 个方面内容。加大人才考核在全县综合考核中的权重、制定工作职责清单、扩大考核范围。二是扎实做好各类人才队伍培养引进。举办东营·橡胶轮胎暨汽车配件产业高端人才洽谈会，邀请北京化工大学、青岛科技大学、吉林大学等 10 所高校院所的 40 多名专家参加会议，共推介科技成果 80 多个，达成初步合作意向 30 多个；举办苏州大学广饶县人才工作者培训班，选调全县 53 名人才工作者参加培训，通过课堂讲授、现场教学、座谈交流、案例分析等形式，促进人才工作者提升理论层次、解放思想、开阔思路视野；举办上海交通大学广饶县优秀人才高级研修班，选调泰山产业领军人才、创业创新奖等 8 类重点人才工程入选者以及“百名英才进广饶”引进的博士等 36 名工作在教学、科研和生产一线的优秀人才代表参加；举办农村淘宝合伙人培训班，帮助 100 余名农村青年和返乡大学生创业。三是搭建平台载体，助推人才发展。实施“众创慧聚·乐业广饶”特色人才项目，2016 年，共入驻创业实体 98 家，在谈实体 12 家。开展“百名电商精英”培育工程，组织 7 支创业团队参加东营市第二届油地青年创新创业大赛。成立广饶县高层次人才发展促进会，推动高层次人才交流和产学研用合作。实施金融支持工程，全年共发放创业担保贷款 2.34亿元，扶持创业 1970 人，带动就业 2900 多人。开展县级优秀人才评选，采取专家异地评审、部门联合评审、差额人选实地考察等方式，真正把技术实力强、业绩突出的优秀人才评选出来。开设“人才政策直通车”宣传专栏，提高政策的社会知晓率和关注度，营造尊才、重才、爱才和创新创业的良好氛围。

“五化一代理”工作　在2015年实施“五化两提高”基础上，进一步深化“开门办公常态化、活动场所整洁化、村级决策民主化、党员活动制度化、惠民实事具体化”，全面推行村民事务代理代办服务。一是建立便民服务室。依托村级组织活动场所，鼓励村村建立便民服务室。全县553个村建成便民服务室362个。二是规范代理事项。各镇(街道)结合实际，组织各村不断完善和丰富代理代办事项，从低保户办理、社保资金发放、惠农补贴发放，到调解群众间的邻里纠纷、党员组织关系接转等，涉及到群众生活的方方面面。三是明确代办人员。每个村庄配备专职代办员，并建立由其他村“两委”班子成员、联村机关干部、驻村指导员、驻村“第一书记”、大学生村官为主体的代办员队伍，保证有2～3名代办员轮流在代办服务站(点)坐班，对群众上门求助的代理代办事项即接即办。四是完善体制机制。建立代理代办事项工作台账，确保件件有记录，事事有回音；建立“受理—代理代办—反馈—建档”的工作流程，规范各个环节；建立抽查通报制度，将村民事务代理代办落实情况纳入村级工作和农村干部的年度考核，对落实不力的限期整改，并与报酬待遇直接挂钩。全年为群众代理代办事项3万余件，群众满意率达到95%以上。

创建新型农民学校　一是探索落实“学历＋技能”双证教育模式。在理论教学基础上，有针对性地开展技能培训；在学员培训需求意向基础上，培训院校研究讨论确定计算机基本操作和基础软件运用为必修技能课程，电子商务、商务礼仪、摄影摄像、基础电焊技术等为选修课程。560名学员全部完成计算机基本操作和基础软件运用技能培训，并取得技能结业证书。二是探索实行党员网上学习积分管理办法。利用“网络党课”，集中上网学的方式，对党员日常学习量情况，管理后台随时记录，全程跟踪管理、计分，学习积分情况作为民主评议党员的参考依据。鼓励添加“广饶党建”微信公众号，随时随地学。三是开展优秀“微型党课”征集评选活动。面向农村、社区、企业、学校、机关以及非公有制经济组织和社会组织等领域中的党员领导干部，教师、讲师团成员、先进模范、下派“第一书记”、基层党务工作者和党员征集“两学一做”学习教育方面优秀党课。2016年，有23部课件被市委组织部采用，其中有2部课件分获一、二等奖。四是组建“草根讲师团”充实培训师资库，以“草根讲师大讲堂”为平台，利用农闲时节、晚上等时间，面向农民群众，免费举办各类讲座，讲授内容涉及医疗保健、励志创业、政策法规、道德建设、种植养殖技能等方面，满足农民求知求学多元化需求。共举办各类讲座、宣讲活动92场，受益党员群众达1.3万余人。五是加大外出培训力度。2016年，在青岛农业大学、苏州市农村干部学院等高校组织提升乡土人才素质高层次培训班四期，累计培训220余人次。

组织部门自身建设　一是立足规范高效，不断健全完善工作机制。修订印发《部机关规章制度汇编》，建立健全工作会议、财务管理、公务接待等18项制度，确保各项工作有章可循、简明清晰、科学规范。二是突出素质培养，不断强化学习研讨交流。以“两学一做”学习教育为契机，把学习紧紧抓在手上，采取读原文、观看教育片、研讨交流等多种形式，认真学习理论知识和业务知识，全年共计开展集中学习20余次，交流研讨5次，编印《读书读报周刊》42期。三是改进工作作风，打造机关良好形象。严格落实中央“八项规定”和省、市、县委有关要求，严格按规章制度办事，紧抓重要时间节点，组织集中学习，重申纪律要求，加强作风监督；深化干部下基层活动，组织机关干部深入联系村开展卫生清扫、走访慰问、植树、调研等活动，通过下基层，接地气、察实情、受教育、转作风。四是抓实部机关全员抓信息调研制度。不断加大宣传力度，扩大组织工作对外影响力，重点抓好组织工作重大问题研究推进，形成高质量的调研报告，为科学推进工作提供参考。

## ·宣传工作·

理论学习　扎实开展“两学一做”学习教育，组织党员干部原原本本、认认真真学党章、学习近平总书记系列重要讲话精神，增强党员党性观念，提升了理论水平。发挥好中心组学习的示范带动作用，先后举办《全面从严治党与地方党委工作科学化》等6场县委理论学习中心组专题辅导报告会，组织县委理论学习中心组集中学习32次。深入农村、社区开展党的十八届六中全会精神、“中国梦·小康情·广饶美”宣讲160场次，推进了理论普及。扎实做好舆情信息工作，2016年广饶县在全省舆情信息直报点中位列第22名，在全市各县区位列第1名，被表彰为全省2016年度舆情信息工作先进单位。狠抓企业文化宣传工作，圆满完成全省“创新发展看鲁企”主题宣传报道、“走进企业　助力发展”企业文化服务月、“厚道鲁商”公益广告大赛等系列活动。加强社科理论工作，成立县社科联工作机构，大王镇刘集村、陈官镇古家村被表彰为全省宣传思想文化工作示范点，在全市第二十五次社会科学优秀成果奖评选中有30人获奖。被表彰为“全省2015～2016年度理论教育工作先进单位”。

新闻舆论工作　坚持团结稳定鼓劲、正面宣传为主的方针，进一步唱响主旋律、凝聚正能量。凝心聚力抓好县内宣传。突出“当好龙头、跨越发展”的主题主调，围绕市县两会、经济转调、社会主义核心价值观、“两学一做”、县乡换届、三大专项行动、保障和改善民生、“学习贯彻党的十八届六中全会”等重点，提振信心、凝聚共识，推动发展。根据全县重大部署，通过示范引领、舆论监督等形式，做好禁毒、打击打孔盗油犯罪、交通秩序整治、创建食品安全先进县、“打非治违”等专题宣传，有力推动工作落实。编辑出版《广饶大众》149期，播出《广饶新闻》、民生新闻《第一时间》等栏目1053期，舆论导向作用不断增强。精心策划强化县外宣传。立足上大报、上大台、出重稿，在《人民日报》《大众日报》《香港商报》等省级以上主流媒体发稿366篇，在《东营日报》发稿700余篇，头版头条20余个。其中，在市以上媒体刊发《广饶再发力》《借势发力，建设美丽幸福新广饶》《广饶：创新助力轮胎产业逆势突围》，在新华社《要情动态》刊发《广饶公共文化供给侧改革调查》介绍广饶经验，县委宣传部被大众日报社表彰为年度新闻报道工作先进集体。加强舆论引导和管理。做好网上正面宣传工作，积极利用新媒体讲好广饶故事，全年在重要新闻和门户、政府网站刊发稿件1500余条。加强舆情监控研判，及时消除舆论风险。对网民关注的热点问题，及时编报舆情专报、通报60期，督促问题解决，视情回应网民关切，做到不失语、不失度、不失序。加强网络管理，依规登记各类微信公众号70余个，启动重大网络舆情联动机制，及时处置不实不良信息，有效维护了全县舆论安全。加强网军队伍建设，建立RTX通道，举办新闻发言人及网络评论员业务培训班，邀请省网信办、东营日报专家专题辅导，提升了舆情引导和应对能力。妥善做好来人、来函监督性报道，妥善处置“5·16纵火案”“7·17重大交通事故”等重大舆情，维护了舆论安全。

精神文明建设工作　抓好群众性文明创建。以省级文明县测评为契机，继续推进城市网格化管理，组织开展志愿活动服务8000余人次，开展“新农村、新生活”培训1700余场次。积极推进乡村文明行动，强化清脏治乱农村环境专项集中整治，完成村庄道路硬化133.5公里，建设农村文化墙1.3万平方米。启动“诵中华经典，做有德之人”全民阅读活动，举办“书香五月·悦读广饶”优秀图书展、“乐安名士”国学知识大赛、“乐安学堂”公益讲座等活动。全面推进移风易俗工作，出台《关于进一步加强全县移风易俗工作的实施意见》，印发《厚养薄葬文明办丧倡议书》和《文明节俭办婚事青年当先树新风倡议书》30万份，对700多名农村党支部书记、红白理事会负责人进行专题培训，喜事新办、丧事俭办在全县蔚然成风。2016年6月，全市移风易俗现场推进会在广饶县召开。在全市移风易俗年终电话调查中，广饶县群众满意度达到98%，列全市第一位。积极创新活动载体。围绕“我推荐、我评议身边好人”活动，连续5年组织开展“广饶好人·季度之星”推荐评选活动，2016年评选“广饶好人·季度之星”19人，“广饶好人”22人。纪鹏飞被评为“山东好人2016十大年度人物”，5人荣获“山东好人之星”，6人被评为“山东好人”，4人荣获东营市第四届道德模范，2人荣获东营市第三届最美人物。积极推进“四德工程”建设。在巩固善行义举四德榜村村全覆盖成果的基础上，已有70个机关单位、23个学校、24个企业建立善行义举四德榜电子榜。积极开展“身边好人”群众线索推荐工作，2016年以来，共推荐4677条，数量、占比均位居全市第一。深化“我们的节日”主题活动，县实验中学《太阳下的军礼》《千手观音》，同和小学“采摘节”分获看中国文明校园2016年全国文明校园展播十佳作品奖、优秀奖、活动创新奖，是东营市唯一获奖的三个项目。

社会宣传工作　以国家公共文化服务体系示范区创建为抓手，抓好重点项目推进，建成97个乡村剧场，5个乡村历史文化展馆。成功举办山东省第三届吕剧艺术节系列文化活动，广饶县被授予“山东省吕剧传承示范基地”称号。广泛开展群众性文化活动，组织“广饶之夏·追梦放歌”广场文化活动专场演出50场次，开展“进千村乐万家”文化惠民演出2346场次。制定出台《关于繁荣发展社会主义文艺的实施意见》《广饶县文艺精品项目扶持奖励实施办法》等意见措施，组织县文化企业参加第六届山东文化产业博览会。坚持以人民为中心的创作导向，主旋律电影《大火种》列为中宣部和国家新闻出版广电总局庆祝建党95周年优秀影视剧展映展览活动影片，票房突破1100万元；吕剧《夫妻井》荣获第九届山东省“泰山文艺奖”戏剧类三等奖，结合建党95周年新创现代吕剧《社区来了新书记》，出版了《一起走过那年的雨季》等一批优秀图书作品。“吕剧大家唱”戏曲传承振兴、“三公开三公示，百姓点单看大戏”两项创新工作列入全市重点创新项目，取得扎实成效。

意识形态工作　各级党委（党组）认真履行主体责任，定期研判意识形态领域情况，不断加强对意识形态工作的领导、引导和管理。县委制定出台《广饶县党委（党组）意识形态工作责任制实施细则》，作为县委专项督查项目纳入各镇街、部门年度综合考核。全县各级各部门按照《实施细则》要求，各司其职、各负其责，形成党委统一领导、党政齐抓共管、宣传部门组织协调、有关部门分工负责的良好工作格局。加强思想教育阵地管理，党校把党的理论教育和党性教育作为党校教学的“主课”，相关课程占总课程量的70%，各中小学校坚持正确舆论导向和价值观导向，严把教师备课关、上课关，确保课堂严肃、干净。加强文化市场管理，深入推进“扫黄打非”专项行动，盗版音像制品3500余盘（盒），收缴非法接收卫星电视器材32套。

宣传队伍建设　深入开展“两学一做”学习教育，干部队伍素质明显提高。按照中央“八项规定”和反对“四风”要求，完善机关内部管理，提高工作规范化程度。抓好机关党建工作，健全完善“三会一课”、民主评议党员等制度，规范党内组织生活。扎实开展“干部下基层日”活动，协调资金帮助燕儿村开展路面修缮、文化器材扶持、乡村剧场建设等一批惠民实事。开展“千人培训工程”，组织了全县宣传文化干部素质提升年培训班，宣传文化系统60余名中层以上干部到浙江大学进行业务培训，提升综合素质和理论水平；加强文艺队伍建设，2016年新发展省级上专业协会会员8人，全县国家级专业会员7人，省级专业会员55人。各镇街、宣传文化部门组织了新闻宣传、文化产业、文学艺术等业务培训、采访采风、展览比赛等活动30余期次，组织培训广场舞、扇子秧歌等文艺骨干1000余名。

（张耀魁）

## ·统战工作·

政治协商民主监督工作　一是积极开展政党协商。县委统战部制定《关于加强政党协商的实施办法》以及2016年度协商计划；及时向民主党派、工商联及无党派代表人士通报全县党风廉政建设和反腐败工作情况、县委全委会议以及有关专题会议精神；就十届县政协委员提名人选、《县政府工作报告》深入征求意见，同时就中小学大班额问题等开展专题协商；组织各界代表人士对全县上半年经济社会发展情况进行协商，提出针对性意见建议。二是认真做好民主党派工作。指导民盟广饶总支部加强自身建设，协助做好盟员培养教育、入盟积极分子推荐工作；协助做好民盟广饶组织志书编纂工作；指导成立民盟社区工作站，为开展调查研究、收集社情民意创造条件。接待全国政协常委、副秘书长、民革中央副主席何丕洁到广饶视察调研。三是认真做好十届县政协委员提名安排工作。认真落实上级关于政协换届工作有关要求，做到严肃对待，严把关口，严格程序，严明纪律，圆满完成委员人选提名推荐及协商、考察等工作。政协第十届广饶县委员会安排界别16个，一次会议安排委员203名。参与做好《广饶县政协志》编纂工作。

经济统战工作　一是继续深入开展理想信念教育。组织广大非公有制经济人士认真学习习近平总书记在民建和工商联界委员联组会上的重要讲话精神，注重加强自身建设，自觉做爱国、敬业、创新、守法、诚信、贡献的表率。确定5家诚信经营典型企业，在《广饶大众》报和广饶电视台进行报道，发挥示范带动作用。引导非公有制经济人士深入学习十八届六中全会精神，进一步加深对党和政府的信任，主动适应经济发展新常态，科学防范风险，积极应对困难，保持企业发展活力。二是主动助推经济发展。实施“企业家素质提升工程”，先后推荐和组织60名（次）非公经济人士到高校参加专题培训，提升把握大势、科学转调的能力。举办“民营企业健康发展大讲堂”，邀请复旦大学教授就当前经济形势和企业转型升级作专题报告，300余名民营企业负责人听讲。开展“企业大走访”活动，选派驻企联络员，协调解决企业发展中遇到的难点问题。会同有关部门先后举办“大学校园招聘会”“企业专场招聘会”“用工洽谈会”等7场次，帮助解决企业用工难问题。组织工商联会员企业参加第七届中国（广饶）国际橡胶轮胎暨汽车配件展览会等经贸活动，加强与国内外知名企业合作，拓展发展空间。对民间投资第三方评估、民营企业发展状况、年轻一代非公有制经济人士现状等进行专题调研，准确掌握企业发展及企业家成长动态。会同县安监部门开展安全生产标准化达标活动，引导非公企业积极创建安全生产企业。组织8家银行和50家企业负责人举办联谊会，促进银企合作。指导工商联法律服务中心为非公企业提供法律服务，挽回经济损失7500余万元。三是切实加强非公经济代表人士队伍建设。组织开展全县非公经济人士调研，建立起283人的非公经济代表人士队伍信息数据库。制定《广饶县非公有制经济代表人士综合评价工作实施方案》，扎实组织开展对非公经济代表人士的综合评价工作，为非公经济代表人士政治安排提供评定依据。四是积极推进商会组织建设。响应市工商联“商会建设年”活动，努力提高商会规范化建设水平。组织镇（街道）商会负责人到乐陵、临邑、茌平参观学习，开阔视野，启发思路。指导各镇（街道）对商会班子进行调整充实，建立起工作制度，制定工作计划，组织开展活动。指导滨海新区组建了商会。组建了汽车、物流、文化艺术及大王镇现代农业4个行业商会，吸收会员200家以上，为4个行业企业交流合作搭建了平台。

党外代表人士工作　一是搞好基础统计，建立工作台账。对党外知识分子基本信息进行全面统计登记，全县党外知识分子共180名，其中男104名，占57.8%；女76名，占42.2%。就在职和离任的党外人大副主任、政协副主席落实“同等待遇”情况进行调查；就人大、政协安排党外代表人士情况，县政府及其工作部门、司法机关党外干部配备情况，特约人员安排以及统一战线教育培养等情况进行调查核实，及时上报上级统战部门。二是加大培训力度，提高整体素质。5月29日至6月4日，县委统战部在浙江大学举办党外代表人士"学习中央条例、提升素质能力"专修班，特邀浙江省政协、浙江省委统战部有关领导和浙江大学等知名院校教授，就《中国共产党统一战线工作条例(试行)》、新时期政协工作新定位等问题进行详细解读。选调3名党外科级干部参加全市第九期党外科级干部研修班。三是健全工作机制，加强联系管理。建立县委常委联系党外代表人士制度，每名县委常委联系2名党外代表人士，通过约谈、走访等形式，掌握思想动态，征求意见建议，帮助解决工作中的难题。建立党外科级干部述职制度，每半年进行一次述职交流，全面掌握党外代表人士的工作、履职情况。四是注重发现人才，积极推荐使用。2016年，县委进一步加大党外干部选拔任用力度，新提拔党外副科级干部两名、正科级两名，两名正科级党外干部推荐为副县级领导干部，全县党外科级干部总数达到47名，其中正科级8名，副科级39名。

侨联服务、对台及新社会阶层等工作　侨联服务。开展访贫送暖活动，走访慰问贫困归侨6人，接待归侨来访3起8人次，对反映的问题全部按有关规定进行处理或答复。推荐2名失业侨眷到山东蓝翔高级技工学校进行免费技能培训，帮助他们实现创业梦想。为县内企业"走出去"牵线搭桥，先后邀请中非商会坦桑尼亚分会、南非山东商会和阿联酋华人华侨联合会侨领到广饶县考察，与相关企业洽谈合作事宜。推荐14名企业家为东营市海外联谊会第三届理事会理事，其中两名担任常务理事。组织全县200余名中小学师生参加"第十八届世界华人学生作文大赛"。

涉台工作。先后邀请参加"2016两岸青少年情牵黄河口交流活动""2016鲁台青少年文化研习营'泰山成人礼、孙子故里行、黄河入海游'主题活动"的台湾师生到广饶县参观，推动广台间文化教育深层次交流。邀请台湾高雄市左营区祥和里里长一行到广饶县参访，推动广台间基层社区文化交流。广饶孙子文化旅游区被确定为"山东省海峡两岸交流示范点"。

新社会组织工作。开展新社会组织人员调查，建立起204人的社会新阶层人士档案，掌握了相关人士的底数和发展趋势，形成调研报告。建立联系交友和信息反馈制度，及时了解行业发展情况和代表人士思想动态。

统战扶贫工作　一是深入开展"民企帮村同心同行"精准扶贫行动。制定《关于开展"民企帮村同心同行"精准扶贫行动的实施意见》，采取"一企帮一村""多企帮一村"等结对帮扶方式，安排69家企业帮扶62个村和267户贫困户。会同县扶贫办召开"民企帮村同心同行"精准扶贫行动动员会议，发出《全县民营企业家参加"民企帮村同心同行"精准扶贫行动倡议书》。加强督促指导，至10月底，帮扶企业已为帮扶村和贫困户投入帮扶资金160多万元，安排务工就业270人，赠送慰问金、慰问品约计5万元。二是着力助推少数民族贫困户脱贫。争取上级政策支持，为两户市定少数民族贫困户安装光伏发电设备，项目已顺利投入运行，户日均发电20度以上。对2015年已脱贫的15户有少数民族人口家庭进行回访，了解生活现状。按照政策要求，认真做好穆斯林农户春节牛羊肉价格补贴工作，对符合条件的两名少数民族高考学生进行救助。三是动员民主党派参与精准扶贫。民盟广饶总支部设立杨庙社区工作站，组织盟员专家开展送法律、送技术、送医疗"三下乡"活动，现场开展法律咨询、医疗义诊、农业技术指导、书画笔会等志愿服务，向村民免费发放医疗急救知识、大棚蔬菜种植以及法律宣传资料。四是充分发挥统一战线在打赢脱贫攻坚战中优势和作用。组织东营科级职业学院20名在校学生参与"泛海助学山东行动"，至10月底，银行卡都已发至学生手中。

镇街统战工作　印发《关于加强镇街统战工作的通知》，对镇(街道)统战工作提出16项具体工作任务。一是重视程度提高。各镇(街道)把统战工作列入党委重要议事日程，认真研究制定年度计划或要点，细化任务目标。将统战理论、统战政策及上级有关会议精神作为党(工)委中心组必学内容。建立书记、分管副书记及统战委员抓统战工作笔记，记录研究和参与统战工作情况。二是工作机制健全。各镇(街道)成立党(工)委书记任组长的统战工作领导小组。明确书记、分管副书记及统战委员抓统战工作职责,规范工作运转程序。建立并落实党(工)委班子成员联系统战成员制度,每名班子成员至少联系一名统战成员。健全镇(街道)、村(居)统战(民族宗教)工作网络,明确各工作单元职责。设立统战干事,具体负责日常统战工作开展。三是督查力度加大。县委统战部建立起部长、副部长及工商联、民族宗教等部门负责同志联系重点镇(街道)制度,加强调研指导,督促工作落实。分3个小组到各镇(街道)调研,督促和指导规范化建设、民族宗教、商会建设及侨联建设等工作。四是工作亮点纷呈。各镇(街道)紧紧抓住中央和省市县委统战工作会议相继召开的机遇,围绕经济领域、民族宗教、多党合作以及参与精准扶贫、党外知识分子等工作,立足实际,突出特色,打造"大王统一战线教育基地"等一批叫得响的统战工作品牌。

## ·民族宗教工作·

概述　2016年全县民族宗教工作以"民族团结宗教和顺"为工作目标,加强管理与服务,深入各镇(街)、各宗教活动场所摸排调研,民族宗教各项工作顺利推进。3月召开全县民族宗教工作会议,全面部署年度工作,与各镇(街)签订民族宗教工作目标责任书,强化责任,着力推进工作落实。

民族工作　一是强化宣传教育,促进民族团结。联合县委宣传部制定下发《第十六个民族进步团结宣传月活动方案》,对有关民族政策法规和教育主题进行广泛宣传,在各镇(街道)悬挂宣传条幅45条,投用电子显示屏60块,并通过县电视台、《广饶大众》报播发或刊登民族团结标语。推荐回族职工许辉参加全市"奉献社会、关心关爱、促进民族团结进步"主题宣讲。指导各镇街设立少数民族服务窗口,组织华誉集团、广饶街道新城社区、大王镇便民服务中心迎接全市的民族团结进步创建活动"互观互检"暨全市创建活动经验交流会。二是落实政策规定,抓好管理服务。拟定《少数民族流动人口服务管理体系建设实施方案(征求意见稿)》《加强和改进少数民族流动人口服务管理工作实施意见(讨论稿)》。依法加强清真食品生产和市场管理,县民族宗教事务局坚持每季度对县内清真食品生产企业进行检查,督促企业严格执行清真食品管理规定;联合县食品药品监管等部门不定期对各大超市进行检查,督促整改违规事项12项(次)。做好穆斯林农户春节牛羊肉价格补贴工作,为符合条件的5户穆斯林农户发放春节牛羊肉价格补贴2100元。三是开展基础调查,完善信息台账。对全县少数民族状况进行调查核查,全县共有少数民族31个,户籍人口778人,流动人口500余人。四是精准扶贫助推少数民族贫困户脱贫。经过精准识别,全县有少数民族市定贫困户2户,根据家庭实际情况,确定通过光伏发电扶贫项目助推贫困户脱贫的措施,通过多方协调推进,项目已投入运行,日均发电20度左右。五是认真做好少数民族高考考生的认定帮扶工作。加强与县教育局、县公安局的对接沟通,认真审查材料,认定少数民族高考考生4名、中考考生3名,出具相关证明。4名考生被高校录取后,逐户入户走访,对符合条件的2名考生进行救助。

宗教事务　一是严抓宗教活动场所管理。督促各活动场所严格落实财务管理等制度,确保财务规范。会同消防部门,先后两次对各活动场所进行消防安全检查,对查出的15处安全隐患督促及时整改。协调资金10万余元对广饶街道一村基督教活动场所门前道路进行硬化。二是着力做好宗教政策法规月宣传活动。深入宗教活动场所和信教群众,发放《宗教政策法规汇编》,宣讲国家宗教政策和法律法规,引导信教群众依法依规开展宗教活动。三是组织开展宗教慈善周活动。召开宗教活动场所负责人座谈会,引导信教群众发扬乐善好施好传统,量力而行慈善义举。指导各宗教活动场所设立慈善资金,专项用于慈善活动。四是全力做好宗教领域维稳工作。构筑管理网络、舆情监控网络、信息直通网络“三网合一”宗教舆情监管机制，及时掌握并依法处置宗教不稳定因素，确保全国及省市县“两会”“G20峰会”期间全县宗教领域稳定；对基督教人员参加韩国世纪大会、佛教人员参加印度“时轮金刚法会”以及境内外利用基督教进行渗透等情况进行深入细致摸排，均未出现异常。协助市各宗教团体圆满完成换届选举工作。

## ·对台工作·

*机构*　中共广饶县委台湾工作办公室，正科级单位，在编人员9人。

*广台交流*　积极参与第七届橡胶轮胎暨汽车配件展览会相关工作。认真做好轮胎展前期筹备工作，积极配合相关部门邀请台湾轮胎相关企业到广饶县参展。广饶台办邀请建大、南港、华丰、泰丰等轮胎公司，以及天翔模具、台源自动化仪器等10余家台湾公司参展，邀请接待台湾客商20多人。组织陪同客商就新能源汽车及汽车零配件招商到滨海新区考察洽谈，就农业产业化、农产品出口、休闲观光农业等分别到山东华誉集团有限公司、山东丰泰食品有限公司、润金农林休闲观光农业园区、东营鹊苑精致农业示范园区、广饶县健友农场等企业参观考察，取得较好效果。扎实开展广台之间交流往来。为深化与台湾党派、团体和社会各界及基层人士的交往，扩大交流规模和基层工作覆盖面，积极组织以县领导带队，由街道、农业、涉农企业组成的代表团，赴台进行农业观光项目的交流。邀请台湾商务文教交流协会秘书长鲍珮均、副秘书长陈健仁到广饶县参观考察，分别到华东地产孙武湖休闲娱乐项目区、卫达电子国美家电项目区、华阳教育乐淘城项目区、喜乐汇婚庆文化广场等地进行实地考察，与相关负责人进行洽谈交流，就引进台湾美食、青年创业平台搭建、智慧城市建设、智能家居及两岸青少年交流和书画交流等进行了广泛深入地探讨。为进一步加大两岸基层社区交流联系，邀请高雄市左营区祥和里里长刘德文一行18人，到广饶县进行交流，推动广台间基层社区服务文化的深层次交流。积极对接“2016两岸青少年情牵黄河口交流活动”和“2016鲁台青少年文化研习营‘泰山成人礼、孙子故里行、黄河入海游’主题活动”，邀请台湾青少年学生100多人到广饶县交流，深入推动广台两地文化教育交流。积极推动商务团组赴台。组织东营信义汽车配件有限公司赴台参加4月初在台北世界贸易中心举办的海峡两岸汽车零件展。办理大海新能源、鲁宁机械、正宇铝业等商务赴台团组8个共20人，推动广台两地企业间的交流合作。积极搭建广台两地交流平台。为进一步推动广饶县与台湾的交流合作和人员往来，打造对台交流的窗口。不断加大对台交流平台和载体建设，依托孙子文化旅游区，认真谋划，广泛邀请台湾客人前来交流、旅游观光。2015年底向省台办申报将孙子文化旅游区设立为山东省海峡两岸交流示范点，2016年5月孙子文化旅游区正式挂牌山东省海峡两岸交流示范点。

*招商引资*　主动出击，积极寻找商机。借助与台商联系密切的实际，积极与台商聚集的长三角、福建等地区的台协会沟通联系，围绕全县项目和产业发展需求，介绍广饶县的基本情况，邀请广大台商到广饶县实地考察。利用平台，抓好展会招商。利用鲁台经贸洽谈会和“台湾·山东周”等重大涉台经贸活动，积极组织有关部门及企业参会，广交朋友，推介企业，宣传广饶的产业优势。2016年，台湾独资企业东营甫展商贸有限公司正式在广饶县落户，总投资达200万元，主要从事进出口贸易。

*为台胞台企台属服务*　认真开展“台资企业走访季”活动，深入台资企业送政策、办实事、促发展，利用春节时机召开台资企业恳谈会，集中反馈回复台企台商提出的意见建议和遇到的困难，帮助他们化解矛盾、度过难关。开展“亲情连线”活动，为50名台属发放了电话卡，鼓励他们与在台亲属深入沟通，加强联系，认真维护好两岸关系和平发展大局。春节期间，走访慰问困难台属30人，定居台胞2人。到山东和瑞东精细化学有限公司、兴源集团、宏宇橡胶有限公司等台资台属企

业进行调研，了解企业发展现状、存在的困难和需要解决的问题，提出加快发展的意见和建议。发挥台属联谊会作用。加大对台属联谊会的指导工作，通过台属联谊会加强与广大台胞的联系，加深台属台胞间的感情，增强台胞台企对广饶县的认同感和归属感。加强对台属的教育引导。采取多种形式在广大台属中开展党的对台方针政策的宣传，积极开展"两岸一家亲"活动，增强台属做好台湾同胞工作的意识和信心。

对台宣传和涉台教育　积极向涉台杂志、报纸、网站报送对台工作信息，宣传广饶县涉台工作最新动态、重要活动、经验做法。5月，在台湾媒体《太平洋日报》上利用一个版面的篇幅，全方位的介绍了广饶县第七届轮胎展的相关情况，提高广饶县在岛内的知名度和影响力。加强公务、商务赴台的行前教育。涉台工作无小事，赴台之前召集赴台人员进行集中学习，主要内容包括学习和掌握党的对台基本方针政策、了解台湾情况、明确涉台纪律及安全保密要求，在台期间要避免政治敏感问题，规避各种涉及两岸之间冲突的话题，确保赴台活动不出问题。

## ·党校工作·

干部培训　办好校内主体班次。全年共举办10个班次共16期培训班。其中，全县科级干部进修班2期，上下半年各1期；农村、城市（社区）基层党组织书记轮训班5期；全县科级干部党的十八届六中全会精神轮训班2期；全县公务员党的十八届六中全会精神轮训班2期；县直部门单位离退休干部党支部书记和理论学习骨干培训班、全县事业单位新录用人员岗前培训班、全县中青年干部素质能力提升培训班、全县团干部培训班、全县妇女干部培训班各1期；参训人数3200多人。

社会宣讲　年内到大王镇、广饶街道、稻庄镇等乡镇（街道）及部分县直部门单位宣讲党的十八届五中、六中全会精神、中国共产党党史、社会主义核心价值观等专题，宣讲70场次，培训近7000人次；5名同志受聘为党的十八届六中全会精神宣讲团成员，到县内10个乡镇（街道）、开发区宣讲了党的十八届六中全会精神。扎实做好新型农民培训工作。组织力量到派驻"第一书记"所在村宣讲两会精神、乡村文明建设等专题；选派骨干教师到部分村宣讲全面从严治党、中国共产党党史、基层组织建设等专题；与县妇联联合开展女性素质提升工程，宣讲孝道、反家暴、社会主义核心价值观等专题；年内开展新型农民培训35场次，培训1500余人次。

科研调研工作　突出发挥科研调研为教学服务、为党委政府决策服务的作用。年内完成省课题1项——《关于推进广饶企业并购重组问题的思考》，市青年课题1项——《广饶县中小企业创业兴业情况研究》，市重点课题1项——《广饶县干部培训情况调查》；发表国家级科研论文11篇、省级科研论文4篇；参加"山东社科论坛——资源型城市转型发展研讨会"，10名同志分获一、二、三等奖；参与市"纪念建党95周年

全县科级干部学习十八届六中全会精神轮训班开班仪式

征文活动”,2篇科研论文分获一、二等奖;在“东营市第二十五次社会科学优秀成果奖”评选中,4篇科研文章、课题分获二、三等奖和优秀奖;组织科级干部研修班、中青年干部素质能力提升培训班学员编印《学员论坛》15期。

队伍建设　2016年,中共广饶县委党校有教职工29人,均为大学及以上学历,其中研究生9人,高级职称5人,中级职称5人。年内组织教职工60人次到中央、省、市党校参加师资培训,在校内开展集体备课活动,校内人才队伍的素质能力不断提升。被评为山东省党校系统先进党校。

(乔海宁　张　媛)

## ·档案工作·

综述　广饶县档案馆建筑面积8000平方米,其中库房面积2037平方米,是集爱国主义教育基地、档案资料安全保管基地、档案利用服务中心、政府信息公开查阅中心和电子文件中心“五位一体”的国家一级档案馆。馆(局)内设办公室、管理室、指导室、编研教育室4个科室,人员编制数为16人,在职工作人员17人,全县兼职档案员128人。至2016年年底,馆藏档案116个全宗,56885卷,排架长度1040米,馆藏资料22984册。有录音录像带294盘,照片2345张等。馆内配备现代化的库房密集架、消毒灭菌机、除尘机、人脸识别及红外防盗报警系统、库房安全保护智

开展纪念“6.9国际档案日”宣传活动

能化综合管理系统。10月,被省档案局评为全省档案宣传工作先进集体,被东营市档案局授予档案学术研讨会优秀组织奖称号。孙金缀被山东省档案局授予全省档案宣传工作先进个人称号。

馆藏征集和管理　按照进馆计划,集中利用11月、12月整理县委县政府的文书档案。加强档案资料征集力度,通过群众及社会团体捐赠、有偿收购与寄存相结合的渠道,继续征集民间的珍贵档案资料,征集入馆“刘氏族谱”,馆内征集到6个姓氏族谱。完善档案利用制度,为全县相关人员在档案审核中提供大量的重要档案,档案的作用进一步凸显。2016年提供档案利用服务800余人次,复印2000余份,查全率、查准率均达到100%。坚持“预防为主、防治结合”,按照“九防”的要求,对档案工作人员开展经常性的安全教育。加强规范化管理,利用库房安全保护综合智能管理系统设置温湿度标准。

档案业务建设　加强对机关单位的档案业务指导。采取时间、人员、场所“三个集中”的方式,分工到人,采取“一对一”方式,顺利完成2016年度归档文件整理工作。积极做好社区档案指导工作。按照国家档案局和民政部新颁布的《城市社区档案管理办法》,对西苑、锦湖、乐民三个社区档案管理情况进行指导。指导县农业局经管站档案室建设。2月以来,多次到县农业局经管站进行业务指导,使档案工作人员目标明确、计划落实,规范化档案室建设工作落到实处。积极做好全县档案工作科学化测评工作。高度重视档案工作科学化管理测评工作,把档案工作科学化管理工作列入业务指导的重点,采取跟踪指导、远程指导、现场指导等多种形式,深入到申报单位。指导县油区工委顺利通过科学化管理先进单位测评。开展档案业务

培训。10月27日举办一期档案业务培训班，参训人员110余人。

档案馆数字化　根据全市推进档案信息化建设要求和到2020年各县区档案馆全部通过"数字档案馆"测试的目标，制定三年完成计划，加快馆藏档案的数字化，推进档案信息化工作。积极争取财政资金，将数字化扫描费用列入财政预算，对原有机房设备进行升级，确保档案信息系统机房设备达到规定的B级标准。建立了覆盖全部馆藏的纸质档案目录数据库和档案全文数据库，实现目录和部分原文挂接的目录级转换率100%，全文级数字化转换率76%。

档案执法检查　开展两次档案执法检查。6月22日至27日对全县各单位的档案实体、世纪科怡档案管理软件、档案保管进行档案执法检查，及时发现工作中的新情况、新问题，提出整改指导意见。11月23至24日，会同县委办组成镇街档案管理工作检查组，对全县9个镇街标准化档案室建设进行专门的执法检查。通过执法检查，推进各镇街"三化两配套"标准化档案室进程，最大程度的消除安全隐患。

开展档案宣传活动。深入开展档案普法宣传，以"6.9国际档案日"为契机，通过悬挂横幅、张贴宣传标语、印发宣传资料等方式，开展宣传活动。开展档案专题展览。10月11日，协助市档案局举办纪念长征胜利80周年电影海报专题展，进一步发挥档案工作"记录历史，传承文明，服务社会造福人民"的作用。

规范行政权力运行工作。2016年增加2项行政权力、调整1项事项名称，最终确定保留实施的行政权力共有14项，其中：行政审批1项，行政处罚2项，行政强制1项，行政奖励1项，行政监督1项，其他行政权力7项，审核转报类其他行政权力1项。自10月始，行政审批事项正式入驻县政务服务大厅。

纪念长征胜利80周年电影海报专题展

档案科研和学术研究　完成省档案局2015年下达的科研成果研究任务。《移民档案规范化管理》《县级城建档案规范化管理研究》两项科研成果列入2015年度全省档案科研计划。其中《移民档案规范化管理》科研成果于2016年12月22日在省档案局顺利通过专家鉴定，是诞生的全市首项省级档案科研成果，填补了东营市省级档案科研成果的空白。积极开展档案学术研究，先后有4篇论文在《中国档案报》《齐鲁档案论丛》上发表。有10余篇论文参加全市档案学术理论研讨会，并有多篇论文获奖。

（盖　凤　赵慧娟）

## ・党史研究工作・

机构　中共广饶县委党史研究室，直属于中共广饶县委，正科级单位，在编人员6人。

地方党史资料征编　编辑出版了《中共广饶县委纪事》（2016卷），该书由特载、政治纲要、大事记、党风党纪、工作概况、执政论坛、社区党建、企业党建、农村党建、社会组织党建、"三严三实"专题教育、改革与创新、光荣榜、统计资料等内容构成，收录了全县各部门单位相关材料70多万字，具有很高的资政价值。编辑出版的《烽火岁月》一书获得"全省党史部门优秀成果奖"著作类二等奖。通过走访基层党史爱好者、革命烈士后人，形成《光荣的历程革命的一生——武荣夫传略》《山东伪十六旅兴衰记实》《时立军下乡记》等专题文章，并在市党史专刊《东营党史》上交流。认真做好党史资料数字化建设工作，整理录入《清淄烽火》《丰碑》等党史资料30余万字。整理广饶县封庙村“广饶县委旧址”“任杰故居”“任天纵故居”“李耘生故居”等图片资料数十张，资料3万余字。收集整理《战斗在清河两岸》等抗战时期“一门九英”资料7万余字，《广饶县抗日救国歌曲》30余首，武荣夫个人传记资料2万余字。

省市征编任务　一是完成《山东的“四清”运动》等专题史供稿工作，上报《广饶县四清工作团党委关于县、区、社干部开展四清运动的计划》《广饶县四清工作团关于广饶县第一批四清运动的总结报告》等材料15000余字。二是做好山东省“社会主义建设时期市(地)、县委书记口述历史”供稿工作，对广饶县社会主义建设时期历任县委书记、县长名录进行了摸底排查工作，完成《积极推进农田水利建设，加快广饶农业大发展》《抓好工副业生产，促进国民经济全面发展》《我在广饶县委工作情况回忆》等三个选题资料整理上报。三是为省委党史研究室与山东广播电视台联合拍摄纪录片《人民的选择——山东历史上的大支前》提供广饶县相关素材，上报《支援莱芜战役》等材料4篇。四是完成省委党史研究室、省旅游局的《红色旅游指南》资料的征编上报工作。五是完成《改革开放实录(东营卷)》广饶5个专题的撰写上报工作。六是认真做好东营大事记“季报年编”广饶部分的整理上报工作。

党史宣传教育　积极推介地方党史研究最新成果，充分利用《渤海风云》《东营党史》成果交流平台，刊发《武荣夫传略》《烽火岁月—广饶抗战纪实》等文章。与广饶电视台合作开展《纪念中国共产党成立95周年追溯广饶的红色故事》活动。指导、审阅东营历史博物馆二楼党史展厅改造升级工程布展资料。开展党史进机关、进学校、进企业、进军营、进社区、进乡村“六进”活动，主动为党史课堂编写了党史教育教材，并受邀为部门单位做党史专题报告十余场，先后向学校社区赠送党史书籍3000余册。参加东营市第二批“红色讲坛”录制活动。与县关工委、县教育局等单位联合在全县开展学习党史国史教育活动。在东营党史网站发表动态信息10余条，被评为“2016年度信息宣传工作先进单位”。

## ·信访工作·

概述　2016年，县信访局共受理群众来访815起6732人次，起数、人次同比分别上升57%和39.2%；去市上访101起1168人次，起数、人次同比分别下降2.3%和10.7%；到省上访75起422人次，起数、人次同比分别下降2.6%和28.5%；进京上访起数和人次大幅度下降，进京非正常上访实现零记录，“无非访县”创建活动取得圆满成功。全县信访工作呈现出“五个明显”：到县委县府办公场所的上访群众明显减少、全县信访秩序明显好转、非访治理工作取得明显成效、信访业务专项考核成绩明显提高、信访干部职工精神面貌明显改观。

制度建设　制定出台《关于进一步加强信访工作的意见》

县领导公开接待群众来访

《2016年镇街、县经济开发区、滨海新区信访工作考核办法》《2016年县直部门、单位信访工作考核办法》，形成“强化源头预防、加强接处访工作、落实信访责任、考核评价绩效”的信访工作制度体系。不断调整完善领导干部定期公开接访制度，推动领导干部公开接访制度化、规范化和常态化。将每月10日定为县委书记接访日，每月20日定为县长接访日，其他县委常委、副县长轮流排班参与公开接访。县委、县政府领导率先垂范，亲力亲为，严格按照《县级领导干部公开接访安排表》轮流到县综治工作指挥中心公开接访，既接待随时来访群众，也对分管领域内的疑难复杂问题进行约访。县级领导干部通过参加轮流公开接访活动，接待群众上访19起405人次，现场答复率100%。

场所建设　为适应新形势下信访工作需要，提高接待、处理群众来访工作的质量和水平，改善信访工作环境，经县委、县政府研究同意，县信访局迁址顺利完成。投入100余万元建设总面积达1398平方米的县综治工作指挥中心，于2016年7月1日正式投入使用，其中接访大厅面积800余平方米，实行10个职能部门统一入驻、集中办公、联合接访的工作机制，实现来访登记、分流转办、司法调解、律师参与、集中办理解决信访诉求的新模式。以多元化解矛盾纠纷为切入点，搭建县、镇街、管区、村居四级矛盾纠纷调处网络，镇街和管区均

接访大厅

设置群众诉求受理中心，村居设置调委会，为将矛盾消化在萌芽状态、把问题解决在基层奠定了坚实基础。

信访积案化解　健全完善矛盾纠纷排查机制。坚持把信访工作的着力点放在对信访形势的正确研判和对各类矛盾纠纷的强化排查、超前化解上，增强工作的主动性、预见性和针对性。建立定期排查与随时排查、全面排查与重点排查、自下而上排查与自上而下排查相结合的矛盾纠纷排查制度，牵头组织全县各部门单位每月定期排查一次，重大活动、重要会议期间每天逐级排查，努力将县内各个领域的信访不稳定因素纳入视线范围，建立台账，加强分析研究，有针对性的制定工作措施。全县先后排查矛盾纠纷和信访隐患372起，就地化解成功率在90%以上，有效防范了越级访、集体访和群体性事件的发生。精心组织，实现“无进京非正常上访县”创建目标。自开展无进京非正常上访县创建活动以来，认真贯彻落实上级要求部署，按照“化解一批、转化一批、打击一批、稳控一批”的思路，综合施策，有序开展，确保创建活动取得扎实成效。2016年，全县进京上访人员没有被登记为非正常上访，成功实现“零非访”的创建目标。多措并举，信访突出问题化解工作成效显著。为确保积案化解工作取得实实在在的效果，制定印发《中央巡视组交办信访事项落实包案安排》《市级领导包重点信访事项落实包案安排》《当前重点信访事项落实安排》等一系列文件，明确案件化解要求、时限，坚决做到“一案一策”，确保信访事项办理程序规范、内容得当、适用法律依据准确。对交办积案化解工作，明确由县联席会议办公室负责建立台账，做好相关案卷的整理存档，做到“一案一档”，并严格执行“一周一调度，一月一通报”制度，做到全程跟踪、动态管理。

（徐　浩）

# · 老干部工作 ·

机构　中共广饶县委老干部局，正科级单位，设办公室、综合股、服务股3个内设机构，县干部休养所、老干部活动中心、关心下一代工作委员会办公室3个事业单位，在编人员15人。2016年度，县干部休养所、县老干部活动中心整合成立县老干部管理服务中心。

思想政治建设　把"两学一做"学习教育作为离退休干部思想政治建设的首要任务，制定出台指导意见，全县57个离退休干部党支部采取集中学习、辅导讲座、送学上门等方式，组织离退休干部深入学习党章党规和习近平总书记系列重要讲话，学习教育实现规范化、经常化。建立离退休干部党支部"党员活动日"制度，各支部按季度制定活动计划，合理安排集中学习、参观考察、志愿服务等活动。通过网络、报纸、微信等多种途径，及时总结宣传"党员活动日"的好经验好做法好典型，县法院、县环保局等3个单位离退休干部党支部参加全省"优秀活动日"评选。积极推进县委老干部党校正规化、常态化建设。2016年，联合县委党校举办为期2天的离退休干部党支部书记培训班。定期组织离退休干部开展读书学习和专题讲座活动。5月，举办全县经济社会发展形势专题讲座；8月，邀请县委副书记宋学华同志通报全县经济社会发展情况；11月，组织县级老干部参加十八届六中全会精神宣讲报告会。充分发挥县红色资源丰富的优势，积极组织离退休干部党员参观刘集支部旧址、《宣言》纪念馆、革命烈士陵园等，接受现场教育，强化教育效果。落实好老干部阅读文件、参观考察、情况通报、走访慰问等政治待遇。2016年，按照中办发3号和鲁办发37号文件要求，对老年节期间老干部集中走访慰问工作进行统一安排。3月底开始，利用2个月的时间，开展老干部服务管理情况调研，召开县直部门单位征求意见座谈会，并到每个镇街进行走访、座谈，了解老干部所思所需所盼，有针对性地组织活动和开展学习教育。10月，召开全县老干部情况通报会。

离退休干部组织建设　着力完善离退休干部党工委工作机制，发挥好职能作用。4月，召开第一次党工委委员会议，明确成员单位工作职责，建立党工委集中议事、委员联系点、支部定期交流等工作制度。为做好离退休干部党支部定期交流工作，在县老年大学和县干休所专门开设交流场所，每月1～10日，派出1名局班子成员与离退休干部党支部书记进行面对面交流。自6月起按月编印离退休干部党支部学习资料，为各支部组织开展学习提供有力支持。为全面掌握基层离退休干部党建工作情况，党工委委员每人联系4～5个离退休干部党支部，通过实地调研、座谈交流、列席活动等方式，指导推进离退休干部党建工作。落实全面从严治党要求，着力加强离退休干部党组织建设。2016年，部署开展离退休干部党组织"规范提升"活动，通过完善党支部工作制度、规范党组织设置、创新管理模式、配强支部班子、搭建平台载体等，进一步提升全县离退休干部党组织建设规范化、科学化水平。结

全县老干部情况通报会

合全县党员组织关系摸排工作，对离退休干部党组织情况、离退休干部党员总体状况进行全面细致的调查摸底，根据摸底情况，重点指导各城市社区建立离退休干部党支部，并做好离退休干部党员组织关系转接工作。推进离退休干部社团组织健康发展，重点抓好与离退休干部文化养老、爱好特长相关的县老年体育协会、老干部摄影协会、书画研究会、老年大学艺术团的建设管理，建立离退休干部社团组织联席会议制度，促进交流，扩大影响，优化离退休干部社团活动氛围。进一步做好“五老”志愿者协会工作。5月，在广饶街道康居社区召开工作调度会，对协会年度重点任务作出安排。9月，举办全县“五老”志愿者培训班，邀请河口河宁社区王玉清主任授课，参训“五老”骨干达到430余人。

离退休干部文化建设　进一步改善县老年大学、老干部活动中心设施条件。2016年，共投入资金30余万元，为县老年大学购置电脑、投影仪、电子琴、电视等教学设备。申请资金30余万元，对县老干部活动中心进行维修，更换活动设施。继续推进老年大学三级办学网络建设，选派县老年大学教师通过巡回讲课、讲座辅导、结对指导等方式，对基层老年学校给予帮扶支持。深化“市级示范校”创建活动，对基层办学典型进行重点培树，李鹊镇老年学校和花官镇来家村老年学校被评为市级示范校。6月，省老年

全县离退休干部庆祝建党95周年专场文艺演出

大学到县老年大学进行调研视察，对县老年大学规范化办学给予高度评价。发挥好老年大学和老干部活动中心在老干部文化建设中的示范和主阵地作用，组织老干部开展丰富多彩的文化艺术体育活动。2016年，先后开展第25届县老年大学春季运动会、春秋两季全县老干部门球赛、庆国庆书画展等活动。9月，举办庆祝建党95周年暨红军长征胜利80周年全县离退休干部专场文艺演出，省政协部分文化体育界委员到场观看，并就节目编排、表演技巧等给予现场指导。积极组织老同志参加省市比赛展演。4月，参加“第五届山东省老年书法美术比赛”，2人分获二、三等奖；8月，参加市老年文化艺术大赛，1人荣获一等奖；10月，参加市第七届老干部艺术节，选送节目得到观众的普遍好评。

离退休干部作用发挥　按照中办《意见》要求，在全县离退休干部中部署开展以“展示阳光心态、体验美好生活、畅谈发展变化”为主要内容的“为建设经济强县生态之城幸福家园增添正能量”活动，引导广大老同志通过讲、写、唱、展、演、画等多种形式，凝聚正能量、释放正能量、传播正能量。2月，组织有书法特长的老干部到广饶街道殷家村开展送春联活动；7月，组织举办“华泰杯”“听党话、跟党走，铭记历史、关爱未来”书画展，展出作品共190幅，集印成册；重阳节期间，到广饶街道敬老院开展庆“国庆”贺“重阳”慰问演出。认真组织做好市局开展的“我看东营发展变化”“说说我的入党故事”、增添正能量集中宣传等活动，在全社会营造开展正能量活动的浓厚氛围。积极推进关心下一代工作，在全县部署开展“五个十”联创活动，基层关工委组织达到736个，并培树广饶街道西毛村、康居社区、华泰集团等关工委工作先进典

型。11月，召开全县农村关心下一代工作现场会，交流经验，推进重点任务落实。着力抓好青少年社会主义核心价值观、党史国史、法治教育。组织“五老”志愿者走进学校、社区、企业开展宣讲活动20余次；利用东营市历史博物馆、《宣言》纪念馆、刘集支部旧址等教育基地，组织开展党史国史教育。其中，《宣言》纪念馆年初被评为“山东省关心下一代教育基地”。发动社区“五老”志愿者建立“假日爱心学校”，组建30人的“五老”网吧义务巡逻队，开展“零犯罪学校”创建活动，青少年成长环境不断优化。继续做好“中国梦·为党奉献余热”典型培育工作，韩义昌、孙伟等5名老同志被推选为全市老干部宣讲团成员，荣容玉等4名老同志被评为市先进“五老”志愿者。

离退休干部服务管理　保持离休干部“三个机制”有效运转，保证离休干部“两费”及时到位。2016年全年为离休干部报销住院医药费240多万元，门诊费用170多万元，资金由全部县财政承担。认真做好易地安置离休干部联系、服务工作，普遍走访了安置到省外和市外的离休干部，并协助有关单位做好易地安置到广饶县的离休干部走访工作。6月开始，用5个多月的时间，对全县3000多名离退休干部进行健康查体，完善了健康档案。围绕“四就近”社区平台建设，积极推进社区成立离退休干部党组织，做好离退休干部党员社区报到，开放社区活动室，为老同志就近学习活动创造了条件。着力加强部门自身建设，抓好中办发3号、鲁办发37号文件的贯彻落实，进一步加强对老干部工作的研究谋划、协调指导、督导检查，完善考核办法和责任清单制度，推动了工作任务落实。适应老干部工作转型发展需要，根据上级老干部工作部门职能调整，进一步完善县委老干部局工作职能，整合县干休所、县老年大学、县老干部活动中心成立县老干部管理服务中心（挂县老年大学、县委老干部党校牌子），为更好地推进转型提供了动力和条件。

（项在銮）

## ·老龄工作·

组织建设　全县9个镇、街道办事处、县经济开发区、滨海新区都成立了老龄工作委员会，由分管政工的副书记任主任，团委、妇联、人武、民政、司法等部门负责人为成员，并下设工作办公室，配备1到2名专职工作人员。村级老龄组织建设进一步加强，形成了较为完善的县、镇、村三级老龄组织网络。进一步加强基层老龄组织规范化建设工作，全县553个行政村、10个社区居委会的老年人工作委员会全部调整完毕。

养老保障　做好救助金发放工作，按照70～74周岁每人每年500元，75～79周岁每人每年730元，80～99周岁每人每年1100元的标准，全力做好全县70周岁以上老年人生活救助金的发放工作。至2016年2月5日，全县36747名70周岁以上老年人生活救助金全部发放到老年人手中，共计发放救助金2790.2万元。实施百岁老人长寿补贴制度，百岁老人每人每月可领取700元长寿补贴金，“九九”老年节期间，为29位百岁老人发放补贴金8.4万元。实施“银龄安康工程”，2016年银龄安康保险投保人数达到5.07万人，保险金额75.66万元。

养老服务　实行政府购买居家养老服务。根据《关于政府购买居家养老服务工作的实施意见》（广民字〔2015〕99号）精神，按照每人每月300元的标准，为133名符合政府购买居家养老服务的困难老年人提供了助餐、助洁、助浴、助医等专业化的上门服务。实施无障碍设施改造工程。由财政投资为困难老年人实施无障碍设施改造工程，为128户城乡困难老年人家庭安装了坐便器扶手、洗浴椅、三角手杖、无障碍餐桌和可视门铃等无障碍设施，优化部分老年人居家养老环境。加大对养老机构的扶持力度，积极争取2016年市级老龄事业发展专项资金16.5万元。

老年维权　深入宣传老年政策法规，联合县司法局将新修订的《中华人民共和国老年人权益保障法》《山东省老年人权益保障条例》纳入“七五”普法规划。老年维权工作力度加大，与县司法局联合制定《“法治阳光温暖老龄”活动实施方案》（广司发

〔2016〕16 号），于 11 月在全县组织开展为期 1 个月的“法治阳光温暖老龄”专题活动，通过开展法治阳光“周讲”进老年课堂、法治阳光“一对十”结对帮扶进养老机构、法治阳光“法律巡诊”进社区、村居等活动，进一步扩大涉老法律服务和法律援助覆盖面。2016 年以来，组织承办涉老各类法律援助案件 47 件，其中民事 33 件、刑事 4 件、简易民事非诉讼 10 件，解答老年人法律咨询 300 人次，代写法律文书 114 件，避免或挽回经济损失 100 余万元。

*老有所为*　根据老年人的特点和需求，大力推进老有所为工作，着重发现和培育典型，2016 年推选原广饶县档案馆馆长成俊恒、广饶街道十二村党支部书记魏洪智参加全市“十佳敬老楷模”“十佳模范老人”评选活动，并荣获“十佳模范老人”称号。重点推进老年人志愿服务活动，以县“五老”志愿者协会为抓手，通过组织吸引、单位推荐、主动邀请等方式，打造了一支活跃的“五老”志愿者骨干队伍。全县“五老”志愿者 2000 余人，成立了广饶县老年志愿服务志愿队，以自愿、义务、开放式的参与形式，在镇、街道陆续吸纳越来越多的老年志愿者。

*敬老活动*　认真做好国家法定的“老年节”庆祝活动，开展以“敬老爱老，全民行动”为主题的“敬老月”活动，以为老年人办好事、办实事为出发点，精心组织、科学部署、广泛发动，开展了一系列庆祝活动。走访慰问活动。市政协主席陈泽浦到广饶县走访慰问老年人。先后到老党员李同治、百岁老人任秀荣家中看望 2 位老人，随后到大王镇幸福公寓走访慰问，给老人们送去慰问金和慰问品。县四大班子主要领导、县老龄办深入百岁老人家中开展走访慰问活动，为 29 名百岁老人送去共计 8.4 万元的百岁老人长寿补贴金。县老龄办组织开展了“集中慰问贫困老年人”活动，对全县 140 名贫困老人进行集中走访慰问，为每位困难老人送去油、面等慰问品，共计 5 万元；县直各部门、单位，各镇（街道）、村（社区）、企业开展敬老慰问活动，各级各部门、单位也纷纷走访慰问单位离退休干部职工，给他们送去节日礼物。组织开展各项活动。树标引路，典型示范，组织开展“敬老文明号”评选表彰活动。自 5 月起，县老龄办在全县开展第一届“敬老文明号”评选表彰活动。经基层申报推荐，县“敬老文明号”创建活动领导小组认真审核研究，决定命名广饶县妇女联合会等 21 个单位（集体、窗口）为第一届广饶县“敬老文明号”，并于 10 月 8 日下发《关于命名表彰第一届广饶县“敬老文明号”的通报》（广老发〔2016〕2 号），对先进单位予以通报表彰。搭建平台，扩大老年群体的社会参与度。敬老月活动开展以来，全县各级各部门、单位，社会各界开展了形式多样的活动。县委办公室、县府办公室、人大办公室、政协办公室带头组织老干部观摩全县经济发展成果，通过召开座谈会等形式，向老干部汇报近年来各项重点工作开展情况，祝老干部节日快乐，衷心感谢老干部对全县工作的关心和支持，鼓励老同志们对全县的发展献言献策，携手共谋发展；各镇、县直各部门、单位在节日期间纷纷组织召开退休老干部座谈、组织老年门球比赛等形式多样的活动。为老

市政协主席陈泽浦（右五）走访慰问大王镇幸福公寓

服务形式多样、共同庆祝老年节。县直部门、单位结合全县“党员干部下基层日”“第一书记”任职村有关安排，开展“关爱老年人”活动，到联系村与驻村“第一书记”和村干部联系沟通，深入了解联系村老年群体的实际需求，为村内的孤寡、空巢、残疾老人以及贫困老党员，送去大米、油等生活必需品，解决实际生活困难，并帮助老人打扫卫生、陪老人拉家常，让他们切身感受到社会主义大家庭的温暖；广饶县康居社区居委会联合广饶县社会工作协会、广饶馨海社会工作服务中心及志愿服务队伍，共同开展了“志愿敬老，情暖重阳”活动，陪老人聊天、包水饺；广饶职业中专联合东营科技学院团委组织师生一行30多人，到广饶县大王镇敬老院，开展“奉献爱心关爱老人”敬老活动；稻庄镇老龄办联合博爱志愿服务队组织15名志愿者赶大集宣传敬老爱老文明；大码头镇卫生院组织免费为全镇8000余名60岁以上老年人体检、健康咨询、送医送药等服务活动，并建立健康档案；广饶经济开发区团工委组织区教育、卫生系统的40余名志愿者到敬老院开展以“九九重阳·情暖夕阳”为主题的志愿服务活动；银座超市、华夏保险东营中支、鲁宁集团等企业、商家纷纷开展敬老、惠老活动，纷纷到敬老院、村居给老人们送去慰问金、慰问品等形式多样的文体、志愿服务活动，以不同的形式庆祝“九·九”老年节。

县领导走访慰问经济开发区百岁老人

**落实老年人优待政策**　继续落实好全县60周岁以上老年人免费乘车优待政策，2016年为60周岁以上老年人办理优待证7447个，60周岁以上农村独居老年人有线电视初装费、收视费减半，老年人看病减免门诊、挂号费。建立完善了老年人健康档案，为60岁及以上老年人每年免费查体两次，法律援助站解答老年人法律咨询300人次，代写法律文书114件，避免或挽回经济损失100余万元。

**荣誉**　2016年，广饶县老龄办被东营市老龄工作委员会办公室授予2015年全市老龄信息工作先进单位、2016年东营市老年人文化艺术大赛组织奖；推荐上报的陈官镇杨振营、花官镇薛玉英被东营市老龄工作委员会办公室授予第五届东营市“十佳敬老楷模”称号，原广饶县档案馆馆长成俊恒、广饶街道十二村党支部书记魏洪智授予第五届东营市“十佳模范老人”称号。

（巩晨英）

## ·机关党委工作·

**党员教育管理**　将“两学一做”学习教育作为机关党建重点工作，扎实开展实践活动。集中排查党员组织关系。核实党员身份信息，建起3394名县直机关党员信息档案。研究制定学习教育方案。与县委组织部联合制定下发《关于在县直机关全体党员中开展“两学一做”学习教育工作方案》。先后组织了学习党章知识竞赛、演讲比赛、手抄党章硬笔书法比赛。组织县直各基层党组织开展了重温入党誓词集体宣誓、宣传优秀共产党员先进事迹等活动。组织党员到县党性教育基地、市廉政教育基地参观学习，观看电影《大火种》《榜样》等党员电教片，观看习近平总书记在庆祝建党95周年大会上的讲话等。

基层党组织建设　严格按照“两规范一创建”要求，将组织建设、党费收缴、“三会一课”、发展党员等工作进一步规范化，促进党建工作整体水平的提升。新建党组织20个，其中机关党委2个、党总支2个、党支部16个，撤销党总支2个、党支部6个，调整3个单位党组织的隶属关系。加强党组织副书记和党务干部队伍建设，制定下发《关于做好党组织副书记和党务工作人员调整配备工作的通知》，确保机关党建工作“有人抓有人管”。共调整党组织书记、副书记132名，调整充实党组织委员168名。规范组织生活制度，建立“党员活动日”制度。印发《关于建立“党员活动日”制度的通知》，确定每月第二周周五为县直机关党组织“党员活动日”，以党支部为单位，突出抓好“两学一做”学习教育、落实“三会一课”制度、集中收缴党费、开展义务服务活动等。规范党费收缴工作。指导基层党组织严格核算个人党费，健全党费管理工作台帐，做到按月缴纳党费，并及时将上缴党费公示，自觉接受党员监督。认真做好党员发展工作。发展预备党员26名，审查批准36名预备党员按期转正。推广“微型党课”。在县直机关党员集中培训中推行“微型党课”。各基层党组织充分利用“党员活动日”“远程教育集中学习日”，组织党员干部讲“微型党课”。县直机关工委对“微型党课”的实施情况进行实地督导检查，确保“微型党课”有序开展。建设党员活动阵地。在乐安大厦建设3处公共党员活动室，为各单位开展组织活动提供服务。积极创建服务型党组织。努力推进机关学习型、服务型党组织建设，推进“为民、务实、清廉、担当”的党员队伍建设。健全机关党建工作责任体系。县委书记带头，县委常委、党员副县长参与，县直机关工委分9个组分别召开机关党组织书记述职评议工作会议，进一步强化党组织书记抓党建主责主业意识，初步形成党组织书记第一责任人、副书记直接责任人、党支部书记和党务干部具体责任人的党建工作责任体系。深化党群共建活动。坚持党建带工建、带团建、带妇建，加强对群团干部的教育管理和使用，为群团组织开展工作提供良好的保障。搞好县直基层工会工作。进一步健全完善特困职工档案、帮扶制度，对贫困职工家庭进行贫困救助，为县直基层工会工作的开展奠定良好基础。

党风廉政建设　严格落实中央“八项规定”要求，保证党员干部的良好形象。加强对党员学习党章、遵守党章、执行党章教育，坚决维护党章的权威性和严肃性。组织县直机关工委及部分县直单位干部职工44人到市廉政教育中心接受教育。立足自身实际，坚持日常工作与教育内容相结合。在全体干部职工中组织开展转变作风、提高效能专题教育活动。推行党务公开，积极打造县直机关“阳光党务”。在做好党政机关公开栏公开工作的同时，开辟广饶机关党建网站，不断完善党务公开内容，将机关党建工作内容及时全面公开，保证广大党员的知情权和参与权，让广大党员更好地了解和参与机关党建工作。

县人大代表、县党代表推选工作　根据县委安排，选举产生出席县第十二次党代表大会正式代表79名，选举产生出席市第六次党代表大会正式代表41名。

按照县人大安排，由县直机关工委负责县直出席县第十八届人民代表大会代表选举工作。通过科学界定县直选区范围，严格选民登记，依法确定县代表正式候选人。于12月15日依法圆满完成投票选举工作，选出出席县第十八届人民代表大会的代表15名。

## ·机构编制工作·

简政放权转变政府职能　一是统筹推进各项工作。年初，县政府专门组织召开县政府职能转变工作推进会议，通报了2015年全县简政放权转变政府职能工作情况，对2016年简政放权转变政府职能工作进行安排部署。按照上级有关要求，组织开展了行政审批制度改革“回头看”专项督查和简政放权推进政府职能转变自查评估工作。二是严格落实清单制度。根据《东营市县区行政许可事项通用目录》和上级关于取消非行政许可审批事项等有关要求，对县级行政审批事项目录进行了调整、规范。至2016年年底，纳入目录管理的县级行政审批(行政许可)事项共247项，全面取消“非行政许可审批”类别。根据上级文件要求和部分法律、法规修订情况，取消、调整县级行政审批和其他行政权力事项759项，其中，新纳入县级行政审批目录或行政权力清单355项，取消334项，调整70项，确保县级行政审批目录和行政权力清单的规范性和时效性。三是加强行政审批规范化建设。对新纳入的105项行政审批事项，逐项编制业务手册和服务指南，及时通过县编办网站向社会公布。对保留的县级行政审批事项所涉及的中介服务项目及收费情况进行重新梳理，逐项甄别、核实其法律法规依据与收费标准依据，经严格审核确认，纳入清单管理的行政审批中介服务收费项目由原来的60项精简为20项，减少66.67%。在对全县行政许可集中办理调查摸底的基础上，大力推进相对集中行政许可权改革，县级行政审批事项集中办理率达97%。四是加强事中事后监管。按照加强行政审批事中事后监管意见要求，各部门、单位共建立事中事后监管制度421项，初步实现行政审批监管全覆盖。印发《关于建立健全随机抽查工作机制规范事中事后监管的通知》，县发展改革局等28个部门、单位制定具体实施方案。会同县政务服务中心管理办公室、县政府法制办公室对具有监管职能的27个部门开展“双随机一公开”工作情况进行专项督查。五是推进区域化评估评审工作。印发《广饶县产业园区建设项目区域化评估评审工作实施方案》，召开产业园区建设项目区域化评估评审工作推进会议，对“三区六园”开展建设项目区域化评估评审工作进行调度，确保开展区域化评估评审后监管不放松、不缺位。

县级审批事项进驻大厅调度会议

**综合行政执法体制改革** 一是积极推进县级综合行政执法。围绕省、市关于综合行政执法体制改革的有关部署要求，组织专人进行深入调研，认真听取各方意见。在统筹把握执法事项纳入范围、机构编制事项调整、综合执法工作机制等改革重点的基础上，拟订《广饶县综合行政执法体制改革方案》。二是稳妥推进镇街综合行政执法。在总结大王镇、稻庄镇、广饶经济开发区综合执法试点的基础上，在其余镇街设立综合执法办公室，具体负责执法工作中无需专业鉴定、检测的执法事项以及日常巡查、制止、报告工作，承担职责范围内投诉举报和信访处理工作，行使查处违反城乡规划建设管理规定行为等10个方面的行政处罚权。

**重点领域体制改革** 一是深化镇街行政管理体制改革。调整各镇街相关机构，明确机构职责。重新核定各镇街中层职位，对各镇街中层职位设置和行政编制分配意见进行批复。以县政府文件印发《关于公布镇(街道)行政权力清单和责任清单的通知》，纳入镇街权责清单的行政权力事项共74项，责任事项39项，追责情形195项。二是推动纪检监察体制改革。县纪委、监察局行政编制由25个增加到35个，6个派驻纪检组（监察室）单列编制6个；内设办公室、组织部等9个职能机构，县经济发展环境建设管理办公室更名为县廉政舆情信息中心，作为县纪委、监察局直属正科级公益一类事业单位。三是修订县政府部门“三定”规定。组织召开县政府部门“三定”规定修订工作会议，全面安排部署政府部门“三定”规定修订工作。县编办实时督查调度，确保部门“三定”规定修订工作按时完成。四是推进司法、审计、环保等领域体制改革。梳理县审计局、县环保局、县法院、县检察院机构编制和领导职数现状及其历史沿革，调查核实在职人员基本情况，按时报送机构编制上划工作相关材料，达到“两对应”要求。

区域化评估评审工作推进会议

事业单位分类改革　一是完善改革配套政策。印发《关于规范和创新事业单位机构编制管理的意见》等8个配套文件。二是规范事业单位经费来源。将县产品质量监督检验所等3个公益二类事业单位经费来源调整为财政补贴，县政府招待所等9个生产经营类事业单位，不再明确经费来源。三是集中清理“僵尸”事业单位。按照省市部署要求，督促各部门、单位对照“僵尸”事业单位清理范围开展自查，针对自查过程中发现的问题，制定具体整改措施，形成自查报告。四是推进去行政化改革和法人治理结构工作。取消义务教育学校、幼儿园的行政级别，全县各学校制定了章程。印发《关于推进事业单位法人治理结构试点工作的意见》，转发市教育局、市编办《关于建立完善法人治理结构加快推进现代学校制度建设的通知》，对县医院、中医院法人治理结构试点工作进行调度。市博物馆、县图书馆制定组织章程，县文化馆制定章程并成立了理事会。

事业单位监督管理　一是组织推进绩效考核。对纳入2015年绩效考核范围的133个单位进行严格考核，共确定A级单位20个，B级单位113个。2016年确定136个事业单位列入年度集中考核范围，印发《2016年度事业单位绩效考核工作方案》，明确考核范围、内容、步骤及有关要求，按照综合、农业与经济、教育、卫生分组进行实地考核。二是公正严肃评定信用等级。对230个事业单位法人进行2015年度信用等级评定。评定3A级227个，A级3个，授予2013～2015年度连续被评为3A级的180个单位“诚实守信明星单位”称号。三是顺利完成党政群机关统一社会信用代码赋码工作。全县62个党政群机关的《组织机构代码证书》统一更换为《统一社会信用代码证书》。四是切实抓好法人登记管理。2016年共办理法人设立登记21个，办理变更登记72个。全县事业单位登记（备案）法人264个，占全县事业单位的93.6%。五是加强机关事业单位网上名称管理。对2016年中文域名到期和需新注册的机关事业单位进行集中梳理，完成321个域名到期的机关事业单位续费和17个机关事业单位注册工作。

机构编制管理创新　一是加强总量控制。全年共召开县编委会议 4 次，研究机构编制事项 40 项，其中，按程序提交县委常委会议研究事项 20 项。根据县编委会议、县委常委会议研究确定的意见，印发机构编制事项文件 91 件，先后对县人大机关等 6 个部门、单位内设机构进行调整，为县纪委机关等 20 个部门、单位调整增加编制 67 人，设立县电子商务办公室等 5 个事业单位。严格议事协调机构设置审核，共审批通过议事协调机构 6 个。坚持“编制审批在先”和“超编单位只出不进、满编单位先出后进、空编单位按需进人”的原则，强化源头管理，实行“红、黄、绿”三级预警机制，严格控制机关事业单位超编进人、逆向进人和财政供养人员。至 2016 年年底，全县财政供养人员共 11374 名，比 2012 年底减少 166 名。严格“一卡五表”制度，全年共为 300 名工作人员办理人编手续。二是创新管理方式。实行公立医院人员控制总量备案管理，核定县人民医院人员控制总量 1080 名，县中医院人员控制总量 357 名，原编制内人员继续实行编制实名制管理，只出不进，空余编制收回。创新学校编制管理，按照“进人带编、退人收编”的原则，建立专户编制 100 个，用于为满编超编的中小学校补充专任教师。2016 年全县事业单位公开招聘中，核准全县 36 所超编满编中小学校使用临时周转编制 81 个用于补充专任教师。推进政府购买服务，与县财政局、县人力资源社会保障局联合印发《政府购买服务范围审核办法》。坚持以事定费、费随事转、统一管理、动态调整原则，审核部门申报政府购买服务事项 70 项，共批复 41 项，其中，项目 38 项，岗位 3 项。按照《东营市中小学合同制教师管理办法》，核定 2016 年公办幼儿园及公办性质幼儿园劳动合同制教师招聘计划 216 个。三是强化监督检查。对县发展改革局等 5 个政府部门进行机构编制评估，全面掌握各被评估部门机构编制配置及执行情况，为“三定”规定修订、机构编制事项调整及机构编制管理年度考核提供了可靠依据。全县 24 个县政府部门及县政务服务中心管理办公室已全部完成机构编制评估。积极推进机构编制管理和执行情况审计工作，全年共对 10 名离任县级领导干部、39 名离任及 4 名任中科级领导干部机构编制管理和执行情况进行了审计，进一步强化了机构编制的刚性约束力。规范用编进人计划申请程序，严格控制机关事业单位年度用编使用计划，市编办核准全县 2016 年用编进人计划 215 个（不含公立医院），实际补充人员 200 名。

荣誉　2016 年，县机构编制委员会办公室被省精神文明建设委员会授予省级文明单位称号，被省编办、大众报业集团授予全省机构编制宣传工作先进单位称号。

# 广饶县人民代表大会

## ·人大常委会工作·

概述　2016 年，县人大常委会全年共召开常委会会议 10 次，听取和审议“一府两院”专项工作报告 28 个，组织视察调研和执法检查 4 次，依法任免国家机关工作人员 64 人。

强化工作监督，全力服务发展大局。围绕推动经济转型升级，专题调研全县化工产业转型升级，专项审议金融、公安经侦、科技工作，促进了全县发展环境持续优化。着力深化工作评议，组织对县教育局等 7 个政府部门开展工作评议，推动部门工作效能、服务质量提升。依法审议决定重大事项，专题审议国民经济和社会发展计划执行、财政预算执行、财政收支审计工作，依法审查批准2015年财政决算，完善了审计整改情况向县人大常委会报告机制。持续强化民生事项监督，对农村饮水安全工作专题询问意见办理情况进行审议票决，组织开展全县城乡供水一体化实施情况专项视察，对全县新型城镇化、就业工作进行专题调研，开展《环境保护法》贯彻实施情况执法检查，推动了民生事业改善。

发挥代表主体作用，增强人大工作活力。在全县人大系统部署开展“规范提升年”活动，着力推动人大工作程序化、制度化、规范化。出台《广饶县镇人民代表大会筹备和召开组织实施细则》，督促各镇人大依法组织召开人代会和主席团会议，不断提高履职实效和监督效能。组织开展全县人大系统干部培训，深入开展“双联月”活动，进一步提升了人大干部履职能力，密切了常委会、代表、群众的联系。认真督办代表建议，78件议案建议全部办结。

全面加强自身建设，不断提高履职效能。严格落实常委会会前学法和机关集中学习制度，扎实开展“两学一做”学习教育，认真组织集中学习研讨，不断创新学习教育载体，切实增强机关党员干部党性觉悟。认真落实《关于进一步改进工作作风密切联系群众的意见》和《广饶县人民代表大会专门委员会及常委会工作机构职责》等制度规定，机关工作作风持续转变，工作实效持续提升。开通县人大常委会门户网站，重新改版《广饶人大》，首次编发《广饶县人大常委会公报》，搭建起交流人大工作、展现代表风采的新平台。

严格落实政策要求，全面完成换届选举。严格落实中央和省市县委关于县镇人大换届选举工作有关要求，统筹推进各个环节的工作，严格组织程序，严肃换届纪律，保证了换届选举依法依规有序进行。2016年12月15日，全县县镇人大换届选举同步进行，共依法选举产生县人大代表210名，镇人大代表444名。

## ·重要会议·

*广饶县第十七届人民代表大会第五次会议*

广饶县第十七届人民代表大会第五次会议于2016年1月19～20日在乐安大厦会议中心举行。

1月19日上午，县十七届人民代表大会第五次会议在乐安大厦会议中心隆重开幕。大会由县委书记、县人大常委会主任田和友主持。在主席台就座的有县委、县人大常委会、县政府、县政协、县人武部、“两院”领导和大会主席团成员；县老领导崔佃忠，全国人大代表李建华等应邀在主席台就座。会议应到代表210名，因病因事请假12名，实到198名。县委系统各部门、县政府序列各部门主要负责人及兼有部分政府职能的科级单位主要负责人，各群团组织主要负责人，中央、省、市驻广饶单位主要负责人，各镇镇长、街道办事处主任，出席县政协九届五次会议的全体委员，县人大及其常委会各委室负责同志列席会议。

本次会议听取并审议了县政府县长霰景亮所作的政府工作报告；书面提交代表审议了关于广饶县2015年国民经济和社会发展计划执行情况与2016年国民经济和社会发展计划草案的报告、关于广饶县2015年财政预算执行情况及2016年财政预算草案的报告；听取并审议了县人大常委会第一副主任韩克光所作的县人大常委会工作报告；听取并审议了县人民法院院长杨宪银所作的县人民法院工作报告、县人民检察院检察长崔汉刚所作的县人民检察院工作报告；书面提交了县政府关于县十七届人大四次会议代表建议、批评和意见办理情况的报告，表决通过广饶县第十七届人民代表大会各专门委员会组成人员正式人选名单；发布了大会公告。

*常委会会议*

2016年，县十七届人大常委会共举行10次全体会议。

*县十七届人大常委会第二十九次会议。*1月14日在广饶宾馆召开。会议由县人大常委会第一副主任韩克光主持，县人大常委会副主任高凤远、许忠志、任炳松出席会议。县政府副县长王晓勇、县法院院长杨宪银、县检察院检察长崔汉刚列席会议。会议审议通过《县人大常委会关于加强全县饮用水安全工作的决定》（草

案)；审议表决了县人大常委会主任会议关于提请审议顾美英辞去广饶县第十七届人民代表大会常务委员会副主任职务请求的报告、关于提请审议刘良范辞去县人民政府副县长职务请求的报告、关于提请审议司书峰辞去广饶县第十七届人民代表大会常务委员会委员和人大代表职务请求的报告；审议通过《关于调整县人民代表大会常务委员会工作机构和派出机构的决定》(草案)；审议批准代表资格审查委员会关于个别代表的代表资格的报告；通过了人事任免事项；审议通过县十七届人大五次会议有关事项；审议通过《县人大常委会 2016 年工作要点》；审议了县政府关于调整广饶县 2015 年国民经济和社会发展计划部分指标的议案、关于提请审议批准广饶县 2015 年地方政府债务限额的议案和关于 2015 年广饶县政府性债务情况及财政预算调整方案的报告，并作出相应决议。

县十七届人大常委会第三十次会议。1 月 27 日在县人大常委会五楼会议室召开。会议由县人大常委会第一副主任韩克光主持，县人大常委会副主任高凤远、许忠志、任炳松出席会议。会议审议了县人大常委会主任会议提请的《关于提请补选东营市第七届人民代表大会代表的报告》，采取无记名投票的方式进行选举。根据选举结果和有关法律规定，李永元、谢永峰同志补选为市七届人大代表，确定会后按程序上报市人大常委会代表资格审查委员会审查确认。

县十七届人大常委会第三十一次会议。3 月 29 日在广饶宾馆召开。县人大常委会第一副主任韩克光出席会议并讲话，县人大常委会副主任高凤远主持会议，副主任许忠志、任炳松出席会议，县委常委、县政府副县长燕东军，县法院院长杨宪银，县检察院检察长崔汉刚列席会议。会议集体学习了《中华人民共和国刑法》；审议通过《广饶县人民代表大会常务委员会宪法宣誓制度实施办法》；审议了县委常委、县政府副县长燕东军代表县政府所作的关于全县农村饮水安全工作专题询问意见办理情况的报告、关于县十七届人大常委会第二十八次会议审议意见办理情况的报告，县人大农业与农村委员会关于《全县农村饮水安全工作情况的专题询问意见》办理情况的调查报告，县人大城乡建设环境保护委员会关于《全县新型城镇化工作审议意见》办理情况的调查报告，并进行了票决；会议审议了县公安局局长王锡勇受县政府委托所作的《关于公安经济犯罪侦查工作情况的报告》；审议了县检察院检察长崔汉刚作的《关于提请任命检察干部职务的报告》，表决通过对有关人员的任命事项。

县十七届人大常委会第三十二次会议。5 月 27 日在广饶宾馆召开。县人大常委会第一副主任韩克光出席会议并讲话，会议由县人大常委会副主任许忠志主持，副主任高凤远、任炳松出席会议，县委常委、县政府副县长燕东军，县法院院长杨宪银，县检察院检察长崔汉刚列席会议。会议传达学习了《中华人民共和国商业银行法》；审议并票决了县政府关于县十七届人大常委会第三十一次会议审议意见办理情况的报告；审议了县政府关于全县金融工作情况的报告；表决通过了人事任命事项。

县十七届人大常委会第三十三次会议。6 月 24 日在乐安大厦会议中心召开。会议由县人大常委会第一副主任韩克光主持，县人大常委会副主任高凤远、许忠志、任炳松出席会议。县委常委、县政府常务副县长陈伟颂，县法院院长杨宪银，县检察院检察长崔汉刚列席会议。会议审议了代表资格审查委员会关于个别代表代表资格终止的报告；通过了人事任免事项；审议了县政府《关于提请审议成立东营青银发展基金(有限合伙)的议案》，并作出相应决定。

县十七届人大常委会第三十四次会议。7 月 26 日在广饶宾馆召开。县人大常委会第一副主任韩克光出席会议并讲话，副主任高凤远出席会议，会议由县人大常委会副主任任炳松主持。县政府副县长王晓勇、县法院院长杨宪银、县检察院检察长崔汉刚列席会议。会议学习了《山东省审计监督条例》；审议了县政府关于县十七届人大常委会第三十二次会议审议意见办理情况的报告，并进行票决；审议了县政府关于2016年上半年国民经济和社会发展计划执行情况的报告；审议了县政府关于2015年县级财政决算和2016年上半年财政预算执行情况的报告，审查了2015年县级财政决算并作出相应决议；审议了县政府关于2015年县级财政预算执行和其他财政收支情况的审计工作报告；通过了人事任免事项。

县十七届人大常委会第三十五次会议。9月22日在县人大常委会会议室召开，会期一天。县人大常委会第一副主任韩克光出席会议并讲话，县人大常委会副主任高凤远、许忠志、任炳松出席会议。县政府副县长王晓勇，县法院院长杨宪银列席会议。上午，会议由县人大常委会第一副主任韩克光主持，会议学习了《促进科技成果转化法》(书面)；审议并票决了县政府关于县十七届人大常委会第三十四次会议审议意见办理情况的报告；审议了县政府关于全县科技工作情况的报告；审议了县政府《关于确定2016年广饶县政府债务限额及调整新增债券预算的报告》，并作出相应决议；审议并批准县政府《关于全县"六五"普法和依法治县规划实施情况的报告》；审议了县政府《关于在全县公民中开展法治宣传教育的第七个五年规划（草案)》和《广饶县2016～2020年依法治县规划(草案)》，并分别作出决议；通过了代表辞职、人事任免事项；审议通过县、镇人大换届选举工作有关事项；审议了《关于提请审议调整县人大常委会代表资格审查委员会组成人员的报告(草案)》。下午，会议由县人大常委会副主任高凤远主持，会议分别听取审议了县教育局、县住房城乡和规划建设局、县交通运输局、县文化广电新闻出版局、县城市管理和行政执法局、县旅游局、县公路局关于评议工作整改情况的报告和县人大常委会各调查组关于评议意见办理落实情况的调查报告。会议采取电子表决的方式，对被评议部门工作评议意见整改落实情况进行了票决。期间，与会人员还集中观看了换届选举警示教育片《镜鉴—衡阳、南充违反换届纪律案件警示录》。

县十七届人大常委会第三十六次会议。10月19日在县人大常委会五楼会议室召开。会议由县人大常委会第一副主任韩克光主持，县人大常委会副主任高凤远、许忠志、任炳松出席会议。县政府副县长王晓勇列席会议。审议县政府关于撤销丁庄镇设立丁庄街道办事处的报告，并作出相应决议。

县十七届人大常委会第三十七次会议。11月25日在县人大常委会会议室召开。县人大常委会第一副主任韩克光出席会议并讲话，会议由县人大常委会副主任许忠志主持，副主任高凤远、任炳松出席会议。县委常委、常务副县长陈伟颂，县法院院长杨宪银，县检察院检察长崔汉刚列席会议。会议学习了《中华人民共和国全国人民代表大会和地方各级人民代表大会选举办法》；审议了县政府关于县十七届人大常委会第三十五次会议审议意见办理情况的报告，并进行了票决；审议了县政府关于2015年县级预算执行和其他财政收支审计查出问题整改处理情况的报告，并进行了票决；通过了人事免职事项。

县十七届人大常委会第三十八次会议。12月21日在县人大常委会会议室召开。会议由县人大常委会第一副主任韩克光主持，县人大常委会副主任高凤远、许忠志、任炳松出席会议。县政府副县长西牧山，县法院院长杨宪银，县检察院检察长崔汉刚列席会议。会议审议了县政府关于2016年广饶县财政预算调整方案的报告、关于将大王镇阳河织女河综合治理项目实施政府购买服务归还资金纳入县财政预算的报告，并分别作出相应决议；听取了县、镇选举委员会部分组成人员辞职情况的报告(书面)；通过了县人大常委会委员和县人大代表辞职事项；通过了人事任免事项。广饶县人民政府副县长、代理县长宋学华代表新任命人员作了表态发言。

## ·人事任免·

2016年，县人大及其常委会任命国家机关工作人员42名，免职22名。

县十七届人大常委会第二十九次会议，于2016年1月14日，根据广饶县人民政府县长霰景亮的提请，决定任命刘磊为广饶县人民政府副县长。决定任命徐美符为广饶县科学技术局局长；付玉明为广饶县安全生产监督管理局局长；黄蓬勃为广饶县市场监督管理局局长；崔志远为广饶县质量技术监督局局长。决定免去崔志远的县科学技术局局长职务；黄蓬勃的县安全生产监督管理局局长职务；彭加起的县质量技术监督局局长职务。根据广饶县人大常委会主任会议的提请，决定任命景以强为县人大常委会预算工作委员会主任。免去王廷强的县人大常委会办公室副主任职务；景以强的县人大常委会办公室副主任职务；张建国的县人大常委会人事代表工作室主任职务。

县十七届人大常委会第三十一次会议，于2016年3月29日，根据广饶县人民检察院检察长崔汉刚的提请，任命岳敬敬为广饶县人民检察院检察员；李波为广饶县人民检察院检察员；刘晓林为广饶县人民检察院检察员；曲英丽为广饶县人民检察院检察员。

县十七届人大常委会第三十二次会议，于2016年5月27日，根据广饶县人民政府县长霰景亮的提请，决定任命施文勇为广饶县人民政府副县长(挂职)。

县十七届人大常委会第三十三次会议，于2016年6月24日，根据广饶县人大常委会主任会议的提请，决定任命赵连江为县人大常委会人事代表工作委员会主任。根据广饶县人大常委会主任会议的提请，决定任命宋安刚为广饶街道人大工作委员会主任；侯向斌为广饶经济开发区(乐安街道)人大工作委员会主任；艾新忠为广饶经济开发区(乐安街道)人大工作委员会副主任。决定免去邢少鹏的广饶街道人大工作委员会主任职务；岳海燕的广饶经济开发区(乐安街道)人大工作委员会主任职务。根据广饶县人民政府县长霰景亮的提请，决定任命李登武为广饶县司法局局长；刘兴军为广饶县民族宗教事务局局长。决定免去武士林的广饶县司法局局长职务。根据广饶县人民法院院长杨宪银的提请，任命张东亮为广饶县人民法院审判员；韩丰收为广饶县人民法院审判员；王志海为广饶县人民法院审判员；任金柱为广饶县人民法院审判员；徐文文为广饶县人民法院审判员；陈绍信为广饶县人民法院审判员；魏楠楠为广饶县人民法院审判员；叶凌燕为广饶县人民法院审判员；程淑蓉为广饶县人民法院审判员。免去马海双的广饶县人民法院立案庭副庭长、审判员职务；石艳田的广饶县人民法院审判员职务；孔令军的广饶县人民法院审判员职务。根据广饶县人民检察院检察长崔汉刚的提请，任命马海双为广饶县人民检察院检察员。免去张东亮的广饶县人民检察院检察委员会委员、检察员职务。

县十七届人大常委会第三十四次会议，于2016年7月26日，根据广饶县人民政府县长霰景亮的提请，决定任命韩海亮为广饶县水利局局长；王志强为广饶县农业局局长。决定免去李九智的广饶县水利局局长职务。根据广饶县人民法院院长杨宪银的提请，免去李祝田的广饶县人民法院副院长、审判委员会委员、审判员职务。

县十七届人大常委会第三十五次会议，于2016年9月22日，根据广饶县人大常委会主任会议的提请，决定任命牟效伟为广饶县人大常委会办公室副主任；付占记为广饶县人大常委会办公室副主任；代爱君为广饶县人大常委会预算工作委员会副主任。根据广饶县人民政府县长霰景亮的提请，决定任命李文江为广饶县经济和信息化局局长；张永华为广饶县环境保护局局长。决定免去刘新元的广饶县经济和信息化局局长职务；李文江的广饶县环境保护局局长职务；张永华的广饶县统计局局长职务。根据广饶县人民法院院长杨宪银的提请，任命王殿敏为广饶县人民法院副院长。

县十七届人大常委会第三十七次会议，于2016年11月25日，根据广饶县人民法院院长杨宪银的提请，免去高欣的广饶县人民法院大王人民法庭庭长、审判员职务。

县十七届人大常委会第三

十八次会议，于2016年12月21日，根据广饶县人大常委会主任会议的提请，决定任命宋学华为广饶县人民政府副县长；张江圣为广饶县人民政府副县长；刘茂和为广饶县人民政府副县长。根据广饶县人大常委会主任会议的提请，决定任命张翠华为广饶街道人大工作委员会副主任；张宝珍为广饶经济开发区(乐安街道)人大工作委员会主任。决定免去王子伟的广饶街道人大工作委员会副主任职务；侯向斌的广饶经济开发区(乐安街道)人大工作委员会主任职务。根据广饶县人大常委会主任会议的提请，决定任命成宾为广饶县住房和城乡规划建设局局长；杜之宁为广饶县统计局局长。决定免去杜之宁的广饶县住房和城乡规划建设局局长职务。

## ·代表工作·

代表变动　2016年，县人大常委会委员辞职3名，补选市人大代表2名，县人大代表辞职7名，县十七届人大五次会议后实有县人大代表208名(缺额5名)。

县十七届人大常委会第三十次会议于1月27日，决定选举李永元、谢永峰为市七届人大代表。县十七届人大常委会第二十九次会议后，司书峰辞去县第十七届人大常务委员会委员和人大代表职务。县十七届人大常委会第三十三次会议后，因工作变动，王国文、胥高远辞去代表职务。县十七届人大常委会第三十五次会议后，李允成辞去代表职务，因工作变动，武文斌辞去代表职务。县十七届人大常委会第三十八次会议后，因工作变动，吕国强、许冰德辞去县第十七届人大常务委员会委员和人大代表职务。实有县人大代表202名。

代表活动开展　5月19日，县人大常委会组织驻会成员和部分人大代表，对全县贯彻实施《环境保护法》情况进行执法检查。6月24日，组织全体县人大代表召开评议县政府部门工作会议，有序增加县人大代表参加闭会期间常委会活动。同时，落实《关于邀请人大代表列席县人大常委会会议的办法》，代表参加常委会重大活动成为常态。在全县人大系统部署开展“规范提升年”活动，着力推动人大工作程序化、制度化、规范化。出台《广饶县镇人民代表大会筹备和召开组织实施细则》，督促各镇人大依法组织召开人代会和主席团会议，不断提高履职实效和监督效能。加强对代表工作和镇街人大工作的指导，指导各镇召开年中人代会，并做好相关人员的宣誓活动。7月，指导镇街人大集中开展代表活动，对镇政府和街道办事处半年工作情况进行视察，较好地发挥了代表作用。强化对代表履职情况的监督，严格落实《代表履职评价办法》，运用信息化管理模式对代表履职情况加强日常管理，分类考核评价，定期通报结果，进一步激发代表履职动力。组织驻广饶县的市人大代表向县人大常委会进行述职，组织指导县和镇街人大代表向选民述职，自觉接受选民评议，增强代表的履职意识。深入开展“双联月”活动，8月，由县人大常委会领导带队，采取多种形式，对驻基层的县人大代表进行走访，集中听取代表意见，并综合整理转交县政府办理，解决一些群众关注的实际问题。10月25日，县人大常委会组织驻会成员和部分县人大代表，对全县城乡供水一体化实施情况开展专项视察。

代表走访联系　为进一步发挥人大代表在了解民情、反映民意方面的主渠道作用，县人大常委会集中利用8月开展了“双联月”活动(县人大常委会组成人员集中联系县人大代表，县人大代表集中联系选民)。活动期间，在县人大代表广泛联系选民的基础上，县人大常委会组成人员按照联系分工，分4个组由常委会领导带队，通过召开座谈会、个别走访相结合的方式，集中联系走访驻基层的县人大代表，向代表通报上半年全县经济社会发展和人大常委会工作情况。围绕经济社会发展和民生问题，广泛征求人大代表的意见建议。期间，共走访联系代表157名，占县人大代表总数的75.5%。走访期间，广大代表结合联系选民情况和各自岗位实际，围绕经济发展、“三农”工作、民生事业等方面，提出一些具体意见建议。本着对代表负责的态度，县人大常委会集中对代表所提意见建议情况作了认真整理汇总，共梳理出七个方面36条具体意见建议。健全完善代表联系机制，在深化“双联月”活动的基础上，认真落实《常委会组成人员分工联系代表的意见》，畅通常委会与代表的直接联系；巩固公开代表联系方式工作，积极发挥代表联系群众的桥梁纽带作用。

代表评先树优　2月26日，召开全县人大系统工作会议，对2015年度全县人大系统“创先争优”活动考核情况进行通报。各基层人大尤其是大王镇人大、广饶经济开发区人大工作委员会、广饶街道人大工作委员会、稻庄镇人大始终牢记“围绕中心、服务大局”的工作导向，持续抓服务、抓监督、抓自身建设，创新实践，开拓进取，在推进区域经济社会发展、深化民主政治建设中发挥了重要作用。各代表小组尤其是广饶街道第一代表小组、广饶经济开发区花园代表小组、县直第一代表小组、大王镇延集代表小组、大王镇吕庄代表小组、稻庄镇淄河店代表小组、稻庄镇大营代表小组、丁庄镇万屋代表小组、丁庄镇李屋代表小组、李鹊镇小张代表小组、李鹊镇张庄代表小组、大码头镇码头代表小组、大码头镇央上代表小组、花官镇生金代表小组、陈官镇斗柯代表小组等15个代表小组不断完善工作机制，丰富小组活动内容和形式，为广大代表履行职务、开展活动搭建了平台、提供了服务。广大县人大代表牢记使命，不负重托，依法履职，紧紧围绕全县改革发展稳定大局和人民群众普遍关心的热点、难点问题，积极提出意见建议，其中，王兵、赵晓红、西文玲、范宝周、吴秀芬、成永江、高义新、李晓亮、延顶才、李永泰、于爱莲、李荣福、宋士德、宋小霞、张黎明、李金平、田志国、燕沼东、许立富、徐庆华、李萍、周兰花、张秋芬、王春元、成君等25名代表履行代表职务表现突出；大王镇代表团高义新等11名代表提出的“关于改善企业融资环境，解决小企业融资难、大企业融资贵问题”的建议（第01号）、广饶街道代表团邢少鹏等10名代表提出的“关于严厉查处和打击非法集资”的建议（第61号）、稻庄镇代表团王象杰代表提出的“关于推进全县农业土地有序流转”的建议（第35号）、丁庄镇代表团张广民等10名代表提出的“关于进一步加强城乡供水一体化建设”的建议（第12号）、大王镇代表团许冰德代表提出的“关于建立生态文明建设长效机制，优化人居环境，保持可持续发展”的建议（第07号）、李鹊镇代表团李秀红等11名代表提出的“关于进一步加强校车管理”的建议（第48号）、大码头镇代表团徐庆华等13名代表提出的“关于进一步提升基层医疗卫生服务水平，改善群众就医条件”的建议（第23号）等7件建议紧扣区域经济社会发展大局，汇集了民意、民智，具有较强的针对性、科学性、代表性。县政府及各承办单位尤其是县财政局、县交通运输局、县教育局、县水利局、县经济和信息化局对代表建议高度重视，采取有效措施，认真办理落实，着力解决了一批事关全局、涉及民生的突出问题，推动全县经济社会平稳健康发展。

代表建议办理　县十七届人大五次会议及闭会期间，县人大常委会交由县政府承办的78件代表建议，涵盖财政经济、农业农村、教科文卫、城建环保法制等多方面内容。及时转交县政府，加强跟踪督办，着力解决了一批事关全局、涉及民生的突出问题；精心筛选15件建议纳入重点督办事项，常委会驻会成员和建议领衔人全程跟踪，实行“面对面”督办。至6月底，代表提出的78件建议全部办结，办理质量和效果有了较大提升。

## · 重要视察调研 ·

3月10日，县人大常委会对全县化工产业转型升级情况进行专题调研。

7月19日，县人大常委会对全县就业工作情况进行专题调研。

10月25日，县人大常委会组织驻会成员和部分县人大代表，对全县城乡供水一体化实施情况开展专项视察。

## 县人大各专门委员会及·常委会各工作部门工作·

县人大常委会办公室　筹备召开了县十七届人大五次会议、10次县人大常委会会议，19次主任(办公)会议和11次机关工作例会，组织召开了全县人大系统工作会议、机关党风廉政会议、规范提升年暨镇街宣传工作会议、镇街人大工作会议、评议县政府部门工作会议，扎实做好了县十八届人大一次会议筹备和出席市人代会广饶代表团服务工作。围绕化工产业转型升级、就业工作专题调研，城乡供水一体化专项视察和《中华人民共和国环境保护法》贯彻实施情况执法检查，全力做好协调服务，推动相关工作开展。认真做好换届选举各项工作，适时筹备召开四次选举委员会会议和四次换届选举工作会议，保障县镇人大换届选举顺利进行。组织开展全县人大系统干部培训，深入开展“双联月”活动，认真督办代表建议，全力服务和保障代表依法履职。扎实开展“两学一做”学习教育，组织集中学习研讨8次，开展党组书记上党课、党员手抄党章、机关读书月、参观市廉政教育中心、县党性教育基地等活动，确保活动取得实效。持续深化机关建设，开通门户网站，启用会议电子表决系统，首次编发《常委会公报》，统筹做好了公车改革、党务政务公开、宣传、综治、精神文明、信访、人才、保密和老干部服务等各项工作，机关服务效能显著提升。

县人大法制委员会　着眼助推民主法治建设，就县法院行政审判工作情况进行调研，并形成调研报告报市人大；认真组织调研，牵头起草《关于在全县公民中开展法治宣传教育的第七个五年规划的决议》《关于〈广饶县2016～2020年依法治县规划〉的决议》等决议，为加快依法治县进程做出积极贡献。着眼维护发展大局和改善民生，组织审议了全县公安经济犯罪侦查工作，对全县就业工作开展专题调研。对县政府办公室报送的《广饶县安全生产举报奖励实施办法(试行)》《广饶县医疗救助实施办法》等2件规范性文件进行审查。积极参与市地方立法工作，全力配合市人大常委会有关立法调研活动，认真研读《东营市城镇容貌和环境卫生管理条例》《山东黄河三角洲国家级自然保护区》内容，广泛征求意见建议，提出意见建议20余条，为促进东营市地方立法工作发挥了积极作用。

县人大财政经济委员会　围绕经济平稳健康发展，依法按程序加强对计划、财政预算决算审查监督，常委会听取审议计划、预决算、金融工作等方面有关议题6项，并依法作出相应决议。严格落实关于加强县级预算决算审查监督的决定，推进全口径预决算制度改革，建议常委会对财政预算草案进行初步审查，提升了财政预算编制的科学性、规范性。对县教育局、县住房和城乡规划建设局、县交通运输局的工作进行评议调查，推动相关工作开展。围绕提高化工产业整体发展水平，专题调研全县化工产业转型升级情况，推动经济转型发展。持续开展审计工作和审计查出问题整改落实情况监督，建议常委会建立形成向县人大常委会报告的常态化工作机制。

县人大教育科学文化卫生委员会　充分发挥监督职能，紧紧围绕事关全局的重大事项和群众关心的热点问题，深入调查研究。结合常委会专项审议县政府科技创新工作，深入开展会前调查，形成调查报告和初步审议意见，并就审议意见办理情况开展调查，建议县政府从“提升全社会科技意识、建立多元化科技投入机制、全面提高自主创新能力、更加注重引进和培养高素质人才”等方面抓落实、抓整改，不断为全县经济社会发展提供有力的科技支撑。根据常委会评议工作安排，牵头对县文化广电新闻出版局、旅游局的评议前分组调查，提出初步评议意见；精心组织开展重点代表建议督办、“双联月”等活动。积极参与换届选举，全力抓好选民登记、代表候选人推荐考察等阶段的工作。

县人大城乡建设环境保护委员会　根据常委会2016年工作安排，参与重点代表建议督办、“双联月”、全县城乡供水一体化专项视察，推动相关工作开展。组织对全县新型城镇化工作审议意见办理情况进行审议票决，建议县政府推进城乡协调发展、提升城镇管理水平，促进城乡一体发展。组织开展《中华人民共和国环境保护法》贯彻实施情况执法检查，围绕提高思想认识、严审规划项目、坚持依法行政等方面提出意见建议，推动全县环境质量持续改善。积极参与以“创优美环境、促绿色发展”为主题的“油城环保世纪行”活动，迎接市人大城环委、市环保局有关部门负责同志检查指导，促进有关环境问题的解决。

县人大农业与农村委员会　按照常委会确定的议题，组织对全县城乡供水一体化专题询问意见办理情况开展调查，对全县城乡供水一体化实施情况进行专项视察，提出强化统筹，加快工程建设，强化保障，确保用水补给，强化保护，确保饮用水安全等许多建设性的意见和建议。参加对全县贯彻实施《中华人民共和国环境保护法》情况的执法检查，认真做好县人大及其常委会交办的走访联系代表、部门工作评议、代表建议督办等工作。围绕中心，搞好换届选举，按照分工，重点做好选民登记工作，发放致全县选民的一封信和致外出选民的一封信共2万份，共登记选民407536人，依法进行张榜公布，发放选民证41万份。

县人大常委会人事代表工作委员会　落实中央和省市县委关于县镇人大换届选举工作有关要求，统筹推进各个环节的工作，严格组织程序，严肃换届纪律，保证换届选举依法依规有序进行，2016年12月15日，全县县镇人大换届选举同步进行，共依法选举产生县人大代表210名，镇人大代表444名。持续推进规范提升，将2016年确定为全县人大系统“规范提升年”，以制度建设和程序规范为重点，督促各镇人大依法组织召开人代会和主席团会议。不断丰富代表活动，健全完善代表联系机制，将代表履职情况定期录入履职系统。注重扩大代表参与权，认真督办代表建议，激发基层人大和代表履职积极性。

县人大常委会预算工作委员会　围绕新《中华人民共和国全国各级人民代表大会常务委员会监督法》和《广饶县人民代表大会常务委员会关于加强县级财政预算决算审查监督的决定》(以下简称“决定”)要求，依法履行监督职责。多次到县财政局就2016年县级财政预算执行情况、《决定》的贯彻落实情况、2017年财政预算安排情况进行调研，并形成调查报告供领导传阅。建议县人大常委会对2015年县级财政决算和2016年上半年财政预算执行情况、2015年县级财政预算执行和其他财政收支的审计工作情况进行审议，并协助县人大财经委形成审议意见。建议县人大常委会党组向县委提交《关于改进审计工作及审计查出问题整改情况向县人大常委会报告机制的意见的请示》，并对审计查出问题整改情况进行跟踪调研。组织部分县人大代表对2016年县级财政预算执行情况及2017年财政预算草案进行初步审查，形成初审意见转交县政府办理。做好县人大及其常委会交办的走访联系代表、部门工作评议、代表建议督办等工作。

## ·法律和工作监督·

5月中旬至9月底，县人大常委会组织对县教育局、县住房和城乡规划建设局、县交通运输局、县文化广电新闻出版局、县城市管理和行政执法局、县旅游局、县公路局7个部门工作开展评议，评议分为征求意见、评议反馈、整改落实、延伸监督四个阶段，征集意见建议2063条，梳理出93个方面的建议。

5月19日，县人大常委会组织驻会成员和部分人大代表，对全县贯彻实施《中华人民共和国环境保护法》情况进行执法检查。

5月下旬至6月中旬，县人大常委会副主任高凤远、许忠志、任炳松对县十七届人大五次会议部分重点代表建议，按照领导分工分别进行重点督办。

7月13～14日，县人大常委会副主任高凤远带队，组成调查组，对全县上半年国民经济和社会发展计划执行情况进行专题调查。

## ·重大活动·

视察调研　4月6日，市人大常委会副主任李金昆到广饶县专题调研人大工作开展情况。先后到丁庄镇王道村、大王镇延集代表小组、华泰集团新华印刷厂产能转换项目现场实地调研，详细了解全县人大工作开展情况，并看望驻广饶县省人大代表王孟梅、全国人大代表李建华。县委书记、县人大常委会主任田和友、县人大常委会第一副主任韩克光、副主任高风远、许忠志、任炳松陪同调研。

5月18日，市人大常委会副主任李永元一行到广饶县就开展专题询问食品安全监管工作进行调研，先后到乐安府食品有限公司、乐安中学、富源蔬菜供销合作社、柏拉蒙良种奶牛繁育有限公司实地查看，并召开座谈会，详细了解广饶县食品安全监管工作开展情况。县人大常委会第一副主任韩克光、副主任高风远，县政府副县长刘磊陪同调研。

5月25日，市人大常委会副主任李金昆到广饶县督办重点人大代表建议办理情况。先后到大王镇复兴王村卫生室、吴家村卫生室、广饶街道社区卫生服务中心实地查看基层卫生机构服务场所建设情况，听取相关情况汇报，并召开座谈会，听取市卫计委关于加强镇村两级医疗机构服务队伍建设的建议办理情况的汇报。县人大常委会第一副主任韩克光、副主任许忠志、县政府副县长迟健陪同督办。

5月31日，市人大常委会副主任李永元一行到广饶县集中走访联系市人大代表王孟梅、宋文广，实地察看丁庄镇王道村建设情况和山东兴源集团发展情况，并召开座谈会。会议上，李永元向代表通报上半年全市经济社会发展情况和市人大常委会主要工作情况；各位代表围绕全市经济社会发展以及人民群众普遍关心的热点难点问题等内容，对市人大常委会和"一府两院"的工作提出意见建议。县人大常委会副主任高风远陪同走访。

9月1日，市人大常委会副主任李永元带队到市人大常委会机关联络服务企业山东恒丰橡塑有限公司调研，实地查看沃森橡胶压出、成型、密炼车间，并召开座谈会，听取企业运行、大王镇经济社会发展及驻企联络服务工作等情况介绍，详细了解企业运行过程中遇到的困难和问题。县人大常委会第一副主任韩克光、县委常委鲍建强陪同调研。

9月12日，市人大常委会副主任温晓杰到广饶县调研安全生产工作情况，先后到山东大王金泰集团有限公司、山东兴源轮胎集团有限公司、山东昊林铜业有限公司进行实地查看，并听取相关情况汇报。县委书记、县人大常委会主任田和友，县人大常委会第一副主任韩克光、县委常委、县政府常务副县长陈伟颂陪同调研。

10月21日，市人大常委会副主任温晓杰一行到广饶县调研督导县镇人大换届选举工作。先后到大王镇、稻庄镇实地查看，详细了解两镇人大换届工作开展情况。随后召开座谈会，听取广饶县人大换届选举工作进展情况并提出意见和要求。县人大常委会第一副主任韩克光、副主任许忠志陪同调研督导。

11月18日，市人大常委会副主任温晓杰带队到广饶县检查指导县镇人大换届选举工作，先后到稻庄镇、稻庄镇南塔村实地察看换届选举工作开展情况，听取了广饶县县镇人大换届选举工作情况汇报，并进行了座谈。县人大常委会第一副主任韩克光、副主任许忠志陪同活动。

11月24日，市人大常委会副主任李永元到广饶县走访联系驻广饶县省、市人大代表，向各位代表通报了东营市经济社会发展和市人大常委会主要工作开展情况，认真听取了各位代表的意见和建议，对下步工作提出要求。县人大常委会第一副主任韩克光、副主任许忠志陪同活动。

12月12日，市人大常委会副主任温晓杰到广饶县调研换届选举第三阶段工作，到广饶街道城中选区西苑社区选民小组实地查看小组选民、选区代表候选人名单公示等工作开展情况，召开座谈会，听取广饶县县镇人大换届选举第三阶段工作情况汇报并对选举代表阶段工作提出要求。县人大常委会副主任许忠志陪同调研。

12月20日，市人大常委会组织驻东营市全国、省人大代表到广饶县就全县经济社会发展情况进行集中视察，先后到山东兴达钢帘线有限公司20万吨/年钢丝帘线项目、乐安商贸城片区改造建设项目、山东大海新能源发展有限公司太阳能硅片生产项目、孙子文化园实地查看。听取工作情况汇报，组织代表座谈讨论。市人大常委会副主任李金昆，县领导梁润生、宋学华、韩克光、许忠志参加活动。

其他重要事项　1月7日，县委对县人大常委会党组提报的《关于设立县人民代表大会专门委员会的请示》作出批复，同意设立县人民代表大会法制委员会、财政经济委员会、教育科学文化卫生委员会、城乡建设环境保护委员会、农业与农村委员会5个专门委员会，要求按照有关法律程序办理。

2月26日，全县人大系统工作会议举行，总结交流2015年全县人大系统工作经验，安排部署2016工作任务。县人大常委会第一副主任韩克光出席会议并作重要讲话，副主任高凤远主持会议，副主任许忠志、任炳松出席会议。会上，稻庄镇人大、大王镇延集代表小组、县人大代表王仲武和县水利局分别围绕各自工作实际，详细介绍了如何推动基层人大工作发展、充分发挥代表小组作用、积极为民履职代言、认真办理代表建议等方面的先进经验。

5月31日，全县镇街人大工作会议召开。会议下发《广饶县镇人民代表大会筹备和召开组织实施细则》《广饶县人大常委会关于对县政府部门开展工作评议的实施方案》。县人大常委会第一副主任韩克光出席会议并围绕如何履行职责推进镇街人大工作、组织开展好部门评议提出要求，县人大常委会副主任许忠志、任炳松参加会议。

6月24日，县人大常委会评议县政府部门工作会议召开。会议听取了县教育局、县住房和城乡规划建设局、县交通运输局、县文化广电新闻出版局、县城市管理和行政执法局、县旅游局、县公路局7个被评议部门工作情况汇报；参评代表进行投票评议，并当场公布评议结果。县人大常委会第一副主任韩克光出席会议并对前一阶段评议工作进行总结，就下一步被评议部门如何抓好整改落实讲了意见。县委常委、常务副县长陈伟颂参加会议，并代表县政府就把握好人大评议契机，进一步改进和加强政府工作讲了意见。县人大常委会副主任高凤远、许忠志、任炳松出席会议。

9月2日，县人大机关老干部党支部换届会议召开，县人大常委会党组副书记、副主任高凤远参加会议，县人大常委会党组成员、办公室主任宋景夏主持会议。会议选举产生了新一届机关老干部党支部委员会，王延欣、张永禄、赵中华、郭新明、韩庆发等5位同志当选新一届党支部委员会委员。会后，新一届支委召开了第一次会议，韩庆发当选为本届机关老干部党支部书记，郭新明当选为副书记，并对支部委员进行分工。新当选的支部书记韩庆发作了表态发言。

9月22日，县选举委员会第一次会议召开。会议研究通过《关于设立选举工作指导组的决定》《关于县人民代表大会换届选举工作的实施方案》《关于县、镇人大换届选举宣传教育工作的意见》。

9月29日，县人大常委会组织机关离退休老干部视察全县经济社会发展情况。期间，到山东正宇铝业有限公司300万只/年高端铝镁合金新材料车轮项目、兵圣王酒业公司旅游项目、乐安中学、乐安商贸城老片区搬迁改造暨乐安城市广场建设项目等现场实地察看，听取老干部对全县经济社会发展意见建议。

10月12日，全县县镇人大换届选举工作会议召开，深入学习贯彻中央和省市县委有关换届选举工作要求，研究部署全县县镇人大换届选举工作。县人大常委会第一副主任、县选举委员会主任韩克光，县委常委、组织部部长、统战部部长王兴法出席会议并讲话，县人大常委会副主任高凤远、许忠志、任炳松出席会议。县选举委员会组成人员，各镇选举委员会组成人员，各镇街、县直机关党工委、东营农业高新技术产业示范区管委会选举工作指导组成员，县直各部门、单位负责同志等近200人参加会议。会议传达了《全县县、镇人大换届选举工作安排意见》。县委组织部、县委宣传部分别从“加强党的领导、严格政策规定、严肃换届纪律”“肩负重要政治任务、营造良好舆论氛围、加强工作组织协调”等方面讲了具体意见。

10月26日，县选举委员会第二次会议召开。会议研究通过《广饶县选举委员会关于县镇人大换届选举选民登记工作实施方案》，确定了《广饶县第十八届人大代表名额分配表》。

10月27日，全县县镇人大换届选举工作第二次会议召开，对第二阶段划分选区、选民登记工作进行全面部署。县人大常委会副主任许忠志出席会议并讲话，县人大常委会副主任任炳松主持会议。各镇街、县直机关党工委、东营农业高新技术产业示范区管委会选举工作指导组成员，县人武部、县直有关部门负责同志共110余人参加会议。会议传达了《广饶县选举委员会关于县镇人大换届选举选民登记工作实施方案》，就代表名额、选区划分和选民登记等问题作了具体安排和说明。

11月16日，县选举委员会第三次会议召开。会议通报了全县人大换届选举选区划分、选民登记工作情况，研究通过了《广饶县选举委员会关于县人大换届选举提名推荐代表候选人和选举代表工作实施意见》。

11月18日，全县县镇人大换届选举工作第三次会议召开，对第三阶段提名推荐、协商确定代表候选人工作进行全面部署。县人大常委会第一副主任韩克光，县委常委、组织部部长、统战部部长王兴法出席会议并讲话，县人大常委会副主任高凤远、许忠志、任炳松出席会议。县选举委员会组成人员，各镇街党(工)委书记、副书记、组织委员，人大主席、人大工委主任；县直机关党工委选举工作指导组全体成员；黄河三角洲农高区管委会分管领导；县直有关部门、单位领导；各镇街负责换届选举的工作人员共100余人参加会议。

11月21～23日，由县人大常委会第一副主任、县选举委员会主任韩克光，副主任高凤远、许忠志、任炳松带队的全县县镇人大换届选举工作督导组，深入各镇街检查指导县镇人大换届选举工作。

11月22日，县人大常委会召开加强换届风气监督严肃换届纪律专题谈心谈话会，县人大常委会第一副主任韩克光就“加强换届风气监督严肃换届纪律”进行集中谈心谈话，并征求机关党员干部关于换届工作和严肃换届纪律等方面的意见建议。会上机关全体党员干部集体观看了“两项法规”专题辅导片。

12月1日，县人大常委会副主任许忠志主持召开全县县镇人大换届选举工作调度会议。会议听取各选举工作指导组换届选举第三阶段工作进展、存在问题以及下一步打算等情况汇报，并就投票选举有关事项作出说明。

12月7日，县选举委员会第四次会议召开。会议研究确定了正式代表候选人，研究通过《县十八届人民代表大会代表选举办法》《关于召开代表候选人与选民见面会方案》。

12月8日，全县县镇人大换届选举工作第四次会议召开。会议总结了提名推荐和协商确定代表候选人工作情况，宣读了《县十八届人民代表大会代表选举办法》，传达学习了《关于召开代表候选人与选民见面会方案》，安排部署了下一阶段投票选举工作任务。县人大常委会第一副主任、县选举委员会主任韩克光，副主任高凤远、许忠志、任炳松参加会议。

12月15日是广饶县县镇人大代表选举日。当天，全县101个县选区、261个镇选区采取召开选举大会、设立投票站和使用流动票箱等方式进行了县、镇两级人大代表投票选举，依法选举新一届县、镇人大代表。

## ·重要文件·

常委会及党组文件摘要　1月11日，县人大常委会党组印发《广饶县第十七届人民代表大会各专门委员会委员建议名单》(广人党发〔2016〕1号)，根据县委《关于县人大常委会党组〈关于设立广饶县人民代表大会专门委员会的请示〉的批复》(广委〔2016〕3号)，县人民代表大会设立法制委员会、财政经济委员会、教育科学文化卫生委员会、城乡建设环境保护委员会、农业与农村委员会5

个专门委员会。专门委员会各配备主任委员1名、副主任委员2名、委员若干名。提出各专门委员会委员人选建议名单，向县委提出请示。

1月25日，县人大常委会印发《广饶县人民代表大会常务委员会2016年工作要点》（广人发〔2016〕1号），安排县人大常委会2016年主要工作。

2月26日，县人大常委会印发《关于在全县人大系统开展“规范提升年”活动的实施意见》（广人发〔2016〕2号），进一步提升全县人大工作的制度化、程序化、规范化水平，充分发挥地方国家权力机关和人大代表作用，深入推进基层民主政治建设。

3月16日，县人大常委会印发《关于印发〈县人大常委会领导班子“三严三实”专题民主生活会整改工作方案〉的通知》（广人发〔2016〕3号），深入解决不严不实问题，确保县人大常委会领导班子“三严三实”专题教育取得实效。

4月26日，县人大常委会印发《关于在县人大常委会及机关全体党员中开展“学党章党规、学系列讲话，做合格党员”学习教育实施方案》（广人党发〔2016〕3号），根据中央和省委、市委、县委部署要求，结合人大工作实际，就在县人大常委会及机关全体党员中开展“两学一做”学习教育作出安排。

5月25日，县人大常委会印发《关于对县政府部门开展工作评议的实施方案》（广人发〔2016〕4号），集中对县政府7个部门开展工作评议。

6月21日，县人大常委会党组印发《关于县人大常委会党组成员参加“学党章党规、学系列讲话，做合格党员”学习教育工作安排方案》（广人党发〔2016〕5号），就县人大常委会党组成员参加“两学一做”学习教育作出安排。

6月21日，县人大常委会党组印发《县人大常委会党组成员抓“两学一做”学习教育责任清单》（广人党发〔2016〕6号），落实县人大常委会党组成员抓党建工作“一岗双责”，抓好分管专门委员会、常委会工作部门的“两学一做”学习教育，制定责任清单。

9月9日，县人大常委会党组印《关于改进审计工作及审计查出问题整改情况向县人大常委会报告机制的意见的请示》（广人党发〔2016〕9号），改进审计工作及审计查出问题整改情况向县人大常委会报告机制，推进审计工作及审计查出问题整改工作制度化、长效化，增强人大监督的针对性和实效性，向县委提出请示。

9月9日，县人大常委会党组印《关于全县县、镇人大换届选举工作的请示》（广人党发〔2016〕10号），就2016年年底、2017年年初进行的县、镇两级人大换届选举工作，向县委提出请示。

9月23日，县人大常委会印发《关于在全县公民中开展法治宣传教育的第七个五年规划的决议》（广人发〔2016〕5号），全面落实依法治国方略，增强全社会法治观念，就广饶县2016～2020年在全县公民中组织实施法治宣传教育第七个五年规划作出决议。

9月23日，县人大常委会印发《关于〈广饶县2016～2020年依法治县规划〉的决议》（广人发〔2016〕6号），决定通过《广饶县2016～2020年依法治县规划》，由县人民政府、县人民法院、县人民检察院认真组织实施。

9月23日，县人大常委会印发《关于全县县、镇人大换届选举工作的安排意见》（广人发〔2016〕7号），按照省、市、县委总体安排部署，根据法律规定和省、市有关文件精神以及县委批转的县人大常委会党组《关于做好全县县镇两级人民代表大会换届选举工作的意见》，就全县县、镇人大换届选举工作作出安排部署。

9月23日，县人大常委会印发《关于任命广饶县选举委员会组成人员的通知》（广人发〔2016〕8号），就县十七届人大常委会第三十五次会议通过的县选举委员会组成人员作出通知。

9月23日，县人大常委会印发《关于任命各镇选举委员会组成人员的通知》（广人发〔2016〕9号），就县十七届人大常委会第三十五次会议通过的各镇选举委员会组成人员作出通知。

9月23日，县人大常委会印发《关于广饶县各镇新一届人民代表大会代表名额的决定》（广人发〔2016〕10号），对广饶县各镇新一届人民代表大会代表名额作出决定。

10月19日，县人大常委会印发《关于批准〈广饶县人民政府关于撤销丁庄镇设立丁庄街道办事处的报告〉的决议》（广人发〔2016〕11号），决定批准《广饶县人民政府关于撤销丁庄镇设立丁庄街道办事处的报告》。

其他重要文件要目　1月14日，县人大常委会印发《关于加强全县饮用水安全工作的决定》（广人字〔2016〕2号）。

1月16日，县人大常委会印发《关于接受顾美英辞去广饶县第十七届人民代表大会常务委员会副主任职务请求的决定》（广人字〔2016〕3号），接受顾美英辞去广饶县第十七届人民代表大会常务委员会副主任职务的请求。

1月16日，县人大常委会印发《关于接受刘良范辞去广饶县人民政府副县长职务请求的决定》（广人字〔2016〕4号），接受刘良范辞去广饶县人民政府副县长职务的请求。

1月16日，县人大常委会印发《关于调整广饶县人民代表大会常务委员会工作机构和派出机构的决定》（广人字〔2016〕6号），对广饶县人民代表大会常务委员会工作机构和派出机构作如下调整：将人事代表工作室更名为人事代表工作委员会；撤销法制工作委员会、财政经济工作委员会、教育科学文化卫生工作委员会、信访工作室。将广饶街道人大工作办公室更名为广饶街道人大工作委员会，乐安街道人大工作办公室更名为广饶经济开发区（乐安街道）人大工作委员会。

1月16日，县人大常委会印发《关于批准广饶县2015年度国民经济和社会发展计划部分指标调整的决议》（广人字〔2016〕7号）。

1月16日，县人大常委会印发《关于批准广饶县2015年度地方政府债务限额的决议》（广人字〔2016〕8号）。

1月16日，县人大常委会印发《关于批准2015年广饶县政府性债务情况及财政预算调整方案的决议》（广人字〔2016〕9号）。

3月28日，县人大常委会印发《关于县十七届人大四次会议代表建议办理有关情况的通报》（广人字〔2016〕14号），通报县政府及各承办单位对县十七届人大四次会议代表建议办理工作。

3月31日，县人大常委会印发《关于印发〈广饶县人民代表大会常务委员会宪法宣誓制度实施办法〉的通知》（广人字〔2016〕15号），对县人民代表大会及其常务委员会选举或者决定任命的国家工作人员宪法宣誓的组织实施工作作出说明。办法共13条，自通过之日起施行。

4月1日，县人大常委会印发《关于全县化工产业转型升级情况的调查报告》（广人字〔2016〕16号）。

5月24日，县人大常委会印发《关于全县贯彻实施〈环境保护法〉情况的执法检查报告》（广人字〔2016〕17号）。

5月25日，县人大常委会印发《关于印发〈广饶县镇级人民代表大会筹备和召开组织实施细则〉的通知》（广人字〔2016〕18号），对镇级人民代表大会筹备和召开组织实施作出说明。细则共23条，自通过之日起施行。

6月28日，县人大常委会印发《关于批准广饶县人民政府成立东营青银发展基金（有限合伙）的决议》（广人字〔2016〕20号）。

7月29日，县人大常委会印发《关于批准广饶县2015年县级财政决算的决定》（广人字〔2016〕29号）。

8月2日，县人大常委会印发《关于全县就业工作的调查报告》（广人字〔2016〕30号）。

9月6日，县人大常委会印发《集中联系走访县人大代表征求意见情况反馈》（广人字〔2016〕31号）。

9月23日，县人大常委会印发《关于批准2016年广饶县政府债务限额及调整新增债券预算的决议》（广人字〔2016〕32号）。

11月2日，县人大常委会印发《关于全县城乡供水一体化实施情况的视察报告》（广人字〔2016〕34号）。

11月4日，县人大常委会印发《关于认真学习宣传贯彻党的十八届六中全会精神的通知》（广人字〔2016〕35号），对全县各级人大组织和广大代表学习宣传贯彻党的十八届六中全会精神提出要求。

12月22日，县人大常委会印发《关于批准2016年广饶县财政预算调整方案的决议》（广人字〔2016〕36号）。

12月22日，县人大常委会印发《关于批准〈将大王镇阳河、织女河综合治理项目实施政府购买服务归还资金纳入县财政预算的报告〉的决议》（广人字〔2016〕37号）。

12月22日，县人大常委会印发《关于接受霰景亮辞去广饶县人民政府县长职务请求的决定》（广人字〔2016〕39号），接受霰景亮辞去广饶县人民政府县长职务的请求。

12月22日，县人大常委会印发《关于接受王晓勇辞去广饶县人民政府副县长职务请求的决定》（广人字〔2016〕40号），接受王晓勇辞去广饶县人民政府副县长职务的请求。

12月22日，县人大常委会印发《关于广饶县人民政府代理县长的决定》（广人字〔2016〕41号），根据广饶县人大常委会主任会议的提请，决定：宋学华为广饶县人民政府代理县长。

# 广饶县人民政府

## 县政府·全体（扩大）会议·

4月11日上午，县委副书记、县长霰景亮在乐安大厦会议中心二楼第二会议室召开县政府廉政工作会议暨县政府全体（扩大）会议，主要是动员政府全体工作人员进一步转变作风、提升效能、廉政勤政，拿出“钉钉子”精神促改革、抓落实、惠民生，创造性地完成各项任务，为广饶率先全面建成小康社会做出新的贡献，推动广饶各项工作继续在全市当好标兵、走在全省前列。出席会议的有，县政府领导班子成员；各镇政府、街道办事处主要负责人，滨海新区党工委副书记；县政府各部门单位主要负责人；会议还邀请县纪委书记，县委有关部门、县人大常委会办公室、县政协办公室、县法院、县检察院分管负责人，县纪委各派驻纪检组书记参加会议。

## 县政府·专题会议纪要·

1月21日下午，县委副书记、县长霰景亮在乐安大厦县城乡规划委员会会议室主持召开县城乡规划委员会2016－1次会议。会议评审了广饶现代农产品加工产业园区规划、广饶县物流园区控制性详细规划、广饶县城乡供水专项规划、东方威尼斯东区规划建筑设计方案、宏润居小区规划建筑设计方案。

1月25日下午，县委常委、常务副县长陈伟颂，副县长王晓勇在县政府二楼接待室召开会议，专题研究县直部分行政事业单位腾空闲置办公用房调剂有关问题，县财政局、县机关事务管理局、县民政局、县市场监管局、县人力资源社会保障局、县住房城乡规划建设局主要领导参加会议。

1月28日上午，县委常委、常务副县长陈伟颂在县政府三楼会议室主持召开会议，专题研究城区道路改造提升工程（乐安大街—孙武路至月河路段）、市政设施改造提升工程（长安路西侧人行道铺装）、城区雨污分流改造工程、城区绿化提升工程、河辛路两侧改造提升工程、城区集中供热工程等6个项目的建设手续办理问题。县国土资源局、县政务服务中心管理办公室主要领导，县住房城乡规划建设局、县城管执法局主要领导、分管领导参加会议。

3月2日下午，县委副书记、县长霰景亮在乐安大厦三楼第七会议室主持召开县财政委员会2016－1次会议。听取并原则通过县财政局《关于2016年部门专项业务费预算安排意见的汇报》《关于2016年全县公共财政预算收入任务分解落实意见的汇报》《关于2016年全县非税收入指导性计划分解落实意见的汇报》。

3月18日，县委副书记、县长霰景亮在乐安大厦县城乡规划委员会会议室主持召开县城乡规划委员会2016－2次会议。会议评审了广饶县广播电视发射塔规划选址、广饶县河辛路两侧改造提升方案、广饶县兴安学校规划设计方案、广饶县加油站布局规划、广饶县市民活动中心改造方案。

4月12日下午，副县长西牧山在宇通尊悦大厦11楼会议室主持召开奥戈瑞集团问题处理专题会议，研究奥戈瑞集团资金周转困难化解工作。稻庄镇党委、政府主要领导，县金融办、有关银行负责同志参加会议。

4月14日上午，县委副书记、县长霰景亮在县政府三楼会议室主持召开县国土资源管理委员会2016－1次会议。会议研究并原则通过17宗地块国有建设用地使用权出让方案、1宗地块划拨方案和4宗地块收回方案。

4月18日上午，副县长西牧山在同和大厦八楼会议室主持召开东营市半球纺织有限公司（以下简称半球纺织公司）问题处理专题会议，研究半球纺织公司资金周转困难化解工作。广饶开发区管委会、县金融办主要领导，有关银行及企业负责人参加会议。

4月15日下午，王晓勇副县长在县政府三楼会议室主持召开政策性银行贷款工作调度会议，专题研究道路交通方面的贷款项目。县政府原咨询付建森，县交通运输局、县农发行主要领导，县交通运输局、县发展改革局、县国土资源局、县财政局、县住房城乡规划建设局分管领导参加会议。

4月28日上午，副县长西牧山在县政府三楼会议室主持召开山东九恒集团有限公司（以下简称九恒集团）问题处理专题会议，研究盛泰集团租赁九恒集团相关问题化解事宜。稻庄镇镇长李光辉、陈官镇镇长孙国玉、县政府法制办主任葛孚银、稻庄镇副镇长苏冠鑫以及盛泰集团有关领导参加会议。

4月7日下午，王晓勇副县长在县政府三楼会议室召开广饶九九阳光乐园养老项目筹建工作调度会，县民政局、县医院主要领导，县卫生计生局、县财政局、县住房城乡规划建设局有关负责同志参加会议。

4月29日上午，王晓勇副县长在县政府三楼会议室召开对县游泳馆停业实施钢结构除锈和防护工程专题会议。县教育局（体育局）局长姜学光、县住房城乡规划建设局局长杜之宁、县体育局副局长、县体育中心主任顾晓明、县财政局副局长郑杰敏、县住房城乡规划建设局副主任科员韩德祥参加会议。

5月3日上午，王晓勇副县长在县政府三楼会议室主持召开广饶县齐安投资有限公司移交工作调度会议，专题研究广饶县齐安投资有限公司移交工作。县财政局局长王维华、副局长郑杰敏，县土地收储管理中心主任孙呈旺、县审计局副局长徐排祥参加会议。

5月11日，县委副书记、县长霰景亮在乐安大厦县城乡规划委员会会议室主持召开县城乡规划委员会2016－3次会议。会议评审了广饶县城乡供水一体化工程第二水厂水源井方案、广饶县集中供热工程方案、丁庄镇盛世家园小区规划设计方案、孙子文化公园后勤保障基地容积率调整、稻庄镇大海集团地块规划用地性质调整。

5月11日下午，县委副书记、县长霰景亮在乐安大厦县城乡规划委员会会议室主持召开县财政委员会2016－2次会议。听取并原则通过县财政局《关于2016年政府债券置换工作处理意见的汇报》《关于县市场监管局广饶街道市场监管所搬迁资金处理意见的汇报》《关于购置城区环卫机械洗扫作业车辆处理意见的汇报》《关于广饶国际博览中心绿地管护资金处理意见的汇报》《关于解决县城区拆违治乱拆除工作经费处理意见的汇报》《关于2015年市级防汛抗旱和农村公共供水维修专项资金处理意见的汇报》《关于李鹊镇苗木花卉基地享受县生态林场补贴处理意见的汇报》《关于石大路跨S230东青线及G25长深高速（东青段）高架桥建设项目土地划拨费用处理意见的汇报》《关于全县精神文明创建活动经费处理意见的汇报》《关于县扶贫开发领导小组办公室办公设备及办公经费处理意见的汇报》《关于解决长输管线巡护队伍工资补贴处理意见的汇报》《关于提高县残疾人就业服务岗位工作人员工资标准处理意见的汇报》《关于调整全县事业单位招聘等人事考试考务补助费标准处理意见的汇报》《关于兵圣路幼儿园项目地块土地划拨费用处理意见的汇报》《关于2016年公安系统经费保障工作处理意见的汇报》。

5月11日下午，县委副书记、县长霰景亮在乐安大厦三楼规划委员会会议室主持召开县国土资源管理委员会2016－2次会议。会议研究并原则通过19宗地块国有建设用地使用权出让方案和3宗地块划拨方案。

5月13日，受副县长迟健委托，县铁路办主任于海军在丁庄镇政府四楼会议室主持召开专题会议，研究部署广饶县通泰肉鸭农民专业合作社鸭棚拆迁工作。县铁路办副主任侯国成，丁庄镇镇长燕居军、副镇长崔寿堂、科技副镇长刘汝斌，黄大铁路有限责任公司保障部主管王壮志、东营华东房地产评估事务所副所长吴斌参加会议。

6月20日下午，县委常委、副县长燕东军在办公室主持召开会议，专题研究广饶县2014年国家现代农业示范区2万亩旱涝保收标准农田结余资金项目实施方案编制问题。县政府党组成员陈媛(主持县农业局工作)、县农业局副局长张春堂，县财政局副局长郑杰敏，花官镇副镇长于天生参加会议。

6月30日下午，县委副书记、县长霰景亮在县政府三楼会议室主持召开县国土资源管理委员会2016－3次会议。会议研究并原则通过5宗地块国有建设用地使用权出让方案和1宗地块划拨方案。

7月5日上午，副县长西牧山在广饶宾馆组织山东华帘集团大型客户债权人联席会成员单位召开专题会议，研究协商山东华帘集团钢帘有限公司(以下简称华帘集团)资金链风险化解工作，会议审议并讨论通过中国银行东营分行提交的华帘集团评价报告。县金融办主要领导、有关银行负责同志参加会议。

7月13日上午，王晓勇副县长在乐安大厦第四会议室主持召开被征地农民养老保险工作专题会议。各镇政府、街道办事处、广饶滨海新区管委会分管领导及财政、人力资源社会保障、国土资源所负责人，县人力资源社会保障局、县国土资源局、县财政局、县审计局、县公安局、县信访局分管领导和业务负责人参加会议。

7月21日上午，县委常委、常务副县长陈伟颂在县政府三楼会议室主持召开广饶一中职工住房审计整改工作专题会议。县国土资源局、县住房城乡规划建设局、广饶一中主要负责人及分管负责人，县审计局主要负责人参加会议。

8月5日下午，县委副书记、县长霰景亮在县政府三楼会议室主持召开县国土资源管理委员会2016－4次会议。会议研究并原则通过5宗地块国有建设用地使用权出让方案、2宗地块划拨方案和2016年广饶县申报4个占补平衡项目方案。

8月5日下午，县委副书记、县长霰景亮在县政府三楼会议室主持召开县财政委员会2016－3次会议。听取并原则通过县财政局《关于使用应急转贷资金使用费设立政府性担保基金处理意见的汇报》《关于县老干部活动中心维修资金及工作经费处理意见的汇报》《关于设立精品创作生产专项资金处理意见的汇报》《关于县环保局委托第三方机构进行餐饮油烟监测处理意见的汇报》《关于淄河景观工程铺装及道路卫生保洁费用处理意见的汇报》《关于为广饶一中解决“5·16”事件所垫付资金处理意见的汇报》《关于广饶一中一校区消防配套建设资金处理意见的汇报》《关于广饶一中三校区学生公寓楼卫生间改造资金处理意见的汇报》《关于购置部分城市管理机械作业车辆处理意见的汇报》《关于购置灭火救援装备及个人防护装备处理意见的汇报》《关于免费孕期监护项目服务费用处理意见的汇报》《关于拨付县公路局相关费用处理意见的汇报》《关于解决不动产统一登记工作开展所需经费问题处理意见的汇报》《关于向东营银行广饶支行贷款的汇报》《关于2016年我县政府债务限额和新增专项债券分配使用情况的汇报》《关于成立广饶县财金投资有限公司的汇报》《关于县气象局申请新址业务用房建设资金处理意见的汇报》。

8月11日上午，副县长迟健在县政府三楼会议室主持召开会议，专题研究全县农村公路路网规划调整方案。县交通运输局主要领导、分管领导，县财政局、县国土资源局、县住房城乡规划建设局、县城管执法局、县公路局以及各镇街(含开发区、广饶滨海新区，下同)分管领导参加会议。

8月12日，县委常委、常务副县长陈伟颂在县政府三楼会议室主持召开乐安大厦有关问题专题会议。会议听取了各单位对乐安大厦工程竣工验收手续办理、乐安大厦东辅楼设备设施维修保养等有关情况的汇报，并对下一步工作进行安排部署。

8月27日，县委副书记、县长霰景亮在乐安大厦县城乡规划委员会会议室主持召开县城乡规划委员会2016－5次会议。会议审议了广饶国际慢城概念规划、东营科技职业学院选址方案。

8月30日上午，县委常委、常务副县长陈伟颂在县城建指挥部会议室主持召开全县不动产统一登记工作专题会议，县国土资源局主要领导及分管领导，县人力资源社会保障局、县财政局、县住房城乡规划建设局、县林业局、县海洋与渔业局、县政务服务中心管理办公室、县房管服务中心主要领导，县编办、县地税局分管领导参加会议。

9月6日下午，县委常委、常务副县长陈伟颂在乐安大厦会议中心二楼第三会议室组织召开全县违规建设化工项目手续办理工作调度会议。会议传达市化转办《关于尽快开展违规建设化工项目手续补办工作的通知》有关精神，对市政府确定的广饶县违规建设化工项目手续补办意见进行通报，研究确定了违规建设化工项目的处理意见。

9月22日上午，副县长迟健在县政府二楼接待室主持召开会议，专题研究S323潍高路改线二期工程(广饶段)交接有关工作。县交通运输局李好德、陈晓合，县公路局延树阳、县财政局李佐江、县城管执法局张广传、县公安交通管理大队刘洪亭以及广饶街道办事处张振海、乐安街道办事处李晓峰、李鹊镇政府刘海港参加会议。

9月23日上午，副县长王晓勇、迟健在县政府三楼会议室召开会议，专题研究广饶国际慢城建设推进和融资贷款事宜。县农发行李好贞，县旅游局贾效国、徐宗强，县发展改革局张安生、县财政局张长恩、县国土资源局牛金安、县住房城乡规划建设局燕居新、县城管执法局任汉礼、县政务服务中心管理办李西岭、县孙子文化旅游区管委会何宗全以及广饶街道办事处李涛、稻庄镇政府李连起参加会议。

10月14日上午，县委副书记、县长霰景亮在县政府三楼会议室主持召开县国土资源管理委员会2016－5次会议。会议研究并原则通过4宗地块国有建设用地使用权出让方案、3宗地块划拨方案和1宗地块收回方案。

11月4日上午，县委常委、常务副县长陈伟颂在县政府三楼会议室主持召开全县非法加油站点(车)取缔工作专题会议，市安委会第四巡查组组长刘庆志、副组长武同升出席会议。会议传达了市安委会办公室《关于督导广饶县取缔非法加油站点(车)的通知》，听取了有关镇街和部门前期工作开展情况的汇报，并对下一步非法加油站点(车)取缔工作进行安排部署。

11月4日下午，县委副书记、县长霰景亮在县政府三楼会议室主持召开县财政委员会2016－4次会议。听取并原则通过县财政局《关于2016年第二批定向发行政府置换债券情况的汇报》《关于部分财政专户挂账资金处理意见的汇报》《关于对县生活垃圾综合处理厂烟气处理系统进行更新改造的处理意见的汇报》《关于全县视频监控及智能交通设施建设的处理意见的汇报》《关于解决县廉政教育中心部分建设经费的处理意见的汇报》《关于解决征收搬迁等工作经费的处理意见的汇报》《关于解决广饶县技术转移服务平台建设经费的处理意见的汇报》《关于申请拨付农村淘宝项目投资预算经费的处理意见的汇报》《关于申请拍摄广饶国际慢城创建宣传片经费的处理意见的汇报》《关于视频会议系统建设资金的处理意见的汇报》《关于编制县城区户外广告专项规划的处理意见的汇报》《关于拨付东营市技术性贸易措施研究咨询中心经费的处理意见的汇报》《关于解决园区挥发性有机物和特征污染物自动监控能力建设工程资金的处理意见的汇报》。

11月8日上午，副县长迟健在县政府二楼接待室主持召开会议，专题研究小清河复航工程推进工作。市港航管理局李卫国、毛浩、杨阳，市小清河管理处刘宗华、隋建华，县发展改革局赵小兵、县交通运输局吴荫村、县国土资源局李玉国、县环保局金文国、县住房城乡规划建设局张健参加会议。

11月9日上午，副县长西牧山在县政府三楼会议室主持召开专题会议，研究织女河—淄河人工湿地出口水质超标问题解决方案，安排部署织女河—淄河人工湿地整治工作。县环保局局长张永华、县环保局主任科员臧文福、县河道管理服务中心主任韩己业、县小清河管理处副处长隋建华、大王镇副镇长许国臣、稻庄镇环保服务中心主任徐松华参加会议。会议要求，各有关部门单位要高度重视该项工作，采取强力措施，确保织女河水质稳定达标。

11月11日上午，县委常委、副县长燕东军在高店水库增容工程建设指挥部召开会议，专题研究广饶县高店水库增容工程有关事项。陈官镇党委副书记庞广志，陈官镇党委委员、人武部长燕欣胜，县水利局局长韩海亮、党组副书记艾宝青、纪检组长李长彬、副主任科员李增令参加会议。

11月16日上午，副县长西牧山在县政府三楼会议室主持召开全县重点流域水污染治理工作专题会议。县环保局主要负责人、分管负责人，大王镇政府主要负责人、分管负责人参加会议。会议传达了省环保厅组织召开的专题会议有关精神，对全县重点流域水污染有关情况进行了通报，研究确定了具体的整改落实意见。

11月22日下午，县委副书记、县长霰景亮在乐安大厦规划委员会会议室主持召开县国土资源管理委员会2016－6次会议。会议研究并原则通过8宗地块国有建设用地使用权出让方案。

11月23日，县委副书记、县长霰景亮在乐安大厦县城乡规划委员会会议室主持召开县城乡规划委员会2016－6次会议。会议审议了广饶县城区海绵城市专项规划、广饶县第一水厂迁址方案、华泰·东方威尼斯东区调整方案、广饶尚能时代公寓2#楼调整方案、董家口港—潍坊—鲁中及鲁北输油管道工程二期配套广饶罐区选址方案、稻庄镇乐安大街南侧2012－67号及2013－176号地块规划设计条件调整方案。

## ·重要决策部署·

为规范行政执法，加强行政执法监督，县政府下发《关于规范行政执法加强行政执法监督的意见》（广政发〔2016〕1号），要求以建设职能科学、权责法定、执法严明、公开公正、廉洁高效、守法诚信的法治政府为目标，加强行政执法资格管理，规范行政执法行为，强化行政执法监督，促进严格规范公正文明执法，为全县经济社会发展创造良好的法治环境。

为在率先全面建成小康社会基础上，加快建设经济强县生态之城幸福家园、当好全市引领发展新常态的排头兵，县政府下发《关于印发广饶县国民经济和社会发展第十三个五年规划纲要的通知》（广政发〔2016〕2号），制定总的目标是，科学发展走在前列，率先全面推进转型发展，率先全面建成小康社会，实现更高质量、更有效率、更加公平、更可持续的发展，把广饶建设成为经济更加发达、环境更加优美、文化更加繁荣、社会更加和谐、生活更加美好的经济强县、生态之城和幸福家园。

为规范和加强全县教职工队伍管理，建设高素质教职工队伍，县政府下发《关于规范和加强全县教职工队伍管理的意见》（广政发〔2016〕3号），要求加强教职工职业道德管理，加强教职工编制、职称评聘、考核、奖惩管理，规范教育干部任免（聘任）、教职工调配交流、教师招聘、教育干部和教师培训管理。

为加快产业结构调整，促进经济转型升级，县政府下发《关于印发2016年度广饶县加快黄蓝经济区建设促进经济转型升级引导资金使用办法的通知》（广政发〔2016〕4号），要求各有关部门、单位认真组织实施、落实相关扶持奖励政策，推动产业结构调整，促进经济转型升级。

为进一步做好防范和处置非法集资工作，切实保护人民群众合法权益，有效防范金融风险，县政府下发《关于进一步做好防范和处置非法集资工作的实施意见》（广政发〔2016〕5号），要求按照“开正门、关后门、堵斜门”的工作思路，坚持系统治理、依法治理、综合治理、源头治理，健全责任明确、上下联动、齐抓共管、配合有力的工作格局，建立防打结合、打早打小、综合施策、标本兼治的长效机制，加大防范预警、案件处置、宣传教育等工作力度，深入推进防范和处置非法集资工作，努力维护全县经济金融稳定。

为提高全县化工产业安全环保节能管理水平，加快推动化工产业转型升级，县政府下发《关于加快全县化工产业转型升级的实施意见》（广政发〔2016〕6号），要求牢固树立“安全第一、环保优先、集约发展”理念，按照“布局集中、产业集聚、企业集优”原则，高端定位，统筹推进，综合运用经济、法律和必要的行政手段，优化存量、提升增量，加快推动化工产业转型升级。

为规范和加强全县公立医疗卫生机构卫生队伍建设，进一步提高卫生队伍整体素质和服务水平，县政府下发《关于规范和加强全县卫生队伍管理的意见》（广政发〔2016〕7号），要求加强人员编制及纪律管理，加大人才引进力度，严格干部任免（聘任）管理，理顺职工调配交流机制，规范职称评聘管理，加强业务教育培训，建立考核评价体系。

为加快健康广饶建设，改善城乡环境卫生条件，提高人民群众健康水平，推动经济社会协调可持续发展，县政府下发《关于进一步加强新时期爱国卫生工作的实施意见》（广政发〔2016〕8号），要求深入开展爱国卫生运动，以“健康山东·美丽广饶”为统领，扎实推进环境卫生整洁行动、健康知识普及行动、疾病预防控制行动、健康城镇创建行动，努力实现健康环境显著改善，疾病预防控制措施持续增强，社会卫生综合治理深入推进，群众文明卫生素质全面提升，爱国卫生工作水平不断提高，群众身心健康得到有效保障。

为构建全县粮食安全保障体系，进一步明确维护粮食安全的责任，县政府下发《关于贯彻落实粮食安全责任制的实施意见》（广政发〔2016〕9号），要求全面落实粮食安全责任，巩固和提高粮食综合生产能力，调动和保护种粮积极性，管好地方粮食储备，增强粮食流通能力，促进粮食产业健康发展，保障区域粮食市场基本稳定，强化粮食质量安全治理，推进节粮减损和健康消费。

为深入贯彻中央、省、市经济工作会议精神，加快推进供给侧结构性改革，进一步减轻企业税费负担，降低财务支出成本，促进实体经济发展，县政府下发《关于减轻企业税费负担降低财务支出成本的意见》（广政发〔2016〕10号），要求降低企业税费负担，降低企业社会保障性支出，降低企业创新创业成本，降低企业融资成本，降低企业优化产能支出。

为贯彻落实全民健身国家战略，进一步发展全民健身事业，更好满足人民群众体育健身需求，助力全面小康社会建设，县政府下发《关于印发广饶县全民健身实施计划（2016～2020年）的通知》（广政发〔2016〕11号），要求拓展和丰富全省全民健身先进县的内涵，到2020年，城乡居民体育健身意识进一步增强，健康素质主要指标位居全省前列，每周参加1次及以上体育锻炼的人数达到53%以上，经常参加体育锻炼人数达到38%以上。

为进一步规范和推进政府向社会力量购买服务工作，加快政府职能转变，深化公共服务改革，探索公共服务多元化供给模式，促进服务业发展和服务型政府建设，县政府办公室下发《关于印发政府向社会力量购买服务实施办法的通知》（广政办发〔2016〕2号），要求按照“政府主导、部门负责、社会参与、共同监督”的原则，建立“政府统一领导，财政部门牵头，民政、市场监管以及行业主管部门协同，职能部门履职，监督部门保障”的工作机制，规范有序开展政府购买服务工作。

为贯彻落实国务院和省、市政府关于全面建立困难残疾人生活补贴和重度残疾人护理补贴制度的文件精神，切实加强对残疾人的服务保障，县政府办公室下发《关于全面实行困难残疾人生活补贴和重度残疾人护理补贴制度的通知》(广政办发〔2016〕6号),要求从残疾人最直接最现实最迫切的需求入手,统筹社会救助、社会保险、公益慈善资源,积极发挥家庭、社会、政府作用,着力解决残疾人因残疾产生的额外生活支出和长期照护支出困难,不断提升对困难残疾人的服务保障水平。

为强化道路交通安全管理,严查道路交通违法行为,全力预防重特大道路交通事故发生,确保全县道路交通安全形势平稳,县政府办公室下发《关于印发广饶县交通秩序综合整治实施方案的通知》(广政办发〔2016〕8号),要求按照"谁主管、谁负责,谁审批、谁负责"的原则和"管行业必须管安全、管业务必须管安全"的要求,推动建立健全"政府领导、行业主管、部门监管、企业主体、员工岗位"五大责任体系。建立长效机制,保持常态整治,做到"周周有整治、月月有行动",力争通过整治一个点,规范一条线、影响一个面,全面提升整治实效性。

为进一步加强全县户外广告管理,规范户外广告设置,创造规范有序、整洁优美的市容环境,县政府办公室下发《关于加强户外广告设置管理的意见》(广政办发〔2016〕12号),要求加强户外广告监督管理。

为加快经济林产业发展,进一步推进现代林业建设,县政府办公室下发《关于加快经济林产业发展的意见》(广政办发〔2016〕15号),要求到2020年,全县初步形成布局合理、特色鲜明、功能齐全、效益良好的经济林产业发展格局,实现全县经济林资源总量稳步增长,产品供给持续增加,质量水平大幅提高,经济林产业综合实力明显提升,富民增收效果显著增强的发展目标。

为进一步健全社会救助体系,保障困难群众基本医疗权益,县政府办公室下发《关于印发广饶县医疗救助实施办法的通知》(广政办发〔2016〕20号),要求县民政部门是医疗救助工作主管部门,负责全县困难居民医疗救助的组织实施工作。县财政、人力资源社会保障、卫生计生、监察、审计、工会、红十字会、保险等部门按照各自职责共同做好困难居民医疗救助工作。相关部门要加强沟通协调,建立医疗救助部门会商、信息共享机制。

## 县政府·重要文件提要·

3月16日,县政府下发《关于规范行政执法加强行政执法监督的意见》(广政发〔2016〕1号),规范行政执法,加强行政执法监督,对规范行政执法加强行政执法监督提出明确意见和要求。

3月24日,县政府下发《关于印发广饶县国民经济和社会发展第十三个五年规划纲要的通知》(广政发〔2016〕2号),为在率先全面建成小康社会基础上,加快建设经济强县生态之城幸福家园、当好全市引领发展新常态的排头兵,对广饶县国民经济和社会发展第十三个五年规划纲要提出明确意见和要求。

4月14日,县政府下发《关于规范和加强全县教职工队伍管理的意见》(广政发〔2016〕3号),为规范和加强全县教职工队伍管理,建设高素质教职工队伍,对规范和加强全县教职工队伍管理提出明确意见和要求。

5月20日,县政府下发《关于印发2016年度广饶县加快黄蓝经济区建设促进经济转型升级引导资金使用办法的通知》(广政发〔2016〕4号),为深入贯彻落实科学发展观,加快产业结构调整,促进经济转型升级,对2016年度广饶县加快黄蓝经济区建设促进经济转型升级引导资金使用办法提出明确意见和要求。

7月20日,县政府下发《关于进一步做好防范和处置非法集资工作的实施意见》(广政发〔2016〕5号),为进一步做好防范和处置非法集资工作,切实保护人民群众合法权益,有效防范金融风险,对进一步做好防范和处置非法集资工作提出明确意见和要求。

7月20日,县政府下发《关于加快全县化工产业转型升级的实施意见》(广政发〔2016〕6号),为提高全县化工产业安全环保节能管理水平,加快推动化工产业转型升级,对加快全县化工产业转型升级提出明确意见和要求。

8月16日，县政府下发《关于规范和加强全县卫生队伍管理的意见》(广政发〔2016〕7号)，为规范和加强全县公立医疗卫生机构卫生队伍建设，进一步提高卫生队伍整体素质和服务水平，对规范和加强全县卫生队伍管理提出明确意见和要求。

9月1日，县政府下发《关于进一步加强新时期爱国卫生工作的实施意见》(广政发〔2016〕8号)，为加快健康广饶建设，改善城乡环境卫生条件，提高人民群众健康水平，推动经济社会协调可持续发展，对进一步加强新时期爱国卫生工作提出明确意见和要求。

9月13日，县政府下发《关于贯彻落实粮食安全责任制的实施意见》(广政发〔2016〕9号)，为构建全县粮食安全保障体系，进一步明确维护粮食安全的责任，对贯彻落实粮食安全责任制提出明确意见和要求。

10月21日，县政府下发《关于减轻企业税费负担降低财务支出成本的意见》(广政发〔2016〕10号)，为深入贯彻中央、省、市经济工作会议精神，加快推进供给侧结构性改革，进一步减轻企业税费负担，降低财务支出成本，促进实体经济发展，对减轻企业税费负担降低财务支出成本提出明确意见和要求。

12月27日，县政府下发《关于印发广饶县全民健身实施计划(2016～2020年)的通知》(广政发〔2016〕11号)，为贯彻落实全民健身国家战略，进一步发展全民健身事业，更好满足人民群众体育健身需求，助力全面小康社会建设，对广饶县全民健身实施计划(2016～2020年)提出明确意见和要求。

## 县政府办公室·重要文件提要·

1月5日，县政府办公室下发《关于印发政府向社会力量购买服务实施办法的通知》(广政办发〔2016〕2号)，对政府向社会力量购买服务提出意见和要求。

6月21日，县政府办公室下发《关于全面实行困难残疾人生活补贴和重度残疾人护理补贴制度的通知》(广政办字〔2016〕6号)，对全面实行困难残疾人生活补贴和重度残疾人护理补贴制度提出意见和要求。

7月26日，县政府办公室下发《关于印发广饶县交通秩序综合整治实施方案的通知》(广政办发〔2016〕8号)，对广饶县交通秩序综合整治工作提出意见和要求。

9月26日，县政府办公室下发《关于加强户外广告设置管理的意见》(广政办发〔2016〕12号)，对加强户外广告设置管理工作提出意见和要求。

10月26日，县政府办公室下发《关于加快经济林产业发展的意见》(广政办发〔2016〕15号)，对加快经济林产业发展提出意见和要求。

11月15日，县政府办公室下发《关于印发广饶县医疗救助实施办法的通知》(广政办发〔2016〕20号)，对医疗救助工作提出意见和要求。

## ·政务信息·

2016年，县政府办公室结合各级出台的系列决策和工作部署，着眼基层、深入调研、服务大局，从采编、报送等机制方面对政务信息做了不少改革，进一步提高了以文辅政水平，充分发挥了高参远谋的作用。全年编发《广饶政务信息》65期，集中时间全力提升参阅、专报、上报类信息的质量，其中《美国修正对华输美卡客车轮胎反倾销初裁税率》《当前全县水痘、肺结核感染人数持续增多，在校学生占比明显提高》等多篇内容被市政府、县委、县政府主要领导签批意见；积极向省、市报送经验类、问题类等信息600余篇，其中《广饶县机关事业单位养老保险制度改革及配套工作进展情况、推进中遇到的困难问题及建议》等内容被国务院办公室专报采用。全年政务信息上报、采用工作一直保持全市第一、全省前列的好成绩。定期通报各镇街、部门、单位的信息采编情况，加强信息员的指导和培训工作，并推行“以干代训”，每年选派信息员到市政府信息科学习先进经验，全年共采编政务信息1100余条。

## ·政务督查考核·

政务督查紧紧围绕县委、县政府工作重点，在创新机制、改进方法和队伍建设上下功夫，积极主动、扎实有效地开展各项工作，2016年度镇街和县直部门、单位综合考核圆满完成，省市县各级重要会议、重要文件确定事项及时督办落实，全县重点工程项目和惠民实事有序推进，人大代表建议和政协委员提案按时办结。一是健全完善督查体系。实行政务督查联络员制度，在全县构建起横连政府各部门、单位，纵连各镇街的督查工作体系，促进县政府各项工作落到实处。全年立项督查事项57项。二是积极开展督查调研。围绕县委、县政府的工作重点和群众关注的热点难点，加强督查调研和分析，撰写高质量的督查调研报告。每周为县领导呈送1篇《重要工作动态》，让县政府主要领导及时掌握县委、县政府中心工作的有关情况。三是创新督查方式。每季度深入重点工程项目和惠民实事建设现场进行现场督查，掌握真实情况，督促责任单位加快工作推进。对重要工作事项的落实，采取登门督查、实地督查和明查暗访等形式进行，确保督查到位，工作落实到位。全年下发《督查通报》54期、上报《政务督查》26期。四是提高督促调度效率。实行请示（报告）件办理专人把关、登记，当日按程序运转。领导批示事项做到即时转办、限时办理、按时呈报，确保办理质量。全年共办理请示（报告）件1060件，拟发批复文件781个。对县政府工作报告、县政府常务会议、县长办公会议等重要会议确定事项，在2个工作日内将任务分解落实到相关责任单位，明确责任部门、责任人、工作标准和完成时限，加强督查调度。

## ·调查研究工作·

积极主动开展课题研究，对全县经济社会发展中重点、难点以及重大问题展开调研，撰写《广饶县知识产权工作调研报告》《广饶县高层次人才队伍建设调研报告》《关于民间借贷纠纷情况的调研报告》等调研文章近20篇，编印《经济研究》刊发7篇，上报《黄河三角洲研究》刊发8篇。突出抓好重要文件起草过程中调查研究，组织开展县转型升级引导资金使用办法、全县煤炭清洁高效利用方案和散煤清洁化治理方案等重要文稿起草调研活动10余次，夯实政策文件拟制基础。统筹组织、协调全县政府系统调查研究工作，做好优秀调研成果推介、上报，配合上级开展各类调研活动，建立起社会化、多层次的调研网络。年内，承担市重点调研课题2个，2篇调研文章获市政府系统优秀调研成果奖。

## ·打击走私活动·

县政府调整充实分管副县长任组长、县直25个部门分管领导为成员的县打击走私综合治理工作领导小组，领导小组定期组织召开会议，交流经验，协调联动，构建起以县打私办为协调枢纽，县公安、边防、市场监管、商务、质监、烟草、交通、海洋与渔业等执法部门密切配合、综合治理的网络体系。下发《关于印发2016年全县反走私综合治理工作要点的通知》，明确部门任务与职责，各成员单位严格执行打击走私24小时值班工作制度，特别是做好重大节日期间的值班工作。充分发挥新闻媒体的作用，利用报刊、广播、电视、网站等媒介，广泛开展反走私工作宣传教育。及时传达学习市打私办2016年全市反走私综合治理工作要点，积极开展调研、信息报送、缉私数据统计等工作，上报市打私办打私信息10篇、调研报告2篇。进一步完善群防群治组织、制度，充分发挥人民群众在反走私综合治理工作中的积极作用。从严查办各类走贩私案件，持续保持打私高压态势。深入开展打击涉烟违法犯罪工作，查获涉烟违法案件119起200余万支，总价值82.76万元。县东海边防派出所共出动车辆40余台次，组织清查行动4次、检查车辆300多辆，检查码头船只400多艘。县文体广电新闻出版局先后组织开展7次突击检查、5次联合行动，检查经营单位950余家次。持续加大成品油市场专项整治行动力度，县安监局牵头在全县范围内组织开展非法加油站点集中整治行动，共取缔非法加油站点64处。认真组织开展反走私宣传工作，积极推进企业反走私领域社会守法诚信体系建设，充分发挥法治引领和保障作用，坚持严格、公正执法，在全县营造起优良的法治环境，全年未发生一起特大、重大走私活动，未出现一起"庇护、说情"干扰缉私执法的行为。

## · 人民防空 ·

人防宣传工作　坚持把增强广大群众国防观念、提高人民防空防灾意识作为人防工作的立足点和出发点。通过强化载体宣传、知识培训、工地宣传、国防教育一系列的宣传措施，全县广大群众的人防意识不断提高，形成各级各部门、各企业共同参与支持人防事业的浓厚氛围。

行政审批工作　抓好日常业务审批。坚持以建为主，做到应收尽收。共审批项目4个：其中，批准结建人防工程2个，批准易地建设项目2个。初步审查人防工程设计方案4个，计4.6万平方米。竣工验收各类项目11个，其中2个正在办理工程备案。落实县政府领导各类批示件6件，提出6条建议都被采纳。完善审批制度。扎实开展行政审批事项清理规范工作，对行政审批中存在的不协调、不同步的问题进行梳理汇总；制定行政审批事项事中事后监管方案，完善事中事后监管"两库一单"；完成"东营市政务服务平台"的前期准备、数据录入及测试和培训工作。承接市人防办下放的"人防工程质量监督"和"新建民用建筑项目减免防空地下室易地建设费审查"两项权力、监督事项。

收费管理工作　工作中，明确标准、规范流程、依法征收，将所有收费项目统一录入"山东省非税收入征收管理系统"平台，做到应收尽收。同时强化资金管理。规范防空地下室易地建设费管理，将所有人防费全部纳入县财政专户管理，确保资金使用安全。

指挥通信体系建设工作　做好防空警报试鸣宣传工作，落实管护责任制，圆满完成防空防灾警报试鸣工作。规划做好人防北斗导航定位系统建设工作、组建人防无线短波指挥通信系统和调整人防警报发放控制设备使用频率工作，确保2017年底前建成投入使用。做好机动指挥系统的日常训练和保养维护工作，圆满完成全市人防视频会议系统二级网调市县（区）联调工作观摩"淄东联防—2016"跨区域联合演习，为广饶县开展该项工作提供了借鉴和经验。

人防工程安全管理工作　面对越来越严峻的安全生产形势和安全生产任务，对安全生产工作高度重视，精心组织，健全制度，狠抓落实，同时加大宣传，强化检查，着力抓好人防工程安全生产和管理这一重点领域，不等不靠、积极作为，全县人防安全生产持续向好。

其他工作　按照按照县委组织部要求，结合全县实际，制定《县人防办人才工作职责清单》；按照县人武部要求，统计完善国防动员潜力调查（人防）数据，完善了数据库；按照全县国土规划要求，初步确定人防行业2016～2020重点建设项目和行业发展规划。

## · 应急管理 ·

概述　2016年，全县突发事件总体呈上升趋势，县委、县政府领导高度重视应急管理工作，将应急管理和安全生产作为全县工作的重中之重。多次召开应急管理和安全生产调度会议，安排部署工作要点，全县领导按照责任分工分包各领域安全生产工作，并在重点企业和重点领域分派多名领导和公职人员层层包管、层层监督。要求全县各个镇街、各个部门、各个企业加强应急管理组织建设，完善应急管理预案体系，建立应急处置联动机制。9个镇（街道）共配备应急管理专职干部65人，9个社区居委会、553个行政村及各类学校、企业都建立健全应急组织机构，落实应急管理工作责任人，明确了应急管理工作人员和信息员。

信息报告　为进一步做好新形势下突发事件信息报告工作，

严肃信息报告工作纪律，于上年底印发《关于进一步做好突发事件信息报告工作的通知》，从“认识突发事件信息报告重要性、明确信息报告责任主体、畅通和拓宽信息获取渠道”等7个方面提出明确要求；于7月1日印发《关于进一步加强应急值班工作的通知》，在进一步“明确工作基本要求，规范工作操作规程，严肃工作纪律”的同时，从“确保信息报告的准确性、提升信息报告的时效性、注重信息报送的连续性”等3个方面，进一步明确突发事件信息报告制度；于8月24日印发《关于加强紧急敏感信息报告工作的通知》，对“紧急敏感信息的内涵和报告范围、报告要求、工作责任、制度机制”等内容进行明确，进一步规范紧急敏感信息报告工作。

预案管理　出台《广饶县应急预案管理办法》，为科学管理应急预案提供了理论依据，县内有总体预案1部，专项预案33个，部门预案81个、地方应急预案107个、社区预案和村级预案490个、医院应急预案171个、学校应急预案802个、企业应急预案471个。2016年重新修订《广饶县重污染天气应急预案》。为科学考察应急预案的实用性和针对性，将应急演练作为工作成绩的试金石，年初制定下发《2016年专项应急预案演练计划》，就全县应急预案演练工作作出安排。2016共组织专项应急预案演练25次，部门预案应急演练22次，镇街等地方应急演练43次。

队伍建设　为进一步提升处理和应对突发事件的能力，完善政府、专家和公众三结合的突发事件决策机制，根据《广饶县突发事件总体应急预案》和《市政府办公室关于组织推荐专家组组成人员的通知》要求，结合辖区实际，要求县公安局、县安监局、县卫生计生局等26个县直部门、单位认真推荐县政府应急管理专家组候选专家。通过研究讨论，最终确定由县气象局局长李玉平，县医院急诊科主任、副主任医师郭学武，中石化胜利油田分公司油气集输总厂高级工程师刘吉东等45名专家学者或行政管理人员组成新一届专家组，分别组成自然灾害、事故灾难、公共卫生、社会安全和综合管理等5个专家组，设置组长、副组长具体负责本组相关工作，并研究制定《县政府应急管理专家组工作规则》。

## ·外事与侨务·

2016年，科学编制2016年度广饶县市、县级领导干部因公出国(境)计划，按程序上报因公出国(境)招商引资、经贸洽谈等团组12批次；办理外国人来华手续16件；接待外宾团组1个、25人。扶助贫困归侨侨眷19人次，拨付救济资金7.4万元；受理归侨侨眷来信来访4件(次)、结案4件(次)。

## 民生热线·综合服务工作·

积极推进民生热线综合服务平台建设，全力打造“民生使者”服务品牌。广饶县民生热线综合服务中心，将书记县长公开电话，民生短信直通车，县内环保、交通运输等22个部门的政务服务、行风投诉类27个服务热线电话，以及县政府门户网站“县长电子信箱”“网上民声”等资源，纳入广饶县民生热线综合服务中心管理体系，实行24小时不间断服务。通过书记县长公开电话、民生短信、网上留言等多种形式受理问题，形成一个号码对外、一个网站公开、一个机构管理、一个平台运行、一站式全程服务的“五个一”集约化民生服务机制。在全县9个镇街和所有县直部门单位均配备2～3名信息联络员，通过城域网与民生热线综合服务中心进行网络联动，形成手段多样、区域全覆盖的综合信息受理网络。2016年，民生热线综合服务中心共受理群众诉求29938余件，办结率和回复率达100%，满意率在98%以上。县纪委选派三名工作人员长期入驻民生热线综合服务中心，并出台《关于对办理“书记县长公开电话办公室”投诉事项进行重点监察的通知》，对公开电话的受理工作和各单位办理工作进行全程监督，凡是群众反映的问题，不管涉及哪个部门，不管问题多么复杂，都必须严肃对待，快办、办好，让群众满意，坚决杜绝推诿扯皮、拖延不办现象的发生，提高各级各部门办理公开电话受理事项的积极性。从各级人大代表、政协委员以及农村居民、教师、学生、一线工人等不同社会群体中，选聘16名社会监督员进行监督，广泛倾听各个阶层对综合信息受理平台的意见和建议，以监督带动服务水平不断提高；建立"两代表一委员"专用联络平台，党代表、人大代表、政协委员可以通过专用平台查询政策文件、提出意见建议、提交提案议案，有效提高了工作透明度。

## ·史志工作·

基层志编修　定期了解镇街志、部门志、村志编修进展情况，加强分类指导、全程指导，确保编纂工作顺利开展。认真把好审核关，年内指导编纂各类志书8部，其中《西毛村志》《南西村志》《大王东村志》《广饶县政协志》印刷出版。

《广饶新志》手稿整理、印刷出版　今存1961年《广饶新志》草稿为手写稿，重点记述了建国前广饶县党组织领导全县党政军民取得革命斗争胜利的光辉历史，以及1949～1959年广饶县的政治、工业交通、农业、财经贸易、文教卫生等方面的重大业绩，保存了各个历史时期的大量珍贵史料，整理保存、开发利用好这些珍贵史料刻不容缓。县史志办公室抽调精干力量，对手稿进行了认真整理、编辑，8月，印刷出版《广饶新志稿》。

政府年鉴编辑　一是按照"一年一鉴"、公开出版的要求，顺利完成《广饶年鉴》2016卷的编辑出版工作，于10月印刷出版。县政府办公室文件印发编纂通知，在编写体例、结构和内容上提出明确要求。着力增强年鉴内容的资料性，确保资料全面、权威，不断增加信息含量。在编排上突出政府年度工作特色和重大成就，并及时反映出经济和社会变革所带来的新变化。在确保稳妥的情况下，努力加快编纂进度，做到尽早、尽快出版，为各级各部门开展工作提供更好的"资政"服务。二是高质量地完成《山东年鉴》《山东史志年鉴》《东营年鉴》的撰稿供稿任务。三是做好《广饶县大事记》期刊的编发工作。坚持每月编辑一期《广饶县大事记》，确保每个月5日前将期刊通过办公网下发。

《广饶县村居简志》修订稿撰写　为抢救、保护和传承历史文化，留住乡村记忆，在全市率先启动村庄简志编修工作。在完成初稿的基础上，本着开门修志的原则，从各镇街聘请15名特邀编辑，深入到村实地走访，逐村对初稿进行考证、审核和修改，确保资料翔实、内容丰富，共计形成修订稿400余万字。

《广饶影存》第二辑　继续开展"史志采风"活动，走出县外采访重点人物，深入民间寻访挖掘，抢救濒临失传的珍贵史料和稀缺的老照片资源，填补历史记载空白。《广饶影存》第二辑共收录老照片254幅，文字20余万字，由山东画报出版社出版发行。

为现实服务工作　一是抓好方志馆建设管理工作。进一步完善各项服务措施，做到规范化管理，面向社会开展阅览、展览、咨询、文献开发等各项服务。广泛征集地情文献资料和历史文化实物资料，逐年丰富、充实馆藏，征集各类文献资料600余册(件)。先后接待县外参观、咨询170余人次，县内查阅、咨询260余人次。二是做好县情网站建设管理工作。继续做好县情网站的改版升级工作，进一步调整优化页面结构布局，不断增强网站的吸引力和实用功能；积极做好方志文献资料数字化工作，全年新增录入资料500余万字，使其成为社会各界了解县情、开展地情研究的重要平台。

## ·电子政务·

基础设施建设　做好数据通信机房和电子政务网络维护管理。坚持统一领导、统筹规划、积极防御、重点监管的运维方式，分级、分层、分区域优化网络结构，加大电子政务网络监管力度。制定完善机房运维管理制度和应急管理机制，严格落实数据通信机房出入登记制度，加强数据通信机房安全管理，定期进行机房安全检查和应急演练，全年共完成机房安全检查 12 次，应急演练 2 次。坚持每天巡查一次机房，确保机房硬件设备和业务系统安全、稳定、高效运行。积极处理各类故障，对网络报修故障实行登记备案和派单维修机制，接收处理各类电子政务网络报修故障 800 余起。实施电子政务专网和电子政务外网（城域网）整合工程。按照《东营市电子政务“十三五”发展规划》《市委办公室市政府办公室关于加快全市电子政务集约化发展的实施意见》要求，坚持优势互补、资源共享、分工合理、业务协同，整合现有电子政务外网（城域网）和电子政务专网资源，作为政务云建设的网络支撑，构建全县统一的电子政务外网。根据项目建设进度，8 月开始进行项目测试，分模块组织相关人员进行培训，分阶段进行推广应用，并在应用中对相关系统进行进一步修改完善，确保整体系统按预期目标完工。政务外网网络核心搭建完成后，对各项业务流程进行理顺，逐步将现有电子政务外网（城域网）和电子政务专网的业务及用户迁移到新网络。整合建设全县网络视频会议系统。按照市政府办公室统一部署，结合应急系统建设要求，依托现有的视频会议资源，投资 135 万元，建设覆盖全县各级党政机关的网络视频会议系统，构建与之配套的视频会议室，满足通过会议室、桌面电脑、智能手机终端等方式随时随地参加会议的需要，实现县级视频会议与市级视频会议系统互联互通。

网站建设管理　2016 年起，国务院办公厅政府信息与政务公开办公室对全国政府网站每 3 个月进行一次抽查，并对不合格网站进行全国通报。为做好政府网站抽查和信息内容建设工作，确保各级政府网站不被上级通报，先后下发《广饶县人民政府办公室关于做好 2016 年政府网站信息内容建设工作的通知》《广饶县人民政府办公室关于切实加强政府网站信息内容建设整改工作的通知》《广饶县人民政府办公室关于抓紧做好政府网站信息内容建设工作的通知》，要求各部门单位及时登录并充分利用好第三方监测平台，根据监测情况搞好自查自纠，查找问题、立即整改；举办全县政府网站监测工作培训班，邀请第三方评估公司专家对全县 52 个政府网站工作人员进行专项培训，全年县内 52 个政府网站没有被国家和省政府通报。严格执行值班读网、信息审核、内容保障、安全运维等制度，修改完善政府网站信息发布审批办法，保证县政府网站发布信息的准确性、及时性。全年各镇街、各部门单位通过投稿系统共投稿件 3200 多篇，县政府门户网站累计添加信息 13600 余条。投资 40.9 万元，实施县政府网站集群数据安全防护工程，新上硬软件设施，从整体上完善县政府网站集群抗网络 DDOS 攻击的安全防护，有效防御数据安全威胁，保障政府网站集群稳定高效。

政务公开　2016 年，认真贯彻落实《中华人民共和国政府信息公开条例》，以重点政府信息公开工作为突破口，深入规范行政权力透明运行，加强主动公开工作，全县政务公开工作向深层次加快推进，在建设服务型政府方面发挥了积极作用。加大对重点政府信息的公开力度，围绕省政府确定的 10 个重点公开领域，细

机房建设

化公开内容，增加公开信息数量，最大限度满足群众需求。尤其对安全生产案件处理进展、保障性住房分配等群众关切的问题，通过新闻发布会等形式向社会及时通报情况，引导社会舆情，舒解群众疑惑。全面规范行政权力透明运行，通过开展清权确权工作、划定权力范围和边界，为权力运行标注“说明书”，设置“高压线”，确保行政权力依法有序规范运行。进一步拓宽政务公开渠道，全县政务公开载体已发展为政府门户网站、政府新闻发言人制度、政府信息查询中心等 10 多类。在 2016 年全市政务公开专项督查考核中，取得全市第一名的成绩。

## ·行政事务·

机构调整　2016 年 11 月，县机关事务局部分内设机构进行调整。内设机构公务用车管理股由办公室挂牌机构调整为独立设置。主要职责为：负责公务用车管理服务平台的建设、运行维护、监督管理；负责集中统管车辆的管理调度、运行维护，保障集中统管单位符合有关规定要求的公务出行；负责整合优化公务用车资源，调剂充实平台集中统管车辆；负责公务用车的动态监管、运行数据汇总整理、综合分析，提升公务用车运行使用效率。

2016 年 3 月被评为 2015 年度市级文明单位。9 月赵学峰被山东省机关事务管理局授予山东省“十二五”公共机构节能工作先进个人。

公共机构节能　积极完善节能组织管理体系和工作机制。制定印发《关于 2016 年广饶县公共机构节约能源资源工作安排的通知》，对节能目标进行细化分解。扎实开展公共机构能耗计量统计工作，各项数据统计准确，填报及时。强化节能法规和政策宣传，成功举办 2016 年广饶县公共机构节能宣传周新能源汽车展。节能宣传周期间，向全县公共机构干部职工发送节能公益短信 5 万多条，在县级机关集中办公区摆放“节能、低碳、环保”的科普挂图，LED 屏滚动播出节能宣传周和全国低碳日主题和节能宣传图片，努力营造全社会节能低碳的浓厚氛围。扎实开展公共机构名录库更新维护工作。针对全县公共机构的数量、结构等发生的变化，认真做好公共机构名录库的更新维护工作，进一步明确管理职责范围，更加精准地为各级公共机构节能管理服务。全县各级公共机构共计 338 家，做到应统尽统。做好公共建筑能源审计工作。为做好全县公共机构和公共建筑节能改造提供技术支撑，县机关事务局与县住建局联合对 10 个县直公共机构进行能源审计，能源审计面积达 5 万多平方米。加大节能监察力度。切实加强公共机构和公共建筑节能监管，联合县经济和信息化局、县商务局组织对全县公共机构开展专项监察，准确掌握公共机构依法用能、节约用电情况和执行有关规定标准情况，督促各有关公共机构对监督检查中发现的问题认真剖析原因，制定有效措施，及时整改落实，公共机构工作人员节能意识得到进一步提高。人均能耗同比下降 5.37%，单位建筑面积能耗同比下降 4.63%，人均水耗同比下降 5.84%，圆满完成人均综合能耗、单位建筑面积能耗和人均水耗同比分别下降 2%的年度目标任务。

公务用车管理　认真落实省市党政机关公务用车制度改革工作部署，顺利完成党政机关公务用车制度改革有关工作任务。本次车改全县党政机关公务用车参改车辆 696 辆、保留车辆 368 辆、取消车辆 328 辆。保留车辆中，包括实物保障工作用车 20 辆，用于保障县镇（街道）党政主要负责同志基层调研、重要接待、重要会议及各类公务出行；机要通信和应急用车 89 辆，用于保障其他县领导和部门镇街负责同志、工作人员机要通信和应急、重要接待和活动、重要紧急会议等符合规定要求的公务出行；一般特种专业技术用车 5 辆；调研接待用车 2 辆，用于保障调研接待等集体公务出行。17 部门内执法执勤用车 132 辆、17 部门内执法执勤特种专业技术用车 62 辆，17 部门外行政执法用车 58 辆，用于一线执法执勤。为节约行政成本，妥善解决基层事业单位工作用车难问题，从取消车辆中为有关新成立机构（事业单位）或党政机关所属非参公事业单位转调 7 辆公务用车，为各镇街所属非参公事业单位转调综合执法用车31辆，有效解决基层一线用车难的问题。通过公开招标方式选择8家汽车租赁公司作为适当补充，提供公务出行社会化租赁保障服务。健全工作机制和流程，严格公务用车配备管理。科学制定党政机关公务用车购置、处置管理工作流程，规范完善配备标准、编制审核、购置申请、旧车处理、研究审批、政府集中采购、车辆挂牌、资料建档等管理环节，建立起运转流畅、管理科学的工作机制。加强公务用车日常管理。全县各级各部门严格实行公务用车集中管理，统一调度，定点停放、节假日封存等管理制度。公务用车保险、维修、加油等实行政府集中采购和定点保险、定点维修、定点加油制度，严格控制公务用车费用支出，降低运行成本。组织开展全县公务用车管理自查工作。会同县财政局下发《关于开展规范差旅费和公务用车管理以及津贴补贴发放情况自查工作的紧急通知》，组织全县各级各部门单位深入开展规范公务用车管理自查整改工作，深入查摆问题、切实整改自纠。积极推进公务用车平台建设。11月22日，内设机构公务用车管理股由办公室挂牌机构调整为独立设置，积极建立完善管理制度，以劳务派遣的形式招聘机要通信和应急用车驾驶员，先行搭建起公务用车管理平台管理架构，为党政机关提供符合有关规定要求和快捷高效的公务用车管理保障服务。

*办公用房管理*　建立办公用房集中统一管理体制，逐步实现党政机关办公用房的集约化、规范化和科学化管理。按照“严格标准、集约使用、适度从紧”的原则，先后将县信访局、县扶贫办、县交安委办公室办公场所安排在乐安大厦，实行多部门集约化办公。进一步巩固深化党政机关办公用房专项清理整改工作成果，建立办公用房依规从严常态化管理机制，认真贯彻落实《山东省实施〈党政机关厉行节约反对浪费条例〉办法》，严格执行办公用房使用标准，按照《党政机关办公用房建设标准》和编制部门核定的人员编制，从严核定办公用房面积。积极推进党政机关办公用房数据库建设，利用数字化、信息化管理手段实现动态化管理，科学配置资源，不断提高党政机关办公用房管理水平和使用效益。扎实做好省建购住房审计查处问题整改工作。按照《山东省审计厅专项审计调查报告》有关要求，多次召开专题会议进行调度安排，认真制定整改方案，采取有力措施予以推进落实，并于2016年4月按时完成省审计厅下达的整改任务。

*机关后勤服务保障*　建立保障有力、运转高效的管理服务保障工作体制。成立由局班子成员、业务股室长和相关部门负责同志组成的物业管理领导小组，定期召开领导小组成员会议，研究部署物业管理、服务保障等工作，加强对物业管理企业的监督检查。建立健全物业管理服务投诉、受理、督办和反馈制度，反应迅速、服务高效的保障服务机制日臻完善。县级机关大院、乐安大厦等集中办公区安保、卫生绿化、会务服务、设备运行、秩序管理等方面管理科学、运转高效，得到各部门单位的高度评价。加强基础设施管护，增强后勤保障能力。加强对县级机关大院、乐安大厦集中办公区、县级领导干部周转房的消防、强弱电、供排水、电梯、空调、供暖等设施设备的管理维护，确保正常运转，服务高效。定期与不定期对大型用电设备和供水设施进行检修巡查，确保用电高峰期安全迎峰度夏，杜绝“跑、冒、滴、漏”现象发生。及时为第一、二宿舍区居民和县级周转房领导上门维修服务，配合县级领导班子成员工作调整，圆满完成县级领导周转房腾退调剂和设施配套工作。加强对机关餐厅监督管理，定期召开机关餐厅监督管理领导小组会议，加强对餐厅经营单位的监督管理，投资10万余元新配智盘餐饮管理系统，机关餐厅在食品种类、卫生清洁、就餐环境等方面都有了较大提高，为机关干部提供了安全、卫生、优质、便捷的餐饮服务。

## ·油区工作·

*油区秩序治理*　始终把维护油区稳定作为工作的重中之重，强化油区稽查职能，对油区治安不稳定的地区、油田重点单井、作

业平台加强巡逻，共出动巡逻车辆1000余车次、队员4200余人次。坚持综合治理与专项整治相结合，加强多部门联动与联合执法，与公安、油田生产单位密切配合，重点对“三小一点”、私拉乱接油田水电气、打孔盗油行为严厉打击，共联合开展整治活动7次，排查辖区内废旧物资收购点35处，清理私接乱拉油田水电气暖20处，取缔非法小土炼油点1处。加强油区法律法规宣传教育，组织开展宣传教育活动6次，发放宣传材料5000余份。

张务锋副省长（左六）到广饶县视察油气管道安全隐患整治工作

油地协调发展　坚持“超前、跟踪、善后”服务理念，加强油田施工管理，积极协调相关部门，对油田生产建设给予大力支持，及时化解油地矛盾和工农纠纷。全年共协助油田完成新钻油井19口，办理《油田施工作业核准证》131份，协调处理各类矛盾45起，落实各类赔偿资金4800余万元。做好协调文章，密切油地关系，在重点工程项目建设中，积极协调油田单位对油气管道、电力设施进行开挖拆除，确保工程顺利推进；在全县水气污染防治工作中，协调油田单位对230余口长停井实施拔封作业，助推全县发展环境建设。深入开展创建生态文明和谐油区镇街工作，共实施道路改造、生态绿化等创建项目3个，总投资5000万元。

管道监管保护　严格落实和履行油气管道监管职能，积极督促管输企业落实主体责任，加强管道巡护，坚决防止事故发生。狠抓油气管道隐患治理工作，共整治完成油气管道安全隐患475处，其中重大安全隐患161处，重点拆除华誉集团、宏发商混企业厂房等占压隐患，对占压情况严重、治理难度大的花官镇鹤园集团、陈官镇孙斗村民房占压隐患实施改线工程，境内油气管道实现安全平稳运行。扎实开展“大排查快整治严执法”集中行动和“冬季安全生产大检查”活动，提高管道企业、场站安全管理水平。不断完善油气管网监管平台，整合数据资源，实现动态监管。进一步修订《广饶县石油天然气管道事故应急预案》，定期联合多部门开展油气管道突发事故应急演练活动，提升油气管道应急保障及救援能力，从严防范重特大油气管道安全事故发生。

深入油田施工现场协调服务

原油生产管理　不断加强对

协议油、单井油的生产管理，规范环节运行，强化目标任务管理，深入挖潜增效，提高单井产能。全面了解单井运行情况，及时排除不安定因素，消除事故隐患，确保单井发挥最大效益。严格原油调拨程序，完善调运业务及监管制度，确保原油产运安全。正确分析油区发展形势，掌握原油市场行情，用足用活油区管理政策，抢抓市场机遇，规避销售风险，确保稳产稳收。

天然气镇镇通工程　天然气镇镇通项目被列为市民生实事、县重点工程及惠民实事，由县油气技术开发有限公司建设运营。项目建设4座分输站，配套建设输气管线39.8公里，总投资1.07亿元，预计2017年6月底完工。

荣誉　县油区工委荣获山东省油气管道隐患整治先进集体、山东省档案工作科学化管理先进单位等称号。吕学文、杨骞荣获山东省油气管道隐患整治先进个人称号。

（李　倩）

# 中国人民政治协商会议广饶县委员会

## 政协第九届广饶县委员会·第五次全体会议·

开幕会议　1月18日上午，中国人民政治协商会议第九届广饶县委员会第五次会议在乐安大厦会议中心隆重开幕。县政协主席杜惠林，副主席戚德仁、延惠英、秦国锋、刘海涛、朱洪明、李增祥，秘书长、办公室主任毕可东在主席台就座。出席大会并在主席台就座的领导同志还有：县委书记、县人大常委会主任田和友，县委副书记、县长霰景亮，县委副书记宋学华，县人大常委会第一副主任韩克光，县委常委陈伟颂、武文斌、王国文、孙翠秀、张子柱、刘万靖、燕东军、陶家孟、鲍建强，县法院院长杨宪银，县检察院检察长崔汉刚，县政协老领导张文杰、赵学孔、钟景训、李怀仁、薛金县、刘廷章。县委书记、县人大常委会主任田和友作重要讲话；县政协主席杜惠林代表政协第九届广饶县委员会常务委员会，向大会作工作报告；县政协副主席延惠英代表政协第九届广饶县委员会常务委员会，向大会作提案工作报告。县政协副主席戚德仁主持会议。

闭幕会议　1月19日下午，中国人民政治协商会议第九届广饶县委员会第五次会议在乐安大厦会议中心胜利闭幕。县政协主席杜惠林，副主席戚德仁、延惠英、秦国锋、刘海涛、朱洪明、李增祥，秘书长、办公室主任毕可东在主席台前排就坐。出席大会并在主席台就座的领导同志还有：县委书记、县人大常委会主任田和友，县委副书记、县长霰景亮，县委副书记宋学华，县人大常委会第一副主任韩克光，县委常委陈伟颂、武文斌、王国文、孙翠秀、张子柱、刘万靖、燕东军、陶家孟、鲍建强，县人武部部长张海森，县法院院长杨宪银，县检察院检察长崔汉刚，县政协老领导张文杰、赵学孔、钟景训、李怀仁、薛金县、刘廷章。会议表彰了2015年度优秀政协委员；通过政协第九届广饶县委员会提案审查委员会关于县政协九届五次会议提案审查情况的报告；通过政协第九届广饶县委员会2016年协商工作计划；通过政协第九届广饶县委员会第五次会议决议。县政协主席杜惠林主持会议并作重要讲话。

## 政协广饶县委员会·常务委员会议·

九届二十二次会议　1月11日上午，县政协九届二十二次常委会议在乐安大厦会议中心召开。县政协主席杜惠林主持会议，副主席戚德仁、延惠英、秦国锋、刘海涛、朱洪明、李增祥，县政协常委出席会议。各镇街政协工作办公室主任，机关各委室主任、副主任列席会议。会议审议通过关于召开政协第九届广饶县委员会第五次会议的决定；审议通过政协第九届广饶县委员会第五次会议有关事项和政协第九届广饶县委员会2016年协商工作计划(草案)；审议通过政协第九届广饶县委员会常务委员会工作报告，推举了报告人；审议通过政协第九届广饶县委员会常务委员会提案工作报告，推举了报告人。

*九届二十三次会议*　1月19日下午，县政协九届二十三次常委会议在广饶宾馆召开。县政协主席杜惠林主持会议，副主席戚德仁、延惠英、秦国锋、刘海涛、朱洪明、李增祥出席会议。会议听取了各组讨论情况汇报；审议通过政协第九届广饶县委员会第五次会议决议(草案)；审议通过政协第九届广饶县委员会2016年协商工作计划(草案)。

*九届二十四次会议*　3月9日上午，县政协九届二十四次常委会议召开，县政协主席杜惠林主持会议，副县长王晓勇，县政协副主席戚德仁、延惠英、刘海涛、朱洪明、李增祥，秘书长、办公室主任毕可东出席会议。县教育局、广饶一中、广饶职业中专、英才学校、实验一小的主要负责同志，县直委员活动组组长，各镇街政协工作办公室负责同志，机关各委室主任、副主任列席会议。会议围绕普及高中阶段教育和解决“大班额”问题进行了专题协商；传达学习了市政协七届五次会议精神；审议通过《政协第九届广饶县委员会2016年工作要点》；审议通过《关于设置政协广饶县委员会委员联络工作委员会的决定》；研究了人事任免事项。

*九届二十五次会议*　7月20日下午，县政协召开九届二十五次常委(扩大)会议。县政协主席杜惠林，县委常委、常务副县长陈伟颂，县政协副主席戚德仁、延惠英、秦国峰、朱洪明、李增祥，秘书长、办公室主任毕可东，县政协常委出席会议。县直委员活动组组长，各镇街政协工作办公室主任，机关各委室主任、副主任和民主党派人士代表列席会议。会上，县委常委、常务副县长陈伟颂通报了上半年全县经济社会发展情况；县政协常委会组成人员围绕上半年经济社会发展情况进行协商发言；审议通过《关于县政协港澳台侨外事委员会更名为社会法制和港澳台侨委员会的决定》。

*九届二十六次会议*　10月19日下午，县政协召开九届二十六次常委会议。县政协主席杜惠林主持会议，副主席戚德仁、延惠英、秦国峰、刘海涛、朱洪明、李增祥，秘书长、办公室主任毕可东出席会议。会议审议通过《政协广饶县委员会关于同意对我县行政区划进行调整的意见》(草案)。

*九届二十七次会议*　11月1日上午，县政协召开九届二十七次常委会议。县政协主席杜惠林主持会议，副主席戚德仁、延惠英、秦国峰、刘海涛、朱洪明、李增祥，秘书长、办公室主任毕可东出席会议。各县直委员活动组组长、各镇街政协工作办公室负责同志，机关各委室主任、副主任列席会议。会议学习了中共十八届六中全会精神；听取了县委办公室、县政府办公室2016年度提案办理情况的通报；审议通过有关人事事项。

## 政协广饶县委员会
## ·重要文件要目·

1月22日，县政协印发《政协第九届广饶县委员会2016年协商工作计划》(广协发〔2016〕3号)。

3月10日，县政协印发《政协第九届广饶县委员会2016年工作要点》(广协发〔2016〕5号)。

3月18日，县政协印发《关于进一步加强反映社情民意信息工作的意见》(广协办发〔2016〕5号)。

3月18日，县政协印发《关于进一步加强政协新闻宣传工作的意见》(广协办发〔2016〕6号)。

3月24日，县政协印发《县政协关于普及高中阶段教育和解决大班额问题的协商报告》(广协发〔2016〕8号)。

4月29日，县政协印发《关于在县政协全体党员中开展“学党章党规、学系列讲话，做合格党员"学习教育实施方案》(广协党组〔2016〕2号)。

6月13日,县政协印发《关于持续推进乡村文明建设工作的协商报告》(广协发〔2016〕10号)。

6月14日,县政协印发《关于加强食品安全监管提案办理协商的报告》(广协发〔2016〕11号)。

7月7日,县政协印发《关于加强生态环境保护推进生态文明建设的协商报告》(广协发〔2016〕12号)。

8月3日,县政协印发《关于推进无线地面数字电视发展情况的协商报告》(广协发〔2016〕14号)。

8月3日,县政协印发《关于我县创业孵化基地建设情况的调研报告》(广协发〔2016〕15号)。

8月8日,县政协印发《关于完善公共文化服务体系提案办理协商报告》(广协发〔2016〕16号)。

8月23日,县政协印发《县政协关于全县现代服务业发展情况的调研报告》(广协发〔2016〕17号)。

9月23日,县政协印发《县政协关于对全县经济社会发展情况的协商报告》(广协发〔2016〕18号)。

10月11日,县政协印发《关于推动医疗卫生与养老服务相结合情况的协商报告》(广协发〔2016〕19号)。

10月19日,县政协印发《关于农村无害化厕所改造情况的调研报告》(广协发〔2016〕20号)。

10月19日,县政协印发《政协广饶县委员会关于同意对我县行政区划进行调整的意见》(广协发〔2016〕21号)。

11月3日,县政协印发《县政协关于全县现代渔业发展情况的视察报告》(广协发〔2016〕22号)。

12月13日,县政协印发《政协广饶县委员会提案办理协商办法》(广协发〔2016〕24号)。

## ·提案委员会工作·

2016年,征集提案344件,审查立案313件,其中,经济建设方面的71件,占提案总数的22.7%;新型城镇化建设方面的106件,占33.9%;生态文明建设方面的11件,占3.5%;科教文卫体方面的63件,占20.1%;社会保障、社会管理及其他方面的62件,占19.8%。筛选32件重点提案呈送县委、县政府领导签批意见并交付办理。召开提案交办会,将所有委员提案交由58个单位答复办理。开展了县委、县政府领导与县政协主席、副主席领衔督办重点提案活动。围绕加强食品安全监管方面的5件提案、完善公共文化服务体系方面的5件提案,开展两次集中办理协商。通过《广饶大众》通报提案办理情况。在广播电视台、广饶大众报开辟提案追踪栏目,对11件提案办理落实情况进行追踪报道。提案工作继续实行"两提前""两回复"办法,9月提前征集提案103件,提前转送县委、县政府,为确定全县2017年重点工作提供参考;挑选出40件提案,各承办单位按照规定在6月底答复委员的基础上,11月底把提案办理落实进展情况再次回复委员。至12月底,所有审查立案的提案,都按办理时限全部办复。政协委员对承办单位办理答复的满意率为100%,落实回复的满意率为100%。11月1日,县委办公室、县政府办公室分别向政协常委会议通报县委序列单位、政府序列单位提案办理情况。首次利用提案管理系统,将提案征集、提交、审查、交办、办理、答复、双向评价等环节实现网上运作,极大提高了提案工作效率。4月,"广饶县委县政府县政协领导共同督办重点提案"被省政协确定为2015年优秀创新案例。

(马文远)

## 经济科技 ·委员会工作·

组织部分政协委员,围绕全县现代渔业发展情况开展专项视察。实地视察李鹊鹊苑家庭农场、山海农业科技有限公司和申诺农场等现代渔业发展典型,听取了全县现代渔业发展情况汇报,委员们围绕全县现代渔业发展提出一些很好的意见、建议,结合实际形成《关于全县现代渔业发展情况的视察报告》。组织部分市、县政协委员,围绕全县现代服务业发展情况进行专题调研,委员们实地调研了相关企业和园区,听取了县发改局、县商务局、县旅游局、县经信局、县金融办、县科技局等单位关于现代服务业发展情况汇报，提出许多有针对性的意见和建议，形成《关于全县现代服务业发展情况的调研报告》。组织部分市、县政协委员，围绕全县加强生态环境保护，推进生态文明建设进行对口协商，与相关部门进行面对面协商交流，结合全县生态文明建设方面面临的困难和问题，提出一批有针对性的意见和建议，形成《关于全县加强生态环境保护，推进生态文明建设的协商报告》。

（刘广城）

## 学习文教卫生·委员会工作·

4月12日，联合经科委、文史委，组织农业、卫生、文化等行业专家，在乐安街道钟家村开展科技文化卫生下乡活动。6月，组织部分政协委员对全县无线地面数字电视实施情况进行对口协商，到章丘、献县、河间县等地进行实地考察，形成高质量的协商报告，供县委、县政府决策参考。9月5日，组织部分政协委员对全县无害化厕所改造情况进行调研，现场视察丁庄镇的常寨村和西南寨村、稻庄镇的闫口村，听取有关单位的情况汇报，召开座谈会组织委员们进行讨论发言。11月9日，组织部分政协委员对县中医院综合楼项目建设情况进行视察。实地察看中医院综合楼的建设情况，听取了开发区、县卫计局、县中医院对项目建设情况的汇报，与会政协委员作了交流发言，提出一些很好的意见和建议。做好县政协十届一次全委会议筹备工作。在广饶电视台、《广饶大众》报社开辟“委员风采”栏目，对优秀政协委员先进事迹进行宣传；制作县政协九届工作掠影图册，撰写《县政协第九届工作综述》；做好全会期间的各项宣传报道准备工作。

（李玉玲）

## 港澳台侨外事·委员会工作·

认真履行专委会职责，组织委员开展调研、视察和对口协商活动。5月至6月，组织委员对全县创业孵化基地建设工作进行调研。通过实地察看、召开座谈会、征求相关部门意见、赴先进地区参观考察等形式，对全县创业基地建设情况进行全面深入调研，形成《关于我县创业孵化基地建设情况的调研报告》，围绕用好上级政策、准确定位、多方联动，推进思路和措施等方面提出意见建议，为政府决策提供重要依据。7月，组织委员围绕推进医养结合养老模式进行对口协商。组织委员赴潍坊参观考察，就医养结合模式深入调研，围绕推进养老服务业发展的制度设计、推进思路和措施、重点工作等方面提出建议。10月，组织委员对全县道路安全生命防护工程建设情况进行视察。围绕工程质量、设施维护、加强执法力度等方面提出一些建设性的意见和建议。加强与委员的联系与交流，积极了解委员工作及履职情况，指导所联系的乡镇、界别小组和民主监督小组开展活动。积极协助配合市政协开展视察调研活动。4月，协助市政协社会法制委员会组织城市管理和综合执法工作调研活动，8月，配合省政协民族宗教委员会到广饶县调研，认真做好调研的协调准备工作，保证省、市政协调研活动的顺利进行。积极参加社会事务活动。根据专委会职责，多次参加全县政法、平安建设、社会稳定等有关会议，及时了解有关部门的工作情况。协助分管主席到企业和联系村开展调研活动，组织参加委员活动日等工作。

（于宏俊）

## 文史资料·委员会工作·

组织召开2016年全县政协文史工作会议，会上安排部署了文史工作任务。针对全年文史工作重点，组织文史工作者开展研讨会、编委会、审稿会等形式多样的专题座谈会。加强与文史工作者的联络沟通，与文史工作者建立经常性沟通和交流机制，使他们积极参与到文史工作中。全面系统地总结记载县政协35年来的发展历程，文史委负责总体统筹《广饶县政协志》编纂工作，在机关委室、镇街政协办公室共同努力下，在统战部、史志办、档案局等单位的支持下，团结协作，编辑出版《广饶县政协志》。文史资料《广饶历代诗词选》获得市社科联优秀成果三等奖。加强文史的交流协作和对外联谊工作，增强县政协文史工作的对外影响力。参加市政协文史工作会议，与兄弟县区交流学习文史工作。赴东营市政协和东营区政协学习交流《广饶县政协志》编纂情况。参加第三届中国孙子兵法研究成果奖启动仪式。加强与省市政协文史委沟通联系，积极整理《记忆黄河》和《记忆大渤海》有关稿件。向钟家村赠送广饶文史资料200余本，向县老年大学赠送有关文史资料，向部分文史工作者赠送《春秋》杂志。做好《春秋》杂志征订发放工作，全年共发放《春秋》杂志6期5400本；做好广饶文史资料的发放和交流工作；圆满完成2016年《春秋》杂志的征订工作。开展了送文史书籍下乡活动。

（赵红卫）

## 委员联络工作

### ·委员会工作·

组织好九届五次会议委员视察活动。1月17日下午，组织参加县政协九届五次会议的政协委员对全县经济和社会发展情况进行视察，为委员们知情明政，更好地履行职责提供了平台。组织开展好老干部视察活动。9月30日上午，组织机关离退休老干部视察全县经济社会发展情况，到山东正宇铝业有限公司300万只/年高端铝镁合金新材料车轮项目、兵圣王酒业公司旅游项目、乐安中学、乐安商贸城老片区搬迁改选暨乐安城市广场建设项目、孙子文化园等地进行实地视察。认真做好后勤管理和服务保障工作，年内顺利组织召开1次全委会议、6次常委会议、7次主席会议和多次专题会议、调度会议，每次会议服务都做到规范、细致、周到，保证了会议质量。严格行政后勤管理，按照上级有关规定要求，从一些细微之处着手，处处体现人性化管理，及时周到地为县政协领导和广大委员服务，得到一致认可。加强委员队伍建设，严格按照《广饶县政协委员履行职责考评办法（试行）》，不断加强政协委员队伍建设和管理，切实发挥政协委员在本职工作中的带头作用、政协工作中的主体作用、界别群众中的代表作用，有效调动了政协委员履行职责、创先争优的积极性。

（韩广俊）

### ·荣誉·

广饶县政协被政协山东省委员会办公厅授予全省政协宣传工作先进集体，被政协山东省委员会办公厅授予全省反映社情民意信息工作先进单位，被政协东营市委员会授予全市政协宣传工作先进单位，被政协东营市委员会授予全市政协反映社情民意信息工作先进单位。

# 中共广饶县纪律检查委员会

### ·重要会议及活动·

**中共广饶县纪委十一届六次全会** 2月25日，中共广饶县纪委十一届六次全体会议在乐安大厦会议中心二楼第一会议室召开。会议共分两个阶段，第一阶段书面传达十八届中央纪委第六次全会、省纪委十届七次全会和市纪委五届七次全会精神，县委书记、县人大常委会主任田和友出席会议并作重要讲话；第二阶段县委常委、纪委书记张子柱代表县纪委常委会作工作报告，会议通过《中共广饶县第十一届纪律检查委员会工作报告》和《全会公报（草案）》。县委常委、县人大常委会第一副主任、副主任,县政府副县长,县政协主席、副主席,县法院院长、县检察院检察长;县纪委委员;各镇(街道),县经济开发区党(工)委书记和纪(工)委书记、副书记,广饶滨海新区党工委副书记、纪工委副书记,县直各部门、单位党组(党委)书记(不设党组党委的单位主要负责人),设立纪检组、纪(工)委的县直部门、单位纪检组长、纪(工)委书记;县纪委机关和各派驻纪检组副科级以上干部,部分县委工作社会监督员代表参加会议。

全县镇街、县直部门单位党政正职向县纪委全委会述廉述责会议

**县级党政班子成员向县纪委全委会述廉述责**　7月11日,县级党政班子成员向县纪委全会述廉述责会议在乐安大厦会议中心二楼第四会议室召开。县委书记、县人大常委会主任田和友,县委副书记、县长霰景亮出席并在主席台就坐。县级党政党员班子成员、县纪委常委会成员参加会议。县级党政班子成员围绕落实党风廉政建设“两个责任”情况、执行廉洁自律规定情况等5个方面,向全体纪委委员述廉述责,并现场接受纪委委员民主评议、综合点评。通过这一形式,县级党政班子成员个人履职、重大事项、住房及财产收入等情况全部向纪委委员公开,纳入同级监督范围,不仅强化了县纪委全委会监督作用,而且增强了每名县级干部的廉洁自律意识。

中共广饶县纪委十一届六次全体会议

**镇街、县直部门单位党政正职向县纪委全委会述廉述责**　6月16日,组织13名镇街、县直部门单位党政正职向县纪委全委会现场述廉述责。突出质询评议环节,县纪委委员向述廉述责对象提出问题,紧盯述廉述责对象所在单位近年发生的违纪违法、作风纪律问题和存在的廉政风险,面对面质询问题,考量一把手认识和落实主体责任情况。

**县纪委常委会议**

1月13日,县委常委、纪委书记张子柱在乐安大厦五楼东会议室主持召开十一届县纪委第85次常委会议。

1月25日,县委常委、纪委书记张子柱在乐安大厦五楼东会议室主持召开十一届县纪委第86次常委会议。

2月1日,县委常委、纪委书记张子柱在乐安大厦五楼东会议室主持召开十一届县纪委第87次常委会议。

2月22日，县委常委、纪委书记张子柱在乐安大厦五楼东会议室主持召开十一届县纪委第88次常委会议。

2月28日，县委常委、纪委书记张子柱在乐安大厦五楼东会议室主持召开十一届县纪委第89次常委会议。

2月29日，县委常委、纪委书记张子柱在乐安大厦五楼东会议室主持召开十一届县纪委第90次常委会议。

3月14日，县委常委、纪委书记张子柱在乐安大厦五楼东会议室主持召开十一届县纪委第91次常委会议。

3月31日，县委常委、纪委书记张子柱在乐安大厦五楼东会议室主持召开十一届县纪委第92次常委会议。

4月8日，县委常委、纪委书记张子柱在乐安大厦五楼东会议室主持召开十一届县纪委第93次常委会议。

4月15日，县委常委、纪委书记张子柱在乐安大厦五楼东会议室主持召开十一届县纪委第94次常委会议。

4月16日，县委常委、纪委书记张子柱在乐安大厦五楼东会议室主持召开十一届县纪委第95次常委会议。

4月19日，县委常委、纪委书记张子柱在乐安大厦五楼东会议室主持召开十一届县纪委第96次常委会议。

5月16日，县委常委、纪委书记张子柱在乐安大厦五楼东会议室主持召开十一届县纪委第97次常委会议。

5月18日，县委常委、纪委书记张子柱在乐安大厦五楼东会议室主持召开十一届县纪委第98次常委会议。

5月20日，县委常委、纪委书记张子柱在乐安大厦五楼东会议室主持召开十一届县纪委第99次常委会议。

5月27日，县委常委、纪委书记张子柱在乐安大厦五楼东会议室主持召开十一届县纪委第100次常委会议。

5月31日，县委常委、纪委书记张子柱在乐安大厦五楼东会议室主持召开十一届县纪委第101次常委会议。

6月3日，县委常委、纪委书记张子柱在乐安大厦五楼东会议室主持召开十一届县纪委第102次常委会议。

6月6日，县委常委、纪委书记张子柱在乐安大厦五楼东会议室主持召开十一届县纪委第103次常委会议。

6月10日，县委常委、纪委书记张子柱在乐安大厦五楼东会议室主持召开十一届县纪委第104次常委会议。

6月21日，县委常委、纪委书记张子柱在乐安大厦五楼东会议室主持召开十一届县纪委第105次常委会议。

6月22日，县委常委、纪委书记张子柱在乐安大厦五楼东会议室主持召开十一届县纪委第106次常委会议。

7月6日，县委常委、纪委书记张子柱在乐安大厦五楼东会议室主持召开十一届县纪委第107次常委会议。

7月8日，县委常委、纪委书记张子柱在乐安大厦五楼东会议室主持召开十一届县纪委第108次常委会议。

7月18日，县委常委、纪委书记张子柱在乐安大厦五楼东会议室主持召开十一届县纪委第109次常委会议。

7月25日，县委常委、纪委书记张子柱在乐安大厦五楼东会议室主持召开十一届县纪委第110次常委会议。

8月1日，县委常委、纪委书记张子柱在乐安大厦五楼东会议室主持召开十一届县纪委第111次常委会议。

8月22日，县委常委、纪委书记张子柱在乐安大厦五楼东会议室主持召开十一届县纪委第112次常委会议。

9月1日，县委常委、纪委书记张子柱在乐安大厦五楼东会议室主持召开十一届县纪委第113次常委会议。

9月12日，县委常委、纪委书记张子柱在乐安大厦五楼东会议室主持召开十一届县纪委第114次常委会议。

9月26日，县委常委、纪委书记张子柱在乐安大厦五楼东会议室主持召开十一届县纪委第115次常委会议。

9月26日，县委常委、纪委书记张子柱在乐安大厦五楼东会议室室主持召开十一届县纪委第116次常委会议。

10月17日，县委常委、纪委书记张子柱在乐安大厦五楼东会议室主持召开十一届县纪委第117次常委会议。

11月7日，县委常委、纪委书记张子柱在乐安大厦五楼东会议室主持召开十一届县纪委第118次常委会议。

11月21日，县委常委、纪委书记张子柱在乐安大厦五楼东会议室主持召开十一届县纪委第119次常委会议。

11月25日，县委常委、纪委书记张子柱在乐安大厦五楼东会议室主持召开十一届县纪委第121次常委会议。

12月2日，县委常委、纪委书记张子柱在乐安大厦五楼东会议室主持召开十一届县纪委第122次常委会议。

12月19日，县委常委、纪委书记张子柱在乐安大厦五楼东会议室主持召开十一届县纪委第123次常委会议。

其他重要会议

3月8日，全县农村基层党风廉政建设调度会议在乐安大厦五楼东会议室召开，县纪委副书记、监察局局长任雪梅主持会议，各镇(街道)纪(工)委书记参加。

3月26日，2016年度第一轮党风党建巡查工作动员会议召开，县委常委、组织部长武文斌，县委常委、纪委书记张子柱出席会议。会议部署了对大王镇、乐安街道(广饶经济开发区)、大码头镇、陈官镇、广饶滨海新区开展第一轮巡查。

4月8日，县委反腐败协调工作座谈会在乐安大厦五楼东会议室召开，会议总结交流近年来反腐败协作工作情况，研究部署了下一步反腐败协作工作任务。县委常委、纪委书记张子柱等6名同志和县委组织部分管领导参会。县法院、县检察院、县公安局、县财政局、县人力资源社会保障局、县国土资源局、县住房城乡规划建设局、县卫生计生局、县审计局、县环保局、县安监局、县市场监管局、县国税局、县地税局等单位主要领导参会。

4月29日，全县镇(街道)纪(工)委监督责任落实暨农村基层党风廉政建设试点工作现场会在大王镇政府综合楼一楼会议室召开。县委常委、纪委书记张子柱等同志及各镇(街道)纪(工)委书记参加会议。

7月22日，全市加强农村基层党风廉政建设工作(大王)现场会议召开。各县区纪委书记、分管党风政风监督工作的副书记，全市各乡镇(街道)纪(工)委书记参加会议。会前，分别到史口镇、郝家镇和大王镇的8个示范点进行现场观摩。市委常委、纪委书记岳德川出席会议并作重要讲话，省纪委党风政风监督室正科级检查员李学明到会指导。县委领导田和友同志，市纪委领导陈立福、许冬霞、初晓出席会议。张子柱作交流发言。

7月25日，全县领导干部警示教育大会在乐安大厦会议中心二楼第二会议室召开，县委常委、县纪委书记张子柱等8名同志参加。大会结束后，张子柱到二楼第三会议室参加落实全面从严治党主体责任集体约谈；秦兴国到乐安大厦会议中心三楼第七会议室参加落实全面从严治党主体责任集体约谈。

## ·重要文件摘要·

《关于进一步做好查处侵害群众利益的不正之风和腐败问题工作的通知》(广纪发〔2016〕22号)，重申纪律要求，督促广大党员干部讲政治、守纪律，自觉令行禁止。

《关于转发〈中共东营市纪委机关 中共东营市委组织部 中共东营市委宣传部关于开展党员干部德廉和党风党纪知识学习测试的通知〉的通知》(广纪发〔2016〕38号)，强化党章党规党纪学习，检验学习成果，增强党员干部尊崇党章、遵守党规党纪意识。

《〈关于推行农村基层党风廉政常态化建设工作的实施意见(试行)〉的通知》(广纪发〔2016〕73号)，进一步巩固和扩大试点工作成效，促进农村基层党风廉政建设工作制度化、规范化、常态化，更好地把全面从严治党要求落实到基层。

《关于转发〈中共东营市纪委办公室关于进一步加强纪检监察干部监督工作情况报送的通知〉的通知》(广纪办发〔2016〕2号)，

及时了解掌握全市纪检监察干部有关情况，进一步推进纪检监察干部监督工作的制度化、规范化。

《关于印发〈关于在县纪委监察局全体党员中开展“学党章党规、学系列讲话，做合格党员”学习教育实施方案〉的通知》（广纪办发〔2016〕3号），在县纪委监察局全体党员中开展“学党章党规、学系列讲话，做合格党员”学习教育。

《关于做好2016年纪检重点课题调研工作的通知》（广纪办发〔2016〕4号），进一步推进纪检调研工作，发挥调查研究在谋划思路、破解难题和推动工作落实方面的重要作用。

《关于开展县纪委常委同镇街、县直部门单位党政主要负责人廉政谈话的通知》（广纪办发〔2016〕6号），加强对镇、街道和县直部门单位党政正职的监督，促进全县党风廉政建设责任制落实和领导干部廉洁自律工作深入开展。

《关于深入推进党规党纪学习教育的通知》（广纪办发〔2016〕10号），进一步加强党规党纪学习教育，不断提高广大党员干部遵守党规党纪的自觉性。

《中共广饶县纪委办公室关于对纪检监察干部违规干预过问监督执纪工作情况报告备案的通知》（广纪办发〔2016〕11号），防止违规干预、过问监督执纪情况，进一步严明政治纪律、组织纪律、工作纪律，规范纪检监察机关监督执纪问责工作。

《关于印发〈广饶县纪检监察干部责任追究办法（试行）〉的通知》（广纪办发〔2016〕12号），进一步加强纪检监察干部监督管理，增强纪检监察干部的责任意识和纪律意识。

《关于元旦春节期间强化监督执纪问责深入纠正“四风”的通知》（广纪办发〔2016〕13号），深入落实中央八项规定精神，持之以恒纠正“四风”，营造文明节俭、风清气正的节日氛围。

《关于认真履行监督责任严肃查处违反换届纪律行为的通知》（广纪办发〔2016〕14号），严明换届纪律、严肃查处违反换届纪律的行为。

## ·上级领导视察调研·

2月26日，市纪委常委黄风云、纪检监察三室主任崔学军到广饶县调研纪律审查工作。

3月23日，市监察局副局长、调研员张开兴，市纪委研究室主任孟宪忠一行4人到广饶县开展专题调研。

3月24日，省纪委副厅级检查员史析然一行3人到广饶县督导集中整治和查处侵害群众利益的不正之风和腐败问题的工作。

4月13日，市委常委、纪委书记岳德川，市纪委常委、秘书长初晓一行4人到广饶县开展调研。

4月26日，市纪委常委、监察局副局长张鹏，信访室主任王法明，党风政风监督室主任周国祥一行3人到大王镇督导工作，并召开座谈会，对部分问题线索进行集中交办。

5月6日，市纪委党风政风监督室主任周国祥、宣传部副部长成延钊、东营日报社记者郑代玉一行3人到大王镇召开农村基层党风廉政建设试点工作宣传座谈会。

5月12～13日，新华社党组巡视组副组长王新荣、新华社上海证券报纪检组长陈顺荣、新华社天津分社纪委书记张涛、新华社计财局高级会计师王欣一行4人到广饶县开展有关工作。

6月24日，市纪委组织部部长车清国、商洁到县纪委围绕干部工作、纪委机关内设机构调整工作开展调研。

8月8～9日，省纪委信访室副厅级检查员史析然、副科级检查员刘芳一行，到广饶县督导调度专项工作。

8月12日，寿光市纪委考察组一行到广饶县考察学习村级纪检委员规范履职试点以及集中查处和整治侵害群众利益的不正之风和腐败问题专项工作。

8月15～16日，河北省纪委驻统战部纪检组正处级检查员范修学、副处级检查员焦俊成到广饶县开展有关工作。

8月30日，齐河县纪委副书记、监察局长郑建文，齐河县纪委常委关鲁，主任科员解永敏、丁军，齐河县廉政教育中心主任崔国华，齐河县纪委科员于洋等一行6人，到广饶县学习考察党史展览馆建设有关工作。

11月10日，省纪委机关党委副处级检查员、省纪委下派莒南县村级"第一书记"魏国防，省纪委信访室正科级检查员李科诗，临沂市纪委机关党委专职副书记、莒南县委常委（挂职）王玉东一行先后到陈官镇古家村、花官镇东薛村（委局派出"第一书记"所在村）、大王镇宣言纪念馆交流学习"第一书记"工作。

11 月 24 日，省纪委副书记孙成良，省纪委常委、监察厅副厅长孙丰华，省纪委党风政风监督室主任张晓锋、省纪委宣传部正科级检查员田道亮、省纪委党风政风监督室正科级检查员许朋江、省纪委审理室正科级检查员吴巅到广饶县调研。

## ·协助落实主体责任·

县纪委坚持把协助党委落实主体责任作为重大政治任务，推动管党治党从宽松软走向严紧硬。紧紧抓住关键环节，加强组织协调、督导调度和责任追究，倒逼主体责任落到实处。县纪委常委带着"问题清单"与 32 名镇街和县直部门单位"一把手"进行廉政谈话，进一步传导压力、夯实责任。在全县范围内，组织开展落实全面从严治党自查自纠工作，对存在的问题进行大清理、大扫除，94 个镇街和县直部门单位报告主体责任落实情况，拧紧管党治党的螺丝。

分层次开展述廉述责。将述廉述责作为落实主体责任的有力抓手，先后组织 10 名县级党政领导班子成员、13 名镇街和县直部门单位党政正职向县纪委全会述廉述责，现场接受质询和评议，大到履职尽责，小到个人事项，全都摆出来、晒出来，主动接受监督；进一步扩大述廉述责范围，组织镇街和县直部门单位班子成员向纪检组织书面述廉述责。2016 年，全县各级有 2000 多人进行述廉述责，达到了"红脸出汗""排毒祛病"的效果。

在县委领导下，深化党风党建巡查制度。坚持问题导向，进一步完善巡查机制，增强巡查效果。对准整改不到位、顶风违纪、禁而不绝等问题，督促检查 2015 年巡查整改问题落实情况。成立 5 个巡查组进驻 4 个镇街和广饶滨海新区开展巡查，发现和解决问题 141 个，移送问题线索 20 件。通过近两年的巡查，实现对镇（街道）巡查的全覆盖，有效解决涉及镇村干部违规违纪、村级财务管理、占地补偿款发放等问题，监督震慑作用进一步发挥。

## 纠治"四风"

## ·落实中央八项规定精神·

把违反中央八项规定精神的行为作为纪律审查重点，扭住不放、一寸不让。针对"四风"问题出现的新动向、新变种，驰而不息、主动应对，积极改进监督检查方式，持续加压用力。2016 年，成立固定明察暗访组 5 个，临时明察暗访组 59 个，开展明察暗访 19 轮次，检查机关事业单位 483 个次、景点酒店等 642 处次，查处违反中央八项规定精神案件 12 起、23 人，给予党政纪处分 9 人，点名道姓公开曝光典型问题 11 起、17 人，持续形成震慑。坚持越往后执纪越严、处理越重，不仅严肃查处本人，还追究相关领导责任，有 8 名领导干部因下属发生违反中央八项规定精神问题被追责，推动问责追究常态化。督促有关职

2016 年广饶县德廉和党风党纪知识考试

能部门完善制度，加强监督检查，逐步形成纠治“四风”与改进作风相统一的长效机制。

整治侵害群众利益的不正之风和腐败问题。扎实开展专项行动，积极摸排收集问题线索，统一建立台账，实行销号管理，确保件件落实。专项行动已查结52起，给予党政纪处分52人，挽回经济损失100余万元，通报典型案例6起，营造了良好声势。高度重视省纪委重点督导工作，对省纪委交办的每件督导件实行划片分工、“三色预警”、领导包案，严格落实办理责任。省纪委交办的20件重点督导件全部高质量办结，给予党政纪处分21人，得到省纪委的充分肯定。为进一步增强整治效果，督促教育、民政、农业等6部门，针对易发多发问题，分行业开展专项整治，督促修订各类制度办法20余项，从制度层面杜绝侵害群众利益问题的发生。

## ·纪律审查工作·

紧紧围绕减存量、遏增量的目标，切实转变执纪审查理念，坚持防微杜渐，把违反纪律问题作为审查重点，把“四种形态”贯彻监督执纪全过程，坚持用纪律的尺子来衡量和梳理问题线索，根据问题性质和违纪程度实行分类处置，纪律审查力度不断增强，实现历史性突破。2016年县纪检监察机关共受理信访举报155件，同比上升26%；立查案件112件，同比上升107.4%；给予党纪政纪处分111人，同比上升91.4%，其中涉及科级干部14人。坚持挺纪在前、抓早抓小，运用好“四种形态”，把住纪律防线。在强化日常监督执纪上下功夫，着力用好第一种形态。把谈话函询作为组织监督的常态化措施，严格按五类标准分类处置问题线索，对配合组织审查、如实讲清问题、确实悔错改错的，依规依纪从轻处理。2016年办理案件中，给予警告、严重警告等党政纪轻处分的72人，占处分人数的64.9%，同比增长157%，发挥了很好的警示作用。对反映领导干部的苗头性问题，进行诫勉谈话14人次，廉政约谈6人次，约谈提醒16人次，做到及早谈话提醒，防范小问题演变成大问题。

加强对反腐败工作的组织协调，召开县委反腐败协调小组座谈会，制定出台案件（线索）移送（移交）、案件信息通报、督查通报等6项工作制度，扩大协调范围、明确职责定位，完善移送程序。2016年，县纪委与公安局、检察院、法院、司法局、组织部等部门单位相互移交问题线索84个，根据移送的违纪线索，县纪委立案查处43人。对涉嫌违法党员移送司法机关前未作出纪律处分，以及被判刑党员未受到党纪处分的，进行全面排查清理，全县共给予党纪处分21人，其中开除党籍14人。

加强廉政教育，在全县层面积极组织廉政巡讲、领导干部上廉政党课112场次，全县受教育党员干部2.1万余人次。组织德廉和党风党纪知识测试，全县3000余名党员干部参加测试，营造了知廉、守廉、尚廉的良好氛围。

全县农村、社区党组织书记培训班

## ·基层纪检委员履职试点工作·

同步推进村级纪检委员履职试点和农村基层党风廉政建设试点。出台《关于推行农村基层党风廉政常态化建设工作的实施意见(试行)》,推行"1＋5＋X"工作模式,围绕建立健全基层人财物监督监管长效机制,编制了村级监督权力清单,探索建立村居专项巡查、廉责"双述""一会两审三签四报"等制度措施,初步建立起农村基层党风廉政建设常态化制度体系,对遏制基层违纪问题多发势头起到了积极作用。全市农村基层党风廉政建设现场会在大王镇召开,村级监督一体化的经验在全市得到推广,并在中国纪检监察报、大众日报等新闻媒体刊发,取得满意效果。

## ·纪检队伍建设·

贯彻上级关于突出纪律审查的思路和要求,完成县纪委机关内设机构调整,调整后县纪委机关内设部室9个,下属事业单位1个,其中监督执纪部室编制占总数的68.6%,监督执纪力量进一步充实凝聚。加强对镇街执纪审查工作的领导。定期召开镇街纪委书记调度会议,压实镇街监督执纪任务,督促镇街落实"两个责任"。配齐配强镇街纪(工)委工作力量,各镇街纪(工)委书记、副书记、纪检干事全部实现专职专任,督促设立专门谈话室,健全轮流调训、案件交办等机制,镇街纪检组织执纪监督能力得到进一步提升。在全县编制紧张的情况下,新增14个行政编制,调入10余名工作人员,进一步充实纪检工作力量。深入开展"两学一做"学习教育,围绕新出台党内法规、"负面清单"、系列讲话开展集中学习研讨,深入查摆和整改自身问题,促进监督执纪工作开展。加大培训力度,选派75人次参加中央纪委、省市纪委培训;编印《纪检监察干部加强自身建设有关规定摘编》,制定《广饶县纪检监察干部责任追究办法(试行)》等制度,强化对纪检干部的监督管理,规范履职行为。

# 群众团体

## ·广饶县总工会·

**职工技术创新竞赛**　一是搭建技能培训平台,聘请专家,举办了1期230人参加的企业负责人、工会主席和工会劳动保护监督检查员培训班。广泛开展职工技能培训和标准化班组创建活动,推动企业和班组技能培训常态化。二是搭建技能竞赛平台,联合县科技局等7部门制定《关于组织开展全县职工技术创新竞赛活动的意见》,各行各业技能竞赛全面铺开。联合县财政局、人保局、团县委、妇联举办第二届山东省乡镇财政业务技能竞赛。组织20名选手参加全市第十一届职业技能竞赛。成功承办东营市第三届造纸行业职工职业技能竞赛和东营市第三届"永泰杯"橡胶轮胎行业职工职业技能竞赛。三是搭建技能帮带平台。以创建劳模(高技能人才)创新工作室为载体,深入开展"名师带徒"结对帮带活动,签订"师徒协议"2.1万份,4.9万名职工相互结成帮扶对子。四是搭建技能创新平台。各基层工会纷纷开展"五小"(小革新、小发明、小节约、小建议、小品牌)竞赛活动和"我为企业献一策""我为节能减排献一计"等活动,活动开展以来,全县职工共提出合理化建议9213条。王秀荣研发的"断路器合分闸自动检测报警保护装置"被市总工会、科技局、人保局、经信委评为东营市职工技术创新成果一等奖。延树志、王凤祥、崔国强获得五小成果奖。

*“查保促”活动*　制定下发《查身边隐患、保职工安全、促企业发展活动集中行动方案》，并将其纳入县总工会2016年重点工作之一。5月顺利通过全市生产保护工作观摩性督导。与“安康杯”竞赛活动相结合，推广应用“一表一会一书三卡”和“十个一”活动，扩大“安康杯”竞赛活动的覆盖面。6月开展针对签订《劳动安全卫生专项集体合同》调研。依法参与各类伤亡事故和严重职业危害事件的调查处理。充分发挥工会劳动保护监督检查员的作用，督促企业在车间、班组职工中广泛开展安全隐患自查互查活动。共有520家企业的4016个班组共18.5万人次参加“查保促”活动，查出隐患862项，企业整改862项，报上级部门督促整改5项，实行挂牌督促整改2项。

*先进模范人物评选表彰*　评选推荐省“富民兴鲁”劳动奖章获得者1名，省“工人先锋号”1名。推荐评选市级劳动模范9名。评选县级劳动模范36名，“五一”前夕召开大会进行隆重表彰，县委、县政府主要领导出席会议并讲话。在电视台和广饶大众报社开辟专栏对10名先模人物的优秀事迹进行广泛的宣传，进一步弘扬劳模精神。组织全县312名劳动模范进行了健康查体。

*“扩覆盖、强基层、促规范、增活力”活动*　落实《东营市总工会基层组织建设工作规划(2015～2018年)》和《关于新形势下加强基层工会建设的意见》，坚持扩大组织覆盖、提高建会质量两手抓，指导基层机关、企事业单位规范建立工会组织，全年新建工会组织23家，发展会员2760人(其中农民工入会560人)，新建工会组织全部达到“六有”标准。建会过程中聚焦重点区域和行业，对全县各类合作社进行摸底、排查，在合作社开展“农民工入会集中行动”，组建工会组织9家。结合开展的“争创模范职工之家、争做职工信赖娘家人”活动，积极推进全县职工之家建设。上半年推荐全省模范职工之家1个、全省示范乡镇(街道)工会1个。

*行业工会建设*　探索建立海上渔业行业工会，会员由初期的1000名渔民发展到1500人。参照海上渔业行业工会的建会模式和其发挥作用的形式，依托县住建局建立县建筑行业工会联合会，将全县25家建筑企业及其农民工纳入行业工会组织。联合县农业局，发起在农业合作社中建立工会组织的集中行动，根据调查摸底正常经营的农业合作社103家，探索初期已经有12家农业合作社工会组织建立并开始发挥作用。全县已建产业(行业)工会20个，其中县直机关事业单位产业工会18个，非公行业工会2个。

*工会思想阵地建设*　牢牢把握工会工作正确政治方向，加强思想阵地建设，与广饶大众和县电视台联合，进行六期专版(专栏)宣传，让工会宣传贴近全县广大职工群众。深化“中国梦”宣传，推进社会主义核心价值观融入企业文化和职工文化建设。加强职工职业道德建设，以此为着力点推动开展“四德”建设。“五一”前夕参与“东营最美职工”评选，县环卫处职工崔艳会被评为“东营最美职工”，滨海万圣博技术组长王念水被评为“东营最美职工”提名奖。举办广饶县首届职工羽毛球比赛，全县123名羽毛球爱好者参加比赛，产生5个项目的冠军。为庆祝中国共产党成立95周年，参加全市“中国梦·劳动美——颂歌献给党”职工合唱比赛，取得优秀组织奖。进一步推进“齐鲁文化大道”工作品牌创建活动，多个单位和个人受到表彰。

*基层工会民主政治建设*　开展创建“推行协商民主强化社会责任”工作品牌活动，全县创建“推行协商民主强化社会责任”工作品牌的企事业单位有315家，工作覆盖面进一步扩大，切实保障了基层职工民主参与、民主管理、民主监督权利。加强厂务公开和职代会建设，全县推行厂务公开制度的企事业单位586家。全县558家企事业单位建立职代会(职工大会)制度，职工的主人翁地位得到尊重，知情权、参与权、监督权得到保护。

进一步推动集体协商工作深化发展。积极开展工资集体协商“春季要约行动”，增强工作的针对性和实效性。针对各企业在经济质态、就业环境、工价水平等多个方面存在差异性，影响行业企业健康发展的现状，全县各级工会组织及时深入基层企业了解生产经营状况与职工诉求，掌握了企业信息和职工意愿，积极开展集体协商签约。全县建会企业已签订工资集体协议1803家，签约率99%，覆盖职工17.8万人。

*开展“送温暖活动”*　针对困难职工的不同困难程度、致困原因、帮扶需求等实际情况，确定不同的帮扶形式和慰问标准，因人施助、因难施帮，采取送岗位、送培训、送服务、送物资、送资金等多种措施开展帮扶工作。元旦春节期间组织开展“心系职工情，温暖进万家”活动，通过爱心超市等平台开展生活救助，救助困难职工425名，发放救助金40万元，其中，救助大病、残疾困难职工50名，救助金10万元。全县各级职工服务中心(站)共救助困难职工1249人次，发放救助金81.2万多元。

*就业和创业服务*　利用县总培训学校开展计算机和家政服务培训。加强与县人保局等部门的联系，实现互动联系，充分发挥工会职业介绍机构、就业服务网站、就业服务专栏的作用，及时公布招工信息，为困难职工和农民工提供免费就业信息服务。充分发挥各类人才市场、优势企业的作用，通过组织中小型招聘会、专场民营企业招聘周等活动提供就业服务。与相关单位举办大型招聘会“春风行动”启动仪式暨春季用工招聘洽谈会1次，共有181家企业提供了1.02万个就业岗位，5700多名求职者参加，达成用工意向4600个。

*工会“惠员工程”*　6月召开广饶县惠员工程推进会，对工会“惠员工程”特惠商家征集和第二批工会会员信息采集工作进行部署安排，各基层工会结合实际，积极宣传特惠商家征集活动，优先选择工会组织健全、工作开展较好、职工相对稳定且具有一定规模的企事业单位的部分会员作为工作对象，已发放工会会员服务卡、证3.5万张，新增特惠商家85家。

*“夏送清凉”和“金秋助学”活动*　7月，到县交警队和县市政局，为忙碌在第一线的交警和环卫工人送去价值4万元的洗化品、毛巾、饮料等防暑降温的物品。各基层工会积极开展高温天气防暑降温工作，督促企业落实《防暑降温措施管理办法》，有效改善一线职工夏季生产生活条件，切实维护他们的安全健康权益。据统计，全县各级工会为坚守在一线的职工送去价值120万元的防暑物品。开展“金秋助学”活动。8月，举行2016年“金秋助学”活动助学金发放仪式，向40名学生代表发放助学金8.4万元。

(张玉增)

## ·共青团广饶县委员会·

*当代新青年培养*　深入开展思想教育主题活动。持续开展好“我的中国梦”主题教育实践活动，通过典型引导、交流分享等载体，帮助广大青年学生坚定理想信念，坚定跟党走中国特色社会主义道路的信心和决心。开展“听党的话，做好少年”主题教育活动，加强少年儿童思想引领工作。举行全县少先队鼓乐队检阅式，来自全县的11支代表队、1200余名少先队员参加检阅，展现了少先队员蓬勃向上的精神风貌。

充分运用文化育人。进一步深化“我为社会主义核心价值观代言”主题团日活动，扎实开展“争做最美青年”“奋斗的青春最美丽”“我和国旗合个影”“红领巾相约中国梦——关注十三五，创造新生活”等教育活动，使广大青少年对社会主义核心价值观入脑入心。引导广大青少年学习中华优秀传统文化，开展“诵经典·讲礼仪·传美德”活动，积极参与“国学达人”挑战赛网络赛，利用传统文化的独特魅力不断增强团队工作的吸引力和感染力。

打造网络新媒体阵地。加强新媒体工作力量，建立基层组织新媒体投稿制度，实现网络新媒体平台运转常态化。强化与县内新媒体工作平台的联系互动，与微广饶、文明广饶等县内主流新媒体平台形成网络矩阵，扩大共青团网络媒体覆盖面。做好广饶“青年之声”网上服务平台建设，浏览量达185万余人次，解决青年问题4300余个，吸纳专家363名。按照上级安排，在各直属团委、少先队、权益等多条战线建立微邦组织，畅通共青团、少先队、志愿者等联系渠道。12月，县“青年之声”平台被评为省“青年之声”优秀平台。开展青年网络文明志愿行动。积极开展网络公益活动，全年开展安全生产、低碳出行、为青年点赞、绿色长征、我和国旗合个影等网络活动12期，互动参与2万余人次，形成与青少年良性互动的开放性场域。

巩固教育引导渠道。更加注重发挥报刊杂志等传统阵地作用，在中国青年报、大众日报等县级以上重要报刊媒体发表稿件50余篇，宣传好党团的路线方针政策和活动。全力打造共青团网络新媒体引导体系，积极开展网络正面舆论引导，在重要时间节点发布微博、推送消息，围绕“5·16”“7·17”等敏感问题集中发声，净化网络空间。加强网宣员队伍建设，推动首批25名网络宣传员入住“中青华云”综合导控平台，有效推动了引导方式从传统工作阵地向新媒体网络阵地的战略转型。

服务中心建设　引导青年立足岗位创先创优。深化青春共筑城市公共安全行动，在全县开展青年安全生产慎微意识教育培训9期，1000余人次。开展青年安全生产关爱活动，在企业设立青年家庭墙，引导青年职工牢筑安全生产意识，保障企业安全生产和城市公共安全。深化“青年文明号”创建活动，对县级青年文明号进行复核，新增28个县级“青年文明号”创建单位，围绕行业作风建设，开展提质提效行动。推进“青春扶贫行动”，实施精准扶贫，开展好关爱型扶贫、救助型扶贫和创业扶贫，协调资源帮助贫困户创业增收，多渠道筹措物资帮扶贫困户和贫困学生。

参与创新社会治理。加强社区青少年服务中心等青少年综合服务平台建设。推进康居社区青少年社会工作服务示范工程，加大青少年事务服务项目购买力度，推进“专业社工＋志愿者”的服务运作模式，全年开展安全教育、感受传统文化、环保实践等活动40余期，参与社区青少年900人次。加大公益性社会组织培育管理力度，打造广饶县青年社会组织孵化中心，为近年来培育的馨海社会工作服务中心、广饶县蒲公英爱心助学协会、广饶公益志愿者协会、广饶善行联谊会等6个社会组织提供办公场所，搭建交流共享平台，积极参与扶贫、助老助残助学等各项社会公益事业。

深化青春绿色行动。加大青年林阵地化建设，大力发展绿色经济、林下经济，打造鹊苑、博绿等青年林5家，占地4800亩，带动青年就业创业100余人。深化青少年绿色环保活动，开展“小手拉大手共筑碧水蓝天”行动，在3万余名团员、队员中开展“一次环保活动、一次低碳出行、一次志愿宣传、一次家长助力”的环保争章活动。植树节期间集中开展植树护绿活动，青少年种养“心愿树”200余株。拍摄青少年环保公益宣传片4部，通过电视台、网络新媒体等渠道广泛播放，通过少年儿童带动家庭，家庭影响社会的方式，引导少先队员成为生态环保的践行者和传播者。扎实开展“绿色长征”全国青少年环保公益健走活动，全县青年健走达到43677公里，捐树856棵，总里程数位居全国前20名。

搭建创业平台　深化青年创业金融服务，用好“鲁青基准贷”、青年创业贴息、青年创业小额贷款等青年创业扶持资金，全年“东青基准贷”和“鲁青基准贷”总申请额度2200万，审核发放贷款1500万元。

加强青年创业人才队伍建设。加大对创业典型的挖掘和宣传，利用广饶电视台《创业潮》栏目，对4名优秀青年创业典型进行宣传报道，提高优秀创业者的影响力，营造浓厚的创业氛围。1名农村青年被评为省农村青年致富带头人标兵，1名青年正在参评省农村青年电商带头人。加强青年企业家协会的运行管理，召开广饶县青年企业家协会一届二次理事会暨2016年年会，加强交流宣传，深化合作共赢，凝聚青年企业家力量。

搭建青年创业就业服务平台。进一步提升青年创业就业见习基地服务功能，打造青年创业就业见习基地3处，促进青年从见习向就业转变，为未就业青年提供学习实践机会。推荐7支创业团队参加“开来杯”东营市第二届油地青年创新创业大赛。邀请40余名广饶籍在校大学生参加“青·回家看·变化”活动，感受广饶县发展变化和创业就业环境，带动大学生回乡发展的积极性。积极参与全县中心工作，抽调人员牵头做好阿里巴巴农村电商建设工作，不断加大农村电商人才队伍建设和农村电商氛围营造。

乐安公园青年志愿服务岗

志愿服务　规范志愿服务管理。进一步提升“广饶志愿者服务网”功能，扎实推进志愿者网上注册和服务时间认定等工作，新增注册志愿者3000余人。加强志愿服务典型培育。健全完善公益志愿服务体系，规范志愿者招募注册和表扬制度，建立有关程序，联合县文明办评选全县优秀志愿者、志愿服务组织和优秀志愿服务项目，进一步营造志愿服务浓厚氛围。

常态化开展青年特色志愿活动。举办“邻里守望·志愿同行”志愿服务集中进社区活动，为全县11个社区居民提供文体娱乐、医疗服务、亲子教育等十余项志愿服务，参与志愿者1100余人，服务社区群众12000余人。做大做强展会志愿者队伍，招募300余名青年志愿者服务第七届中国广饶国际橡胶及汽车配件展览会，顺利完成展商接送、接待、展馆服务和翻译等任务，向各国来宾展示县青年志愿者优秀风采。高考期间，招募30余名爱心车主开展“高考爱心送考”活动。

推进志愿服务有形化建设。积极发挥乐安公园青年志愿服务岗的阵地作用，推动志愿服务持续性、常态化发展，全年参与岗亭志愿服务志愿者达400余人次，累计服务时长1200小时。在社区打造一处省级青年志愿服务站，采取“社工＋志愿者”模式，开展扶弱帮困、便民利民、清洁家园等“菜单式”服务，提高服务实效性。在县人民医院建立一处依托式青年志愿服务站，开展导医问诊等便民服务，在全县各个层面不断擦亮青年志愿者和共青团名片。

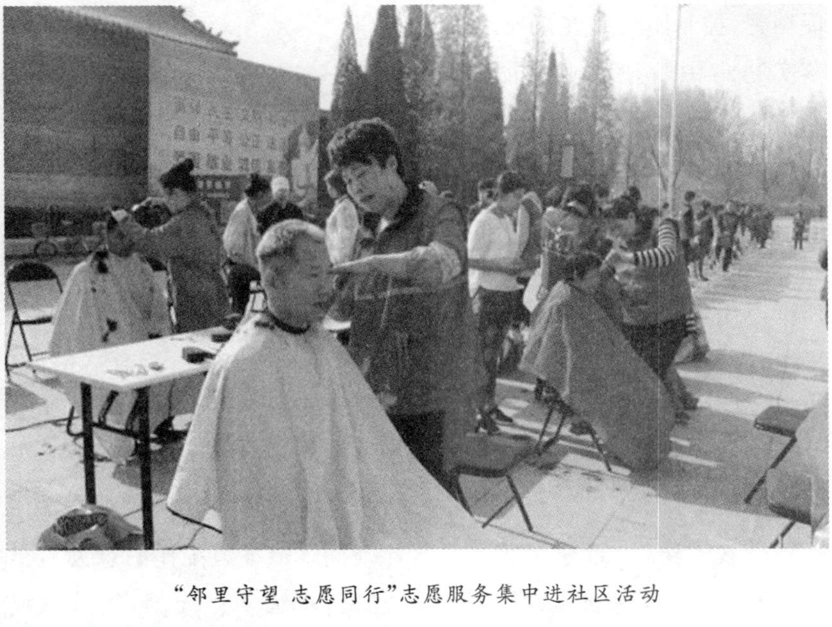

“邻里守望 志愿同行”志愿服务集中进社区活动

青年权益维护　维护青少年合法权益。密切与“预青”专项组成员单位常态化联系，扎实做好预防青少年违法犯罪工作。加强青少年法治教育，建立法治教育专业志愿服务队，开展青少年模拟法庭城乡普法展演，扩大教育覆盖面和实效性。扎实做好“青少年维权岗”创建、社区青少年社会服务示范工程、“共青团与人大代表、政协委员面对面”活动、青少年禁毒宣传教育等工作。

服务青少年现实需求。开展第二届“青春有约”青年交友联谊活动，100余名单身青年男女参加活动，扩宽青年交友渠道，解决婚恋等实际问题。开展第二届广饶县青年足球联赛，6支球队147名运动员参加比赛，弘扬体育精神，丰富青年业余生活。开展“心愿直通车”活动3期，为100名青少年实现“微心愿”。扎实开展“希望工程”救助工作，募集资金72000元，资助贫困青少年57名。

关爱帮扶重点青少年群体。开展“萤火虫助学计划”，在全县8个镇街设立“萤火虫学堂”14处，与山东科技大学、山东大学达成志愿协议，招募49名大学生志愿者参与暑期爱心支教活动，服务全县28个村700余名少年儿童。深化“牵手关爱行动”，完善志愿者与困难儿童一对一结对帮扶制度，延伸“亲情陪伴、心理疏导、心愿达成、学业辅导、感受城市”五大活动，增加“心心交流”心愿采集、青春微课堂等系列微公益品牌项目，各镇街开展牵手关爱集中活动13次，为240名牵手儿童达成心愿，组织102名牵手儿童到东营市历史博物馆、科技馆、孙武祠、东营软件园数字科技展厅等开展感受城市等活动。

基层组织建设　扩大团的基层组织覆盖。开展五星级基层团组织创建活动，新增创建单位1个，打造基层团建示范点。推进农村基层服务型团组织建设，积极推动基层打造镇、村“青年之家”，扩大农村团的工作有效覆盖。扎实推进农村合作组织团工委各项工作，持续开展农村电商培训班等活动，确保品牌工作再创新。推进非公企业团建工作，按照“建活并重、以活促建”的要求，在巩固数量、扩大覆盖的基础上抓大带小、达标创优。

关爱农村留守儿童“萤火虫学堂”

加强团员和干部队伍建设。加强团员先进性建设，召开团员发展工作会议，规范中学团员发展档案，控制团员发展规模，分步落实初高中阶段毕业班团青比例。加强团属干部队伍建设，举办团干部培训班、少先队辅导员培训班、少先队辅导员技能大赛和少先队辅导员鼓号知识专题培训班。扎实开展“1＋100”团干部直接联系青年工作，全县30名团干部直接联系4000余名青年，所有团干部活动积分已达100分。坚持全团带队，切实加强少先队辅导员队伍建设，组建了少先队名师工作室。积极推进封庙村团支部纪念馆筹建工作。

荣誉　团县委被团中央授予全国农村基层团建示范县团委，被团省委授予全省助力县域科学发展示范县团委，被团市委授予2015年度“东营市红旗团委”；广饶“青年之声”平台被团省委授予山东“青年之声”优秀平台。朱宁被团市委授予2015年度“东营市优秀青年工作者”，齐莉莉被团市委授予“东营市优秀共青团干部”。

## · 广饶县妇女联合会 ·

妇女参与文明和谐建设　深化妇女思想宣传工作。建立健全干部学习制度，制定年度学习计划，建立学习档案、学习笔记；召开各界妇女学习读书会，开展主要领导荐书活动。开展妇女工作宣传。制定出台《关于做好2016年新闻宣传报道工作的意见》，实行宣传报道工作周调度、月通报的工作制度，进一步加大妇联工作的对外宣传力度。在各级新闻媒体用稿1026篇，其中，在《农民日报》等国家级媒体上宣传报道妇女工作142篇，在《大众日报》等省级媒体用稿187篇、在《东营日报》等市级媒体用稿441篇，在县级新闻媒体用稿256篇，在广饶大众报社采用三版头条11篇，专版宣传优秀妇女典型15次。大力宣传优秀妇女典型。在《广饶大众》、电视台、电台开设"巾帼风采"专栏，将3月定为集中宣传月，对12位来自各行各业的优秀妇女进行专题宣传，激励鼓舞广大妇女扎实工作、勤勉敬业，展巾帼风采、建魅力广饶。

实施女性素质提升工程。扎实开展课题培训。广泛开展家政服务、健康保健、亲子教育、文明礼仪、敬老孝亲等课题培训，着力培养优秀妇女人才。至12月底，共举办各类课题培训班1003场，培训妇女41750人。开展舞前半小时培训。充分发挥"草根讲师团"的作用，利用广场舞舞前半小时，由张春芳、张东云、成美玉等优秀草根讲师传授家庭美德、教子知识、创业致富等知识，通过现身说法、真情讲述，提升了妇女的素质。为及时调整充实草根讲师团，在全县公开选拔宣讲成员，举行"我为岗位代言"宣讲暨"女性素质提升工程"讲师评审会，有13名女性被聘为县"女性素质提升工程"讲师，纳入县"草根讲师"管理，签订《2016年草根讲师培训协议书》，在全县开展"我为岗位代言"舞前半小时百场巡讲活动。至12月底，共举办舞前半小时培训388场，培训妇女6477人。成立广场舞联谊会。召开成立大会，来自各镇街的417名广场舞骨干参加大会，并进行广场舞《中国印》的培训。县妇联建立"舞动广饶最美女性"微信群，方便大家学习交流。广场舞联谊会成立后，县妇联将广场舞爱好者组织起来，开展素质提升、沟通交流，联谊活动。至12月底，举办四德歌广场舞指导培训班434场，培训妇女14565人。拍摄了微电影。以展示女性素质提升和巾帼创业工程实施成果为题材，利用两个月的时间，拍摄制作了微电影《女人如玉》，通过描述女主角美玉的创业历程，妇联给予美玉在贴息贷款、解决牛奶销路、开设鲜奶吧等方面的帮助，集中展示妇联"两大工程"实施情况及成效。通过腾讯视频、微信公众平台进行发布，收到了良好效果。

农村淘宝巾帼先行创业项目培训班

大力开展和谐文化创建活动。统筹推进各类特色家庭创建活动。大力开展寻找"最美家庭"活动。在"妇女之家"通过晒家庭照片、举办最美家庭故事会、展示家风家训、建"最美家庭"光荣榜等方式，吸引群众在参与中接受教育、提升素养。全县涌现出最美家庭120户，县英才学校孙树芹家庭、李鹊镇田会英家庭被表彰为全省最美孝德家庭，大码头镇金美丽被表彰为全省"十佳好军嫂"，花官镇张春芳等4个家庭被推荐为省级文明家庭。开展了"最美孝德家庭""最美婆婆""最美媳妇""五好文明家庭"评树活动。活动历时两个月的时间，采取自下而上的方式进行评选，经过个人自荐、村级初评、镇街推荐、县妇联审核，命名了10个最美孝德家庭、100名最美婆婆、100名最美媳妇、100户五好文明家庭，并成立15人的事迹报告团，巡回进行事迹宣讲，在全县倡树了尊老敬老的文明新风。二是开展“乡村文明巾帼先行”活动。组织“乡村文明巾帼先行”工作推进会议，实施富裕进家庭、文明进家庭、卫生进家庭、和谐进家庭“四进家庭行动”。全县建成巾帼文明示范村100个，各镇街均建有巾帼文明示范片区，每个村均建有巾帼文明一条街，培树文明卫生示范户1000户。三是举办各类特色活动。开展“我低碳、我健康、我快乐”环湖健步行活动，来自全县62个机关、企事业单位的997名女职工参加活动。开展了广场舞“镇街PK赛、全县展演评”活动。举办“舞动广饶，德润乐安”巾帼健身舞展示大赛，全县各镇街、县直部门的12支巾帼文艺宣传队，265名妇女参加展演；举办了“四德”广场舞原创海选大赛，全县来自9个镇街的23支队伍参加，通过视频筛选，9支队伍137名妇女参加比赛，邀请专业老师担当评委进行现场点评和指导；举办广场舞电视大赛，73支队伍1310名妇女报名参加比赛，通过9场初赛、6场复赛，确定6支队伍参加总决赛，评选出一等奖1个、二等奖2个、三等奖3个。组织广饶县俏玫瑰健身队参加全省“四德”健身广场舞展示大赛，获得二等奖。

广场舞联谊会成立

着力打造巾帼志愿服务品牌。县妇联以“中国梦，关爱行”“邻里守望、姐妹相助”为主题，组织各类巾帼志愿服务活动28次，参与人数6980人次。分别组织25名卫生保健志愿者到社区孤寡老人家中给老人健康查体、在集市为过往妇女群众等开展健康义诊等活动，不断践行雷锋精神。组织30名绿色环保志愿者在各村、集市、人员密集处发放《低碳生活，绿色出行》倡议书、《环保小知识》等宣传材料4000余份，倡议大家做绿色环保的倡导者、推广者和践行者；组织11名法律维权志愿者开展男女平等基本国策等法律知识宣传，发放法律知识宣传材料3000余份，让广大妇女群众提高法律意识。组织各镇街54名爱心帮扶志愿者到敬老院为老人打扫房间、清洗被褥、义务理发等服务活动，为老人送去温暖；组织58名文明交通志愿者在城区各大路口、中小学校、超市商场、汽车站等人口密集处，发放“文明交通，平安出行”倡议书4100余份，引导广大市民自觉树立文明出行理念，养成文明交通习惯。推荐县国税局、县地税局2个巾帼志愿服务队，“爱·益剪”“邻里守望·姐妹相助”2个巾帼志愿服务项目，广饶街道国安社区、康居社区2个巾帼志愿服务社区，大王镇刘小红、李鹊镇田会英、馨海社工刘静静3个巾帼志愿服务者参加全省巾帼志愿服务评选活动。

巾帼创业工程　按照“两条腿”走路的原则，一手抓电子商务，一手抓重点项目，努力构建“妇联搭台、巾帼唱戏”的良好局面。举办电子商务入门知识培训班12期，培训妇女353人，发展电商197人，有12名妇女成为农村淘宝项目合伙人；新注册妇字号家庭农场11家，全县以女性为负责人的家庭农场达到102家；举办项目观摩290场，参与人员2287人；举办实用技术培训班251场，培训人员8340人；新上项目325个，为创业妇女协调小额担保贴息贷款9155.18万元，扶持创业妇女897人。推荐阳光家政培训学校等三个单位为全国巾帼脱贫示范基地，小英家纺等4家企业为省巾帼居家创业就业脱贫示范基地，奥通畜牧有限公司等6家企业为省大姐工坊。

抓电子商务，拓展妇女在"互联网+"领域的发展空间。强化培训，提高女性创业技能。进行普及性培训。开展电子商务进镇街活动。集中利用2个月的时间，对9个镇街的563名村居妇代会主任，进行电子商务宣传知识培训，让基层妇女干部了解电子商务知识。进行基础入门培训。在对全县电子商务需求情况进行全面调查摸底的基础上，从有创业意向的回乡女大学生、女经纪人、创业新女性及城乡闲散妇女中，有针对性举办网店装修、网店运营等电子商务基础入门培训班12期，培训妇女353人，发展电商197个。对联盟成员进行专题培训。举办广饶县巾帼创业联盟电子商务培训，引导联盟成员通过互联网提升创业发展水平。卫达电子商场连玉秀创建了自己的网上商城。开展"农村淘宝，巾帼先行"活动。举办"农村淘宝巾帼先行"创业项目培训班，引导更多的妇女加盟成为合伙人，通过农村淘宝创业致富。搭建平台，做好项目服务。成立"创客巾帼"团队。与海尔集团联合在全县开展百人"创客巾帼"大轮训，累计培训妇女210人，有128名妇女获得"顺逛微店"的授权，开办了个人的创客小店。加盟村淘合伙人。与阿里巴巴农村淘宝负责人联系，推荐妇女积极加盟，通过面试、现场考察，黄瑶村韩玲玲、黄西村黄翠翠等12名妇女加盟成为农村淘宝项目合伙人，建成农村淘宝工作室。

抓重点项目，做好传统产业的巩固壮大。在观摩上项目上下功夫。秉承"实用技能靠观摩"的思路，继续狠抓巾帼创业观摩活动，引导更多的妇女创业就业。初始创业按需观摩。充分利用评树的20处巾帼创业就业教学基地、14处巾帼创业观摩基地，组织有创业意愿的妇女进行现场观摩，增强创业培训的实效性。共组织按需观摩290场，参与妇女2287人，推动妇女新上创业项目325个。创业典型提升观摩。组织巾帼创业联盟成员"走出去"，有针对性地到县外先进地区、知名高校进行学习，并将高等院校的教授"请进来"，实地授课调研，帮助联盟成员提升创业境界，扩大创业规模。先后组织守凤家庭农场主刘超、东营民和牧业有限公司经理刘秀云到上海交大学习工商经济管理知识。组织金煜家庭农场主成美玉、东营民和牧业有限公司经理刘秀云参加全省畜牧业知识培训，组织健友家庭农场主黄爱兰参加在淄博举办的蔬菜种植培训班，组织15名女家庭农场主参加全市女农场主培训班，提升她们的管理技术水平。重点项目针对观摩。采取"针对培训+提升观摩+项目落地"的形式，组织有种植意愿的淄泰家庭农场主孙国萍、健友家庭农场主黄爱兰三次到省果树研究院泰安果树育种试验园、省农科院进行观摩学习，并在省农科院专家现场指导下，健友家庭农场种植优质苹果、葡萄等果园200亩，淄泰家庭农场种植农科院新研发的优质苹果、梨等果树150亩。淄泰家庭农场成为山东电视台农科频道直通车。在推动重点项目上下功夫。帮助绿芳家庭农场增加了经营项目，利用自己农场内种植的有机蔬菜，有机玉米，开办以自己农场产品为主打的自营餐厅。协助金煜家庭农场实施挤奶厅改扩建工程，挤奶厅面积达到

巾帼创业联盟电子商务培训

300平方米；帮助农场将奶产品进驻华泰宾馆、孙武湖度假村等县内服务业；帮助流转土地200亩，进一步扩大农场规模。协调畜牧局为农场申报了省粮改饲养殖补贴项目，申请补贴70万元；推荐成美玉为东营市乡村之星。帮助健友家庭农场打造了200亩果树种植园，聘请省果树研究院老师实地合理规划果树种植区；协调大王镇政府为健友家庭农场修建了820米的通农场路；协助健友家庭农场在果树园区新建5间办公室，占地约200平方米；协调技术人员指导为园区树木铺设防草布，共覆盖园区10万多平方米。提升刘华家庭农场的整体形象。协调县民政局和县科协帮她成立食用菌种植协会，进一步扩大农场知名度。刘华家庭农场、淄泰家庭农场、红真家庭农场被评为市级示范家庭农场，金煜家庭农场主成美玉被评为“东营市乡村之星”。在解决资金难题上下功夫。继续深入推进妇女小额担保贷款工作，争取更多妇女享受贴息贷款优惠政策。为创业妇女协调资金9155.18万元，扶持创业妇女897人，为10名创业妇女申请省市贷款贴息178172元。积极为巾帼创业联盟成员争取政策资金。推荐金煜家庭农场主成美玉、红真家庭农场主李红真、东营民和牧业有限公司经理刘秀云申报奶牛、肉牛养殖粮改饲政策补贴资金，每人70万元。争取上级妇联贴息资金，为山东方华食用菌有限公司、东营民和牧业等4家巾帼创业企业，杨喜英、田玉梅等3名女农场主争取市级巾帼创业工程贴息88972元；为东营奥通畜牧有限公司、东营金阳光食品有限公司争取省级巾帼创业贷款贴息89200元，进一步提升了妇女的创业热情。四是在解决土地问题上下功夫。针对守凤家庭农场办公场所土地用途更改问题，协调县委副书记到农场现场调研，对办公场所进行保留。针对昊弘家庭农场、天红集团150万只肉鸡规模化养殖基地建设项目土地问题，协调县委副书记、县财政局局长、县国土资源局局长、县委组织部副部长进行现场调研，帮助解决存在的问题。在技能培训上下功夫。与阳光大姐家政服务中心联合，开展“幸福家政”镇街行活动。举办育婴师、月嫂、家政服务员培训班22期，培训妇女620人，有570名妇女获得资格证书，其中有78名妇女获得高级育婴师。加大市级课题家政服务培训，培训妇女2311人，有83名妇女获得职业资格证书。帮助广饶街道东毛村妇代会主任成桂英成立“广饶大嫂”家政服务公司，85名妇女在公司就业。在示范带动上下功夫。打造巾帼创业示范村。按照“组织领导工作有力度、巾帼创业工作有特色、素质提升工作有亮点、乡风文明建设有氛围”的标准，在全县开展巾帼创业示范村创建活动，培树9个巾帼创业工程示范村。通过综合评价、推荐、市妇联现场考察，大王镇崔寨村、李鹊镇黄东村成为市级巾帼创业示范村。宣传先进典型。与县广播电视台联合创办“创业潮”栏目，在广饶电视台宣传金煜家庭农场成美玉、朝晖家庭农场赵辉、饶香阁食品有限公司韩新兰的创业事迹，以此带动更多的妇女创业就业。与县商务局联合举办春节年货会，推荐金梅家庭农场的野猪肉、土鸡蛋，朝晖家庭农场的波尔山羊肉，饶香阁的香油、面粉等20余种产品进行展示展销，拓展创业妇女的产品销路。

抓精准扶贫，帮助贫困妇女脱贫致富。制定《“脱贫攻坚巾帼先行”专项实施方案》，通过需求摸底、培训观摩、能人带动、救助帮扶，帮助增收致富。实施精神帮扶。在62个有贫困人口的村，举办舞前半小时98场，培训妇女1549人次。举办市级课题培训50场，培训妇女2109人次；县级讲师课题培训79场，培训妇女3829人次。实施创业就业帮扶。先后组织贫困村妇女进行项目观摩21场，参与妇女145人次，新上项目3个。与阳光大姐家政服务中心联合，举办家政培训班，有21名妇女取得家政服务员证书。实施特困救助。通过在报社、电视台、县妇联微信平台的宣传发动，有32名建档立册的贫困儿童与33名爱心人士结对，找到自己的“代理妈妈、代理爸爸”。争取慈善总会救助款，对27名建档立册的贫困儿童进行救助，每人救助500元。分别争取市慈善总会、市妇联、县惠民实事资金1.8

万元，救助贫困户中“两癌”患病妇女3名。

*维护妇女儿童合法权益*　发挥组织优势，举办反家庭暴力、维权知识培训班12期，解答法律咨询960余人次，参与纠纷调解76件170余人次；发放救助资金50.94万元，对665名妇女儿童进行救助。

真抓实干，全面做好妇女儿童维权工作。扎实做好妇女普法宣传。以“建设法治广饶·巾帼在行动”为主题，开展“三八”妇女维权周、“六五”普法宣传、“12.4”宪法日等活动，发放宣传材料2万余份，提供法律咨询和援助960余人次。邀请市讲师、县委党校讲师、知名律师到镇街、村举办反家庭暴力、维权知识培训班12期，对1376名妇女进行知识普及。探索社会化维权机制。贯彻落实《反家庭暴力法》，11月，推动法院出台人身安全保护令操作规范。扎实开展“零家庭暴力社区(村庄)”创建，打造了广饶街道国安社区等9处“家庭暴力综合防治示范点”。多元化调解婚姻家庭纠纷，联合县司法局成立婚姻家庭纠纷人民调解委员会，开展婚姻经营教育，加强离婚教育和纠纷调解，把问题解决在萌芽状态。积极推行妇女信访代理，在全县打造10处“良家人”妇女信访代理工作站。县妇联统一设计了“良家人”接访制度、“良家人”接访桌牌、“良家人”接访登记本，开通信访代理专线，发放“妇女信访代理明白卡”2000张。从镇妇联主席、副主席、信访调解员、法律工作志愿者、律师事务所部分律师中选聘33名妇女信访代理员，自成立以来，解答法律咨询36人次，代理妇女信访案件6件。全面做好妇女信访工作。加大对12338妇女维权热线宣传力度。充分利用“三分流”方式，做好妇女信访接待工作，根据上访者的上访原因、来访者行政区域、事件性质，分为妇联自己办理、转镇街妇联办理、协调职能部门处理三种形式，接待妇女来访、来电、来信案26件次。26件信访案件中，由县妇联单独处理的9件，协调公安、法院、县法律援助中心、心理咨询师解决的11件，转交乡镇、街道妇联了解情况、协调解决的6件，均进行了妥善处理。针对一些家庭贫困的来访来电妇女，开通法律援助绿色通道，为8名妇女提供免费法律咨询，为3名妇女通过绿色通道申请到法律援助。开展平安家庭创建系列活动。开展“巾帼安监助安全”活动。全县聘任“巾帼安全监督员”112名，有16家企业建立“巾帼安监助安全”领导小组，聘请安全生产专家到9个镇街对巾帼安全监督员进行专业培训9期。组织检查企业安全生产活动50余次，发现隐患事故10余次，发放《一封家书嘱安全》《安全更美丽》倡议书5000余份。深化“不让毒品进我家”活动。以家庭、社区(村居)为载体，动员和组织全县妇女及家庭成员积极参与禁毒工作，发放各类宣传资料4000余份。扎实开展“流动妇女平安之家”创建活动。积极参与流动人口管理工作，发挥全县4处“流动妇女平安之家”的阵地作用，扎实开展平安创建活动，为流动妇女提供学习培训、健康教育、法律帮助、文化娱乐等方面的服务。广饶街道被推荐为全省“平安家庭”示范街道，广饶街道国安社区被推荐为全省“平安家庭”示范社区。大王镇吴家村被推荐为全省“平安家庭”示范村。扎实推动妇女儿童发展规划实施。做好妇女儿童发展“十二五”规划终期监测评估自查自评工作。印发评估方案、评估流程，多次研究对策措施，确保“两个规划”目标如期实现，两个规划涉及的106项可量化指标全部达到终期目标要求。顺利迎接完成市、省“两个规划”监测评估组的监测评估验收。做好“十三五”规划编制工作，起草《广饶县妇女发展“十三五”规划》和《广饶县儿童发展“十三五”规划》，争取编制出符合广饶实际，具有科学性、前瞻性和可操作性的新规划。

关爱困难妇女儿童。深入实施春蕾计划。“代理妈妈·爸爸”活动情暖童心。对全县的特殊困难儿童进行认真调查摸底，共排查出失去双亲、父母残疾、父母重病或其它原因得不到父母抚养的特殊困难儿童298名。在县直机关企事业单位中招募“代理妈妈·爸爸”，对贫困儿童开展“一对一”结对救助。通过在报社、电视台、县妇联微信平台宣传发动，有126名贫困儿童找到自己的

2016天行健奖学金发放

"代理妈妈·爸爸"。全县一直参与"春蕾计划"的331名县直单位职工和爱心人士也进行了"代理妈妈·爸爸"登记，共有472名"代理妈妈·代理爸爸"结对救助415名贫困儿童，救助金额11.94万元。慈善救助活动持之以恒。在连续六年通过慈善总会救助300名贫困高中生、150名贫困初中生的基础上，从慈善总会申请慈善救助款5万元，对100名贫困儿童进行集中救助。关爱特困妇女儿童。借助爱心企业力量，寻找"天行健"自强好儿童50名。采取组织推荐和自荐相结合的方式，择优确定50名自强好儿童，每人给予1000元的"天行健"春蕾奖学金。张祖玲被评为全市"十佳代理家长"，大码头镇燕宁宁、稻庄镇任荣皓被评为全市"十佳自强好儿童"。组织开展"鲁喀爱心牵手行动"。以"鲁喀亲子手拉手维汉民族心连心"为主题，组织英才学校30名小学生担任"民族团结小使者"，为对口支援的喀什地区疏勒县的儿童写信、制作贺卡、明信片、创作儿童画，互相鼓励，共同成长。开展"恒爱行动"为新疆儿童编织毛衣。开展以"百万家庭亲情一线牵"为主题的"恒爱行动"公益活动，组织各行业爱心使者为新疆少数民族儿童编织毛衣30件。开展贫困母亲救助工作。积极争取，连续六年将贫困母亲救助工作列入政府救助体系，救助50名贫困母亲，每人救助500元现金和食用油、面粉等生活用品。做好"两癌"免费筛查和救助。加大宣传力度。利用"舞前说吧"宣传《两癌知识读本》，年内举办"两癌"知识培训班35期，全面普及"两癌"防治知识。做好免费筛查。继续免费对35～64岁农村妇女和城镇下岗无业妇女进行乳腺癌、宫颈癌检查，完成宫颈癌检查31679人，发现可疑患者156例，癌前病变患者50例，确诊宫颈癌8例；完成乳腺癌检查32756人，发现可疑患者339例，确诊乳腺癌16例。对患病妇女进行救助。按照"对'两癌'患病低保母亲进行救助，每人每年5000元"的标准，对低保

两癌贫困母亲救助

户两癌患病妇女进行救助，救助低保户“两癌”患病母亲 21 名，救助金额 10.5 万元。争取全国、市级各类救助金 15 万元，分别救助贫困妇女 29 人。实施“女性安康工程”。联合中国人寿广饶分公司帮助“两癌”患病妇女解决医疗费用不足，因病致贫问题，按照投保自愿原则，通过入保险的方式关爱女性身体健康。全年有 1600 名妇女加入安康保险，共有 2300 名妇女加入安康保险，总保费 23.8 万元，有 2 名患病妇女受益，理赔金额 20 万元。

促进未成年人思想道德建设。开展家庭教育实践活动。举办家庭教育系列讲座，传播先进的教育理念和教育方法。邀请市、县志愿讲师到镇街、村举办培训班 68 场，培训妇女 3604 人。组织了“建幸福广饶做美德少年”少儿故事大王比赛。156 名少年儿童分别参加镇街预赛、全县决赛，6 名优胜奖选手代表广饶县参加全市少儿故事大王比赛，3 人分别获得一、二、三等奖，县妇联被评为优秀组织单位。组织参加了全省第三届儿童少年书画摄影大赛。上报书画摄影作品 113 幅。县妇联等 5 个单位荣获优秀组织奖，42 名老师被评为优秀指导教师，71 人分获一、二、三等奖。组织参加全省第五届“感恩母亲”征文。共征集征文 1037 篇。县妇联等 10 个单位荣获优秀组织奖，15 名老师被评为优秀指导教师，51 人分获一、二、三等奖。扎实推动实施“蒲公英成长计划”。建立“0～3 岁家庭教育成长坊”微信群。邀请 6 名家庭教育专家及专业老师加入，发布育儿知识和家庭教育知识 32 条，方便家长咨询交流。定期组织儿童及家长参加培训。全年举办 0～3 岁家庭教育培训 39 期，培训家长及儿童 2172 人次，全面系统的传授家庭教育知识。举办“蒲公英五项全能比赛”，展示孩子学习效果，对育儿成果进行阶段展示。举办0～3 岁家庭教育专题讲座。邀请北京师范大学成刚教授，通过案例分析、互动等方式，向广大家长传授科学育儿知识，156 名家长收听了讲座。

组织建设 推行“1＋N”妇女工作法，为妇代会改妇联提前做好工作。1 代表妇联主席及妇代会主任；N 代表热心妇女工作的各行各业妇女。在镇(街)、村(居)选聘兼职妇联副主席、妇代会副主任。建立妇女工作志愿者人才库。通过发放调查问卷、召开座谈会等方式，在 9 个镇街、562 个村居发现热心妇女工作，有一定工作能力和一技之长的妇女 1437 名，建立了个人档案。完成镇街兼职妇联副主席、村居兼职妇代会副主任的选聘工作。新增镇街妇联兼职副主席 21 名，执委 11 名；村居兼职妇代会副主任 989 名。

进一步加强班子队伍建设。加强妇联干部教育培训和实践锻炼，提高妇联干部依法履职能力。11 月 18～19 日，举办全县村(居)妇代会主任培训班。设置家庭教育、妇女工作业务知识等课题内容，对全县 562 名村(居)妇代会主任进行集中轮训，提高了村(居)妇代会主任的综合素质和工作能力。利用一天的时间，举行村居妇代会主任述职，27 名妇代会主任上台进行演讲。述职采取两个镇街上台 PK 评比的形式，由每个镇街选出 10 名妇代会主任轮流担任评委现场打分，现场点评。举办全县女干部培训班。7 月 18～22 日，对全县 43 名镇街妇联主席、县直妇委会主任、巾帼文明岗负责人等进行 5 天的集中培训。在征求培训课题意见和建议的基础上，合理设置课程，丰富知识层面，实行学员上讲台、小组交流发言等学习方式，实现快乐学习、多元培训、幸福生活的能力。加强妇代会主任公开述职述廉工作。严格落实公开述职、群众评议制度，至 12 月 17 日，全县 562 名村(居)妇代会主任全面完成述职述廉工作，增强妇代会主任的廉洁勤政意识。

进一步加强阵地建设。抓好妇女之家作用发挥，进一步提高基层阵地建设和管理水平，以妇女需求为导向，开展教育、维权、创业、救助等多元化服务，不断提升凝聚力和影响力。对全县 5 处妇女儿童家园进行实地调研督导，发放满意度调查问卷 2000 余份，对发现的问题进行妥善处理。开展寻找社区妇女儿童“最喜爱的家园服务项目”活动，其中，“四点半课堂”“3861”妇女儿童家园

服务项目获得群众的一致好评

深化“一带四联”活动。先后组织单位全体人员12次到联系村张郭三村，与村干部、党员干部、群众代表座谈，详细了解村内现状、村民需求。开展“寒冬送温暖献爱心”活动，对6户困难群众和贫困母亲进行走访慰问。先后邀请市、县讲师举办健康保健培训班2期，举办花卉园艺、养生保健、家政服务等方面的培训4期，邀请乐安糖尿病医院到村为村民进行健康体检。组织6名妇女到大码头镇小英家纺、青香葡萄种植合作社进行观摩学习。开展情系贫困儿童活动，为全村44名儿童送去节日的礼物和祝福，为他们发放了书包、铅笔、生字本等学习用品。邀请乐安街道飞跃艺术团，到村开展文化惠民巡演活动，为村民送上一道“文化大餐”。开展“九九”老人节尊老敬老活动，为村里11名80周岁以上的老人送去油、鸡蛋、大米、牛奶等慰问品，给老人们送去温暖。全面做好联系服务企业工作，先后6次到联系企业—盛凯商贸有限公司进行调研、现场办公，并协调财政局、国土局、农业局等相关单位到该企业多次调研，当好国家政策的宣传员，企业发展的服务员，联络沟通的信息员。

荣誉　2016年县妇联共受到各类表彰8个，代表市妇联及县委县政府接待省级领导视察、调研3次，接待市级领导及相关部门视察7次，先后被表彰为省城乡妇女岗位建功先进集体、省“幸福进家”活动先进单位，省儿童少年书画摄影大赛优秀组织奖，省“感恩母亲”网络征文优秀组织奖；市少年儿童才艺大赛优秀组织奖，市“建幸福东营做美德少年”少儿演讲暨第六届故事大王比赛优秀组织单位。孙迪、刘美玉、韩晓芳、孙小燕、盖海霞、田红霞被表彰为全省“幸福进家”活动先进个人。

村居妇代会主任培训班

## ·广饶县工商业联合会·

理想信念教育　组织广大非公有制经济人士认真学习习近平总书记在民建和工商联界委员联组会上的重要讲话精神，注重加强自身建设，自觉做爱国、敬业、创新、守法、诚信、贡献的表率。确定5家诚信经营典型企业，在《广饶大众》报和广饶电视台进行报道，发挥示范带动作用。引导非公有制经济人士深入学习十八届六中全会精神，进一步加深对党和政府的信任，主动适应经济发展新常态，科学防范风险，积极应对困难，保持企业发展活力。

助推经济发展　实施“企业家素质提升工程”，先后推荐和组织60名（次）非公经济人士到高校参加专题培训，提升把握大势、科学转调的能力。举办“民营企业健康发展大讲堂”，邀请复旦大学教授就经济形势和企业转型升级作专题报告，300余名民营企业负责人听讲。开展“企业大走访”活动，选派驻企联络员，协调解决企业发展中遇到的难点问题。会同有关部门先后举办“大学校园招聘会”“企业专场招聘会”“用工洽谈会”等7场次，帮助解决企业用工难问题。组织工商联会员企业参加第七届中国（广饶）国际橡胶轮胎暨汽车配件展览会等经贸活动，加强与国内外知名企业合作，拓展发展空间。对民间投资第三方评估、民营企业发展状况、年轻一代非公有制经济人士现状等进行专题调研，准确掌握企业发展及企业家成长动态。会同县安监部门开展安全生产标准化达标活动，引导非公企业积极创建安全生产企业。组织8家银行和50家企业负责人举办联谊会，促进银企合作。指导工商联法律服务中心为非公企业提供法律服务，挽回经济损失7500余万元。

非公经济代表人士队伍建设　组织开展全县非公经济人士调研，建立起283人的非公经济代表人士队伍信息数据库。制定《广饶县非公有制经济代表人士综合评价工作实施方案》，扎实组织开展对非公经济代表人士的综合评价工作，为非公经济代表人士政治安排提供评定依据。

商会组织建设　响应市工商联“商会建设年”活动，努力提高商会规范化建设水平。组织镇(街道)商会负责人到乐陵、临邑、在平参观学习，开阔视野，启发思路。指导各镇(街道)对商会班子进行调整充实，建立起工作制度，制定工作计划，组织开展活动。指导滨海新区组建商会。组建汽车、物流、文化艺术及大王镇现代农业4个行业商会，吸收会员200家以上，为4个行业企业交流合作搭建了平台。

## ·广饶县残疾人联合会·

机构　广饶县残疾人联合会共有工作人员12人(其中行政人员9人，事业人员3人)，内设办公室、组宣维权部、康复教育部，下设残疾人就业服务所。

惠民实事　年初，县政府将0～9岁残疾儿童抢救性康复救助列入惠民实事。为确保此项惠民实事的落到实处，精心组织，搞好资金协调，将39名0～9岁残疾儿童有序安排到胜利油田中心医院、市人民医院等6家医疗机构接受康复训练，按照孤独症及智障儿童12000元/人、脑瘫儿童13200元/人的标准给予实施抢救性康复救助补贴；按照200元/月/人的标准发放交通食宿补贴，顺利完成该项惠民实事项目。

康复工作　扎实实施白内障复明工程。与县医院、中医院和市二院3家医院签订手术协议，按照每例补贴2000元的标准，为160名白内障患者免费实施复明手术。扎实实施听力残疾人免费配发助听器项目。聘请专家对每位听力残疾人一对一进行调试，投资10余万元为73名听力残疾人免费定制配发助听器。邀请市残疾人辅助器具中心专家为44名残疾人免费定制安装了假肢。

就业培训　全年共征缴残疾人就业保障金415万元。全年安置16名残疾人到企业就业。大力扶持自主创业。新建省级残疾人就业扶贫基地1处，发放扶持资金5万元。培植市级创业标兵、致富能手4人，发放扶持资金3万元；省级级创业标兵、致富能手2名，发放扶持资金1.5万元；扶持省级一处盲人按摩机构资金9900元；为3名网络创业残疾人发放扶持资金9000元。为增强残疾人就业能力，组织8名残疾人分别参加省盲人技师按摩培训班、省盲人计算机培训班。组织举办了残疾人(农民工)电气焊职业技能培训班。发展庭院经济19户，发放扶持资金5.7万元；个体从业12户，发放扶持资金6万元。全年，共举办残疾人棉花种植与管理、大蒜种植与管理、残疾

调配助听器

人法律维权知识、食用菌培训、蔬菜种植与管理、草莓种植等各类培训班8期，共培训残疾人及其亲属720余人次。经过培训，参训残疾人掌握了一定的实用技术，新增就业残疾人75名。

两项补贴　严格申报和审批程序，联合县医院、民政局进行抽查护理补贴申报情况，做到准确无误，做到一人一档，确保资料准确完整。为2467名享受低保的重度残疾人按照一级180元/月、二级150元/月、三四级100元/月的标准实施生活补贴；对2306名一、二级的智力、精神、视力和肢体残疾人，每月80元进行补贴。发放两项补贴金490余万元。帮助6240名持证残疾人按标准继续缴纳城乡居民医疗保险136万元，为2291名重度(一至二级)残疾人代缴城乡居民养老保险基金52万元，对符合条件的残疾人办理提前5年领取养老金手续，保障残疾人的基本生活，实现残疾人病有所医、老有所养。

实施"圆梦助学"活动，按照残疾大学生学费80%的标准，为25人残疾大学生报销学费10万余元；为4名新考入的残疾大学生发放资助金2.2万元。实施"温馨住房工程"，积极与房管中心协调沟通，解决开发区残疾人周子建的廉租住房问题；全年为31户农村贫困残疾人实施危房改造，切实改善农村贫困残疾人的生活条件。实施"阳光家园计划"，"阳光大姐家政服务中心"指派专业人员每月3次为110名残疾人提供生活照料、卫生清扫、文化教育、心理疏导等免费上门服务，安排7人到利津精神病康复中心托养。

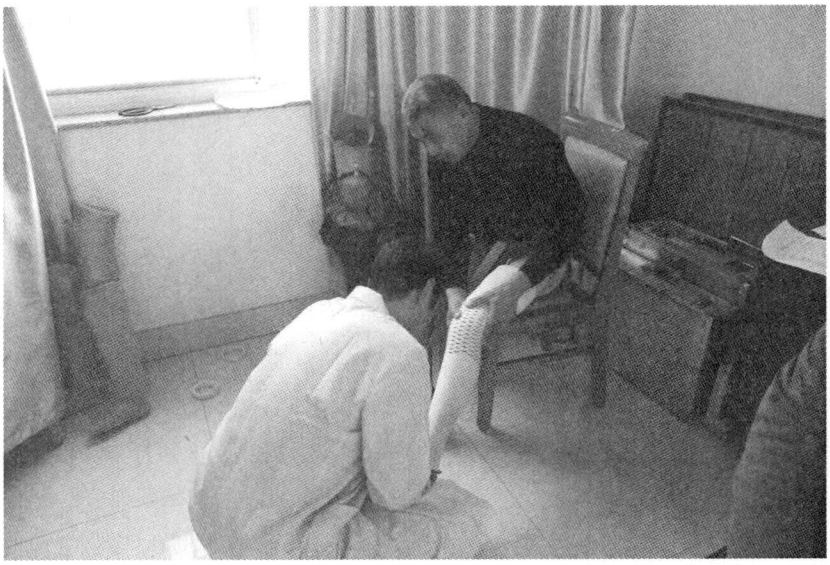

专家为下肢残疾人安装假肢

维权助残　实施"无障碍进家庭活动"，为70户轻度残疾人、4户重度残疾人家庭进行无障碍遥控灯、安全扶手、安装自动升降晾衣架等无障碍改造；健全残疾人诉求反映和权益维护制度，为16名疾人免费提供法律援助；做好二代证颁发工作，为1430名各类残疾人颁发《残疾人证》。

实施"志愿者助残服务行动"。以"关注孤残儿童，让爱洒满人间"为主题，扎实开展第二十六次"全国助残日"活动。"助残日"期间，走访慰问7名孤残儿童，为其送去2100元慰问金。到社区、村发放残疾人坐便椅、坐便器扶手、无障碍餐桌、三角手杖等无障碍设施230件；走访20户贫困残疾人，每户走访资金500元。解答群众问题37起，发放宣传材料5000份。春节前夕，走访慰问贫困残疾人126名，发放慰问品、慰问金合计10万元。

精准扶贫工作　为扎实有效地做好贫困残疾人脱贫攻坚工作，成立以理事长为组长，分管工作的副理事长为副组长，县残联有关同志和镇(街道)残联理事长为成员的领导小组。制定出台《广饶县残疾人脱贫攻坚实施方案》。培植山东永兴泰肉食鸭养殖残疾人就业扶贫基地，安置残疾人10名，辐射带动52名农村残疾人从事生产劳动。所安置残疾职工月收入达到3000元以上，农村户年人均收入8000元以上。积极落实精准扶贫措施，争取县政府支持，从县慈善基金中拨付6.8万元，对全县107名建档立卡残疾人给予扶持，每名建档立卡残疾人500元，其中享受最低生活保障的残疾人1000元。"扶贫日"期间，深入到精准扶贫联系点陈官镇杨斗村，向4户建档立卡贫困家庭送去扶持金 4000 元、被褥 4 套及其他生活用品，为 1 名残疾人上门办理《残疾人证》，并送去康复专用床和轮椅。

## ·广饶县科学技术协会·

*安全知识“四进”活动*　开展安全知识进林场活动。县科协联合县林业局、消防大队等部门，在县境内林场开展森林防火安全知识宣传活动，向林场职工、群众等发放森林防火安全知识资料，现场演示消防器材使用，解答群众相关防火知识疑问等，使广大职工、群众进一步提高森林防火意识。开展安全知识进校园活动。为进一步增强中小学生的安全防范意识，县科协联合教育局，在乐安中学、县实验中学、实验一小等中小学学校，开展安全知识进校园活动。活动中，向学生们发放《学生安全教育》《校园防火知识》《防灾减灾知识》等读本，张贴安全知识挂图，制作了安全知识展板等，增强广大师生的安全知识，强化他们的安全意识。开展安全知识进企业活动。县科协联合安监、环保、工会等部门，以“安全生产月”活动为契机，大力开展企业安全知识宣传。通过悬挂安全知识横幅、张贴安全知识标语、设置安全知识宣传栏、散发安全知识资料等方式营造安全知识宣传氛围，并组织安全知识宣传车到各镇街、开发区企业进行广泛宣传，提高企业职工的安全生产意识和安全技能，预防和减少事故发生。开展安全知识进社区活动。县科协联合团县委、广饶街道、乐安街道等部门单位，在康居社区、国安社区、孙武社区等城镇社区开展安全知识进社区活动。各部门单位根据职责分工，制作科普宣传展板，发放科普宣传材料，现场解答居民提出的相关问题，并且为居民提供了精彩的节目演出。

*科普宣传*　利用新闻媒体加大科普宣传力度。年初，县科协与广饶县电视台、广饶大众签约，开办了《科普 1 刻钟》《科普之窗》两档栏目。《科普 1 刻钟》于每天早、晚黄金时段播放。《科普之窗》每月在广饶大众报刊登两期，向群众普及生活中的科学知识和依靠科技发展经济的新理念。建设完善科普网站。充分发挥“互联网＋科普”的作用，建设完善了科普网站。积极利用科普网站，集成和分享优质科普资源，促进群众参与科学传播，从而达到提升群众科学素质的目的。积极与科普中国 V 视快递相结合，利用 V 视快递优质资源，普及科学知识，传播科学思想，全面提高群众科学知识水平。编写科普系列丛书。为全面实施《全民科学素质行动计划纲要》，加大科普宣传力度，组织编写了科普系列丛书《科学健康生活小常识 1、2》。科普系列丛书系统向读者介绍了健康饮食、运动保健、心理健康、道德保健等方面的科普知识，并免费发放给各镇街、社区村居民和广大机关干部。开展科普赶大集活动。利用镇街、村集市时间，县科协组织科普志愿者开展科普赶大集活动，向群众发放科普宣传挂图、《科学健康生活小常识 1、2》科普读本、环境保护、食品安全等科普宣传材料。加大社区科普大学建设力度。康居社区科普大学建成以来，根据居民的所需所求，积极举办科普讲座，赠送科普书籍，制作科普知识宣传栏，并利用寒暑假为社区青少年学生举办科普

科普报告百校行活动

知识大讲堂活动。为进一步增强社区科普大学的影响力,推广社区科普大学成果,先后在国安社区、西苑社区、凯泽社区、同和社区等城镇社区,相继成立社区科普大学。做好数字科普终端的维护播放工作。每半年时间对全县安装的128台科普终端进行一次全面巡检,认真检查安装点的科普终端播放情况、管理人员的维护与管理情况,全面掌握数字科普终端的运行状况,确保数字科普终端的管理播放工作落实到位,发挥好科普终端的宣传作用,满足群众的科普知识需求。举办农业实用技术培训。根据农村实际和产业化发展的需要,坚持"实际、实用、实效"的原则,组织基层农技协、基地的技术人员,采取集中培训、现场指导、观摩交流等形式,积极开展农业农民实用技术培训活动,全面提升农民的科技素质和综合能力,充分发挥科普带头人在产业致富、科技推广、技术服务等方面的示范带动作用,组织他们到农村、社区有针对性地开展培训、指导和技术传授等活动,充分发挥他们的示范引领作用、依靠科技增收致富的"领头雁"作用。

青少年科普　组织开展青少年和教师科技创新大赛,培养新时代后备人才。积极组织全县青少年学生和教师参加科技创新大赛活动,增强他们的科学创新意识和实践动手能力,促进素质教育,培养后备人才。积极组织全县中小学校学生、教师参加第31届全国青少年科技创新大赛东营竞赛暨东营市第九届教师科技创新大赛。经过各学校推荐上报,共收到学生科学幻想画145幅,科技创新作品10件;教师论文258篇,创新项目18项。经省组委会评审,广饶县获得省级一等奖3项,二等奖1项,三等奖5项;经市组委会评审,广饶县获得市级一等奖21项、二等奖27项、三等奖41项。组织开展青少年科普报告百校行、希望行活动。邀请省科普报告百校行、希望行专家姜伟光、王志玉、陈明泉分别在县一中、英才学校、同和小学、丁庄镇中心小学、广北小学、共青希望小学六所学校围绕《神奇电脑》《我们能为生态环境和生物多样性的保护做哪些什么》《思维与观念》为学校师生作科普报告。开展流动科技馆进校园活动。邀请市流动科技馆到乐安中学等学校开展巡展活动。通过科普仪器演示、科普展板说明、学生互动体验、老师讲解等方式,使青少年学生亲身感受到了科技的魅力。打造校园流动科技馆项目。为县实验中学争取到一套校园流动科技馆,价值40余万元。校园流动科技馆将科技馆展品中经典内容小型化,全部展品都可以让学生直接操作演示,涉及声、光、电、机械、电子等现代科学各个方面,以文字说明、图片展示为辅助,达到提高学生科学文化知识、提高学习科学兴趣的目的。

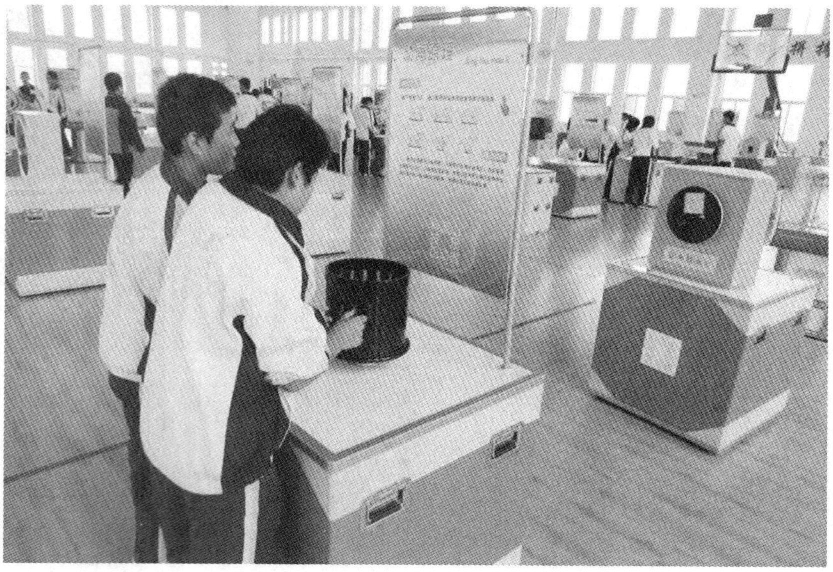

流动科技馆进校园

科技人才工作　组织开展第八届青年科技奖和第六届东营市杰出工程师推荐工作。经过市评委会评审,县医院超声波主治医师李治军获得东营市青年科技奖称号,并奖励现金1万元;大王金泰集团高级工程师高义山获得优秀工程师称号。动员全县卫生科技工作者积极参加第二十一届黄河口科技论坛。经县科协推荐,市科协、市医学会严格评审,县疾病预防控制中心明儒成以《改良肝浸液培养基的研制》一文，获得全市二等奖。做好科普惠农项目申报。按照“好中选好，优中选优”的原则，积极推荐东营千皓生态畜禽标准化养殖基地、科普带头人荣若金参与省级部门进行评选表彰，受到省科协、省财政厅表彰奖励，分别获得奖补资金6万元和2万元。

## · 广饶县文学艺术界联合会 ·

*机构*　广饶县文学艺术界联合会，事业编制在职6人，参照公务员法管理，下辖文艺家协(学)会7个。

*组织活动*　组织举办”信仰的力量”广饶县纪念建党95周年书法美术优秀作品展、“孙武故里·醉美广饶”全国摄影大赛，“广饶的春天”文学、摄影作品有奖征集活动，“翰墨乐安”第二届中国·广饶中国画名家作品展览会、“地税杯”广饶县廉政教育书法美术大赛、“我是共产党员”手抄《党章》硬笔书法比赛、“乐安学堂”公益培训等十多项活动。结合节庆民俗，采取多种途径，深入基层开展一系列文艺志愿服务活动，先后组织骨干会员到花官镇张杨村，陈官镇古家、孟庄、燕儿等村开展送春联下乡、拍摄“全家福”等活动，到李鹊、稻庄、大王六小等基层单位开展各类专业指导培训。

*精品创作*　年度重点题材、重点文学作品创作喜结硕果。儿童文学作品集《葡萄红了菊花黄》、长篇小说《一起走过那年的雨季》相继出版；《捉臭虫》《我的邻居是大侠》《等待一条船》《未净》等多件文学作品在省及国家级专业赛事评选中获奖。第六届东营市黄河口文艺奖评选成绩骄人，推荐的电影《大火种》、摄影作品《抗战老兵》等10件作品获奖，其中，一等奖作品3件，获奖作品质量在各县区名列前茅。迎战国展成绩突出。《荷塘叠梦》获2016全国中国画作品展入选作品奖、《和谐共生》获2016“万年浦江”全国中国画花鸟画作品展收藏作品奖；任建亭的书法作品获孔孟之乡汉碑行·全国隶书展入展奖。

*阵地建设*　2016年，县文联充分发挥会刊、微信公众号及各类出版物的积极作用，不断加强文艺阵地建设。会刊《乐安文苑》全年出刊2期，页码由原56页增至80页，先后刊发“年的滋味”“广饶的春天”作品征集活动及全县文艺工作者日常创作中涌现的精品佳作80余件，推介成学义、郭凯冰等两位不同艺术领域的领军人物。通过“广饶县文联”微信公众号及《信仰的力量》等重大文艺活动优秀作品集，及时向外界发布年度重点文艺工作动态、宣传普及社会主义先进文化，将优秀文艺工作者与人民喜闻乐见的文艺作品面向基层群众推出，受到欢迎。

*人才队伍*　县文联通过开展采风、组织展赛、向上推荐等方式，不断发掘、锻炼、培养优秀文艺人才，文艺人才队伍持续壮大。2016年，1人获批加入中国摄影家协会，5人获批加入山东省美术家协会，1人获批加入山东省作家协会。全县共有国家级专业会员5人，其中书协3人，摄协2人。推荐1人参加中国作协主办的第二期全国儿童文学作家及骨干编辑研修班，5人参加东营市高层次宣传文化人才培训班，1人参加首届蒋采苹重彩工作室研修班。

## · 广饶县红十字会 ·

*机构*　县红十字会有常务副会长1名，副会长1名，科员2名。

*“三献”宣传及服务*　广泛普及捐献知识，做好捐献志愿者报名登记、咨询解答、血样采集、再动员、高分辨及捐献服务等一系列工作。年内，接到捐献造血干细胞再动员11人，其中高分辨采样3人，体检1人，捐献1人。3月，志愿者武国勇在济南千佛山医院正式捐献，成为我国第5467名造血干细胞捐献者。顺利完成年度60名的造血干细胞采集任务。动员倡议志愿者参加无偿献血活动，积极开展人体器官(遗体、角膜)捐献宣传动员服务工作，年内，新登记捐献器官、角膜1例。

*募捐救助*　以“情暖乐安·红十字博爱”公益项目为平台，广泛汇集人道资源，拓展募集渠道，

5·8世界红十字日街头募捐

年内，接收捐款捐物148522.10元，发放救助慰问物资81842.50元，受益260户计895人。配合市会在李鹊镇养老院、丁庄镇王道村养老院开展“关爱老人送温暖”活动，老人节期间，为联系村开发区榆林村老人送去慰问和祝福。“红十字天使计划”彩票公益金项目惠及3名白血病患儿，各获得救助金3万元。注重加强公信力建设，对募集款物严格管理和使用，做到公开公示透明。

*应急救护宣传培训*　做好“红十字急救掌上学堂”推广普及工作，全力打造“救”在身边红十字应急救护公益培训品牌，积极推进应急救护知识“进机关、进学校、进社区、进企业、进农村”。年内，组织公益培训17期，培训1679人；开展救护员培训10期，培训救护员414人。成立孙子文化旅游区、东营科技职业学院红十字救护站和应急救护志愿服务队并发挥其作用，应急救护队伍和力量不断壮大。

*红十字特色项目*　市级“博爱家园”项目7月在阳光社区启动。成立30人的红十字志愿服务队，打造了4处红十字宣传阵地，开展了3期救护员培训班，101人取得救护员证书，举办2期健康保健知识讲座，开展了应急救援演练和大型红十字公益宣传活动，慈心一日捐活动募集爱心款1020元，走访慰问了10户困难家庭，送去救助金各500元，设立了便民服务点，圆满完成目标任务并通过验收。国家级红十字青少年社会实践健康安全“救”在东科项目9月在东营科技职业学院启动，开展了4期救护员培训班，217人取得救护员证书，成立了应急救护志愿服务队，根据系部分为6个小队，开展了应急救护、预防艾滋病和同伴教育等知识宣传，发起“携手抗艾，重在预防”活动，设立了红十字救护站，组织了应急救护知识竞赛，顺利完成目标任务。

*红十字青少年和志愿服务*　爱心储蓄活动组织4个学校（幼儿园）学生集中收集爱心款58617.90元，接收县实验幼儿园绘本义卖爱心款4372.50元。县一中国际部学生组织开展了“发现爱、传递爱”爱心捐赠活动，捐赠物资800余元。举办了两期大学生、准大学生救护员培训班，71人取得救护员证书。积极参加县

颜徐学校青少年参与红十字爱心储蓄活动

文明办、团县委组织的“邻里守望、志愿服务”进社区和“爱心义卖·圆梦助学”第二届青少年公益集市活动，筹集爱心款1814.90元。志愿服务常态化，“三献”工作宣传、无偿献血点亮东营、市第二届“我成人，我献血，我担当”成人礼、移风易俗赶大集、用爱心为生命加油等志愿服务活动为社会增添了正能量。

*红十字精神和理念传播*　强化媒体宣传与合作，传播红十字知识，弘扬红十字精神。在电台、电视台分别进行造血干细胞捐献和红十字急救知识访谈。在各类媒体发表宣传稿件400多篇。利用“5·8”世界红十字日、“5·12”防灾减灾日及世界急救日，开展大型宣传和防灾避险知识竞赛、应急救护知识答题活动，红十字精神和理念广泛传播。

*荣誉*　2016年，许义莹获评全市应急救护师资授课技能大赛二等奖，武国勇获评全市优秀红十字会员，王刚获评全市优秀志愿者。

# 法治·军事

## ·政法委·

*社会政治稳定*　强化国家安全人民防线建设，建立国安重点人员信息数据库，在全国“两会”等重要敏感时期开展国家安全风险评估，取得显著成效。完善信息搜集研判、安保任务指挥调度、突发事件应急处置机制，圆满完成各级“两会”、黄河口马拉松、国际橡胶轮胎展览会等一系列重大安保任务，全县没有发生影响国家安全和政治稳定的问题。

*社会治安秩序*　组织开展“打黑恶、反盗抢、防诈骗、扫毒害、追逃犯”“2016砺剑”行动和冬季破案会战百日行动，严厉惩罚各类违法犯罪。县公安局共破获各类刑事案件950起，抓获犯罪嫌疑人327人，6起命案全部告破。严厉惩罚打孔盗油违法犯罪，未发生一起打孔盗油案件；全力破案攻坚，在册42起涉油积案全部破获，在全市率先完成目标任务。扎实开展禁毒工作，严厉惩罚毒品违法犯罪，破获涉毒刑事案件9起，抓获涉毒犯罪嫌疑人24人，强制隔离戒毒9人。投资55万元建设禁毒教育基地，9个镇街均成立社区戒毒社区康复办公室，营造了全民禁毒的浓厚氛围。

*矛盾纠纷化解*　强化源头预防，完善社会稳定风险评估机制，组建起39人的风险评估专家库，对S227河辛线广饶绕城段改线等4个重点工程进行社会稳定风险评估，有效预防社会稳定风险。深入推进诉调对接工作，制定出台加强诉调对接工作的意见，明

全市多元化解矛盾纠纷观众会议在广饶县召开

确职责，规范流程，构建起调解、行政裁决和诉讼有效衔接、协调联动的矛盾纠纷多元化解新格局。建立诉调对接中心，采取"辅分调审"工作模式对案件进行分流，减轻群众诉累，缓和法院"案多人少"的压力，收到良好法治效果和社会效果。加强调解队伍建设，充分发挥县、镇、村三级调解组织和人员作用，完善工作机制，提升矛盾纠纷化解实效。2016年，全县共调解矛盾纠纷2256件，成功率达98%以上。

立体化治安防控体系建设　强化城乡社会治安视频动态监控系统建设，理顺工作机制，提升实战效能。实施农村视频监控全覆盖工程，采取"以奖代补"方式推进"视频监控村"建设，对达标的62个村分别给予1万元的财政补助，全县"视频监控村"达到203个。坚持专群结合，整合警力，最大限度把警力压上街面，完善"平安大巡防"工作格局，采取"巡防+走访"模式，切实提高现场抓获率，构建起"外围屏障化堵截、道路动态化巡逻、路口蹲点式守候、区域全方位见警"的巡防网络。充分发挥企事业单位专职保安、村居综治员等力量作用，推广"警企村联防联治"和"邻里守望"经验，加强巡逻守护，努力维护社会稳定。积极推行治安综合保险工作，共收缴保费180万元，其中家财险保费85.6万元，完成年度任务的109.7%。

公共安全维护　深化道路交通"平安行·你我他"等公共安全专项行动，加大道路交通安全隐患排查整治力度，累计查处各类交通违法行为20.2万余次，拘留严重交通违法行为人223名，公开曝光交通违法人员412人次，道路交通秩序明显改善。深化"两无"综治主题创建活动，全县6个镇街无命案发生，494个村庄实现刑事案件"零发案"。广泛开展平安单位（机关、企业、学校、村居）和平安行业（公交、商场、医院）创建活动，全县已命名市级平安单位24个、县级120个，新申报市级平安单位6个。深化公共安全专项行动，重点强化寄递渠道安全管理，认真履行属地管理责任，督促寄递企业全面落实"三个100%"制度，实现X光机、监控联网、APP推广应用三个"全覆盖"，有效提升了全县寄递安全管理工作水平。

信访　加强信调联动，规范信访工作流程，充分利用全国信访信息系统，实现信访案件登记、转办交办、跟踪督查等各项工作网上办理，共办结网上转办案件680件5979人次。对重点信访案件，严格落实县级领导包案制度，明确责任部门，实行挂牌督办，积极推进解决。坚持政法部门"五长"联合接访制度，引导涉法涉诉信访案件通过法治渠道解决，共接待涉法涉诉信访案件74件294人次，办结69件，办结率达93%。对24件涉法涉诉案件家庭困难当事人进行救助，累计发放国家司法救助金76.7万元。深入开展"无非访县、镇"创建活动，大力宣传上级有关逐级走访和处置非访行为的意见精神，积极引导群众依法逐级信访，依法处置进京非访行为，全县进京非访形势明显好转，实现进京"零非访"的目标。

综治宣传　抓好《广饶大众》、县广播电视台"法治经纬"专栏建设，年内刊播50余期，收到良好宣传效果。发挥新兴媒体优势，强化"广饶长安网"等政法部门官方网站建设，开通"两微一端"公众互动平台，大力宣传综治平安建设工作举措及成效，提升广饶政法综治工作对外形象。强化普法宣传，深入开展"法律六进"工作，结合法律颁布实施日、重大纪念活动等时间节点，集中开展法治宣传活动，取得良好的宣传效果。积极参与第三批法治创建先进县（区）、第七批民主法治示范村（社区）等法治创建活动，提高基层治理法治化水平，广饶县被评为全国"法治县"创建工作先进单位。

政法队伍建设　结合开展"两学一做"学习教育，深入开展"守护平安，推进法治"党建服务品牌创建活动，严格"三会一课"、组织生活会等制度，配套完善党员活动室建设，切实加强机关党建工作，激发机关党组织活力；组织党员干部参加"两学一做"学习教育知识竞赛、手抄党章硬笔书法比赛、到孔繁森纪念馆及廉政教育基地接受正反两方面教育，提升党性观念；开设"广饶党员政法讲堂"，4名党员领导干部走上讲台，专题授课，提升机关干部整体素质；修订完善学习、会议、考勤等12项制度，为各项工作提供制度保障；举办李鹊司法所先进事迹报告会，教育引导政法系统全体党员干警向先进看齐，立足岗位发挥先锋模范作用，提升全县政法队伍整体素质；在全县政法系统组织开展"正风肃纪、提升执(司)法能力"集中教育，着力解决政法队伍中存在的执法不作为、纪律作风涣散、执法不公不廉等突出问题，全面提升政法队伍形象。

全县寄递企业实现"三个百分百"全覆盖

重点工作

全市寄递渠道安全管理工作推进会在广饶县召开。4月13日上午，全市寄递渠道安全管理工作推进会在广饶县召开，贯彻落实全省加强寄递渠道安全管理工作推进会精神，总结交流全市寄递渠道安全管理工作的经验做法，分析形势，安排部署全市深入推进寄递企业"三个100%"制度落实的目标措施。广饶县、东营区、东营申通快递公司先后作经验介绍，河口区、垦利县、利津县、邮政速递东营分公司分别作表态发言，市快递行业协会有关负责人宣读了《认真履行寄递安全管理主体责任倡议书》。

全省加强寄递渠道安全管理工作推进会与会人员到广饶县观摩。3月31日上午，省委政法委副书记、省综治办主任张志华带领全省加强寄递渠道安全管理工作推进会与会领导到广饶县进行观摩，分别到广饶圆通速递公司、广饶县邮政公司、县公安局指挥中心进行现场查看，详细听取快递企业生产经营、企业安全防范措施及"三个100%"制度执行等情况介绍，对广饶县寄递渠道安全管理工作给予充分肯定。

全市多元化解矛盾纠纷工作会议在广饶县召开。8月17日，全市多元化解矛盾纠纷工作会议在广饶县召开，贯彻落实全省多元化解矛盾纠纷工作会议精神，总结工作，交流经验，分析形势，研究部署加强多元化解矛盾纠纷工作的任务和措施。与会人员现场观摩了县综治工作指挥中心、县法院诉调对接中心，广饶县、河口区、市法院、市司法局分别在会上作交流发言。

(赵继红)

## ·法治广饶建设·

严格落实规范性文件"三统一"制度。共审查《广饶县中心城区违法建筑处置意见》《关于加强户外广告设置管理的意见》等政府文件25件，《关于调整水资源费征收标准的通知》等部门规范性文件17件，在审查过程中多次通过召开座谈会、论证会等方式对存有不同意见的内容进行讨论、论证。其中《广饶县安全生产举报管理办法》《广饶县生活无着流浪乞讨人员救助管理暂行办法》《广饶县电信基础设施建设管理办法》等均因存在与法律法规相冲突的内容以及操作性不强而被退回，要求起草部门根据合法性审查意见进一步修改完善后重新上报。通过落实规范性文件"三统一"制度，进一步规范文件制定程序，有效提高了政府依法决策水平。积极落实政府法律顾问制度。严格落实《广饶县人民政府法律顾问工作规则》，起草《法律顾问合同文本(样本)》，进一步明确法律顾问权利义务、工作程序、解聘情形等内容，为县直部门、单位聘任法律顾问起到了指导督促作用。县政府法律顾问共参与县政府行政复议案件审查64起、行政诉讼案件应诉14起、文件合法性审查25件、政府法律事务处理9起。

严格行政执法证件管理。不断规范行政执法证件的管理,严格证件申领、审验程序,对证件脱审、调离执法岗位、以及经培训考核不合格的人员,一律不予办理执法证件。共组织全县执法人员申领、审验执法证件考试9场次,组织申领、审验《山东省行政执法证》497个,清理执法证件117个;办理《山东省行政执法听证主持人资格证》78个、《山东省行政复议应诉资格证》245个。严格行政执法证件管理,确保行政执法队伍结构的整体优化,促进行政执法水平的不断提高。清理规范行政权力事项。为进一步转变政府职能,加强权力运行的制约和监督,对涉及全县48个部门、单位的1477项行政权力事项进行合法性审查,全面厘清政府权力底数,明确界定部门、单位的职责与权限,坚决消除权力设租寻租空间,为打造有限、有为、有效的法治政府奠定基础。对涉及11个部门、单位的《行政审批中介服务收费项目清单》中保留的20项行政审批中介服务收费项目进行合法性审查,严格控制行政许可设定标准,进一步推动政府职能转变,有效提高了行政管理效能。积极开展行政执法案卷评查。严格落实执法案卷评查制度,围绕执法主体、执法程序、法律适用、文书格式等方面,严格按照行政执法案卷评查标准,对全县32个行政执法部门、单位报送的35个案卷进行集中评查,共发现问题18件次,集中表现在复议机关告知不全面、处罚前未履行告知当事人依法享有听证、陈述、申辩等权利的义务等方面,对环保、交通、公安、住建等12个问题单位下达限期整改意见书,要求其及时整改并反馈整改落实情况。

集中行使行政复议职权,创新案件审理机制。积极推行公开审理,加大行政复议听证和纠错力度,切实提高复议案件审理的透明度和公信力。全县共收到行政复议申请120件,其中,受理前调解处理30件,受理案件90件,审结率93.3%,其中,维持17件,驳回4件,申请人自愿撤回申请终止4件,通过撤销、确认违法、责令限期履行、调解等方式纠错案件59件,纠错率为70.2%,是历年来广饶县单一年度行政复议案件纠错率最高的一年。案件类型主要集中在公安(包含交警)行政处罚方面,占案件总数的70%,其次集中在工伤认定、政府信息公开、政府采购监督等方面,占案件总数的25%。与上年相比,新增加金融、财政、环保方面案件,道路交通处罚案件增长明显。积极做好行政应诉工作,努力维护政府形象。通过不断提升业务素质,不断加强与法院系统的沟通交流,进一步健全完善与法院的联席会议制度,积极做好行政应诉工作,有力地维护了政府的形象和权威。充分利用国务院行政复议、行政应诉管理系统及山东省行政应诉管理系统对全县行政应诉情况进行调度和指导,抓好全县行政应诉统筹协调工作,并严格贯彻落实行政应诉败诉报告制度。统筹协调涉及县政府及有关部门、单位的行政应诉案件73件,其中,县政府应诉14件,镇街及县直有关部门、单位应诉59件,败诉案件5件,全部按要求及时备案。行政应诉案件主要涉及房屋拆迁补偿、治安处罚、工伤认定、房屋行政登记等方面。

## ·公　安·

概述　2016年,全县公安机关强化底线思维,聚焦防控风险,坚持改革创新,着力补齐短板,大力推行"五型警务"(主动警务、合成警务、信息警务、规范警务、人文警务),全力打造"四型队伍"(研究型队伍、廉洁型队伍、实干型队伍、创新型队伍),公安工作和队伍建设取得长足进步,保持了全县社会治安大局稳定。

安保维稳　坚持把维护政治稳定放在首位,强化情报分析研判,收集各类情报信息1360条,多篇预警分析报告为县委、县政府决策部署提供了科学依据。制定"封城控边"和"三级封控"方案,建立专职指挥长、值班长"两长"负责制,完善19种突发案事件应急预案和《常见警情处置规范》,新招录特警队员45人,投资400余万元购置PTU冲锋车10

部，首批4部车辆到位并投入实战，全面提升了查缉增援封控能力。加大依法打击整治非访工作力度，依法拘留非访人员8人、训诫8人，县内群体访同比下降42%，实现进京“零非访”，圆满完成“两节两会”、G20峰会、十八届六中全会期间的安保维稳任务。

*严打整治*　坚持把打击主业作为贯穿全年公安工作的“1号任务”，先后部署开展“打霸治痞”、打击“盗抢骗”、打击“打孔盗油”、缉毒会战等专项行动，年内共破各类刑事案件950起，抓获各类违法犯罪人员327人，追回网上逃犯89名，打掉团伙7个、成员26人，6起命案全部告破。强势启动“2016砺剑”行动，举行了声势浩大的集中出警仪式和逐村巡回宣传活动，形成强大高压震慑。行动开展以来，共破获各类案件77起，刑事拘留犯罪嫌疑人50人，打掉团伙4个，追回网上逃犯23名，治安拘留违法行为人25人。积极开展惩罚“盗抢骗”犯罪专项行动，破获侵财案件783起，同比上升5.2%，抓获侵财类犯罪嫌疑人237人，同比上升9.1%。深入推进“打霸治痞”专项行动，剑指九类涉恶和涉黄赌毒枪违法犯罪，破获各类霸痞案件164起，抓获违法犯罪嫌疑人272人，打掉包括崔洪志恶势力团伙在内的团伙3个、成员34人。严厉惩罚经济犯罪，破获各类经济犯罪案件27起，抓获犯罪嫌疑人43人，挽回经济损失9000余万元。深入开展惩罚打孔盗油犯罪，42起在册积案全部告破，成立全市首支168人的长输管线巡护队伍，打通巡护通道66.8公里，超额完成目标任务，守住了不发新案的底线。深入组织开展缉毒会战，破获涉毒案件10起，抓获嫌疑人26人，新发现吸毒人员40人，强制隔离戒毒12人，投资60万元建设的禁毒教育基地投入使用，营造了全面禁毒的浓厚氛围。

*平安巡防*　全面启动“平安大巡防”，整合特警、交警、局机关、各派出所等警力，以城区主要道路和案件多发区域为重点，细化“网格化”布警，在县城区构架起“五横五纵”巡防网络。6月，对“平安大巡防”予以优化调整，变以往的“守点巡线”为“管片控面”，把全县划为21个巡区，分时段、分巡区开展点、线、面全方位巡防，打造“平安大巡防（访）”升级版，实现“外围屏障化堵截、道路动态化巡逻、路口蹲点式守候、区域全方位见警”的巡逻防控工作格局。9月，大力推行人文警务，在“巡防”中加入“走访”的硬性要求，统一印制《巡防记录本》《“平安大巡防（访）”走访记录台帐》，民警在巡防期间深入辖区居民小区、商业网点、街头巷尾开展灵活多样的巡逻访问活动，不断增强群众满意度。10月，进一步下沉机关科室队警力，将中心城区划分4个巡区，机关民警分编4组参与周末巡防，最大限度消除时空盲区。全县侵财案件发案同比下降3.2%，其中抢劫案件同比下降22.2%，抢夺案件同比下降53.8%。

*基层基础建设*　积极争取县委、县政府重视支持，将全县公安派出所辅警工资保险和日常办公运行经费全部纳入财政预算予以保障，一举解决多年来制约基层派出所发展的难题。县财政共拨付各项资金7400余万元，较上年提升23%。深入推进基础警用装备建设，投资50万元购置无人机1架，投资580万元建设了智能枪库，为基层所队配发执法记录仪127台、刑事技术勘察箱22个、防弹衣53套、抓捕钢叉30个、攀爬梯45架、溺水急救装备80套，在各派出所统一建设了警用装备室，实现存取便捷规范。全面铺开视频监控补点维修建设，进一步理顺公安机关同电信运营商、专业维管公司合作关系，成立视频监控建设、维管和应用“三支队伍”，真正实现建、管、用、维良性循环、可持续发展。全县城区监控在线138处，在线率92%。投资192万元建设一体化合成指挥作战平台，实时掌控110接处警民警出警、处置、巡防等时空要素，将重大案事件应急处置预案细化嵌入系统平台，自动触发分解指令，提示辅助指挥。在全市率先实施非警务报警与公共服务平台分流对接，明确30部热线电话受理范围和相关责任单位，为下步实现警情分流打下坚实基础。自主研发的人口信息管理系统上线运行，涵盖了户籍业务审批、常住人口电子档案、重点口管

控等模块，实现户籍业务审批一网通办和重点人员分级分色预警管控。

安全监管　扎实开展道路交通秩序综合整治，查处各类交通违法行为20.2万余起，其中无证驾驶228起，酒后驾驶344起，醉酒驾驶63起，大货车超载267起，涉牌涉证820起，改装改型180起，开具“万元罚单”5份，一次性记12分524人，曝光重点违法行为人412人次。强力推进道路交通“大巡逻、大整治、大走访、大宣传”活动，联合交通、城管成立联合执法队伍，设置4处24小时执勤点，交警、特警、派出所合成作战，严厉打击大货车、渣土车等违法超限超载行为。共查处各类交通违法2.19万起，查扣切割改装改型车22辆、报废车39辆，吊销驾驶证4本。扎实推进道路安全生命防护工程，排查整改交通安全隐患404处。全力推行“平安行·你我他”行动，建设镇街道路交通管理服务站10处、服务室553个、劝导站366个，配备交通安全管理员64名、协管员870名、劝导员503名。全县事故指标与上年同比分别下降6.6%、2.63%。扎实开展人员密集场所、建筑工地、易燃易爆危险品消防安全检查，共检查单位2857次，督促整改火灾隐患1151处，行政处罚137家。深化缉枪治爆专项行动，破获涉枪涉爆案件5起，查获长枪7支，各类弹药1400余发，收缴非法存储烟花爆竹5000余箱。进一步加强和改进公安监管工作，破解监所保障难题，在全市率先完成看守所医疗卫生社会化改革，实现监所业务和队伍“双安全”。

队伍建设　将教育训练和能力素质提升作为全年公安队伍建设的主线，扎实开展“两学一做”学习教育，突出“不忘初心、忠诚警魂”主题教育，开展微型党课分享、“手抄党章30天”等系列活动，有效促进了民警思想政治素质的提升。坚持“在研究状态下工作”，研发了“网络在线教育训练平台”，实现民警“网上学、网上练、网上训、网上考”；举办4期“广饶公安名家讲堂”，开展“我的业务我的课”活动，组织45周岁以下民警“人人制作PPT课件”“人人上讲台”，民警学习业务知识、研究岗位技能的内在动力不断提高；大力实施“请进来”“走出去”战略，全面开展“警校合作”，积极争取中国人民公安大学、山东警察学院、香港警察学院、福建警察学院等院校支持，邀请教官团队到县局开展以武器警械使用、战术技能运用为主要内容的全警警务实战技能轮训，组织民警分批分期赴警察学院开展刑事技术现场勘查培训，建立起科学规范的实战训练体系。共组织实施警务实战技能分类培训5期、现场勘查培训3期，参训民警600余人次。

紧紧抓住党委班子和中层干部“关键少数”，制定印发《关于进一步加强党委班子建设的意见》，进行轮岗交流，优化干部结构，凝聚起干事创业的强大动力。创新推出机关与基层民警双向挂职锻炼机制，选派15名优秀年轻民警挂职培养，进一步做精机关、做强基层，有效促进警力下沉，激发队伍活力。建立健全干部常态化考察考核机制，成立干部考察考核工作组，对挂职民警进行半年考核，建立起复合型干部储备。对交管大队中层干部进行调整充实，调整提拔科级、股级干部25人，改善了大队中层年龄、专业结构，提升了队伍凝聚力、战斗力。通盘考虑民警业务专长、发展潜力和工作实绩等，稳步推进全局民警轮岗交流，先后调整民警29人，盘活了警力资源存量，优化了警力资源配置。进一步突出激励导向，设立大要案破案奖励基金，落实专项奖励7万元，营造了浓厚的创先争优氛围。共有10个集体、85名个人受到县级以上表彰奖励。

部署开展了为期半年的“严明纪律、整肃警风、规范执法、完善机制、提升能力”集中教育活动，将23项党规党纪、条例规定汇编成册、人手一本，举办了党风廉政建设专题报告会，组织了全警德廉考试，促使民警不碰“红线”、不闯“雷区”。严控执法风险，部署开展了“案件回查”，共排查2013年以来办理的刑事案件2112起，发现问题185起、整改97起，排查治安案件3727起，发现问题579起、整改106起。严肃纪律禁令，进一步严格保密纪律、值班备勤纪律和劳动纪律，安装启用30部人脸识别考勤机，提高了队伍精细化管理和正规化水平。始终坚持“以警为本”“以人为本”，大力实施暖警惠警工程，积极落实各项从优待警措施，严格执行民警休假制度，提高民警年体检套餐标准，开展功模休养，完成警衔津贴补发发放，保障工会节日福利，增配警用制式毛衣，着手实施后勤保障一体化，为民警提供强力职业保障。部署开展“警察公共关系月”系列活动，创新公关形式，全面开展“送平安下乡”和“交通安全、法制教育、禁毒教育一堂课”活动，扩大了受众范围。抢占网络时代新媒体宣传高地，做强公安“两微一端”，7月在“端政·山东—‘数说’政务新媒体”大会上，“平安广饶”荣膺“山东最具影响力平安头条号”奖项。

*表彰奖励*　广饶县公安局被省公安厅记集体二等功，表彰为全省公安机关立案突出问题专项治理成绩突出集体。广饶县公安局交通管理大队车辆管理所被省公安厅表彰为2015年度全省优秀公安基层单位。广饶县公安局特警大队、广饶县公安局稻庄派出所被市公安局记集体三等功。广饶县公安局交通管理大队、广饶街道派出所、大王分局、花官派出所被授予2015年度市级文明单位、文明行业。

李敏被被省公安厅授予全省优秀出入境管理大队长，王黎明被省公安厅授予全省优秀刑事侦查大队长，明武成被省公安厅授予全省优秀治安管理中队长，周玉俊被省公安厅授予全省优秀人民警察，李东勇被省公安厅授予全省优秀经济犯罪侦查大队长，张栋被省公安厅授予个人二等功。王学群、刘宝忠、岳国华、李聪聪、王传远、张栋、韩建军、郭建军被市公安局授予个人三等功。刘文光、朱腾飞被市公安局授予双为“活动”铜奖。姜卫成被市公安局授予2015年度优秀警务实战教官。

（吕　敬）

## ·检　　察·

*业务建设*　围绕中心大局，着力服务经济发展。紧扣全县经济工作部署，制定《依法服务保障全县经济健康发展的实施意见》，健全完善维护金融秩序、服务重点项目、推进转型升级、保障改善民生、打击安全环保犯罪、维护企业及企业家合法权益等检察措施24项，充分发挥检察服务保障作用。针对新常态下经济犯罪的多发态势，成立金融检察工作室，依法办理金融类案件8件，涉案金额2.5亿元，东营电视台专题播出法制宣传片，《人民日报》报道了该做法。严厉打击危害经济民生犯罪，畅通涉企案件“绿色通道”，调集精干力量，依法从快办理易引发群体性事件、有重大社会影响的涉企案件13件14人。加强检企共建，服务企业发展，通过办案为多家企业挽回直接经济损失3000余万元；服务保障民生，严厉打击危害食品药品安全犯罪，积极与公安、社会保障等部门协调配合，为105名农民工追回拖欠工资87万元。

建设平安广饶，全力维护社会稳定。共受理提请逮捕案件290件367人，批捕157件186人，同比提高17.2%；受理移送起诉案件321件429人，审结312件415人，判决231件270人，全部为有罪判决。办理未成年人犯

村居检察联络室启动现场会

罪案件25件58人次,从快办理社会广泛关注的“广饶5·16”故意杀人、校园纵火系列案件;积极构建以公诉为主导的刑事指控体系,承办全省公诉部门“命案”办理疑难复杂问题研讨会,刑事案件办理质量得到明显提升。扎实做好控申接访工作,受理来信来访274件、民生热线诉求368个,办理国家司法救助案件11件,未发生涉检赴省进京访,顺利通过创建全国检察机关文明接待示范窗口评审验收。

加强法律监督,推进法治广饶建设。加强刑事执行监督,组织看守所安全检查12次,办理羁押必要性审查案件34件34人;加强“黄河驿站”建设,创新完善电子手铐监管运行机制,在公安局、司法局设立6处黄河驿站工作站,佩戴电子手铐341块,维护涉案人员合法权益,保障了诉讼活动顺利进行。加强民事行政监督,共办理民行案件31件,办理的淄河非法采土、破坏河道行政执法监督案被评为全省十大公益诉讼典型案例。

查办和预防职务犯罪,营造廉洁高效政务环境。立查各类职务犯罪18人,其中贪污贿赂案14人,渎职侵权案4人。提起公诉10件16人,法院作出生效有罪判决18件27人。深入查办发生在群众身边、损害群众利益的职务犯罪。积极推进惩防一体化,构建社会化预防体系,县委将职务犯罪预防纳入年度综合考核,开展行贿犯罪档案查询5870次,取消1家企业投标资格,全面做好扶贫领域专项预防和检察官联系重大项目工作。

检察队伍建设 狠抓业务能力建设。强化“规范、创新、超越”的工作理念,大力实施尖子带动和人才培养,组织检察官讲坛、庭审观摩、案例研讨16次,2人入选全市检察师资库并获评精品课程,4人分别入选全省公诉人才库、信息化人才库、未检人才库和案件评查人才库;2人被评为全省优秀侦查员和业务办案能手,1人获国家“电子数据调查分析师”资格,15名干警受到市级以上表彰。强化纪律作风建设。建立完善“每周考勤公示、业绩网上公示、核心数据公示、每月廉政纪律教育活动”等工作机制,成立检务督察委员会,对工作纪律、车辆管理、检风检纪等开展定期不定期明察暗访,下发督察通报28次,加大惩戒力度,确保禁令落到实处。加强司法规范化建设。深化规范司法行为专项整治成果,组织开展案件质量评查,加强统一业务系统流程监控,深化案件信息公开,规范涉案款物监管,做到一案一账,全程监控。认真落实两高三部《关于依法保障律师执业权利的规定》,加强律师接待工作,全面落实案件释法说理,司法公信力明显提升。信息化应用全面推进。围绕“智慧检察”建设,整合案件评查、政务管理、日志管理、无纸化会议、廉政风险防控、数字图书馆等系统功能,打造以“奇正检务云”为核心的一体化电子检务平台,提高工作效率。以大数据为引领,对接高检院电子数据云平台,录入电子数据640万条,实现与全国检察机关数据资源共享和高效利用。加强手机取证工作室建设,工作做法被高检院转发。加强基层基础建设。认真贯彻落实省院吴鹏飞检察长视察广饶检察院重要讲话精神,认真研究落实措施,建设“六型”现代化基层院,打造“服务型”检察院的典型经验在省院转发。围绕发挥派驻检察室职能,在全省率先设立180处村居检察联络室,着力打造服务民生、服务企业工作品牌。8月,大王检察室作为全省四个派驻检察室之一,在省院进行典型发言,《检察日报》予以宣传报道。

重点事件

县检察院建立村居检察联络室。2016年4月20日,县检察院在大王镇西李村村委大院举办村居联络室启动现场会,市院党组书记、检察长张爱军,县委书记、县人大常委会主任田和友,市委副秘书长、市扶贫办主任牛永昌,县委副书记宋学华,县院党组书记、检察长崔汉刚以及大王镇、稻庄镇主要领导、各村居检察联络员和检察干警共计200余人参加现场会。现场会由崔汉刚检察长主持,县委副书记宋学华致辞。与会领导视察了大王镇西李村检察联络室建设情况,为部分村居检察联络室代表举行授牌,标志着广饶县检察院村居检察联络室正式启动。村居检察联络室的建成进一步延伸了法律监督触角，打通了服务群众的“最后一公里”，实现检察机关与村居组织、群众的无缝衔接，为更好地服务“三农”发展、监督惠农扶贫政策的落实奠定基础，实现法律监督网络的“全覆盖”。

省检察院检察长吴鹏飞（左二）到广饶县检察院调研

县检察院聘任首批预防职务犯罪咨询专家。2016 年 5 月 26 日，县检察院召开首批预防职务犯罪咨询专家聘任暨培训会议，6 名在工程建设、财务、审计、税务、金融等领域有专业特长的同志正式成为首批预防咨询专家。会上，崔汉刚检察长为各位咨询专家颁发了聘书，并对下一步预防咨询工作提出明确要求。为进一步深入推进社会化大预防格局建设，加强预防职务犯罪工作探索创新，深化预防监督服务措施，不断完善检察机关预防工作科学决策，县院决定成立预防职务犯罪专家咨询委员会，并制定《预防职务犯罪专家咨询工作办法》。预防咨询专家结合本身的行业知识特点及预防工作需求，有针对性地开展预防咨询，协助检察机关解决专业领域问题，为检察机关预防决策当好参谋，实现预防工作效果的最大化。

吴鹏飞检察长到县院视察调研。2016 年 5 月 19 日，省检察院党组书记、检察长吴鹏飞莅临广饶县院，围绕新形势下如何加强和改进基层院建设进行视察调研。市委书记、市人大常委会主任申长友，市委常委、秘书长、东营港经济开发区管委会党工委书记张庆华，市院党组书记、检察长张爱军，县委书记、县人大常委会主任田和友陪同考察调研。吴鹏飞检察长对广饶县院基层基础建设给予充分肯定。

首批预防咨询专家聘任仪式

荣誉　县检察院被省精神文明建设委员会表彰为复查合格省级文明单位；县检察院派驻大王检察室被省人民检察院评为全省检察机关“无违法违纪、无责任事故”派驻基层检察室创建活动先进单位；县检察院反贪污贿赂局、反渎职侵权局被市人民检察院荣记集体三等功；县检察院技术科、控申科被市人民检察院荣记集体嘉奖。郑关兴被省人民检察院表彰为全省检察机关检务督察业务竞赛能手；刘曙光的书法作品《爱莲说》荣获全省检察机关“两学一做”学习教育书画摄影作品展活动书法类作品二等奖；黄龙江的书法作品《两袖清风圆国梦》、丁善政的书法作品《不忘初心继续前进》荣获全省检察机关“两学一做”学习教育书画摄影作品展活动书法类作品优秀奖；张晓燕的水墨画《鱼乐图》荣获全省检察机关“两学一做”学习教育书画摄影作品展活动绘画类作品优秀奖；张志光被市人民检察院荣记个人三等功；郑关兴被市人民检察院荣记个人嘉奖；郭婧、成朋飞被市人民检察院表彰为“侦查监督业务能手”；崔汉刚、张志光撰写的《民间融资法律问题研究》被东营市社科联评为东营市第二十五次社会科学优秀成果奖三等奖；贾永胜撰写的《完善涉法涉诉信访说理工作的途径及启示》被东营市社科联评为东营市第二十五次社会科学优秀成果奖三等奖；李玉山、丁剑撰写的《交通肇事案件的调查分析及对策》被东营市社科联评为东营市第二十五次社会科学优秀成果奖三等奖；张志光撰写的《以检察工作为视角对“以审判为中心诉讼制度”的几点思考》在全市检察机关第八届检察理论研究年会中荣获一等奖；翟文慧、丁剑撰写的《如何在庭审中贯彻以审判为中心的诉讼制度》在全市检察机关第八届检察理论研究年会中荣获三等奖；郭凯撰写的《自侦部门如何适应以审判为中心的诉讼模式》在全市检察机关第八届检察理论研究年会中荣获三等奖。

（郑关兴）

省法院审委会专职委员尚洪立到广饶法院调研

## ·法　　院·

审判　狠抓审判执行工作第一要务。共受理各类案件7554件，审（执）结7682件，一线法官人均结案179件，同比上升8.0%、2.7%和2.9%；存案340件，同比下降27.4%；案件结收比101.69%。审判质效主要指标总体良好，其中，一审服判息诉率92.9%，民行案件调撤率55.7%，改发率2.0%，结案均衡度65.1%，一审陪审率99.2%。

刑事犯罪打击　对严重危害社会安全的暴力犯罪、毒品犯罪、黑恶势力犯罪，始终保持高压态势，坚决依法严惩，共判处十年以上有期徒刑罪犯4人。审结抢劫、强奸、放火、故意伤害等犯罪46件46人。依法审结涉枪涉暴、交通肇事、危险驾驶、重大责任事故等犯罪98件103人。审结行贿、受贿犯罪12件15人，为国家挽回经济损失443余万元。加大对贪污贿赂、渎职犯罪的惩处力度，依法审理职务犯罪20件27人。

民事纠纷化解　坚持化解矛盾，促进社会和谐，共审结各类民事纠纷2498件。妥善审理婚姻家庭、赡养、继承等纠纷752件。审结人身损害、医疗事故、劳动争议等纠纷875件。审结农业产业化经营、农村土地承包、土地流转等案件22件，服务和保障新型城镇化与新农村建设。审结城市房屋租赁、物业纠纷、相邻关系等案件1件，保障驻城务工人员安居乐业。

经济关系调节　坚持鼓励交易、平等保护，努力维护市场经济秩序。审结买卖、物流、担保等经济流通领域合同纠纷案件379件。妥善审理房地产延期交房、质量瑕疵等纠纷案件，审结房地产纠纷案件85件，引导树立契约意识和契约精神。加强金融案件审判，审结金融借款、融资租赁、银行卡纠纷等案件 382 件，制裁金融违法行为，防范化解金融风险。妥善审理企业互保联保纠纷案件，对符合国家产业发展政策，具有市场发展潜力的企业，引导银企合作，提高债务清偿能力，维护健康有序的经济发展环境。

助推法治政府建设　坚持监督与支持并重，促进依法行政。认真执行新修订的《中华人民共和国行政诉讼法》，强化司法审查，依法审结涉及城市拆迁、土地征用等行政诉讼案件 1 件，审查非诉行政案件 63 件，审结行政机关为被告的行政案件 50 件。积极推行行政机关负责人出庭应诉制度，行政机关负责人出庭应诉率持续上升，在一定程度上改变了老百姓“告官不见官”的现象。加强与行政机关的沟通和协调，通过召开联席会议、发布行政审判白皮书、提出司法建议等方式，促进行政机关运用法治思维、法治方式，管理社会事务性问题，助推法治政府建设。

执行工作　优化社会资源，强化执行措施，努力破解“执行难”。依法执结各类案件 2426 件，实现胜诉权益 11.95 亿元。与公安、国土、银行、市场监督管理等单位建立联动机制，搭建司法协助网络平台，推进诚信体系建设。依法对 400 名失信被执行人公开曝光，对 2537 人限制高消费、限乘高铁飞机、限制出境，126 名被执行人慑于压力，主动履行了义务。实行打击拒执罪常态化，开展凌晨集中执行活动，强制搜查 5 人，司法拘留 48 人，营造了生效裁判必须履行的社会氛围。开展涉金融案件专项执行活动，为金融机构执行金融案款 1300 余万元。

司法改革推进　诉讼制度改革。贯彻直接言词原则，完善证人、鉴定人出庭制度，做到双方举证在法庭、质证在法庭、非法证据排除在法庭、辩论说理在法庭，保证庭审在查明事实、认定证据、保证诉权、公正裁判中发挥决定性作用。完善法律援助制度，对被告人可能被判处刑罚、本人没有聘请辩护人的，由法律援助中心指派律师为其辩护，切实保障被告人合法权益。严格落实罪刑法定、疑罪从无等刑事法律原则，坚持有罪必罚、无罪放人，坚决防范冤假错案。依法对 2 起公诉案件、1 起自诉案件准予撤诉。

司法责任制改革。认真贯彻落实中央和省市县委及上级法院司法责任制改革精神，严格执行标准条件和遴选程序，坚持公开、公正、透明，坚持靠实绩用人导向，坚持自觉接受监督，保证司法责任制改革的顺利推进实施。2016 年底，法官员额制改革已经结束，遴选员额法官 33 名。一审服判息诉率 92.4%、民行案件调撤率 57.0%、上诉改判发回重审率 1.8%、一审陪审率 98.5%、实际执行率 99.5%，审判执行主要指标均居全市基层法院前列。

司法公开。加强司法公开“三大平台”建设，依托案件查询机、政务网站和电子显示屏，全面公开审判流程和开庭信息。对符合公开规定的 3570 份裁判文书，全部在中国裁判文书网上进行公布。依托执行短信服务平台，同步向申请执行人发布财产查控等执行信息。充分发挥官方微博、微信新媒体平台作用，主动公开法院工作，及时回应社会关切。共发布信息 4500 余条，图文直播庭审 6 次。召开执行和行政审判

全面推开司法责任制改革动员会

工作新闻发布会，通报执行工作情况，发布行政审判白皮书，自觉接受社会各界监督。

队伍建设　强化政治意识，坚定理想信念。扎实开展“两学一做”学习教育。举办党建知识竞赛和“争当人民满意好法官”演讲比赛等活动。加强领导班子建设，增强严格党内政治生活、贯彻执行民主集中制的自觉性。全年，院庭长办案2774件，党员法官办案4356件，占全院结案数的61.54％，充分发挥了示范表率作用。强化公正意识，提升司法能力。依托审判流程管理系统，全面加强审判管理，严格程序转换和审限延长审批，不断提高审限内结案率。认真开展庭审和裁判文书“两评查”活动。扎实开展“清积案、减存案、提质效，审判提速会战会”活动。完善岗位目标考核办法，加大对一审服判息诉率、案件结收比、改发率的考核权重，引导法官公正、高效办理案件。加强司法能力建设，定期开展教育培训，适时举办经验交流会，实施“一对一”传帮带制度，开展“六比六争”活动。强化规矩意识，严明纪律作风。深入开展廉洁司法集中教育活动，开设“廉政讲堂”，举办“廉洁司法大家谈”，召开亲情助廉座谈会，提高干警拒腐防变的自觉性。继续实施“日提醒、月教育、季谈话、年考核”“明察暗访”“廉政监督卡”等制度。继续深入开展“六难三案”问题整治活动，认真解决群众反映强烈、制约法院发展、影响司法

诉讼服务中心建设暨诉调对接现场会

公信力的突出问题，不断改进法院工作。加强文化建设，增强发展软实力。充分发挥党员活动室、院史馆、廉政教育室、法官书屋等阵地作用。深入推进“四德”工程建设，举办演讲比赛、设立善行义举“四德”榜。开展“书香法院”创建活动，举办书画摄影展、主题征文、法官论坛等活动，建设“学习型法院”、培育“学习型法官”。组织青年干警积极参加志愿者服务活动。始终把坚持党的领导、自觉接受监督作为依法履职、公正司法的重要保障。认真负责地向县人大报告工作，主动邀请视察指导，自觉接受监督。加强与人大代表、政协委员的联系，畅通监督渠道，广泛征求意见建议，努力为代表委员监督法院工作提供条件。专题向县人大汇报商事审判工作，认真落实意见建议。

县委书记、县人大常委会主任田和友对法院工作作出重要批示　3月8日，广饶县委书记、县人大常委会主任田和友在审阅广饶法院《关于全市法院院长会议精神的报告》后，作出重要批示：“要认真学习贯彻全市法院院长会议特别是廖伟忠院长的重要讲话精神，围绕中心、服务大局，着力提升办案质量和效率，着力推进司法改革措施的落实，着力加强自身建设，为促进全县经济社会平稳健康发展提供优质高效的司法保障。”

诉调对接工作　5月18日，广饶县委政法委组织召开全县“诉调对接”联动工作会议。会议传达学习了县委政法委、县法院、县司法局联合制定下发的《关于进一步强化多元化纠纷解决机制建设实行“诉调对接”联动的意见》，并就法院与人民调解、行政调解、行业调解组织如何对接互动进行安排部署。6月1日，广饶法院举行诉调对接中心挂牌启动仪式。8月31日，全市法院诉讼

服务中心建设暨诉调对接工作现场会在广饶法院召开，与会人员实地观摩了广饶法院大王法庭、诉讼服务中心、诉调对接中心、12386服务热线、人民调解室等场所，观看了广饶法院多元化纠纷解决机制建设专题。在观摩后召开的座谈会上，广饶法院党组书记、院长杨宪银汇报了广饶法院诉讼服务中心建设暨诉调对接工作经验做法，各县区法院分管院长交流了观摩体会。

县法院召开首批法官入额考核工作动员会议　11月9日，广饶法院召开首批法官入额考核工作动员会议，全院在编干警参加会议。会上，宣读了《广饶县人民法院首批法官入额考核工作实施方案》，并对首批法官入额考核相关工作进行了具体安排。

荣誉　大王人民法庭被省法院记集体一等功。研究室被市法院记基层法院内设机构集体三等功。马国柱、徐俊香、赵元梓、魏洪洲、刘安芬、蒋积忠、崔继兴被最高人民法院授予荣誉天平奖章。李学忠获得第十二届全省法院司法警务工作理论研讨论文三等奖。范绍军被山东省法院、河南省法院、济南军区军事法院授予法官送法进军营先进个人。孙颖被省法院授予全省法院新媒体工作先进个人。蒋积忠在全省法院驻京信访值班中表现突出被嘉奖。聂作辞被山东法制报授予优秀通讯员。赵桂婷在山东省法学会主办的第二届山东破产法论文征选中荣获三等奖。王明荣在全市法院第十四届优秀裁判文书评选中荣获民事类二等奖。常兴泉在全市法院第十四届优秀裁判文书评选中荣获商事类二等奖。顾建亭在全市法院第十四届优秀裁判文书评选中荣获商事类三等奖。徐利在全市法院第十四届优秀裁判文书评选中荣获刑事类三等奖。张玉英在全市法院第十四届优秀裁判文书评选中荣获行政.执行类三等奖。邓晓亮在全市法院第十四届优秀裁判文书评选中荣获行政.执行类三等奖。常兴泉、刘广明被市法院记三等功。丁光军、刘广明被市法院授予2016年度进京及赴省先进个人。

## ·司法行政·

普法依法治理　扎实做好“七五”普法启动工作，研究制定《关于在全县公民中开展法治宣传教育的第七个五年规划》和《广饶县2016～2020年依法治县规划》。县委常委会、县政府常务会议对普法依法治理工作进行了专题研究，县委、县政府制定下发“七五”普法规划，县人大常委会审议通过“七五”普法规划和2016～2020年依法治县规划，分别对两个规划作出决议，并于11月2日召开第十六次全县普法依法治理工作会议，对全县“七五”普法依法治理工作作出全面安排。印发《关于落实国家机关“谁执法谁普法”普法责任制的实施意见》《关于在全县开展以案释法工作的实施意见》和《关于加强媒体公益普法宣传的指导意见》，为落实普法责任、拓展普法阵地、丰富普法形式和内容提供了制度保证。加强法治文化阵地建设，对预防职务犯罪法治教育基地、青少年法治教育基地、交通安全宣传教育基地、农村法治教育基地、李鹊镇法治宣传教育中心、法治文化

第十六次全县普法依法治理工作会议

公园等法治文化阵地进行维护提升；在信访调解中心二楼建成广饶县法治宣传教育中心，设有电子显示屏、查询机、图书角、宣传橱窗等，为群众学法提供了新阵地。

法律服务市场　组织律师党员开展了“两学一做”学习教育，组织基层法律服务工作者开展“爱岗敬业为民”主题教育实践活动，加强律师、基层法律服务工作者职业道德与执业纪律教育。按照县法院与县司法局《关于援助律师派驻县法院诉讼服务中心值班工作的规定》，安排律师到法院诉讼服务中心轮流值班。积极引导律师事务所拓展服务领域，组织律师到企业会诊，制定法律风险防范方案，协助企业把好合同履行关，依法追偿债权，妥善处理由于企业经营困难引起的劳动争议纠纷，对确实经营困难的企业，帮助其兼并重组，盘活企业有效资产。

法律援助　在县综治工作指挥中心一层大厅建立县法律援助便民服务窗口，设值班人员2名，配备计算机、打印机、复印机、照相机等现代化办公设施和轮椅、拐杖、老花镜等便民物品，设置了等候区、私密案件接待室，并通过律师点援台、触摸屏等公示法律援助条件、范围、申请程序等相关内容，便利来访群众，开启法律援助“快速通道”。充分发挥县法律援助中心、法律援助工作站(联络站)、村(居)法律援助联络员的作用，全力打造“城镇半小时、乡村一小时”法律援助服务圈。印发《广饶县法律援助志愿助残服务活动方案》《“法治阳光温暖老龄”活动实施方案》，开展专项活动，着力做好残疾人、农民工、老年人、妇女等特殊群体、重点领域的法律援助工作。县法律援助中心被山东省老龄工作委员会命名为第二批山东省老年人公益维权服务示范站。建立常态化的“全程跟踪、旁听庭审、电话回访、质量评估”援助案件质量监管机制，公布投诉电话，加强对法律援助案件承办人员的业务培训，切实提高法律援助办案质量。在全市法律援助案件质量评比中获得第1名的好成绩。2016年，共办理各类法律援助案件423件，解答咨询5000余人次，代书500余件。

公证工作　县公证处充分发挥公证业务大厅的窗口优势，严格落实首问负责制、服务承诺制、一次性告知制、限时办结制等各项制度，压缩办证时限，发挥“绿色通道”便民、为民服务职能，实现公证业务的“一站式”服务。2016年，办理各类公证事项1300余件，半数以上业务通过“绿色通道”即时办结，群众满意度和社会认可度大幅提升。积极拓宽公证业务领域，与县婚姻登记部门沟通，开展以补正个人婚姻登记信息和换(补)领结婚证为目的的“声明书”公证业务；与县市场监管局沟通，开展以个体工商户(死亡)注销登记为目的的“亲属关系”公证，为全市甚至全省类似业务办理探索了一条新途径；与县内各金融机构沟通，健全完善存款人存款信息查询业务，2016年，共出具查询函110余份，方便了当事人继承类业务的办理。县公证处先后参与经典乐都项目、渤海华府项目、县医院南部片区等项目回迁安置房信息比对、分配等工作。

村居法律顾问　选派159名法律服务工作者担任553个村居的法律顾问，做到“村村有顾问”，2016年，全县法律顾问举办法治讲座110余场次，提供法律咨询1000余人次，起草、修订村规民约、合同31件，参与疑难纠纷调解29起。

人民调解　健全县、镇(街)、村居人民调解组织，实现调解组织全覆盖。全县有人民调解组织785个，调委会成员2558人。加强与有关部门的沟通协调，推动专业性、行业性人民调解委员会切实发挥实效。按照县委政法委印发的《广饶县人民调解委员会调解室及专职调解员管理办法》的规定，加强对调解室和调解员的管理，促进其工作进一步规范。完善矛盾纠纷定期排查和重点时期专项排查、矛盾纠纷月通报、回访和培训制度，提升人民调解工作的规范化水平和人民调解员的业务能力。2016年，全县各级调解组织共排查调处矛盾纠纷2154起，调处成功率98%以上，司法确认23件。

社区矫正　在人员机构方面，成立广饶县社区矫正工作领导小组，县司法局加挂县社区矫正管理局牌子；建立777名社区矫正工作志愿者队伍，加强对社区服刑人员的教育帮扶。在日常监管方面，执行宽管、普管和严管三级管理，注重组织开展集中教育学习和社区服务，实行社区服刑人员手机定位、人脸识别考勤和“电子手铐”监督管理，提升对社区矫正人员的管控能力。在制度建设方面，对社区矫正工作的衔接、执行、监管、考核、解除等五个环节，分别细化规范报到管理、定期排查、走访以及社区服刑人员报告、分类评估、矫正执法等一系列工作制度，制定广饶县社区矫正工作规范，提升社区矫正工作规范化水平。全县累计接收社区服刑人员1025人，在册社区服刑人员374人，没有发生重大重新违法犯罪现象。

安置帮教　至2016年底，在册刑满释放人员279人，在册社区服刑人员转安置帮教人员517人。通过刑满释放人员信息管理平台与监所实现对接，提前制定安置帮教方案，落实好衔接、管控、帮教措施；通过定期排查、走访刑满释放人员，认真做好对服刑人员未成年子女走访帮扶等工作，预防和减少脱管漏管及重新违法犯罪现象的发生。

司法所规范化建设　2016年，对陈官、李鹊、广饶司法所办公场所进行进一步装修完善。6个司法所被省司法厅评为“省级规范化司法所”，李鹊司法所被司法部表彰为“全国模范司法所”，并作为先进典型在全国模范司法所及先进集体和先进个人表彰大会上作经验介绍。4月初，省厅马灵喜副厅长一行到广饶县就司法所、法律服务所和社区司法行政工作室建设情况进行调研，给予充分肯定。

公共法律服务工作站和司法行政工作室建设　全县8个镇（街）全部建成公共法律服务工作站，均设有公共法律服务大厅、调解室、谈话室、档案室等功能室，法律服务、人民调解、法律援助、法治宣传等功能齐全，为群众提供快捷便利的法律服务。积极与镇（街）领导、村（居）委会沟通协调，建设完成19处司法行政工作室，让群众在家门口享受“一站式”法律服务。

全县社区矫正人员道德教育讲堂

荣誉　2016年7月，广饶县被中共山东省委宣传部、山东省人力资源和社会保障厅、山东省司法厅、山东省公务员局、山东省普法办公室表彰为2011～2015年全省普法依法治理工作先进集体；9月，广饶县法律援助中心被山东省老龄办、山东省高级人民法院、山东省人民检察院、山东省公安厅、山东省民政厅、山东省司法厅表彰为第二批山东省老年人公益维权服务示范站。

2015年12月，张镇琢被省司法厅记专项个人三等功。2016年5月，李光辉被中共中央宣传部、中华人民共和国司法部表彰为2011～2015年全国法制宣传教育先进个人。

（张镇琢）

## ·消　　防·

火灾防控　2016年，县委、县政府先后组织召开消防工作专题会议6次，与镇街、职能部门、社会单位签订《2016年消防工作目标责任书》170份、《消防安全专项整治工作目标责任书》37份、《火灾高危单位今冬明春火灾防控工作责任状》22份、《重大火灾隐患单位消防安全责任状》12份，将火灾隐患清单分解到各镇街和行业主管部门，将消防安全工作列入年终考核内容。县委、县政府主要领导带队督查暗访消防安全工作15次，检查单位42家，发现火灾隐患289处，督促整改火灾隐患210处；县安监、文化、教育、住建、民政、卫计、公安消防等行业主管部门检查单位278家次，发现火灾隐患1023处，督促整改火灾隐患879处，并及时将火灾隐患列入县政府立项督查事项。先后组织开展冬春火灾防控、“五项整治”专项行动，劳动密集型企业、人员密集场所、易燃易爆危险品企业、火灾高危单位、彩钢板建筑、公共娱乐场所、网吧、学校、养老服务、卫生医疗机构和九小场所等各类场所消防安全专项整治，消防安全“三项重点”专项治理、城市消防公共安全深化年、消防产品监督及区域性火灾隐患排查整治和夏季消防检查工作，加强建筑消防设施监督管理、消防控制室管理和城市消防远程监控系统应用工作，共检查单位6592家次，发现火灾隐患4083处，督促整改火灾隐患3554处，下发《责令改正通知书》1685份，行政处罚507家，临时查封3家，责令“三停”26家，警告57人，拘留3人，由政府挂牌督办重大火灾隐患13家，已销案9家，22家火灾高危单位完成消防安全评估，督促44家设有自动消防设施的单位签订建筑消防设施维护保养合同，拆除彩钢板8320平方米。积极推动社会单位落实消防安全责任，深入开展消防安全“网格化”管理、重点单位“户籍化”管理、“九小场所”标准化建设和“消防进社区”工作。针对辖区部分单位未办理消防手续等历史遗留问题，县政府出台《关于完善单位消防手续有关事项的通知》，建立建设工程消防安全评估备案制度，采取宣传培训、走访座谈等方式积极推进消防手续办理，培训单位620家，走访单位138家，召开座谈会8次，已受理122家，其中32家经专家评估审核取得消防安全评估备案凭证，41家正在按评估专家组提出的问题积极整改，49家正在排队待审。

基层基础建设　将政府专职消防员经费、消防员高危补助和消防宣传经费纳入财政预算，投资80万元购置的多功能抢险救援消防车已到位执勤，投资40万元购置的随车消防装备器材已配备到位。结合公共安全深化年行动实施了五大消防安全重点项目：一是消防站建设。先后投资4300万元，新建5个镇街消防队，形成以现役消防队为中心点，新建消防队为辐射支点的“东西一体两翼，南北双向对接”的消防力量无缝隙覆盖新格局。大王镇消防站选址、图纸设计、地质勘探、施工图审查、土地规划证明已完成，正在准备对围墙、道路设计进行审图及办理其他相关手续；李鹊镇消防站已于2016年11月9日正式投用；陈官镇消防站已完成选址、图纸设计，正在制作工程施工图；县经济开发区消防站前期选址工作已完成，正在进行规划设计和图纸设计；广饶滨海新区第一消防站已完成主体结构外部装饰和内部装修，正在对站内进行绿化，招聘专职消防员。二是天然水源取水码头建设。城区孙武湖2处天然水源取水码头建设方案及初步选址已完成，正准备组织招标；大王镇大王水库、陈官镇高店水库2处取水码头正在组织考察。三是消防车购置。投资168万元购置的2辆21吨重型供水消防车，已于2016年9月9日配备到位并执勤投用。四是县消防应急救援综合训练馆建设。训练馆已完成图纸审查、招标工作，准备择期开工建设。五是城区消防基础设施改造维修工程。在县城区新建消防水鹤3套，维修坏损消火栓80处，对城区413座消火栓及阀门进行了维护保养，对189座地下消火栓设置标志桩。县经济开发区2套消防水鹤正在建设中，稻庄镇拟建的1套消防水鹤正在组织考察。

宣传教育　2016年，深入宣传《全民消防安全宣传教育纲要》和《关于推进消防安全宣传教育进机关进学校进社区进企业进农村进家庭进网站工作的指导意见》，开展消防宣传“七进”工作，组织消防安全培训、消防演练和消防宣传活动95次，发放消防宣传资料5万余份，消防站开放15次，更新维护固定消防宣传栏35个，悬挂横幅标语60条、播放

LED消防公益广告1000余条；县文化、民政、卫计、住建等部门先后开展人员密集场所、社会福利机构、医疗卫生机构和社区物业服务企业消防安全培训，受益人群达2000余人；县公安、教育、团委、少工委等部门联合组织开展了“千万学子消防宣传大行动”，免费发放优秀消防安全示范课光盘210盒，确定消防兼职教师310名，组织消防知识大课堂120次，消防疏散大演练50次，校园火灾隐患大排查85次；深入开展社区消防志愿服务活动，与孙武、商业、迎宾、同和、新城、国安等6个社区签订《广饶县第二批社区志愿服务项目》，定期到社区开展消防安全知识宣讲、组织火场逃生演练、发放消防宣传资料和播放火灾案例视频，检查消防安全设施，消除各类隐患，并联合市县消防志愿者协会深入各镇街开展社区消防志愿服务活动，组织现场消防培训和消防演练40余次，发放消防宣传资料3万余份，受益人群达3000余人；各镇街和县组织、人社、住建、农业、安监、司法、科协、县委党校等部门开展了领导干部和公务员、农民工和再就业人员、村“两委”人员、电(气)焊、电工等特殊工种人员的消防安全培训以及科普、普法教育，受益人群达3万余人；县教育、人武、公安消防等部门开展了暑期消防宣传和消防知识进“军训”活动，发放《学生军训消防安全知识读本》2000份，6000余名新生接受消防培训；利用“互联网消防信息服务平台”开通“东营广饶消防”微信公众平台和手机短信平台软件，累计吸引关注人数5500余人，发送消防安全常识或警示宣传短信6000余条；搭建消防志愿者工作平台，2016年8月19日成立东营市消防志愿者协会广饶分会，消防志愿者组织开展各类消防宣传培训暨疏散演练活动30余次，接受培训达2000余人。

实战能力建设　2016年，全县共接警出动1071起(其中火警782起，抢险救援289起)，无人员伤亡，保护价值约1.3亿元，抢救被困人员168人。积极开展“安全年”创建、“条令条例学习月”和士官纪律作风教育整顿活动，在深化“大练兵、大培训、大熟悉、大演练、大比武”活动的基础上，开展了“冬季百日大练兵”和灭火救援“实战演练月”活动，强化实战化练兵，编制修订灭火救援预案83份，组织开展人员密集场所、石油化工企业等实战拉动演练96次，提高了部队执勤备战、灭火抢险救援及处置自然灾害事故实战能力。

冬春火灾防控　自上年10月冬春火灾防控工作动员部署以来，县委、县政府高度重视，组织召开专题会议进行安排部署，印发《2016年全县冬春火灾防控工作方案》《广饶县“九小场所”消防安全专项整治行动实施方案》，通过强化排查措施，突出整治工作重点，集中警力在全县范围内进行全方位的消防安全大检查，检查单位336家次，发现火灾隐患269处，督促整顿火灾隐患183起，下发《责令改正通知书》156份，行政处罚70家，责令“三停”单位10家。检查“九小场所”及农村、社区1165家次，发现和督促整改火灾隐患425处，行政处罚63家。对15家易燃易爆危险化学品企业开展消防安全专项检查，严肃查处火灾隐患和消防违法行为。县政府安委会印发《2016年全县消防安全宣传月活动实施方案》，县公安、教育、民政、农业、文化、卫计、安监、信息中心等部门联合印发《关于推进消防安全宣传教育进机关进学校进社区进企业进农村进家庭进网站工作的实施意见》，充分发动派出所民警、消防志愿者深入社会单位、居民小区逐门逐户发放《关于做好冬春火灾防控工作的通告》等消防宣传资料，实地讲解灭火逃生知识，利用各企业单位户外视频、沿街门店LED显示屏不断滚动播出消防温馨提示，共发放宣传资料8000余份，播放公益广告1000余条，发放温馨提示短信3000余条，实地开展消防安全培训和疏散演练30余次。

## ·人民武装·

思想建设　坚持以贯彻落实中央政治局、中央军委关于加强和改进作风建设的措施规定为指导，按照军分区部署要求，以“两学一做”学习教育活动为主线，联系干部职工思想实际，着力加大思想政治教育力度，思想政治工作的针对性和实效性明显增强。一是贯彻上级指示坚决有力。作为一级党委，牢牢将贯彻执行上级指示、确保政令军令畅通，作为党性和服从意识的具体体现，坚决杜绝照抄照转、当“传声筒”和“收发室”，搞形式、走过场的现象。在今年开展的“两项重大教育”活动、专项清理整治和财务大清查过程中，注意将上级指示与单位的实际情况结合起来，把贯彻上级指示的坚决性与群众拥护、满意的积极性统一起来，逐渐形成“上级指示党委研究、具体精神会议传达、贯彻落实党委监督”的贯彻机制，坚决遏制局部利益搞“变通”、打“擦边球”的现象，特别是在古田政工会议的落实上，通过党委自查自评和对照检查，将落实工作存在的“个别制度建立不完善、理论学习方法单一、强军文化建设氛围不浓厚、大规模作战政治工作预案不健全、三战力量建设缺乏”等五个方面的问题，参照教育整顿活动整改落实，通过建立台账，明确整改时限，责任到人，定期监督的方式做好查缺补漏的各项工作，将上级各项指示精神落到实处。二是落实学习教育内容丰富。主要围绕“两学一做”学习教育和“改革强军主题教育”展开，并结合上级要求和部实际，组织开展了“学习实践强军目标，做新一代革命军人”主题教育、学用习主席系列重要讲话精神“六个一”活动、“向身边典型学习”和“学法规、守法规、用法规”教育活动，在全年配合开展群众纪律教育、形势战备教育、政治纪律教育等内容，重点突出抓好习主席系列重要讲话精神、十八届六中全会精神和习总书记“七一”重要讲话精神的学习贯彻落实，干部职工践行使命的主动性、自觉性明显增强。三是开展学习教育活动扎实有效。按照军分区党委的统一部署，从4月开始，深入开展“两学一做”学习教育活动，集中学习教育与军区、省军区和军分区同步组织，专题民主生活会按要求展开，组织全体党员认真抄写党章，撰写读书笔记，确保党的创新理论入心入脑、落地扎根。选派人员认真准备参加军分区组织的“学习习主席系列重要讲话知识竞赛”，并取得第二名。扎实开展“坚决服从改革大局、忠实履行职能使命”改革强军主题教育活动，深入开展“大谈心”活动，摸清现役干部和职工对待部队调整改革的态度和思想状况，重点做好一人一事的工作，加强思想引导，教育广大干部职工安心本职，稳心尽责。扎实开展党员履诺践诺活动，组织党员定期在党小组会上汇报履诺践诺情况。严格按照上级指示精神开展肃清郭徐流毒影响工作，认真撰写对照检查，重点突出领导干部，党支部对肃清工作严格把关，彻底肃清流毒影响。督导党员领导干部进一步强化政治意识、纪律观念和守纪自觉，在守纪律、讲规矩上做好表率，加强对所属人员的正面教育引导，真正把思想和行动统一到党中央、中央军委和习主席的决策指示上，确保了高度稳定和集中统一。6月，人武部党委被省军区党委表彰为“先进团级党委”。

“山东省国防教育基地”挂牌仪式

**军事工作** 始终牢记强军兴武根本职能，聚焦打赢务求实效，坚持中心工作不动摇，认真落实党委议训管训制度，围绕提高战斗力，在抓训练上舍得用气力、真投入，确保军事工作持续健康发展。一是民兵整组富有成效。根据军分区《关于做好2016年民兵整组工作的通知》要求，结合军分区赋予县民兵整组任务，建立应急、支援、储备3支基干民兵队伍，18个专业共1779人，其中应急分队14支，746人；支援分队13支，860人；储备队伍3支，173人。为了优化整体结构，提高分队的组建水平，结合广饶县大型企业多、城镇化率高、经济水平较发达的实际，采取集中编组方式，将基干民兵主要编配在规模以上企业、党政机关和城市社区，主要以转业、退伍军人，机关干部和参加过军事训练的人员组成，较好的解决了有编无兵、人员难集中、训练难落实的问题。二是应急处突能力逐步提高。人武部党委以提高民兵应急分队遂行任务和应急处突能力为目的，年初以来，结合形势任务要求，与县有关部门搞好对接，对重点目标防卫、防汛抢险、处置暴恐袭击等13类应急预案进行修订完善，建立了科学的军警民联防、联动、联控组织指挥机制。注重在执行任务中提升民兵应急能力。5月，结合广饶县创建文明城市活动，先后组织80名基干民兵上街清理环境卫生和交通执勤；7月，组织广饶街道、开发区和科技职业学院民兵应急分队共200人，保障广饶国际橡胶轮胎展；8月，2次组织广饶街道民兵应急排参加全县反恐维稳演练。9月下旬至11月上旬，根据省军区和军分区要求，组织全县120人的应急分队和9台车辆装备进行了神舟9号与天宫对接应急搜救任务的训练演练工作，做到全时全员待命，随时做好搜救任务，出色完成了上级赋予的使命任务。三是军事训练深入扎实。抓好现役干部训练。落实周三周四训练和每天最后一个小时体能训练制度，采取集中与分散相结合、理论与操作相结合的方式进行，以军事理论、一体化指挥平台应用、战术计算、识图用图、文书拟制和体能为重点，着力打牢现役干部的军事训练基础，7月，派遣1名现役干部参加省军区高炮专业集训。抓好专武干部训练。立足武装部现有条件，采取以会代训、以考促训、任务牵引等形式，提高专武干部军事技能和组织指挥能力。4至5月，先后2次组织全县50名专武干部、民兵教练员进行集中训练。5月，陈官镇武装部部长燕新胜参加省军区为期一个月的集训。抓好民兵训练。年初，结合民兵整组和民兵点验工作，组织东营科技职业学院120人的民兵应急分队进行为期1个月的集中训练。7月下旬，结合“八一军事日”活动，组织全县1500多名基干民兵和普通民兵参加实弹射击训练。9月，组织146名民兵教练员为广饶一中、六中和东营科技职业学院开展为期半个月的学生军训，参训学生共计5600余人。10月上旬，组织全县18名非公有制企业民兵骨干集训。11月中旬，组织大王镇民兵应急分队开展以军人基本养成、应急维稳、消防灭火为主要内容的集中训练。新入队的600余名基干民兵，全部分专业进行了基础科目训练，全县民兵队伍建设水平、战备意识和遂行任务能力有了大幅提升，县人武部被军分区表彰为军事训练先进单位。四是征兵工作完成圆满顺利。狠抓征兵宣传。及时总结往年好的经验做法，做好宣传工作。春节期间，着手做好放假返乡大

参加全市民兵应急分队集中点验

学生的宣传工作，向全县90%以上的大学生发放征兵宣传资料；5月上旬，集中利用7天时间在东营科技职业学院开展“征兵宣传进校园”活动；7月上中旬，组织9台宣传车，对全县553个村庄、社区进行为期10天的集中宣传，期间发放《征兵宣传手册》6000余份。落实兵役登记制度。按照上级要求，扎实开展网上登记和预征报名工作。先后2次召开基层武装部业务培训会，并以县政府的名义张贴兵役登记公告1700余份。在县人武部专门设立兵役登记和预征报名办公室，督导所属9个乡镇全部建立规范的兵役登记和预征报名工作站，从5月中旬开始至8月上旬，针对人员难集中、报名程序不熟悉的实际，采取专人负责、分片包干、社区集中的方式，开展网上兵役登记和预征报名工作。严密组织体检政审。组织体检医生和政审负责人召开专题会议，传达学习体检标准及有关规定，现场签订责任书。高标准设置封闭式体检站，安装了手机信号屏蔽器，设置候检区、信息采集区、体检区，从武警中队借调2名武警战士全时执勤；实行集中政审制度，每个乡镇均设置政审专门场所，从年龄、学历、家庭情况、现实表现、有无违纪等方面实行单项淘汰，确保政审不出任何问题。周密组织走访调查。走访调查工作继续按照分片包干的形式进行，部领导带领人武部的同志分别下到各基层单位，与乡镇武装部、卫生院的同志

征兵宣传

组成走访调查小组，走村串户，做到与每一名走访调查对象本人、家长、村居负责人见面，对走访调查对象病史、入伍动机、家庭组成、群众反映等问题进行了详细核实，现场填写走访调查承诺书，确保详细掌握入伍对象的真实情况。确保廉洁征兵。严格落实“五公开、五公布”制度，对上站体检人员名单、体检政审合格人员名单和定兵名单，及时张榜公示。征兵办公室向所有上站体检应征青年发放廉洁征接兵监督卡，公布省、市、县三级举报电话、举报信箱，县征兵办与乡镇分别签订廉洁征兵责任书。严格落实党委定兵和集体定兵，征兵工作领导小组先后4次召开碰头会，分析研究征兵工作进展情况，分管武装工作的陈伟颂副县长2次到武装部现场办公，并主持召开集体定兵会议，县纪委、卫计局、教育局、公安局领导和征兵办公室成员全程参与。县征兵办2次接受省军区廉洁征兵巡查和暗访调查，均未发现任何违纪违法问题。12月，广饶县人民政府征兵办公室被山东省军区表彰为山东省征兵工作先进单位。

安全管理　一是抓好安全教育。严格落实安全教育计划，认真组织所属人员学习安全管理知识，突出安全事故通报、反恐维稳规定、文电车密管理知识的学习掌握。以“百日安全竞赛”为载体，坚持每半月有安全分析、每月有安全检查、每季有安全讲评，充分利用周一大交班、重大节日战备教育、重大活动安全评估、重要时节安全检查等时机，抓好干部职工的教育管理。二是抓好重点部位管理。人武部4名干部转业后，及时调整安全委员会和保密委员会人员名单，完善相应工作机制，区分责任分工，做到安全管理工作有人管、有人抓。抓人员安全管理。正规机关四个秩序，狠抓上下班制度的落实，对安全

管理工作实行责任制，层层签订安全管理责任书；严格落实谈心交心活动，定期与所属人员谈心交心，实时掌握干部职工的思想变化和个人需求，有针对性的做好思想稳定工作。严格落实值班制度，无论是正常工作日还是节假日，人员在位率均不低于50%，主副班必须24小时住部值班，人员在位率符合战备要求；严格落实请销假制度和八小时以外人员管理，人员出防区必须由部领导审批，知道去哪里、干什么、想什么，使人员时时处于组织管理之中。抓枪、弹、密和车辆管理。严格落实枪、弹管理制度，落实兵器室主官带班制度；严格落实涉密载体管理；严格落实办公车辆派遣制度，专职司机驾驶，按规定维护保养，制定完善私家车管理规定，与每一名干部职工签定私家车管理使用承诺书，较好的杜绝了出私车、无故长途用车的现象。三是抓安防设施建设。在县委、县政府的大力支持下，重点对安防硬件设施进行了维修改造，对后围墙进行加高加固，安装了铁丝网和监控探头，改造了办公楼门进系统，达到办公区、生活区全时监控；针对办公楼比较陈旧的现状，对用电线路进行一次大检修，对四楼进行了防盗改造和加固。四是抓好防暴反恐工作落实。坚持把防暴反恐作为维护自身安全和驻地稳定的重点工作抓实抓牢，在上年硬件设施建设的基础上，进一步提高各应急分队防暴反恐能力。加大训练演练，2次组织全县各乡镇街道民兵应急排联合演练。充分发挥民兵信息员作用，利用微信群；进一步加强与县公安局治安大队、武警中队和安全部门的沟通联系，做好民兵应急分队与地方防暴反恐力量有机结合；全面掌握本辖区内民情社情情况，建立人武部、公安局与其他驻军联动机制，确保关键时刻人武部能迅速反应，防暴力量能够发挥应有作用。

广饶一中新生军训圆满成功

双拥共建　牢固树立军民融合发展的思想，加大国防宣传力度，营造人人关心国防的社会氛围，积极组织广大民兵预备役人员主动支援地方经济社会建设，在密切军政军民关系中促进全面建设提高。一是国防教育有新发展。认真贯彻落实《国防教育法》，结合民兵整组、民兵训练、学生军训、征兵工作和国防教育日，充分利用网络、广播、电视、报纸等媒体进行宣传教育，先后在3个镇街、5所学校组织国防教育巡回宣讲，共1.5万余人参加，全民国防意识不断加强。二是双拥共建有新内容。年初以来，先后参加植树造林、城区整治、抢险救灾、防雹增雨等任务，有效提高了双拥共建质量效益；“七一”“八一”和胜利日期间，主动看望老党员、老革命和困难复退军人。认真贯彻落实上级关于支援老区建设和贫困村帮扶工作的指示精神，扎实做好扶贫帮困工作，组织全体干部职工到广饶县陈官镇古家村开展扶贫日活动，在前期结对帮扶困难家庭的基础上，重点对帮扶村3个因病致贫、因病返贫的家庭进行慰问，发放慰问金，送去米、面、油等生活用品。协调县医院和县中医院对疾病困扰的家庭进行义务体检，制定治疗方案，联系相关专科医院就诊，期间出动干部职工和民兵25人，运输车辆2台，工程车辆1台，对帮扶村的卫生死角和街道主干道，进行彻底卫生清理、除虫消毒。开展“一帮一、手拉手”活动，部领导与贫困学生结成帮扶对子，先后2次进行看望慰问，送去助学金3000元。三是拥政爱民有新成效。积极参加县里开展的各项活动，自觉把部里的工作纳入县相关部门的检查考核，并按照要求抓好贯彻落实。在县综合治理、计划生育、普法、精神文明和双拥模范城创建等检查中均受到好评。积极教育和引导广大民兵在“黄蓝”国家战略实施的主战场、维护稳定的第一线、平安和谐社会的构建中发挥生力军和突击队的作用，紧紧围绕民兵预备役部队担负的城市防空、反恐维稳、抢险救灾、应急处突等任务，积极研究信息化条件下联训联演的新路子，大力加强五类五支应急救援专业力量建设。广泛开展民兵预备役人员争当“精神文明建设标兵、维护社会稳定卫兵”的活动，为构建和谐广饶、平安广饶起到了示范带头作用。

## ·边　　防·

*基层基础工作*　做好接处警和案件办理工作。年内未发生任何执法过错和涉法上访问题，执法工作规范高效。共接处警47起，刑事4起，治安12起，纠纷16起，救助5起，其他10起，其中，打击处理14人次，拘留3人，罚款11人。全力抓好边界维稳工作。加强情报收集研判。两会期间，成功处置因寿光单方施工引发的边界纠纷。全面深化爱民固边亮点品牌。始终将群众满意作为衡量公安边防工作成效的根本标准。共走访群众1400余户4300余人次，为群众做好事办实事解难事11件。圆满完成专项行动和安保任务。部署开展“立案专项整治”“涉危涉爆”“易制毒化学品大排查大整治”等6项专项行动。圆满完成“广饶轮胎节”等5个重大安保任务。

*四项建设*　扎实推进基础信息化建设。争取新区投入30万元，增设重点区域治安监控13个，充分发挥技防作用。推进警务实战化建设。完善处置突发事件“1＋N工作预案”，扎实开展全员岗位练兵。深入推进执法规范化建设。一名同志在总队法制比武竞赛获得三等奖，两名同志在支队执法竞赛获得前两名。强化硬件建设，投资23万元对办案区进行升级改造。大力推进队伍正规化建设。结合所内实际制定《内务卫生管理规范》，从严、从细抓官兵养成，不断规范工作秩序。

*后勤规范化建设*　完成营区防水保温。进一步改善官兵工作、生活环境。根据上级要求，大力加强财装物资管理。加强农副业生产。在营区种植多种时令蔬菜，丰富了菜篮子。

## ·武　　警·

年内，武警中队紧紧抓住执勤工作中心不放松，有效结合“勤务隐患治理”“三个一遍检查”查找执勤问题，解决执勤隐患。针对“三班四哨”“情况处置”“哨兵反袭击”“新兵岗前培训”等勤务训练载体进行研究和创新，有效提高训练质量，确保了目标、哨兵、执勤枪弹和中队的安全稳定。认真查摆执勤中的“常见病”“多发病”，切实把各种隐患和事故苗头消灭在萌芽状态之中。从落实制度入手，严格勤务值班、查铺查哨制度，着重加强“两个12时”后的查勤，做到每日查勤次数均在六次以上，确保执勤目标的绝对安全。从双警联动入手，中队每月与看守所定期召开联系联防会议，沟通交流意见，及时解决硬件隐患，防逃制逃的能力得到进一步加强。不断进行应急处突和勤务方案演练，进一步强化战术、体能等基础课目训练，努力提高官兵的擒敌技能和基本素质，确保随时能拉得出，打得赢。年内先后圆满完成“中国(广饶)国际橡胶轮胎及汽车配件展览会”“环湖自行车赛”“武装巡逻”等勤务，树立了武警部队威武文明之师的良好形象。

扎实推进党的群众路线教育实践活动，积极开展“牢记强军目标，献身强军实践，永远做党和人民的忠诚卫士”主题教育和经常性教育，充分运用黑板报、宣传栏、自办小报、“漫画墙”等载体浓厚学习氛围。认真组织开展“读书伴我成长”群众性读书活动，先后购买图书200余册，从县图书馆借阅图书200余册，满足了官兵读书需要，收到良好效果。利用请进来的方式，邀请县文体局专业老师和花园初中专业音乐老师到中队指导，培养官兵文艺细胞，陶冶官兵文化素养，锤炼官兵文艺创新精神；邀请地方书画家到中队为官兵挥毫泼墨，八一前夕与广饶县同乐艺术团合作成功举办“庆八一文艺汇演”，为政治工作的良好开展注入新鲜活力。着眼提高综合保障能力，不断加大后勤建设力度。坚持因地制宜，积极开展后勤农副业生产建设，适时种植蔬菜品种达10多种，收到较好效益，也让官兵吃上放心菜、绿色食品。不断改善后勤伙食，中餐、晚餐都达到五菜一汤，保证官兵吃得好，吃得饱，吃得有营养。改造了荣誉室、晾晒场、淋浴室、厕所等硬件建设，特别是将热水管直接引到各楼层，改善了官兵生活条件。

# 李鹊小麦

广饶县李鹊镇种植小麦历史悠久，已有300多年历史。所产小麦穗纺锤形，长芒、白壳、粒白，籽粒较饱满，半硬质，具有很高的经济价值。

该地区属暖温带，属季风性气候，境内气候无明显差异，气候特征是雨、热同季，大陆性强，寒暑交替，四季分明。春季为3～5月，气温回暖快，降水少，风速大，气候干燥。夏季为6～8月，气温高，湿度大，降水集中，气候湿热。秋季为9～11月，气温急降，雨量骤减，天高气爽。冬季为12～2月，雨雪稀少，寒冷干燥。境内历年平均日照时数为2234.0小时，历年平均气温12.3℃，降水量历年平均587.4毫米，多集中在6～9月。全年主导风向为东南风。风向随季节有明显变化。冬季多吹西北风，春、夏季多吹东南风，初秋多吹东南风，晚秋多吹西北风。常年始霜期为10月21日前后，常年终霜日在4月6日前后，年平均无霜期为198天。这种气候为小麦栽培和发展提供了较优越的气候条件，主要表现为气温较适宜、日照时间长、热量充足、降水丰富，为李鹊小麦发育及各种营养提提供了重要保障。

特殊的地理人文环境使得“李鹊小麦”具有不同于其它地区小麦的特定品质：该地区生产的“李鹊小麦”，以粒白、子粒饱满而闻名。据检测，每百克小麦含粗蛋白9.5％、湿面筋33.6％。

# 广饶蜜桃

广饶蜜桃是东营市广饶县著名的农副产品之一，产地主要分布于广饶街道、丁庄街道、大王镇、稻庄镇、李鹊镇、大码头镇和陈官镇等区域。广饶县独特的地域环境为蜜桃的生长提供了有利条件。广饶蜜桃个头硕大、形态优美、色泽鲜艳、皮薄柔嫩、果肉细腻、汁甜如蜜，深受消费者喜爱。中医学上用桃仁、桃花入药。桃仁性平、味苦，具有破血祛瘀、润燥的功能，可以治疗瘀血停滞，经闭腹痛，便秘等症。

# 东营面粉

东营面粉是东营市广饶县特色产品之一，生产区域分布在东营市广饶县的广饶街道、乐安街道、丁庄街道、大王镇、稻庄镇、李鹊镇、大码头镇、花官镇和陈官镇境内。广饶县是山东省小麦主要产区，历来享有盛名。至2016年，全县小麦种植面积52万亩，其中优质小麦面积达45万亩。东营面粉采用当地优质小麦严格分级研磨筛理，精制而成，含粗蛋白15.15%、湿面筋33.6%。面粉色泽洁白，面筋质高，柔软细腻，营养丰富。制成食品色白净，味香甜，面筋大，风味独特，营养价值高，为面条、馒头、水饺、面包专用产品。

# 东营小米

东营市位于山东省北部黄河三角洲地区，黄河在东营市境流入渤海。属暖温带大陆性季风气候，基本气候特征为冬寒夏热，四季分明。东营小米由于当地黄河三角洲一带的特殊自然条件，形成了其独特品质。具有颗粒饱满、色泽金黄、光泽度好、晶莹明亮、富含营养、粘糯芳香、口感香甜等优点。由于光照充足、生长期长、极少发生病虫害，近几年大量销往天津、济南、青岛等地。东营小米营养丰富，含有丰富的蛋白质、维生素及钙、磷、铁、锰、锌等微量元素。

# 经 济

## 经济管理

### ·发展改革·

**机构** 2016年度，县发展改革局局机关设办公室（财务股与其合署）、综合规划股（挂国民经济动员办公室牌子）、农村经济发展股（地区经济与资源环境股与其合署）、经贸流通股（挂利用外资与境外投资股牌子）、投资股（行政审批服务股与其合署）、社会经济体制改革股6个行政股室；下设副科级事业单位广饶县项目规划办公室（挂广饶县服务业管理办公室牌子），内设项目管理室、服务业管理室2个股级机构。在编在岗干部职工25人，其中正科级干部6人、副科级干部5人、一般干部职工12人、工勤2人。广饶县发展和改革局被评为2016年度省级精神文明单位。

**国民经济和社会发展计划编制与执行情况** 2016年年初，编制广饶县2016年度国民经济和社会发展计划，预期全县生产总值767亿元，同比增长7.5%左右。全社会固定资产投资12.5%左右。公共财政预算收入45.4亿元，增长7%左右。社会消费品零售总额187亿元，增长10%。进出口总额保持适度增长。实际利用外资保持适度增长。城镇居民人均可支配收入37026元，增长8%。农民人均纯收入16295元，增长9%。城镇登记失业率控制在2.5%以内。人口自然增长率控制在15‰以内。二氧化硫排放量下降5%。万元生产总值能耗完成市下达任务。

2016年，县域综合实力和竞争力持续提升，在全国百强县中比上年前移2个位次，跃居第42位。全县实现生产总值791亿元，比上年增长7.5%。三次产业结构调整为5.4∶65.1∶29.5，服务业增加值占GDP比重提高1.9个百分点。财政收入保持稳定增长，实现境内财政总收入67.2亿元，其中，公共财政预算收入40.9亿元，比上年下降3.5%。实现全社会固定资产投资650亿元，比上年下降15.6%。消费市场总体平稳，实现社会消费品零售总额192.7亿元，比上年增长11.3%。实现进出口总额310.3亿元，占全市的比重31.2%。其中，进口总额134.6亿元，比上年下降7.6%，出口总额175.7亿元，比上年下降3.3%。轮胎行业实现出口额142.4亿元，占全县出口总额的81.4%。实际利用外资预计完成1508万美元。城乡居民收入稳步增加，城镇居民人均可支配收入达到37108元，完成年度计划的100.2%，增长7.9%；农村居民人均可支配收入达到

17249元，完成年度计划的105.9%，增长7.9%。

信息调研　着眼把握大局、研究大势，坚持预研预判、善谋善为，坚持组织经济运行分析，强化经济发展态势和趋势监测，针对经济运行中的突出矛盾和问题，及时向县委、县政府提出对策建议。深入重点行业企业100余家次，开展座谈、调研，在经济下行的大背景下，对全县经济形势客观全面的分析，提出有针对性、可操作性强的对策建议，得到县主要领导和社会的广泛认可。撰写完成前三季度经济运行情况分析，并经县政府常务会议、县委常委会通过，得到县主要领导和社会的广泛认可，许多措施建议纳入县委、县政府决策。组织实施了2016年国民经济和社会发展计划，研究提出2017年经济社会发展思路、目标和工作重点。

政策资金争取　认真分析研究上级政策调整、重大规划和项目资金导向，积极协调，主动作为，充分依靠政策，累计争取小城镇建设省预算内资金、国家专项建设基金、省级服务业发展引导资金、高店水库增容工程省级资金、奶牛标准化规模养殖场建设中央预算内资金、京津冀及重点地区污染治理工程资金、沿海防护林资金、县域经济科学发展试点资金等各级各类无偿资金16162万元；积极争取国家、省、市发改委支持，协同广饶县经济发展投资有限公司成功发行20亿企业债，资金已到账；为大海集团、中达纺织申领并配发2016年第一批棉花进口配额4393吨，并对配额使用情况进行管理；提报山东永泰集团有限公司赛车胎工程实验室、东营市康森秸秆制品有限公司工程实验室被认定为市级工程实验室；协助县地炼企业积极完善手续，争取进口原油指标，东营齐润化工有限公司获得220万吨/年进口原油使用权资质和进口原油非国营贸易资质，山东东方华龙工贸集团有限公司、山东胜星化工有限公司、山东齐成石油化工有限公司已完成省级备案认定，进口原油申请材料上报国家发展改革委待批，广饶科力达石化科技有限公司和山东尚能实业有限公司正在完善项目相关手续，积极做好进口原油争取工作；积极做好政策性银行贷款工作，按照农发行等政策性银行贷款工作要求，积极筛选和包装项目，先后为兴安学校、九九阳光乐园等11个项目出具对项目可行性研究报告的批复，确保项目资金贷款工作的顺利开展；在多方协商论证和积极争取下，山东哈迪斯机车配件有限公司年产500万套轨道列车空气弹簧减震总成项目列入2016年省重点建设项目；宇通电子商务综合服务平台项目、乐安城市广场项目列入2016年市服务业重点项目；广饶汽车文化产业园列入省服务业载体项目。

县域经济科学发展试点　着力推进县域经济科学发展试点工作。2016年，是广饶县为期3年的县域经济科学发展试点县试点期的最后一年。广饶县抢抓试点机遇，围绕加快镇域经济发展的试点任务和总体要求，积极创新，扎实推进，努力克服严峻复杂的宏观经济形势和持续加大的经济下行压力，不断培植镇域经济发展的新优势，探索镇域经济发展的新途径，镇域经济实现新发展，全县经济社会保持了健康协调稳

县域经济科学发展试点实地验收

步发展。11月底,省县域经济科学发展试点验收评估督导组对广饶县县域经济发展情况进行验收,实地考察镇域经济发展成果,对试点期经济发展情况给予充分肯定。充分发挥县域经济试点资金对镇域经济发展的引导作用。严格筛选论证和实地认定程序,下达《关于下达2015年度县域经济科学发展试点资金项目投资计划的通知》,对7个镇、街道的9个项目进行资金扶持,项目总投资额7260万元,总扶持金额2602万元,并对专项资金使用情况做好后续监管,确保资金发挥对镇域经济发展的引导效益;对2016年县域经济试点资金项目进行省级申报,兴安学校建设工程项目获省区域办备案批复,列入资金支持计划,积极指导项目单位做好省区域战略推进专项资金使用管理情况检查工作。多方论证,积极争取花官镇被省发改委批复为产业园区与小城镇建设融合型试点镇。

综合性工作　全面突破重大事项的协调推进工作。加强与上级部门沟通对接,积极推进高店水库增容工程完成省级立项;做好社会信用体系建设工作,调度汇总全县行政处罚和行政许可目录共4033条,调度相关部门整理汇总2015年以来所做出的行政处罚和行政许可信息;配合完成开发区审核公告目录修订工作,按照修订标准组织广饶经济开发区、大王经济开发区2个省级经济开发区提报了审核材料;积极组织9家企业参加西洽会、渝洽会、京津冀推介会、西博会,总计签约项目6个,签约金额146亿元,为项目"引进来"和"走出去"做好服务保障;做好"一带一路"落实工作及环渤海区域合作落实工作。牵头推进重点改革事项。承担县公务用车制度改革领导小组办公室日常事务和综合协调工作,负责牵头拟订《广饶县党政机关公务用车制度改革实施方案》,科学制定《广饶县党政机关公务用车制度改革涉及车辆处置办法》,公开规范处置拟取消公务用车,各部门、镇街签订《车辆封存保管协议书》,制定下发《广饶县党政机关机要通信和应急用车使用范围(暂行)》,加强留存公车管理;作为县经济体制改革专项小组牵头单位,按照县委改革办的要求,就《中共广饶县委全面深化改革领导小组2016年工作要点》《广饶县经济体制改革2016年实施方案》《广饶县2016年重点改革事项》《广饶县2016年改革任务台账》经济体制改革部分反复征求专项小组成员单位修改意见,每月组织成员单位报送改革任务台账,做好各项改革事项调度工作。牵头做好县扶贫协作重庆市酉阳县相关工作。组织与酉阳县的双方互访对接及实地考察,签订《广饶县・酉阳县对口扶贫协作框架协议》,明确对酉阳扶贫协作的协作原则、协作内容、协作机制等扶贫协作关键内容。在此基础上,充分与东营市及酉阳县对接,起草印发《广饶县扶贫协作酉阳县工作专项规划(2016～2020)》,紧扣酉阳县"2017年基本脱贫、2018年打扫战场"的目标,在强化资金保障、镇村"一对一"结对帮扶、特色产业扶持、人才帮扶、旅游合作等方面完善扶贫协作措施,全面完成东营市委、市政府安排的扶贫协作任务。研究确定2016年广饶县政府援助酉阳资金项目计划,安排200万财政资金用于酉阳县基础设施建设工程及贫困村人居环境改善工程,已进入县政府批复程序。牵头完成其他工作。做好碳排放权交易市场建设准备工作;做好环保督政及煤炭消费减量替代工作;牵头编制《中心村电网改造升级2016～2017年实施方案》和《农村机井通电2016～2017年实施方案》;做好国民经济动员工作,山东万圣博科技股份有限公司获批复建立山东省特种纤维动员中心,提报其年产8000吨对位芳纶纤维项目争取列入国家和省军民融合"十三五"规划重大工程项目。

优环境强服务工作　做好重点项目推进及筛选论证工作。牵头组织筛选论证2017年全县重点工程项目,围绕工业、农业农村、服务业、城建及基础设施、社会事业、生态环境建设等6大领域,筛选论证2017年重点工程项目128个,项目总投资662.6亿元,2017年计划投资233.7亿元;调度推进好东营科海智能科技有限公司5000套/年工业机器人项目等2个2016年县重点工程项目。创新服务方式，提升项目审批水平。所有项目实行网上审批和流程全程公开，重大项目股室联审，全面实现行政审批公开透明和市场监管的信息共享。共审批、备案、核准项目 292 个，总投资 67 亿元，办理节能评估审查 289 项，所有受理业务均未发生过期办理现象，项目办结率和群众满意率达到 100%，窗口服务零投诉。顺利承接上级下放的光伏项目审批权限，确保执行政策不走样，业务开展无障碍，共为 651 个自然人光伏发电项目立项备案，为 24 个企业屋顶分布式光伏太阳能发电项目立项备案。对行政审批权力事项进行梳理，进行综合执法体制改革，对行政处罚权进行明确；对中介服务收费进行清理规范；完善山东省投资建设项目监管平台建设，加快诚信体系建设，完善失信联合惩戒机制，为企业发展营造良好环境。全力做好规范工业企业建设秩序及化工产业转型升级工作。牵头组织实施规范工业企业秩序手续办理工作，坚持部门联动，优化流程，并联审批，为 286 个项目出具“符合产业政策情况的说明”；在市政府主导下，在全县范围内开展化工产业转型升级工作，全县共摸排无手续项目 222 个，认真研究分析，对符合产业政策情况进行充分说明，按照《全县化工产业转型升级工作进展情况及下一步工作安排》文件要求，对确定给予补办手续机会的 188 个项目大部分办理立项手续，对未立项的项目中需要整改完善手续的 31 个化工项目出具“符合产业政策情况的说明”。

## ·物价管理·

*机构*　物价管理办公室设办公室、价格监督检查室、价格和收费管理室、行政审批服务室 4 个内设机构，农产品成本调查队、价格认证中心两个事业单位。有在编人员 25 人，其中部门领导 5 人，内设机构副科级 1 人，事业单位副科级 1 人，副主任科员 3 人，提前离岗 1 人，股级 4 人(含中级职称 1 人)，行政编制科员 5 人，事业编制职员 5 人(含中级职称 1 人)。县物价管理办公室被国家发改委和中国经济导报表彰为全国价格宣传先进单位。

*价格调控和管理*　规范能源价格秩序，加快构建节约型社会。为深化能源价格市场化改革，及时规范价格秩序，顺应优化消费结构、建立节约型社会的客观要求。对全县范围内的餐饮、住宿行业、大型零售行业、旅游景点等经营者的明码标价和收费公示工作进行全面规范。通过对 30 家经营单位主动上门约谈、发放《广饶县物价管理办公室关于进一步规范经营者明码标价和收费公示的通知》、签订明码标价和收费公示工作《承诺书》等形式，宣传规范明码标价的内容，积极倡导合法守规、明白消费的服务理念，维护正常的市场价格秩序，保护消费者和经营者的合法权益。为切实加强房地产市场价格监管，着力解决商品房销售中存在的标价混乱、信息不透明、价格欺诈等问题，按照上级业务部门的通知要求，对全县 3 家房地产企业的商品房实行提价备案和明码标价制度，规范房地产价格秩序根据煤炭市场的变动情况，对 6 家公用电厂的电煤价格变动情况进行调研。为应对市场价格异常波动，避免“天价鱼”“天价虾”等价格突发事件的发生，印发《广饶县物价管理办公室价格异常波动应急预案》。开展供气价格及阶梯气价改革前期调研和成本监审工作。根据县情和居民用气的实际情况进行走访调研，为合理确定不同级差的气量基数奠定基础。配合财政、城管队对供暖补贴和城乡环卫一体化成本情况进行了核算。

*收费监管服务*　积极做好公立医院医疗价格改革工作。对三家公立医院开展价格对标工作，上报市局县公立医院医药价格改革情况报告表、药品零差率后财政补贴情况、5 年内年终会计报表、社会保障医疗机构收支决算等各类报表。做好收费网上年审工作。对 2015 年的收费情况进行网上审报，及时对收费单位审报情况进行年审，与县财政局联合编制《2016 年全县行政事业单位收费管理目录》。积极做好收费动态监管和收费统计系统软件的维护，做好收费统计分析，在准确填报收费统计数据的同时，认真撰写收费情况年度分析报告，

总结在收费管理工作中存在的突出问题，并对突出的重点问题提出建设性意见。认真搞好清费治乱工作。按照上级文件要求，及时清理涉及7项收费政策。

*规范市场价格秩序* 坚持以点带面，突出对重点领域、重要部位、重点单位的监管，进一步优化价格环境，保障群众合法权益，减少价格欺诈行为，确保群众生活必需品价格的基本稳定。组织对超市、商场、集贸市场以及重要粮油、蔬菜、水产品批发市场巡查10次；在"元旦""春节""3·15""五一"、国庆等节假日期间，对超市、商场进行巡查，并对自制标签未进行备案、标价不规范或不标价单位进行教育、警示和处罚。2016年全年通过12358价格举报电话、6012345民生热线、行风热线、办公电话等途径共受理各类价格投诉、举报、咨询案件共计72件，办结72件，协调退款25655元，办结率为100%。

*农产品成本调查* 认真做好每一项成本调查资料的汇总、分析、上报工作，按照工作计划共开展农产品成本调查7项，先后开展"小麦成本预测调查"等3项省级直报调查、"农户种植意向调查"等3项省级专题调查、全年生猪成本调查1项市级常规调查，撰写分析材料和调查报告7篇。深入基层，确保调查信息的真实可靠。深入农村，走进农户家中，详细询问了解农户的生产成本及收益情况，确保获得第一手调查资料。工作中，发现问题及时纠正解决，避免出现问题，提高数据的准确程度。正确引导农户不断改变种养结构，从而提高经济效益，为农户致富发挥了积极作用。为保障采集价格信息的准确性、及时性，在价格监测点聘请兼职价格监测员，通过现场、电话询价方式，随时掌握价格动态。依托广饶县物价局门户网站、广饶物价政务"微博"开展"晒价格"活动，每周公布3家农贸市场和大型超市10种左右重要民生商品的价格比对信息，共上报监测报表300余份。为促进轮胎产业发展，启动轮胎价格指数编制工作。积极配合省、市物价局工作部署，对20余家轮胎企业轮胎价格指数编制前期准备工作进行调研。大力开展"价格政策进万家"活动。以创建的"一站""两栏""四进""六到户"为平台，通过发放宣传手册、走访座谈等方式，宣传涉及民生、涉及企业的价格法律法规，力所能及地为群众解决实际困难和问题，帮助企事业单位规范价费行为。

*价格认证* 在涉案物品的价格鉴定工作中始终把合法、客观、公正、科学、高效的原则放在首位，要求鉴定人员严格按照《山东省涉案财产价格鉴定条例》《山东省物价局涉案物品价格鉴定操作规程》的规定，在工作中不断提高工作效率，提升工作质量，坚持做到资料齐全、程序合法、计算准确、结论真实，为打击经济、刑事犯罪，保障社会和谐稳定发挥了积极作用，受到委托机关的肯定和好评。2016年，共开展各种价格认定465起，认定金额1033.3万元，其中：交通事故车辆损失价格认证322起，认定金额882万元；公安刑事案件124起，认定金额369万元；检察机关案件2起，认定金额33.6万元；法院委托案件2起，认金定额265万元；行政机关委托13起，认定金额363万元；价格纠纷及调解2起，调解金额2.7万元。做好认证价格援助工作，在大力开展认证工作的同时，为困难群众开辟绿色通道，并提供认证价格费用援助。

## ·工商行政管理·

*机构* 县市场监督管理局（县食品药品监督管理局）成立于2016年1月，是由原县工商局和原县食药局2个单位合并组建，设14个职能股室和县食品药品稽查大队、县消费者投诉中心2个事业单位，10个镇街派出机构，有在职干部职工152人。主要职责：负责各类企业、农民专业合作社和从事经营活动的单位、个人等市场主体的登记注册和食品、药品、医疗器械、化妆品等行政许可；依法规范和维护各类市场经营秩序；承担消费者权益保护责任；广告活动的监督管理；商标监督管理，推荐著名商标；指导全县民营经济发展；负责保健食品、化妆品、酒类食品安全的监督管理；承担食品生产、流通及餐饮服务环节的食品质量安全监管职责；指导食品药品安全事故应急处置

和调查处理等工作。2016年12月，被山东省精神文明委员会办公室授予“山东省精神文明单位”称号。

**商事制度改革** 认真贯彻落实企业“五证合一”和个体工商户“两证整合”登记改革，推进工商注册制度便利化，年内换发新证3166份。优化登记服务，全力推动地方产业转型升级，激发市场活力，年内新登记市场主体4175户，全县实有市场主体24070户，登记率均高于往年水平。推进信用信息公示，利用手机短信、传单、上门服务等方式加强年报宣传与指导，将年报工作与市场主体清查及换照相结合，强化奖惩机制，做好年报公示工作，企业、个体工商户、农民专业合作社年报率分别达到87.87%、94.49%、84.44%。实施“双随机”抽查模式，抽查企业140户、个体工商户394户、农民专业合作社15户、抽查投资担保类企业10户，抽查结果通过国家企业信用信息公示系统向社会公示。“双随机”经验做法在全县会议上做交流发言。

**职能作用发挥** 优化办理流程，畅通企业融资渠道，办理企业动产抵押登记375件，融资额169.05亿元。开展“守合同重信用”企业评选推荐活动，年内新认定或通过复审市级14户，省级16户，全县有国家级7户、省级38户，市级100户。实施商标品牌战略，强化品牌引导和国际商标培育，联合县政府办公室开展马德里国际商标注册专题调研，保障服务山东省“商标国际注册与创建自主品牌集中宣传活动”专题采访，年内新增注册商标385件，新申请马德里国际注册商标51件(不完全统计)，新增省著名商标4件，申报的3件国家地理标志商标，其中“广饶草莓”获批通过，“广饶齐笔”“广饶面粉”进入初审公告，年底全县有效注册商标4218件，境外注册商标500余件。开展市场文明诚信建设，全县有“文明诚信市场”国家级1处、省级6处。

省委民营经济督导组到广饶县进行检查指导

**监管执法** 加强重点领域、重点行业监管，集中开展公用企业限制竞争和垄断行为专项整治行动，对供水、供电、供气等限制竞争和垄断行业进行摸底调研，督促自查整改。开展投资担保类企业专项整治，逐户排查投资担保类企业101户，规范企业担保行为。大力开展互联网金融广告、房地产广告、清理含有“特供”“专供”、户外广告等专项整治活动，严厉打击虚假违法广告。完善网络市场监管机制建设，建档网络市场主体125户，累计录入网络经营主体信息880户，网店10户。加大对流通领域商品包装、标识以及商品质量监管力度，严厉打击销售假冒伪劣和不合格商品、商标侵权违法行为。全年查办各类违法案件31起。完成成品油抽检工作，排查成品油仓储批发企业、加油站51家(次)，抽取车用汽油、柴油样品157个，加油站抽检实现100%全覆盖。配合市局对儿童用品、消防产品、笔记本电脑、小家电、煤炭、服装等商品进行质量抽检，抽检样品71批次。加强12315建设，确保热线打得进、接得通、受理好、分流快，共受理来电287件，为消费者挽回经济损失107万元。

(袁红超)

## ·质量技术监督·

机构　广饶县质量技术监督局设3个职能股室：办公室（政策法规股与其合署）、综合业务股（行政审批服务股与其合署）、特种设备安全监察股。局直属事业单位4个：县质量技术监督稽查大队、县产品质量监督检验所、县计量测试检定所、县橡胶轮胎产品与材料质量监督检验中心。2016年，被表彰为市级卫生先进单位、全市安全生产基层基础工作先进单位。

质量监督与打击假冒伪劣　2016年，开展成品油、润滑脂、危险化学品及其包装物、生产领域消防产品等重点产品专项整治。处理12365投诉2起，民生热线投诉16起，电话投诉6起，业务范围内"100％受理、100％处理和100％反馈"。对全县生产领域化工、建材、轮胎、橡胶等产品进行委托检验，全年检验样品1076批次，检验样品总量较上年同比增长10％。根据《东营市质量技术监督局关于开展2016年东营市制造业产品质量合格率统计调查的通知》要求，承担年度东营市橡胶和塑料制品业的市级监督抽查工作。抽查涉及18家橡胶和橡塑企业，总计21批次样品，经检测，抽查企业合格率和产品合格率均为100％。

特种设备安全工作　查处特种设备违法案件13起，结案8起，形成打击特种设备非法违法行为的高压态势。深入开展气瓶充装单位整治与移动式压力容器充装单位整治，严厉打击无证充装行为。共有液化石油气瓶充装单位12家、移动式压力容器充装单位11家。由于种种原因，大多数单位均未取得充装许可证，存在较大安全隐患。把打击无证充装、指导未取证单位完善资源条件作为重点工作，至2016年年底，12家液化石油气瓶充装单位中10家已取证，2家取证申请材料市局已受理等待省局评审组实地审查；11家移动式压力容器充装单位全部取证。针对电梯标识不统一的问题，组织各电梯维保单位按照山东省地方标准《电梯标志和标识》（DB37/2604～2014），统一更换了新的电梯标志和标识。

标准化工作　10月22日，国家标准化管理委员会评审组对广饶县创建"国家食用菌栽培综合标准化示范区"的材料和现场进行考核，对示范区建设工作给予高度评价，认为示范区完全符合验收标准，广饶县"国家食用菌栽培综合标准化示范区"顺利通过验收。示范区的建设将为广饶县食用菌产业发展提供更好的标准化支撑，推动产业升级发展。积极鼓励企业参与国家标准、行业标准的制（修）订。2016年，东营市宇通气门嘴有限公司、山东正和木业有限公司、山东华泰纸业股份有限公司、山东盛泰车轮有限公司等5家企业参与国家标准、行业标准的制订，其中国家标准11项，行业标准3项。全县共有21家单位参与制定国家标准47项、行业标准14项。组织企业参加"标准化综合知识暨标准化工作专家培训班"，积极引导企业做好企业产品标准网上自我声明工作。有88家企业上报336项标准。

推进名牌工作　积极组织企业参与2016年度山东省名牌申报工作，山东乐悠悠花生油科技

副省长王随莲（前左二）到华泰调研标准化工作

有限公司、山东金禹王防水材料有限公司、山东中一橡胶有限公司、东营市康森秸秆制品有限公司等4家企业参与2016年度山东名牌申报。经过评审，山东金禹王防水材料有限公司的聚氯乙烯防水卷材产品获得2016年度山东名牌产品称号。全县共有中国名牌产品1个、山东名牌产品59个、山东省服务名牌1个。积极鼓励企业开展第六届山东省长质量奖的申报工作，广饶农村商业银行、山东圣光化工集团有限公司、山东永泰集团有限公司等3家企业递交了山东省省长质量奖的申报材料。全县拥有山东省省长质量奖1个，东营市市长质量奖5个。积极开展"全国橡胶轮胎产业知名品牌示范区"创建工作，对相关资料进行整理汇编，落实了各项工作任务，为示范区验收工作做好了准备。

科技能力建设　6月18日中国计量认证CMA审查组对县产品质量监督检验所开展为期两天的检验检测机构资质认定评审换证工作，全面考评后一致认为：质检所满足考核规范的要求，具备承担所列检测服务的能力，并授予检验机构资质认定资格。7月27日山东省质监局检验机构工作质量分类评价考核检查组，对县质检所进行现场考核评价，对县质检所2015年度承担的省监督抽查工作质量情况及全所的检验检测情况进行全面考评，最终取得较好的分数。国家轮胎及橡胶制品质量监督检验中心积极开发域外市场，检验业务拓展到北京、上海、浙江、广西、海南等省市，与全国150多家企业签订检验协议，成功打造"广饶质检"品牌，实现检验业务立足广饶、面向山东、走向全国的转型发展。

副省长张务锋(左三)到轮胎试验场督导建设情况

国家轮胎及橡胶制品质量监督检验中心广饶橡胶轮胎分中心试验场项目2016年完成投资4000余万元，资金主要用于项目设计及一期项目建设等方面。项目已完成水评、能评、环评等相关前置手续。土地方面，项目已争取土地指标76.3公顷，土地"招拍挂"手续已经完成。项目整体概念设计及初步设计和一期道路施工图设计工作已经完成，一期项目各道路路基工程施工、给排水工程泵房垫层施工、预压土上土施工已经完成，预制场及拌和站已经准备就绪，正在进行预压土沉降数据观测等相关工作。

计量管理与检定　建立质监业务数据统计分析报告制度，每月统计上报一次全县计量监管工作数据统计报表。开展全县医疗机构专项计量监督检查，确保医疗单位在用计量器具的准确可靠，切实保障人民群众身体健康和生命安全。开展"一机二器四表"使用单位计量专项检查，加强加油机、出租车计价器、衡器和水表、电能表、热量表、煤气表的计量监督管理。开展全县重点用能单位能源计量专项监督抽查，为完成全年节能减排目标提供保障。做好民生计量工作，开展"3·15"计量惠民活动、"5·20世界计量日"活动，计量进超市、进医院、进农村、进社区、进企业活动，为花官蒜农免费检定台秤，为市民免费检定血压计。全年共完成计量器具检定2.5万台(件)，其中强检计量器具3727台(件)。强检计量器具建档率100%，非强检计量器具建档率95%，检定校准率达到90%以上。

(谢海粟)

## ·审计工作·

概述　2016年，县审计局切实履行审计职能，全面强化审计监督，共完成审计项目67个，查出各类管理不规范问题资金62801.61万元，应上缴财政3253.78万元，已上缴2110.67万元，非金额计量问题82个，核减工程投资额3430.08万元。先后被中国时代经济出版社、《中国审计》编辑部授予2016年度审计宣传工作先进单位，被中国审计报社授予山东省2016年度审计宣传工作先进单位，被山东省精神文明建设委员会授予省级文明单位，被市审计局授予全市优秀内部审计师协会。吴金云被中国时代经济出版社、《中国审计》编辑部表彰为2016年度审计宣传工作先进个人，孙玉荣被中国审计报社表彰为山东省2016年度审计宣传工作先进个人。

财政资金审计　拓展预算执行审计的广度和深度，以全部政府性资金为主线，对县本级财政预算执行和其他财政财务收支情况进行审计，关注中央八项规定精神落实情况、“三公经费”等，延伸审计5个部门单位预算执行情况和6户较大的房地产企业税收缴纳情况。审计查出各类有问题资金36505.28万元，应上缴财政1711.59万元。在省审计厅安排的财政收入情况疑点调查中共检查企业10个，发现欠缴税款1065.07万元。配合县人大制定出台《关于改进审计工作及审计查出问题整改情况向县人大常委会报告机制的意见》，强化审计查出问题整改机制，改进预算执行审计整改结果报告方式，首次以“报告＋清单”的方式，由县政府向县人大常委会逐项报告每个问题整改处理情况，增强审计监督实效，受到充分肯定。

政策措施落实跟踪审计　对全县以创新支撑引领经济结构优化升级政策、社会救助政策、全县解决城镇普通中小学大班额问题专项审计调查等进行跟踪审计。在其他所有审计项目中都关注政策落实情况。审计共涉及部门和单位16个，抽查项目23个，揭示了部分项目配套措施不到位、未达计划进度、滞拨项目资金等问题。通过审计，促成相关制度的规范完善，项目资金的及时拨付和有效使用；查处51户不符合低保政策的家庭，收回违规领取社会救助资金57.81万元。

展览会期间外宾及客商接待

经济责任审计　全年共完成各级委托、授权经济责任审计项目35个，查出违纪违规及管理不规范问题44项，涉及金额20298.88万元，应上缴财政金额66万元，非金额计量问题47个。通过对丁庄等北部四镇森林资源开展审计，成功实施广饶县第一个领导干部自然资源资产离任审计。审计中，通过做细审前调查，做好数据比对，做严现场核对工作，摸清2013年以来广饶县北部四镇森林资源分布情况及存量，指出种植、管护、树种选择、资金投入等方面存在的问题，为下一步开展领导干部自然资源资产离任审计纳入常态化开了好头。

政府投资审计　强化重点投资项目的跟踪审计，对立项、招投标、资金拨付和使用、监理等环节进行审计监督，努力提高政府投资绩效。先后对9项重点项目及2015年未完成的3项县重点项目实施全程跟踪审计，核减政府投资进度款额3088.81万元。对全县城乡环卫一体化市场化运作费用进行测算，审减341.27万元。配合市审计局完成对广饶县地下管线的专项审计调查。按照县政府安排，开展了2012年至2014年广饶县城乡治安视频监控系统工程建设情况审计，对全县供水、供暖、供电进小区项目进行了跟踪审计。

省普查办督导组督导工作

## ·统计工作·

统计基层基础工作　以“双五星级”创建为引领，深入推进各镇街基层基础建设。加强人员配备，规范工作流程，规范统计台账、基层账表等原始记录，积极探索数字化统计档案管理，提升镇街统计站的硬件建设和档案整理水平。实行动态管理，推进“五星级”企业创建。通过落实企业统计员补贴、为企业争取纳限奖励金等手段，不断提升“五星级”企业占比。配合市局对山东神宇机械制造有限公司等31个企业进行审核和申报，完成新纳限工业企业转调资金奖励工作。加强培训提升基层统计人员工作素质。组织全县统计站业务骨干及县局相关人员到山东大学(威海)举办统计干部综合素质提升研修班，真正做到内强素质、外树形象；推广统计讲师团的工作做法，送业务下基层，送培训到基层；开展统计大讲堂和领导干部上讲台活动，定期开展业务交流和有针对性的业务轮训。加强统计执法为统计工作保驾护航。严格执行上级双随机抽查要求，围绕工业、贸易、投资、服务业等联网直报重点领域以及第三次农业普查等重点工作集中开展执法检查，年内共检查单位30余家，重点对拒报、瞒报、虚报统计资料等统计违法行为进行查处。局内执法人员全部参加全省执法人员考试，对行政执法证进行审验换发。立足技术创新，推进统计信息化建设。全面升级“数据广饶”信息平台，通过对平台功能的进一步开发，实现部门(人行、两税、商务等)、企业、各专业数据的便捷导入、导出，广饶县始终走在大数据、云计算、智能化的信息化建设前沿。

统计服务工作　强化统计工作对科学决策的服务。积极做好“两个百强”、全省科学发展综合实力评价、“蓝黄”统计监测等工作，适应经济发展新常态，加强对重点领域敏感指标的监测预警。中郡县域经济研究所发布《2016年县域经济与县域发展报告》，广饶县在全国百强中列第42位，“2016年度中国中小城市百强榜”中列40位，分别较上年前移2位。不断提高统计产品服务的针对性。在做好《广饶统计》《信息快递》《统计数据摘要－2015》《2015年广饶县国民经济和社会发展统计公报》等常规统计产品的基础上，不断创新内容、提高质量，满足不同层面服务对象对统计信息的需求。共印发《广饶统计》11期、《统计调查与分析》6期，统计分析中有19篇被两办采用，其中1篇分析获县主要领导批示。扎实做好调研课题和信息分析写作工作。制定《广饶县统计局重点课题调研制度》，要求每名专业人员针对县委、县政府当前中心工作和社会热点难点问题结合专业特点，确定至少2个重点调研课题；成立局80后信息分析小组，通过出台《信息分析考核办法》和“一帮一”等措施提升年轻干部的写作热情。加强服务型统计建设。坚持问题导向和目标导向，完善前瞻性和长效性并重的统计服务模式，组织实施人口、经济、农业等重大普查，对全县国民经济、科技进步和社会发展等情况进行统计分析、统计预测和统计监督，向县委、县政府及有关部门提供统计信息和咨询建议。

统计业务工作　2016 年，深入贯彻落实各级统计部门在防范数据造假、弄虚作假等方面的要求，把防范统计造假、弄虚作假作为系统内重要政治纪律和政治规矩树立起来，以“零容忍”的态度在全县杜绝和根除该行为，始终把提高数据质量作为统计部门的核心任务和中心工作来抓，紧紧围绕年初制定的“统计稳好年”活动目标严格执行统计制度，搞准搞实搞全统计数据，不断提升统计数据质量。进一步健全统计数据质量控制体系和统计工作流程，加快建立与“五证合一”改革相适应的基本单位名录库更新维护平台，加快推进新兴产业、新型业态和新商业模式等新经济统计工作。严格落实数据质量控制办法，加强对 GDP、工业增加值等主要指标的评估，使统计数据能够真实反映客观实际。强化部门数据支撑。健全行业部门间的沟通协调机制，提高部门和行业数据对 GDP 的支撑作用以及指标间的匹配性。严格按照上级业务部门年报会议有关规定，及时召开年报会议，将会议精神传达到基层，并以会代训对基层业务人员进行统计业务培训，圆满完成 2015 年年报任务；随着企业一套表工作的深入开展，为更好的适应新形势下的统计报送工作，积极认真研究开发久其报表程序和完善一套表程序设置，加大对定期统计报表的收集和审核力度，在确保报送时限的同时，重点做好初审把关，搞好汇总审核，完成各专业 2016 年定期报表工作。圆满完成城乡一体化住户调查工作、粮食产量抽样调查工作；完成限额以下批零贸易和住宿餐饮业抽样调查工作，完成规模以下工业企业和样本村的统计报表报送工作；按照上级要求做好了企业生产经营及景气状况调查、新设立小微企业和个体经济户跟踪调查，开展了能源产品流转情况调查；完成联网直报企业经营情况调查问卷、制造业采购经理调查问卷等各项调查问卷；完成四众调查和非公企业人才现状统计调查工作，进行了“三新”情况统计调研，并做好相关专业的新产业、新业态、新商业模式统计，完成市调查队小微企业创新调研工作。做好各项业务培训。今年组织全县统计站业务骨干及县局相关人员到山东大学（威海）举办统计干部综合素质提升研修班，真正做到内强素质、外树形象；推广统计讲师团的工作做法，送业务下基层，送培训到基层；开展统计大讲堂和领导干部上讲台活动，定期开展业务交流和有针对性的业务轮训。

一套表调查单位审核确认工作　高度重视、提前谋划、协同一致，认真做好企业一套表调查单位审核确认工作。企业一套表调查单位审核确认工作是企业进出一套表联网直报平台的关口，认真履行职责，加强各专业的协调，切实做好各月度和年度审核确认工作。一是强调“严”。严把本级关口，严守本级防线，严格审核报送的企业资料，确保通过审核的企业符合入库要求。二是强调“全”。及时跟踪掌握企业发展情况，努力做到把符合条件的企业全部纳入到一套表统计范围中来，把不符合条件的单位从一套表单位中全部剔除出去，确保企业一套表调查单位的客观全面。三是统计业务培训及时跟进。加强应用培训，努力提高新审核确认单位统计人员的业务水平，适应新的工作需求。2016 年一套表调查单位审核确认工作圆满结束，全县 51 家企业成功新纳入一套表调查单位范围。

统计信息化建设　一是加大资金投入，确保全国第三次农业普查顺利进行。在局经费相对紧张的情况下，投资 20 多万元配备了农业普查数据采集设备 PDA、台式机电脑、笔记本电脑、打印机等设备，组建了农业普查数据处理环境。二是按照上级业务部门的统一要求，高标准建成视频会议室。三是规范规章制度，在原有制度的基础上，新制定《广饶县统计局网站信息发布管理办法》和《广饶县统计局视频会议室管理规定》，用以规范全县统计系统的网络安全管理、信息发布、视频会议室管理工作，为网络管理工做到有章可依。四是不断完善县局内网和政务网站建设，丰富网站内容和形式，提高统计信息服务水平。

第三次农业普查工作　第三次农业普查工作有序推进。一是抓“四落实”，为普查提供基础保障。成立组织机构，以县政府名义印发《关于开展第三次农业普查的通知》并后续印发多项工作安排和计划，成立由县政府分管领导任组长，县统计局、发改局等19个部门、单位为成员单位的全县农业普查工作领导小组；落实工作经费，安排县级普查经费80万元，采购移动智能终端采集设备330台；落实办公室人员，组建县级普查办公室，配有主任1名，副主任5名，内设6个小组；落实办公条件，县、镇街两级均明确办公场所，购置办公用品。二是抓宣传，为普查营造良好氛围。通过悬挂宣传横幅、张贴宣传画、印刷墙体标语等形式全面宣传农业普查。把农普宣传与“统计开放日”结合，印制宣传礼包1500余件套，宣传画5000余张。充分发挥新闻媒体的舆论先导作用，加强与县广播电视台、《广饶大众》等媒体的沟通，通过媒体平台宣传农业普查的各方面情况。三是抓培训，为普查提供技术保障。组织近30名普查员参加全市第三次农业普查综合试点培训会议，并多次组织全县第三次农业普查综合试点培训会议。为确保每位参训人员取得良好培训效果，会后采取实战演练再讲解的方式，巩固了培训成果。10月，各镇街又分别组织开展一次“两员”培训，参加培训人员达2100余人。四是抓实战，农业普查进行摸底登记。11月起全县553个普查区，1484个普查小区，普查区图、普查小区图、住户摸底表、单位摸底表完成率均为100%；全县普查户14万户，入户登记完成率、规模户入户登记完成率、经营单位登记完成率、程序录入完成率均达到100%。

走村入户开展农业普查

荣誉　5月，广饶县统计局被山东省1%人口抽样调查工作协调小组办公室表彰为“山东省2015年1%人口抽样调查先进集体”荣誉称号，12月，广饶县统计局被山东省精神文明建设委员会授予复查合格单位2016年度省级文明单位称号，被山东省统计局表彰为2016年度全省统计宣传工作先进单位。燕增凤被表彰为“山东省2015年1%人口抽样调查先进个人”。

## ·国土资源管理·

概述　2016年来，全县耕地保有量和基本农田保护面积分别为6.0135万公顷和5.3258万公顷，超出市政府下达保护任务294公顷和45公顷。加强矿产资源开发秩序管理，返还地质环境治理保证金2.23万元。实施完成“智慧广饶时空信息云平台”建设项目。县国土资源局被省精神文明建设委员会授予省级文明单位。

耕地保护　2016年，广饶县严格落实耕地保护目标责任制，年初耕地面积6.0202万公顷，年末耕地面积6.0135万公顷，减少耕地67公顷。划定基本农田5.33万公顷，占耕地总面积的88%。完成中心城区永久基本农田划定，共划入基本农田866.53公顷并顺利通过省国土资源厅和省农业厅论证。验收完成土地整理项目 2 个，面积 2072.91 公顷；完成增减挂钩项目 1 个，复垦耕地面积 9.199 公顷；立项高标准基本农田整理项目 1 个，面积 449.76 公顷；立项县级占补平衡项目 3 个，面积 425.01 公顷。

建设用地与土地市场管理　2016 年共报批建设用地 22 批次，其中：城镇建设用地批次 12 个，面积 254.03 公顷，其中耕地 174.2083公顷（占补情况：使用县外土地开发补充耕地 162.4534 公顷，使用城乡建设用地增减挂钩指标 13.8792 公顷）；单独选址项目报批 10 个，面积 96.5326 公顷，其中耕地 50.9403 公顷（占补情况：本县土地整理补充耕地 0.8478公顷，使用县外土地开发补充耕地 50.0925 公顷）。共收回 8 个地块、面积 9.16 公顷；以招拍挂方式供应土地 49 宗，面积 174.39 公顷，成交价款 9.74 亿元；划拨土地 19 宗、面积 65.45 公顷。

全国”土地日“文艺宣传

地籍与不动产登记管理　全面完成农村集体土地确权登记发证并顺利通过验收，完成 2015 年度土地变更调查数据库入库及更新。全面实施不动产统一登记，从房管、林业等部门接收登记档案 13 余万卷，设立不动产登记服务大厅，共设置窗口 24 个，9 月 5 日正式开展不动产登记发证。至 2016 年底，共受理业务 3850 件，信息查询 3132 起，发放不动产权证书 1212 本，不动产登记证明 1469 份，预告证明 1019 份。

广饶县颁发第一本不动产登记证书

地质环境保护和矿产资源管理　编制完成 S227 河辛路城区段改线工程项目地质灾害危险性评估报告及压覆矿产资源调查报告。完成东营市地面沉降网络和数据库建设项目在广饶县境内的分层标和基岩标观测井的建设。实施完成广饶县吴家庙地区地热资源调查评价和广饶县地热回灌试验项目野外验收工作。加强地热资源管理，督促东营华泰孙武湖温泉酒店有限公司安装地热水汽分离装置。深化矿业市场管理，完成采矿权人年检，征收矿产资源补偿费 7500 元，返还矿山地质环境治理恢复保证金 2.23 万元。

规划和测绘管理　9 月，广饶县土地利用总体规划修改完善正式启动，争取市级下达新增建设用地指标 1253.13 公顷。做好土地预审工作，对兴安学校等 27 个项目进行了用地审查，面积105.87公顷。加强地理信息和测绘市场监管，建立测量标志动态管理系统，完成测量标志普查工作，对全县境内72座测量标志重新进行分类管护。实施完成“智慧广饶时空信息云平台”建设并顺利通过验收，开展地图市场专项检查、测绘地理信息保密和成果质量监督检查。11月8日，东营市国土资源局以文件批复《广饶县大王镇土地利用总体规划(2006～2020年)》。

国土资源执法监察　2016年，广饶县实行划片执法、网格化管理，对巡查发现的违法行为第一时间采取有效措施予以制止，共下达停工及整改通知88份，下发督办通知9起，立案查处62起。做好国家土地督察济南局例行督察涉及问题整改和卫片执法检查，2016年土地卫片执法监督检查违法占地面积占新增建设用地面积比例为4.27%，违法占用耕地面积占新增建设用地占用耕地面积比例为2.79%。认真处理信访举报工作，共受理群众信访、举报案件90余件，县长公开电话26件，12336电话12件，全部及时作了回复和答复，结案率为100%。

(孙长兵)

## ·安全生产管理·

健全体制机制　先后出台安全生产联动机制、举报奖励、约谈、重大隐患挂牌督办、黑名单以及生产经营单位主体责任规定、镇街安全生产量化考核等管理办法，对安全生产工作重点环节进行规范。进一步完善县委常委包镇街、副县长包行业领域制度以及县领导带队明查暗访和县安委会定期督查等工作机制，县级领导先后带队检查173次，检查各类企业342家次，对890余处隐患实施跟踪督办。县安监局实行划片执法，将全县10个镇街划分为5个责任片区，分别由一名班子成员带领一个监管中队负责安全监管，促进力量下沉和监管关口前移，提升监管效能。

大快严集中行动　公共安全深化年行动作为全县重点推进的三大专项行动之一，完成全县231辆校车监控平台的安装，更新黄标车53辆。开展公路基础设施安全隐患排查治理行动，全县骨干县道的交通标志、交通标线覆盖率达到100%；对全县28家危险化学品运输企业、300辆出租车、113辆公交车安装卫星定位系统。滨海新区第一消防站建设工程完成，正在验收；大王镇消防站建设完成勘探设计，正在办理土地手续。4处天然水源取水码头建设完成方案及选址；采购25吨重型供水消防车2辆。县城区新建消防水鹤3套、消火栓4套，设置地下消火栓标志桩189座；维修坏损消火栓86处，对城区413座消火栓及阀门进行保养。对全县未经正规设计的化工生产装置进行摸底调查，对7个项目装置进行安全诊断、4家企业控制系统实施升级改造。

专项整治和大检查　按照“全覆盖、零容忍、严执法、重实效”的总体要求，扎实组织开展安全生产大快严集中行动。建立涵盖5263家企业“一县一册”台帐；先后开展主体责任落实情况专项执法检查、危险化学品企

危化品谈心会

业严执法百日行动、渣土车、涉油领域非法违法集中治理以及省市异地执法和冬季安全生产大检查等一系列行动，累计检查各类生产经营单位12400余家次，排查隐患16200项，整改15900项；立案查处44起，停业整顿企业37家，实施行政处罚255.4万元。

提升本质安全水平　先后组织实施危险化学品领域重点攻坚及化工企业转型升级，对227家企业实施安全评级评价，对54家涉及“两重点一重大”化工企业进行本质安全评估；实行安全生产标准化达标创建，全县二级标准化达15家，三级标准化企业168家，指导300余家企业完善安全手续；实施双重预防体系建设，摸排各类企业风险点1486处，城乡公共安全领域风险源200处，排查各类有限空间5261处，并逐一明确责任单位和管控措施；开展职业卫生监管工作，指导100余家企业进行职业病防治评估和基础创建工作；建立安全生产数字化监管平台，将908家重点企业纳入平台实施动态监管；县政府设立安全生产引导扶持资金，鼓励企业尤其是“两重点一重大”危险化学品企业，在加强自动化控制改造等方面实施安全提升项目，投入超过10万元的，给予20%的扶持补助，每家企业最高100万元；其他安全建设项目按10%补助，每家企业最高50万元。

打非治违　始终保持对非法违法行为的高压打击态势，驰而不息抓好专项治理。对全县非法违法生产经营单位进行全面彻底的排查，共计摸排各类非法违法企业974家，结合工业建设项目手续完善和化工企业转型升级工作，采取限期整改、完善手续、停产整顿、关闭取缔等措施实施分级分类整治。2016年，关闭取缔各类非法企业21家，非法加油站点64处，查处非法烟花爆竹6000余箱。

安全生产知识竞赛

安全教育培训　先后开展“安全生产月”、安全“进企业、进学校、进农村、进社区、进家庭”五进等宣传教育活动；在广饶大众、广饶电视台开设《安全广角》专栏，录制播放安全公益广告，开展安全生产月系列活动，组织安全知识竞赛，举办安全生产专场文艺演出，进行了安全警示专题教育。将安全生产法律法规纳入全县科级干部学习教材；先后组织危险化学品企业、烟花爆竹批发企业、零售业户以及标准化、信息化等培训13场次，培训各类人员3760余人次，与全县67家化工企业主要负责人进行谈心对话，提升从业人员安全素质。充分发挥工青妇组织广泛的社会、网络和群众基础，开展“青年安全生产示范岗”“星级安全班组创建”“安全文化示范企业创建”“青春共筑城市公共安全”“查身边隐患，保职工安全，促企业发展”“巾帼安监助安全”等系列活动，增强全民安全意识。

安全生产事故情况　2016年，共发生事故4起、死亡14人。其中，发生建筑施工类事故1起、死亡1人（稻庄镇集中供暖改造管道项目），发生生产经营性道路交通事故3起、死亡13人（包括较大事故2起、死亡12人），其他领域未发生安全生产事故。

表 4　　2016 年全县生产安全事故分行业统计表

| 行业 | 事故起数 | | 死亡人数 | |
|---|---|---|---|---|
| | 当年 | 占比% | 当年 | 占比% |
| 道路交通 | 3 | 75 | 13 | 92.86 |
| 渔业船舶 | — | — | — | — |
| 建筑业 | 1 | 25 | 1 | 7.14 |
| 危险化学品 | — | — | — | — |
| 其他 | — | — | — | — |
| 合计 | 4 | — | 14 | — |

荣誉　广饶县安全生产监督管理局被省政府安委会表彰为全省安全生产工作先进单位(部门),广街道办事处被省政府安委会表彰为安全生产工作先进乡镇(街道),东营齐润化工有限公司、山东奥戈瑞轮胎有限公司被省安委会表彰为安全生产工作先进企业。

(缪洪东　闫　娜)

## ·“黄蓝经济区”建设·

“黄蓝规划”推进实施　督促加快推进“黄蓝国家规划”和 43 项专项规划落实,组织开展《黄河三角洲高效生态经济区发展规划》第三方中期评估工作,深入调度分析“黄区”规划 2015 近期目标完成情况,汇总整理典型案例 13 项,黄区规划 14 项主要指标,全部达到或超过目标要求,其中 4 项主要指标位居全省前列。加快融入京津冀协同发展战略,出台《广饶县关于加快融入京津冀协同发展战略的推进工作方案》。积极组织山东浩泰天然气股份有限公司、广饶华邦化学有限公司、广饶汇通粮食有限公司、山东尚能实业有限公司、山东金山汽配有限公司在北京参加东营市融入京津冀协同发展推介会暨重点项目签约仪式,达成签约项目 5 个,重点项目 3 个,签约总金额 145 亿元,广饶融入京津冀协同发展实现良好开局。定期调度列入京津冀区域发展战略计划的 21 个项目,加强对接沟通,汇聚多方力量全力推动项目顺利落地。提报了总投资 78.9 亿元的 8 个融入京津冀协同发展产业对接项目,促进加快融入京津冀协同发展。组织参加全省“一带一路”战略高层对接洽谈会,奥戈瑞集团在印尼雅加达投资 2.7 亿美元建设的 800 万条半钢和 200 万条全钢子午胎项目列入“一带一路”战略框架,投产后年可实现销售收入 4 亿美元。

全县重点工程项目建设

2016 年全县重点工程项目推进动员会议

2016年，县推进办加大力度集中突破总投资580亿元的118个重点工程项目，强化协调调度、解决困难问题，项目建设总体进展顺利，带动完成社会固定资产投资650亿元。严格落实每周到场、每月调度、季度检查、半年观摩、年底总评等各项工作制度，以日常调度为基础，以集中督查为重点，确保规划项目快开工、开工项目快推进、在建项目快完工、完工项目快达效。强力推行“一线工作法”，先后召开重点工作推进、城建拆迁、城建及基础设施类现场调度、重点工程项目调度等11次调度会议，现场察看、研究项目建设推进情况。进一步理顺完善问题协调会办机制，梳理汇总建设单位在土地、资金、迁占、基础配套等方面的问题，协调相关部门研究提出47项解决方案。4月对其中48项亟待解决的问题，及时配合县政府督查室下发督查通知单。积极创造条件加快8个市级重点项目建设，强化定向沟通衔接，推动省市帮包领导和重点项目办。持续加快项目手续办理，实行代办制、模拟制、并联制、会办制，建立重点工程项目手续办理联审联批协调机制，定期开展手续办理业务培训，协商推进项目手续办理进度，开启手续办理高效便捷绿色通道。全面做好2017年重点工程项目推进实施，2016年8月开始安排部署，启动筛选论证工作，经过各级各部门各企业的积极提报、行业主管部门的初审和职能部门的集体会商，最终确定总投资645亿元、当年投资201亿元的111个重点工程项目，涉及工业类、农业农村类、服务业类、城建及基础设施类、生态环保类等六大类，为后续发展提供了有力支撑。

全市黄蓝区域发展战略督查考核

“黄蓝重点项目”调度管理　加大省市“黄蓝经济区”重点项目争取调度督促力度，实施跟踪服务、强力推进。对11个全市黄蓝经济区重点推进项目，纳入全县重点项目推进调度范围，统一研究、统一调度、统一考核，并从资金、土地、政策等各方面给予争取支持。对20个黄蓝专项资金扶持项目，落实“一个项目、一位领导牵头、一个部门负责、一套班子服务、一套推进措施”“五个一”的推进服务工作机制，定期联合审计、财政等部门进行专项审计，高标准高质量依法规推进建设任务，20个项目累计完成投资50.3亿元，其中15个项目完成建设计划（9个已通过评估验收），5个项目正按计划加快建设。建立健全项目库维护管理机制，加强对入库项目的跟踪、管理和服务，围绕高效生态产业、重大基础设施、生态环境建设等方面，筛选78个技术含量高、投资规模大、带动能力强、能够产生集聚效应的大项目，充实完善“黄蓝经济区项目库”。新增入库项目95个，及时上报招商推进推介储备项目11个，调整修订完成《广饶县黄蓝经济区建设项目库（2014～2016）》，三年间储备项目219个、总投资2099亿元，涉及高效生态产业、海洋三次产业、重大基础设计、科技创新平台等。

“三争”活动协调调度　继续把“三争”工作作为推进黄蓝经济区建设的突破口，认真研究国家宏观调控的政策取向和方向重点，积极抢抓全省“两区一圈一带”等区域发展战略红利，研究确定42项重大政策项目资金争取任务，通过积极争取，一批事关发展稳定的综合扶持政策、产业扶持项目、重大扶持资金等相继落实。广饶县创建为国家农产品质量安全县、省级新型城镇化综合试点县、县域经济科学发展试点地区、省级农业科技园区建设试点地区、新型农村合作金融试点地区；齐润化工获得220万吨/年进口原油使用权资质和进口原油非国营贸易资质；光大银行、交通银行在广饶县设立分支机构；秦恒科技在新三板挂牌，争峰新能源等9家企业在齐鲁股权交易中心挂牌。S231河辛线广饶绕城段改线项目、山东省高青至广饶公路项目获得国家发改委立项批复，高店水库增容工程列入省政府支持范围，兴安学校建设工程列入2016年省区域战略推进专项资金项目，哈迪斯机车配件年产500万套轨道列车空气弹簧减震总成项目列入2016年省重点建设项目，胎大王信息科技有限公司中国轮胎电商第一平台列入2016年省级服务业发展引导资金项目。全县共争取上级资金12.3亿元，省级以上资金8.8亿元、市级资金3.5亿元。其中，中央财政部分农业补助资金预算指标2580万元，国有工矿棚户区改造工程等中央基建投资预算指标补助1160万元，国家车辆购置税收入补助公路等基础设施建设资金899万元；高店水库增容工程省财政专项资金投资计划8126万元，省财政水利发展资金（雨洪资源利用工程）预算指标5550万元，兴安学校建设工程省级县域经济科学发展试点专项资金2000万元。

重大活动组织参与　2016年，围绕循环经济、高效生态农业、高新技术产业和现代服务业等重点领域，深入开展项目洽谈对接，着力在转变招商方式、提升招商层次上做文章。积极参加省里组织的“黄蓝两区”建设系列经贸洽谈会和高层次招商等经贸活动。充分利用全省“蓝黄经洽会”等招商合作平台进行重点推介，争取签约一批重大合作项目。组织参加2016中国（青岛）国际海洋科技展览会等各类推介活动，共推介重点项目52个，洽谈合作项目32个，正式签约项目10个，意向融资额250亿元，广饶盐化集团等3家企业签订蓝色经济海洋化工产业联盟协议书。加强区域合作交流，加强与“黄蓝两区”各县市、周边县市及国家规划覆盖区域的合作与交流，拓宽合作领域，共同推进国家战略实施。紧密跟踪国家宏观政策动态，深入开展调查研究，找准各结合点，及时研究分析加快高效生态经济和蓝色经济发展的重大问题，提出科学合理的建议和措施。

全市黄蓝经济区建设情况考察

荣誉　2016年，广饶县推进黄河三角洲建设办公室被山东省精神文明建设委员会表彰为2016年度省级文明单位。任俊生撰写的《全面从严治党背景下加强基层党建工作的理论与实践探索》被中共东营市委党史研究室、东营市社会科学界联合会、中共东营市纪委宣传部表彰为纪念建党95周年征文活动二等奖。

（蒋建卫　聂军明）

## · 食品安全检验检测 ·

概述　广饶县检验检测中心核定编制24人，配备主任1名，副主任2名。经县人社局批准，确定了2名高级，10名中级，10名初级的专业技术岗位配置方案。有职工21人，其中正式职工

19人，公益性岗位2人；专业技术人员18人，有中级职称5人；博士研究生1人，硕士研究生3人，大学本科14人，大学专科3人。5月，经县直机关工委批准，选举党支部副书记1名；8月，召开支部大会发展新党员1名，党员总数为7名。实验室面积2000平方米，分为微生物、理化、理化分析三大功能检测区，建有生物安全二级实验室，拥有气相色谱质谱联用仪、液相色谱串联质谱联用仪、电感耦合等离子体质谱仪、气相色谱仪、液相色谱仪、离子色谱仪、原子吸收分光光度计、全自动样品前处理系统等国内外先进的现代化分析检测设备214台(套)，价值1275万元。2016年，对实验室电力、水路、避光、通风等设施进行了改造，提升了实验室整体水平。

食品检测 按照《2016年度食品抽检计划》，2016年的检测任务是2041批次，其中，由县卫计局负责66批水样品检测，由县检验检测中心负责1975批次其他食品的检验检测。2016年度，县检验检测中心共计接收到各食品监管单位样品2008批次，检测完成2008批次，超额完成2016年检验检测任务，检出不合格食品样品32批次，合格食品样品1976批次，合格率为98.41%。

应急检测 2016年，县检验检测中心共计协助相关单位开展应急检测或专项检查检测7次，检测各类食品样品26批次，检出不合格样品3批次，产品合格率为88.46%。其中，协助县农业局开展大面积种植韭菜专项检测6批次；协助县市场监管局开展花椒、八角、香油、酱卤肉制品等产品专项检测2次，检测产品15批次，检出1批次花椒不合格；协助县市场监管局开展群众举报产品专项检测5次，检测产品包括白酒、水果、秋刀鱼、大豆油等6批次，检出1批次金桔丙溴磷超标，1批次大豆油色泽超标。

服务实体经济发展 2016年以来，为县内10余家食品生产企业的技术人员进行蛋白质、脂肪、微生物等项目的检测技术培训；为兵圣王酒业等各食品加工企业提供技术咨询和技术服务，共计培训企业质量技术员27人次。

检测技术 为进一步提高检测技术人员专业技能水平，满足各项检测工作需要，县检验检测中心积极加强技术培训与学习，2016年以来，先后组织10余名员工到北京、济南、烟台、潍坊等地进行技术培训学习和交流。7月，县检验检测中心积极参加山东省质监局2016年水果检测能力验证，多菌灵、氰戊菊酯、毒死蜱等三项指标检测值均为满意值，检测技术能力得到省质监局充分肯定。

其他工作 4月、11月迎接了山东省食品安全先进县创建试点中期绩效评估和验收工作组验收检查，顺利通过检查验收。8月29日，迎接了创建国家农产品质量安全县核查组现场检查，广饶县成为全国104个农产品质量安全县之一。

(张光昭)

# 农 业

## ·农业综合管理·

概述 2016年，广饶县创建为全国第一批农产品质量安全县。全市“三秋”农机新装备新技术演示会在广饶县召开。成功举办2016年度农机新技术、新机具展览会。全县农村居民人均可支配收入17272元，同比增长8%。一是粮棉菜生产平稳。全县117.65万亩粮食，总产58.9万吨，比去年增加3.49万吨；26万亩蔬菜，总产116万吨；8.7万亩棉花，皮棉总产0.7万吨。二是农业产业化经营水平显著提高。新认定第九批县级重点农业龙头企业11家，新培育专业合作社30

家、家庭农场60家。三是现代农业园区建设不断提升。新培育市级现代农业园区7家，重点推进广饶精致农业示范区和广饶县第六产业园2个现代农业园区建设，完成基础设施投资3.6亿元。四是农产品质量安全监管工作扎实有效。始终坚持“产”“管”并重，从监管体系、标准化生产基地建设、农业投入品监管等环节入手，积极探索改进监管机制和模式，保障农产品安全生产和放心消费，建成广饶县农产品质量安全监控中心，蔬菜标准化程度达到75%，新认证“三品一标”农产品16个。五是农村改革进一步深化，县农村产权交易中心初步建成，农村土地承包经营权确权登记颁证工作不断深化，土地流转规范有序。六是农业科技支撑进一步强化，实施了新型职业农民培育不断深入，农业生产综合机械化率达到85%以上。

农技服务体系建设　按照增产增效并重、良种良法配套、农机农艺结合、生产生态协调的原则，积极推广粮棉菜良种和测土配方施肥、“一喷三防”“一防双减”等关键技术，初步构建起了适应现代农业发展的技术集成体系。深入实施基层农技推广项目，组建县级3名农业专家、县乡40名农业技术指导员、村组40名科技示范户、村级30名农民技术员的农业技术推广队伍，建设3个示范基地，进一步完善了“专家＋技术指导员＋科技示范户＋农户”四位一体的农技推广模式，发放技术资料1.5万份，农业技术推广面不断扩大。

农业产业化　2016年，积极围绕主导产业，大力培育龙头企业，农业产业化经营水平进一步提高。新增山东润金农林科技有限公司、广饶县嘉洲家庭农场有限公司等农业产业化县重点龙头企业11家。积极争取上级农业龙头企业扶持资金，为半球公司、汇通公司等6家市级以上农业产业化龙头企业争取市农业产业化龙头企业财政贴息资金192万元。组织乐悠悠花生油、飞雪粮油2家企业参加由农业部和云南省政府于11月4日至8日在云南国际会展中心主办的第十四届中国国际农产品交易会；组织半球、健士蔬菜等21家企业和合作社参加10月22日至24日在垦利县全民健身中心举办的第六届黄河三角洲（中国·垦利）国际生态农业博览会。

现代农业示范园区建设　2016年重点推进建设了广饶精致农业示范区和广饶县第六产业园，完成投资1.35亿元，提升了全县现代农业发展水平；嘉颐生态科技园、方华食用菌产业园等4个农业示范园区建设项目，投资396万元，获得市财政扶持资金30万元。

生态循环农业建设　申报实施了2016年东营市生态循环农业与农村新能源建设工程项目，项目完成总投资128.355万元，其中申请市级补助资金70万元，自筹资金58.355万元。一是广饶淄泰家庭农场有限公司承担建设大型沼气工程建设项目，建设400立方米太阳能浮罩式沼气池，配套沼气脱水、脱硫净化装置、自动增压储气罐等设备，配套建设100立方米沼液过滤储存稀释池。二是农作物秸秆综合利用示范基地建设。广饶县张守凤家庭农场有限公司农作物秸秆综合利用示范基地建设项目，新建2000立方米青贮池。广饶学礼草莓农民专业合作社农作物秸秆综合利用示范基地建设项目，推广应用秸秆生物反应堆技术草莓种植大棚90亩。通过项目实施，促进了广饶县传统农业向高效生态型农业的转变，提高了公共保护生态环境的意识，同时了增加了农民收入。

新型职业农民培育工程　通过采取“互动式”“情景模拟式”与“田间课堂”的教学方式，对遴选的专业大户、家庭农场主、农民合作社骨干和农业企业负责人的优秀代表等200名学员进行90学时的系统培训，使他们具备了新型职业农民应有的综合素质，提高了他们的发家致富能力和辐射带动能力。通过省市组织的考核验收。

农村实用人才工作　充分发挥乡村实用人才建设社会主义新农村的重要作用，高度重视人才管理，突出抓好农村实用人才队伍建设。组织全县33名省市县乡村之星加入广饶县高层次人才发展促进会，并参加县首次高层次人才发展促进会，为高层次人才交流和政产学研合作提供了平台；组织12名省市乡村之星列入到市级专家人才信息库管理。组织4名县级以上乡村之星参加县委组织部在上海交大举办的高层次优秀人才高级研修班，提高农村实用人才视野和层次。积极开展优秀农村实用人才的表彰评选活动，有1名乡村之星被评为齐鲁乡村之星、5名被评为市乡村之星；组织开展广饶县第三届“乡村之星”评选活动，新评选县“乡村之星”9人；新评选省第九届优秀乡镇农业技术人员2名；为管理期内的7名县“乡村之星”发放政府津贴5.04万元。全县农村实用人才有13369人，万人拥有农村实用人才和农村实用人才增长率列全市第一。组织各类农村实用人才参加省市县多层次业务培训，积极发挥示范传帮带作用，壮大了农村实用人才队伍。

农民负担监督管理　一是规范提升村财镇管，形成长效机制。要求各镇街规范农村财务管理、农村中小工程招投标管理、“三资”管理等制度；完善村级重大事项民主决策制度、民主议事制度、“四议两公开”民主决策办法、“一事一议”制度、村务监督委员会等制度，形成长效机制。二是加强农村“三资”管理，建立产权明晰的管理体系。印发《关于加强农村集体“三资”管理专项整治工作的实施意见》，要求各镇街组织有关人员每月对所辖村（居）农村集体“三资”管理情况全面自查，并于每月20日前，把检查及整改情况形成书面材料上报县农业局经管站，年底前进行全面总结，及时上报。三是继续实行减负工作年度综合考核制，将减负工作列入县委、县政府对乡镇、街道办年度考核内容，实行党政领导负责制，不定期对乡镇农民减轻负担工作进行专项检查，对涉及农民负担收费文件进行全面审核。涉农价格和收费实行公示制，农村公费订阅报刊费用限额制，农民负担监督卡制。涉及农民负担案（事）件责任追究制“五项制度”全面落实，农民负担长效监管机制逐步完善。

农村土地流转　认真落实《关于进一步规范农村土地承包经营权流转工作的意见》，稳固农村土地承包关系根基，引导土地有序流转。统一印发农村土地流转合同文本，进一步规范土地流转程序和形式。严格审批设施农业用地手续，落实农地农用原则。全县流转土地面积16.03万亩，共审核签批设施农用地214宗，涉及流转土地9516亩。

农民专业合作经济发展　重点培育和发展一批规模较大、经营效益好、服务能力强的农民合作社，促进家庭经营与合作经营的有效结合，有效带动农民增收，提升社会化服务水平，引领农民由一家一户分散经营逐步走向有组织、有规模的联合经营，带动广大农民增收致富，促进农业产业化和现代化发展。开展农民专业合作社规范提升活动，制定《2016年广饶县农民专业合作社规范提升实施方案》，新培育专业合作社30家，重点规范提升县级规范化农民专业合作社15家。推荐上报广饶县汇通粮食种植合作社等4家农民专业合作组织申报粮食适度规模经营生产服务补贴对象，获得补贴资金88.5万元；推荐上报广饶县健士富硒蔬菜农民专业合作社等6家农民合作社申报2016年市级财政扶持农民合作社项目，获得财政扶持资金45万元；组织上报广饶县众联养殖农民专业合作社等30家农民合作社纳入市级优先扶持目录。积极推荐1家农民专业合作社申报国家级示范社，组织6家农民专业合作社申报省级示范社。农民专业合作社发展到592家，包括国家级示范社3家、省级示范社19家、市级示范社50家、县级示范社51家。

农村土地承包经营权确权登记颁证　按照省土地确权领导小组《关于扎实开展农村土地承包经营权确权登记颁证“回头看”活动的通知》，在全县扎实开展农村土地确权登记颁证“回头看”活动，开展农村土地承包经营权确权登记颁证档案整改规范工作。档案整改规范工作要求依据最原始的摸底调查表与土地确权数据库信息进行核对，对发现的问题，坚决予以纠正。一是印发《全市农村土地承包经营权确权登记颁证检查验收发现的问题及整改意见》，制定广饶县农村土地确权档案管理评比验收标准，利用一个半月的时间对9个镇街进行一次横到边、竖到底的拉网式检查，对农村土地承包经营权确权登记颁证工作的各个环节、各项内容进行全面梳理和及时整改。二是按照《山东省农村土地确权登记颁证档案整理规则》,投资18万元重点建设了县级档案室,对农村土地确权登记颁证档案进行分类整理、分级保管,组织全县9个镇街土地确权一户一档资料统一存放在县级。三是积极协调测绘公司做好农村土地承包经营权档案资料查缺补漏工作,积极做好农村土地承包经营权确权登记颁证数据库自查与电子介质修改完善。测绘公司正在对全县各镇街农村土地确权档案资料重新进行校正核对,有效保障农村土地确权登记颁证成果经得起历史的检验,奠定深化农村产权制度改革的坚实基础。

农民科技培训

*农村产权交易中心建设*　按照市委、市政府和县委、县政府要求,注册成立广饶县农村产权交易中心,建设完成服务场所,设立专门服务窗口,交易大厅设立业务咨询、申请受理、产权审核、组织交易、交易鉴证、产权抵押、服务代理以及土地纠纷仲裁等工作窗口。同时对交易主体、品种、方式、程序、规则和监督作了详细说明。农村产权交易中心建设已完工,各项配套设施已到位。为保障农村产权交易工作顺利开展,经管站组织部分工作人员到江苏省东海县农村产权交易交易所考察学习,吸取农村产权交易改革试点的成功做法和先进经验。积极参与市局组织的产权交易工作软件的开发,并提出有可行性建议5条,组织工作人员参加产权交易中心软件培训,全面提高经管站工作人员的业务水平和专业能力,为保障农村产权交易软件的正常运行建言献策。

*培育家庭农场发展*　积极探索家庭农场发展模式,鼓励达到一定规模的种养大户注册成立家庭农场,为家庭农场提供“一站式”服务,引导家庭农场实现集约化、产业化、标准化、品牌化经营,推进现代农业发展进程。为加快培育具有特色的示范性家庭农场,发挥典型示范作用。继续开展广饶县示范性家庭农场创建工作,制定《2016年县级示范性家庭农场创建活动的实施方案》,新培育家庭农场60家,组织6家家庭农场申报市级示范性家庭农场创建,获得市级财政扶持资金30万元。推荐瑞康家庭农场有限公司等9家家庭农场申报市级示范性家庭农场。推荐健友家庭农场、煜臻园家庭农场等2家家庭农场申报省级示范性家庭农场。全县家庭农场达348家,包括省级示范场1家、市级26家、县级64家。

*耕地地力保护补贴政策*　全面落实耕地地力保护补贴政策,按照每亩125元补贴标准,补贴资金6956.14万元;认真落实棉花目标价格改革补贴政策,每亩150元补贴标准,补贴资金1631.8万元,补贴资金均通过“齐鲁惠民一本(卡)通”账户补贴到种植户。

*政策性农业保险试点工作*　2016年政策性农业保险试点工作以农业增效、农民增收为目标,以促进农业农村经济又好又快发展和确保粮食安全为重点,按照“政府引导、市场运作、自主自愿、协同推进”的原则,在前期试点的基础上,进一步完善农业保险支持政策,逐步建立农业保险制度,健全保障服务体系,为农业提供自

然灾害风险保障。继续实施小麦、玉米、棉花政策性保险试点，投保农户承担保费的20%，其它由县级以上财政补贴，对因火灾、雹灾、风灾、冻灾、涝灾造成的损失，由承保公司按照责任条款进行赔偿。全县按小麦保费15元/亩、保额375元/亩标准，完成小麦承保33.5万亩；按玉米保费15元/亩、保额350元/亩标准，承保玉米47.25万亩，按棉花保费30元/亩、保险金额500元/亩标准，承保棉花5.2万亩。

棉花目标价格改革补贴　继续实施棉花目标价格改革补贴政策。按当年棉花种植面积（统计数据）每亩补贴150元标准，对2015年种植棉花的农户进行补贴，实际补贴农户为12556户，面积108788.94亩，补贴资金16318341元，补贴资金在2016年5月31日前直接发放至种棉农民“齐鲁惠民一本（卡）通”账户。

农业行政执法　开展农资打假，有效保障农业生产安全。一是组织执法巡查到位。对全县农资经营开展日常执法巡查，制作执法巡查记录，对发现问题的单位和产品依法进行立案调查。共出动执法人员1970余人（次），检查种子经营单位25家，检查肥料经营单位76家，农药160余家，饲料经营单位10余家，农（兽）药30余家，动物诊疗机构3家，生鲜乳企业3家，农产品生产和重点超市“三品一标”企业20余家。发放整改通知书108份。二是坚持农资质量执法监督抽查到位。对市场上主要农资产品进行抽检，抽检肥料产品67个，其中市场62个，生产企业5个，合格率83%。抽检农药产品51个，产品质量合格率97%，标签合格率85%。种子标签抽查12个，合格率100%。三是坚持经营主体资格、产品审查到位。对进入广饶县农资产品实行市场准入机制，对产品上市前进行“四准入”即生产厂家、产品、配送单位、经营单位准入。均提供相应资料进行审核，通过后发放《农业投入品告知书》，农户参照准入书信息购买，备案经营告知率100%。四是坚持专项整治到位。县农业局联合县公安、县安监、县工商、县质监制订《广饶县2016年农资打假方案》，开展春季、夏季、秋季等专项农资打假执法工作；开展种子市场清理专项整顿，严厉打击违法行为，保障农业生产安全。

农产品质量安全　始终坚持“产”“管”并重，从监管体系、标准化生产基地建设、农业投入品监管等环节入手，积极探索改进监管机制和模式，保障农产品安全生产和放心消费，成功创建为国家农产品质量安全县（第一批）。一是严把源头关。积极推进农（兽）药、饲料及饲料添加剂经营使用登记备案工作，实施的“一配送、双联保、三严查、四准入、五统一”的农业投入品监管制度在全省得以推广。已准入生产单位127家，准入经营门店67家，准入配送单位12家，准入产品1360个。二是强化网络监管平台建设。按照“监测、监控、监管、服务”的定位，重点建设县级监管平台和15处质量追溯点，建成广饶县农产品质量安全监控中心，实现对镇街农安站和蔬菜基地追溯点实时监控和检测数据实时传输、数据共享。三是积极推行农业标准化生产。制订《广饶县农产品产地准出制度实施方案》，统一印制蔬菜基地各项规章制度。推行统防统治、绿色防控、粘虫板、杀虫灯等物理防治技术、配方施肥、高效低毒农药使用等技术，实施低毒生物农药补贴试点工作，蔬菜标准化程度达到75%。积极开展“三品一标”农产品认证工作，加强对认证基地的监管，新认证“三品一标”农产品16个；组织7家蔬菜生产基地创建省级、市级标准化生产基地。全县没有发生重大农产品质量安全事故。

## ·种植业·

概述　2016年，全县117.65万亩粮食，比上年增加7.55万亩；粮食总产达58.84万吨，比上年增加3.43万吨。8.7万亩棉花，比上年减少3.1万亩，皮棉平均亩产80.9公斤，皮棉总产0.70万吨。26万亩蔬菜，总产116万吨。

**表 5**　　**2016 年全县主要农业产品产量表**

| 农作物名称 | 播种(万亩) | 总产(万吨) | 单产(公斤/亩) |
|---|---|---|---|
| 粮食作物 | 117.65 | 58.84 | |
| 其中:小麦 | 55.65 | 27.44 | 493.1 |
| 玉米 | 62 | 31.4 | 506.4 |
| 棉花 | 8.7 | 0.70(皮棉) | 80.9(皮棉) |
| 蔬菜 | 26 | 116 | 4462 |

粮食生产　为提高全县粮食产量,确保粮食安全,促进种粮农民增收,积极宣传国家对粮食生产的扶持政策,认真落实完成粮食直补工作,调动广大农民的种粮积极性。通过不断调整优化种植业结构,大力发展农业优势产业和特色农产品生产基地,加强农作物田间技术指导,大力推广小麦"一喷三防"和统防统治,抓好粮棉高产创建,落实土地深松、半精量播种、测土配方施肥、宽幅精播、一增四改等高产攻关综合技术。粮食生产实现良种良法配套,重点推广粮食高产栽培技术,选用粮食优良品种,增施有机肥、测土配方平衡施肥,深耕深松、小麦规范化播种、化学除草、化学调控、玉米直播及一增四改等实用技术在生产中得到科学应用。全县粮食播种面积 117.65 万亩,总产 58.84 万吨,其中小麦播种面积 55.65 万亩,平均亩产 493.1 公斤,总产达 27.44 万吨。玉米收获面积 62 万亩,平均单产达 506.4 公斤/亩,总产达 31.4 万吨。

棉花生产　2016 年,大力推广建立和应用以轻简化为核心内容的现代植棉技术,举办培训班 10 余次,累计培训技术员、棉农 2500 人次,发放备播、苗期、蕾期、中后期管理技术意见明白纸、技术资料 5000 多份。全面开展棉花生产技术服务,技术跟踪等日常业务。全县 8.7 万亩棉花,平均皮棉单产 80.9 公斤,总产 0.70万吨。

棉花高产创建　主推轻简化栽培技术、测土配方施肥技术、全程化控技术、适期晚播技术、病虫害综合防治技术,制定十、百、万配套技术规程。在极度干旱的气候对棉花生长不利的情况下,通过全方位的服务,取得较为理想的效果,高产攻关田示范带动效果明显。市测产结果如下:丁庄镇示范片十亩高产攻关田平均亩产皮棉为 149.37 公斤,百亩高产示范田平均亩产皮棉 124.63 公斤,万亩示范片平均亩产皮棉 100.62 公斤;陈官镇示范片十亩高产攻关田平均亩产皮棉 135.57 公斤,百亩高产示范田平均亩产皮棉 118.63 公斤,万亩示范片平均亩产皮棉 99.79 公斤;大码头镇示范片十亩高产攻关田平均亩产皮棉 136.37 公斤,百亩高产示范田平均亩产皮棉 112.98 公斤,万亩示范片平均亩产皮棉 96.12 公斤。

蔬菜生产　2016 年,全县蔬菜播种面积 26 万亩,总产 116 万吨,总产值 21.19 亿元。其中温室蔬菜 7.0 万亩,总产 62.79 万吨,总产值 9.90 亿元;大蒜 6 万亩,蒜薹蒜头合计亩产 1658 公斤,总产达 9.95 万吨,总产值7.31亿元(其中,蒜薹平均亩产 538 公斤,总产 3.23 万吨,总产值 1.80 亿元;蒜头平均亩产 1120 公斤,总产 6.72 万吨,总产值 5.51 亿元);其它蔬菜播种面积 13 万亩,平均单产 3328 公斤,总产43.26万吨,总产值 3.98 亿元。其中胡萝卜播种面积 4 万亩,总产 14.2 万吨,总产值 1.12

亿元。全县食用菌总产11.5万吨(其中:真姬菇4.0万吨、平菇3.1万吨、金针菇2.2万吨、双孢菇1.8万吨、杏鲍菇0.3万吨、其它0.1万吨),产值9.2亿元。工厂化生产厂家5家,食用菌合作社10家。

广饶县作为全国580个蔬菜生产信息监测基点县,参加了农业部举办的信息员培训班和省农业厅举办的基层信息监测点监测员培训班,按时调查10个基层信息采集点生产情况,及时上报旬度报表、月度报表、季度报表、年度报表,为上级部门正确决策提供了科学依据。

2016年高效特色农业发展平台项目建设　该项目位于大王镇、广饶街道,由广饶县怡丰农业开发有限责任公司、广饶县鲁骜种植农民专业合作社、广饶县富源蔬菜种植农民专业合作社三家主体负责组织实施,建设一个蔬菜种苗繁育基地和2个蔬菜标准化示范园区。主要建设内容为:一是怡丰蔬菜种苗繁育基地,14800平方米工厂化智能育苗连栋温室配套建设,建设外遮阳系统、自动喷淋系统、降温系统、移动苗床、自动放风系统、Po膜;新建冬暖式日光温室3000平方米,配套自动喷淋系统、供暖系统、滴管系统;新建播种车间600平方米,催芽车间600平方米;购置滚筒式自动穴盘播种机2台;安装物联网自动化控制系统1套。二是鲁骜蔬菜标准化示范园区,新建15个具有国家发明创造奖的新式可移动草砖式日光温室大棚和拱形温室大棚;安装物联网自动控制平台;配套节水灌溉和水肥一体化设施;配备农药残留检测设备;实施生态循环农业模式;推广日光温室蔬菜安全高效生产关键技术和蜜蜂授粉与绿色防控技术等。三是富源蔬菜标准化示范园区,建设钢架结构日光连栋温室一座,面积7694平方米,配套棚内水电设施和水肥一体化设备,改建高温日光蔬菜大棚3座,配备物联网综合控制系统一套。项目总投资1452.771万元,其中申请省级财政补助资金600万元、项目单位自筹资金852.771万元。

测土配方施肥　以土壤测试和肥料田间试验为基础,根据作物需肥规律、土壤供肥性能和肥料效应,在合理施用有机肥料的基础上,提出氮、磷、钾及中、微量元素等肥料的施用数量、施肥时期和施用方法。完成测土配方施肥项目,全年检测土样56个,共计获取检测数据280个,推广配方肥630吨,完成了年初指定的任务指标。通过测土配方施肥技术的推广应用,减少化肥施用量,提高肥料利用率,特别是氮磷肥料的施用量显著降低,流失到环境中氮磷养分有效降低,大大减轻因过量施肥或施肥不当造成的生产环境污染,同时改善土壤肥力和农产品质量,促进农业的可持续发展。

病虫害预测预报　向省植保总站拍发摸式电报35期;印发病虫情报15期,测报准确率95%以上,向省总站和市植保站提供情况汇报65次,对黑光灯诱虫进行观测并分类记载,为测报提供依据;对小麦红蜘蛛、白粉病、纹枯病、麦蚜、麦叶蜂、条锈病、叶锈病、棉蚜、棉盲蝽蟓、棉铃虫、玉米蓟马、灰飞虱、二点委夜蛾、玉米螟、玉米粗缩病、大白菜霜霉病等病虫害进行监测,以指导防治。

植物检疫　开展产地检疫,1月对4个花卉种植基地进行产地检疫,检疫花卉28万株,5月对1个小麦繁育基地进行产地检疫,检疫面积1000亩。春秋两季开展农作物种子检疫检查。根据省市安排于4月和9月开展了植物检疫检查活动,检疫检查棉花、玉米、小麦种子经营单位20家;检查种子35批次,进一步规范种子市场检疫秩序。

病虫害统防统治情况　全年农作物病虫草害共计发生面积为350万亩次,防治350万亩次。其中小麦病虫草害发生面积91.62万亩次,防治91.62万亩次;玉米病虫草害发生面积109万亩次,防治109万亩次;棉花病虫草害发生面积26万亩次,防治26万亩次;蔬菜病虫草害发生面积13万亩次,防治13万亩次。

全县统防统治服务组织不断壮大,服务水平和防控能力显著提高。共有专业化防治组织20个,从业人员1170人,拥有植保机械980台套,其中大中型机械76台套,日作业能力达到3.0万亩。全县农作物病虫草害统防统治面积达到67万亩次。

治蝗工作　制定防治预案，并对夏蝗出土始、盛期进行拉网式普查和夏残基数调查，及时上报信息。全县东亚飞蝗没有达到防治指标，确保了蝗虫不起飞不危害。

中央小麦病虫害统防统治补助项目　该项目中央资金 14 万元，在王道生态农场建立 3500 亩小麦统防统治示范区，开展全生育期统防统治，共防治 4 次病虫草害。

小麦“一喷三防”项目　该项目中央、省财政出资 240 万元，采用实物补助，普惠制。一是用于购买小麦蚜虫、条锈病、白粉病、赤霉病为主的病虫害防控所需杀虫剂、杀菌剂和防止干热风、增强抗性、促进增产所需叶面肥等，用于对全县的所有种植小麦的土地给予补助，项目物资按时全部发放到户。二是对全县四个贫困村 6120 亩小麦进行两遍统防统治作业，防治小麦后期病虫害，为丰收提供了保障。

（李卫峰　耿宏滨　孟宪刚
李秋国　于满川　艾海军
刘振海　王相江　孙伟国
朱万亮　郑金玲　张百忍
项国俊　朱新彬　隋丽萍）

## ·畜牧业·

概述　2016 年，全县肉蛋奶总产量达到 35.8 万吨，实现牧业产值 34.62 亿元。广饶县被确定为国家级粮改饲试点示范县，广饶县畜牧局被市委、市政府命名为市级文明单位。

产业结构调整　年内争取畜牧业项目 5 个，争取各级财政补助资金 1150.76 万元。3 个养殖企业上报财政促进金融支持畜牧业发展创新试点利息补贴，申请补贴 50.2 万元。山东天红饲料科技有限公司建设了林下 150 万只肉鸡养殖项目，东营津彤养殖服务有限公司建设了肉鸭标准化养殖基地，年可出栏肉鸭 130 万只。全县规模化畜禽养殖场达到 506 个，规模化养殖场户数量占辖区场区比重达到 85%，养殖量占饲养总量的 92%以上，其中奶牛、肉鸡、肉鸭等全部实现规模化养殖。新创建国家级标准化示范场 1 处，省级标准化示范场 4 处。新增县级以上农业龙头企业 1 个，新增家庭农场 15 个，新增养殖合作社 4 个。其中，广饶县天红肉鸭农民专业合作社和广饶县莲花养猪农民专业合作社创建为省级示范社。东营润德食品有限公司等 8 个养殖和屠宰企业通过无公害畜禽产品认证或复查换证省级验收。

生态牧业　开展粮改饲试点，参与试点的 10 个实施主体完成全株玉米收贮 10.98 万吨，辐射带动农民种植青贮专用或粮饲兼用型玉米 4.59 万亩，全株青贮饲料使用普及率达到 95%以上。完善饲料作物种植与饲料化利用基础设施，建设青贮窖 8600 立方米，建设饲料仓库等仓储设施 2890 平方米，建设农机具库 1016 平方米，购置 TMR 饲料机械、青贮取料机等设备 4 台套。种养结合模式示范作用明显，东营澳亚现代牧场有限公司、阳光奶牛场、民和牧业、厚远现代牧业有限公司等大型牧场通过流转土地种植饲草饲料作物、与周边农户签订订单收贮等方式，实现饲草饲料作物的种植和草畜养殖的有机结

全株玉米秸秆青贮现场

合。畜禽养殖污染防治深入推进，启动畜禽养殖“三区”(禁止养殖区、限制养殖区和适宜养殖区)划分工作。开展水气污染专项整治，对主要河流周边84个畜禽养殖场户进行综合调查，指导28个养殖场完善污染防治设施。市县重点水气污染治理工程广饶县厚远现代牧业有限公司大型沼气池建设项目建设完成并投入使用。组织4个奶牛养殖场申报了2016耕地质量提升项目中的畜禽类便治理工程建设项目，通过生产有机肥等方式实现养殖污染物的循环利用。

粮改饲试点培训

重大动物疫病防控　落实常年防、防常年的防疫机制，共发放使用禽流感疫苗490万毫升，口蹄疫疫苗130万毫升，猪蓝耳病疫苗40万毫升，猪瘟疫苗35万头份，小反刍兽疫疫苗6.8万毫升；免疫畜类35.21万头只，禽类315.70万只，免疫密度常年维持在90%以上，免疫抗体群体合格率达80%以上。加强动物流行病学调查和疫病监测工作，完成640份畜禽血清和棉拭子样品的送样、检测工作。开展免疫抗体监测工作，共采集血清样品2100余份，监测内容涉及7类11项检测项目。做好“两病”监测工作，共检测奶牛布病血样6920余份，检测奶牛结核6707头，全部阴性。加强动物防疫条件的审核，在规模养殖选址、设计、建设过程中，提前介入，共审核发放动物防疫条件合格证60份。严格落实检疫申报制度，产地检疫畜类21.1万头只，禽类6280万只；屠宰检疫畜10.4万头只，禽类3380万只。病死畜禽无害化处理纳入政府购买服务范围，扶持东营恩博生物科技有限公司投资970万元建设了无害化处理厂，配备运输车辆4辆。无害化处理厂与100家规模养殖场签订病死畜禽无害化处理协议。

畜产品质量安全宣传

畜产品质量安全　实行动物检疫与瘦肉精检测同步实施，抽检“瘦肉精”8000批次，每季度开展一次畜产品质量检测，县级共检测样品320批次，省、市抽检样品414批次。落实主体责任，与全县8家饲料生产企业、19家兽药经营企业、15家生鲜乳收购站以及较大规模养殖场(区)签订畜产品质量安全承诺书，明确相关责任。建立兽药经营企业、饲料生产企业名录，加强畜牧投入品的监管，严格生产经营企业的资质核查和审批，规范兽药、饲料及添加剂的生产经营和使用；严格落实兽药经营告知制度，累计告知兽药400余种。开展兽药“GSP评定标准2015版”换证验收工作。及时将1起违法线索移交县综合执法大队依法处理。积极参与并做好国家农产品质量安全县和省级食品安全先进县创建，完成创建任务。

畜牧科技推广　组织实施肉鸡标准化养殖等4个农技推广项目，通过技术集成、组织培训、考察交流等多种形式进行畜牧业技术推广，指导基层科学生产和高效应用。积极履行新型农民学校成员单位职责，举办各类培训班8期，培训技术人员与新型职业农民1800人次。加强技术服务体系建设，广益农业有限公司被确定为省级新型农民培训基地，遴选6名技术指导员、3个实验示范基地，25户科技示范户，发放技术指导员和科技示范户手册50册，技术指导员进入户指导360多次。开展粮改饲集中宣传活动，印刷宣传资料6000余份，悬挂宣传横幅30余条。推广良种奶牛冻精细管30000支，肉牛冻精细管1300支，全县奶牛良种率达到100%。投入资金75.07万元完成畜牧业综合监管平台建设，建设15个监控网点，逐步实现畜牧兽医业务数字化管理。

产业扶贫　与省定贫困村桑三村结成帮扶对子，结合实际制定帮扶措施，力求帮助积极拓展致富路子，确保如期实现脱贫。通过班子成员包贫困户、“第一书记”驻村帮扶等措施为民办实事，采用资金支持、实物帮扶、政策技术支持等多种举措，帮助改善村庄面貌和帮助贫困户早日脱贫，共计投入帮扶资金10万余元。制定畜牧业扶贫开发工作方案，将扶贫开发与现代畜牧业发展有机融合。耕地质量提升项目、国家级粮改饲示范县试点项目共计安排专项扶贫资金200万元，各项目实施主体与花官、陈官两个镇共21个村的98个建档立卡贫困户结成帮扶对子进行定向帮扶，共帮扶贫困人口204人。

（宗玉东　李灵通　李健壮　张西友）

## ·林　业·

概述　2016年，全县林业用地面积达27936公顷，森林面积24308公顷，其中防护林16002公顷，用材林5045公顷，经济林3261公顷，农田林网55000公顷，四旁植树13.24万株，活力木蓄积83.5万立方米。全县林木覆盖率达到28.11%，林业产值65.5亿元。

广饶县林业局先后获得省、市林业工作先进集体、林业有害生物防控工作先进单位等多项荣誉称号，丁庄镇王道村被山东省林业厅授予“山东省生态文化村”称号。山东东方花卉有限责任公司的“特伦萨—红掌”、山东嘉颐生态科技有限公司的“竹芋—青莲”在第六届山东省花卉博览会暨第二届中国（济南）花卉园艺博览会中获得博览会最高金奖，山东东方花卉有限责任公司的“猫眼竹芋”“青苹果竹芋”获得博览会银奖，全县选送样品共获金奖2项、银奖2项、铜奖7项、优秀奖4项，在全国参展的县区级总分排名中名列前茅。

三年增绿工程　结合全县实际，科学制定广饶县2016～2018年三年增绿计划。根据自然地理状况和生态主导功能，确定三年增绿计划的总体布局为：以“两带、三网、四环”为总体框架，构筑广饶林业生态体系的骨干框架，在重点片区规模化发展生态林、经济林（苗木），修复保护湿地资源，对村镇、厂矿、校园全面绿化，集中三年时间，着力增加林地总量，提高质量效益，改善生态环境，逐步实现“城市森林环抱、乡村绿树掩映、路河浓荫庇护、农田林茂粮丰、厂矿鸟语花香”的具有广饶特色的绿色生态风貌。全县重点实施了环城镇森林、路域绿化、水系绿化、农田林网绿化、村镇厂矿校园绿化、重点片区绿化、生态林场完善提升、湿地修复保护等八大工程，配合实施了荣乌高速公路丁庄段和长深高速公路大王段绿化提升工程，圆满完成2015～2016年度增绿工程任务，全县共计完成造林20489亩，植树224.09万株。

植树节义务植树活动　在李鹊镇兴业路北惠源路东片林基地植树现场，组织开展了全县3月

12日植树节义务植树活动，县几大班子领导和全县102个县直部门、单位的1600余名干部职工参加了植树活动，挖坑近万个。同时，各镇街在各自行政区域内组织开展了义务植树活动。

*林地变更调查*　广饶县林地变更调查是在林地"一张图"基础上，开展的林地范围、林地保护利用状况以及林地管理属性等变化情况的调查分析。广饶县林业局抽调了4名林业调查技术人员成立专业工作小组，精心组织完成了遥感判读、图斑区划、内业判读、外业核查等各个阶段林地年度变更调查工作，编写了《广饶县林地年度变更调查成果报告》。

*林木病虫害防治*　做好林业有害生物防控工作。春季利用大型车载式风送喷雾机，对公路、水系两侧林带进行应急喷雾作业，在短时间内快速遏制了春尺蠖的漫延危害；详细制定了飞防方案，召开全县飞防工作会议，6月中下旬对美国白蛾、杨扇舟蛾等林业有害生物实施错时飞防25万亩，对不宜飞防的避让区域及时组织实施地面补防。加强林业有害生物防治设施建设。新建1处市级林业有害生物数字化监测站，3处太阳能杀虫灯示范区，安装太阳能杀虫灯500盏。完成林业有害生物普查工作，做好湿地和野生动植物保护工作。做好检疫监管工作。严格检疫御灾，将林业有害生物的危害控制在源头，确保造林苗木优质合格。

*林木资源管护*　加强生态公益林动态监测。采取日常监测和定期检查相结合的办法，每季度检查一次，并根据各镇、街及有关单位的管护考核情况发放生态效益补偿资金。继续推进公益林林地流转工作。全县全年新增流转土地6923.58亩，累计完成流转土地17723.17亩。继续开展林权抵押贷款工作。受县国土资源局委托，为东营百佳益中药饮片有限公司办理了林权抵押贷款，抵押贷款2969万元。建立县级保护和发展森林资源目标责任制。县政府专门制定出台《关于实行年度保护和发展森林资源目标责任制的通知》，全面落实县级保护发展森林资源目标责任制。组织开展保护森林资源专项行动。依托林业项目实施保护林木资源。开展中央财政补贴森林抚育工作，全县完成森林抚育3.65万亩。积极开展造林补贴项目树木补植完善工作，通过省林业厅三年总验收。认真做好林木采伐审批、更新管理、木材经营加工管理工作。2016年共勘验林木采伐现场440个小班，审核并签发林木采伐许可证360份，采伐林木46.1万株，采伐蓄积2.89万立方米，收取森林植被恢复费45.9万元；审验《木材经营加工许可证》8份，签发原木《木材运输证》17份，《植物检疫证》76份；认真审核、审批建设项目征占用或临时占用林地，共办理永久征占用林地1份。

*护林防火*　严格落实森林防火目标责任。县政府与镇街、生态林场签订《广饶县二〇一六年度森林防火责任状》12份，明确责任目标、工作要求、考核与责任追究。积极开展森林防火检查。成立检查小组，深入基层检查，发现安全隐患13处，下发《森林火灾隐患责令限期整改通知书》5份。加强森林防火主体责任落实情况专项检查。下发主体责任落实情况自查自改指令书12份，森林防火责任单位自查发现安全隐患11处，整改完成6处。开展森林火灾危险源调查摸底，组织开展安全生产"大快严"整治行动。争取县财政投资40万元建成县林火监控指挥中心。

*依法治林*　为有效遏制涉林案件的发生，在重点林区和火灾易发地开展巡逻检查，共接处警66起，行政立案23起，查处19起，行政处罚34人，罚没款9万元，刑事立案11起，破获10起，其中特别重大案件2起，刑事拘留7人，逮捕1人，取保候审18人，移送起诉7起。通过向群众发放林木采伐有关法律法规宣传材料、摆放展板、现场讲解等方式，加大涉林法律法规宣传力度，共出动警力50人次，发放宣传材料800余份，受教育群众1000余人。

*林下经济*　对全县的林下经济发展情况进行调查摸底和实地调研，带领大王林场等企业赴鹤园乳业、丁庄林场等考察沟通林下经济发展，并在大力发展林苗间作、林菌种植、林下养殖等传统林下经济模式的基础上，鼓励新兴林下作物种植，发展森林生态

旅游、经济林采摘、林下畜牧业养殖等新兴模式。全县新发展林下经济1400亩，其中天红园林公司投资近2000万元的林下养鸡项目正在建设中。

种苗花卉　搭建交易平台，提高全县种苗花卉产业知名度。3月5～7日，与李鹊镇密切合作，成功举办2016山东(广饶·李鹊)苗木花卉交易博览会，期间共签订购销合同131笔，交易额近5000万元。组织东方花卉、嘉颐、博绿、百佳益、东茂耐盐碱等6家企业参加第六届山东省花卉博览会，获得金奖2项、银奖2项、铜奖7项、优秀奖4项。组织部分种植大户参加第十三届林交会，盐松获得大会金奖、两个葡萄品种获得银奖。以毛白杨新品种育苗为突破点，精心做好育苗工作。带领山东润金农林科技有限公司、广饶县鑫东现代观光农业开发有限公司两家企业赴聊城市冠县，与冠县国有苗圃合作引进北林雄株1号毛白杨组培苗进行扦插繁育，预计可出圃合格苗木15万株。加强林业龙头企业和合作组织建设。组织7家企业申报市级林业龙头企业，组织广饶县国美苗木种植农民专业合作社申报省级示范社。认真配合做好省级食品安全先进县和国家级农产品质量安全县创建工作。

科技兴林　围绕全县林业优势主导产业，结合新型农民学校等平台多层次、多渠道、多形式开展农民科技教育培训活动，举办林果生产、种植、病虫害防治等各种形式学习班40期，培训林农、科技示范户、专业合作组织骨干成员3000余人次，发放技术资料5000余份，接受咨询2000人次，进一步带动提高了全县林业生产的科技水平。

(李焕军　王洪玲　温晨光)

## ·孙武湖生态林场·

概述　孙武湖生态林场位于县城区东郊，孙武湖两岸，东至永安路，西至顺安路，南至孙武湖纪家闸，北至綦公路北200米，规划面积为2.19万亩，实测面积为2.35万亩。林场按“一带三线、绿道贯穿、六区共赢”理念进行规划布局，与14家企业和大户签订造林合同，全年共栽植银杏、樱花、紫叶李等景观绿化树木56个品系200万株。实施林场完善造林工程，对林场承包范围内枯死苗木进行更换，完成森林抚育6000余亩，更换补植苗木700余亩。

苗木管护　进一步修订完善林场管理制度、操作细则与技术标准，与各分场签订安全生产责任状，规范林场养护管理、病虫害防治、防火防盗等工作，提高日常管理水平；对林场管理科工作人员实行责任到人，分工到人，做到人人身上有担子，人人身上有压力。组织工作人员和各分场的管理人员通过1次外出参观学习、2次内部专业技术培训、3次企业管理人员培训以及鼓励自学等途径进行林场经营管理、病虫害防治、园林养护等方面的业务学习，充实管理人员基础管理知识，提升林场管理档次。

安全生产　定期召开林场企业管理专题会议，强化对林场的日常监管，对林场管理实行动态评比奖惩，确保林场生产安全。2016年因天气等方面的原因，杨尺蠖、方翅网蝽、美国白蛾等林业害虫普遍发生，林场管理着重加强病虫害的防治工作，采用悬挂防虫灯、器械喷药等措施进行防治，对林业有害生物做到可持续防控。按照全省森林防火能力建设示范县创建标准要求，制定林场森林防火应急预案、防火实施方案，建立防火责任制，与各企业签订2016～2017年度安全生产责任状，督促各企业加强防火巡逻，对各自辖区内火灾隐患进行自查；安装大型、小型宣传栏共计45块，悬挂宣传横幅5幅，张贴《林区禁火令》200余张，加强防火宣传教育。全年没有发生大面积病虫害疫情和火灾事故。

经营管理　始终坚持“政府主导、企业经营、市场化运作”的工作思路，坚持高起点规划、高标准建设、多层次开发、可持续发展，不断理顺机制、完善规划、狠抓建设、强化管理，切实加强组织领导，确保林场管理运营迅速转入科学化、规范化轨道，林场发展可持续性不断增强。在经营模式上，将林场发展列入孙武湖生态旅游度假区总体规划，借助孙子文化旅游区的生态旅游，通过与企业深入对接，在每个林场利用管理设施用地建设采摘、农家乐、餐饮、娱乐等特色文化服务项目，同步规划贯穿一体的水系、道路，切实发挥旅游休闲功能，建立增收的长效机制，进一步提高企业经营管理林场的积极性。

（孙庆亮）

## ·丁庄生态林场·

造林绿化　2016年，林场完成新增造林135亩、种植白蜡1.5万株，提升造林任务850亩、补植白蜡9万余株，并顺利通过了上级林业部门验收。

湿地项目建设　利用省级100万湿地生态保护和恢复补助资金，建设完成巡护步道284米、管护码头3处、湿地保护管理站3个、防护隔离带500米、恢复湿地植被9550平方米、生态补水20万立方米，购置档案柜2个、投影仪1台、望远镜1个、调查工具1套、标牌5个、宣传栏6套。项目竣工验收投入使用。

利用中央财政500万湿地保护奖励资金，建设保护管理站点3个、湿地生态巡护道路5.614千米、湿地生态游步道1391米、栈道95米、铺装面积213平方米码头平台、鸟食投放站、湿地监测监控设施，占地面积461.16平方米、建筑面积746.32平方米的文化展厅1个，建筑面积440平方米管护码头1处，植被恢复垂柳、白蜡、国槐、榆树、杏、山楂、石榴、碧桃等5903株，引种和恢复香蒲、芦苇、水葱、千屈菜、荷花、黄花鸢尾等水生植物56.33万株，通过清淤水道和引水灌溉为水生生物改善栖息环境动用土方9961立方米、形成湿地特有的植物群落。项目完成整体施工的90%。

森林资源管护　森林抚育工作。认真落实抚育管护措施，在春、夏、秋三季对林地林木采取松土、除草、施肥、灌溉、除萌、修枝和病虫害防治等技术管护措施，改善区域环境，促进树木生长。

湿地文化展厅施工现场

加大生态建设宣传力度，通过走巷入户现场说教、制作宣传牌等多种形式进行广泛宣传，努力营造“生态建设、湿地保护”的良好社会氛围。加强责任体系建设，通过划片包区，划定责任目标，实行责任监管和全方位目标责任考核，确保抚育管护质量和成效。

森林防火工作。调整完善林场森林防火指挥部，制定森林防火预案，建立健全森林防火应急预备队伍，签订森林防火责任状，确保森林防火工作责任主体明确、任务落实到人。强化宣传教育，广泛开展森林防火宣传进村庄、进林区、进工地、进农家教育活动，印发防火知识贴画、制作宣传标语和公开栏、制定森林防火“十不准”，教育广大群众增强防火意识。强化前置防火物资和机械，购置防火摩托车1辆，风力灭火器10台、GPS1台、望远镜1个、扑火铲20把、铁扫把30把等防火物资。在入冬之前对林场内林地，采取机械旋耕除草、电镰割冠等人机结合的方式，彻底清除林间杂草，消除诱发的火灾隐患。森林防火期间，实行班子成员带班制度，确保及时处置森林火灾。建场以来林场未发生一起森林火灾和人员伤亡事故。

林业有害生物防治工作。针对年内病虫害多发态势，组织专人定期开展病虫害监测，及时预报预测病虫害发生情况，指导营林企业适时采取人工扑杀、灯光诱杀、药物喷杀等方式，对林业有害生物美国白蛾、柳蚜等进行全面彻底防治，实现有虫不成灾的防控目标。

林下经济　林场坚持“以林养林、持续发展”的办场原则，在林下经济、生态旅游等方面做了一些探索。

林下经营模式。一是探索林下经济作物种植，种植小麦、大豆等作物1000亩。二是推进林下苗木繁育。在2×3米的株行距间套种白蜡、榆树等耐盐碱苗木，充分利用林木空间优势，增加林地收入。

加快水体养殖。林场水面面积近3000亩，是潜在的发展优势所在，2016年林场加大养殖力度，建设高效温室虾棚30亩，露天养殖虾池300亩，养殖草鱼、花鲢等1500亩，实现水的合理利用。

（王明章　孙芳建）

## ·海洋与渔业·

概述　2016年，全县海淡水养殖面积17.3万亩，水产品总产量10.19万吨，水产品总产值16.19亿元，产量、产值同比增加4.41%、0.17%，全县各类渔船达到277艘。高继忠被山东省海洋与渔业厅授予2016年度全省伏季休渔管理工作先进个人，被山东渔业船舶检验局授予2016年度全省突出贡献验船师，被山东省渔业互保协会授予全省渔业互保突出贡献奖；崔绍季被中国海监山东省总队授予2016年度海监专项执法行动先进个人，被山东省人力资源和社会保障厅、山东省海洋与渔业厅、山东省公务员局授予全省海洋与渔业系统先进个人、记三等功；叶喜春被山东省渔业互保协会授予全省渔业互保先进个人。

南美白对虾健康养殖技术培训班

渔业产业化　现代渔业园区建设顺利推进。根据全县海洋与渔业发展实际，以标准化鱼塘、工厂化养殖、休闲渔业园区建设为重点，以政策驱动，龙头带动、项目拉动，服务推动等多种措施，与生态林场建设、现代农业园区建设、乡村文明行动及小流域综合整治相结合，现代渔业园区建设推进顺利。稻庄镇申诺农场现代渔业园区新建锦鲤观赏展示温室1000平方米，初步建成以锦鲤观赏鱼养殖为主的休闲渔业园区；李鹊镇鹊苑家庭农场投资800万元新建渔文化及农耕文化博物馆2100平方米、新建儿童娱乐场及娱乐设施10000平方米、新建锦鲤室内观赏池100平方米、新建生态餐饮区500平方米；在孙武湖开展渔业资源增殖放流，放流花白鲢、鲤鱼、鲫鱼等苗种60余万尾，积极发展湖钓；东营圣景翔工厂化养殖园区新建温室6000平方米（南美白对虾工厂化养殖温室4000平方米，新建苗种暂养温室1000平方米，调水温室1000平方米），新建调水池20亩；东营瀚海渔业有限公司对原有南美白对虾养殖池塘进行标准化改造，新建工厂化南美白对虾养殖温室4000平方米；东营山海农业开发有限公司新建名优特水产品养殖园区50亩，新建大鲵鱼、石斑鱼养殖温室2000平方米；广饶县晨旭渔业合作社2000亩南美白对虾养殖园区生产情况良好。由华东房地产开发有限公司承包孙武湖湖面3000亩和湖东岸500余亩土地建设休闲渔业园区，积极发展休闲渔业，园区规划已完成。南美白对虾养殖成效显著。承担省农业技术推广项目，积极推广南美白对虾健康养殖技术，推广面积3180亩，总产南美白对虾1032.78吨；成立大码头镇渔业协会，按照“四统一”原则为会员提供全方位服务，帮助解决群众生产中遇到的困难和问题，带动南美白对虾精养的发展。东营圣景翔农业开发有限公司、东营瀚海渔业有限公司新建工厂化南美白对虾养殖温室10000平方米，实现广饶县工厂化养殖新的飞跃。加强渔业技术服务。承担实施广饶县基层渔业技术推广体系改革与建设项目，进一步完善全县基层渔业服务体系，培育技术指导员18名，示范户175户，示范基地2个，组织技术指导员22名参加省、市渔技站组织的高层次集中培训，每名技术指导员负责指导4～15个科技示范户，完善以农技人员包村联户为主要形式的工作机制和“专家＋渔业技术人员＋科技示范户＋辐射带动户”的技术服务模式。开展基层渔业技术推广体系改革与建设补助项目“春季行动”和“夏季行动”技术指导员进村入户进行技术指导服务，为示范基地和示范户购置发放物资。实施新型渔民培训工程，通过举办培训班、组织专家学者、专业技术人员进村入户开展巡回技术指导、外出参观考察等多种方式，培育现代新型渔民，举办培训班12期，组织重点企业负责人和重点户先后到日照、淄博、高青、鱼台、江苏南通、盱眙等地参观学习6期，培训技术人员和渔民1200人次，发放技术资料5000余份。加强水产品质量安全监管。积极实施省、市、县水产品质量安全抽检工作，全年抽检水产品177批，完成农业部抽检1个，省级抽检样品66个，市级检测样品15个，县级检测抽检95个，合格率100%。分别与乡镇、企业签订水产品质量安全生产责任状和承诺书；开展水产品质量安全专项整治，组织执法人员深入水产品生产企业进行水产品质量安全监督检查，共出动执法人员200余人次，检查企业100余家；开展放心农资下乡宣传周活动，技术人员采取进村入户、举办培训班、赶大集、悬挂横幅、发放宣传单、报纸电视等多种形式，广泛宣传放心渔用物资的识别方法，提高水产品质量安全。积极开展食品质量安全宣传，完善制度，悬挂横幅200余条，发放资料2000余份，广饶县成功创建为国家农产品质量安全示范县、食品安全先进县。实施水生动物疫病监控。根据全县水产养殖实际选择东营市黄河口鳖原种场为甲鱼直报点，广饶县东区养虾场和中区养虾场为对虾病害测报点，每月及时了解病害发生信息，及时上报病害发生信息。

海洋科普进校园

海洋综合管理　完成保护区、功能区调整和保护总体规划编制以及海域使用规划编制工作。在省厅、市局的指导下，委托国家海洋局第一海洋研究所进行编制，保护区、功能区调整已编制完成，并通过国家海洋局批复。保护区总体规划已完成国家海洋局组织的专家评审，待审批中。广饶县海域使用规划（2013～2020年）已获省海洋与渔业厅和市政府批复。加强海域规范化管理。优化海洋环评和用海审批程序，提升审批效率和服务水平，为涉海项目提供全程跟踪服务，保证重大项目用海需求，做好用海项目审批、审核等工作。根据市海域使用规范流程，年内共审批用续期用海15个，征缴年内海域使用金282万元，超额完成海域使用金征缴任务。开展海域管理整治行动。深入开展“护岛”“服务黄蓝和交叉执法”专项执法行动，加大重点海域巡查力度，对非法围填海、破坏海域海岛资源、违法构筑养殖池等违法行为重点查处，开展海域、海岛、保护区执法检查60次。着力提高海洋环境监视监测水平。加大对在建涉海工程项目的监管工作，配合省市海洋环境监测中心邻近海域海洋环境跟踪监测2次，对项目用海进行跟踪检查，进一步深化海洋环境执法工作，有效减轻污染损害，保护海洋环境。开展重点工程项目施工期跟踪监测，推进工程项目海洋环评工作的顺利开展。开展近岸入海河流排污口调查工作，共排查养殖区排污入海口9个，入河口1个(客水)，出动执法人员4人次。开展无居民海岛使用现状调查监测。根据《关于开展省无居民海岛使用情况调查工作的通知》要求，配合国家海洋局北海环境监测中心、市局环保科对无居民海岛(天鹅岛)使用现状进行海洋环境调查工作，出动人员16人次，填报各种监测数据7份。全面做好海洋工程项目建设工作。继续推进2011年度中央海域使用金支出项目实施。完成保护区和人工岸段项目的财务、合同、审计、监理的工程项目财务决算报告，人工岸段项目验收已申请上报省厅，正在准备验收。组织实施山东省渤海海洋生态修复及能力建设项目。根据项目实施方案，积极与县财政局、县政府行政服务中心采购办进行招投标对接，639.4万元的项目招投标工作全部完成，通过省厅组织的专家验收。实施304万县级海域动态能力建设项目。按照县级海域动态能力建设实施方案，完成动态监管车项目、海域监测测量设备、海域图形工作站县级接收工作；各项资金根据省厅招标合同逐一进行拨付，已拨付资金80.6万元。

**渔业安全生产监管**　加强安全生产监管。紧紧围绕“安全第一，预防为主，综合治理”的方针，按照“标本兼治，治本为主”的要求，严格落实安全生产责任制，强化“两个主体”责任落实，加强基层基础工作，继续深化安全生产隐患排查“大快严”集中行动和企业安全生产主体责任落实，加强现场监督检查，深入开展专项整治，严厉打击违规违章行为，年内组织安全生产检查28次，检查渔港、渔船集中停靠点136处次，检查渔船492艘次，全面排查和切实解决了影响安全的薄弱环节和突出问题，确保海洋渔业安全生产的顺利进行。扎实推进平安渔业建设。年内完成西马楼村、王道村渔船集中停靠点监控建设项目，配发了35公斤手推式灭火器8个、5公斤灭火器82个、8公斤灭火器90个和救生圈342个；为海上生产渔民配发100N救生衣504件、150N救生衣152件，保暖式救生衣800件。加强伏季休渔管理。严格落实上级“伏季休渔”有关规定，加强休渔期间渔船的监督管理，加强大马力渔船的监督调度，坚决杜绝进入涉朝、韩敏感水域生产作业。为25艘大马力渔船配备北斗定位系统并全部开通，通过船舶安全保障集中监控平台进行调度监控，无伏季休渔违规情况发生。进一步强化涉外渔船管理。按照省、市、县统一

渔船报废更新拆解

部署要求，积极开展涉外渔船管控活动，在荣成市石岛和寿光市羊口召开各渔业公司负责人、各渔船船东和船长参加的涉外渔船管控工作会议，签订涉外渔船管控责任书，确定船东为第一责任人，船长为直接责任人。利用渔船动态监控系统，对所有渔船进行监控并每天核实船位，确保涉外渔船管控工作顺利开展。全面落实国家管渔、惠渔政策。2015年度油价补助严格按照市局要求，12月底前补助资金全部发放到账。44.1千瓦以下小型渔船及特殊渔船252艘，全部进行渔船年审检验，所有渔船全部完成系统录入检验。积极引导渔民参加渔业互助保险，积极落实地方配套资金，全年渔业互保展业任务完成155万元，超额完成互保展业任务。

（徐姗姗）

## ·水 利·

概述　2016年，全县累计投资近6亿元，实施7项重点水利工程。小清河小河子泵站和主干渠清淤及建筑物配套工程、城乡供水一体化工程—丁庄、陈官饮水安全项目、2015～2016年度农水会战工程顺利完成，改善灌溉面积36万亩，改善除涝面积25万亩。高店水库增容工程和预备河水系治理工程启动实施，做好了南水北调中心城区供水单元工程施工环境维护。全年累计调引黄河水5800万立方米，拦蓄利用小清河、支脉河等客水水源1.1亿立方米，全年累计灌溉农田70万亩次；依法征收水资源费3696万元。

重点水利工程建设　全县累计投资近6亿元，实施7项重点水利工程。一是投资1065万元实施小清河小河子泵站和主干渠清淤及建筑物配套工程。工程4月开工，10月底完工，共疏挖麻湾总干渠、二干渠、三干渠、十二支渠19.5公里，更换8块闸门板，对沿线30个支门进行维修改造。二是投资1.2亿元实施城乡供水一体化工程—丁庄、陈官饮水安全项目。建设日供水能力2万立方米的供水项目，通过扩建第二水厂，配套水源机井，铺设输水管线，先行解决县城区新建设小区及丁庄镇、陈官镇、广饶街道、乐安街道71个村居6.3万名居民饮水安全问题。该工程既是全县重点项目，又是惠民实事，工程于6月开工建设，已全面完成具备供水条件。三是投资2.4亿元开工建设高店水库增容工程。该项目主要是加高坝体、衬砌内坡、增设防浪墙和防渗系统，建设出、入库泵站，配套水库管理设施，库容增至2300万立方米。经积极争取，该工程列为2016年全省雨洪资源利用工程，争取省级扶持资金8126万元。工程于11月正式开工，计划2017年6月完成土方工程，2018年6月达到供水条件。四是积极争取上级资金加快推进淄河治理三期工程。治理段自稻三闸向下游至贾辛村东，疏挖河道4.511公里，新建生产桥2座，衬砌岸坡826米，工程投资2800万元。该项目可研、立项、施工设计等前期工作已完成，待上级资金下达后立即组织实施。五是投资1814万元加快推进预备河水系治理工程建设。该工程是2017年全县重点工程，疏挖拓宽预备河河道5.77公里，拆除重建生产桥2座、泵站4座、节制闸1座，维修生产桥1座，疏挖土方95.3万立方米。工程迁占、施工招标工作已完成，已具备开工条件，根据长深高速西延工程建设用土需要适时开工建设。六是加快推进农田水利治理。组织实施投资近5000万元的小河子泵站、主干渠清淤等水利工程，5月底全面完成冬春农水会战任务，改善灌溉面积36万亩，改善除涝面积25万亩。论证并提报投资7324万元的2017年县级农水会战项目，2016年冬至明年全县计划总投资5.8亿元，实施农田水利建设项目5大类18项，改善灌溉面积33.6万亩，改善除涝面积21.91万亩，发展节水灌溉面积2.32万亩。通过持续的农水会战，改善农业基础条件。七是全力做好南水北调中心城区供水单元工程施工环境维护。主要配合抓好广饶段工程的迁占和组织实施工作，并配套建设高店支线，为向高店水库调水引水创造条件。

城乡饮水安全　城区供水工作稳步提升。县自来水公司已完成供水629万立方米，向东营供水14.5万立方米。切实加强给水配套工程监督管理，对华泰路、乐安大街、广凯路等道路给水工程的规划、建设、验收进行全程跟踪监督和严格把关，对竣工路段给水管道进行打压实验和GPS定位。不断强化新建住宅小区供水设施配套建设监督管理，对华泰威尼斯东区、东方丽苑等小区的给水配套进行设计审查把关，认真做好怡景苑小区、中南世纪城的给水配套工程建设监管工作。共发送催缴欠费短信28万余条，受理用户报修695起。与县供电公司合作推行“四表”合一，借助县供电公司原有平台，实现供水、供电、供暖、供气平台资源的共享，相关工作正在稳步推进中。

分步推进城乡供水一体化。全县城乡供水一体化建设分三步实施：第一步，首先解决北部陈官、丁庄两镇群众饮水氟超标问题。扩建第二水厂，日供水规模由3万立方米提升到5万立方米，引水至陈官、丁庄两镇，实现换水除氟、安全供水。第二步，2018～2020年，充分利用镇街现有供水设施，分片建设标准化水厂，分区域供水，提升大王、稻庄、大码头、花官四镇的供水保障能力，启动实施第一水厂迁建工程，统筹实施第二水厂水质深度处理项目，保障城乡饮水安全，实现全县一个标准供水格局。第三步，2021～2030年(远期)，重点解决供水管理体制由镇街管理向集中统一管理转化问题，逐步建立适应市场化运行机制，实现供水企业的良性运行、稳步发展。根据水源地保护和提升水质的需求，论证并提报第一水厂迁址新建及第二水厂水质深入处理项目，列入2017年全县十件惠民实事，重点推进实施。

城乡水源保护不断强化。强化实施城乡饮用水源地保护管理，重点对井源地实施安全管护，定期对水源水、出厂水、末梢水进行水质化验，确保供水安全稳定运行。7月开始组织实施第一水厂水源地保护工作。会同县环保部门、广饶街道做好第一水厂水源保护区违法问题整改工作，停用6眼处于工业区内的水源井，对15眼水源井实施封井处理，在第一水厂饮用水水源保护区边界拐点及相关交通干道设置界标和宣传牌43处。县自来水公司水质检测中心每天对出厂水和管网末梢水的11项水质指标进行日常检测，并定期委托有资质的检测单位对出厂水进行106项的水质全分析和4个管网末梢水进行42项水质分析。由县财政投资为广饶街道、乐安街道、大王、稻庄、李鹊、大码头和花官等7镇街配套建设日检测9项指标的水质检测设施各1处，定期开展水质自检，城乡饮水安全进一步得到有力保障。

防汛抗旱　全力以赴，抓好抗旱引水工作。根据旱情形势，积极争取黄河水，拦蓄小清河、支脉河水，保证引黄、引河灌区农田适时灌溉。全年农业灌溉调引黄河水3450万立方米，拦蓄利用小清河、支脉河等客水水源1.1亿立方米，全年累计灌溉农田70万亩次。提前谋划，实施抗旱应急工程。针对春灌情况，积极争取省水利厅将陈官镇支脉河提调水工程列为2016年抗旱应急水源工程项目，项目区位于陈官镇东部，涉及董庄、孟庄、张家等9个村庄，项目区设计土地面积4.65万亩，建设泵站1座、配套渠系建筑物10座、渠道1800米，有力地改善了陈官镇4万亩农田的灌溉条件。未雨绸缪，扎实做好防汛工作。及早落实各级防汛责任制，狠抓汛前准备工作和汛中各项措施落实，5月中旬修订完善了防汛、防台风、骨干河道行洪等各项防汛预案，5月底前组织对全县河道、城市排涝设施、田间排水工程及各类防汛工程进行全面检查。落实县、镇两级防汛队伍和应急抢险物资，全县共储备编制袋40万条、铁丝36.5吨、桩木124立方米、土工布10752平方米、照明器材720个、救生衣2360件等20多个品种的常备物料；各镇(街)组建抢险队10支，抢险人员5000余人。制定了相应的防汛抢险预案，实施农田排沟治理、城镇排水设施维护等一批防洪除涝工程，从预案、物资、队伍、工程、预警、预测等方面充分准备，确保全县安全度汛。

水利依法行政　水资源管理全面加强。认真执行最严格水资源管理制度，加强取水许可、凿井管理、取水计量、计划用水、节约用水等工作，重新规范凿井取水管理程序，建立并落实属地初审、现场核查、进场定位、合同约束等凿井管理措施，对全县用水实行总量控制，全年共换发、办理取水许可证118份，为企业自备井新安装智能水表8块，组织许可稽查40多项。按照行业用水定额和企业用水实际，核定120余家重点取用水户的2016年度用水计划，进一步强化计划用水和节约用水管理。严格依法收费，按省、市要求对水资源费征收标准进行调整，将地表水资源费征收标准由0.30元/立方米调整到0.40元/立方米，地下水资源费征收标准由0.80元/立方米调整到1.50元/立方米。5月下旬组织召开全县水资源费征收工作会议，全年依法下达征收文书383份，征收水资源费3696万元。积极推进工业企业水源转换，建成工业水厂一期工程并通水试运行，督促县经济开发区15家企业进行供水管网改造，监督相关企业封闭自备井9眼。配合上级水利部门在地下水超采区布设和安装21处监测设施，组织开展机井建设管理情况的调研和国控二期监测点调查，有效保护地下水资源。

水行政执法力度加大。按照水政监察规范化建设要求，切实加强水政执法队伍建设管理，组织开展水行政许可案卷和水行政执法案卷评查工作，及时发现和依法制止水事违法行为，积极协助做好各类联合执法工作，与市水政监察支队、胶东调水东营分局开展胶东调水工程违法取水联合执法，配合大王镇开展境内淄河上游违法取土集中执法，扎实开展道路交通安全河道取土场整治等违法整治行动，维护较好水事管理秩序。组织开展“世界水日”“中国水周”“水土保持宣传月”活动，与县教育局、邮政局等部门单位在中小学生中开展节水征文大赛，2万名中小学生参加征文活动，从小培养少年儿童节水、惜水、护水意识，进一步增强全社会珍惜水、节约水、保护水的舆论氛围。

河道灌区管理逐步规范。全县骨干河渠上有5处提水泵站、11处节制闸由河道中心直接管理，为确保工程设施正常运行和发挥效益，先后对马疃泵站、小刘庄泵站、周楼节制闸进行维修，并积极争取将马疃泵站列为全国中型泵站改造项目。涉河管理上，沿河两侧新增设70余块警示牌，建立完善群管人员聘用合同，实行定期巡查和不定期巡查相结合的方式开展河道常态化巡查管护；严格涉河项目建设审批，不符合要求的坚决不予审批，组织完成S227河辛路广饶绕城段改线工程、S309田高线广北农场至滨州界改建工程、长深高速公路高青至广饶段工程的跨河审批工作，依法办理占压河道协议4件，查处制止违法取土行为5起。加快推进骨干水系综合整治，积极推进“水网”生态绿化建设，治理一条水系、形成一道景观、改善一方面貌。

驻村工作　切实抓好驻企联络和驻村帮扶工作，帮助“第一书记”所驻村—大码头镇北堤村加强基层党组织建设，配备了办公电脑，帮助改善村“两委”办公条件，与村内2名贫困户结对精准持贫，协助做好“九九重阳节”和贫困户走访慰问工作。争取帮扶资金28.8万元，组织实施水表改造及农业沟渠清淤工程，清挖沟渠长11.3公里，有效改善1.2万亩耕地的农业生产条件；实施村庄亮化工程，安装路灯120盏，方便群众夜晚出行；实施村庄道路硬化工程，硬化街道1560米，新挖路边沟3120米，改善村内交通和排水条件；协调卫生部门投资31万元新建村卫生室，改善群众就医条件；组织实施北堤村西小清河调水修复改工程和道路边沟整治项目，有效改善所驻村的农业灌溉和生产生活条件。

（牛孟涛）

## ·小清河管理·

概述　小清河横贯东营市广饶县中部，为一河三堤，自滨州市博兴县界入境，流经广饶县3镇、2街道和黄河三角洲农业高新技术产业示范区。境内中泓河长34千米（不含与上下游毗邻县、市交错河段7.14千米）。境内防洪堤长104.85千米，沿岸有预备河、淄河、南北河、芦清沟等大的支流汇入，流域面积585平方千米，是承接客水，排泄内涝，受海潮顶托，支流汇入量大（1100立方米每秒)的河段,承担着沿河 25.4 万亩次农田灌溉用水任务。

东营市小清河管理处为市水利局直属、县政府代管的副县级事业单位,编制 13 人,于 2012 年 10 月成立。内设综合科、工程科、王道闸管理所 3 个副科级科所。

业务范围为负责小清河东营段的管理和综合开发利用;负责工程设施的管理与维护;负责岁修工程的报批并组织实施;负责小清河的防汛业务指导和防汛资金、物资器材的调度使用;负责小清河东营段权属地的使用和管理及河道管理范围内的取土管理;对小清河河道管理范围内建设项目进行审核与管理;负责辖区内排污口设置和建设项目的初审及监督管理工作。

堤防管护　河道管理。为便于对堤防进行经常性维修和养护,保障堤防工程安全,按照“先行试点、逐步推广”的原则,先期对花官段堤防管护进行试点,探索公司化管护模式,管护公司每月汇报一次管护情况,实行百分考核,不定期抽查,绩效挂钩,考核结果与管护报酬相结合,制作安装管护公示牌,公开管护目标、管护人员、管护标准、公布举报电话,发现损坏和隐患按照《山东省堤防工程养护细则》标准及时维护。在日常管护中发现不法行为及时制止和上报,协助管理单位做好处理。河道巡查人员在巡查基础上检查管护情况,发现问题,及时处理。

内部目标管理。通过自下而上、自上而下的方式,制定印发小清河管理处绩效工资发放办法,及时修订完善规章制度和目标责任制,推行政务公开、更新党务政务公开栏、涉河项目手续一次性告知明白纸,严格落实首问负责制、责任追究制,促进管理工作规范化、科学化、制度化,增强干部职工自我约束力,提高河道管理服务水平。

堤防林木建设

河道安全管理　水法宣传。为深入开展 3 月 22 日第二十四届“世界水日”暨 3 月 22～28 日第二十九届“中国水周”宣传活动,结合河道中心工作,联合公安开展进社区、进集市、进村入户、执法巡查等一系列形式多样的宣传活动。出动宣传车在沿河各村居巡回宣传,深入村户、集市及相关单位宣传发放各种材料 10 万余份、张贴安全运行通知 1000 余份、展板 2 块、横幅 30 条,宣传期间、市县电台对水法宣传活动进行了报道,提高沿河群众自觉的保护河道工程的法律意识和宣传面。堤防执法安全巡查。继续坚持从“严”控制,在每周 2 次巡查基础上,建立点、线、面结合的动态防范网络,力求到边到位、不留死角。每月与县水利安委会对堤防工程、闸坝工程安全检查,发现问题,及时整改。明确巡查重点部位,巡查责任,巡查人员,巡查制度,认真填写巡查记录。加强与沿河镇街、当地派出所的沟通联系,争取支持,主动及时查处水事案件。通过设立远程监控控重点工程、群管员控维护各自堤段、每天巡查控面,不间断、无缝隙控制违法时空,随时发现处理涉河违法行为,保障河道工程良性运行。完成汛前(后)闸坝维护工程。汛前,投资 10 万余元对王道闸闸顶大字进行更换,对 8 间管理房进行吊顶、墙面喷刷、安装顶灯等装饰,新建配电室 1 间、购置安装配电盘 1 组,更新 1100 米动力线路,制作安全运行指标、规范操作等版面，购置办公桌椅、安装1台空调等，改善王道闸办公条件。对备用发电机和启闭运行设备进行试运行和日常维护。汛前（后），投资14万元，结合乡村文明建设专项行动对堤防进行整修和险工险段维护，重点对堤防乱垦乱植、建筑垃圾、杂草落叶、河面漂浮物等进行机械和人工清除，确保河道生态环境质量。开展冬春季节保护河道工程主题活动。针对冬春季节是涉河水事违法行为易发、多发期，对沿河损坏的警示牌进行重新制作安装、喷涂，公布举报电话，与沿河承包户讲解非法拉土的危害，让群众自觉调整生产活动和主动举报违法行为。对沿河主要堤段或有弃土的部位，落实看护人员，发现情况及时举报，形成群管群防的高压态势，确保把问题处理在萌芽状态，维护良好的水事秩序。

小清河王道闸

防汛工作　4月中旬开始，组织专业技术人员实地徒步带着设备对小清河现状工情勘察，对存在的问题，逐一列出单子（桩号、现状、存在隐患及问题、现状照片），拿出具体落实方案和应急措施，在全县防汛会上以文件形式下发到相关乡镇，并做好督促落实。在工程检查普查的基础上，编报《河道工程检查情况的报告》《年度岁修工程计划的报告》《度汛应急工程计划报告》，并及时上报；修订完善《小清河防洪预案》《小清河分洪道4村庄应急转移防洪预案》《小清河分洪道蓄水工程防洪预案》《小清河分洪道子槽河（胶东调水）防洪预案》，不断强化预案执行责任体系建设，确保预案执行责任落实到人，提高预案执行的针对性、时效性。落实岗位负责制、技术人员包河段防汛责任制，严格汛期值班制度，坚持领导干部24小时带班，值班人员全天候值班，发现重要险情及时处理上报；修订完善防汛工作程序，进一步规范和细化工作制度，层层落实责任制，划分责任区，明确防汛任务；拟定限期清障堵复方案，投资3万元购置5400平方米土工布、1.4吨14＃铁丝等防汛常备料物，督促落实乡镇、企事业单位防汛组织和群众号料，沿河各乡镇、各部门单位以基干民兵为基础，党团员为骨干，组织7支103人的防汛常备队，2940人的抢险队，13905人的后备队，确保小清河安全度汛。

运行管理　规划工程。投资18.8万元编制数字生态河道蓝图，按照“统筹兼顾，标本兼治、综合治理”的原则聘请高资质新汇设计院，秉承水生态文明理念，高规格编制《小清河东营段工程现状图》，投资8万元对1100米的佛王险工进行施工设计，把整个堤防、险工、隐患堤、闸坝工程、村庄的高程GPS控制点、桩号、存在的问题、现状照片、维护工程量落到河道三维地形电子图上，为工程实施及规范化建设奠定纲领文件，也为日常巡查管护及应急抢修奠定基础控制点。复航工程。境内复航工程航道全长40.2千米，起点为金家桥闸下（K119＋800），终点为小清河支流新塌河（K160＋000），中下游约8.7千米（K151＋300～K160＋000）。航道等级为Ⅲ级，涉及航道疏浚工程，王道闸工程，航道护坡工程，桥梁改造工程，跨、临河建筑物改建工程。县政府成立推进领导小组，办公室设在管理处。多次召开环保、国土、规划、发改、环保等部门会议，12月9日前，县级层面的项目社会稳评、土地预审、选址规划、港口评审、防洪评价、环评工作等前期立项工作全部完成，并及时上报市港航局（项目法人）。该工程概算投资18余亿元，计划在2020年完成。隐患堤防填筑修复工程。积极争取上级投资50万元，对花官段1309米的隐患堤防（中堤）进行培土填筑修复工程和5100米的堤防整修工程，共填筑土方1.57万立方米。工程严格“四制”管理，施工过程中，施工单位严把质量关，安排专人负责质量管理，实行全过程质量监控，严把土料入场关，采取严格的工序验收制度，严格执行堤防填筑有关技术规范和施工规程；监理人员盯靠在工地，实行平行监理和旁站式监理，确保工程质量。汛前工程已完成，通过市级竣工验收。加强河道干支流闸门调度运行管理。针对全年长时间无有效降雨的现状，从年初三（汛期6月12日）就落闸蓄水，保灌溉水源，共安全启闭王道闸150台次，拦蓄过蓄水5118万立方米，调节泄洪4836万立方米，最大限度的保证了灌区内25.4万亩农田的灌溉用水。及时启闭老淄河闸、老预备闸6次，调节沿岸农田泅碱的矛盾和支流函闸的调度，服务于农业生产。

## · 农业机械 ·

农机补贴　2016年全县共实施中央财政农机购置补贴资金2698.798万元，补贴农机具1047台（套），受益农户879户。为保证农机购置补贴工作的顺利开展，农机办按照“早、快、严、细、实”的总体要求，尽早启动，加快实施，精心部署，规范操作，严格监管，进一步改善农业装备结构，提高农机化水平。

农机推广　一是积极推广棉花机械化采摘技术。2016机采棉种植面积3000多亩，机械采摘2100多亩。通过机采棉推广工作，建设棉田机收示范田，引导广大棉农转变生产方式，改变种植规格，全面提升棉花机械化水平，为建设高效生态农业作出积极的贡献。二是认真组织实施农机土地深松作业项目。农机深松财政安排资金共计420万元，完成土地深松面积10.5万亩，其中中央资金80万元，深松整地2万亩，由丁庄镇承担7千亩、大码头镇承担1.3万亩；市级资金340万亩，土地深松8.5万亩，由花官镇、陈官镇承担。三是组织全市玉米籽粒机收现场会，提升玉米机收一体化进程的推广，为农作物全程机械化收获的推广提供了经验和做法。四是利用农机展，积极推广先进农机。在2016中国广饶农业机械展览会上，组织12个商家40多个品牌，农机类车辆50余台、农机播种机30余台、无人机等进行展示交易，签订购机合同21份，成交额168万元。

农机监理　认真开展整治“三率”活动，巩固“全国平安农机示范县”创建成果。一是继续开展农机免费监理。2016年农机办继续开展农机牌证、检验、培训等财政免费管理，全年新挂拖拉机联合收割机号牌865台（其中拖拉机587台、收割机278台），新办农机驾驶证512人，年审农机1015台（其中：拖拉机607台、收割机408台），换发农机驾驶证220本，发放跨区作业证310张。重点加强农机补贴、农机合作社、跨区作业机械及驾驶员的管理，提高农机“三率”水平。二是加强农机监理档案规范化建设。根据农业部《拖拉机、联合收割机牌证业务档案管理规范》《山东省农机监理业务示范文本》的要求，重新分类装订归档，进一步充实档案内容，做到规范有序，使档案利用的效果及价值有了显著提高。三是深化开展农机安全生产隐患大排查快整治严执法集中行动，严厉打击安全生产非法违法行为专项行动，重点对全县44家农机合作社及农机企业进行安全隐患排查，严防农机安全生产事故的发生。四是落实安全生产岗位责任制，实行一岗双责。层层签订农机安全生产目标责任书，把安全生产目标纳入年度考核的重要内容。

农机培训　为切实提高农村农机人员的专业技术水平和服务能力，县农机办多措并举，积极开展农机化科技教育培训，全面推进农机化科技培训进村入户。2016年共计培训各类农机技术人员1200人，其中农机合作社带头人培训人员30名，农机手实用技术培训650人，农机操作与维修540人，在全国农机手技能大赛中，2人入围代表山东省参赛。

农机专业合作社　全县经工商注册的农机合作社发展到96家，达到“五有”合作社规模的31家，入社社员800余户，拥有各类机具数量3150台件，注册资金达11580万元，服务领域涉及粮食生产的耕作、种植、收获、销售、农机运输、农机维修等各个环节。2016年广饶县海科农机服务农民专业合作社被评为省级农民合作社示范社。

（高天岭　张立夫）

## ·农业综合开发·

2016年，广饶县农业综合开发实施高标准农田建设项目2个、治理面积1.65万亩，实施产业化经营财政补助项目4个、贷款贴息项目2个，获中央、省、市财政资金2733万元。

陈官镇0.75万亩高标准农田建设项目，计划疏挖沟渠62.64千米，衬砌渠道17.94千米，新建、维修桥涵等水工建筑物139座，硬化田间干道18.56千米，植树1.8万余株。陈官镇0.9万亩高标准农田建设项目，计划新建泵站3座，疏挖沟渠92.36千米，衬砌渠道15.26千米，新建、维修桥涵等水工建筑物180座，硬化田间干道19.52千米，植树2.5万余株。以上项目正在建设中，预计2017年5月底完工。

东营市广泰绿化工程有限责任公司年产85吨高产辣椒种植基地新建项目，计划建设高标准温室大棚2栋，硬化园区路面2000平方米，新上变压器1台。山东营丰生物科技有限公司年产1万吨有机肥料新建项目，计划建设集成车间1栋，新上有机肥生产线1条。以上2项目正在建设中，预计2017年5月底完工。

广饶学礼草莓农民专业合作社年产80吨甜椒种植基地新建项目，建设高标准钢架结构温室大棚6336平方米，新打机井1眼，新上变电柜1座，硬化园区路面1800平方米，购置卷帘机等生产设备，带动种植面积500亩，种植户400户。广饶县富源蔬菜种植农民专业合作社年产24吨优质西兰花种植基地新建项目，建设钢架结构日光温室大棚4396平方米，购置风机、卷帘器等设施21台套，带动蔬菜种植面积150亩。山东泰然生物工程有限公司年产33万吨秸秆热解制生物燃料项目、山东光聚实业有限公司年加工1万吨肉鸭项目获上级贷款贴息177万元。

（李志强　韩复莲）

## ·胶东调水·

概述　山东省胶东调水局东营分局隶属山东省胶东调水局，事业编制，正处级。内设办公室、规划财务科、工程管理科、综合经营科、工会，所站设有小清河枢纽管理所、预备河管理站。有编制40人，在职职工32人。其主要职责为担负山东省胶东地区城市及沿线生活供水的职能和工程管理维护及运行职能。分局设置党委，下设两个党支部，其中机关支部党员21人，退休支部党员11人。2016年，山东省胶东调水局继续保持省水利系统文明单位荣誉称号，连续第七年被评为省级文明单位。

调度运行　2016年度调度运行实现多水源联合调水、全年连续化调水。2015年10月29日打渔张引黄闸开闸引水，至2016年12月12日共计调引水量11.17亿立方米，其中黄河水7.89亿立方米，长江水3.28亿立方米。受极端天气和黄河水情欠佳等因素影响，2015年11月紧急启用麻湾引黄闸应急调水运行73天，调引黄河水近5000万立方米，有效保障了胶东四市的供水安全。自2015年10月29日改扩建一期工程竣工后开始运行至2016年12月12日，实现给青岛市供水5.43亿立方米，其中给棘洪滩水库供水5.05亿立方米，向潍坊市供水2.81亿立方米，其中给双王城水

山东省引黄济青分洪道节制闸

库供水 799 万立方米，向烟台市供水 5864 万立方米，向威海市供水 6342 万立方米。

工程管理　引黄济青改扩建工程一期工程于 1 月 26 日完成四个标段共计 22 个分部工程的验收。对东营分局辖段 36 公里工程进行全面细致的隐患排查，对排查出的 29 处隐患点进行分级分类登记。按照预案对工程运行安全影响较大、风险发生概率高、损害程度严重的 7 处隐患点，通过水位观测和现场巡查进行 24 小时全覆盖监控，采取应急工程措施，防止发生决堤。对其他级别较低隐患点分阶段完成整改，保证调水的安全顺利。按期完成工程日常管护，对道路、建筑物、机电设备、金属结构、通信设备等进行维护保养。工程日常管理突出以下几方面：一是输水河和子槽衬砌段长期保持无衬砌塌陷、无衬砌板勾缝脱落；二是堤坝边幅清楚，排水通畅，无冲沟；三是启闭设备进行全部整修，达到启闭灵活、不漏油，环境整洁；四是金属结构定期进行除锈涂漆维修保养，做到金属结构无锈蚀；五是机电设备始终保持良好状态；六是通信网络保持畅通不误事；七是林木灌溉及时，无虫害无杂草，全方位保持工程良好的运行状态。

进行钢板护坡试验

小清河枢纽管理所

所站建设　总体以软硬件建设双管齐下为指导，以建设一流所站为目标，既“管好钱袋子”，又“丰富菜篮子”。完成小清河枢纽管理所和预备河管理站改建全部竣工资料的整理归档和审计结算工作。整个建设过程中严格按照省局批复的经费计划，严格管理使用。两个所站共整合庭院土地 50 亩，合理优化土地资源利用，种植茄子、黄瓜、豆角、辣椒等蔬菜 10 余种，既节省了所站生活开支，也丰富了机关职工菜篮子。

安全生产　进一步制定和完善安全生产管理办法，严格落实各项制度，定期组织开展安全隐患排查活动共 6 次，即查即改。尤其是做好小清河子槽防汛工作，继续健全安全生产责任体系，完善应急处置预案，加强演练，确保工程安全度汛。制定冬季调度运行应急处置预案，对极端天气冰面下运行可能出现的几种情况分别制定机电、工程、人员、通讯预案。扎实推进《胶东调水条例》《中华人民共和国水资源法》等法律法规的宣传。结合“七五普法”规划，相继开展法律进机关、进学校、进乡镇、进工地活动，宣传工程保护、水资源保护重要法规；在重要交通路口和水工建筑物悬挂条幅、张贴标语多处；组织宣传车在工程沿线进行广泛宣传，扩大相关法律法规的周知度。加强水政执法工作。不断推进水政执法制度化和规范化，开展水政执法例行检查和水政专项执法活动 4 次，与东营市水利局、广饶县水利局、小清河管理处联合执法 1 次。调度运行期间加大巡查力度，尤其年度内多源头、高水位、大流量、超负荷引水，加强一线值班巡查力量，排好班次，强化巡查密度，保障运行期间工程安全、人员安全，制止和查处了一批水事违法行为，维护了辖区内的水事秩序，确保工程安全运行。

引黄济青抗旱应急调水临时工程启动　2016年12月，山东省引黄济青（胶东调水）抗旱应急调水工程经过上级主管部门批准实施。东营境内工程分为主体工程和配套工程，主体工程为临时泵站枢纽工程，建于小清河分洪道子槽下节制闸闸后，配套工程主要有小清河子槽内防护工程，在分洪道下节制闸上游500米渠道左右岸渠坡进行防护；小清河倒虹前防渗加固工程，在小清河倒虹入口前渠段加高培厚，渠道两侧堤防水泥土搅拌桩防渗墙做防渗处理；小清河倒虹后防渗工程，倒虹下游3千米渠道两岸防渗处理；10千伏临时供电线路工程；建设征地补偿。12月，临时工程建设项目管理机构组建、相关规章制度、项目建设安全生产防控措施及应急预案等先行完成，为工程建设奠定了良好基础。

（常文娟）

# 工　业

## ·综　　述·

经济运行监测调度　高度关注国内外经济走势、国家宏观调控政策、主要原辅材料价格波动等情况，加强重点企业、重点行业、重点地区运行指标的预警监测，加大重点企业用电监控力度，多措并举，科学调度，促进工业生产平稳较快回升。加强银企对接，组织企业参加2016年山东省中小微企业巡回大讲堂启动仪式暨经济形势分析与企业发展战略培训班，举办中小企业巡回大讲堂（广饶班）财税管理专题讲座。组织化工产业骨干企业与恒丰银行对接，加强股份制银行对重点企业的支持力度。加强供给侧改革，指导企业建立快速反应的市场机制，积极开发适销对路的产品，举办第七届中国广饶橡胶轮胎暨汽配展览会、2016中国（广饶）国际轮胎及橡胶新材料产业大会、2016中国（广饶）石化产业发展论坛，提升化工、轮胎行业的影响力；协调正宇车轮等4家企业申请加入军队供应商库，进一步畅通销售渠道。

重点项目建设　以项目建设为抓手，致力于改造提升传统产业，培育壮大新兴产业，进一步优化产业结构，取得新的进展。一是狠抓重点项目建设。全力服务全县重点工业项目建设，收集整理企业反映的困难和问题209个，督导、协调相关部门解决110个，全县共有28个工业项目开工建设。吃透上级政策，帮助企业争取政策支持，齐成石化、尚能实业等13家企业新入围电力直接交易试点用户名单，全县电力直接交易试点用户达到15家，电力直接交易量达16.1亿千瓦时，每年可为企业节约用电支出8000余万元；全力推进县内企业原油进口使用权申请，齐润化工获得220万吨/年进口原油使用权资质和进口原油非国营贸易资质，东方华龙、胜星化工、齐成石化等3家企业申报材料分别报送至国家、省、市，申报工作积极有序开展。二是聚力改造提升传统产业。积极引导企业采用新技术、新工艺、新装备、新材料，围绕两化融合、品种质量等领域，加大技术改造投入力度，全面提升企业设计、制造、工艺、管理水平，引导金宇实业等12家橡胶轮胎企业开展轮胎行业准入，引导大海集团、信义集团等企业开展对标活动，技改投资对工业投资贡献率提升至60%以上。三是培育壮大新兴产业。坚持创新、协调、绿色、开放、共享的发展理念，大力实施创新驱动发展战略，结合全县工业产业基础和发展方向，重点培育新能源、新材料、新医药等新兴产业，实施了14个重点项目，大海新能源发展有限公司的年产1GW太阳能硅片生产项目等6个项目被列入省、市级重点项目，获得扶持资金180万元。

*发展方式转变* 着眼于对重点产业的扶持，在“黄蓝”资金使用办法中重点对轮胎产业的兼并进行倾斜，推进轮胎产业兼并重组步伐加快。积极开展提升安全环保水平促进化工产业转型升级工作，全力抓好评级评价结果运用，推进企业分类整治，组织化工企业主要负责人赴上海、宁波等地区考察学习先进地区、标杆企业经验做法，制定出台《关于加快全县化工产业转型升级的实施意见》，下力气整改化工产业混乱、无序、污染严重、安全隐患等问题，全县化工产业转型升级工作取得初步成效；全力推进规模企业规范化公司制改制工作，结合省市文件精神，制定实施方案，出台改制指南，召开规范化公司改制调度动员会议，聘请上海专业机构，全力推动2016年计划的53家企业加快改制步伐，相关企业兼并、重组、改制、规范等工作正在积极推进，全县改制工作走在全市前列。抓好创新驱动。以省级科研平台为主要抓手，以各类创新项目为载体，统筹各类资源，重点推进信义汽车配件有限公司的刹车片自动化生产线升级等10个省重点技术改造导向计划项目，进一步提高企业创新能力。2016年，全县各类省级以上科研机构达到46家，共有5位专家入围省高层次人才库，2家企业入围“铸造行业准入条件”企业名单，全县省级以上企业技术中心先后成功研发稀土催化剂、废旧轮胎热裂解自动化生产工艺等新产品、新技术、新工艺21项，一大批新技术、新装备在行业得到广泛应用，创新驱动转型的局面加速形成。华泰集团入围省泰山产业领军人才项目，大海新能源的“多晶硅掺镓铸锭降光衰技术研究”，在国际上首次实现掺镓铸锭工艺的工业化量产；润成碳材料科技有限公司的年产3万吨环保燃料添加剂聚甲氧基二甲醚生产技术与装置研发，达到国际先进水平。加快两化融合。不断引导企业加大信息技术在生产经营管理各环节的应用，着力开展两化融合发展水平评估，加快推进“两化融合管理体系标准”贯标达标活动，推动信息技术向市场、设计、生产等环节渗透，华泰集团、金宇集团作为两化融合标杆在全国和全省推广，正和集团通过国家工信部两化融合管理体系贯标认定，东营鹏杰色织入围东营市2016年度智能车间专项试点企业名单，全县使用ERP、MES等先进信息制造管理系统的企业超过20家，自动化、智能化装备在生产、管理系统得到广泛应用，工业化和信息化深度融合进入新阶段。大力发展电子商务，引导电商换市，全省首个专业轮胎电商平台“胎大王”招商顺利，华星、正和电子商务交易额再创新高，恒丰电子商务大厦入驻电商企业达到16家，以广丰轮胎交易平台为核心的京港物流园区建设进展顺利，成为整合全县轮胎产业的重要抓手。全县企业电子商务交易模式上基本涵盖B2B、B2C、C2C、O2O等多种交易模式，预计全年工业电商实现交易额100亿元，同比增长24%，电子商务成为助力转型升级的新兴力量。狠抓节能降耗。加强节能目标管理，与各镇街、经济开发区、滨海新区和重点用能企业签订节能目标责任书，层层分解，落实目标任务。抓好全县重点用能企业节能工作，对29户重点用能企业实行在线监控，对能耗变化较大的企业及时采取调控手段，实施节能预警，推进金岭集团等3家企业开展能源审计，对11个项目进行节能评估专项执法监察，对20家重点用能企业实施节能监察，为临广化工、齐润化工等企业出具煤炭消费减量替代情况说明，鼓励引导和瑞东精细化学、金宇轮胎等9家企业开展清洁生产审核，一系列政策措施的实施，使得全县能耗总量得到严格控制。

*企业服务* 整理汇总近年来各级各部门出台的中小微企业优惠政策、意见等62项，编制《中小企业法规政策汇编》发至各镇、街道、开发区及有关中小微企业，提高企业惠企政策的覆盖率，推进更多的中小微企业享受优惠政策。积极协助企业办理各项手续，先后为5家轮胎企业、2家铸

造企业办理行业准入，出具产业政策证明5份、项目土地审查意见71份、小微企业认定证明30份，为企业减免环保检测、土地证手续费等约10万元，畅通了惠企流程，减轻了企业负担。加强电力保障。出台《关于下达2016年广饶电网有序用电方案及事故拉路序位的通知》，及时发布电网运行风险预警通知3次，全年没有企业因为电力事故造成重大损失，保障了电力科学有序供应。加强行业管理和服务。充分发挥主管部门的作用，加强对重点行业的服务和指导，先后组织县石油化学工业协会和县轮胎工业协会召开行业座谈会3次，加强行业问题的协商，营造互利共赢、规范有序、和谐稳定的市场竞争新秩序。加大潍广输油管道建设力度，召开现场会、协调会10余次，完成管道路由确定和罐区选址等工作，项目建成后，将大幅降低企业运输成本，为石化行业的健康发展和转型升级助推加力。加大培训力度。制定2016年广饶县经信局年度培训方案，多方位、多层次、高密度开展培训工作，提升企业人才素养和水平。组织企业家参加供给侧改革背景下企业的资本运作与转型等18次省、市、县级专题培训；举办全省中小企业规范化公司制改制工作会议暨培训班、广饶县互联网＋工业专题培训等活动11次，参会参训人员达1500人次，提升了企业负责人和高级管理人员的素质和水平。高度重视企业家年会，举办以“品牌创新与产业整合”为主题的第十四届企业家年会，坚定了企业家的发展信心。2016年，广饶县在工信部公布的全国工业百强县(市)发展评比中列第10位，在全省入围的23个县(市)中列第2位，比上年前进6个位次。

**表6**　　2016年规模以上中小工业企业主要经济指标表

| 名　称 | 工业总产值 | | 主营业务收入 | | 利　税 | | 利　润 | |
|---|---|---|---|---|---|---|---|---|
| | 累计(万元) | 同比增长(%) | 累计(万元) | 同比增长(%) | 累计(万元) | 同比增长(%) | 累计(万元) | 同比增长(%) |
| 中小企业 | 19228141 | －1.2 | 18855546 | －2.5 | 1841010 | －8 | 1701355 | －12.6 |

## ·石油化工业·

概述　化工产业是广饶县传统优势产业之一，有规模以上企业94家，产品覆盖石油炼制、橡胶助剂、污水处理剂、建筑材料等众多门类，可分为几大大领域：即以山东华星石油化工集团有限公司、正和集团股份有限公司为代表的石油化工企业，以圣光集团、山东瑞特精细化工有限公司为代表的精细化工企业。2016年，化工产业实现主营业务收入1657.5亿元、利润105.5亿元、利税128.6亿元，同比分别增长1.3%、－10.3%、－11.8%，全县原油一次加工能力达到2975万吨，油品综合加工能力达到4000余万吨。化工企业主要集中在大王经济开发区、县经济开发区等区域，重点企业有山东华星石油化工集团有限公司、正和集团股份有限公司、山东东方华龙工贸集团有限公司、东营齐润化工有限公司、山东齐成石油化工有限公司、山东贝斯特化工有限公司、山东圣光集团等。

重点企业简介

山东华星石油化工集团有限公司。山东华星石油化工集团有限公司(简称华星石化)是一家集石油化工、产品深加工及国际贸易于一体的国有大型化工企业，隶属于中央企业—中国化工集团公司。

公司占地200万平方米，拥有资产125.8亿元，职工1400余名。有600万吨/年原料油预处理、200万吨/年DCC、160万吨/年延迟焦化、140万吨/年汽柴油加氢精制、100万吨/年FCC、100

万吨/年催化汽油加氢、25万吨/年气分、8万吨/年乙苯/苯乙烯、5万吨/年硫磺回收及尾气处理、5万吨/年聚丙烯、5万吨/年MTBE等11套生产装置，配套有5万千瓦热电厂一座，原油一次加工能力达700万吨。产品有成品油系列、液化气、丙烯、石油焦等10多个品种，质量全部达到国家标准。公司供销体系完善，拥有国外进口原油及燃料油、国内海洋油、内贸燃料油等多条原料油采购渠道，依托黄岛、龙口、莱州等山东沿海几大港口，构建了汽运与火车运输相结合的原料运输体系。销售网络覆盖山东、江苏、上海、广东、河北、河南、内蒙古等10余个省市区。

公司先后荣获中国优秀企业、中国石油和化工行业销售收入前百家、中国化工分行业50强企业、中国石油化工行业综合经济效益100强、中国化工500强、“十一五”中国化工突出贡献企业、山东省企业100强、山东省节能先进企业、山东省高新技术企业、省AAA级信用企业、省级守合同重信用企业、山东省安全文化建设示范企业、东营市安全生产企业、东营市群众满意的最具爱心企业、东营市人力资源社会保障诚信示范企业、广饶县功勋企业等数十项荣誉称号。

**正和集团股份有限公司**。正和集团股份有限公司坐落在美丽的黄河三角洲腹地，是世界500强——中国化工集团的全资子公司，隶属于中国化工油气总公司，是全国化工百强企业、山东省百强企业、改革开放三十年山东省优秀企业、山东省350户重点企业之一。

公司总资产60亿元，主要生产装置有500万吨/年常减压装置、140万吨/年DCC装置、25万吨/年气体分离装置、100万吨/年联合加氢装置、120万吨/年焦化装置、12万吨/年丙烯酸及酯装置、80万吨/年汽油加氢精制装置、4万吨/年MTBE装置、2.5万吨/年硫磺回收装置等10多套炼化装置，以及处理能力500立方米/小时的污水处理场、储存能力60万吨的原料罐区、30万吨的成品油罐区、3万立方米的液化气罐区，装置整体水平达到国内先进水平。

公司主要产品有丙烯酸及酯、MTBE，柴油、清洁汽油、焦碳、液化石油气、丙烯、硫磺、沥青等，各类产品严格执行并达到国家标准。公司已通过ISO9001、ISO14001、ISO10012国际质量、环境和计量检测三大体系认证。

正和集团股份有限公司先后荣获全国设备管理优秀单位、全国化工清洁文明工厂、石油和化工行业节能先进单位、全国石油加工及炼焦业纳税百强企业、中国石油和化学工业企业文化建设先进单位、中国石油和化学工业节水先进单位、中国化工集团科技创新先进单位、山东省管理示范企业、山东省安全生产先进企业、山东省资源节约先进单位、山东省工业污染源达标排放单位、山东省清洁生产示范企业、山东省节能先进企业、富民兴鲁劳动奖状、省级环境友好企业、东营市劳动奖状等多项荣誉称号。

**山东东方华龙工贸集团有限公司**。山东东方华龙工贸集团有限公司坐落广饶县经济开发区。公司始建于1996年，占地面积70万平方米，注册资金1.6亿元，是一家集油品加工、化工产品生产与销售为一体的生产加工型企业。公司生产装置拥有450万吨/年常减压、100万吨/年重催、20万吨/年气分、5万吨/年MTBE、60万吨/年碳四芳构化、160万/年吨柴油加氢和160万吨/年汽油加氢、100万吨/年焦化装置，年油品加工能力600万吨。主要产品有汽油、柴油、液化气、丙烯、MTBE等。公司于2002年通过东营市清洁生产评估，2013年6月通过ISO9001：2008质量管理体系认证。

公司有员工1020人，总资产30亿元。近年来，先后承担国家创新基金、国家火炬、国家倍增、国家重点攻关及国家出口技改重点计划项目12项，省级重点科技计划11项，是山东省制造业信息化示范企业、山东省高新技术企业、中国农业银行资信AAA级企业。东营市及广饶县重点调度的限额以上工业企业。

**东营齐润化工有限公司**。公司是一家以油品生产、销售为主，集物流运输、房地产、贸易及汽车制造、投资理财于一体的综合性企业。有员工2200余名，主打产品有汽油、柴油、轻烃、混合芳烃、重油、催化原料、渣油、焦化原料、蜡油、燃料油、沥青、石脑油等。

公司有装置380万吨/年原料油预处理、150万吨/年加氢改质、100万吨/年重油催化、80万吨/年延迟焦化、40万吨/年汽油加氢、20万吨/年气体分离、4万吨/年MTBE、1.5万立方米/小时制氢、15000吨/年硫磺回收及配套酸性水汽提、公用配套设施200立方米/小时污水处理厂一座。

山东贝斯特化工有限公司。山东贝斯特化工有限公司是一家专业从事炭黑制造和销售的化工企业。位于东营市广饶经济技术开发区，占地面积26万平方米。公司有员工300多人，年销售额5亿元，在炭黑行业排名约第12位。

公司主要生产N220、N330、N660等系列共10余个品种的湿法造粒炭黑，主要客户是轮胎及橡胶生产企业，与三角轮胎、双钱等国内知名大型轮胎制造企业建立了稳定的供货关系，与倍耐力、普利司通、固特异等国际轮胎巨头已经初步建立合作关系。公司具有自主知识产权的高端炭黑BL系列投产，使公司成为国内仅有的具有高端炭黑生产能力的企业，打破了国内轮胎企业长期高价进口外国高端炭黑的局面。公司利用炭黑尾气发电，发展循环经济，积极提高节能减排效果，社会环保和经济效益十分显著。而随着新生产线的扩建，一座全新的24000KW的尾气发电项目将和新生产线一起投入使用。

公司在东营港经济开发区投资建设了爱克森化学产业园，产业园占地870亩，主要生产橡胶防老剂、橡胶促进剂等，总投资27.4亿元人民币。同时设立了东营众和橡胶有限公司，从事橡胶材料的国内贸易。

圣光集团。山东圣光集团成立于1985年，集团下属企业主要有山东圣光化工集团有限公司、山东聚圣科技有限公司、山东未来化工有限公司、山东圣光装饰工程有限公司。主要从事水性涂料、特种涂料、水性树脂等功能性高分子材料、烯烃功能化聚合物及合成橡胶等高新化工材料的研发、生产和销售，以及建筑装饰装修（国家一级资质）工程的设计与施工。

公司自成立以来，紧跟国家改革发展步伐，抢抓机遇，不断调整企业发展战略，积极实施科技兴企、强企的人才引进战略，注重产品结构升级，由最初的镇办集体企业成长为初具规模的中国化工500强民营化工集团企业。公司拥有职工400多人，总资产规模12亿元，生产能力总计50万吨/年，可生产涂料、水性树脂、热塑性弹性体三大类产品100多个牌号，荣获国家重点高新技术企业、中国驰名商标、中国十大生态涂料品牌、山东名牌产品等多项荣誉称号。公司于2002年，率先通过同行业ISO9001质量管理体系认证和ISO14001环境管理体系认证，先后创建山东省唯一的水性环保特种涂料工程技术中心和功能性高分子材料水性化技术与应用工程研究中心。圣光集团已申报专利30项，25项获得国家专利局授权，5项专利正在处理审查中。

**表7**　　2016年石油化工行业主要经济指标表

| 企业个数 | 工业总产值 | | 主营业务收入 | | 利税 | | 利润 | |
|---|---|---|---|---|---|---|---|---|
| | 本年累计（万元） | 同比增长（%） | 本年累计（万元） | 同比增长（%） | 本年累计（万元） | 同比增长（%） | 本年累计（万元） | 同比增长（%） |
| 94 | 16782599 | 7.7 | 16574907 | 1.3 | 1286166 | －11.8 | 1055183 | －10.3 |

## ·机械电子产业·

概述　全县规模以上机电企业49家，产品囊括刹车片、刹车盘、制动器总成、车轮、齿轮、轴承、万向节、差速器、摩托车、工程机械车、轮胎模具、油田抽油机、减速机、金属铸件、压力罐等30余类几千余种产品。其中，刹车片年生产能力达到8500万套、刹车盘达到1940万套、车轮达到2970万套。2016年机电行业工业总产值、主营业务收入、利税、利润分别实现427.2亿元、417.5亿元、43.2亿元、39.8亿元。基本形成以信义集团等7家企业为主的汽车制动系统配件类别，以正宇车轮等7家企业为主体的行驶系统配件类别，以蒙德金马机车为主的作业车辆类别，以鸿亦机械、汇丰汽配等为主的精密配件制造类别，以金泰集团、万通模具公司为代表的机械加工制造类别，以华通石化公司为主的石油装备类别等多个子产业。主要机电企业分布在县经济开发区、大王镇和稻庄镇等地，重点企业有信义集团、山东大王金泰集团有限公司、山东万通模具有限公司、山东盛泰车轮有限公司等。

重点企业简介

信义集团。信义集团是以刹车片、刹车盘和制动器总成为主导产品的国家级重点高新技术企业、国家汽车零部件出口基地企业、中国汽车零部件百强企业。拥有国家认定企业技术中心和省级工程技术研究中心，以及同行业首家博士后科研工作站。信义商标被认定为中国驰名商标，信义牌刹车片被省质监局认定为山东省名牌产品、山东省出口推荐品牌。公司已形成年产刹车片3000万套、刹车盘500万套、消声器100万件、脱硝催化剂6500立方米的生产能力。

信义集团高度重视技术创新和生产工艺革新，拥有美国LINK试验台、LINK1620型压缩试验机、数字化扫描电镜等世界尖端试验检测设备50余台套，先后研制出钛酸钾晶须、炭基摩擦材料、高端陶瓷摩擦材料等具有国际先进水平的环保型、高性能摩擦材料；开发了温压成型技术、COP－NA芳香烃树脂粘结技术、造粒工艺等多项具有国际先进水平的新技术、新工艺，进一步增强了企业的市场竞争力，成为行业技术的领先者。研发能力和制造装备都达到国际先进水平，连续多年被评为中国专利山东明星企业。

信义刹车片先后成为上海大众、中国一汽、中国重汽、浙江吉利等30多家汽车公司上百余种车型主机配套，始终保持国内同行业主机配套第一品牌地位，同时为世界五百强所有上榜中国车企配套。在国际市场上，先后为世界500强美国克莱斯勒、福特、TRW等公司主机配套，是国内同行首家跻身国际汽车主机配套市场的企业，产品出口70多个国家和地区。

山东大王金泰集团有限公司。成立于2004年，其前身为大王铁木厂（1958年创办），已发展成为以机械加工、高端装备制造、新能源、新材料为主业的综合性企业集团。拥有山东省轮胎硫化装备工程技术研究中心和山东省级认定企业技术中心，是山东省首批院士工作站建站企业，与山东理工大学联合成立金泰橡胶模具研究所，另外与中国石油大学（北京）、哈尔滨工业大学（威海）、山东理工大学、青岛理工大学、山东科技大学、山东建筑大学建立校企合作实训基地。

公司主营业务有：高强度钢板热冲压成形自动化生产成套装备、锂电池自动化生产成套装备、轮胎硫化装备（轮胎模具、轮胎胶囊）、石油机械及配件（减速器、抽油机）、树脂砂铸件、有色金属配件、磷酸铁锂电池、碳电极新材料、投资理财、房地产及国际贸易等；公司拥有子午胎模具、轮胎硫化胶囊、高强度钢板热冲压成套装备、锂电池自动化生产装备的自主研发能力和核心技术，是山东省最大的成套轮胎硫化装备研发、生产、销售及出口企业；公司生产的油系针状焦、锂电成套装备、高强度钢板热冲压成形自动化生产成套装备等均填补国内空白。

企业技术实力雄厚，拥有科技人员600余人，其中中高级以上职称人员67人；拥有注射式胶囊硫化机、五轴五联动加工中心机、数控车床等大中型专业设备400余台，采用现代化的CAD/CAM/CAE加工技术。先后获得国家专利50项，其中6项荣获国际专利金奖。先后承担省部级计划20余项，是国家火炬计划、重点新产品、科技创新基金项目承担企业，企业承担的硫化机、胶囊、模具等项目先后荣获山东省科技进步二、三等奖及教育部科技进步奖推广类二等奖。企业先后荣获全国企业信息工作先进集体、中国专利山东明星企业、中国自主创新企业、国家火炬计划高新技术企业、轮胎硫化胶囊行业标准牵头制定企业、中国石油装备行业50强、中国铸造百强企业、中国轮胎模具行业十强等荣誉。

山东盛泰车轮有限公司。成立于2006年，是集独立科研、开发、设计、制造、销售于一体的专业汽车车轮生产企业，拥有自营进出口权，是国家重点高新技术企业、中国汽车零部件车轮行业龙头企业、中国汽车工程学会车轮委员会成员、中国机电产品进出口商会会员、中国专利山东明星企业。

公司注重自主创新和科研开发，建有省级企业技术中心、山东省无内胎车轮工程技术研究中心。建立了国内先进的车轮检测中心，通过国家认可委的认证认可。公司产品技术和质量均达到国内领先水平，品质可与国际先进水平相媲美，可生产直径Φ12～38英寸无内胎、有内胎等五大系列200余个品种车轮，广泛应用于各种汽车、拖拉机、农业机械、工程机械，产品主要配套国内十几家知名的大型豪华客车，轻、中、重型载货汽车制造公司，产品辐射全国各地。

公司积极主动调整产品结构，建设了400万套/年变截面无内胎高强度钢车轮项目。引进了世界先进、国内第一条全自动大型钢制车轮生产线，该生产线相当于国内同类产品20条生产线产能，配备50余台机械手，节省劳动力1500人。配备了德国莱菲尔德智能数控高精密强旋机、美国BTI全自动车轮轮辋综合检测系统，业内率先实现产品全部在线检测。在世界上首家将高速、高能激光焊接技术应用到车轮制造工业，既提高了生产效率又保证了产品质量。该项目产品在同等质量下，比原有产品降低8公斤，大大降低了产品成本，年可节约钢材3.2万吨。

山东万通模具有限公司。山东万通模具有限公司成立于2004年，是一家研究开发、设计制造汽车子午线轮胎活络模具的专业公司。

公司已顺利通过ISO9001国际质量管理体系、ISO14001环境管理体系和OHSAS18001职业健康安全管理体系认证，拥有一流的市级企业技术中心，已成为国家火炬计划项目承担单位、中国橡胶工业协会橡胶机械模具分会理事长单位、中国橡胶工业协会轮胎分会理事单位，山东省橡胶协会常务理事单位、山东省高新技术企业、山东省精细化管理样板企业、山东数字化装备制造中心、工业信息化运行样本企业，市级守合同重信用企业，获得多项国家技术发明专利。

公司具备年产全钢轮胎模具1000套、锻铝以及精铸铝合金轮胎模具3000套的生产能力，模具特点间隙小，几何形状精确，质量可靠。“ ”被评为“山东省著名商标”，“ ”牌子午线轮胎活络模具被评为“山东名牌产品”。

**表8**　　**2016年机械电子行业主要经济指标表**

| 行业名称 | 企业个数 | 工业总产值(现价) | | 主营业务收入 | | 利税 | | 利润 | |
|---|---|---|---|---|---|---|---|---|---|
| | | 本年累计(万元) | 同比增长(%) | 本年累计(万元) | 同比增长(%) | 本年累计(万元) | 同比增长(%) | 本年累计(万元) | 同比增长(%) |
| 机电行业 | 49 | 4271605 | －2.9 | 4175229 | －4.7 | 432103 | －15.1 | 398330 | －8.5 |

## ·造纸印刷业·

概述　广饶县造纸业起步于20世纪70年代，最初只有大王造纸厂一家企业（华泰集团前身），通过重组改制和不断的技术创新，形成以华泰集团为中心的造纸基地，拥有全世界最大新闻纸生产基地，产品远销印度、东南亚等十多个国家。2016年，全县造纸行业累计实现工业总产值165.5亿元，同比增长3.5%；实现主营业务收入164.6亿元，同比增长2.9%，实现利税22.9亿元，同比增长3.7%，实现利润14.7亿元，同比增长6.4%。

经过多年的发展，作为广饶造纸龙头企业的华泰集团通过拉长“造纸为主、多业并举、首尾并接、优势互补”的生态产业链，形成既有原料基地、能源供应，又有终端产品输出的完整链条，并被列入中国企业500强、上市公司百强、全省国税百强纳税企业、全国高新技术企业、国家级两化深度融合示范企业、山东省节能突出贡献企业等多项荣誉称号。

重点企业简介

华泰集团。华泰集团是以造纸、化工为主导，集印刷、热电、物流、林业、房地产、商贸服务等十大板块于一体的全国500强企业，是全球最大的新闻纸生产基地和全国最大的氯碱盐化工生产基地，先后与四家世界500强和国际知名企业形成合资合作。公司有员工15000余人，总资产300亿元；年造纸生产能力400万吨，化工及造纸助剂200万吨，年承接印刷能力80万色令，公司先后被评为国家重点高新技术企业、中国上市公司百强，全国守合同重信用企业、全国质量管理先进企业、山东省改革开放30年功勋企业等多项荣誉称号；“华泰”商标评为中国驰名商标，荣获山东省首届“省长质量奖”。2016年，华泰集团实现销售收入667亿元，利税65.65亿元，同比分别增长10.7%、10.1%，连续11年蝉联山东省纳税百强，继续保持了稳健的发展势头。

集团公司在国家级实验室、国家级技术中心、博士后科研工作站、泰山学者岗、山东省废纸综合利用工程技术研究中心、黄河三角洲学者岗等7大科研平台的基础上，“十二五”期间，华泰按照“抓住造纸主业转型升级、拉长化工产业链条、加大环保治理投入、提升三产业态水平”的总方针，积极贯彻落实国家提出的“转方式、调结构、稳增长”的要求，以项目建设作为转型升级的总抓手，依托传统产业优势，规划实施了一大批前景项目。造纸产业，将文化纸机改造生产牛皮纸、特种纸；改造提升大型新闻纸生产线，改产教材纸、包装纸等多品种，投资2亿元重点建设20万吨新闻纸改产轻涂纸项目，于2016年初全面投产。2015年10月29日，德国总理默克尔访华，在中德两国总理的共同见证下，华泰与德国福伊特公司签署战略合作协议，推进造纸“工业4.0”。化工产业，以在东营经济开发区打造全国最大的盐化工生产基地为目标，重点推进总投资10.38亿元的年产700万立方米采输卤等一批产业延伸项目，进一步拓展拉长化工产业链条。三产服务业，投资5亿元，高标准建成黄岛临港国际物流园区、广饶国际贸易物流仓储园区；成立东营华泰小额贷款公司和上海华泰金融贸易服务公司；实施主辅分离，成立东营华泰信息科技有限公司。安全和环保方面，“十二五”期间投资近10亿元，增上废渣燃烧、污泥干化、脱硝项目、烟气余热回收、废水制沼提纯天然气等项目；2014年，投资3500万元，建设大王镇饮马水库，在满足企业生产用水的同时，成为镇区一大景观工程。

“十三五”，面对新常态下依然复杂严峻的经济形势，华泰集团将着力抓好三件实事，促进企业提档次、上水平、快发展。一是实施技改完成造纸产品结构调整，着力抓好普通文化纸向高档印刷纸、特种纸转型，新闻纸向高档包装纸转型。二是做强化工产业，拉长链条壮大规模，加快推动在日照海右经济开发区总投资69亿元的精细化工和特种浆纸基地建设。三是提升三板产业发展水平。发挥资源与区位优势，努力做好现代物流和金融商贸业文章，将成立财务公司提上日程。力争到“十三五”末，销售收入突破1000亿元，早日把华泰建设成国际化综合型千亿元企业集团。

山东斯道拉恩索华泰纸业有限公司。2006年7月由斯道拉恩索亚洲出版用纸有限公司和山东华泰纸业股份有限公司共同出资成立的中外合资企业，主要生产、销售超级压光纸，注册资本5560万美元，其中斯道拉恩索亚洲出版用纸有限公司出资3336万美元（斯道拉恩索亚洲用纸出版有限公司为斯道拉恩索全资子公司），外方以欧元形式出资，占注册资本的60%，山东华泰纸业股份有限公司出资2224万美元，占注册资本的40%，公司地址坐落在大王经济开发区。2016年产品产量达11万吨，实现销售收入4.6亿元。

## •橡胶轮胎产业•

概述　广饶县是全国子午胎特色产业基地、全国重要的橡胶轮胎出口基地。在美国《橡胶与塑料新闻》周刊公布的2014年度全球轮胎75强排行榜中，全县6家企业榜上有名，恒丰集团（第21位）、兴源集团（第22位）、盛泰集团（第30位）、永泰轮胎（第32位）、中一橡胶（第45位）、永盛橡胶（第52位）。

全县规模以上橡胶轮胎企业达到51家，代表企业为兴源集团、金宇轮胎公司、恒丰集团、盛泰集团、永盛集团等。2016年，广饶县橡胶轮胎产业实现工业总产值1199.3亿元、主营业务收入1185.9亿元、利税128.2亿元、利润113.1亿元。2009年，广饶县橡胶轮胎产业集群被山东省人民政府命名为“山东省首批中小企业产业集群”。2011年科技部火炬中心认定山东省广饶子午胎特色产业基地为国家火炬计划特色产业基地。

轮胎产成品囊括全钢子午胎、半钢子午胎、工程子午胎、工程巨胎、斜交胎等多种门类。全县子午胎总产能达到1.51亿条，其中半钢子午胎11600万条，全钢子午胎3510万条，占全省的40%、全国的25%左右，子午化率达到84%。已形成以橡胶轮胎为中心，集钢丝帘线、轮胎帘子布、橡胶助剂、轮胎模具、轮胎机械、轮胎胶囊、炭黑为一体的较为完善的产业体系。

轮胎企业的硫化机、成型机、密炼机和裁断机等关键设备均从国内外知名企业引进，84%的技术装备达到国内先进水平，其中61%达到国际先进水平。拥有橡胶轮胎行业省级企业技术中心7家，市级技术中心1家，省级行业技术中心1家。行业拥有兴源集团“华鲁”、盛泰集团“三A”、恒丰橡胶公司“双丰”、金宇轮胎公司“金宇”、永泰集团“永泰”等6个中国驰名商标；永泰集团“盾轮”、金宇轮胎有限公司“金路”、恒丰橡塑公司“双丰”等山东省著名商标19个；兴源集团“华鲁牌”载重汽车轮胎、山东恒宇橡胶有限公司“金途牌”全钢载重子午线轮胎等山东省名牌产品19个。

**表9**　　2016年橡胶轮胎行业工业主要经济指标表

| 行业名称 | 企业个数 | 工业总产值（现价） | | 主营业务收入 | | 利税 | | 利润 | |
|---|---|---|---|---|---|---|---|---|---|
| | | 本年累计（万元） | 同比增长（%） | 本年累计（万元） | 同比增长（%） | 本年累计（万元） | 同比增长（%） | 本年累计（万元） | 同比增长（%） |
| 橡胶轮胎行业 | 51 | 11993365 | 9.1 | 11859306 | 3.5 | 1281716 | －6.6 | 1131123 | －5.3 |

重点企业简介

山东恒丰橡塑有限公司。山东恒丰橡塑有限公司，地处渤海之滨，黄河三角洲蓝色生态经济区中心城市东营市，位置优越，交通便利。企业成立于1995年，占地面积约160万平方米，总资产超过50亿，员工6000余人，拥有400万套规模的全钢载重子午线轮胎厂，1200万套规模的半钢子午线轮胎厂、橡胶机械厂及热电厂，集开发设计、生产和销售为一体的集团化企业。

企业坚持技术创新，以国家级技术中心为开发平台，从欧洲、美国、日本等地引进世界先进制造技术和生产设备，建立了完善的质量保证体系，通过国家强制性产品认证(CCC)认证、ISO9001国际质量体系认证、TS16949质量体系认证、美国交通部质量安全(DOT)认证、欧洲经济委员会产品安全(ECE)认证、巴西(INMETRO)认证及印尼(SNI)认证，同时公司是省级重合同信用企业、省级产品免检单位、省级AAA级信用企业、省级消费者满意单位及纳税A级企业。公司产品规格齐全，质量优越，行销全国并远销欧洲、美国、非洲、中东、东南亚等世界各地。

公司专业于生产全系列的全钢载重子午线轮胎和半钢轿车轮胎，品牌有HIFLY、昌丰(CHANGFENG)、双丰等。

金宇轮胎集团。金宇轮胎集团始建于1995年，是一家专业的汽车轮胎研发制造企业。集团拥有先进的轮胎生产、研发、检测装备和专业化的技术、管理团队，建立了完善的质量保证体系，销售市场遍及全国各地和海外一百多个国家和地区。

集团通过了ISO/TS16949质量管理体系、ISO14001环境管理体系、OHSAS18001职业健康安全管理体系等国际性认证；公司产品通过了国家CCC、美国交通部DOT、欧洲经济委员会ECE、巴西INMETRO等国内外产品认证；公司实验室通过了ISO/IEC17025实验室认可。“金宇”牌轮胎产品被认定为“山东名牌”产品。公司被认定为国家级守合同重信用企业、国家信息化500强企业、中国进出口质量诚信企业、中国石油和化工行业出口前百家企业、省级高新技术企业、山东最佳企业公民、省银行业最佳信贷诚信客户、中国建设银行总行级重点客户、中国工商银行总行级产业链核心客户、国际贸易融资重点客户。

集团始终视质量为企业的生存之道，重视技术研发工作。投资上亿元建立了装备先进的技术研发中心，并建立一支高效率、高素质的产品研发队伍，形成从市场调研、产品规划、配方研发、结构设计到产品测试的全过程开发流程体系，具备了全系列产品的自主研发能力。集团获得多项国家专利，并被评为中国专利山东明星企业。在产学研方面，集团与山东大学、青岛科技大学、比利时贝卡尔特公司等院校、企业开展了广泛的技术交流与合作，取得多项技术成果。集团技术中心被省经信委认定为省级重点企业技术中心；集团实验室通过ISO/IEC17025实验室认可，获得国家级实验室认可证书，被授予山东省行业技术中心称号。

盛泰集团。集团下辖盛泰集团有限公司、山东铸盛华橡胶有限公司、山东盛泰橡胶集团国际贸易有限公司、青岛西水国际贸易有限公司。有职工4000余人，工程技术人员860人，占地面积80多万平方米，总资产40亿元。具有全钢载重子午胎300万套、高性能半钢子午胎600万套、车轮200万套的年产能力。

十年来，集团始终坚持“以市场为导向，视客户为上帝，以质量求生存，视双赢为目的”的经营理念，紧紧围绕“先做强再做大”的企业发展思路。抓质量抓市场，不断开拓创新、锐意进取，使企业得到长足发展。集团产品先后通过美国DOT认证、欧洲ECE认证、巴西INMETRO认证及国家强制性产品认证(3C认证)、欧盟噪声加湿地认证，欧盟REACH认证、GCC(Gulf ♯ Cooperation-Council)认证等多项认证。在“以人为本，科学管理，务实求效，规范运作”的管理方针指导下，企业还顺利通过ISO16949质量管理体系认证、ISO14001环境管理体系认证及OHSAS18001职业健康安全管理体系认证，为企业健康发展增加后劲。

盛泰集团经过十年的发展，在全国建立130多个销售网点，形成覆盖全国的销售和服务网络。产品除满足国内需求外，还远销美国、加拿大、中东、东南亚等三十多个国家和地区。拥有东营市轮胎行业第一个中国驰名商标“三A”商标，“三A”牌轮胎和“海豚”牌胎圈钢丝被评为“山东省名牌产品”，“三A”品牌被评为山东省出口名牌。

兴源集团。兴源集团创始于1994年，辖兴源轮胎集团有限公司、山东省广饶县兴源橡胶有限公司、山东广大轮胎有限公司、山东兴源新型建材有限公司、山东兴源新型墙体有限公司四个子公司，是以轮胎制造为主导产业，新型建材、新产品研发为一体，多元化经营的大型股份制民营企业集团，有职工5000余人，工程技术人员680余人，拥有总资产58亿元。

集团已形成年产580万套全钢载重子午胎、主要有“华鲁(HILO)”“国宝”“安耐特”“强威”“AMBERSTONE”“广大”“兴源”七大主导品牌，其中“华鲁”商标被国家工商总局认定为“中国驰名商标”，集团公司及产品已通过ISO/TS16949、ISO9001质量管理体系认证、ISO14001环境管理体系认证、CCC认证、美国DOT认证、欧洲ECE认证、巴西INMETRO认证、印度BIS认证、肯尼亚ITS认证等。

经过十几年的发展，集团公司已开发出18大系列、80多种规格、130多个花色品种的全钢载重子午胎，并在全国建立了100多个销售点，形成覆盖全国30多个省市自治区的销售网络。集团在积极拓展国内市场的同时大力开拓国际市场，产品已远销中东、非洲、东南亚、拉丁美洲、香港、澳门等80多个国家和地区。以其卓越的品质和完备的售后服务体系赢得国内外客户的高度信赖，在国内外市场上享有较高声誉。

兴源集团先后获得山东省橡胶行业综合实力50强企业、中国诚信经营企业、消费者满意单位、AAA级信用企业、国际化经营先进企业、2009年全国橡胶行业轮胎企业销售额第六名、全球轮胎75强、高新技术企业、中华人民共和国海关A类企业等荣誉称号，公司生产的“华鲁(HILO)”牌全钢载重子午胎被评为山东名牌、山东省著名商标、山东省重点培育和发展的出口名牌。

## ·农副食品加工业·

概述　农副食品加工行业是全县六大主导产业之一，本行业主要是采取“企业＋农户＋基地＋合作社”发展模式，依托绿色基地、种植、养殖、加工、存储、销售等经营方式，发展以农产品、畜产品、果蔬产品等主要农副食品为主的深加工业务，其特点是辐射面广，带动力大，社会效益明显，有力促进了农业生产结构调整优化和农民增收。经过多年的发展，逐步形成以驰中集团、华誉集团、光聚集团、半球面粉等为代表的18家规模以上农副业食品加工龙头企业。

**表10　　2016年农副食品加工业主要经济指标表**

| 行业名称 | 工业总产值 | | 主营业务收入 | | 利税 | | 利润 | |
|---|---|---|---|---|---|---|---|---|
| | 累计(万元) | 同比增长(%) | 累计(万元) | 同比增长(%) | 累计(万元) | 同比增长(%) | 累计(万元) | 同比增长(%) |
| 农副食品加工 | 1298624 | 4% | 1305895 | 5% | 73743 | －24.7% | 67572 | －14.4% |

重点企业简介

山东驰中集团有限公司。山东驰中集团始建于1993年，注册资本16080万元，是集蔬菜种植及精细深加工、肉类食品综合加工、国际贸易为一体的农业产业化国家重点龙头企业。拥有年加工出口能力10万吨的蔬菜加工厂，涵盖了速冻、脱水、蒸、烤、低温真空油炸等功能齐全的深加工产品。主导产品有速冻、保鲜、冻干、调理蔬菜等出口蔬菜系列产品，VF果蔬脆片系列产品。“驰中”牌肴驴肉等肉类系列产品。产品远销全国各地及日本、韩国、东南亚等国家和地区。

公司先后通过ISO9001国际质量体系认证、ISO14001国际环境体系认证、ISO22000(HACCP)国际食品安全管理体系认证、犹太洁食认证(KOSHER)和全球食品标准认证(BRC);“驰中”商标被认定为“中国驰名商标”,驰中集团被认定为“农业产业化国家重点龙头企业”和“山东老字号企业”。

公司发挥农业龙头企业的带动作用,采取“企业+基地+合作社+农户”运作模式,辐射带动周边5万多农民从事标准化蔬菜种植。不仅为生产加工提供了充足、优质的原料,同时也为当地农民寻求到了一条增收致富之路。

山东华誉集团有限公司。山东华誉集团有限公司始建于1988年,是集种禽繁育、鸡苗孵化、肉鸡饲养、蔬菜生产、饲料生产、肉鸡加工出口贸易于一体的综合性企业集团。先后被授予农业产业化国家重点龙头企业、全国就业与社会保障先进民营企业、中国质量诚信企业、山东省农业产业化优秀龙头企业、山东省劳动关系和谐企业、山东省文明诚信百佳企业、山东省环境友好企业、山东省银行业最佳信贷诚信客户等荣誉称号,2012年入选山东省肉类屠宰行业强势企业(列第七名)。

经过十几年的发展,山东华誉集团已由十几个人的作坊式小厂发展成为集育种、养殖、加工、贸易于一体的综合性企业集团。资产总值11.37亿元,职工3000名,5个公司、25个分场(厂)的规模,基地辐射周边4个市地、8个县区、39个乡镇,带动养殖从业人员4000多户,带动周边良种猪养殖量10000头,蔬菜种植面积10000多亩,饲料转化粮食(大豆、玉米)种植面积15万亩,综合产值20亿元。围绕华誉集团产业链从事交通运输、物资供应人员达1500多人。年总产值达到15.16亿元,实现销售收入15.16亿元,利税7400万元。华誉的主导产品冻分割鸡及其熟制品遍布50多个国家和地区,享有较高的信誉度和知名度。

山东光聚集团有限公司。山东光聚集团始建于1995年,是一家集饲料加工、鸭苗孵化、肉鸭养殖、屠宰加工、销售为一体的省级农业产业化重点龙头企业。集团占地600多亩,注册资金2.3亿元,加工设备先进,年屠宰肉鸭能力5000万只。拥有员工2600人。公司连续多年保持较高的盈利水平,银行信用等级“AAA”级,职工工资、社会保险金等及时发放和缴纳。公司实行“龙头带基地、基地连农户”的产业化经营格局,带动周边5000余农户走上养鸭致富之路。先后获得了全国十佳诚信单位、中国农产品加工行业十大领先品牌、中国优秀民营企业、2010年财富领袖论坛最具财富潜力企业、第六届创建全国诚信单位上榜单位、质量服务信誉AAA级企业、全国消费者信得过优质产品、中国驰名品牌、全国绿色健康放心食品、国家质量卫生安全全面达标食品,2013年获得山东第一批畜牧兽医专业合作社省级示范社、省级重点农业龙头企业、山东省“三上”企业统计工作规范化五星级单位等多项荣誉称号。公司董事长郭光聚先后获得中国优秀民营企业家、山东省农业产业化最具影响力的十大杰出人物等荣誉称号。

山东半球面粉有限公司。山东半球面粉有限公司始建于1956年,2000年经改制成立有限责任公司,是一家从事面粉加工、食品加工及粮食购销的大型粮食加工企业。公司拥有年加工小麦粉40万吨、挂面2万吨、面包糠1万吨的生产能力,建设小麦基地45万亩,是山东省最大的面粉加工企业之一,也是省农业产业化龙头骨干企业,并先后荣获全国粮食加工业十强企业、中国食品工业百强企业、全国粮油诚信企业、山东省食品工业突出贡献企业等荣誉称号。

长期以来,公司以“为耕者谋利、为食者造福”为宗旨,不断加大投入,提升科技水平,提高产品档次,先后通过ISO9001、ISO22000、ISO14001、ISO18001国际管理体系认证。“半球”牌系列小麦粉先后荣获中国名牌产品、中国绿色食品、全国放心面等荣誉,半球商标先后被评为中国驰名商标、全国最具市场竞争力品牌等称号,产品畅销全国,深受消费者喜爱,在整个市场享有良好的声誉。

山东鹤园集团。山东鹤园集团成立于2004年4月,注册资金1.2亿元,资产9.8亿元,有职工

1380人,其中专业技术人员200余人,是集植物蛋白饮料、含乳饮料、发酵乳酸菌饮料、果汁饮料、风味饮品、八宝粥罐头、中高档传统饼点、欧式糕点、饼干生产加工、销售于一体的农业产业化重点龙头企业。鹤园牌商标也于2009年4月被认定为中国驰名商标。2013年,公司被中国质量检验协会评为全国质量诚信优秀企业。公司拥有饮料生产线十五条,八宝粥罐头生产线两条,烘焙食品生产线四条,食用油生产线两套,产品发展到五大体系八大系列150余个品种,销售网络遍及全国。集团连续四年位列山东省饮料行业综合排名第一位,并被遴选为山东省饮料行业协会副理事长单位及中国农业大学本科生实习基地。集团荣获全国质量诚信优秀企业、企业信用评价AAA级信用企业等各级荣誉百余项。2014年,集团成功入围中国饮料行业综合实力百强企业,位列第72位;2015年集团又成功入围2015互联网+饮料与饮用水生产企业百强,位居第71位。

## 信息产业·发展与管理·

概述　全县信息产业主要有2家光伏企业和3家信息技术服务企业。光伏企业为山东大海集团有限公司及山东大海新能源发展有限公司,主要产品为单晶硅片、多晶硅片、太阳能电池组件等。大海新能源年产太阳能硅片能力达到1.2GW,山东大海集团有限公司年产太阳能电池组件250MW,生产运营良好,并继续与中山大学建立产学研合作关系。信息技术服务企业主要有东营市优迈信息科技有限公司、华泰信息科技有限公司和胎大王信息科技有限公司,主要为企业提供信息化软硬件解决方案及轮胎行业电子商务平台。

重点企业简介

山东大海集团。山东大海集团有限公司成立于1988年,位于黄河三角洲中心城市东营市(广饶县)境内,有职工6000余人,是一个集"纺织、新能源、新材料、国际贸易"等为主导的跨行业、跨地区、国际化的综合性大型企业集团。2016年,集团公司实现销售收入652亿元。公司自2012年入选中国企业500强,2016年列第230位,位列中国民营企业500强第51位。先后荣获全国出口创汇先进企业、中国质量万里行先进单位、全国民营企业创名牌重点企业、全国诚信守法企业、全国企业文化建设示范基地、中国驰名商标、中国名牌产品等荣誉称号,通过ISO9001国际质量体系认证和14001环境管理体系认证。

公司拥有雄厚的技术实力,世界最先进的生产装备,生产规模和经济效益居全国同行业前列。公司主导产业涵盖纺织、新能源、有色金属深加工、国际贸易等板块。产品以其档次高、质量好、规格全的优势,覆盖美日韩等30多个国家和地区。其中"大海牌"被评为山东省名牌和中国驰名商标。

太阳能电池组件项目采用世界最先进的生产技术,工艺设备全部采用最为先进、稳定、低能耗的设备,其中焊接机使用德国teamtechnik公司生产的TT1200最新型号,每小时1200片产能;层压机采用博硕双腔(生产效率提升1.8倍)和日清纺带顶针式设计(在封装过程中更好的温度均匀性);功率测试仪使用美国SPIRE4600SIP型3A级(已被TUV、UL、CSA等标准测试机构和实验室所采用);全程的自动化传输系统从电池片进到组件出无需下线(包括在线固化、全自动分档、全自动EL、耐压、绝缘、接地连续性、自动装框等)实行全自动化生产作业。

山东大海新能源发展有限公司。公司成立于2009年,注册资金10亿元,位于广饶县经济开发区,是一家围绕太阳能新能源产业发展,生产单晶、多晶硅片、太阳能电池片、太阳能电池板等高新技术产品,属于国家战略性新兴产业。2016年,生产太阳能硅片3.7亿片,实现销售收入17.76亿元。已完成12MW太阳能光电建筑一体化示范项目,可实现年发电量1500万度,太阳能硅片生产项目采用世界最先进的生产技术,主工艺部分全部采用目前最为先进、稳定、低能耗的设备,在国内同行业中属于一流配置,其中单晶炉、多晶炉、切片机、开方机和质量检测设备均从国外原装进口。

公司高度重视技术创新，与中山大学进行产学研合作，拥有27项实用新型专利，2项发明专利，通过三项科技成果鉴定，承担省自主重大专项项目和国家火炬计划产业示范项目。公司先后被认定为东营市科技型企业、山东省电子信息行业优秀企业、山东省企业技术中心、高新技术企业等多项荣誉，并列入国家工信部第一批《光伏制造行业规范条件》公告。

东营市优迈信息科技有限公司。东营市优迈信息科技有限公司是广饶县第一家软件企业，2012年5月成立，主要以计算机硬件、大规模集成电路、自动化系统、网络及监控工程、信息化系统集成设计、开发、生产等业务为主，面向轮胎、化工、车轮、食品等行业，为企业提供信息化软硬件解决方案。2013年获得软件企业和软件产品"双软认证"。为山东恒宇科技有限公司、山东沃森橡胶有限公司、山东国风橡塑有限公司等实施了MES系统项目，大幅提升了轮胎企业生产自动化程度与效率。

华泰信息科技有限公司。公司成立于2014年4月，是一家IT行业系统集成、软硬件销售、服务以及咨询的高新科技公司。华泰信息科技公司前身为华泰集团有限公司企管信息化管理公司，为华泰集团信息化建设和两化融合工作的开展提供信息化支持服务，为华泰集团建设了集团信息化管控项目，并在50多家法人公司应用、实施了造纸生产与管理信息系统深度应用集成开发项目、基于UAP平台的一体化供应链系统集成开发项目、造纸DNA生产分析与应用自动化控制系统开发项目等，有效支撑了华泰集团的发展战略和业务快速发展需要，打造了造纸行业信息化样板企业。

华泰信息科技公司在为华泰集团两化融合深入开展提供服务的基础上，开展对外信息化业务经营，致力为东营市企业用户提供信息化解决方案，借助用友UAP平台产品，为大中型企业构建信息化平台提供核心工具与服务，推动企业用户两化融合工作的深入开展。

胎大王信息科技有限公司。公司成立于2014年，注册资本1亿元，是全国第一家轮胎行业电子商务运营商。通过整合轮胎企业资源，打造"厂家—电商平台—驾驶员"的电子商务平台，推动轮胎行业销售模式创新，实现平台商家公共化、产品多元化、平台品牌化，促进产品升级和产业转型。公司的"胎大王"轮胎销售平台2015年5月15日正式上线运营。

## ·盐　业·

概述　广饶盐业实行"集团化"管理。广饶盐化集团总公司是一个以制盐及盐化工生产为主的综合性国有企业，与县盐务局合署办公，行使县域内盐业行业管理、盐政执法、食盐专营等职能。集团有职工604人，其中在岗职工420人，资产4亿元，拥有盐田生产面积3.95万亩。下设海丰盐化公司、唐王盐化公司、永康食盐公司、建筑安装公司以及东营市唯一的国家食盐定点生产厂——广饶精制盐厂。主要产品及产能为：原盐100万吨、系列食用盐10万吨、溴素1500吨、溴化环氧树脂1500吨、片碱10000吨，还有非盐商品代理、建筑安装等多种经营项目。2016年3月，广饶盐化集团由省市盐务局垂直管理整体移交县政府管理。全年实现营业收入1.5亿元，上缴税金2407万元，完成固定资产投入593万元。张其中、张金栋、刘晨晰、孙元政、赵永江、孙剑刚、常建宾、孙东、李英欣、刘砚青、徐俊兰、王肇强等12人被评为2016年度全市盐业系统先进工作者，陈保平被评为2016年度全省食盐质量管理先进工作者。

盐政执法　加强盐业行业管理，严格执行"五统一"的行业管理规定，盐政执法人员每月不定期到东部盐场进行巡查，对违反盐业行业管理规定的行为进行检查处理，规范全县盐业生产经营秩序。加大盐政执法力度，加强全县盐业市场管理，及时查处扰乱盐业市场秩序的不法行为，9月28～29日，全市制贩假盐专项治理行动在广饶县展开，市、县盐务局、公安局、市场监管局共出动执法人员23人，执法车辆8部次，对食品加工及餐饮服务等企业、门店进行集中整治，行动中查处涉盐违法案件9起，端掉贩卖假冒海晶盐窝点3个，查没假冒盐产品481公斤。加强执法队伍培训，不断提升执法人员能力和水平，全年共查处涉盐违法案件50件，没收各类盐产品37.4吨，罚款12260元，无行政复议和行政诉讼案件发生。

食盐专营　对全县食盐零售网点定期进行回访，统计当月需求量，集中进行送销，确保正常供应。落实碘盐配发工作，在全县碘盐配发工作会议召开后，积极协调各镇街做好配发任务的落实，推动配发工作的开展，至11月底，全县碘盐配发工作全面完成，共配发完成9个镇(街道)，配送碘盐1217.4吨。通过配发，减少了私盐、假盐对食盐市场的冲击，保障了群众用盐质量和安全。加强科学补碘知识宣传，在“3·15国际消费者权益日”、全国第23个“防治碘缺乏病日”期间，联合县疾控中心等部门开展以“坚持科学补碘，建设健康中国”为主题的宣传活动，通过发放宣传材料、展示多品种生活用盐、接受市民咨询等形式，增强群众的科学补碘意识，积极倡导科学用盐、减盐低钠的健康生活理念。

盐化生产　着眼生产实际，不断优化生产管理模式，改善盐化生产薄弱环节。集中有限资金，确保必要的生产投入，巩固生产基础。在企业资金非常紧张的状况下，筹集资金新打220米深的卤井40眼，缓解生产卤水紧张的局面，确保两套溴素生产机组正常开工；投资对制卤工区进行改造，新购进塑苫收放机、返卤泵、潜水泵等生产设备，保障了盐化生产需要；投资对食盐生产车间粉碎、干燥设备进行更新改造，扩建食盐储备仓库，确保食盐的生产和供应能力，全年固定资产投资590多万元。调整内部运营机制，提高盐产品产、质量。结合2015年精细化管理的运作情况，总结对部分单位进行内部承包的经验，对具备单独操作条件的单位实施吨盐公收承包，进一步明确各生产工区的职责，提高职工的责任感和积极性。通过一年的运营，盐化生产形势呈现出较好的势头，产量、质量都比上年有了较大幅度的提高。根据市场形势变化，抓好溴素等化工产品的生产。完善化工单位承包办法，对化工生产人员进行优化重组，充分利用现有生产设备、设施抓好溴素、片碱、溴化环氧树脂等产品的生产。抓好食盐生产供应。从进厂原料盐质量入手，加强食盐生产全过程质量控制，抓好产品质量、计量、加碘等环节，确保产品质量稳定；做好重要节假日等特殊时段的食盐生产和储备，确保合格食盐的安全供应。精制盐厂按照国务院《盐业体制改革方案》的要求，申办并取得食盐批发许可证，为食盐定点生产企业进入流通销售领域、开展跨区经营创造了条件。

产品运销　面对原盐市场需求持续低迷、井矿盐冲击严重等不利形势，主动采取措施，努力扭转不利的经营局面。工业盐销售方面，重新修订完善工业盐销售管理办法，合理调配销售人员，采取任务到人、责任到人、分片包干“一条龙”式的销售管理方式，坚持自主放销、协商定价、集体研究、程序调运的营销原则，充分调动供盐单位和营销人员的积极性，努力增加销量。下大力气拓展化工用盐市场，对直接供货客户，加大促销力度，逐步占据主要供应商地位；对间接销售客户，把握好供销平衡点，努力增量提效，在稳定省内、市内及原有省外市场的前提下，加大省外市场的拓展力度，新开辟海南、河北等地的新市场，增加原盐运销量，全年共销售原盐68.8万吨。食盐销售方面，按照省盐务局计划搞好调拨，确保计划内供应任务的完成，同时，针对食盐市场即将放开的现实情况，主动走出去，协调促进与各销区盐业公司的关系，在稳定省内市场的同时进一步拓展河南、山西、陕西等省外市场，严格按客户要求组织生产、调运，增加产品销量，灵活应对盐业体制改革带来的影响。

企业管理　从基础管理抓起，实现内部管理的规范与创新。重视并认真抓好安全生产管理，通过签订安全生产责任状、开展“安全生产月”、组织安全生产检查等活动，加大安全生产监管力度，落实安全生产网格化管理责任，提高职工安全意识和自我保护能力。强化机关后勤管理，继续实行处室工作月度计划督查、公示制度，完善工作程序，提升服务质量和工作效率；严格工作纪律，抓好请销假、外出登记、电子考勤等制度的落实，抓好机关卫生管理，保持良好的工作秩序。加强工资分配管理，为调整工资分配机制，确保职工收入稳步增长，制订《关于规范工资管理，调整工资收入分配的意见》，对集团内部单位的收入分配进行统一调整，调动全员工作积极性。在因历史遗留问题及盐业移交过程中引发的利益冲突影响到职工队伍的稳定时，企业从发展稳定的大局出发，努力解决职工关心关注的敏感问题，为企业职工办理了企业年金，适当提高全体职工的防暑费、取暖费、住房公积金基数，增加部分人员的遗属补助，在资金异常紧张的情况下，对23名考入本科院校的职工子女进行奖励，为300多名退休职工进行健康体检，春节期间对9户生活困难职工进行了走访慰问，想方设法保民生、保稳定。

非盐经济　面对建筑市场疲软的现实，主动调整工作思路，推动以建筑业为主的非盐经济发展。加强施工管理，把提高施工能力作为促进集团建安公司发展的抓手，狠抓在建工程质量管理和安全管理，加强在建工程现场管理，在保证工程进度的同时确保工程施工质量和安全。狠抓招投标管理，做好新工程项目承揽，做好招投标各项基础工作，新承揽大码头镇卫生室、东营锦华雕塑公园提升工程、齐润化工润泽佳苑储藏室等工程项目，中标总造价600多万元。做好已完工工程的收尾结算等工作，完成对现河地下车库、同悦花园工程审计结算工作，按照资质审核的标准，完善各项基础资料，完成建筑资质换证等工作。加强建筑专业人员培训，先后组织9人参加现场关键岗位取证培训，16人参加中级技能岗位取证培训，12人参加中级职称取证代评，32人次参加专业继续教育培训，专业人员教育投入达10万余元。借助广盐商贸、海产品超市等非盐业务平台，抓好其它非盐项目发展，努力扩大非盐商品经营范围，增加非盐业务收入。

（张金栋）

# 商业贸易

## ·商贸流通·

概述　2016年，全县社会消费品零售总额达192.7亿元，同比增长11.3%。1月22日，广饶全福元城市广场投入运营。4月中国·广饶第十届春季汽车暨房产展销会，8月中国·广饶第六届秋季汽车暨房产展销在广饶国际博览中心举行。9月，组织8家餐饮企业参加山东国际标准食材展，组织4家企业参加山东农商互联峰会，通过设立广饶独立展区等形式，重点展示推介广饶县出口农产品质量安全示范创建成果，取得良好成效。9月，广饶县韭鲜李餐饮发展有限公司的韭菜肉水饺在第17届中国美食节暨首届中国鲁菜美食文化节上被中国饭店协会评为"中国名小吃"，成为东营市餐饮业第一个获此殊荣的企业。

电子商务　依托国家实施"互联网+"战略扶持电子商务发展的机遇，将电子商务发展作为助推经济转型的重要抓手，创新举措、积极引导、全力推动，取得明显效果。专门设立电商办机构，隶属县商务局，编制5人，为副科级事业单位，同时，由县邮政局牵头成立电商协会，统筹推进全县电子商务发展。电商集聚效应初显。电商大厦已投入运营，吸引15家电商企业入驻；县电子商务创业基地已建设完成，预计2017年5月底投入使用。农村电商破题。8月，县政府与阿里巴巴集团正式签订农村淘宝项目合作协议，成为东营市第一家与阿里巴巴签订农村淘宝合作协议的县区。11月，阿里巴巴农村淘宝广饶服务中心启用，至年底全县已建立41处村级服务站点，农村电子商务交易额突破500万元。乐悠悠花生油、飞雪粮油等多家本地企业正准备通过农村淘宝平台实现产品上市。

经贸服务　加强经济形势预测分析，充分发挥局机关网站作用，及时更新经济形势分析、出口风险预警、政策发布等相关信息，为企业提供及时快捷的信息服务，增强企业风险防范意识，并帮助企业积极应对遇到的国际贸易摩擦等问题。大力实施商务人才培训工作，先后组织200余家次外经贸企业参加培训10余次，培训人员300余名，派出5名科级干部和10名机关工作人员外出参加培训。

安全生产　修订完善《广饶县商务局关于建立安全生产网格化监管工作的实施方案》，做到安全生产工作范围全覆盖，工作分工明确，责任落实到位。坚持“安全第一、预防为主、综合治理”的方针，严格落实“一岗双责”责任，督促商贸流通企业落实安全生产主体责任、增强安全生产红线意识、消除安全事故隐患，保持了全县商贸流通企业安全生产形势持续稳定。2016年，共计出动检查人员100余人次，检查企业240余家次，督促指导广饶鲁百、银座商城、广饶佳乐购物中心、新世纪超市等单位开展消防演练16次，杜绝了各类安全生产事故发生。

## ·供销合作商业·

农业全程社会化服务　顺应发展现代农业要求，坚持“农民外出打工，供销社为农民打工”理念，以土地托管为切入点，全力推进现代农业服务规模化。从农民最需要的关键环节入手，与家庭农场、种植合作社和种粮大户等联合合作，大力发展供销为农服务中心，加快构建综合性、规模化、可持续的为农服务体系，促进农业适度规模经营，开展对农民土地托管或半托管服务，较好地解决了农民种地“最后1公里”的老大难问题，解除了农民的后顾之忧，趟出了以全程社会化服务推动农业现代化发展的新路子。全系统建设完善为农服务中心5处，智能配肥站6处，土地托管服务面积达到24万亩，完成测土面积6.5万亩、智能配肥7万亩、飞防和统防统治面积5多万亩，化肥使用量减少15%～20%，农药使用量减少20%，农民增收20%以上。广饶锦绣千村为农服务中心与法国罗盖特等国外农业龙头企业合作，建立“订单式”糯玉米种植基地3万亩，在分户经营的情况下，对农户试行“统一供种、统一供肥、统一播种、统一技术指导、统一病虫害防治、统一回收烘干、统一储存销售”服务模式，解决了农户种收、管理和销售等方面的诸多问题，帮助农民每亩综合增效300元以上。

实体性合作经济组织建设　紧紧围绕全县农业主导产业，通过多种形式大力领办创办农民合作社，在组织上、经济上与农民形成紧密的利益联结，以此为载体大力推动农业产业化经营、规模化发展和标准化生产，增强农产品的市场竞争力，增加了农民收入。共领办创办农民合作社36家，辐射带动农户3200多户，发展农产品直采直供基地9处。不

“放心农资惠万家”活动

断规范农民合作社发展，从领办、创办的农民专业合作社中，选择12家农民合作社，开展利益分配机制、内部规章制度、经营服务范围、机构场所标识等内容的规范提升，全力培育打造农民合作社示范社，有5家合作社被评为“省级农民合作社示范社”，7家合作社被评为“市级农民合作社示范社”。

农村现代流通服务网络建设　以新型城镇建设为契机，以构建日用品经营服务网络的形式，参与农村社区服务中心建设，以众合商贸有限公司为依托，建立县级日用品配送中心，发展众合日用品加盟店326家，经营范围覆盖全县农村市场。依托瀚海科技公司、地力农资公司等农资企业，构建全县农资经营服务体系，发展农资超市16家、农资加盟店132处、农资直供点8处，积极开展农资直供和“放心农资惠万家”活动，实现“放心农资直供惠农”常态化、制度化，保证全县农业生产的需要。顺农蔬菜种植农民合作社和“胜大超市”合作，每天为胜大超市88家直销店直供各类新鲜蔬菜，日均供应蔬菜15吨。健士富硒蔬菜种植合作社充分发挥“北京农产品展厅”作用，每天向北京首农集团直供西红柿20吨。

为农服务协同体系建设　依托基层供销社和10个村“两委”，开展社村共建示范点创建活动。围绕当地大蒜、胡萝卜、蔬菜、棉花、玉米、小麦等优势产业，与村“两委”合作创办农民合作社，建立标准化种植基地5万亩，明确各方权利、义务、责任，制定清晰的利益分配办法，拓展供销社服务群众、服务发展的空间和领域。增强村“两委”组织带领群众增收致富的能力，形成“村社共建”工作新格局，有效解决当前农业发展中的服务、组织、经营等难题。

新型农民素质提升工程　立足为农、务农、姓农服务理念，加快实施“新型农民”为提升新型农民社员素质提供多元化、全方位服务，共举办8期测土配方施肥、电子商务、农民合作社带头人、农机技术与推广、大棚蔬菜种植管理、玉米精播高产技术、农作物病虫害统防统治等各种类型的培训班，培训社员1200人次，进一步拓宽为农服务领域，树立新时期供销社的良好形象，受到农民群众的好评。同时，组织基层供销社、农民专业合作社、农业龙头企业负责人赴北京商业干部管理学院、北京农业干部管理学院、青岛农业大学、省供销社培训基地等培训机构进行专业培训，培训20多人次。

为农综合服务中心

## ·粮食购销·

粮食储备　全面落实储备粮库存监管责任，推进地方储备库标准化、精细化、信息化管理，确保地方储备粮数量真实、质量良好和储存安全。顺利完成2016年4127吨储备粮轮换任务；争取省财政扶持资金110万元，实施地方粮食储备库智能化升级项目，提升技术装备和信息化水平。为全面落实粮食安全责任制，适应工业化、城镇化快速发展的需求，县粮食管理办公室联合县农发行、县财政局，积极争取县政府支持，新增地方储备规模9000吨，全县粮食储备规模达到22000吨，进一步提升了县域粮食安全保障能力。加强市级成品粮管理，按照国家、省有关规定，争取市财政局、市粮食局支持，将半球面粉公司承储的1000吨成品粮管理补贴费用由原来的180元/吨增加到280元/吨。

粮食统计　在健全完善9名镇(街道)专职统计员、27家粮食加工流通企业、12家城镇供应点、30家农村典型户的统计网络基础上，全面落实粮食流通统计制度，认真开展社会粮食流通统计、市场价格监测和各类专项调查，及时做好有情况、有建议、有价值的统计分析，为政府宏观调控提供真实准确的资料。《全县粮食供需平衡调查报告》连续3年被县政府《政务专报》刊发。

应急体系　进一步完善粮食安全预警、应急保障机制，调整充实应急储备、加工、供应网点，提升粮食应急处置能力。年内争取省财政资金150万元，推进实施半球、元灏面粉2家应急加工项目建设，规范提升15家城乡应急供应网点，完善应急协议，加强应急演练，逐步构建起集加工、配送、供应、运输、储备等功能为一体的应急保障网络。

粮食执法　健全执法监管机制，精选业务骨干，组建粮食综合执法办公室，提高执法效能。积极参与广饶全国食品安全先进县、全国农产品质量安全县创建宣传活动，制作“食安广饶”电视专题片，并在人流量较大的街道路口，发放食品安全宣传单、手册4500余份，扩大社会公众的认知。积极开展粮食收购政策、粮食质量、粮食库存、政策性粮食出入库等专项执法检查，保护粮食生产者、经营者和消费者合法权益，维护了良好的粮食流通秩序。

产业发展　加强对县粮食行业商会的指导和管理，积极为粮油企业搞好协调、指导和服务，年内组织36人次参加“第二届中国面粉产业发展论坛”“第十四届中国国际粮油展”“2016年中国粮油百强企业年会暨一带一路粮油论坛”，搭建信息互通、资源共享、合作交流、抱团发展的平台；加强项目扶持，年内争取上级财政资金150万元，建设半球、胜大2家主食产业化项目。全县达到年加工小麦121万吨的能力，其中日处理小麦500吨以上企业6家、300吨以上2家，经济运行质量不断提升。加快创牌创建，至2016年底，全县拥有全国放心粮油示范企业5家，中国驰名商标各1个，省级名牌产品8个；2016年半球面粉、乐悠悠花生油再次被评为全国小麦粉加工企业“50强”和花生油加工企业“10强”企业。

惠民工程　以提升发展层次为目标，积极开展全国放心粮油示范县创建活动，争取上级专项资金，对配送公司、9家骨干粮油店进行改造提升，建有配送公司4家，粮油店36家，达到省市提出的各镇街建设放心粮油示范店1处的目标。加强质量监管，采取季度检查、聘请监督员、与市场监管局联合检查等方式，确保质量过硬、商品放心。配送公司和放心店的利益联结机制日趋牢固，主导产品配送率达到95%以上，初步构建了产业化发展程度高、城乡供应覆盖面广、粮油质量安全监管体系完善的放心粮油供应网络。2016年10月，省粮食行业协会推荐广饶县为全省首家申报“全国放心粮油示范县”。加强指导与服务，在确保全县11500个农户科学储粮示范仓规范使用的基础上，继续抓好农户科学储粮推广工作，核算并制订陈官镇科学储粮仓推广计划，力争逐年扩大农户科学储粮覆盖面。

托市收购　为保护种粮农民利益，维护社会稳定，6月30日，率先在全市启动小麦最低收购价收购执行预案。为做好全省十年来首次小麦托市收购工作，县粮食管理办公室积极组织全县重点粮食加工收储企业参加全省、全市夏粮收购工作电视会议，起草并上报县政府出台《关于执行2016年小麦最低收购价收购的实施意见》和《2016年小麦最低收购价收购办法》，围绕协调各镇街和种粮大户等做好政策宣传等工作，并积极争取中纺、中储集团支持，协助盛凯商贸公司取得中储粮托市收购资格，使其成为全市首家承担托市收购任务的私营仓储企业，有效缓解了托市收购压力。在托市收购中，各收购点严格执行国家粮食收购政策，坚持“五要五不准”守则，提供便民台、“一卡通”等优质服务，做到敞开收购，指定的3个托市收储点累计收购小麦23372吨，助农增收490万元，较好地发挥了主渠道作用。

粮食安全责任制　按照《东营市人民政府关于贯彻落实粮食安全责任制的实施意见》，报请县政府成立县粮食安全责任制考核工作组，召开全县粮食安全责任制考核工作组会议，研究制定《关于贯彻落实粮食安全责任制的实施意见》，对牵头考核部门、镇街部门责任、考核办法做出明确规定。研究出台《关于做好2016年度粮食安全责任制考核工作的通知》，安排部署相关考核任务，各牵头部门加强协调沟通，对照全市粮食安全考核评分细则和说明，积极落实考核任务，认真查漏补缺，形成整体联动、齐抓共管的格局，通过2016年全市粮食安全责任制考核验收。广饶县粮食管理办公室在市粮食局县区综合考核中名列第一。

（刘文培）

## ·对外经济贸易·

概述　2016年，全县完成进出口总值310.3亿元，占全市进出口总额的31.2%。其中，出口175.7亿元，占全市出口总额的58.2%；进口134.59亿元，同比下降7.6%，占全市进口总额的19.4%，比年初提高1个百分点。"一带一路"沿线国家出口额74.4亿美元，同比增长1.5%。全县新批境外投资企业4家，全县境外投资企业累计达42家。

外贸队伍建设　全县新增获自营进出口权企业80家，获权企业累计达到357家，有进出口业绩的企业达184家，比上年增加11家。其中，全县出口过亿元的企业27家，山东恒丰橡塑有限公司、山东金宇实业股份有限公司、兴源轮胎集团有限公司等7家企业出口额突破10亿元，7家出口过10亿元的企业实现出口额104.6亿元，占全县出口总额的60%。

重点出口行业　橡胶轮胎、纸制品、机电产品等出口156.4亿元，占全县出口总额的89%。其中，橡胶轮胎出口实现142.4亿元，占全县出口总额的81%，为全县的支柱出口产品；机电产品出口13.1亿元，同比增长33.4%，占全县出口总额的7.4%，为全县第二大出口产品。2016年硅片出口成为新的增长点，实现出口9.2亿元，同比增长53.1%，占全县出口总额的5.2%，比去年提高1.9个百分点。

出口品牌建设　华泰、大海、信义、恒丰、盛泰等10家企业入选2014～2016年度山东省重点培育和发展的国际知名品牌，占全市入选品牌的62.5%；中一橡胶的"JOYROAD"入围2015年度山东省重点培育的国际自主品牌。金宇轮胎集团、永泰集团、盛泰集团、华泰集团、大海集团等20余家企业在美国、澳大利亚、加拿大、印度、阿联酋等100多个国家和地区注册商标，自主品牌出口比重有了较大提高。

加工贸易　2016年，新批加工贸易企业4家，分别是山东奥赛轮胎有限公司、东营盈盛国际贸易有限公司、东营市澳腾轮胎销售有限公司、东营齐润化工有限公司。全县实现加工贸易出口金额119亿元，同比下降11.1%，占全县出口总额的67.7%；一般贸易出口额56.5亿元，同比增长18%。

对外经济技术合作　2016年，全县新设境外投资企业4家，全县境外投资企业累计达42家，涉及美国、英国、老挝、印度尼西亚、柬埔寨等19个国家和地区。企业"走出去"方式主要包括设立贸易公司构建境外销售网络，建设原材料生产基地、轮胎加工厂及并购境外知名企业、境外承包工程等多元化经营方式。

## ·医药品经营·

概况　2016年，东营市医药公司广饶分公司(简称广饶医药分公司)及所辖广饶广济堂药业连锁公司在职职工108人，其中药学技术人员81人，占职工总数的75%；执业药师26人，占职工总数的24%。药品仓库面积1236.3平方米，其中冷库40.4平方米、阴凉库578.4平方米、常温库617.5平方米。主要经营范围包括中药材、中药饮片、中成药、化学原料药、化学药制剂、抗生素、生化药品、生物制品（除疫苗)、第二类精神药品制剂、医疗用毒性药品、罂粟壳及医疗器械。公司与全国200多家医药厂商保持着牢固的业务关系，经营品种达3000多个品种规格。全年完成销售总额10400.7万元，同比增长18.56%；实现利税285万元，同比增长23.78%，被东营市医药公司评为全市医药系统先进单位。

药品批发业务　2016年药品批发业务以“双扩”即扩展市场空间、扩大批发额度为工作重点，药品营销采取业务科统一从证照齐全的医药厂商购货、质检科严格进行质量验收、销售员分市场区域销售的方式，按照销售员的市场区域为根据，参考往年销售数据，分别下达任务指标，并以回款额度为考核目标，发放效益工资，以调动销售人员的工作积极性。在工作中，积极参加县内医疗机构招标采购配送业务，并努力协调追补计划；充分利用地缘优势，加强胜利油田各级医院的药品配送，努力使药品批发业务保持较稳步增长。2016年配送服务医疗机构(含诊所)达164家，药品批发配送额7938.6万元，占全公司销售总额的76.25%，同比增长18.12%。

广济堂　广饶广济堂药业连锁公司是广饶医药分公司下设的零售连锁公司，有连锁店28个，其中直营连锁店16个、医药超市1个、农村(加盟)OTC连锁店11个。2016年，广济堂投资90多万元，在县城新建小区新增直营药店3处：在锦湖小区新上第18连锁店，在贵和园小区新上第20连锁店，在渤海经典小区新上第21连锁店，直营连锁店增加到16个。在经营管理上，继续实行“两加强一放活”的经营策略，即加强直营连锁店的销售考核力度，实行内部市场机制，并指定部分品种试行促销政策，按规定比例与各门店分成，以激励直营连锁店的销售积极性；加强加盟连锁店的经营质量管理力度，委托广饶医药分公司负责药品配送业务，由广济堂质量科进行定期考核和不定期检查，防止经营终端发生不良经营行为；放活“佳乐”医药超市经营政策，实行内部职工承包经营，在保证质量的前提下进一步降低药品价格，增强其市场竞争力。广济堂直营连锁店全年实现销售2462.1万元，占全公司销售总额的23.75%，同比增长19.16%。

(齐照华)

## ·石油营销·

概述　2016年，中国石化销售有限公司山东东营广饶石油分公司(简称广饶石油分公司)，树立“以客户为中心”的理念，结合“四化四提升”和“多卖一吨油”活动，注重把强化经营管理，数质量管理、“我为安全做诊断”等各项活动有机结合起来，面对成品油市场疲软，销售价格下滑的不利因素，积极开展“一站一策”活动，积极推行HSE安全管理体系，注重各项管理制度和责任制的落实，确保了16个经营网点安全经营，连续41年实现安全生产无事故。2016年实现零售量61299.23吨，完成年度任务的106%；非油品销售2134.0485万元，完成年度计划157.78%；直分销完成14693.112万吨；加油卡充值1.07亿元。1～12月实现网上营业厅充值639.863万元；网上预分配1039.25万元。16个网点全部实现安全经营、施工改造无等级事故，各项经营管理指标创历年最好水平。

商品经营　至2016年12月底，广饶分公司所属在营加油站16座、IC卡充值发卡网点9个、零售网点遍布广饶开发区、大王镇、李鹊镇、广饶街道、陈官镇、丁庄镇等乡镇。经营品种有：92＃、95＃、98＃汽油、车用柴油、普通柴油、各种润滑油脂和非油品等项目。2016年，所属零售网点全部设立中石化标准“易捷”便利店。所有商品进、销、存全部实现省公司统一配送。加油机实行中石化IC卡联网，真正实现“一卡在手，各地加油”，使中国石化“信誉第一、顾客至上”的服务宗旨和“计量准确、质量合格、环境整洁、安全快捷”的服务承诺深入人心。实现“以管理为中心”向“以客户为中心”转变。开展“多卖一吨油”活动。结合“四化四提升”和“奋战60天，确保正增长”活动的开展，积极开展“以服务促经营，以服务促品牌，为提升销售量做贡献”为主题的“优质服务再延伸”活动，积极联系客户，用服务的再延伸，提升客户满意度和忠诚度。

企业管理　2016年，广饶石油分公司积极开展“四化四提升”“多卖一吨油”“奋战60天，确保正增长”等活动。大力推行先进管理体系，把“严格要求，规范管理”融入日常管理中，促进管理规范年活动的健康发展。

安全生产　积极开展“设备管理年”“我为安全作诊断”活动，完善经营资格手续。根据省、市公司要求，全员签定《安全责任书》《安全承诺书》，统一制作“设备管理年”宣传展板，开展“我为安全作诊断”活动，员工全部撰写心得体会。每月上报《“我为安全作诊断”建议书》，夯实安全管理基础工作。2016年累计换发加油站《危险化学品经营许可证》13个，16座加油站到期的应急预案备案许可，全部重新备案等，从外部环境上保障加油站经营合法合规。认真抓好施工站管理。2016年广饶施工站主要有70站、60站，施工中，严格各项作业票办理，加大现场巡查力度和频率，注重抓好施工人员教育，严格按规程操作，确保70站4月恢复正常经营，60站9月18日停业改造，12月30日恢复经营，2016年施工无发生任何事故。积极做好安全生产月活动。第十五个“安全生产月”，期间，县公司加强安全教育培训、抓好雨季汛期生产现场安全生产；重点检查作业环节是否能够按照规范要求进行；加强夏季设备管理检查，重点检查加油机、油罐、配电盘等设备设施的接地、附件安全有效性，检查消防器材的良好性等。继续开展应急预案演练活动。在47站组织所有站长和新员工开展消防演练活动，在市公司组织的知识竞赛中，广饶公司获得“安全生产月”知识竞赛团体第二名。做好应急演练活动，积极吸取天津事故教训。2016年，各站加大防爆、防火、防恐等应急预案演练力度，日常工作中，坚持做到设备维修保养制度化，落实专人负责，并将维护保养与经济效益相挂钩，纳入奖罚的范畴。努力做好各项应急预案的演练。积极开展加油机突发火灾紧急扑救、罐区火灾、防盗抢等6个演习，重新梳理人员分工、灭火流程，确保实用效果。针对省公司开展的《应急处置卡》的使用，加大重点预案的演练，提高员工的消防机能的提升。

数质量管理　完善加油机月检制度，在营16个加油站销售成品油计量合格率全部合格。做到每月对所有加油机的铅封、精度、库存等进行专项检查，每月广饶的油品溢余率位居全市前茅。全年溢余油品14.9万升，综合盈余率1.94‰。下半年，结合对“提枪跳数”情况的继续排查，强化现场管理，减少异常几率的发生，为确保部分站增加－10号柴油的需要，组织48、70、69站0号柴油倒罐作业，41、42、54新增98号汽油置换倒罐作业，圆满完成置换任务。

（许冬冬）

## ·烟草专营·

概述　2016年广饶县烟草专卖局（营销部）下设综合办公室、专卖科、营销科、财务科、法制科、内管派驻组、稽查大队、三个稽查分队（所）、重点客户服务部11个科室以及东营泰山1532广饶分公司，其中三个稽查分队（所）分别下辖两个稽查中队，营销科下辖三个客户服务部，在职干部职工63人，管辖服务全县零售户

2016年度服务消费者联盟建设动员大会

1965户。全市烟草系统“三个依法”竞赛三等奖，山东烟草第八届老年文化体育节先进集体，2016年度全市烟草系统先进单位、优秀党支部。朱海泉被山东省烟草专卖局、山东省公安厅评为2015年度“卷烟打假工作先进个人”。在省局（公司）系统精品课程竞赛中，贾海涛标准课程《专卖抓基层、打基础工作标准应用》被评为全优课程，微课程《APCDA卷烟零售市场检查工作法应用》被评为精品课程。王明亮、华茜、刘倩倩的论文《一种基于实践的数据分析模型（SPAS）在卷烟营销工作中的应用》和贾海涛的论文《县级烟草专卖局专卖管理“抓基层、打基础”工作探索》参加省烟草学会2016年度学术年会评审获得优秀论文奖。

卷烟经营　坚持“以量为主、兼顾结构”的工作思路，盯紧营销关键指标，以前40%客户和15档以上的大中户为重点，抓订货成功率，以鲁产品牌培育为重点，开展2016年服务消费者联盟创建活动，以企业家座谈会为平台，加强鲁产高端品牌在企业市场的培育，开展“鲁产提升月”活动，强化鲁产总量、一二类、百元以上品牌销售，提升泰山销售额和鲁产上柜指标。以细支、婚庆和农村三个特类市场为切入点，挖掘市场潜力。以客户服务部建设为契机，理顺营销机构设置、优化流程、增强市场基础工作能力，保证卷烟经营持续稳定。全年共销售卷烟16726箱，实现单箱值25334元，毛利10584万元；实现利税1.08亿元。销售鲁产卷烟9287箱，占总销量的55.5%，实现单箱值16588元，同比提高907元。销售细支烟1572箱，占总销量的9%，同比提高2个百分点。

全市烟草系统专卖抓基层、打基础工作推进现场会

专卖管理　以专卖“抓基层、打基础”工作为契机，创新施行运用“APCDA”工作法和“四维”分析体系，利用涉案物品封存箱规范涉案卷烟仓库，利用功能区划分规范专卖案卷档案管理，深入开展“六无”示范街和“三无”示范店建设，开展“我要当讲师”、技能大比武、现场观摩等活动，强化专卖单兵设备和移动执法设备使用，进一步规范专卖执法和工作基础，提升专卖工作质量。积极部署开展“齐鲁之盾”（2016）专项行动，强化市场监管，以冲击广饶卷烟市场的渠道外卷烟和假烟、走私烟为重点，严厉打击涉烟违法犯罪行为，规范市场秩序。全年共查获案件130起，查获涉案卷烟209.33万支，总案值89.37万元。查获一万元以上大要案件27起，五万元以上大要案件3起，刑事拘留4人，逮捕3人，判刑3人，“9·7”非法经营案被认定为国标网络案件。

大物流建设　以提升非烟商品销售额、毛利和纯利为目标，积极推进非烟商品上柜，加强品牌培育，拓宽铺货渠道，加强客户管理和服务，加强客户拜访，积极开展婚庆营销活动，挖掘市场潜力，促进商品动销。加强资金、商品和费用管理，保证大物流建设健康发展。召开春节、中秋订货会，实现销售额85万元和117万元。全年共实现销售额627.84万元，毛利62.29万元。

企业管理　以基层基础提升为契机，深化精益管理，规范推进工程投资物资采购，按时间节点完成项目实施。开展节约型企业建设，促节流增效。积极开展标准化建设，规范工作流程，夯实工作基础，提升工作质量；加强QC创新和岗位创新，全年征集岗位创新课题12个，2015年度QC创新项目在市局评审中获得一等奖和两个三等奖。积极组织制作标准课程和微课程，专卖抓基层、打基础标准课程和微课程在省局课程评审中分别获得二等奖和一等奖。参加省烟草学会2016年度学术年会获得优秀论文奖。加强安全管理，落实双值班制度，加强值班巡更管理，加强院区管理，抓好车辆运行管理，定期开展安全检查，确保县局（营销部）安全稳定。

*专卖管理“抓基层、打基础”工作推进现场会* 广饶县局认真贯彻落实市局（公司）党委“基层基础提升年”部署和“1234”专卖强基建设思路，划分专卖工作九大板块，梳理建立大专卖工作流程体系，创新专卖“APCDA”及“四维分析”工作法，完善基础台账、规范涉案卷烟及专卖档案管理，开展“六无”示范街和“三无”示范店建设，强化专卖单兵设备和移动执法设备使用，实现工作流程衔接有序、市场基础全面覆盖、现场管理精细优化、专卖执法严格规范，取得了显著成效，为全市系统专卖管理工作提供了样板和参考。6月22日，全市烟草系统专卖管理“抓基层、打基础”工作推进会在广饶召开，市局（公司）办公室、专卖科、法规科负责人及相关工作人员；各县、区局（营销部）主要负责人、分管负责人、相关科室负责人及中队长参加会议。会议期间，与会人员集中观摩了广饶县局“六无”示范街、“三无”示范店及专卖服务大厅、涉案卷烟仓库、专卖档案室等“6S”管理现场，观看了县局“APCDA”工作法主题宣传片，听取了县局典型发言，并围绕专卖基层基础工作开展了集中培训和座谈讨论。专卖“抓基层、打基础”工作作为典型经验在全市推开，并向全省专卖系统介绍经验。根据此项工作整理成的标准课程、精品课程均获得省局奖励。

（刘洪瑞）

# 招商引资和会展节庆

## · 招商引资 ·

*概述* 县招商局为县政府直属事业单位，正科级，编制14人，配备局长1名，副局长3名，纪检组长1名；内设办公室、项目联络室、项目服务室、项目促进室4个股级机构。

2016年，全县共引进招商项目94个，合同利用外资350.67亿元，实际到位外来固定资产投资55.52亿元，走在全市前列。2016年度，县招商局被评为省级精神文明单位。

*产业招商* 依托主导优势产业，瞄准国内外500强、行业龙头企业、国企、强企，引导企业利用项目、资金、才智等多方面要素加强对外合作，通过延伸产业链条、兼并重组等多种方式促进传统产业转型升级。在兼并重组方面：上海华诚经贸集团有限公司分别与山东华轮实业有限公司、山东金山汽配有限公司、山东乐悠悠花生油科技有限公司签订资产重组项目。在产业升级方面：中国化工油气股份有限公司新上投资24.7亿元的正和集团股份有限公司油品质量升级项目、投资19.7亿元的山东华星石油化工集团有限公司油品质量升级项目，东营齐润化工有限公司新上投资31.3亿元的油品质量升级及配套工程项目。围绕重点发展的先进装备制造业、新能源、新材料、新医药等战略性新兴产业项目以及现代物流、现代服务业、电子商务等产业，进一步整合招商队伍，集中力量，聚力突破，力争形成新的经济增长点，促进经济转调。广饶经济开发区引进山东大海新能源有限公司投资15亿元建设的年产1GW太阳能硅片生产项目，正在安装设备；广饶街道引进北

参加东营市融入京津冀协同发展推介会

京必胜客比萨饼有限公司投资3500万元的广饶孙武路餐厅建设项目、广东大地影院建设有限公司投资1500万元的全福元大地影院建设项目、广饶县胎智汇电子商务有限公司投资4000多万元的电子商务项目都正式营业；农业局引进广饶县鸿润物流有限公司投资2亿元的物流仓储项目，正在办理有关手续；金融办引进的光大银行广饶支行、交通银行广饶支行都正式营业。

专业招商　整合机关力量，强化联络对接。日常在岗人员11人，根据国家产业政策导向和产业转型升级发展实际，在做好日常考核认定工作的同时，以班子成员任组长，围绕现代服务业、先进装备制造业、战略新兴产业实施“点式化”招商。先后到天津、北京、南京、深圳、厦门、西安等地洽谈新能源汽车、无人机技术合作、电子商务、城市综合体、传统产业兼并重组、工业机器人开发利用、光伏发电等项目。重点推进中国华电集团(世界500强)与山东浩泰天然气股份有限公司天然气供热与发电项目、国家电力投资集团与花官镇第六产业示范园天然气发电项目、山东华岳电力有限公司与山东恒宇科技有限公司总投资1.6亿元的光伏发电项目、浙江正泰电器新能源开发有限公司(上市公司)与山东华轮实业有限公司分布式太阳能发电项目、北京东方同华科技股份有限公司(上市公司)与大码头镇新材料工业园污水处理项目、北京网库信息股份有限公司与轮胎产业电商项目、上海双钱集团股份有限公司(上市公司)与东营市金正轮胎有限公司资产重组项目、上海宝龙地产控股有限公司城市综合体项目。整合外部资源，探索专业招商试点。5月初，从县招商局、县油区工委、县市场监管局、县质监局等部门选派人员组成专业招商队伍，围绕现代服务业和战略新兴产业开展专业招商。联系推进中国华电集团(世界500强)与山东浩泰天然气股份有限公司投资60亿元的发电与供热项目，11月初双方签订合作意向，正在汇总有关资料，制作项目建议书。拓宽联络渠道，深化对外合作。以国企、央企进行混合所有制经营试点为契机，组织华泰集团、科达集团、大海集团参加中国发展高层论坛“山东之

项目签约

夜”活动，与世界500强企业赢创工业集团、西门子公司、株式会社日立等企业进行对接，积极搭建对外联络平台；组织尖蜂科技有限公司参加西洽会、渝洽会，针对高负载无人机项目对接西安交大寻求技术支持，并与新疆建设兵团第三师就无人机植保项目达成6000万元的合作协议。组织山东浩泰天然气股份有限公司、广饶华邦化学有限公司、广饶汇通粮食有限公司、山东尚能实业有限公司、山东金山汽配有限公司参加东营市融入京津冀协同发展推介会暨重点项目签约仪式，此次活动共达成签约项目5个，签约总金额145亿元，标志着广饶县融入京津冀协同发展实现良好开局。

园区招商　发挥考核导向作用，加强项目引导。针对市委、市政府下达的招商引资任务，在认真分析研究的基础上，层层分解任务指标，结合园区规划，引导招商项目入驻相关园区，积极推进园区发展。进一步修订完善招商引资考核办法，对企业重组、并购企业的外来资金按实际到位资金额的1.2倍计算招商引资任务，县直部门、单位引入相关园区的项目计入质量指标，明确目标责任，加大督查力度，确保任务落实到位。发挥园区对项目的承载力。县经济开发区、大王经济开发区和滨海新区按照各自产业定位和功能定位，加大宣传力度和客商联络力度，充分发挥园区对项目的承载能力，积极引进产业配套项目、战略新兴项目，园区集聚效应日益明显。大王经济开发区引入在建项目9个；广饶经济开发区引入在建项目5个；滨海新区引入在建项目9个。

企业招商　始终坚持企业招商引资主体地位，积极调动企业积极性，多措并举，切实抓好企业招商。鼓励并引导相关企业转变观念，拿出优势项目和优良资产对外招商，主动与世界500强、国内100强、行业前10强寻求合作，通过“强强联合”战略，着力引进一批战略合作者，实现产业升级、跨越发展。广饶县鸿源投资有限公司与江苏兴达特种金属复合线有限公司合作，总投资14.4亿元20万吨/年钢帘线项目已试运行；由闫建强与大连市昊林铜业有限公司合作，总投资6.4亿元6万吨/年耐腐蚀铜合金精密管材加工项目正在建设中。

## ·政务服务·

概述　2016年，政务服务中心各窗口共办理56512件审批服务事项，其中500万以上注册项目308个，100万以上建设项目52个。网上审批系统收件36586件，受理35638件，办结率99.4%；自10月全省政务服务平台试运行以来，共有1526件行政许可事项通过平台办理完成。县公共资源交易中心共完成进场交易项目353个，成交金额15.97亿元。其中，政府采购项目348个，成交金额12.52亿元，节约财政资金1.65亿元，节支率11.64%；社会投资建设工程项目5个，成交金额3.45亿元。县政务服务管理办公室通过2016年市级文明单位复查，被评为2016年度省级文明单位。

政务服务　承接落实行政审批制度改革任务。组织大厅各进驻窗口部门按照《广饶县人民政府关于调整规范县级行政审批和行政权力事项的通知》《广饶县人民政府关于调整县级行政审批目录和行政权力清单有关事项的通知》要求，及时调整进驻事项，重新拟定审批流程，网上审批系统一并予以调整，确保线上线下审批流程的统一。6月初，县编办、县监察局、县政府法制办、县政务服务中心管理办联合开展深化行政审批制度改革工作专项督查，对县直承担行政审批职能的部门单位落实情况进行监督检查。9月，按照县级行政审批事项进驻县政务服务大厅集中办理工作调度会议要求和县领导的指示，积极推进“两集中，两到位”改革工作。为做好全部进驻大厅的15个部门和149项行政许可事项、14个轮值部门和46项行政许可事项的承接落实，进一步优化大厅布局，对大厅窗口按功能分区划分为项目建设区、综合服务区、税务办理区、综合值班区。合理安排进驻综合窗口的单位轮值工作，对县司法局、档案局等14个单位固定每周值班时间，对新进人员进行岗前培训。办公保障上，为县畜牧局等新进驻部门进行网络铺设和桌橱调整，为综合值班窗口新安装3部固定电话，购置电脑、打印机和网上审批高拍仪，保障各部门的事项进驻后能顺利开展业务。12月初，配合县编办开展“双随机一抽查”工作，通过“随机抽取检查对象、随机选派执法检查人员”，对相关审批职能部门工作推进情况进行督查，确保深化行政审批制度改革、推进简政放权放管结合和职能转变工作成效。

完成省政务服务平台建设及互联互通工作任务。山东省政务服务平台建设和互联互通工作是省政府确定的2016年的重点改革任务，是推进简政放权、放管结合、优化服务的重要举措。积极完成省、市政务服务平台建设及互联互通各阶段任务，做好全市统一政务服务平台的相关工作，先后完成县级行政许可事项的梳理和数据录入、操作人员培训、行政许可系统流程定制等工作，于8月5日实现省、市、县三级的互联互通。录入行政许可系统253项许可事项，并进行内部测试，10月初内部测试基本完成。11月，完成对测试中反映出的问题进行纠正，市政务服务平台的行政许可系统具备了试运行的条件，广饶县组织开始上线试运行。平台采取省、市两级建设，省、市、县三级使用，实行省、市、县互联互通、业务协同和数据共享，让群众通过网络或县政务服务中心就可以提出申请，一般不必再往市里或省里跑，变“群众跑腿”为“数据跑路”，进一步优化了政府服务，方便了企业和群众。

积极提升窗口服务效能。完善日巡查督导、周汇总公示、月考核通报、年综合评比的监管机制，每月定期评选优秀服务窗口、优秀服务标兵、优秀窗口负责人和爱岗敬业之星。2月，通过召开座谈会、征求意见等方式，对大厅管理中存在的问题进行深入调查和研究，对《窗口人员考核管理办法》进行修订完善，进一步规范请销假、中间外出的管理制度，并在上、下午各安排一次10分钟的自由活动时间，在严肃工作纪律的同时兼顾管理的人性化，使管理办法更具科学性与可操作性。7月，开展群众满意度电话测评工作。为进一步了解群众需求，加强社会监督，畅通反馈渠道，对上半年到大厅办理过业务的服务对象，从大厅每个窗口各随机抽取20名进行电话回访，从“服务态度”“办事效率”和“总体评价”三个方面，调查办事群众的满意程度，并征求对窗口和大厅工作的意见建议。根据群众反馈情况进行汇总得分，发改局、文广新局、城管局等11个窗口群众满意率均达到100%，征求到涉及服务态度、办事效率、工作规程等方面共计16条意见建议，并及时组织相关窗口进行整改。实行一次告知、首问负责、限时办结等制度，开展预约服务、延时服务、上门服务、协助指导等服务，推行重点工程重点项目“绿色通道”服务，督促、指导、协调、帮助项目单位解决在审批服务过程中遇到的困难和问题，多方位提升办事群体的满意度，受到社会各界的广泛好评。

全省政务平台互联互通系统业务培训

开展基层便民服务示范点创建。积极构建县乡服务体系，为全面提升村级党组织服务能力，提高基层便民服务中心（室）标准化服务和规范化管理水平，按照东营市政务服务中心管理办公室《关于做好2016年度基层便民服务示范点创建工作的通知》要求，结合广饶县实际，广饶县委组织部、广饶县政务服务中心管理办公室联合在全县农村广泛开展基层便民服务示范点创建工作。各镇街制定创建计划，全面铺开村级便民服务站建设。全县267个村级便民服务站达到“五个一”的标准，38个行政村的便民服务站正在建设过程中，26个比较好的单位作为基层便民服务示范点，予以1万元的以奖代补资金，争取便民利民服务全方位覆盖。

大力加强窗口干部队伍建设。创新实行窗口党员集中管理，成立服务大厅党支部，将进驻大厅窗口的党员组织关系转入服务大厅党支部，并根据业务职能划分不同党小组，进行统一管理。开展“阳光政务·优质服务”党建品牌创建活动和基层党组织工作标准化建设，联合县直机关党工委开展“党员示范岗”和“党员先锋号”创建活动。结合“建党”“建国”等纪念日活动，组织党员赴焦裕禄纪念馆、莱芜战役纪念馆、临沂红嫂影视教育基地、山东省政府旧址等党性教育基地进行党性教育和爱国主义革命传统教育，开展重温入党誓词、观看警示教育片等，多途径提高窗口党员干部爱国爱党的思想意识和服务意识。加强党建带妇建，开展“巾帼建功岗位明星”评选活动，每季度择优评选“岗位明星”。

市直机关党工委领导视察

公共资源交易　依法严管减少公共资源交易自由裁量权。进一步强化制度建设。8月，按照“制度先行、规则主导”的思路，积极探索，大胆创新，全面整理和完善交易制度和规程，建立项目进场、操作规程、责任追究等18项内部管理制度和14项操作规范，形成全方位、多层次、相互制约、监督有力的公共资源交易规范化机制，有效防范了围标串标、评标不公等问题，最大限度的将公共资源交易置于阳光下，实现配置市场化、过程透明化、监督集约化。加强公共资源交易监管。严格把关采购程序，重点对各采购单位擅自提高报名门槛杜绝潜在供应商进行督查，避免指定或变相指定品牌等带有倾向性问题的出现，对外地企业不再实行备案制度，可以自由进入广饶县报名投标，为企业提供了更多的参与机会。不断完善市场主体信用和不良行为记录考核体系，对企业在公共资源交易过程中弄虚作假，破坏公平竞争等不良行为，经核实后记入企业诚信库，视情节轻重依法禁止企业一至三年内参加广饶县公共资源交易。2016年，共发现4起投标企业贿赂评委、弄虚作假等行为，并禁止济宁水利工程施工公司、莱芜市利民保洁有限公司等4家投标企业2年参加项目。搭建公共资源交易平台。按照“统一进场、统一规则、集中交易、行业监管、行政监察”的原则和管办分离的要求，将原来独立运行、分散实施的建设工程、政府采购等交易项目全部纳入公共资源交易中心交易，统一监督管理。在做好交易中心场内硬件建设的同时，建设了广饶县公共资源网上交易平台，从项目进场交易登记、交易信息发布等管理全部通过交易平台来完成。

强化监督检查促进公共资源交易规范有序。健全交易系统。11月对广饶县公共资源交易系统进行升级，升级后所有交易项目全部取消现场审核，实现网上报名、网上缴费、网上下载招标文件、网上答疑等功能，投标企业名单做到了严格保密。11月房屋建筑和市政工程启用新的评标办法，单项工程估算价在5000万以上的施工总承包工程或者500万以上的专业工程采用综合评估法，其他工程采用合理低价法。加强评标专家监管。从省专家库随机抽取评标专家，自动语音通知，密函打印，专家到齐后再现场开封，确保开标前评委名单的保密性；500万元以上的工程、300万元以上的货物从东营市外两个以上地市抽取评标专家，增加投标企业联系评标专家的难度；设置评标专家专用通道，封闭评标区，杜绝评标专家与投标企业接触；对重点工程和重点项目评标专家从异地抽取，保证评标过程中的公平性；对部分采购项目实行技术标和商务标分离的办法，评标专家只按照标书的内容进行打分，避免部分评委成员的倾向性。升级投标保证金管理系统。8月，对投标保证金管理系统进行升级，升级后的投标保证金管理系统实现投标保证金计息退息的功能，提高保证金管理工作的运作效率，规范电子招标投标保证金支付管理，进一步提高广饶县招投标的保密性，保证招投标工作的公开、公平、公正。

加强创新提升公共资源交易综合服务水平。不断创新平台功能。利用公共资源交易微信公众平台，发布各类交易信息、动态，方便更多的企业参与竞争；要求项目经理或建造师在开标现场进行验证，增大投标企业围标串标违法成本，降低围标机率；投标保证金必须从投标人基本帐户汇入投标保证金专户，减少借用资质现象，为企业提供公共竞争的平台。加强学习，提升业务能力。先后组织专人到外地公共资源交易中心参观学习，借鉴其他地区好的经验和做法，提高管理水平。重点围绕电子招投标、软硬件建设、制度标准化建设等与其进行座谈，结合广饶县实际进行改进和提高，确保公共资源交易规范持续运行。以建设学习型队伍为着眼点，坚持每周抽出半天为“集中学习日”，采取专题讲座、以会代训、交流体会、理论考试等方式，加强招投标业务相关法律法规知识学习，组织全体工作人员集中对新近出台的法律法规进行学习，通过加大宣传营造氛围、开展培训提升服务、召开会议座谈交流、加强检查督促落实等四项举措全面推进《条例》《办法》等法律法规的宣传贯彻工作。加强代理公司的监管力度。严格落实公共资源交易中心的内部管理规定，规范代理公司的服务行为；通过多次组织召开监管部门、代理公司等参加的座谈会和通报会、开展代理公司从业情况自查等工作，不断提升代理公司在遵纪守法、项目保密等方面的意识，督促代理公司不断提高服务水平和质量。

重点工作和创新工作

广饶县完成省政务服务平台建设和互联互通工作2016年度改革任务。2016年11月，广饶县行政许可事项的办理通过市政务服务平台上线试运行，开展网上办事，顺利完成本年度的省政务服务平台建设及互联互通工作任务。山东省政务服务平台建设和互联互通工作是省政府确定的2016年的重点改革任务，推进“互联网＋政务服务”运用，采取省、市两级建设，省、市、县三级使用，实行省、市、县互联互通、业务协同和数据共享。县政务服务中心管理办公室积极按照上级统一部署，先后完成县级行政许可事项的梳理和数据录入、操作人员培训、行政许可系统流程定制等各阶段任务，录入平台行政许可系统253项许可事项，于8月5日实现省、市、县三级的互联互通。10月初组织进行平台运行内部测试，11月，对测试中反映出的问题进行纠正，为顺利启用平台做好前期各项准备工作，并组织全县审批职能部门开展平台运行使用。至2016年12月底，全县共有1526件行政许可事项通过平台办理完成。平台的启用运行，是广饶县落实行政审批制度改革、提升网上政务服务水平的重大成果，是推进简政放权、放管结合、优化服务的重要举措。群众通过网络登录平台或在县政务服务中心就可以提出申请，一般不必再往市里或省里跑，变“群众跑腿”为“数据跑路”，有效优化了政府服务，方便企业和群众，为大众创业、万众创新营造了良好环境。

广饶县公共资源交易在东营市率先实行网上报名。按照“统一进场、统一规则、集中交易、行业监管、行政监察”的原则和管办分离的要求，2013年5月，广饶县将原来独立运行、分散实施的建设工程、政府采购等交易项目全部纳入公共资源交易中心交易，并开发了广饶县公共资源网上交易平台，从项目进场交易登记、交易信息发布等管理全部通过交易平台来完成。2016年11月，广饶县公共资源交易中心积极响应上级“简政放权”要求，先后取消现场报名和资格预审环节，并对广饶县公共资源交易平台进行升级，公共资源交易项目在东营市率先实行网上报名、网上缴费、网上下载招标文件、网上答疑等，投标人在规定时间前提交投标保证金后，直接参与投标竞争，资格审查后移至开标现场。投标人信息保密工作由“人管”转变为“机控”，避免投标报名情况的泄漏。通过近三个月的实践证明，取消现场报名、资格预审环节，实行网上报名、网上答疑，有效预防了串标、围标等违规现象。

广饶县开展基层便民服务示范点创建工作。为进一步构建县乡政务服务体系，实现便民利民服务全方位覆盖，进一步提升村级党组织服务能力，提高基层便民服务中心（室）标准化服务和规范化管理水平，按照东营市政务服务中心管理办公室《关于做好2016年度基层便民服务示范点创建工作的通知》要求，中共广饶县委组织部和广饶县政务服务中心管理办公室联合组织开展2016年基层便民服务示范点创建工作。综合广饶县基层便民服务实际，制定印发《全县基层便民服务示范点创建工作实施方案》，在各镇（街道）广泛开展村级便民服务室建设，并对示范点争取上级以奖代补资金。基层便民服务示范点以农村便民服务站为主，综合考虑群众需求、班子状况、村庄规模等情况，力争具备条件的村单独设立便民服务站；暂不具备的村，纳入农村社区便民服务中心辐射范围，确保农村便民服务全覆盖。全县267个村级便民服务站达到“五个一”的标准，有38个行政村的便民服务站正在建设过程中，基本实现了便民服务的全覆盖。本着优中选优的原则，从各个镇街按照建设情况、服务职能、办公条件、人员配备等标准，选出26个比较好的单位作为基层便民服务示范点，每个示范点予以1万元的以奖代补资金。

## 中国国际贸易促进会·广饶县委员会·

加强联络交流　为进一步扩大对外交流和经济合作，推动会员企业开展国际化经营。举办第七届中国（广饶）国际橡胶轮胎暨汽车配件展览会，展览面积超过4.2万平方米，参展企业665家，其中，参展轮胎企业290余家，安置特装展位240余家。到会专业观众6万余人，其中有来自美国、英国、墨西哥、印度、南非、马来西亚等100多个国家和地区的1600余名境外采购商。东盟商会、中巴商会、欧美工商会等专业团组到广饶参展。

开拓国际市场　坚持把组织企业参加境内外展会作为开拓市场、扩大出口、调整外贸结构的重要措施。2016年，组织40余家外贸企业参加广交会、中东迪拜汽配展、美国拉斯维加斯汽配展、俄罗斯国际轮胎及橡胶展、新加坡轮胎展等130余场次境内外知名展会，有效地开拓了国际市场，提高了广饶县出口产品在国际市场的占有份额。2016年，全县完成进出口总值310.3亿元，其中出口175.7亿元，占全市出口总额的58.2%。

提高服务水平　积极提升服务水平，强化服务意识，做好涉外法律咨询服务工作。先后组织100余家次外贸企业参加东营市涉外涉侨企业培训班、市贸促会法律服务业务培训班、第十届中国—拉美企业家峰会等培训活动，共培训企业人员300余人。为应对美国卡客车轮胎双反，积极与上级部门、五矿商会、橡胶轮胎协会等部门对接联系，组织涉案企业参加应诉培训，指导企业积极应诉。

（张晓黎）

## ·会展节庆·

第七届中国(广饶)国际橡胶轮胎暨汽车配件展览会　2016年5月15～17日，第七届中国(广饶)国际橡胶轮胎暨汽车配件展览会在广饶国际博览中心成功举办。展会由中国国际贸易促进委员会和山东省人民政府主办。突出轮胎特色，集中对各种轮胎及原辅材料、机械设备、轮胎制造技术、车轮制品、轮胎翻新设备及原料、橡胶原材料、汽车配件及维修保养设备等八大类展品进行了展览展示。

展会设7个室内展区和1个室外展区，室内新增环廊标展区，展览面积超过42000平方米，参展企业达到665家，增长近10%，参展轮胎企业达到290余家，占比43.6%，较上届增长11.5%，特装展位240个，占比超过36%，境外企业120余家，米其林、固特异、佳通、马牌、耐克森、德国BBS、阿里巴巴等40余家世界知名企业、行业领军企业参展；参展轮胎企业达到290余家，占比43.6%，较上届增长11.5%。连续举办车轮展、汽保展效果显现，展会新增车轮企业16家，新增汽保企业10家，初步形成以轮胎为核心，车轮、汽保为新增长点，机械、化工、原材料、汽车配件为辅，整体有序的展品分类布局。展会首次设置轮胎电商精品展区，国内首家C2B分享型模式典型代表“胎智汇”携43家轮胎电商企业亮相展会。山东广丰橡胶轮胎交易中心作为“互联网＋大宗原材料及产成品＋高端金融衍生品交易”于一体的创新型电子商务交易平台在展会上首次亮相。

巴中商会、欧美工商会、美国太平洋工业有限公司等组团参观、采购。中国化工协会等行业协会、知名会展机构以及行业媒体等设立展位、到会参观考察。兴源、昊华等多年连续参展的企业相继扩大展位，企业重复参展率保持在75%以上。到会专业观众超过6万人次，较上届增幅超过30%；境外专业观众1600余名，增幅达6%；达成贸易意向、协议、合同806个，贸易意向、协议、合同额159亿元。

展会现场客商洽谈

举办了2016中国(广饶)国际轮胎及橡胶新材料产业大会、东营市橡胶轮胎暨汽配产业高端人才洽谈会、中国(东营)—“丝绸之路经济带”国家投资和贸易合作对接会、中国轮胎产业链资本升级高峰论坛、第三届车与轮经营轮胎店主大会、泰凯英新品发布会等6场同期会议，洽谈合作、产学研对接、信息交流、新品发布等系列活动，均取得显著成果。其中，2016中国(广饶)国际轮胎及橡胶新材料产业大会邀请国务院发展研究中心原副主任刘世锦等权威学者专家，分析宏观经济形势、全球轮胎发展趋势，研讨国际贸易摩擦应对措施，解析轮胎电子商务发展等热点问题，成为引领轮胎行业发展的“风向标”。展会积极探索运用互联网手段，实现实体展会和网上虚拟展会的互动融合。展会期间，网上展会访问量增长4倍，微信关注人数增幅162%。在提升志愿者服务、餐饮服务、客商接送、班车服务以及酒店住宿预定等服务水平的基础上，新增4辆招手即停免费班车，方便客商到达展馆，建设10000平方米的临时停车场，增设室外公共卫生间，打通展馆南路实现周边车辆环形通行；增加宽带，中央大厅新上免费WIFI，专业观众微信自助注册率达到46％，新设开水间、休息区、摇奖区，增大现场餐饮区，客商对展会服务满意程度明显提高。

2016年12月，中国（广饶）国际橡胶轮胎暨汽车配件展览会被中国会展经济研究会授予“2016年度中国十佳品牌展会项目”。

*商业展会活动*　2016年，认真宣传落实《关于培育和发展会展经济的实施意见》，发挥会展专项资金激励作用，加强招商引展力度，商业展会活动实现高速增长。引进举办2016山东（广饶·李鹊）苗木花卉交易博览会、广饶农业机械展览会、广饶首届中医药文化节及养老产业博览会等专业展会，组织了首届出彩广饶人“百姓春晚”、欢乐黄河口美丽中国梦广饶县戏曲大舞台、CIDU中国“黄河杯”第四届国际舞蹈公开赛等多项文化活动，广饶年货会暨民俗文化展览会、第十届春季汽车暨房产展销会、广饶“绿色家装·幸福生活”家装建材展销会、第六届秋季汽车暨房产展销会、翰墨乐安·中国广饶第二届中国画名家邀请展、广饶电动汽车暨节能产品展等展览面积达到1万平方米及以上的展会达到8场。

李鹊苗木展

先后举办3月12日“开年大促”建材团购会、3月26日广饶华帝老总春季签售会、4月23～24日金牌联盟建材团购会、5月28日家居建材团购会、6月18日创维家电半价团购会、7月31日广饶·金牌家居建材联盟、10月7日建材团购会、10月29日广饶金牌联盟、11月5日美的金牌日等13场商业展会活动，涉及家居建材、家电等多个主导行业品牌，展览面积累计3.6万平米，参展商户达180余家，总计销售额3600万元。

全年展会活动达48场次（县直部门牵头筹办展览会21场，全国或省级体育赛事活动14场，商业团购会13场）。在国际博览中心举办29场次，较上年增长50％，展览面积273800平方米，较上年增长80％。

*广饶国际博览中心综合利用*　注重场馆的宣传和推广，设计了广饶国际博览中心标识，印制了画册，注册了商标，广饶国际博览中心成为中国展览馆协会会员单位，荣获2016年度中国十佳品牌会展中心。

通过招标，确定胜泰物业有限公司作为为期3年的物业管理公司，开展优质服务、品牌提升、规范管理等活动，建立例会培训制度、月考核、季考评等综合管理制度，加强消防演练等专业化培训、物业管理制度贯彻执行，设备管理维护、场馆保障能力显著提高，管理工作进一步规范化、标准化、制度化。2016年12月，广饶县会展节庆办公室被山东省爱国卫生运动委员会办公室授予“2016年度山东省卫生先进单位”。

通过广泛招租，与福斯特传媒有限公司、七百网络有限公司、广博婚礼广场、花旗传媒有限公司新签订租赁协议4份，展馆E1、W1、M1及中央大厅用于举办展会活动，E2馆租给双喜健身俱乐部，用于文化健身活动，M2、M3、多功能厅转租给广博婚礼广场，用于婚宴和展会餐饮配套服务；展馆办公区域全部启用，轮胎电子商务企业——胎大王科技有限公司入驻W2办公区，跨境电子商务企业——东营七百网络有限公司入驻E2办公区，会展企业——东营福斯特文化传媒公司入驻E1办公区，花旗传媒有限公司租赁W2设备间，场馆综合利用率比去年提高13.3%，全年实现出租租赁收入突破100万元。

产学合作　2016年8月，组织11名业务骨干赴山东交通学院进行会展营销专业培训，就展会宣传、招商招展、展会服务等内容进行理论学习，提高招商招展团队的业务能力和水平。并以此为契机深化与山东交通学院的合作，双方达成战略合作意向。10月11日，山东交通学院副院长孙云早率队到广饶，签署会展产业发展产学研合作协议书，广饶县成为山东交通学院产学研合作教育基地。

# 旅　　游

## ·旅游管理·

*旅游重点项目建设*　一是孙子文化园项目。孙子文化园“一轴两带七分区”规划布局日臻完善。中心轴线游客服务中心、兵圣山、兵圣宫、孙武传奇、祈福坛完美串联；景观绿化带和环园主环道实现13座兵法桥与寻根园、伉俪园等13座园的有机结合；七大分区相继完工，其中，兵圣宫内装布展面积2.4万平方米，完成球幕影院、战阵演练等高科技项目和东阳木雕、德化白瓷等中国传统工艺的制作安装，实现了孙子文化和古代将帅的集中展示。水上交战区，祈福坛主体施工、内外装全部完成，总计完成装修面积约2800平方米。攻城演绎区，攻城影院、魔幻剧场、飞行岛、大摆锤、矿山车等完成安装调试。速度体验区，XD影院、波浪翻滚、激流勇进等完成安装调试，过山车、旋转塔、太空梭安装工作全面启动。冰缘雪域区地形整理、绿化以及地下管网等基础配套已全面完成，滑雪（草）场、帐篷酒店、雪顶木屋等项目正在与大地溪客等多家企业进行洽谈招商。二是上农休闲旅游区项目。开发建设鹊苑精致农业示范园，重点打造了集花卉欣赏、农业观光、休闲垂钓、儿童游乐及农事体验等为一体的综合性中心景区。2016年完成投资5600万元，主要建设了鹊苑观光园智能温室大棚、鹊苑生态餐厅、儿童乐园、诺尔热带植物观光园、警务室、农事体验区、鹿苑、酱菜园、锦鲤池等；建设恒诺园林生态温室大棚，打造鹊苑中心景区渔耕博物馆；提升红豆杉养生园、博绿园、通达生态庄园的观赏性和休闲娱乐性，配套完善旅游公共基础设施。三是千乘休闲观光园项目。高标准赛马场引进了汗血、英国纯血、阿拉伯等30余匹

慢城规划会

优良名贵马匹，成为东营地区唯一的良种马匹繁育基地和马术训练场，主要为游客提供马术训练、体验等项目。2016 年完成投资 4000 万元，主要建设生态停车场、马术标准障碍场地、汉代围墙、仿汉代观光楼和 1000 立方米沼气池工程等。四是瀚海乡村旅游项目。主要投资建设现代渔业示范垂钓区、农业观光区、林果采摘区、河海观光码头、环岛休闲垂钓区和农家乐餐饮休闲区。现代渔业示范垂钓区的人工岛游步道，农业观光区铺设了景区观赏路，林果采摘区种植有苹果树、梨树、桃树等果树，建设旅游观光码头。

广饶生态国际慢城建设　通过学习借鉴高淳、曲阜等地建设的成功经验，结合社会主义新农村和乡村文明建设，以孙子文化旅游区为主体，坚持“统一规划、完善功能、分片建设、逐步实施”原则，积极推进广饶生态国际慢城建设。聘请北京土人城市规划设计有限公司在充分调研、征求意见的基础上，精心搞好慢城建设规划，编制《广饶生态国际慢城规划》。6 月 17 日，召开生态国际慢城规划编制工作会议，听取北京土人城市规划设计院关于《广饶生态国际慢城规划》的初稿汇报。经过近半年的时间，县政府多次召开国际慢城规划编制座谈会议，充分吸取有关镇街、部门单位和有关群众等各方面的意见和建议，多次修改规划文本，形成了适合广饶实际的规划。8 月 27 日，县城乡规划委员会专题听取《广饶国际慢城规划》的汇报，原则同意《广饶国际慢城规划》。根据规划设计要求，将国际慢城建设的各项建设任务分解细化，落实到相关责任单位、部门，明确了责任主体及完成时限，全面展开了“国际慢城”项目建设。

旅游推介会

旅游宣传推介　一是切实做好电视宣传推介工作。为做好县旅游景区的宣传推介工作，制作了“休闲旅游 · 大美广饶”旅游专题宣传片，在东营电视台 1 套、3 套进行集中宣传推介，提升广饶县旅游景区的知名度。扎实做好《广饶行》电视栏目的制作。开办了第一个旅游类专题栏目《广饶行》，栏目主要宣传推介县内与旅游密切相关的吃、住、行、游、购、娱相关的景区、酒店、旅行社等有关内容，播放 40 余期。二是举办了“孙子故里 · 慢游广饶”旅游推介会。为进一步提升旅游的知名度和美誉度，切实做好以孙子文化园为核心的旅游景区的宣传推介，9 月 19～20 日，举办“孙子故里 · 慢游广饶”旅游推介会。推介会上，济南、青岛及周边地市 100 多家旅行社经理实地考察县旅游市场，大力推介县旅游景区的资源、线路以及广饶县加快旅游发展的政策和举措，切实推进周边地市的游客招徕工作。10 月 1～7 日，在孙子文化园举办广饶县首届旅游商品展暨美食节，吸引国内各方游客驻足欣赏、观看、购买以及品尝，场面宏大、热闹非凡，取得良好宣传效果。三是积极参加旅游推介活动。6 月 29～30 日，县旅游局和孙子文化旅游区到济南参加全市旅游产品专题推介会，重点宣传孙子文化园等旅游景区，推介了一日游、二日游等经典旅游线路。

行业监管　一是认真贯彻落实《中华人民共和国旅游法》。建立健全旅游行业“随机抽取检查对象、随机选派执法检查人员”的“双随机”检查机制和实施方案，切实履行好旅游监督管理职责，加大执法力度，完善旅游企业经营管理制度，引导旅游企业诚信、守法经营、有序竞争。二是加强行业安全生产。严格落实安全生产责任制，积极组织开展旅游安全生产大排查、大整治，全面实施安全生产网格化监管。1月22日，全市旅游安全生产现场会议在广饶县召开，全市各县区相互学习交流了旅游安全生产方面的好做法、好经验。累计检查旅游企业30家，共出动安全执法人员120人次，下发隐患整改通知书30份，查出并整改安全隐患40条。三是扎实推进文明旅游工作。按照文明城市创建的工作标准和要求，指导旅游景区、旅行社等旅游企业积极开展文明创建，大力促进行风建设。认真落实《好客山东旅游服务标准》，广泛开展"微笑服务""明明白白消费"等文明旅游活动，及时有效处理游客投诉，切实保障消费者的合法权益，引导全县旅行社、旅游景区和广大游客在旅游活动中提升文明素质，传播文明，展示广饶形象。

旅游景区复核　按照市旅游局旅游景区复核通知要求，严格对照《旅游景区质量等级的划分与评定》，指导旅游景区做好复核工作。县内5家旅游景区对游客咨询服务中心、旅游厕所、景区引导标识系统、游览讲解系统、票务政策、游客投诉受理制度、人员培训和旅游安全等方面进行了自查。6月21日，市旅游局采取资料审查和现场检查相结合的方式对广饶县5家A级旅游景区进行了全面复核，全部通过复核。做好乡村旅游点动态管理工作。6月初，对县内旅游强乡镇、旅游特色村、旅游示范点、星级农家乐，精品采摘园等乡村旅游点进行一次全面复核，经复核，取消了丁庄冬枣采摘园、裕茂园林等2家省级农业旅游示范点资质。加强乡村旅游的开发建设，加大对乡村旅游点的扶持力度，鼓励镇街、村庄、企业积极争创省级乡村旅游示范点，丁庄镇西马楼村创建为省级旅游特色村，李鹊镇鹊苑家庭农场创建为省级开心农场，稻庄镇广汇农场创建为省级农业旅游示范点，稻庄镇悠然家庭农场创建为省级三星级农家乐，丁庄镇云禧园创建为省级四星级农家乐。

广饶旅游推介会

旅游厕所建设　全面落实国家、省、市旅游局的工作部署，牢固树立责任意识，采取有效措施，狠抓进度，全力推进旅游厕所新改建工作。认真对照旅游厕所建设标准，严格把握建设要求，着力建造标杆式旅游厕所，形成亮点工程；建立健全旅游厕所建设进度通报、督查和考核机制，超额完成旅游厕所建设任务，2016年完成旅游强乡镇、旅游特色村和旅游扶贫村改建任务630个，完成旅游景区厕所新改建42个，完成商场及酒店、加油站、车站厕所新改建28个。

旅游精准扶贫工作　深入贯彻落实中央和省、市、县关于坚决打赢脱贫攻坚战的各项决策部署，按照县扶贫办要求，全力推进精准扶贫工作。结合省、市、县旅游精准扶贫任务，制定县旅游局脱贫攻坚战专项实施方案。方案以旅游产业带动贫困人口脱贫致富为出发点，以发展乡村旅游为主要形式，从扶贫工作重点村中筛选旅游资源较好的村重点支持，利用三年时间重点支持花官镇李楼村发展旅游相关产业，力争实现李楼村所有贫困户、贫困人口脱贫。3月，积极申报花官镇李楼村为重点支持旅游精准扶贫村，为李楼村争取旅游扶贫资金40万元。资金拨付到位后，及时与镇、村沟通，并多次到村内指导，协助做好扶贫项目实施方案，确保资金用到实处。

（王兵杰）

## 孙子文化旅游区

### ·建设与管理·

**机构队伍**　县孙子文化旅游区管理委员会，挂县孙武湖生态林场建设管理办公室牌子，副县级，配备主任1名、副主任3名。内设机构为：综合科、财务科、规划建设部、营销发展部、水利管理科、市政园林管理科、综合治理办公室，各配备科长（主任）1名（副科级）、副科长（副主任）1名，有正式编制人员37名。

**核心项目**　孙子文化园是旅游区的核心项目，经过近十年的开发建设，园区内“一轴两带七分区”规划布局日臻完善，建设进入收尾阶段。中心轴线游客服务中心、兵圣山、兵圣宫、孙武传奇、祈福坛完美串联；景观绿化带和环园主环道实现13座兵法桥与寻根园、伉俪园等13座园的有机结合；七大分区相继完工，其中，兵圣宫内装布展面积2.4万平方米，完成球幕影院、战阵演练等高科技项目和东阳木雕、德化白瓷等中国传统工艺的制作安装，实现孙子文化和古代将帅的集中展示。除了应用体验区进行新的规划提升外，兵圣宫其他三个分区和高科技项目均完工。水上交战区，祈福坛主体施工、内外装全部完成，总计完成装修面积约2800平方米。攻城演绎区，攻城影院、魔幻剧场、飞行岛、大摆锤、矿山车等完成安装调试并对外开放。速度体验区，XD影院、波浪翻滚、激流勇进等完成安装调试并对外开放，过山车、旋转塔、太空梭安装工作全面启动。冰缘雪域区地形整理、绿化以及地下管网等基础配套全面完成，就滑雪（草）场、帐篷酒店、雪顶木屋等项目正在与大地溪客等多家企业进行洽谈招商。孙子文化园“政府主导、企业管理”运营管理模式优势凸显。后勤保障基地方面，员工全部入驻，配套设施方面，餐厅内装、空调换热站及电力配套、景观绿化工程基本施工完成。至2016年底，累计接待游客突破100万人次，其中2016年共接待游客50万人次。

**配套项目**　淄河绿化续建项目，淄河景观绿化工程。工程共铺装道路10公里、栽植苗木20万株、播种草坪地被160万平方米、建设小品50余处，2016年，重点督促施工企业开展绿化管护和苗木补植，补植苗木1万余株，做好树干涂白、防寒和景观小品维修维护。中南世纪城，一期占地310亩，建筑面积50万平方米，规划26栋、3554户，共26栋开工建设、20栋交付使用、4栋楼主体正在施工，2栋基础施工；二期占地354亩，建筑面积55万平方米，规划41栋、2895户，工程所需手续的立项、环评、能评、消防、用地、土地、工程、施工证等各项手续均办理完成。2.1期的27～33号楼主体施工完成，正在进行配套施工。招商项目，万荷浦、鹊苑垂钓项目已合作运营。万荷浦项目完成投资120余万元，完成绿化整理、码头改造、列车餐厅等项目建设，引进游船画舫1艘、摩托艇2

领导调研

艘，列车餐厅2座，于5～9月开展烧烤嘉年华活动，吸引游客8万余人。鹊苑垂钓项目完成投资200万元，对纪家闸至桥头王区域水面和周边设施进行开发建设、鱼苗培育，举办省级以上室内和场地垂钓赛5次，吸引垂钓爱好者数万名，计划2017年举办湖钓、舟钓等水上休闲和赛事项目，通过举办湖钓节，努力打造节庆经济。水乡街、鱼香村、乐安古城项目初步达成合作协议。水乡街计划投资1.5亿元，项目占地74亩，建筑面积3万平方米，规划布局“两水两街三园五庭”，旨在打造集商业购物、文化休闲、游乐体验为一体的商业街区，已完成概念性规划。鱼香村计划投资8000万元，主体建筑为民国和欧式风格，主要经营特色餐饮、水上餐厅、林间木屋、休闲售卖等旅游项目。乐安古城与中南集团基本达成合作协议，计划投资3.2亿元，占地136亩，建筑面积7.5万平方米，规划方案已通过规划委员会评审。汽车营地、温泉度假片区正在进行招商运作和考察论证。汽车营地位于傅家路以北、静安路以西、环湖东路以东，占地300亩，计划建设营位区、管理中心、体育休闲区。温泉度假片区计划由华泰集团对孙武湖东岸、康安路以西、傅家路以北、静安路以东区域3000余亩统一开发经营，重点建设运营温泉度假、沙滩游泳场、孙子故园、马鸣寺等项目。在做好现有招商项目的同时，积极与多家银行沟通协调，做了大量前期工作，为下一步做好融资工作奠定基础，其中几家银行取得实质性进展，部分融资已到位。

游 客

运营管理　实行园林精细化养护模式。按照养护计划，全面开展绿化修剪、除草、追肥、防治病虫害等工作，共打药20次，每次防治面积110万平方米。大力推进节约型园林绿化建设，每次浇水、施肥等面积110万平方米，全年共修剪苗木15次，浇水20次，草皮修剪18次。加强外包绿化企业监管，完善企业自检、科室日常考核和单位月度考核三级考核制度，将考核成绩作为兑现承包金依据，督促绿化企业提升绿化养护质量，在五一、十一国庆节以及重要节庆赛事里，开展卫生综合治理，清理环湖路卫生死角垃圾，营造出洁净、舒适的节日氛围。组建日常维修队伍，购买电缆、焊钳、气袋、电钻等物品，全面启动市政日常维修；实行市政设施维护工作日巡查记录制度，每月一汇报，全面及时准确掌握市政设施信息。维修环湖路地砖200平方米、雨水盖板与雨水篦子20块等。设立公益宣传牌和景区导览图3处。孙武湖河道管理坚持管防结合，一手抓水资源管理，一手抓防汛工作。全年共调蓄黄河水3446万立方米，各库区均达到合理水位；坚持水质生态治理，聘请专业队伍定期打捞水草，通过二氧化氯、扑草净等药物，有效防止藻类的蔓延，保持湖区生态平衡和湖水的清澈透明。根据县政府统一安排部署，开展“五坝一闸三泵站”混凝土剥蚀修补、坝袋刺孔修补和30公里衬砌护坡等工作。组建防汛常备队30人和抢险队90人，实行24小时值班制，加强巡查力度，每周开展防汛检查2次以上。暑期，坚持一线工作法，安全巡逻部门除办公室值守人员外，全部到孙武湖岸边进行安全巡逻。按照“安全第一，预防为主，综合治理”的理念，通过对旅游区进行全面、深入的安全生产检查和开展大型游乐设备突发事故救援模拟演练，集中整治影响游客体验、生产作业、公共安全的突出问题和隐患。针对大型游乐设备，严格按照操作规程，坚持每日早晚检查，定期维修和更换磨损配件，制定应急预案和意外伤害预防手册等形式，应对各种突发状况实行模拟演练，提升人员素质、安全意识和救护能力，营造更加安全的生产环境，确保不发生重特大生产安全事故。针对水面、林场、工地、办公楼、企业等重点场所，采取班子成员安全生产网格化责任分工制，按照“全覆盖、零容忍、严执法、重实效”的总要求，全面开展“安全生产月”大检查，共排查隐患21处，对大检查活动开展情况进行认真总结，形成书面材料及安全生产隐患排查表、安全生产网格化检查表和安全生产网格化复查表。开展“凝聚全县人民力量，齐心共创平安和谐孙武湖”的综合整治行动，全面治理各种违规行为，构建孙武湖良好的安全管理秩序，发放《致全县人民群众的一封信》10万余份，喷图沿湖警示牌200余块。

荣誉　1月，在由人民网主办的“2015人民旅游盛典：服务与创新”活动中，孙子文化旅游区荣获“2015中国旅游服务贡献奖”奖项；2月，被东营市社会治安综合治理委员会授予“市级平安单位”荣誉称号。

（孙庆亮）

# 财政·税务

## ·财　政·

概述　2016年，全县境内财政总收入完成67.2亿元。全县一般公共预算总收入完成80.9亿元。其中全县一般公共预算收入40.9亿元，近五年平均增长率13%。全县基金预算总收入完成14.6亿元，其中全县基金预算收入11亿元。全县一般公共预算总支出完成80.9亿元。其中全县一般公共预算支出49.9亿元。全县基金预算总支出14.6亿元，其中全县基金预算支出11.5亿元。县财政局连续十二年“省级文明单位”复审合格，被东营市人民政府残疾人工作委员会授予全市残疾人就业工作先进单位称号。徐爱英被东营市人民政府残疾人工作委员会授予全市残疾人就业工作先进个人称号。

壮大财力规模　积极适应新常态，科学应对经济下行压力，综合施策，推动可用财力规模稳中有升。一是完善征管机制。建立收入定期分析、督查和通报制度，完善包镇街、联系企业和社会综合治税制度，推广国地税联合办税、联合稽查，加强重点行业纳税评估和重点项目跟踪监控，形成县镇、财税部门齐抓共管的新局面。二是加强非税征缴。清理规范行政事业收费项目，严格执行非税收入票款分离，加大重点非税项目调度稽查，加强土地出让资金管理，提高非税精细化管理水平。三是争取政策资金。全年共争取地方政府债券置换资金26.8亿元，新增债券资金0.9亿元，上级转移支付资金11.4亿元，成功发行国有企业债券，为提振全县经济社会发展活力提供了有力支持。

保障重点支出　继续压缩一般性支出，盘活存量，调整增量，推进公共服务均等化，增强城乡居民的幸福感和获得感。规范公用经费标准，落实公务用车制度，压减行政运行开支，足额落实各项增支政策。2016年，教育、医疗卫生、社会保障、文化体育、农业农村等各项民生支出累计完成33.3亿元。教育方面，生均经费和教育救助实现各教育阶段全覆盖，落实劳动合同制、非公办幼师工资保险政策和国有企业职教幼师待遇补助，支持城乡学校及幼儿园改造提升，兴安学校开工建设。医疗卫生方面，提高城镇职工医疗保险基数和城乡居民基本医疗保险财政补助标准，落实基本药物制度、公立医院改革和政府购买公共卫生服务，支持县医院、中医院、基层医疗卫生机构基础设施建设，实施食品安全提升工程。社会保障方面，足额兑现城乡低保、农村五保、居民养老、大病补偿、临时救助和社会优抚资金，开展农村妇女和城镇无业妇女“两病”免费检查，提高特困残疾人救助标准，继续实施老年人免费乘坐公交车、免费健康查体和困难救助政策，有序推进政府购买居家养老服务，免费提供居民基本丧葬服务。文化体育方面，发展各类文化展会，开展“送戏下乡”活动，建设乡村剧场和电子阅报屏。农业农村方面，严格落实耕地地力保护补贴、农机具购置补贴、种粮大户补贴、棉花目标价格改革补贴、政策性农业保险等强农惠农政策，继续实施农业综合开发、村级公益事业、乡村连片治理、乡村文明行动，推进城乡环卫市场化、供水一体化、农村旱厕改造和天然气镇镇通，支持农村水利基础设施建设。城市建设方面，加快片区改造工程进度，继续改造提升老旧住宅小区环境，推进城区集中供热、市政设施改造、雨污分流改造、道路安全生命防护等市政工程，支持智慧城市和平安广饶建设。生态环境治理方面，提高城市污水、垃圾处理标准，开展城区绿化和公园提升工程，扎实推进水气污染治理和林业生态项目建设，提前完成黄标车淘汰工作任务。

深化管理改革　完成全口径政府预算编制，建立预决算公开长效机制，2016 年县级部门预决算及“三公”经费预决算除涉密单位外全部实现公开。制定出台财政内部控制制度，开展会计信息质量、重点税源企业、非税收入收缴、惠民实事、重点工程资金检查和财政内部检查，强化投资评审监管和政府采购监督，推进涉水涉地资金整合试点、预算绩效管理改革试点、税式支出管理改革试点，提升财政资金使用效益。建立专项资金支出执行情况通报制度，增强部门预算执行主体责任。强化政府债务限额管理，加快国有融资平台转型，规范政策性银行融资运作，有序推进政府和社会资本合作，有效缓解财政支出压力。完善国有资产管理制度，开展行政事业单位国有资产清查，规范国有资产处置程序，配合完成公务用车改革，国资管理水平不断提升。

（房士国）

## ·国家税务·

概述　广饶县国家税务局有在职干部职工 124 人，内设 11 个科室，1 个事业单位，1 个直属机构，下设 5 个派出机构，担负全县 16500 多户纳税人的税收征管工作。2016 年县国税局继续保持省级文明单位称号，荣获全国税务系统先进集体、全省国税系统先进基层领导班子、山东省城乡妇女岗位建功先进集体、山东省幸福进家活动先进单位、山东省国税系统全面推开营改增试点工作突出贡献单位、山东省国税系统数字人事试点工作突出贡献单位、东营市五四红旗团委等荣誉称号。刘景涛被表彰为市级先进工作者，綦卫东家庭被表彰为省级五好文明家庭，李霞被表彰为 2015 年打击黄金票专项行动成绩突出先进个人。

税收收入　2016 年，面对复杂严峻的经济税收形势，严格组织收入原则，坚持依法征收、应收尽收、应退尽退、无税禁收，不断提高组织收入质量。一是加强税收分析促收。深入企业摸清税源底数，加强对重大增减收因素的分析和测算，开展税收分析，准确把握税收走向，根据税源实际层层分解落实收入计划。二是强化责任落实保收。强化全局一盘棋思想，落实分管领导联系督导制和税源管理单位“一把手”直接负责制，不断完善税收收入质量考评机制，加大收入工作考核力度。三是强化税源管理增收。实施风险管理团队作业，综合运用风险提醒、纳税评估等手段，有针对性地筛选部分重点行业、重点企业，集中力量开展专项检查和精准稽查，将评估和稽查成果体现到收入增加上来，努力挖潜增收、堵漏增收。2016 年全年共组织税收收入 36.06 亿元，同比增长1.78%，增收 6307 万元。

营改增试点推开当日成功开具的首张个人代开发票

**税收征管**　凝心聚力推进营改增。以扎实联动部署、规范流程保障、强化宣传辅导为基础，全力打好“开好票”“申报好”“分析好”“改进好”“总结好”五场战役。实行“对表推进、对账销号”工作机制，创新推出便民办税服务举措，试点纳税人票种核定率、一般纳税人登记率、税控发行安装率、增值税发票发放率、申报率、入库率和申报正确率均达到100%。在营改增后续管理过程中，县国税局联合财政、国土、建设、发改以及乡镇等部门，建立以建设项目为载体、以双向管理为核心、以社会综合治税为抓手的建筑业异地预缴税款征管新模式，解决了建筑业征管难题，防范了税收流失。二是精益求精打赢金税三期换版攻坚战。成立金税三期软件换版工作领导小组和工作团队，及时将任务层层分解落实，全局上下迅速统一思想，形成部门协调、上下联动、齐抓共管的良好局面，一把手、分管领导深入一线，充分发扬“五加二”“白加黑”精神，组织人员扎实做好换版各项工作，切实做到组织领导、工作落实、全员培训、运维保障、统筹兼顾四个到位，确保金税三期优化版顺利上线。三是深入推进国税、地税征管体制改革。严格以《国地税合作规范(3.0)》为行动标准，推进国地税合作县级示范区建设，建设全市首家国地共驻、独立运用的联合办税厅，全力打造“齐心同行·共赢未来”的广饶国地税合作品牌，进一步推动国地税在纳税服务、信息应用、执法协作、征收管理等四个方面的更深层次、更广范围的“一体化”合作。四是多方位提升税收征管效能。积极推进“互联网＋税务”行动计划，持续深化应用电子税务综合管理平台，涉税审批时限平均缩短50%以上；应用《税收规范一体化电子活页系统》和相应的手机端软件，有效促进了“四个规范”落地；以风险管理为导向，深化第三方涉税信息应用，进一步加大税源管理力度，努力挖掘税收增长点，持续提升征管主观努力程度，确保组织收入工作顺利开展。

**法治建设**　一是深化行政审批制度改革。全面落实取消和下放税务行政审批项目，审批时限由以前平均20个工作日缩短为7工作日；开展规范性文件和税收

“广饶县公安局派驻国税地税联络机制办公室”成立揭牌仪式

业务管理制度清理，共清理全文失效废止的税收规范性文件1件，清理全文失效废止的税收业务管理制度76件，通过集中清理工作，使各类税收管理制度更加合法、合理、系统，从税收业务制度层面防范和降低基层执法风险，提高依法行政工作水平。二是规范依法行政事项。制定落实规范行政审批行为改进行政审批实施方案，明确责任分工，制定《广饶县国家税务局规范和改进行政审批工作任务分工表》，扎实推进规范和改进行政审批工作的开展。三是多措并举推进依法治税。开展争创全国法治税务示范基地活动，将创建活动融入日常工作，主动作为，对标提升，切实做到工作有方案、落实有计划，创建有成效；积极参与组建公职律师团队，选配具有律师资格或法律执业资格的符合条件人员到律师事务所实习，培养公职律师，提升税收法治水平。

纳税服务　一是持续深入开展便民办税春风行动。推行办税事项省内通办，打破传统的办税服务地域、部门限制，解决服务纳税人“最后一公里”问题；在全省首创微信代开发票系统，纳税人使用手机微信就可以直接申领发票和缴纳税款，此做法被省国税局进行转发推广；积极推行横向联网三方协议网签，极大减轻了纳税人在银行、税务部门往来签章确认的繁琐和压力，有效减轻了纳税人的办税负担；推行二维码一次性告知制度，实现纳税人基础办税流程、报送资料、办理时限等一次性电子化告知。二是构建“四位一体”多元化办税服务模式。坚持以纳税人需求为导向，围绕纳税人办税热点需求，积极探索新形势下办税服务的途径和架构，建立智能化、便捷化、社会化、一体化等服务平台，开启以网上办税为主、自助办税为辅、第三方代办为补充、办税服务厅兜底的“四位一体”多元化办税新格局。该经验做法被《新华社高管信息》采用刊发，并得到省国税局领导肯定性批示。全市国税系统构建“四位一体”多元化办税服务模式现场推进会议在广饶召开，该经验做法在全市进行推广。三是全面落实各项税收优惠。对全县所有A级纳税人全面取消发票认证，并优先办理、专人办理出口退税、减免税等事项；合理简并纳税人申报纳税次数，对13000余户小规模纳税人实行按季申报增值税；不折不扣落实各项税收优惠政策，为企业转型升级注入生机与活力。

队伍建设　一是深入推进党风廉政建设。压紧压实“两个责任”，全面落实50项主体责任和34项监督责任，对143项班子成员责任、263项单位责任进行细化明确，建立起“一级抓一级，层层抓落实”的责任落实工作格局。二是着力提升干部队伍素质。大力实施“人才强税”战略，建立思想教育常态机制，全面提升党员干部理论水平和爱岗敬业、履职尽责的责任意识；充分发挥“国税讲堂”作用，征集征管评估、纳税服务、行政管理三大类31个研究课题；开展“以师带徒”活动，结成“以师带徒”对子14对；积极组织参与“岗位大练兵、业务大比武”活动，先后多次组织选拔考试和业务骨干培训，干部队伍的业务素质全面提升。三是积极开展文明创建活动。精心打造“知行文化”品牌，积极参与文明城市创

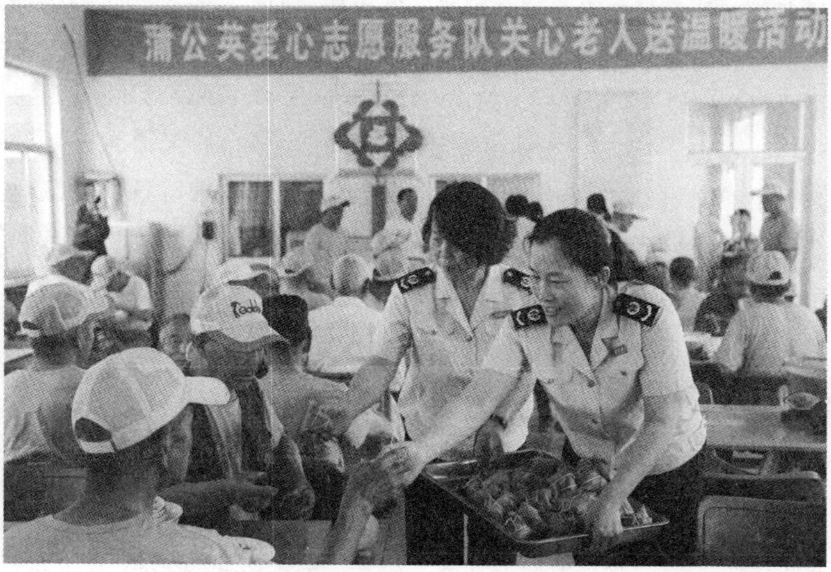


蒲公英爱心志愿服务队送温暖活动

建、结对帮扶、创先争优等社会活动，涌现出了干部职工“成长树”计划、“蒲公英爱心志愿服务队”“营改增党员先锋队”等精品项目，相关活动被省、市、县多家媒体宣传报道，通过不断传递社会正能量，营造树立了良好的工作氛围和税务形象。

（许　皓）

## ·地方税务·

地税收入　2016 年，广饶县地方税务局管辖全县各类纳税人共计 21000 户，其中：企业纳税人 6300 户。主要负责营业税、企业所得税、个人所得税、资源税、房产税、土地使用税、耕地占用税、契税、土地增值税、城市维护建设税、印花税、车船税 11 个税种和教育费附加、地方教育附加及地方水利建设基金 3 个非税收入征收管理。收入规划部门统筹组织收入工作，税收政策、征管科技、税务稽查等部门按照职责范围为组织收入工作提供业务支持，各征收单位讲政治、讲担当，努力完成税收任务。抓住营改增契机，重点组织了营业税清理活动，营业税同比增幅近 70%。2016 年，广饶地税系统累计组织各项税收收入 201770 万元，增长 0.83%，增收 1658 万元，其中：中央级收入 20114 万元，下降 34.30%，减收 10503 万元；公共财政预算收入 181656 万元，增长 7.17%，增收 12161 万元。总量继续保持全市区县第一名。

5 月 1 日全面推行营改增改革首战告捷

税收执法　坚持税收法定原则，认真执行省局《关于加快建设法治地税的意见》，推进实施权力清单制度，向执行政策规范化、办理业务标准化、业务流程简约化看齐，最大限度地防止执法偏差，继续保持全县税收执法“零”差错，切实保障纳税人的合法权益；开展学法普法活动，牢固树立法治思维，以依法行政、执法风险防控培训，提高依法分析和解决税收实际问题的能力；运用地方主流媒体，配套实施网送、上门送税法营造法治氛围，努力做到对纳税人的全覆盖；理清各项优惠政策权限边界，加强减免税和延期缴纳税款、重大案件的审批管理，维护广饶公平市场竞争环境。成立县公安、国税、地税联络机制办公室，形成“公安＋税务”深度合作新格局。2016 年在落实小微企业税收优惠、结构性调整等政策中，共减免税款 800 余万元。做好重点税种管理。强化企业所得税汇算清缴工作，实际汇缴申报率 100%，加强 12 万元以上个税申报，全面加强土地使用税和房产税管理，规范房产交易税收管理，深入推进以地控税、以税节地。积极发挥稽查“利剑”震慑作用，依法治税环境不断优化。

税收征管　全力应对“营改增”改革，先后对金融业、房地产业、建筑业、生活服务“营改增”等行业开展专项评估；5 月 1 日，顺利完成移交营业税纳税人 2925 户。8 月 1 日，资源税改革在广饶县成功落地。加强税收征管规范，狠抓基础数据管理，完成“金三”系统上线及优化版“双规”“单规”试运行；推行电子税务综合管理系统，减轻办税负担，提高了工作效率。加强第三方涉税信息利用，依托全县社会综合治税办公室，加强与工商局、房管、国土部门密切合作，发挥县直部门的协税作用，形成联合征管体制；实施税源专业化管控，以风险管理为导向，完善征、评、管、查岗责体系，科学划分重点、一般和零散税源，实施分级分类管户新模式。省地税局党组书记、局长张洪军对广饶县地税局收入质量和税收征管工作做出专门批示，给予高度评价并点赞。

纳税服务　建立领导联系企业制度，2016 年选取县内 30 户重点税源企业，开展税企高层对话、解决涉税诉求等专项服务，针对橡胶行业试点探索引领企业税收风险内控机制建设，帮助其提高规避税收风险能力，开创税企“双赢”的局面。大力推进“便民办税春风行动”，全面落实《县级地税机关纳税服务规范 2.0》，进一步细化规范大厅人员职责、办税环节，实现办税服务工作全国“一把尺”；立足“互联网＋”建设，推行移动、网上、邮递办税等便捷服务，提升办税质效；加强“纳税人学校”建设，有计划、有重点、有针对性地做好纳税辅导、咨询和培训工作，2016 年共开展营改增、金三换版等专题培训 12 期；抓好服务品牌打造工作，加强发挥“全国巾帼文明岗”作用，全年开展局长服务日 12 期、评选纳税服务之星 55 人次；加强税收信用等级评定，2016 年选取县域 2522 户企业分 A、B、C、D 四个等级进行评定。深化国地税合作，在县政府的大力支持下，2016 年建设全市唯一一家独立运行、标准化国地税联合办税大厅，并实施大王办税服务厅国地税人员互派、大码头办税点进驻国税局办税厅等措施，进一步推动纳税服务提速增效，为争创全省联合办税示范区打好坚实基础。

开展税企党建共建

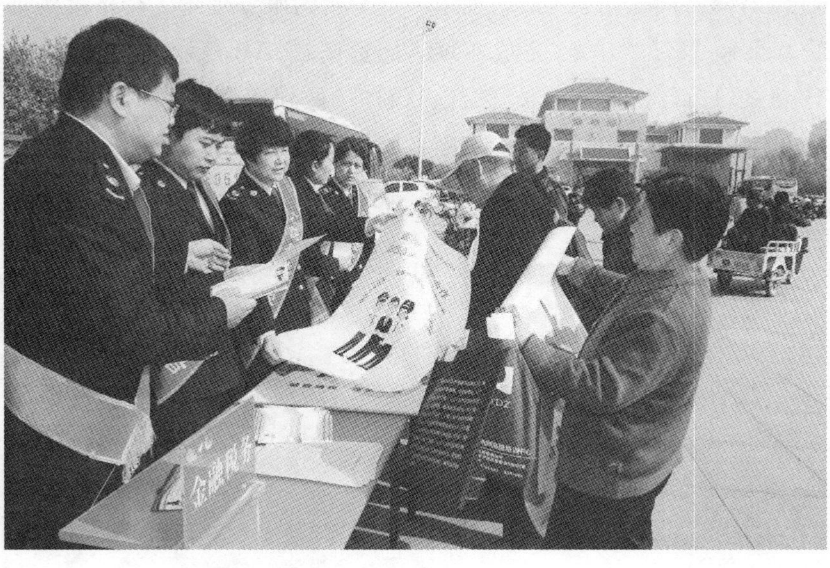
深化便民办税行动

荣誉　2016 年，广饶县地税局被山东省文明委表彰为 2016 年度复查合格省级文明单位；被山东省地税局授予山东省地税系统“全省法治税务示范基地”。被东营市总工会授予东营市五一劳动奖状；直属征收局、广饶中心税务所分别被东营市总工会授予东营市工人先锋号；被东营市总工会、东营市地税局授予工会经费地税代收工作先进集体；被东营市地税局授予 2016 年度全市地税系统绩效管理优秀单位。薛国霞家庭被山东省总工会办公室表彰为山东省文明和谐职工家庭。郭新春被东营市老龄工作委员会、东营市精神文明建设委员会、东营市文化广电新闻出版局表彰为第五届东营市“十佳敬老楷模”；成效国被东营市总工会授予东营市五一劳动奖章；李联军、邓伟、郑平被东营市总工会、东营市地税局表彰为工会经费地税代收工作先进个人；韩冬莲、邓伟被东营市地税局表彰为2016年度全市地税系统记三等功人员；王栋、李建华、杜建庆、任玉山、杜立伟、张国光、蒋秋红、张海英、于克健、张振利、姜相敏、宋永真、李法科、项田昌被东营市地税局表彰为2016年度全市地税系统嘉奖人员；赵晓玉、燕国栋、曹海燕、孙杰、贾洪洲、古明超、刘国强、薛国霞、吕国凤、王天营、宋艳华、郑平、徐祥斌、韩凤祥、贾盼盼、李慧涛、韩聪、李恒发、刘玉、王伟、徐聪聪、岳小娟、岳小青、连东英、王艳艳、刘斌、李彩艳、王玉梅、成小敏、王琼琼、张春霞、郭玉枝、庞怀圣、朱德亮、李杨、门琦、孙聪聪、万旺杰、李珍珍被东营市地税局表彰为2016年度全市地税系统绩效管理优秀个人；张海英、于萍、孙洪修、艾英、郭江涛、郭新春被东营市地税局表彰为全市地税系统"标兵就在我身边"六个十佳人员，分别授予十佳学习标兵、十佳服务标兵、十佳执法标兵、十佳稽查评估标兵、十佳勤廉标兵、十佳道德模范荣誉称号；全系统拥有省级、市级青年文明号各4家，其中大王中心所报备争创国家级青年文明号；广饶地税志愿服务队参与全省最佳巾帼志愿服务组织评选，集体及个人获得荣誉达20余项。

## ·公积金管理·

**业务工作**　住房公积金归集扩面工作稳中求进。至2016年12月底，全县正常缴存住房公积金的单位297个，职工23477人，月缴存额2576万元。2016年度归集住房公积金31870万元，完成年度计划的105%，同比增长4%；期末公积金归集余额78309万元，完成年度计划的99%，同比增长17%；新开户单位26个，增加开户职工1485人，月缴存额42万元。

积极稳妥发展个人住房公积金贷款。全年发放个人住房公积金贷款24827万元，完成年度计划的276%，同比增长81%；期末贷款余额78789万元，完成年度计划的121%，同比增长22%。资金使用率达到100.02%。不断加强住房公积金贷款日常管理工作，不断加强贷前调查，强化贷后日常管理，建立逾期催收机制，明确责任人，及时催还贷款，防范贷款风险，全年逾期率为零。

准确把握政策规范提取行为。不断加强住房公积金支取管理，认真学习《住房公积金管理条例》等法律法规，夯实依法行政和规范运作的基础。工作中严格按政策规定办事，不符合政策规定的一律不予支取，政策把握不准的，及时请示汇报。2016年为符合条件的7649名职工支取住房公积金20554万元，完成年度计划的111%，同比增长16%。其中购房支取1390人、金额7093万元，还贷支取5234人、金额10206万元，离退休支取411人、金额2605万元，其他支取614人、金额650万元。

**服务工作**　不断提升"聚万家金，圆安居梦"公积金服务品牌，积极开展争创"文明服务窗口"活动，不断创新服务模式，打造全新的服务理念。严格落实首问责任制、AB角制度、限时办结制等，做到职责分明、行为规范，网上咨询及时答复，服务质量和服务效率显著提高。

# 金融·保险

## ·金融工作·

概述　县金融工作办公室是县政府直属的正科级事业单位，下设综合股、金融股、资本市场股、监管股等4个职能股室，核定编制13人，配备主任1名、副主任2名、纪检组长1名，有工作人员11人。2016年，全年金融业实现增加值48.22亿元，占地区生产总值的6.1%，占服务业增加值的20.7%，实现地方税收3.77亿元、占全县地方税收收入的13.84%。

银行融资　坚持“引进机构就是引进资金”的理念，积极引银入广，光大银行广饶支行顺利开业，交通银行广饶支行各项筹建手续顺利完成。定期组织县内银行、企业召开座谈会，共同分析研判经济金融形势，协调解决具体困难问题，增进政银企互信合作。修订完善金融工作目标考核办法，配套实施财政性存款分配等激励政策，鼓励各银行加强与上级行对接，争取更大授信规模，加大对实体经济发展的支持力度，2016年末全县本外币各项贷款余额994.8亿元、较年初增加110.5亿元，超额完成全年100亿元贷款新增任务。银企合作平台运转有效，组织召开了2016年银企洽谈会，向各银行推介优质项目和工程，签约项目148个、145.7亿元，全年落实资金110.8亿元。

地方金融机构融资　地方金融机构充分发挥引导民间资本流向实体经济的载体作用，成为中小微企业短期流动资金贷款和成长型企业初期项目贷款的重要来源，在拓宽融资渠道、缓解“三农”和中小企业融资难题中发挥了重要作用。2016年，全县地方金融机构累计支持实体经济融资27.1亿元，融资余额31.6亿元。

企业上市挂牌　调整充实上市挂牌后备企业资源库，修订完善支持企业上市和场外市场挂牌相关政策，多次组织推动企业上市挂牌培训活动，积极协调解决企业上市挂牌中遇到的问题。2016年，秦恒科技在新三板上市，嘉颐化工、胎大王、浩泰天然气、海容新材料等4家企业签订新三板挂牌协议；争峰新能源、胎智汇电子商务、飞雪粮油、大海纤维等9家企业在齐鲁股权交易中心挂牌。积极引导挂牌企业争取省直投基金投资，飞雪粮油、大海纤维分别获得294万元、273万元股权投资支持。

直接融资　加强与信用评

广饶县企业集中挂牌仪式

级机构、证券公司投行部门联系合作，组织举办大公国际投融资服务论坛、企业债券融资专题培训，助力拟发债企业提升资信评级、提高债券融资能力。2016年，鼎盛精工发行股票融资2550万元；县经济发展投资公司发行公司债券1期、融资20亿元，华泰集团发行债券2期、融资10亿元，齐成石化发行公司债券3期、融资7亿元。大海集团、兴源轮胎集团35亿元公司债券项目通过上交所审批。

新型农村合作金融试点　2016年，按照省、市总体安排部署，认真总结农民专业合作社信用互助业务试点经验，发挥好示范带动作用，有序推进试点工作。加强政策扶持，为丰泰和健士富硒等2家开展信用互助业务试点的农民专业合作社分别给予5万元开办经费补助。注重提升信用互助业务量，年内2家试点社累计为社员发放互助金45万元。认真落实新出台的《山东省农民专业合作社信用互助业务试点监管细则》，对信用互助业务试点的营业场所、工作制度、工作流程和行业标识等进行统一规范，夯实信用互助业务基础。

大宗商品交易市场运营　加快推进山东广丰橡胶轮胎交易中心建设，进一步健全完善内控制度和运行系统，在达到试点条件后开业运营。12月末，交易中心已上线试运营6个月、累计交易651.5万元。认真贯彻《山东省交易场所监督管理办法》相关规定，落实主监管员制度，建立监管日志，加强对交易中心的日常监管；通过组织集中学习和外出考察等方式，深入了解掌握大宗商品交易场所的运营模式和风险因素，提升综合监管能力和水平。

光大银行广饶支行开业

地方金融监管　《山东省地方金融条例》于2016年7月1日颁布实施，省、市地方金融监管部门相继出台配套政策文件，为地方金融机构监管提供了依据。认真贯彻落实上级法律法规，通过采取定期与不定期结合、非现场监管和现场检查结合、年度专项审计等措施，扎实做好各类地方金融机构日常监管，确保合法合规经营；积极促进地方金融机构做大做强做优，做好民间融资机构经营许可事项申请，指导县经济发展融资担保公司增资至7亿元，引导小额贷款公司优化股权结构、探索开展无抵押无担保信用贷款业务，地方金融创新成果进一步巩固。

经济金融风险整体控制　进一步健全企业资金风险防范处置工作机制，压实镇街属地管理责任，坚持每周调度风险预警情况，2016年共调度企业资金风险预警情况47次，发现预警企业15家，确保及时发现、果断处置。统筹运作好县镇两级11亿元应急转贷资金，累计办理企业转贷945笔、141亿元，有效支持企业转贷续贷，杜绝资金链断裂。大力发展融资担保机构，支持县经济发展融资担保公司增资至7亿元，进一步提高担保能力，助力企业破解融资担保难题。

对出险企业，坚持从大局出发，科学分类、快速处置，坚决守住不发生区域性、系统性金融风险的底线，2016年共处置企业资金风险事件5起；加快不良贷款化解，县财政出资设立县财金资产管理公司，打包购买工商银行7.2亿元不良贷款，有效防止担保圈风险扩散蔓延，正在与其他银行展开相关合作。

出台《关于加强诚信建设优化金融环境的意见》等系列政策，引导银行和企业严格履行债权债务责任、推进银企诚信合作，更好维护金融生态环境。组织开展非法集资防范宣传、集中排查和互联网金融风险专项整治等一系列活动，全面排查、分类化解非法集资风险。2016年11月起，组织开展为期5个月的全县打击恶意逃废银行债务优化金融环境专项行动，力争通过依法集中侦办、审结一批社会影响大的恶意逃废银行债务案件，保障银行机构合法权益，进一步优化金融生态环境。

## 中国人民银行·广饶县支行·

货币政策贯彻　2016年，中国人民银行广饶县支行认真贯彻落实稳健货币政策，制定《关于认真贯彻稳健货币政策改进金融服务和外汇管理支持全县推进结构性改革和经济转型升级的意见》《关于落实鲁政办发(2016)28号文件支持实体经济发展的实施意见》，利用金融运行情况暨金融管理工作通报会、银企洽谈会等多种形式，加强货币政策宣传，引导全县银行业牢固树立与企业共度难关的思想，不抽贷、不压贷，及时进行续贷转贷，加大对实体经济的信贷投放力度。2016年末，全县本外币各项存款余额618.65亿元，较年初减少23.69亿元；各项贷款余额994.83亿元，较年初增加110.53亿元。进一步发挥再贷款、差别存款准备金动态调整机制等的结构调控作用，引导辖区银行业金融机构将更多的信贷资源配置小微企业和“三农”等薄弱环节。2016年末，支农再贷款余额5.4亿元，比年初新增2.6亿元。

金融稳定维护　严格“两综合两管理”工作，对新开业光大银行广饶支行、东营银行稻庄支行等进行了严格的开业验收考核。建立《金融稳定信息联络员工作制度》，严格落实银行机构重大事项报告制度。加大金融风险排查和预警，开展了打击逃废银行债务专项行动，稳妥防范处置金融风险。积极为地方党委政府出谋划策，不断扩大县经济发展融资担保公司实力。通过内引外联，加强对银企双方的指导帮助，推动企业兼并重组、变更信用主体、担保单位代偿等方式有效化解金融风险。积极推动政银企协作，扎实做好稳增长、保运行、防风险各项工作，守住了不发生区域性系统性金融风险的底线。

金融服务　多次召开全辖金融机构助推脱贫攻坚推进会，组织辖内金融机构开展金融精准扶贫融资需求对接百日攻坚活动，引导金融资源更多地向贫困人口和贫困地区聚集，进一步增强扶贫金融服务的精准性和有效性。建立广饶县社会信用体系建设联席会议制度，明确各部门主体责任，建立中小企业和农户信用信息报送制度，扎实推进企业和农村信用信息数据库建设。加强金融消费权益保护，在全县镇街设立10个金融消费维权联络点。利用“3·15”和“金融知识宣传月”“金融知识进校园”等活动，组织辖内金融机构进行金融知识宣传，收到良好效果。成功办理黄蓝经济区建设促进经济转型升级引导资金直接拨付，惠及单位和个人70户，资金3534.5万元。加强人民币流通管理，与县610办公室一起加强反宣币整治工作。2016年末，共收缴假币2427张，金额18.7万元。

（马建祥）

表 11　　2016 年广饶县金融机构信贷收支表(人民币)

单位:万元

| 来源项目名称 | 本期余额 | 比年初增减数 | 运用项目名称 | 本期余额 | 比年初增减数 |
|---|---|---|---|---|---|
| 一、各项存款 | 5922659.62 | －213658.03 | 一、各项贷款 | 9710354.97 | 1170792.08 |
| (一)境内存款 | 5922360.07 | －213721.40 | (一)境内贷款 | 9710354.97 | 1170792.08 |
| 1.住户存款 | 2615006.13 | 309065.01 | 1.住户贷款 | 792355.72 | 35570.81 |
| (1)活期存款 | 845877.88 | 102092.08 | (1)短期贷款 | 142830.47 | －96498.94 |
| (2)定期及其他存款 | 1769128.25 | 206972.93 | 消费贷款 | 25475.35 | －86162.31 |
| 2.非金融企业存款 | 2538535.12 | －510829.74 | 经营贷款 | 117355.12 | －10336.63 |
| (1)活期存款 | 845537.07 | －125702.07 | (2)中长期贷款 | 649525.25 | 132069.75 |
| (2)定期及其他存款 | 1692998.05 | －385127.67 | 消费贷款 | 621009.62 | 134105.05 |
| 3.广义政府存款 | 716883.19 | －53831.90 | 经营贷款 | 28515.63 | －2035.30 |
| (1)财政性存款 | 49067.84 | －11683.67 | 2.非金融企业及机关团体贷款 | 8917999.25 | 1135221.27 |
| (2)机关团体存款 | 667815.35 | －42148.23 | (1)短期贷款 | 7542804.28 | 678721.98 |
| 4.非银行业金融机构存款 | 51935.63 | 41875.23 | (2)中长期贷款 | 966268.21 | 73018.75 |
| (二)境外存款 | 299.56 | 63.37 | (3)票据融资 | 362476.08 | 343876.08 |
| 二、金融债券 | | | (4)融资租赁 | | |
| 其中:境外发行 | | | (5)各项垫款 | 46450.69 | 39604.46 |
| 三、卖出回购资产 | | | 3.非银行业金融机构贷款 | | |
| 四、借款及非银行业金融机构拆入 | | | (二)境外贷款 | | |
| 五、联行往来(净) | 4164976.00 | 1636851.20 | 二、债券投资 | 122243.00 | 122532.50 |
| 六、应付及暂收款 | 131745.96 | －27909.12 | 其中:境外债券 | | |
| 七、各项准备 | 262739.39 | 123822.81 | 三、股权及其他投资 | 212959.00 | 154639.00 |
| 八、所有者权益 | 394563.62 | －72736.80 | 四、买入返售资产 | | |
| 其中:实收资本 | 81014.00 | 8057.00 | 五、存放非银行业金融机构款项 | | |
| 九、其他 | －737642.21 | 11418.78 | 六、联行往来(净) | | |
| | | | 其中:境内存放二级准备金 | 113703.24 | 11412.58 |
| | | | 七、金银占款 | | |
| | | | 八、外汇买卖 | | |
| | | | 九、应收及预付款 | 29929.97 | 6908.31 |
| | | | 十、投资性房地产 | | |
| | | | 十一、固定资产 | 63555.43 | 2916.94 |
| 资金来源总计 | 10139042.37 | 1457788.84 | 资金运用总计 | 10139042.37 | 1457788.84 |

表 12 2016年广饶县金融机构信贷收支表(本外币)

单位:万元

| 来源项目名称 | 本期余额 | 比年初增减数 | 运用项目名称 | 本期余额 | 比年初增减数 |
|---|---|---|---|---|---|
| 一、各项存款 | 6186504.73 | −236934.89 | 一、各项贷款 | 9948326.93 | 1105262.42 |
| (一)境内存款 | 6185647.02 | −236387.28 | (一)境内贷款 | 9948326.93 | 1105262.42 |
| 1.住户存款 | 2621857.34 | 311750.38 | 1.住户贷款 | 792381.68 | 35491.83 |
| (1)活期存款 | 850455.78 | 104134.62 | (1)短期贷款 | 142856.43 | −96577.92 |
| (2)定期及其他存款 | 1771401.56 | 207615.76 | 消费贷款 | 25501.31 | −86241.30 |
| 2.非金融企业存款 | 2794970.87 | −536180.99 | 经营贷款 | 117355.12 | −10336.63 |
| (1)活期存款 | 980879.67 | −106848.03 | (2)中长期贷款 | 649525.25 | 132069.75 |
| (2)定期及其他存款 | 1814091.20 | −429332.96 | 消费贷款 | 621009.62 | 134105.05 |
| 3.广义政府存款 | 716883.19 | −53831.90 | 经营贷款 | 28515.63 | −2035.30 |
| (1)财政性存款 | 49067.84 | −11683.67 | 2.非金融企业及机关团体贷款 | 9155945.26 | 1069770.59 |
| (2)机关团体存款 | 667815.35 | −42148.23 | (1)短期贷款 | 7760822.79 | 593343.80 |
| 4.非银行业金融机构存款 | 51935.63 | 41875.23 | (2)中长期贷款 | 986195.71 | 92946.25 |
| (二)境外存款 | 857.71 | −547.61 | (3)票据融资 | 362476.08 | 343876.08 |
| 二、金融债券 | | | (4)融资租赁 | | |
| 其中:境外发行 | | | (5)各项垫款 | 46450.69 | 39604.46 |
| 三、卖出回购资产 | | | 3.非银行业金融机构贷款 | | |
| 四、借款及非银行业金融机构拆入 | 6557.80 | 6557.80 | (二)境外贷款 | | |
| 五、联行往来(净) | 4136735.54 | 1588821.15 | 二、债券投资 | 122243.00 | 122532.50 |
| 六、应付及暂收款 | 133721.78 | −29119.29 | 其中:境外债券 | | |
| 七、各项准备 | 263224.79 | 124063.16 | 三、股权及其他投资 | 212959.00 | 154639.00 |
| 八、所有者权益 | 398354.93 | −74234.46 | 四、买入返售资产 | | |
| 其中:实收资本 | 81014.00 | 8057.00 | 五、存放非银行业金融机构款项 | | |
| 九、其他 | −747487.95 | 12570.32 | 六、联行往来(净) | | |
| | | | 其中:境内存放二级准备金 | 118344.09 | 13074.88 |
| | | | 七、金银占款 | | |
| | | | 八、外汇占款 | | |
| | | | 九、应收及预付款 | 30527.25 | 6372.94 |
| | | | 十、投资性房地产 | | |
| | | | 十一、固定资产 | 63555.43 | 2916.94 |
| 资金来源总计 | 10377611.61 | 1391723.80 | 资金运用总计 | 10377611.61 | 1391723.80 |

## 中国农业发展银行·广饶县支行·

中国农业发展银行广饶县支行内部机构设置办公室、信贷业务部、会计结算部，有员工 23 人。王兴玲被评为市级先进个人。

*支持县域储备粮轮换和夏粮托市收购*　6 月，发放县级储备粮贷款 488 万元，支持广饶县粮食储备库轮换储备粮小麦 4127 吨。托市收购方面：一是及时配合市行完成夏粮收购调研工作。夏收前，农发行对小张、码头等种粮集中区粮食种、产、销情况以及面粉加工企业的收购情况进行摸底调研，为全市托市收购工作启动提供了决策依据。二是积极做好小麦托市收购相关工作。收购前，配合市行、中储库等部门对辖内的广饶县粮食储备库、国储库等收购库点进行联合验仓。收购期间逐日上报托市收购进度，全县的收购库点共收购托市小麦 10060 吨。

*贷款*　2016 年，农发行业务发展的黄金机遇期，省行与东营市政府签订 300 亿元的战略合作协议，农发行以落实战略合作协议为抓手，积极营销项目贷款。共储备公路、水利、医院、天然气等 16 个项目。到年末审批广饶县中医院项目、河辛路两侧（立交桥至临淄界段）改造提升工程、广饶县人民医院门诊病房综合楼项目、广饶县水源地治理及农村饮水安全提升项目及大王镇两河治理项目共计 5 个项目，审批金额 96500 万元，已发放 35500 万元。

*存款*　农发行年末存款余额 64117 万元，较年初增加 26351 万元；日均存款 48856 万元，较年初增加 9227 万元。5 月，农发行积极响应省行“决战五月，冲击千亿”的存款倡议活动，存款增加 34616 万元，增幅达 87.79%，完成省行任务数 346.16%。

*风险防范*　2016 年经济形势依然严峻，企业经营困难，为防止出现不良贷款，农发行积极加强与县委、县政府的联系与沟通，及时了解政府意图，全力争取政府支持。至年末未出现不良贷款。

## 中国农业银行·广饶县支行·

*概述*　中国农业银行股份有限公司广饶县支行辖 12 个网点，其中包括 1 个营业部、2 个二级支行、9 个分理处，内设 6 个部室，拥有员工 217 人。

至 2016 年末，全行各项存款余额 99.58 亿元，居“四行”首位。各项贷款余额 206.60 亿元，较年初增加 20.03 亿元，存量、增量均居“四行”首位。累计实现跨境人民币结算业务 34.08 亿元，居同业首位。优质客户规模不断增长，全年新增人民币对公结算账户 207 户，个人贵宾客户较年初新增 1972 户。全行运营管理、安全保卫和内控合规工作不断夯实，各级单位先后荣获总行运营基础管理先进单位、总行“三化三达标”先进支行、中国农业银行先锋号等荣誉称号，顺利通过山东省文明委省级文明单位复审。李晓燕荣获东营市“五一”劳动奖章，于秀叶、刘亚东被评为省行先进工作者，张秀玲、刘亚东、李秀兰、王虎妹、蒋晓莹被表彰为省行“三化三铁”创建工作先进个人，印成武被表彰为省行营改增落地

承办人行纪念币兑换工作

实施先进个人，于秀叶被表彰为省行党员示范岗，于秀叶、程连杰、任凌宵、李康龙被表彰为市行先进工作者，印成武、李绚丽、张会芳、吕爱真、蒋晓莹被表彰为市行“三化三铁”创建工作先进个人。

信贷投放　充分发挥网点城乡化、网络便捷化和服务专业化的优势，突出服务地方经济建设的重点领域和关键环节，致力于提高社会责任感，重点支持企业融资脱困、机构项目建设、支农惠农服务等方面。坚持存量贷款及时发放，不抽贷、不延贷、不压贷。将授信企业的续贷作为工作重点，及时向上级行争取资源，做到贷款归还后次日发放，受到企业广泛好评。全力跟进政府项目建设。广饶县城区集中供热7700万元政府购买服务项目已审批完成并成功发放3900万元；广饶县兴安中学和大王镇实验小学2亿元大班额项目待政府购买服务协议签署后即可审批；与广饶交通局成功对接广饶县S227河辛线4亿元新建项目，与市公路局成功对接S309田高线6亿元改建项目。为广饶县城市资产运营有限公司办理地方政府置换债券业务5.7亿元。融资增信业务实现破题，累计办理融资增信贷款3笔308万元。与县科技局合作，为3户企业发放科技贷款6000万元。

渠道建设　不断加强网点自助设备建设，增设离行式自助银行6处，新增现金类自助设备14台、非现金类自助终端5台，累计开通“E商管家”电商平台24户，超级柜台25台，全行自助设备总量达到131台，居同业首位。全行共设立“惠农通”服务站465个，共布放电子机具621台，覆盖全县9个乡镇478个行政村20余万居民，有效解决了“新农保”发放过程中出现的村民居住分散、网点取款不便等实际问题。成功对接广饶县新型农村养老保险业务，累计发放IC城镇社保卡15.3万张。联合人社局推出“企业代扣代缴职工养老保险系统”，已将县内500余家企业纳入该系统。

银政合作　2016年与县人行、团县委合作开展金融挂职干部“双培双创”工程，11名青年员工挂职县镇团委副书记，共同推进500万元“东青基准贷”工作项目；与县文明办及团县委等部门合作开展橘红驿站、“邻里守望　志愿同行”志愿服务集中进社区等活动；与广饶广播电视台合作赞助广饶县“绿色家装·幸福生活”家居建材节等活动。

（张华杰）

## 中国工商银行·广饶县支行·

组织概况　中国工商银行广饶支行内设三部一室，分别是市场营销一部、市场营销二部、风险管理部和办公室；辖属6个营业网点（包括营业部）。有员工105人，平均年龄39岁。其中：男员工60人，女员工45人；大学本科以上学历58人，大专学历31人，中专以下学历16人。设党支部一个，党小组五个，党员50名，其中：党支部书记1名，党支部委员4名。

信贷　2016年以来，受经济形势下行影响，广饶地区部分企业经营困难，同时受上级行信贷政策调整影响，对此通过加大表外融资投放、做大做强贴现业务和国际贸易融资等方式，加大信贷支持力度，总体各项融资运行平稳。根据县政府组织的重点项目签约仪式要求，对照签约的重点项目逐个对接，指定人员全力营销，逐步推进，保证项目尽快落地。至2016年12月末，各项贷款余额166.18亿元，较年初增加12亿元。

贸易融资和表外业务　2016年以来，工行广饶支行在传统项目贷款、流动资金贷款、银行承兑汇票、出口订单融资等业务稳定发展的同时，不断加强产品创新，先后推出固定资产支持融资、调存通＋银承贴现、双远期外汇买卖、反向汇兑通、融易购B2B交易等创新产品，为企业匹配合适的融资品种，节约融资成本，提高产品收益，拓宽企业融资渠道，支持了本地企业的发展。

风险化解　近年来受经济形势不断下滑影响，部分行业和个别企业出现开工率不足、资金链断裂等问题，区域性金融风险不断释放。面对日趋复杂的经营环境，一方面积极向县政府汇报，寻求政府支持，另一方面团结全县金融机构，共同进退，对不良资产及时进行了化解处置。

基础管理工作　一是面对银

行业风险事件、外部欺诈高发频发的严重形势，深入开展内控合规“基础强化年”活动，筑牢“三道防线”，突出“四个结合”，深度治理“十大重点领域和关键环节”，全年未发生重大案件和恶性风险事件。二是先后分层次组织从业人员飞单私售、非法集资、违规担保等面对面和背对背的排查及风险提示活动。三是组织开展“我们需要什么精神”员工思想大讨论活动，解决思想上的认识问题，为工作的开展打下良好基础。四是深入贯彻“打造卓越金融服务，建设客户满意银行”的总体要求，把“满意在工行”作为服务工作的主线抓，努力完善服务网络，加强渠道建设，强化投诉管理，提高服务品质，社会形象得以提升。

## ·中国银行广饶支行·

**概况**　至2016年12月末，中国银行广饶支行本外币各项存款余额42.7亿元，本外币贷款余额117.96亿元。先后荣获总行级“先进基层党组织”、省行“优质高效服务十佳示范网点”等荣誉称号，继续保持“全国文明单位”“全国青年文明号”、全国“巾帼文明岗”、全国工会“职工小家”、金融工委“五、一劳动奖状”等国家级荣誉称号。

**业务创新**　结合全县经济实际，重点发展节能环保、先进制造业、现代农业、传统产业改造升级、民生工程等领域的信贷业务。至12月末，人民币公司贷款余额

宣传活动

88.94亿元，较年初增加16亿元。

积极与政府合作，服务民生。根据政务中心的工作需求，对招标通系统进行改进升级，成功新增保证金分段计息项目。积极推广涉及民生的产品项目，为居民提供更好的金融服务体验；积极推广菜市场金融IC卡便民闪付项目，发挥电子现金闪付业务优势，极大程度上解决市民使用现金支付的不便。

积极推进智能化网点建设。2016年，加大软硬件的配套投入力度，积极推广中银E社区、E园区、E校园、中银易贷，丰富惠民金融产品，营业网点增加了智能型自助终端、自助发卡机、手机、平板电脑等多种智能设备，投入使用离行式自助银行7处。自助银行主要分布于大王镇、稻庄镇、广饶县经济开发群等经济发达区，投入ATM机17台，BST机7台。离行式ATM机8台，主要分布于县内各高档宾馆及企业园区。推行智能化网点建设，辖内两所经营性支行中孙武路支行、大王镇支行智能化网点已投入使用。

**风险防控**　2016年，开展“平安中行”创建活动，先后组织元旦春节期间廉洁自律检查、ATM管理专项检查、理财业务专项检查、“双十禁”执行情况专项检查、“五一”期间安全保卫工作检查、代理保险业务专项检查等多项检查，确保宣传到位、警示到位、监督到位。以第七届中国（广饶）国际橡胶轮胎暨汽车配件展览会为契机，利用展览会期间人流密集的特点，通过与“百年中行”品牌宣传、相关产品宣传与防范非法集资宣传相结合的方式，在广饶县会展中心开展防范非法集资户外宣传活动。在防范非法集资期间将通过悬挂横幅标语、发放宣传手册、业务咨询等方式，普及防范非法集资知识，提升社会公众的防范非法集资意识。

（延瑞军）

## 中国建设银行股份有限公司广饶支行

概况　至2016年末，中国建设银行广饶支行在职职工102人，辖4个网点，内设办公室、公司业务部、个人金融部、个人贷款中心4个部室。

2016年中国建设银行广饶支行信贷投放规模稳步扩大，对骨干企业和重点项目的支持力度不断提升。至2016年末，广饶支行各项贷款余额125.11亿元，较年初增加2.71亿元，其中公司类贷款余额119.79亿元，较年初增加1.9亿元，个人类商业贷款余额4.66亿元，较年初增加0.49亿元，公积金贷款余额0.66万元，较年初增加0.32亿元。累计通过多种渠道处置问题贷款40户，金额16.47亿元，有效地稳定了区域金融环境。广饶支行先后荣获分行级先进基层党组织、移动替代率提升奖、个人存款“突出贡献奖”、电子银行“综合贡献奖”、风险处置突出贡献奖等称号，所辖网点大王支行获总行级优秀县域网点称号、省行级“重点业务奖”之增存先锋奖、渠道与运营工作先进网点、分行级平安建行建设优胜网点，营业室获省行级“综合贡献奖”之突出贡献网点、“重点业务奖”之增存先锋奖、“单项业务竞赛奖”之ETC先锋奖、分行级优胜网点奖，稻庄支行获分行级“综合贡献奖”，府前街分理处获省行级渠道与运营工作先进网点、分行级青年文明号、2016年度旺季营销对公业务先进网点。

支持地方经济发展　2016年以来，广饶建行努力扩大信贷投放，积极支持当地企业做大做强。在经营周转类授信投放上，围绕国家逐步放开进口原油使用权的政策，重点支持中国化工油气公司、齐润、华龙等大型炼厂的原油进口、燃料油采购业务，累计增加信用证开证业务28亿元、海外代付业务24亿元；在中长期项目融资方面，累计储备金岭集团盐化工循环产业园区项目、中触媒华邦异丁烯综合利用项目和东方华龙油品质量升级联合装置项目等重点项目贷款约20亿元；在投行业务方面，投行理财及建信租赁业务总额8.7亿元。在扶持小微企业发展方面，本着有进有退、盘活存量的原则，强化与政府部门的合作，累计服务“五贷一透”业务客户20余家。在支持新型城镇化和民生工程领域，广饶建行积极介入广饶开发区宏润居棚户区改造工程、广饶街道西关片区棚户区改造(一期)工程等项目。在民生服务方面，广饶建行高度重视信用卡装修分期、车位分期等业务发展。至12月末，广饶支行信用卡全口径分期交易额6262万元，比上年同期新增1439万元，同比增速达到29.8%。

渠道建设　2016年，广饶建行渠道建设稳步推进，集约化经营水平不断提升，年内顺利完成支行本部与府前街分理处的搬迁工作，网点布局更加合理，硬件设施与社会形象极大改善；新增离行式自助银行3处，总量达到12处，基本实现对代发工资客户的半径两公里渠道覆盖。全年新上线智慧柜员机10台，给客户带来“自助、智能、智慧”的全新体验，大幅缩减了客户的平均等待时间；认真践行“移动优先”发展战略，抢占移动支付制高点，全年手机银行客户新增2575户，其中活跃客户新增占比52.18%，当年手机银行客户新增、活跃客户新增、活跃客户占比、存量活跃客户占比等多项指标均居全市建行首位。通过对智慧柜员机、自助设备、网上银行和移动金融等广义电子渠道实施统筹布局广泛渗透，2016年广饶建行移动金融柜面替代率达到71.14%，高居全市建行首位、全省前列。广饶建行与县人民医院合作开发的“银医一卡通”系统、与东营科技职业学院的“校园一卡通”系统均成功上线运营，建行服务渠道进社区、进厂区、进医院、进校园等工程扎实推进。

客户服务　按照“综合网点、综合柜员和综合营销团队”的“三综合”转型目标，2016年建行积极探索网点转型工作，辖内四个营业机构实现公私业务一体化功能全覆盖，网点“八岗位”人员配置全部到位，综合柜员占比达到70%。继大王支行、稻庄支行相继配备区域客户经理团队之后，明确了城区客户经理团队、小企业客户团队与营业室、府前街分理处的分别结对联动，个人类资产业务与“五贷一透”业务营销受理环节前移至网点，“三综合”组织架构初步形成。整合盘活存量人力资源，新组建了自助设备管理团队和法律文件面签团队，将自助设备管理维护与信贷合同面签工作集中进行管控，在提高质量和效率的同时，缓解了营业网点和管户客户经理的外勤工作压力。

（韩明杰　李文敏）

## ·广饶农村商业银行·

概述　2016年，广饶农村商业银行新成立资金业务部、大王开发区支行、锦湖社区支行等3家机构，共计下辖12个部室、15家支行、59家分理处，控股村镇银行3家，从业人员640余人。至2016年末，该行各项存款余额194.18亿元，同比增长13亿元，占全县金融机构存款市场的31.39%；各项贷款余额134.79亿元，实际新增12.9亿元，占全县金融机构贷款市场的13.55%。2016年度，该行上缴各类税金2.11亿元，位居全县百强纳税企业第五位。在山东省财政厅2016年绩效考核中，广饶农村商业银行得分再次位列全省农村商业银行首位。广饶农村商业银行被山东省农村信用社联合社授予信访稳定工作先进单位称号，被山东省财政厅评为“AAA”级地方金融企业，省级文明单位复审合格，被东营市总工会授予“齐鲁文化大道”先进单位和“五一”劳动奖状荣誉称号。广饶农村商业银行《解决融资难题，助力企业转型，中小企业成长扶持项目》被山东金融团工委评为“双提升”活动精品项目。广饶农村商业银行丁庄支行被山东省农村信用社联合社授予“文明服务单位”称号。广饶农村商业银行营业部、府前街分理处、大王支行、稻庄支行省级青年文明号复审合格。广饶农村商业银行大王支行、开发区支行、新城支行、稻庄支行、营业部省级文明服务单位复审合格。广饶农村商业银行大王支行被山东省农村信用社联合社东营办事处授予优秀基层党支部称号。广饶农村商业银行《中小企业成长扶持项目》被东营金融团工委评为东营金融青年“双提升”活动优秀青年精品项目一等奖。徐奇祥被东营市人民政府授予东营市劳动模范称号，被山东省农村信用社联合社授予优秀共产党员称号。刘玉明被山东财贸金融工会授予山东省财贸金融系统五一劳动奖章。张玉东被东营市总工会授予五一劳动奖章和“齐鲁文化大道”建设先进个人称号。刘关锋被广饶县政府授予广饶县劳动模范称号。许国新、夏军、刘关锋、范磊、任振明、姜园园被山东省农村信用社联合社东营办事处授予优秀共产党员称号。任春蕾被中国银联山东分公司授予山东省银行卡工作先进个人称号。李慧被山东省农村信用社联合社授予优秀青年员工称号。赵金光被山东省农村信用社联合社授予文明服务标兵称号。王福萍被东营金融团工委授予东营十大金融青年服务明星称号。朱潇雨被东营金融团工委授予东营十大金融青年岗位能手称号。郭莹莹被东营金融团工委授予东营金融优秀共青团员称号。燕小蒙被共青团山东金融工作委员会授予山东金融优秀共青团干部称号。

县领导到广饶农商银行调研指导工作

业务发展 广饶农村商业银行始终坚持建设一流地方金融机构的目标，不断加快业务创新，夯实发展根基。一是电子银行业务持续发展。至2016年末，该行电子银行客户总数12.86万户，同比增加1.83万户；拓展银联POS商户1448户；布放ATM等自助银行设备160台，其中取款机84台，存取款机76台，布放自助设备网点72个，覆盖率97.3%。二是国际业务发展良好。2016年，广饶农商银行实现国际业务结算量3.38亿美元、外汇存款790万美元、吸收信用证保证金存款1.24亿元。三是资金业务快速崛起。2016年，广饶农村商业银行先后开办了现券买卖、债券回购、理财产品发行、同业存单发行等业务，交易对手涉及国有商业银行、股份制商业银行、证券公司、信托公司及保险公司等，全年资金业务发生额802亿元。

普惠金融 广饶农村商业银行始终坚持“四个面向”的市场定位，立足地方经济发展，持续提升支农支小实力和民生服务水平。一是扎实开展文明信用工程，“走村、入户、进社区、访企业”进行信用评定，进一步加大对涉农行业和小微企业的扶持力度。2016年度，该行对566家企业进行评级授信，授信总额244亿元。至2016年末，该行涉农贷款余额133.90亿元，较年初增长4.93亿元；小微企业贷款74.81亿元，较年初增长2.58亿元。同时，稳步推进应急转贷资金办理工作，缓解中小企业短期内还贷资金不足的困难，有效防范和化解中小企业资金链断裂风险。至2016年末，共为101家企业办理转贷应急资金贷款170笔，金额29.22亿元。二是推出“家庭银行”服务模式，助力创业致富。2016年，广饶农村商业银行开展“家庭银行校园行”、集市营销、社区营销、广场营销、产品推介等活动30余场，走访家庭4574户，采集客户信息11107份，成功办理“家庭贷”贷款988笔，金额13806万元。

社会责任 2016年，广饶农村商业银行继续坚持“挎包银行”的优良传统，在蒜薹收储季节，组织300多名员工组成三农服务队、党员先锋队、青年先锋队等深入田间地头为农户提供结算服务，累计为农户提供服务20000多人次，结算农产品销售资金4000多万元。在上级党委的领导下，积极选派“第一书记”对口帮扶李鹊镇太和二村，帮助村内修缮道路和安装路灯，推动新农村建设。组织开展帮扶救助困难职工爱心捐款活动和“国家扶贫日”爱心捐款活动，共计捐款14.8万元。在广饶县城设立“橘红驿站”17处，关爱环卫工人，送去关怀和温暖。积极组织员工参与义务植树、无偿献血、创城文明行动、青年志愿岗亭等公益活动，为城市建设、社会和谐贡献一份力量。

## 中国邮政储蓄银行·广饶县支行·

概述 至2016年12月31日，中国邮政储蓄银行广饶县支行辖内各项存款余额23.19亿元，较年初增加5.28亿元；各项贷款结余12.25亿元，本年净增4.16亿元。贴现业务本年累计贴现6.34亿元（其中，票据大管家托收3笔共1673万元）；福费廷本年累计买入13.57亿元；他行议付四笔，共计2802万元。

服务地方经济 2016年，广饶县支行围绕“金融服务实体经济”的要求，融入地方经济。服务三农、满足城乡居民消费，积极搭建各类平台，为个体经营者和小企业客户提供经营资金支持。小企业及商务贷款加强同地方职能部门沟通，不定期组织召开“以老带新”联谊会和座谈会，实现小企

安全防火演练

业授信业务稳健持续发展。加快信贷条线专做团队的建设，提高信贷人员专业技能。持续组织开展信贷宣传和创新工作，确保小额贷款稳步发展。至 2016 年 12 月 31 日，全年共发放各类贷款 79190.58 万元。其中小额贷款发放 16127.18 万元，净增1680.98万元，投放对象多为农户和个体经营户及新型农业经营主体。个人商务贷款发放 10930.9 万元；消费及住房贷款发放 47132.5 万元，净增 40112.47 万元，主要是一手房、二手房和个人综合消费贷款，用以满足城乡居民买房、装修等消费需求。

服务品牌建设　广饶县支行坚持“以客户为中心”的服务价值观，从细节入手提升服务质量。加强思想文化教育，树立服务意识。加强培训，以“强技能、促发展”活动为契机，以“神秘人”检查和非现场检查相结合的方式，加强服务质量监督管理，畅通投诉渠道。为提高客户业务办理速度，广饶县支行通过发展电话银行、网上银行等平台，增设自助服务项目，使客户办理业务更为安全、便捷。发展邮储银行特色乡情卡、金晖卡和钻石卡，满足客户的多样需求，全面提升全行服务水平，打造邮储银行真诚服务、优质服务的品牌形象。

风险防控　2016 年，广饶县支行认真开展市分行组织的“除隐患、提能力”活动，组织支行全体员工参与集中演练，日常演练，主要围绕“防暴”“防盗”“防火”三项内容进行，2016 年度集中演练次数 4 次，日常演练次数 20 次，员工参与共 386 人次。认真开展市分行组织的“内控达标年”活动，要求全体员工与省行规定的各项标准逐条对标，切实发现日常工作中存在的业务操作不规范、不合规的行为，及时进行改正，切实确保支行工作正常进行。

## ·东营银行广饶支行·

概述　2016 年底，东营银行广饶支行共有员工 48 人，广饶支行下设大王支行、新城支行、稻庄支行三家二级支行，业务覆盖整个广饶区域。至 2016 年 12 月末，东营银行广饶支行各项存款余额 222086 万元，比年初减少 44425 万元；其中对公存款 138355 万元，比年初减少 76028 万元；储蓄存款 83730 万元，比年初增长 31604 万元。2016 年贷款余额 387274 万元，较年初增加 31903 万元，其中小微企业贷款余额 201752 万元，占总贷款余额的 52.10%。2016 年实现营业收入 22094 万元，实现净利润 18076 万元，上缴税收 1348 万元。实现国际业务结算 25606 万美元，实现国际业务手续费收入 887.8 万元。

市场营销　2016 年，认真落实好“去产能、去库存、去杠杆、降成本、补短板”五大任务要求，仔细研究广饶地方经济政策、产业布局和行业特色，优化调整信贷结构，大力支持传统产业改造升级，创新产品服务，激活存量、用好增量，提高资产业务质量。对个人客户，以客户关系管理系统为依托，大堂经理为抓手，从代发工资、个人贷款、劳务用工、新兴经济组织、养殖大户等目标客户入手，持续加大产品宣传力度，提供优质的金融服务，加大对高端客户的营销力度；年初的

宣传金融知识

网点营销效能提升培训，大大提升了员工的营销能力和话术水平；组织各种沙龙及室外营销活动，提升了广饶支行在广饶地区的品牌知名度及影响力，储蓄存款得到相应提升。不断优化信贷投放，提高小微贷款占比，2016年8月，支行与广饶小企业专营中心合并，发展中小企业信贷业务，提高小微企业贷款占比。2016年为贯彻执行总行实现小微企业贷款“三个不低于”的目标，支行把小企业业务作为新的效益增长源，全面提升小微服务水平，将小微业务做出亮点。主动上门走访优质小企业，了解融资服务需求，加强业务沟通。积极向小企业客户宣传产品和服务优势，提高客户对东营银行产品认知度。强化营销，不断挖掘客户多元化金融需求，力求从特色营销上赢得客户，占领市场，推动小企业业务全面发展。加强与政府部门、行业协会、民间商会、工业园区的合作沟通，深入了解小企业金融需求，加大产品推介力度，通畅金融“绿色通道”，在小微企业中打造东营银行专业、专注经营的特色品牌。

内控建设　在前台业务管理方面。严格落实各项内控制度，防范业务风险。每周组织员工认真学习总行下发的各种文件、业务规范、管理办法及相关法律法规，不断强化员工的风险意识，同时积极组织员工参加各项培训，提高员工的工作能力和业务水平。严格管理，强化监督。严格落实岗位分工，认真履行岗位职责，业务保障副行长和营业室经理作为前台的管理人员，对柜员处理的各项业务进行严格监督，从支行安全防范做起，严格各项规章制度的贯彻落实，切实防范业务风险的产生，为支行工作的安全、有序开展提供了保障。制定广饶支行员工考核办法和考勤制度，规范完善员工考核、考勤机制。在信贷业务管理方面。加强信贷业务学习，提高信贷人员操作和管理水平，细化客户经理工作内容，将客户经理细分为对公、对私、审查、内勤四个岗位，完善了职责分工及相应考核标准。强化信贷准入和贷后管理，及时发现风险点及时处置。做到信贷质量优异、信贷风险可控，提高整体信贷管理水平和经营水平。在信贷管理过程中，严把信贷准入关。严格落实双人调查，双人汇报；严格落实信贷审批决策制度，根据业务需要随时召开审贷小组会议，并安排两名审查经理，对客户经理经办的业务报告及相关风险做好审查工作。加强贷后检查和五级分类工作，定期到贷款企业走访，检查过程中发现问题及时汇报；加强贷款档案管理，指定两名档案管理员负责档案管理，确保客户信息的安全。在信贷管理过程中把风险防范放在首位，不符合规定的坚决不予办理，有效控制信贷风险。

## ·中国人民财产保险股份有限公司广饶支公司·

概述　至2016年末，广饶支公司共计收取保费9874万元，同比增长－7.87%，缴纳各项税金1180万余元。

政策性农业保险　2016年，联合县农业局、县财政局、县金融工作办公室，在全县范围内开展政策性小麦、玉米、棉花保险承保、理赔工作，共计收取保费948万元。积极联系县畜牧局、县林业局，做好育肥猪、能繁母猪、奶牛、公益林、商品林的承保工作，共计实现保费收入110余万元。

治安综合保险业务　强化治安综合保险联席会议制度，每周定期通报各乡镇业务进度情况，并进行有效督导，将治安综合保险业务推进情况纳入各乡镇的年终综合考评范围内，提升了治安保险业务的推进力度，共计实现保费收入200余万元。

（牛和强）

## ·中国人寿保险股份有限公司广饶县支公司·

中国人寿保险公司广饶县支公司是中国人寿保险股份有限公司在广饶地区的唯一分支机构，下设6个部室及6个营销服务部。

2016年，中国人寿保险公司广饶县支公司实现保费收入

23481万元，同比增长11.84%，累计服务客户12万人次，累计提供保险保障37.7亿元。处理各类给付案件4524件，各类赔付支出9074万元，上缴各类税金478万元。

2016年中国人寿广饶县支公司积极实施“银龄安康工程”，共为3.2万老年人投保银龄安康保险，保险金额达4.6亿元，让全县60%以上的老年人享受到保险保障。推出的“女性安康工程”，共为1600名妇女提供8660万元的妇女安康保险保障，减轻了患病妇女的家庭经济负担。推出的“计划生育家庭意外伤害保险”惠民工程，共为全县3.2万个计生家庭提供4110万元保险保障。推进“学生平安保险”，为全县6.3万名在校学生及幼儿提供保险保障，为4300名学生提供理赔服务，全年累计赔付500万元。为进一步提高学生保障水平，公司还为每位参保学生赠送白血病保险，每人保额5万元，学生的保障范围更加全面。

为更好的服务客户，中国人寿积极推广电子化服务，推出的电子化保单、国寿e门店、国寿e宝帐、微回执微回访、微理赔等服务项目，基本实现从投保到领取保险金、保险理赔一条龙的电子化服务。

# 城乡规划建设与管理

## 城乡建设

广饶县住房和城乡规划建设局是综合管理全县住房城乡规划建设事业的职能部门，负责全县住房和城乡规划建设行业管理、市场综合管理，负责城乡规划编报组织、城市规划区和镇街规划区内建设项目的规划管理；指导全县村镇建设；负责房屋征收管理、商品房预(销)售管理、住房保障工作；指导和监督建设工程招投标；负责建筑工程质量安全监管；负责建设类、房地产类、物业企业资质的审查、报批工作；负责建筑企业养老保障金管理、新型墙体材料应用与建筑节能工作等。被表彰为“2015 年度全市安全生产工作先进单位”。

### ·县城建设·

规划建设　2016 年，县城区建成区面积 30 平方公里，全县城镇化率 57.5%，城市配套更加完善、功能更加健全、环境更加宜居。

2016 年，县住房城乡规划建设局依据广饶城市总体规划，编制完成老城区重点地块城市设计，对广饶县老城区进行修建性详细规划设计，对中心城区控制性详细规划进行调整修编，牵头推进重点工程 8 项、惠民实事 2 件。立足早谋划、早安排、早行动，分解落实工程任务，研究制定实施方案，抽调得力人员分工推进，实行“班子包项目、中层靠工程、骨干沉一线”工作法，全面落实工程建设目标责任制，在确保质量安全的前提下，优化时序，挂图作战，拼抢进度，规范办理项目建设手续，科学安排工程建设进度，承担的工程项目落地快、建设快、见效快。回迁安置小区建设顺利实施。锦湖家园小区 D 区二期工程续建的 5 栋住宅楼建设完成，正在进行扫尾工作。怡景苑小区建设高层住宅 4 栋 408 户于 8 月建设完成，于 10 月分房 196 套。东方丽苑小区建设 21 层回迁安置住宅楼 3 栋、18 层商务办公楼 1 栋，已完成 17 层主体工程施工。公建及商务建设有序开展。宇通和谐广场项目商业区和住宅区 1#楼已封顶、2#楼正在进行 25 层施工，金融商务区东西向支路和环形支路等配套工程于 10 月按期竣工。加快空闲地块出让建设。顺安综合开发项目于 9 月完成土地出让，渤海房开和凯泽房开正在进行地块方案设计。合理改造提升城区承载能力。开展老城区改造项目论证，起草编制《广饶县城乡建设房屋征收与补偿暂行规定》、国有土地上房屋征收补偿安置方案和集体土地上房屋搬迁补偿安置方案。做好城

金融商务区

区地形图补测工作，累计完成水准测量175公里，片区修补测约21平方公里。实施城区地下管线普查和信息管理系统项目，累计探测点数约8.5万个、公里数约1840公里，设备及数据已安装完毕，系统已进入试运行阶段。加快推进惠民实事建设。做好老旧住宅小区环境改造提升，投资3367万元，完成全县90个老旧小区环境整治提升工程，县政府已完成现场认定，正在组织工程验收。农村旱厕改造项目共完成改厕1.88万户，完成市下达年度任务的114.6%，超额完成全年改造任务。西苑小区既有居住建筑节能改造工程全面竣工，西苑小区三期于2015年6月完工，西苑小区一、二期于2016年4月底完工，5月顺利通过省节能部门验收。

重点工程　金融商务区。一期项目规划建设大海企业总部大厦、恒丰大厦等7栋高层建筑。恒丰大厦A座、B座已竣工交付使用；贝特尔控股集团大厦外装施工基本完成，东方金座大厦正在配套施工，渤海颐和国际大厦、大海国贸大厦、昊龙国际大厦停工。金融商务区道路等配套工程建设顺利推进，东西向支路工程、区内环形支路等配套设施工程10月底竣工投用。恒丰大厦A座、颐和国际大厦和贝特尔商务大厦共用的供暖管道敷设完成，恒丰大厦B座供暖、供水和排水管道敷设完成。

中心商务区宇通和谐广场。该项目总投资5亿元，占地2.6公顷，建筑规模为地下两层，地上四至二十八层，总建筑面积12万平方米，是集商业、办公、餐饮、娱乐及商住公寓等为一体的综合性建筑。2016年住宅部分和商业部分主体建设完成，正在进行填充墙施工。

锦湖家园D区二期及商业房建设。建设高层住宅26栋，建筑面积约38.6万平方米，安置户数2336户；建设商业房和小区配套服务用房约3880平方米。其中21栋楼2015年建设完成，另5栋2016年竣工。

怡景苑小区。该小区位于傅家路以南，兵圣路以西，月河路以东，秋实园以北，交通便利，位置优越。主要安置2014年县医院以南片区拆迁回迁住户。小区规划为高层住宅，地上18层，地下两层，共19栋住宅。沿兵圣路规

旱厕改造

划3层的商业建筑。总用地面积119410平方米,规划建筑面积312210平方米,可安置住宅1664套。一期开工建设4栋住宅楼及地下车库、储藏室工程,用地36.6亩,建筑面积7.5万平方米,共有100型和130型2个户型,408套。已建设完成并完成分房。

原交通局办公楼片区回迁安置项目。位于县城花苑路以南、傅家路以北、孙武路以西、兵圣路以东,占地17亩,其中建设21层回迁安置住宅楼3栋,安置住户240户,建筑面积33318平方米;建设18层商务办公楼1栋,建筑面积14672平方米。项目主体建设完成17层。

农村旱厕改造工作。广饶县农村改厕工程涉及7个镇、386个村、86622户,占全市农村改厕工作任务的一半以上,其中2016年市级下达的改厕任务16409户,县级目标18190户。至12月底,全县完成改厕18800户,正在组织县级验收。

老旧小区改造提升。2016年,投资3367万元,对广饶街道、大王镇、丁庄镇和花官镇90个老旧小区进行改造提升,涉及居民1.78万户、总建筑总面积185.65万平方米,改造提升全部完成。

## ·村镇规划与建设·

*新型城镇化建设试点* 紧紧抓住新型城镇化综合试点为契机,用好用活各项优惠政策,加快新型城镇化发展。2016年科学编制完成《广饶县新型城镇化规划(2015～2020年)》,规划于1月19日通过省专家评审组评审,6月3日通过县委常委会审议,7月21日以县委文件正式印发。2016年争取上级新型城镇化试点资金600万元,并对新型城镇化试点资金进行分配,用于编制《广饶县人口市民化规划(2016～2020年)》和金融商务区道路建设。

*农村危房改造* 2016年是农村危房改造的第五年,县住房城乡规划建设局、县发展改革局、县财政局密切配合,按照"经济最困难,住房最危险"的原则,将上级下达的225户农村危房改造任务分配给各镇街。在危房改造初期,加大工作宣传力度,以明白纸、进村进户讲解等形式将危房改造的条件和操作程序传达到农户家庭。具体实施过程中,始终坚持公开公正、自愿自主的原则,严格审定危房等级和农户贫困程度,严格执行"农户个人申请、集体评议、乡镇审核、县级审批、签订协议、组织实施、竣工验收"的流程,建立健全公示制度,完善改造农户档案,强化安全质量管理,已按照上级要求全部开工,并提前完成45户危房改造的竣工验收工作。

## ·建筑业管理·

*概述* 2016年,全县建筑业内强素质,外树品牌,加强企业规范化管理和集团化发展,圆满完成建筑业企业换发新版资质证书工作和2016年市政企业资质动态核查工作,全县建筑业企业发展到76家,其中一级、二级、三级资质建筑业企业分别达到5家、43家、20家,不分等级企业8家,分别占7%、57%、26%、10%,企业实力不断提升。建筑业全年完成产值94.80亿元,同比增长2.02%建筑业增加值26.28亿元,同比增长15%,实现利税10.74亿元,同比减少4.27%。

*行业诚信建设* 全县建筑业企业坚持加强诚信建设,视信誉为生命,靠诚信树形象、拓市场、求发展,遵纪守法,诚实守信,从按时发放农民工工资,到自觉维护建筑市场秩序,重信誉、守承诺成为全行业的自觉行动。

*招标工作* 认真贯彻执行《中华人民共和国招标投标法》及相关法律法规,充分体现公开、公平、公正和诚实信用的原则,严把招标单位资格审查关、前期基建手续审查关、招标文件审查关、中标通知书确认关,有效杜绝招投标活动中的违法违规行为。全年共监督招标投标工程55项,建筑面积14.81万平方米,工程造价1.78亿元。发放中标通知书71份;办理自行发包项目22个,建筑面积98.09万平方米,工程造价9.29亿元。押建造师证69份,取建造师证96份,借建造师证28份,施工合同备案51份,监理合同备案29份,办理评标专家资格延续审核30人。

*行业人才培训* 不断加大行

业培训工作力度，努力提升企业整体素质。组织64家企业参加二级建造师报名考试600人，组织完成二级建造师初始注册32人，延续注册21人，增项注册12人，组织二级建造师55人进行考前培训。完成2015年职业技能岗位证书的办理总计911人，完成关键岗位新培训人员的证书办理248人。组织全县建筑企业技能岗位理论培训，参训企业17家，参训人员300余人。组织市政企业参加岗位人员培训56人。参加市建联会组织的第九届建筑业职业技能大赛，共有10家企业32人参加比赛，共获得一等奖1名、二等奖3名、三等奖3名、县建联会获得优秀组织奖，广饶盐化公司获得企业优胜奖。全县建筑业企业各类技术人员持证上岗率大幅提高。组织全县建筑企业参加市、县建筑业协会组织的"营改增"培训班，总计参加人数318人。完成2项QC优秀小组成果奖的推荐。推荐5家建筑企业15项工程参加2016年度建设工程质量"金洲杯"奖的评选，其中一等奖2个；二等奖4个；三等奖7个。

劳保管理工作　加大劳保政策宣传力度，加强劳保基金的收缴、返还、调剂、管理，确保足额收取，按时返还，维护建筑企业利益。加强与社保部门联系，为企业参保提供方便，及时了解建筑企业加入保险、交费、欠费情况，并结合建筑业实际，督促各企业有计划地为企业职工参保。全年共收缴养老保障金1704.08万元，拨付企业714.03万元，上解省市170.41万元，为2家企业申请上级补贴90万元。

建筑节能　大力加强建设领域建筑节能的推广工作，全县新型墙材企业达到28家，完成新型墙材生产企业认定证书到期换证2个，2个建筑节能产品通过省住建厅的现场考察和抽样检测，取得山东省新型墙材建筑节能技术产品认定证书，建筑节能产品市外备案13项。全面完成市下达的2016年建筑节能任务，完成既有公建节能改造2.051万平方米、落实太阳能一体化建筑20.9万平方米，配合省、市相关部门对23个大型公共建筑的能耗检测系统进行全面检查和系统维护。2016年新开工的建设项目全部执行绿色建筑标准，达不到绿色建筑设计标准的工程不予进行图纸审查，节能标准在设计阶段执行率达到100%，施工阶段达到99%以上。加强建筑节能执行标准的监督管理力度，对县城、建制镇规划区内新建居住建筑达不到节能65%、新建公共建筑达不到节能50%的标准的，不予节能建筑认定、不予验收备案，2016年完成节能建筑认定16个项目，94.92万平方米。发挥新型墙材基金的调节作用，2016年征收新型墙体材料专项基金612.21万元，完成6个项目的墙材基金返还工作，返还专项基金388.05万元。

质量安全　2016年县建设工程质量安全监督站共监督工程250项，总建筑面积222.7万平方米；其中在建工程224项，面积180.9万平方米；竣工工程26项，面积41.8万平方米。受理各类房屋建筑工程和基础设施工程竣工验收备案73项，面积76.2万平方米，建设工程验收合格率及竣工验收备案办结率均保持100%。一年来，积极推进"公共安全深化年行动""安全生产月活动"等安全工作，做好6月全国统一开展的"全国第十五个安全生产月"工作、组织开展"广饶县建筑施工安全生产事故触电应急预案演练活动""建筑施工安全事故警示教育宣传"活动，深入施工现场开展安全生产观影培训，做好"广饶县国家卫生县城复审""省级文明县城评审"和"省级食品安全先进县验收迎检"等其它重大事项的安全保障工作；扎实开展"工程质量治理两年行动"，全力做好工程建设日常检查与质量竣工验收工作。年度共检查验收1154趟次，监督抽查工程241余项，监督安全验收评价备案420余项，发放安全整改通知书626份、安全停工整改通知书85份、质量监督卡417份、质量隐患通知书123份、建设行政简易处罚决定书58份。质量安全隐患回执书上报率100%，隐患复查率达到98%。申报市级"安全文明工地"20项，市级"优质结构主体工程"26项。

定额造价及建机行业管理　深入贯彻《山东省建设工程造价管理办法》，做好建筑工程招标控制价的备案管理工作，合理控制工程造价，节约建设资金。完成建设工程招标控制价备案50项。造价合同备案1份，完成房屋建筑工程竣工结算文件备案17项。组织建筑门窗企业积极准时参加省建机行业在潍坊召开的建机行业年会会议。完成41项《建筑门窗产品备案证明》验印登记备案工作，完成1家备案产品申报工作。

建设领域农民工工资清欠　重视制度建设，根据上级文件的精神，召开建筑业企业经理会议，择优选定齐商银行东营支行为建设领域农民工工资保证金和工资支付专户银行，签订共管协议。加强现场督察，组织人员深入在建工程工地现场，督查督办，严格要求各施工企业签订《防范处置拖欠农民工工资目标责任书》，实行农民工实名制管理，建立详细的农民工管理台账，同农民工签订劳动合同，建立农民工按月发放工资表以及推行农民工实名制工资支付银行卡等。2016全县房屋建筑在建施工项目均按要求签订《建筑企业防范处置拖欠农民工工资目标责任书》，缴纳农民工工资保证金约计1000万元，新办理建设手续的项目全部预存工资性工程款，通过实名制工资卡直接发放农民工工资，有力地保障了农民工工资的合法权益。做好农民工讨薪上访接待工作，2016年共接待上访事件67起，涉及欠薪人员约1400人，涉及欠薪金额约1800万元，均已解决或达成协议。

## ·房地产管理·

概述　以“转方式、调结构、重引导、促发展”为目标，着力优化发展环境，房地产业实现平稳较快发展。2016年，全县房地产开发完成投资16.36亿元，施工面积267.82万平方米，新开工27.65万平方米，新建商品房网上签约4864套、签约面积74万平方米，全县房地产市场平稳健康运行。

住房保障　2016年保障性住房建设任务为334套、低收入家庭住房租赁补贴50户。具体完成情况：一是棚改安置任务超额完成。会同广饶经济开发区，完成棚改安置334户，以政府购买服务形式购买安置房668套，货币化安置达到100%，超额完成市下达的334户棚改安置任务。二是低收入家庭住房租赁补贴超额完成。新增廉租房货币补贴51户，完成率102%，发放补贴10.06万元。2016年，全县保障房续建项目7个1288套，其中棚户区改造1018套，竣工交付使用80套，基本建成408套；公共租赁住房(含廉租住房)270套全部达到基本建成条件。

房屋拆迁管理　分房工作：完成原广丰食品厂59套回迁房的分房及结算工作，县医院以南片区200套回迁房的分房及结算工作。遗留问题处理：重点做好原立交桥东南片区曹佳庚、杜曰琴，县医院以南片区八村遗留户18户27个院落，原啤酒厂片区李树修、房新生，原化肥厂片区于广鹏、崔洪义等遗留问题的处理工作，通过从济南等地聘请法律专家出主意、想思路、定政策，为下一步司法工作的介入做好前期铺垫。协助广饶街道就梧村片区遗留问题展开处理，共计74个院落，完成39个院落问题的处理，剩余34户还在进一步处理中。

物业管理　物业管理与服务进一步规范和提升，制定推行物业承接查验试行文本，落实物业企业信用档案管理制度，加强物业市场监督检查，进一步加强合同备案管理，健全完善小区安全生产网格化管理机制，协助搞好住宅小区拆违治乱整治，推进阳光、广泽等落实属地化管理机制，提升服务质量，促进行业健康发展。牵头推进实施4个镇街、90个老旧小区环境整治提升工程，2～5月完成手续办理和规划设计，6月陆续开工，10月完工、验收并交付使用，争取、分配上级奖补资金553.5万元。严格新建物业质量保修金制度，对县内26个新建物业项目收缴保修金7089万元。畅通业主诉求渠道，妥善处理物业投诉220余起。强化行业自治自律，以协会为依托，组织消防安全、有限空间作业等培训学习5次、1200余人次，提升服务人员素质，创建市级物业管理优秀项目1个，发挥好项目好企业的模范带头作用。至2016年底，全县在管小区79个、5.51万户、785万余平方米，组建业主委员会

23个，物业管理覆盖率达96%。加强住宅专项维修资金汇集和使用初审，汇集专项维修资金3456.45万元，办理资金审批使用468起。

*档案管理*　充分利用现代化的信息技术和管理手段，在原有实物档案、电子数据档案的基础上，逐步对档案资料进行数码拍照，实现“实物档案”“电子数据档案”“数码图像档案”三档并存，全面建成房产数字化档案，房产档案查询实现立等可取。接收整理各类档案9092起，建立电子档案4592件，拍摄图像101144张，向不动产登记中心移交房屋登记档案137262卷，为办事群众提供档案查询1万余人次，出具房产证复印件4654起、房屋登记证明5950起。

*房地产监管*　2016年累计办理各类房屋租赁备案手续665起，颁发房屋租赁备案登记证明659本，规范了房屋租赁市场；依法查处房屋装饰装修3起，发放房屋安全装饰装修温馨提示100余份，有效的保障了房屋产权人及毗连房屋权利人的合法利益。严格存量房合同网上备案和交易资金、佣金监管力度，2016年共完成房源挂牌1467起，备案1408起，合同注销16起；托管335起，托管金额约为7462.16万元，资金拨付309起，共拨付约为6286.19万元，交易面积18.87万平方米，有效的保证了房产交易的安全。为进一步规范存量房市场交易行为，2016年对存量房网上备案及交易资金监管系统进行维护、升级，并对业务流程进行进一步简化，方便了群众，确保系统正常运转。扎实开展房地产中介市场治理工作，实行定期和不定期巡查、月、季动态监管制度，并对全县22家房地产中介机构进行集中排查，对5家存在问题的中介机构进行督促整改。仍有3家房地产中介机构因多次违规操作、欺骗双方当事人等拒不改正，依法予以取缔。

*房地产交易与权属登记*　不断规范、优化业务登记流程，立足惠民办实事，致力于群众关心的热点问题，先后开展新城花园、凯泽尚城回迁户的办证工作。2016年，共完成各类房屋登记、交易业务11898起，颁发房屋权属证书6228本，发放告知书402份。2016年上半年，“营改增”政策实施后，各类房产业务的办理呈现快速增长趋势，交易中心及时增设受理窗口，开展“延时服务”加班加点，使御景花园11幢楼249户、东方华苑1幢楼96户、丽景豪庭5幢楼335户业主办证工作得以全面展开，为经典乐都小区(广饶县城北农业局棚户片区回迁安置房)5幢，352户建立楼盘表信息，另外完成新购房业主《商品房买卖合同》的变更、注销合同手续259起。回复群众关心的热点难点问题20余起，接听电话及接待现场咨询8558次，及时为群众解疑答惑。全年共开展上门服务20起，延时服务25起。

*不动产登记工作*　积极做好不动产登记衔接过渡工作，县住建局及时对业务流程整合方案进行梳理和修改，按时完成放低登记业务整合、22名工作人员划转、14万件房产档案移交及不动产登记中心服务窗口设置工作，确保在9月4日前完成房屋登记，做到岗位无缺失，工作不脱节，从而保障了各项工作严谨有序进行，确保当事人按原定时限领取《房屋所有权证》。2016年9月5日，全县正式实施不动产登记工作。县住建局房管中心在不动产大厅设置交易窗口，及时与不动产进行业务对接，至12月底补录不动产登记信息62起。接收房屋解除查封法律文书15份，办理房屋抵押注销业务368起，产权注销业务2起，为业主提取合同508份。

(钟志学)

## ·城市管理·

*机构和职责*　广饶县城市管理和行政执法局有在编在岗干部职工114人，内设办公室、财务审计股、公用事业管理股、市容市貌管理股、案件审理股、投诉督察股、安全生产管理办公室、行政审批股8个股室，下设城市管理行政执法大队、园林绿化处、市政工程设施养护管理处、城乡环境卫生处、乐安公园管理处、宏源热力公司6个企事业单位。

按照县政府“三定”方案有关规定，县城市管理和行政执法局主要承担以下职能：一是贯彻执行国家和省、市有关城市管理、市政公用设施管理和城市管理行政执法等工作的方针政策和法律法规，研究拟定全县城市管理、城区市政公用设施管理和城市管理行政执法等工作的政策措施和管理办法，并组织实施。二是负责城市基础设施的建设管理工作；负责城区市政设施管理工作；负责城区防洪排涝的管理工作；负责城市燃气、供热、垃圾处理、污水处理管理工作；负责城区户外广告规划与设置管理；负责城市“绿色图章”制度的实施与管理；负责城市道路占用和挖掘审批管理；负责城区建筑垃圾处置核准管理；负责组织开展全县环境综合整治工作；负责城乡环卫一体化工作；负责城区数字化城管平台运行管理工作；负责城区公共自行车运行管理工作；负责城市园林绿化和环境艺术作品的管理工作。三是会同有关部门加强全县风景名胜区的管理工作，指导城市规划区内生物多样性工作。四是负责全县燃气和城区排水、供热的行业管理和公用事业经营单位的资质管理；负责城市园林绿化、环境卫生、雕塑、路灯等施工企业的资质管理；负责行业的科学研究及科技推广工作；负责行业的安全生产监督管理工作。五是负责用于城市管理工作有关专项经费的使用和监督、评估工作；负责全县污水处理、垃圾处理、燃气、供热等市政公用事业特许经营工作；指导并监督市政公用行业的国有资产管理。六是按照授权负责县城市规划区范围内行政综合执法工作。七是负责全县城市管理队伍业务指导及队容风纪、执法行为的监察和业务培训工作。八是负责受理城市管理综合执法工作中的投诉、行政应诉工作。九是负责本部门及部门职责范围内的安全工作。十是承办县委、县政府交办的其他事项。县城管局被山东省精神文明建设委员会授予省级文明单位称号。广饶县荣获山东省人居环境范例奖。

路面维修

**重点工程** 完成城区道路改造工程，该工程4月19日进场施工，6月29日完工；对乐安大街（孙武路至月河东路段）进行整体改造，埋设雨水管线720米、污水管线640米、供水管线720米。

完成市政设施改造提升工程，该工程主要包括健身器材更换、道路标志牌路名牌安装、交通信号灯安装、顺安路（乐安大街至綦公路段）人行道维修、城区道路维修、道路标线施划、长安路（迎宾路至綦公路段）西侧人行道铺装改造等内容。其中，共更换健身器材131套，安装道路标志牌230套、路名牌370套，安装交通信号灯5套，维修顺安路人行道3500平方米，维修破损路面7500平方米，施划道路标线2.4万平方米，对长安路（綦公路至迎宾路段）西侧进行人行道铺装，铺装面积2200余平方米，种植绿化苗木2500余平方米。

完成道路照明智能控制系统安装工程。安装智能监控终端88套，被盗报警装置360套，城区路灯实现遥测、遥控、遥调功能。

完成城区雨污分流改造工程。对成老城区文安路与迎宾路口、月河路与人民路交叉路口、傅家路与兵圣路交叉路口等8处雨污分流改造；完成孙武沟、月河沟一体化泵站制作、安装。

完成西苑小区便民市场改造工程。西苑小区便民市场内钢构大棚建设及部分地面铺设，同时配套设置了照明灯具。

城区道路安全生命防护工程。在县城区部分路段安装限高架、学校标志牌、黄闪警示灯、警示桩等安全防护设施，施划震荡减速标线。共安装限高架5套、黄闪警示灯6套、“T”型路口提示牌4套、学校提示牌6套、警示桩30套，施划震荡减速标线1600平方米。

做好了县城区夜景亮化管理工作，12月对城区夜景楼体亮化进行集中维修，确保2017年春节等节假日夜景亮化的正常运行。

共维修沥青路面坑槽963.9平方米，维修路沿石576.5米；维修更换人行道花砖305.2平方米；维修更换雨污检查井盖137套；维修雨水篦子123个；维修道路交通隔离栏788节，更换交通隔离栏防撞桶62个、防撞柱31根、警示牌33套，张贴防撞桶反光膜329张、交通隔离栏反光膜1320处约75平方米；对地上消防栓进行冬季保温，更换消防栓8套，维修消防栓漏水、渗水45次；维修健身器材11套；维修路灯1460盏次，对城区90台路灯箱变进行检修，处置路灯箱变故障36台次，更换电线电缆1574米，拆除(迁移)路灯7套。

至2016年底，县城区道路总长度91千米，其中车行道207万平方米；县城区桥梁9座；各式道路路灯10002盏；排水管道长度达225.16公里，其中污水管道67.58公里，雨水管道143.08公里。

安装风障

园林绿化　2016年承担建设了河辛路两侧(立交桥至临淄界段)改造提升工程、城区绿化提升工程及建成区裸露土地绿化建设项目，总投资11730万元，广饶新增绿化面积149万平方米。

完成河辛路两侧(立交桥至临淄界段)改造提升工程，该工程于4月15日开工建设，10月30日竣工，新增绿化面积45万平方米，共清运垃圾、回填土方26万余立方米，开凿机井10眼，敷设给排水管线19000米；移植现状苗木1.4万余株，栽植各类乔灌木1.8万株，种植模纹地被草花38万平方米。建设辅路、人行道各8000米，安装路沿石5.7万米，安装辅路路灯254套、人行道庭院灯200盏，封堵企业、生产路口136个，为防止雨后车辆带泥上路，对11处未硬化的村庄出入口、生产路口实施硬化。

完成城区绿化提升工程，绿化面积10万平方米，该工程于2016年4月8日开工建设，6月30日竣工，完成垃圾清运11116立方米，回填种植土27138立方米，绿化给水开槽8000米，栽植乔灌木13000株、模纹及地被草花8万余平方米，人行道及园路4500平方米，安装路沿石5400米，围网安装1650米；该工程已转入养护期。

至2016年12月31日，城区绿地面积达1164.8万平方米，公园绿地面积263万平方米，绿地率45.68%，绿化覆盖率50.61%，人均公园绿地面积16.44平方米。

2016年，以生态环境整治提升年活动为载体，以严格落实园林绿化养护责任制为导向，突出特色，精管细养，不断提升园林绿化管理水平。一是制定《广饶县城市园林管理规范》，落实管理责任，细化管理标准，完善《广饶县园林绿化管理考核办法》《城区绿地养护管理标准》，城区绿地完好率达到98%以上。强化预防，标本兼治，加大病虫害监测防控力度，探索病虫害防治新技术，全年城区绿化未发生较大病虫害。加强生态水系管理，打造绿色长廊。城东生态水系获得2016年度山东省精细养护示范绿地荣誉称号。加强督查，及时整改，全年督查整改事项180余件，维修浇灌设施400余处、围网520处、维修铺装380平方米。积极探索市场化模式，对河辛路中间绿化隔离带养护进行市场化运行，降低管理费用。二是适时增绿补绿，对城区行道树和断档模纹、残缺地被全面补植，绿化裸露土地33处，补植行道树410株、模纹及垂直绿化20万株。实施城市管理视频监控系统监控安装工程，在城东生态水系安装监控11处、馨安公园3处。实施绿化水源改造，以城东水系为水源，建设供水泵站两处，安装供水管道2.3万余米。三是新接绿地。根据《关于同意将2015年度有关城区绿化工程移交专业单位管理的批复》和《S323潍高路改线二期工程(广饶段)交接有关工作会议纪要》的要求，新接绿地133821平方米，其中，2015年度有关城区绿化工程(县生态水系二期绿道建设工程、广颖路东延绿化工程)新增绿化面积132148平方米，潍高路(团结路至立交桥段、长安路至立交桥段)及康居公共体育场周边配套绿化面积共计1673平方米。四是加强企事业单位的绿化指导。积极组织开展"花园式单位""花园式小区"的评选活动，3个小区获得"市级花园式小区"荣誉称号，1个单位获得"市级花园式单位"荣誉称号。

公园管理　3月，根据2016年公园提升工程苗木补植工作计划安排，对乐安公园、五村遗址森林公园、城市绿轴及行政中心的裸露地块、长势不良的乔灌木、地被植物进行补植和移栽，共计补植草坪、玉簪、萱草、波斯菊等地被植物1400平方米，移植木槿、百日红、垂丝海棠、榆叶梅等400余棵。在公园绿地南侧栽植蔷薇和冬青1000多棵，杜绝了行人踩踏绿地。严格执行公园绿地管养标准，建立工作日志，按照养护管理规范，在做好浇水、除草、修剪等日常养护工作的同时，积极探索新技术、新工艺的研究应用，根据病虫害发生规律和实际情况，采用生物防治技术，做好花草树木病虫害防治，突出生态管养，提高绿化养护的科技含量。4月下旬和9月下旬，在乐安公园及城市绿轴、五村遗址森林公园等处的迎宾喷泉周围、绿地、花坛、花钵内栽植了矮牵牛、一串红、马齿苋、三色堇、孔雀草等色彩鲜艳的时令草花88000余株，为节日增添了生机，提升了城市形象。

对公园保洁工作，实行定人、定岗、定责制度，明确保洁范围及保洁标准，每天安排冲洗车、多功能清扫车等保洁工作专用机械车辆对园内道路进行清扫保洁，提高保洁效率，公园环境卫生有了明显改善。加大对喷泉、雕塑、座椅、指示牌、健身器材等公用设施的维修保养力度。一年来，共计维修90余处的太空漫步机、秋千、揉推器等健身器材；维修72处的座椅、坐凳，更换地沟盖板130块，井盖15个；修复鹅卵石路面230余平方米，广场地面350平方米，加固屈兵台景观柱石板200余块；维修月季池、牡丹池墙面石板50平方米；更换人工湖周边不锈钢围栏链条150余米，加固人工湖四周石块19处，行政中心小桥护栏汉白玉石柱30余处；除锈刷漆养护公园挡车柱51根，围栏铁链80米。维修投光灯100盏，景观灯灯罩50个，路灯98盏；更换灯泡900余支，更换五村遗址路灯杆6套；粘贴配电箱警示标志36处。

对禽鸟进行科学饲养，认真研究禽鸟繁殖规律，逐步扩大鸟禽数量。共计繁殖野鸭32只，白鹅5只，南美雁2只，增加了景区的观赏功能。

在乐安公园、五村遗址公园设置电子显示屏各1处，为游人提供观看新闻、了解实事政治的平台；开展"倡导文明游园，共创优美环境"主题活动，在公园广场设立宣传服务咨询点，开展宣传咨询和劝阻引导行动，向游人发放"文明游园宣传单"1000余份、悬挂横幅20多条，提升了乐安公园的服务形象。

环境卫生　2016年，进一步创新街道清扫作业管理模式，提升街道保洁长效管理水平，对城区330万平方米路面、广场进行无缝隙保洁，对路面两侧50米范围内垃圾进行捡拾，捡拾面积220万平方米；街道清扫保洁率

100%，机械化清扫率达98%，垃圾清运严格执行“日产日清，车走地净”工作标准，垃圾清运率达100%；持续加大环卫机械作业车辆配备力度，投资800万元购置洗扫、吸尘、清运、吸污等车辆12辆，城区环卫机械化作业率显著提升；开展城市深度保洁示范路创建活动，更新保洁三轮车30辆，实行分级保洁管理，“以克论净”评定标准，制定《保洁人员网格化管理分布图》，定岗、定责、定时，责任全覆盖、管理无缝隙、保洁全天候，城区主干道路达到示范路保洁标准；突出抓好城乡结合部、城市出入口等重点部位、重点区域卫生死角治理，逐片排查、逐点清理，清理垃圾死角2240余处，设置围网300米，安装警示牌30个，消除管理盲区。

制定《广饶县城乡环卫一体化市场化运行方案》，投资7047.63万元，通过公开招标的方式，将镇街政府驻地、县域主要道路、县乡公路、河道、沟渠、林带、村庄等范围内的清扫保洁、垃圾收运以及镇街垃圾中转站垃圾清运、管理维修工作，委托给有资质、有业绩、有管理经验的专业环卫保洁公司，实行“统一收集、统一运输、统一处理”，实现作业与管理分离，10月起9个镇街全部实行市场化运作，运行企业新购置压缩垃圾清运车58辆、240L带盖方形垃圾桶14437个、机械清扫作业车辆17辆、电动三轮保洁车470辆，提升了村庄垃圾收集清运及时率。持续加力清脏治乱，突出整治重点，以乡村文明建设专项行动为主线，以村庄为点，以“三线一带”为线，以公共区域为面，明确整治标准、完成时限，逐一清理、逐点验收，累计下达整改任务3200余项，清理垃圾死角1.4万处，清运各类垃圾10万余吨。

建设城乡环卫数字化平台，将数字环卫纳入“智慧城市”建设项目，投资230万元，建设城乡环卫数字化监督指挥平台，利用“互联网+”的形式，在城乡环卫垃圾清运车辆安装车载管理器97套、垃圾桶数字标签18200个、垃圾中转站视频监控12套，将全县城乡垃圾收集桶、运输车辆、垃圾转运站等环卫设施纳入监管，实现与城市管理监督指挥中心互联互通，实行城乡垃圾收集、清运全过程在线实时监控，确保城乡生活垃圾定点收集、集中处理。

**集中供暖**　城区集中供热工程建设完成。首站扩容建设，土建、设备安装、厂区配套全部完成；该工程项目计划敷设供热主管网10800米，已敷设完成。傅家路供热主管网续建工程圆满完成。新建小区换热站及管网配套建设工程圆满完成。金岭壹品小区、中南世纪城1.2期、渤海华府小区、怡景苑小区换热站及一次供热主管网安装工程全部完成，全福元一次供热主管网安装工程全部完成，新城热计量改造工程建设完成。2015～2016年采暖期累计供热130天，期间运行换热首站2座，换热分站53座，运行换热机组92套、供热主管网81公里，供热能力达到800万平方米，接入集中供热管网面积590万平方米，实际交费用热面积427万平方米，服务热用户3.9万户。主要运行工作：一是供热期间接听用户来电21000余件，接待用户来访3570人次，安排新用户开暖4170户，锁暖1580户，入户维修4600余次。二是供热期间对未交费的13000余户开展定期检查，查处私自用热数十户，全部进行关停处理。三是安排专业队伍对小区二级管网进行测查漏点，安排人员抢修，共抢修漏水管线21处，节省自来水3万多立方米。四是根据县物价局文件，确定2015～2016年度采暖期居民供热价格为21元/平方米，安排人员对多收取的1元/平方米取暖费进行退费，应退291万元，累计退费253万元，剩余金额转入居民个人账户。五是对用热户开展电话回访和入户回访，真实回馈派修情况和维修效果，期间回访用热户3650余次，用户满意率达98%以上。

**污水处理**　2016年共计处理污水1967.8万立方米，累计耗电704.3万度，累计消减COD 6783.68万吨，消减NH3－N 742.64吨，处理处置污泥33102吨，污水集中处理率达到100%，出水水质达到规定排放标准，实现污水处理设施的连续不间断运行。

**数字化城市管理平台建设**　认真践行“严格执法、科学管理、人性关怀”的工作理念，坚持“第一时间发现问题、第一时间派遣问题、第一时间处置问题”的工作目标，至2016年12月31日，广饶县城市管理监督指挥中心累计受理各类城市管理方面案件78046件，立案77130件，派遣58995件，处置57839件，立案率达到98.48%，派遣率达到100%，结案率达到98.11%。全年共维修、维护城区监控摄像头23处，调整并清洗城区与公共自行车监控摄像头60处，彻底清理指挥中心大屏幕1次，清洗机房空调4次，对5处雨水泵站和2处节制闸、车辆（GPS）定位系统进行及时检修与维护。同时为视频监控系统增加新的存储设备，确保有充足的存储空间。

承办的县重点工程——智慧城市建设工程项目，该工程主要包括：道路照明智能控制系统安装、城市管理视频监控系统安装、城镇供气设施智能管理系统安装、数字城乡环卫信息平台建设、指挥中心视频监控存储设备购置安装等5项内容，投资710万元。所有项目均按时完成。

市容环境整治　积极开展城区市容秩序整治，围绕城区乱写乱画、乱扯乱挂、乱摆乱设等突出问题，开展市容秩序专项整治。集中开展以规范室外经营、流动商摊、户外广告、露天烧烤为重点的市容秩序专项整治。清理室外物品摆放2236处，拆除私搭乱扯的遮阳棚145处，清理规范落地灯箱376个，清理乱晾晒衣物2130余起，拆除破旧条幅、横幅132条，对色粉刷覆盖乱涂乱画13万余处，清理市政设施上乱张贴小广告10万余处，规范自行车、摩托车摆放2560余辆次，市容秩序管理中一些长期存在的顽疾得到有效解决。

违法建设查处　以全县拆违治乱专项行动为契机，发挥牵头抓总的作用，在做好城区违法建设查处的基础上，督促镇街做好违法建设的处置。累计拆除违法建设307处、6.4万平方米。组织好镇街和县直部门干部职工对违法建设的主动申报工作，累计申报违法建设201处，面积3.8万平方米。部门联动，联合执法，组织公安、住建等部门200余人，集中拆除新城储备地违法建设7000平方米。保持对违章建设的高压态势，特别是对新增违法建设，做到发现一处、拆除一处，维护了规划建设秩序的严肃性，城乡建设秩序明显好转。依托全县道路交通秩序整治行动，对县域内主干道路沿线两侧存在重大安全隐患、路口遮挡视线影响交通安全的建筑物进行摸排，查处违法建设77处、面积1.56万平方米，组织镇街进行集中处置。

清扫落叶

建筑垃圾运输整治　开展建筑垃圾运输专项整治和扬尘治理专项整治。制定《广饶县建设工地和建筑垃圾运输专项整治实施方案》，组织对城区在建的20处建筑工地扬尘治理和工地管理情况进行全面检查。在县政府网站发布县城区建筑垃圾运输企业名录公告。抽调专人，联合公安、交通部门设置检查点，开展渣土运输整治检查。约谈建筑垃圾运输名录企业，组织县城区施工工地和建筑垃圾运输名录企业召开安全生产会议。全年查处带泥上路、道路遗撒违法行为80余起，查扣带泥上路污染路面车辆30余辆次，罚款3.8万元。

户外广告整治　依托拆违治乱专项行动的开展，在全市率先启动大型立柱广告拆除行动，城区和镇街同时推进，集中利用45天的时间，拆除全县625处大型立柱广告和3300余块灯杆广告。在大型立柱广告拆除的基础上，启动门头牌匾和楼顶广告的整治，共统计楼顶墙体广告507处，建立户外广告整治台账。累计下发限期整改通知1340份，拆除户外广告牌585处。严格广告审批工作，依法强制拆除大海经典、渤海经典等13处擅自设置的广告，清理条幅210余条，严控开业店庆活动。

城区流动商摊管理　按照

“科学、合理、规范、便民”的原则，修订《城区道路摊点设置导则》，进一步落实“划线定摊、限时经营、摊前三包”制度，引导市场周边流动摊点入市经营，在方便居民群众的同时实现有序经营。加强西苑小区等4处便民市场和梧村等4个集市的管理，取缔怡馨家园占道马路市场，依法取缔占道经营违法行为为2200余处。

**露天烧烤整治**　县城管局、县公安局、县环保局和县市场监管局联合下发《广饶县城区露天烧烤整治实施方案》，划定烧烤准许经营区域，城区中队对43家烧烤业户进行调查登记，逐户发放《关于整治城区露天烧烤摊点的通知》，组织实施了露天烧烤经营许可审批工作。组装了宣传车，播放《关于规范城区露天烧烤的通告》，在城区开展集中宣传和现场规范整治工作。协调县政府办组织召开部门联席会议，组织了四部门联合执法，开展了油烟监测和整治规范工作。依据专业机构对城区露天烧烤业户使用无烟环保炉具的检测结果，对不符合标准的商户下发《限期改正露天烧烤违规行为的通知》，对逾期不改正或改正不达标的，进行依法取缔。

**重大活动执勤保障**　在时间紧、任务重、要求高、难度大的情况下，做好国际橡胶轮胎暨汽车配件展览会、汽车展销会、孙子文化国际旅游节、各级领导视察等活动执勤保障任务60余次，做好省级食品安全县城创建验收工作期间市容秩序管控任务。

**亮点工作**　公共自行车系统运行良好。采取大厅集中调度、现场及时调运、分组划片巡检和全天候保洁的管理方式，确保公共自行车系统正常运行，共运行61个站点，售卡7100余张，自行车租用量达到85万余次。全年共维修解决公共自行车系统问题50余次、视频监控问题20余次、站点断网、断电问题70余次、站点POS机死机问题40余次、站点锁止器问题1000余次，全部自行车车链、车闸上油15次，更换了500辆自行车前后抱圈、链条等。同时对夜间光线暗、补光灯照明范围不足的21个站点更换补光灯，更换同安医院西站点、新会展中心站点、渤海御苑站点等3处站点的电源电缆。

城乡环卫一体化成效显著。为进一步提升城乡环卫一体化管理水平，10月起9个镇街全部实行市场化运作，运行企业新购置压缩垃圾清运车58辆、240L带盖方形垃圾桶14437个、机械清扫作业车辆17辆、电动三轮保洁车470辆，提升了村庄垃圾收集清运及时率。持续加力清脏治乱，突出整治重点，以乡村文明建设专项行动为主线，以村庄为点，以“三线一带”为线，以公共区域为面，明确整治标准、完成时限，逐一清理、逐点验收，累计下达整改任务3200余项，清理垃圾死角1.4万处，清运各类垃圾10万余吨，城乡人居环境质量显著改善。

（耿晓强）

## ·城市资产运营管理·

**资产统计及登记工作**　至2016年3月10日，全县纳入2015年度资产统计范围的140家行政事业单位均按时完成年报和产权登记工作。据统计，140家单位资产总额128.42亿元，比上年增加7.17亿元，增长幅度为5.58%；负债总额为44.11亿元，比上年减少1.23亿元，增幅为−2.71%；资产负债率为34.35%，比上年下降幅度为2.95%；净资产总额为84.31亿元，比上年同期增加8.4亿元，增幅为11.07%；固定资产总额为29.89亿元，比上年增加2.41亿元，增幅为8.77%。

**国有资产清查工作**　根据上级财政部门要求，自2016年5月开始，县国资办对全县134家行政事业单位组织开展资产清查工作。至8月1日，2016年全县行政事业单位国有资产清查数据汇总上报工作全面完成。全县行政事业单位国有资产帐面数总额52.27亿元，资产清查数52.60亿元；盘盈0.54亿元，资产减少0.21亿元，合计资产清查盘盈0.33亿元。

**公车改革工作**　为保证公车改革工作顺利进行，国资办积极配合县公车改革办公室，认真做好涉改车辆的处置工作。共处置公务用车296辆，进行19次网络公开拍卖。其中264台处置车辆全部顺利拍卖成交，成交价款784.9万元，溢价率21.6%，公车拍卖款全部上缴财政，另外有32辆进行报废处置。

国有资产出租等日常监管工作　全面加强全县存量资产动态监管及审批，加强国有资产出租资产管理和国有资产处置工作监管。2016年，县国资办共审批45家单位的资产处置申请，处置资产计3069万元；审批资产无偿调拨、划转申请22项，涉及资产金额10346.6万元；审批公车购置2辆，报废车辆39辆；填写车辆过户处置证明317份。

融资工作　为加强政府投融资管理，增强投融资平台投融资能力，切实发挥政府投融资主体的引导和带动作用，积极配合县经济发展投资有限公司做好公司债券发行工作。设立能源产业基金。县财金资产管理有限公司与中国能源工程集团有限公司签定《山东广饶能源产业升基金合作协议》，成立广饶国能资产管理有限公司和东营广饶中机能源产业发展中心（有限合伙），对县能源化工产业进行投资。

（刘小康　李海峰）

# 交通·邮电·电力

## ·交通管理·

机构和职责　广饶县交通运输局是县政府主管全县交通运输事业的职能部门，局机关有人事秘书股、财务审计股、行政办公室、规划建设股、运输管理股、政策法规股、行政审批股7个职能股室，下辖县交通运输监察大队、违章处理办公室、县公路运输管理处、交通运输企业安全生产监控中心、公路修建养护管理处5个直属单位，9个交管所，有干部职工146人。

主要职责：承担涉及综合运输体系的规划协调工作，会同有关部门组织编制综合运输体系规划，指导交通运输枢纽规划和管理。拟订全县公路、水路、铁路行业规划、计划、政策并监督实施；起草相关规范性文件；参与拟订现代物流业发展规划；指导公路、水路、铁路行业有关体制改革工作。承担道路、水路、铁路运输市场监管责任；组织制定全县道路、水路、铁路运输有关政策、准入制度和运营规范并监督实施，执行相关技术标准；按规定组织协调重点物资、紧急客货运输；指导道路、水路、铁路运输服务行业管理工作。负责提出公路、水路、铁路固定资产投资规模和方向、政府财政性资金安排建议；负责全县各项交通运输规费的征稽、管理，提出有关财政、土地、价格等政策建议；负责内河船闸设置及收费标准的申报工作；指导行业投融资工作。承担公路、水路、铁路建设市场监管责任；监督实施公路、水路、铁路工程建设相关政策、制度、技术标准；组织协调公路、水路、铁路有关重点工程建设和工程质量、安全生产监督管理工作，指导公路、水路、铁路基础设施管理和维护工作；按规定负责港口规划和岸线使用管理工作。参与拟订全县国道、省道的布局规划，监督和指导公路及其附属设施的建设、养护和管理；制定农村公路规划，监督和指导农村公路建设、养护、管理工作。贯彻实施交通科技政策、技术标准和规范，组织行业科技开发，推动技术进步；指导行业环境保护和节能减排工作；指导行业教育、培训工作；负责相关行业统计，发布有关信息。指导交通运输方面的合作与交流工作；负责相关涉外运输的管理工作。指导公路、水路、铁路安全生产和应急管理工作；负责全县交通战备工作。负责本部门及部门职责范围内的安全工作。承办县委、县政府交办的其他事项。

交通基础设施建设　潍高路改线二期工程（广饶段）、惠安路大修工程、老潍高路高田桥大修改造工程交工通车；石大路跨S230东青线及G25长深高速（东青段）高架桥建设完成总工程量的85%，预计2017年6月底前交工通车；S231河辛线广饶绕城段改线项目已经省发改委立项，2017年正式动工建设；庐山路南延工程正在立项前期手续的办理过程中，预计2017年上半年完成立项前期手续和土地手续的办理工作，下半年开工建设；城乡公交总站主体工程完工；东青高速西水出入口拓宽改造项目完成工程的施工图设计，土地手续办理进入尾声。长深高速广饶至高青公路项目立项等前置手续完成，积极对接山高集团，展开征地拆迁工作。小清河复航工程（东营段）项目正在办理立项前置手续。

农村公路建设养护　2016年，继续加大农村公路建设力度，新改建农村公路300.1公里，总投资约15400万元。全县等级公路通车里程2093公里，公路密度184.08公里/百平方公里，全县初步形成干支相连、村村相通的环型农村公路网络。深入开展农村公路养护管理提升活动，全面推进农村公路路况质量、路容路貌、路域环境、安全保障等各方面建设，切实提高全县农村公路养护管理水平；继续深入实施农村公路安全生命防护工程，投资约2130余万元，实施全县村道的安全生命防护工程和全县150余公里县道、480公里乡道的安全生命防护提升工程，切实提高农村公路通行标准和安全保障水平。

交通运输行业管理　进一步梳理整合行政审批事项，强化权力清单管理，规范行政审批行为，提升行业管理服务整体水平；加强道路运输市场监管，完善质量信誉考核体系，引导和规范交通运输企业经营行为，增强交通运输企业市场竞争能力；切实抓好汽车检测站的管理，完善运营车辆技术档案，严把好车辆技术关，确保行车安全；加强维修市场管理，加大对非法经营、服务质量低劣等经营行为的打击力度，维护好维修市场经营秩序；强化驾培市场管理，严格教练员准入机制和培训教育，促进驾校规范管理，为培训学员提供更加优质高效的驾驶培训服务。紧紧把握被确定为全省城乡公交一体化示范县的有利时机，进一步完善提升公交基础设施，优化公交线路，改善乘车环境，提高公共交通承担能力，给群众出行提供更加方便、快捷的条件。全县有68家普通货物运输企业、25家危化品企业、8家客运企业和25家维修驾培企业。道路运输集约化、专业化、规模化程度明显提高，运力结构得到进一步优化。

舒适便捷的城乡公交

交通运输监察　按照“抓重点、抓队伍、抓成效”的工作思路，突出“打非治违”和“双超”治理两个着力点，狠抓现场执法、违章处理、停车场管理三个关键环节，建立和完善6项交通执法工作机制，努力锤炼规范高效的执法队伍，取得交通运输监察工作的明显成效。共查处违章运输车辆671辆，其中累计查处超限超载运输车辆137辆，查处“黑出租、黑摩的”和违章客运班车、包车29辆，其他货运违章车辆467辆，累计卸货4411吨。

工程管理规范化和制度化　在农村公路建设中，严格履行建设程序，所有县乡道路均实行先审批后建设，所有农村公路建设项目一律在办理土地、选址、立项等相关手续进入招投标程序后，才予以办理质量安全监督和工程施工许可手续。认真落实工程质量责任终身制，建立“业主负责、政府监督、社会监理、企业自检”的四级质量监管制度，严把“施工图设计、项目招投标、施工许可、质量监督、工程施工、竣工验收”6个关口，确保工程建设质量。

安全生产　严格落实“党政同责、一岗双责、齐抓共管”要求，深化安全生产网格化管理，坚决杜绝责任事故的发生，确保交通运输安全生产形势持续稳定；督促企业落实安全生产主体责任，加强安全管理制度建设，保障安全生产工作落实，营造安全生产的良好环境；深入开展安全生产领域“打非治违”专项行动和安全生产隐患大排查快整治严执法集中行动，对重大安全隐患实行挂牌督办、动态跟踪，确保整改到位；进一步健全交通运输应急保障组织体系和队伍，完善行业安全监管和应急管理预案，积极开展应急演练，进一步提高应急管理能力。

安全生命防护工程施工

荣誉　1月，广饶县交通运输局被东营市交通运输局、东营市文明办授予全市交通运输系统2015年度精神文明建设先进单位；3月，广饶县交通运输监察大队被东营市交通运输局、东营市公安局授予集中治理危化品运输车辆违法行为联合执法行动先进单位；4月，广饶县交通运输监察大队被市交通运输局授予2015年度“全市交通运输监察暨治超工作先进单位”；6月，公路修建养护管理处被东营市创建青年文明号活动组委会授予“2016年度东营市青年文明号创建单位”，广饶县交通运输局行政审批股、广饶县交通运输监察大队、广饶县公路运输管理处、广饶县公路运输管理处公路修建养护管理股、广饶县公路运输管理处汽车维修管理股、广饶县交通运输局大王交通运输管理所、花官交通运输管理所、陈官交通运输管理所、乐安街道交通运输管理所、广饶街道交通运输管理所、丁庄交通运输管理所、李鹊交通运输管理所、稻庄交通运输管理所、大码头交通运输管理所、被东营市交通运输局、东营市文明办授予全市交通运输系统2015年度“市级文明示范窗口”称号。

1月，李好德被东营市国防动员委员会评为2015年度东营市关心国防建设十佳个人；3月，徐能三被东营市交通运输局评为安全生产先进个人，邓观杰、张学锋被东营市交通运输局、东营市公安局评为集中治理危化品运输车辆违法行为联合执法行动先进个人，赵五祥、李金涛、初振峰、叶立民、常春被东营市交通运输局评为东营市交通监察治超工作先进个人，生立华被市安委会评为“全市安全生产先进个人”；6月，马建秋、张文杰被东营市交通局、东营市文明办评为东营市交通运输系统2015年度文明服务标兵。

（谢东杰　韩文华）

## ·公路建设与管理·

综述　东营市公路管理局广饶公路局是正科级监督管理类事业单位，辖养护中心（应急保障中心）和路政大队2个副科级单位，局机关内设办公室、组织人事科、监察室、劳资科、财务科、审计科、养护科、计划科、机关服务中心、安全科、保卫科、车管中心、老年办等13处科室，分设大王、丁庄、乐安、陈官四处公路管理站和路

拆除非公路标志

政中队。有干部职工202人，负责广饶县境内河辛路43.98千米、寿高路27.091千米、田高路30.309千米、沾青路44.867千米、田广路9.471千米，共155.718千米干线公路以及沿线40座桥梁的养护管理任务。

2016年先后实施河辛路大修、东青路大修、潍高路改线等公路基础设施项目，路网结构进一步优化；探索实施了市场化养护和路政中队进驻公路站的管理模式，推广使用了移动办公平台和公务用车GPS定位监管系统，公路管养水平进一步提升。广饶公路局被授予并保持了“档案管理国家二级先进单位”“全省交通系统文明单位”“全省路政管理先进县”“省级卫生单位”“全省绿化先进单位”“省特级档案室”“全市交通系统先进集体”和“市级青年文明号”等130多项荣誉称号。

*养护管理*　日常工作中及时清理路面垃圾、补设缺失标志、整修路缘石及路肩边坡，着力提高路容路貌。全年共补设示警桩1200余根，修剪路树遮挡标志300余处，修复水毁20余公里，回填土方600余立方米，维修路侧波形梁护栏80余米，更换路缘石315块，调正路缘石10余公里，建设养护标准段80公里(其中路肩整修80公里，填土4000余立方米；桥梁护栏刷漆3125平方米，修剪杂草45万平方米，补设道口桩320根、立柱式轮廓标98根、防撞桶53个、里程碑60公里)。不断优化道路保洁方案，充分利用自购清扫车、洒水车，降低作业成本，提高保洁效率。在小修工程实施过程中，先后制定《小修工程质量验收管理办法》《小修工程计量管理办法》等考核管理办法，并安排专人对工程质量、进度及现场安全进行跟踪监督，确保小修工程的顺利实施。全年共完成路面挖补12426平方米，路面抹油4080平方米、车辙铣刨50682.2平方米。其中河辛路挖补989.74平方米、铣刨30364.2平方米；东青路挖补1621.1平方米；广青路挖补4698.73平方米、抹油4080平方米；潍高路挖补5117.15平方米、铣刨20318平方米。严格落实桥梁安全“十项制度”“四个一”制度，积极开展日常巡查、月度检查，对辖区内东青路预备河桥、河辛路二干桥等三、四类桥，加大监管力度，通过安排专

干净整洁的干线公路

人值守、安装视频监控等一系列管控措施，对桥梁进行不间断监测，确保能够及时发现隐患。

**路政管理** 结合路政宣传月、法制宣传日等活动，充分利用宣传车、报纸、电视和网络等媒体，做好《公路法》等法律法规的宣传。累计出动路政宣传车25台次，发放宣传页800余份，悬挂宣传标语10条，安设告示牌2块。全年完成路政巡查巡路总里程6.16万公里；查处路政案件35起，收取路赔补偿费26.6万元，结案率达到100%；完成涉路工程审批4起，共计收取国有资源有偿使用费23.4万元。借助省市县开展的安全生命防护工程、生态环境建设年活动，在沿线镇街和城管执法等部门的配合下，开展联合执法，相继开展干线公路中间分隔带路口整治、非公路标志清理、占路打场晒粮治理等一系列执法行动，共拆除大型单立柱广告牌233块，清理集市贸易12次，补设防撞桶236只、反光标柱360根，施划标线14万平方米，潍高路、东青路共计封堵、重设中间分隔带路口122处计2750米。

**路网改建** 先后实施河辛路路面大中修工程、东青路预备河桥维修工程、潍高路安全生命防护工程。按照属地管理原则，认真履行安全监管责任，采取与施工单位签订道路管养交接协议、下达隐患整改通知书、开展安全隐患检查等一系列措施，确保施工现场全年无重大事故发生。抽调精干业务人员到潍高路改线二期指挥部参与工程建设，该项目已于9月26日正式竣工通车。顺利完成与县政府关于新旧潍高路管养的交接手续，辖区路网结构进一步得到优化。积极推动广青路拓宽改造前期手续办理工作。

开展路政法律法规宣传

**安全管理** 从完善制度建设、健全联动机制、强化队伍建设、做好物资储备等方面入手，不断强化应急保障工作，提升各类突发事件的处置能力。2016年先后出台《关于安全领导小组调整及职责分工的通知》《关于建立广饶公路局安全应急救援领导小组的通知》，制定2016年安全生产工作方案和制度、应急仓库及物资储备管理制度、2016年全县夏季消防检查工作实施方案。推行安全生产网格化管理，落实“一岗双责”，全员签订《安全生产目标责任书》，确保安全责任落实到位、无死角。认真开展“安全生产月”“平安行，你我他”等活动，每月组织一次安全专项检查，每季度组织一次全局范围内安全生产综合检查，进一步加强对辖区内大中修工程、小修保养工程施工现场的安全管理，对在巡查过程中发现的安全隐患，及时督促相关单位进行整改。按照“专兼结合、平急结合”的原则，成立应急救援领导小组和抢险队伍，加强应急物资、应急设备管理，完善应急预案，在四个公路管理站建立应急物资储备仓库，配置齐全的融雪剂、防滑砂、铁锨、警示标志等应急物资，切实保障恶劣天气条件下的物资供应。

## ·铁路建设与管理·

**县铁路办职责调整** 2016年3月9日，经县编办《关于县地方铁路管理办公室机构编制事项调整的通知》（广编发〔2016〕8号）批准，县铁路办职责及内设机构调整。

主要职责。认真执行国家和省、市有关铁路建设的方针、政策、法规，贯彻落实县委、县政府关于铁路建设的各项决定、决议；负责县内铁路建设规划研究和铁路建设项目立项前期协调工作。负责与上级及外地铁路主管部门的联系，协助乡镇政府处理铁路建设与沿线群众之间的利益关系，配合相关单位做好铁路建设中的政策宣传工作。负责协调铁路建设业主单位、施工单位与地方的关系，协助乡镇政府解决铁路建设过程中的各类矛盾和纠纷。负责协调全县铁路建设征地拆迁工作及相关资金的管理使用。负责组织有关部门开展调查研究，提出铁路建设促进地方经济发展的对策与建议。协助县内企业铁路专用线投资主体，按照自主经营、自负盈亏、自我发展、自担风险的方式建设铁路专用线。负责职责范围内的安全生产工作。承办县委、县政府交办的其他事项。

股室设置。广饶县地方铁路管理办公室下设2个职能股室。

综合室。组织协调办公室机关日常工作；负责办公室机关规章制度、目标任务、工作计划的拟定并监督检查落实情况；负责办公室机关的党群、人事管理、机构编制、劳动工资、社会保障、职称评聘、国有资产管理、财务、审计、统计、计划生育、教育培训、精神文明建设、党务政务公开等工作；负责文秘、档案、保密、后勤服务、机关会议组织安排及文稿起草等工作。负责职责范围内的安全工作及领导交办的其他工作。

业务室。按照国家、省、市有关铁路建设方面的法律法规、方针政策，拟定业务性、规范性文件材料；负责全县铁路建设征地拆迁协调推进工作；负责铁路征地拆迁协议、评估报告等资料的收集、整理、审核、归档和移交工作；协助县内企业铁路专用线投资主体，按照自主经营、自负盈亏、自我发展、自担风险的方式建设铁路专用线；负责开展调查研究，提出铁路建设促进地方经济发展的对策与建议；负责信息宣传、综治、信访、安全、督查督办、业务会议组织安排及文稿起草等工作。负责职责范围内的安全生产工作及领导交办的其他工作。

铁路货物运输情况　2016年1～12月，华泰站到达货物42808车、126.06万吨，李鹊站到达油品205.8万吨，华星企业站到达油品123.52万吨。

黄大铁路征地拆迁和工程施工　黄大铁路征地拆迁正式用地手续前期工作全部完成，于2016年9月9日移交至县国土资源局，年底，完成相关工作并上报至省国土资源厅。县境内(包括东营农高区)征地拆迁工作基本完成，共签订征地拆迁协议84份，协议签订金额2367.78万元，完成清基10.4公里，占总里程的93.7%。

县境内(包括东营农高区)工程施工由中铁建大桥局和中铁十一局两个施工单位负责。年底，黄大铁路广饶段的跨路、跨河的桥梁桩基、涵洞等的施工全部完成，共计完成特大桥2座，大桥2座，中桥2座，箱形桥5座，涵洞29座，承台78个，墩台身78个；计划路基填筑土方82.4万立方米，已完成62.8万立方米，占总土方量的76.2%。

德大铁路费用清理和协调服务　德大铁路广饶段费用清理。积极配合市铁路办、中路华审计所完成德大铁路广饶段征地拆迁费用的审计工作，并将剩余费用3237.86元退回至市铁路办。开设在广饶农商行新城支行的德大铁路征地拆迁专户，于10月21日销户。

小清河西会让站进站路问题协调处理。由于小清河西会让站进站路原始设计的原因，工作人员和车辆进出极为不便。组织济南铁路局淄博工务段、德龙烟公司、市铁路办、丁庄镇、东营农高区等相关单位多次到现场对问题进行梳理、汇总。经积极协调沟通，各方已初步确定解决方案，具体细节需进一步协商。

寿平铁路费用清理和运营服务　广寿铁路费用清算。积极做好广寿铁路征地拆迁补偿资金清算工作，并于2015年底将相关费用及时拨付到大王镇等单位。经与寿平公司对接，开设在东营银行广饶支行的广寿铁路征地拆迁专户，于10月12日销户。

S323潍高路改线二期工程建设。积极配合县交通运输局完成S323潍高路改线二期下穿兴广铁路立交工程的设计、施工，与益羊铁路管理处的对接及其他工作。S323潍高路改线二期工程于9月26日全部建成通车。

新兴物流铁路专用线二期和开发区支线前期工作。配合山东新兴物流有限公司、李鹊镇和正和集团、县开发区等相关单位，积极推进新兴物流铁路专用线二期和开发区支线的项目论证、可行性研究等前期工作。

铁路沿线环境综合治理工作　积极配合县委宣传部多次到德大铁路、寿平铁路就沿线环境进行实地查看，较为准确的掌握了县内铁路沿线环境的基本情况。及时通知李鹊站、华泰站、华星企业站、小清河西会让站、丁庄会让站，制定站区及铁路栅栏(或隔离网)内的环境综合治理实施方案，并检查、督促各站场做好站区及铁路栅栏(或隔离网)内的卫生治理、老旧建筑整修和铁路沿线标识、标牌的清理、规范工作。

## ·邮　政·

概述　中国邮政集团公司山东省广饶县分公司设有综合办公室、市场营销部、代理金融部、包裹快递部、文化传媒部、渠道平台部，下辖17个邮电支局所，全县共有41条投递段道，投递里程2265公里。2016年度邮政服务社会满意度综合得分94.4分，并被市公司推选参加省公司先进党支部评选。

业务工作　2016年广饶邮政公司全年收入计划为4004万元，累计完成4081.07万元，完成年计划的101.92%，同比增幅37.50%。目标利润完成1100余万元，完成计划的132.53%，同比增幅67.06%，全市排名首位。

基础管理工作　注重内部管理，提升服务硬实力。注重网点改造建设。开展了基层营业网点标准化建设，对西刘桥、石村、西营三个网点进行迁址改造，为城乡居民提供更好的服务环境。注重职工小家建设。县公司建立职工食堂，并为14个网点全部建立职工小家，为员工提供温馨舒适的生活环境。公司被评为省公司“2016年度模范职工之家”，大王支局、码头支局、西营支局申报省公司“山东邮政星级职工小家”。

强化城乡综合服务平台建设，加大服务“三农”力度。招聘农技专家，利用邮政渠道送科技下乡。招聘配备兼职农技专家2名，利用邮政现有渠道将培训课堂搬到田间地头，让农民客户有更直观的认识，为扶贫产业发展提供了强有力的技术支撑。充分发挥广饶特色市场优势，以糖厂大客户为基础，积极拓展多样化客户，以最优惠的价格为中小企业提供最方便的商品寄递，春节期间不停运得到全县广大中小企业主的一致好评。2016年全年日均小包寄递量达到5000件以上。利用邮政优势走访商户，提升商户活跃度，刺激经济发展，通过移动展业、办理POS等活动提升商户规范度与活跃度，刺激经济发展。搭建联系平台，申请成立电子商务协会。牵头申请成立“广饶县电子商务协会”，全心全意为政府、社会和会员服务。“广饶县电子商务协会”已经筹备完成，待广饶邮政分公司仓配中心落成开业之际，“广饶县电子商务协会”将同时召开成立大会。

便民渠道建设情况。把便民渠道建设工作与服务广饶经济社会发展紧密结合，力求发挥邮政普遍服务职能的发挥，促进地方经济的发展。在认真履行普遍服务义务的基础上，不断拓展邮政服务领域，延伸服务渠道。在现有17处营业网点的基础上，全县建设邮政便民服务站550处，初步建立起以信息化为支撑、覆盖城乡的邮政综合平台和邮政配送服务网络。

热心社会公益事业，努力提升社会形象。为发挥广场舞对老年人强身健体、愉悦心情的作用，同时充分利用邮政遍布城乡的网络优势，2016年县老龄委主办、公司承办广场舞大赛活动，为中老年人搭建一个活跃文体生活、展示自我风采的广阔平台，引领全县营造尊老、爱老、敬老的社会新风和和谐、健康、文明的社会氛围。

## 中国联通公司·广饶分公司·

2016年，中国联通公司广饶分公司全年主营业务收入完成1亿元，宽带净增500户，新发展联通电视6000户，其中3G+4G出账50000户，融合业务用户达18000户。全县范围内实现光纤改造工程全覆盖，范围内9个镇街500多个村庄、社区基本实现光纤接入。新建、优化基站18处，4G基站达到180处，手机信号覆盖进一步增加。对符合条件的客户实行宽带免费提速，推行流量不清零等惠民政策。

## 山东移动通信公司·广饶分公司·

机构设置　中国移动通信集团山东有限公司广饶分公司成立于1999年7月，并于2000年10月随山东移动整体在香港和纽约成功上市。公司设综合部、业务运营部、集团客户服务中心、建设维护部，并下辖广饶街道、开发区、大王、稻庄、丁庄、李鹊、花官、陈官、码头9个经营部，14个自办营业服务网点、760余处社会专营网点，并在全县所有行政村庄全部建立了村级服务站。

业务　为促进广饶通信市场发展，充分重视用户通信需求，针对不同客户通信特点，公司加快建设前端标准化+后端统一支撑的全网一体化运营体系，提升4G时代的综合运营能力。通过建立4G各项指标的通报机制，细分目标群体，开展免费体验、外呼推荐等精细营销，培养客户使用手机上网习惯，通过优先推荐流量产品等，提高新入网客户和终端购机用户的上网渗透率。多措并举，至2016年底全县新增客户11.08万户，在网4G用户达20万，宽带总用户近4万户，电视用户1.5万。

团队建设　为深入落实"客户为根、服务为本"的服务理念，公司持续提升企业服务水平，打造10分满意服务。对内，建立组织保障，完善考核机制，丰富改善措施，加强督导落实，定期开展调查，切实做好满意度改善工作。对外，加强企业整体形象与具体业务的宣传有机结合，持续强化客户大企业感知，有机结合集中性提升活动，确保行业内绝对领先优势。在2016年广饶移动荣获省宽带提升工程劳动竞赛"十佳县区公司""先锋团队""广饶分会先进集体"等荣誉称号。为适应通信事业快速发展，提升新形势下的客户服务满意度，公司先后组织参加上级公司培训百余次。工会组织开展了"一路同行"系列活动，进一步提升企业文化水平，推进广饶移动精神文明建设。积极组织员工参加孙子文化节、国际轮胎展等志愿者活动。精心组织全体员工培育和践行社会主义核心价值观，参与创建文明城市活动，提升文明素质。持续以"客户的满意是我们不懈的追求"的服务理念，积极把握客户需求，转变发展机制，努力提高网络质量和服务质量，提升客户满意度。

## ·中国电信广饶分公司·

完善优化社会渠道　根据市公司渠道建设规划方案总体要求，进一步强化渠道建设，提升渠道效能。针对不同区域采取不同的渠道拓展建设方式，城区卖场突出异网TOP门店的进驻，充分利用融合优势，推动全网通终端上柜。城区卖场商圈通信店面全部加载办理电信业务，电信终端销售占到商圈销售总量的45%。城区专营开展社区门店建设尝试，实行店包区经营，全年城区专营新建社区门店3处，在各自承包区域均取得优异成绩。农村区域在做好渠道拓展的同时，致力于渠道效能的提升，聚焦潜力门店，强化新店帮扶，明确提升目标和责任人，努力提升门店业绩。中国电信广饶分公司在2016年连续第四年获得中国电信山东分公司"十佳区县公司"荣誉称号。

两网规划建设　进一步加大投资型代理商工程建设的支撑力度，逐步提高代理商网络建设能力，发挥支局支撑作用，加大投资型区域业务发展力度。全年新增投资型代理商7家，投资型接入村庄42个，覆盖用户30000户，新增宽带端口14500个，全县村庄宽带覆盖达到310个村。全年移动业务发展坚持以全网通终端销售为抓手，以明星机销售、乐享家套餐等为卖点，推动门店全网通终端上柜。

发力物联网业务　年初成立

新业务发展中心，重点利用已有成熟应用平台如翼校通、农技宝、ITV、翼支付、外勤助手、综合办公、天翼对讲、酒店联盟等将业务发展迅速拉动，同时在物联网的公共事业、医疗卫生、制造业、民生、金融服务等方面尽快实现突破。翼校通业务通过不断地学校走访，老师平台使用沟通寻找翼校通平台与学校教学的结合点，获得教师及家长的认可，全年发展校园用户1687户，其中翼校通用户487户，电子学生证1200户。4月，与广饶电视台合作推出“翼校通＋校园行”栏目，在广饶电视台滚动播出。

在年初实现佳乐超市、全福元及鲁百超市翼支付业务加载，通过持续不断的商超宣传活动，提高翼支付业务的影响力。下半年，响应省公司加快翼支付消费环境建设的号召，通过“翼支付三类生态圈”建设，辐射各类线上线下消费场景，提供差异化的天翼便民服务新体验，打造“天翼＋支付”业务新生态。县公司发动各支局发展小型商超，至2016年底，公司与135家商户达成合作意向，签约181家，活跃商户132家。

员工认购承包　全面实行经营性承包，经营性业务单元竞标承包后全部实行效益包核算模式，以业务收入为单元考核标准，进一步提升经销单元业务发展积极性，全年有三个支局超额完成收入指标。进一步优化县公司后台部门倒三角支撑，理顺倒三角支撑闭环考核流程，建立营销单元对后台支撑人员考核测评机制，有效调动后台支撑员工的主观能动性。坚持广饶电信“和谐家园”建设，努力营造温馨和谐的工作氛围。

## ·电　　力·

概况　国网山东省电力公司广饶县供电公司属国有中型企业，承担着全县工农业生产和城乡居民生活供电任务，服务人口51.68万。有员工500人，其中各类中、高级专业技术人员99人，下设职能部室8个，二级机构12个(其中，乡镇供电所9个)。公司拥有110千伏变电站21座/2371兆伏安，35千伏变电站23座/621.4兆伏安，10千伏及以上线路286条/3427.065公里。公司电网以杨家、乐安、丁庄3座220千伏变电站为主供电源，全部变电站实现双电源、双主变供电，公司属变电站均实现无人值守，电源及主变均达到了N－1准则，形成以220千伏为主电源、110千伏为骨架、35千伏为环网的安全可靠、坚强实用的供电网络。2016年，公司完成网供电量52.02亿千瓦时，居全省县供电企业第2位；完成高低压综合线损率2.97％，综合供电可靠率99.9246％，综合电压合格率99.75％。各项业绩指标均超额完成。公司荣获国网山东省电力公司2016年度先进基层党委、电网工程建设立功竞赛先进单位称号。

电网发展　开展全县电力市场需求调研，定期向县政府汇报电网建设工作。加快推进权证办理、民事关系协调，县政府专门召开特高压工程协调会议，完成规划路径批复等前期手续18项。科学调配施工力量，±800千伏锡泰线、扎青线顺利开工建设，域内220千伏李鹊站、110千伏白坞站、35千伏清河站顺利冲击送电。220千伏李鹊站110千伏配出李广线、李十线、220千伏丁庄站35千伏配出线等顺利完工送电。加快推进电网升级改造，改造35千伏大营站、110千伏华星站、永泰站及3条110千伏、8条35千伏线路；安装21套小电流接地选线装置、185台10千伏柱上开关。全力推进井井通电和小城镇(中心村)电网升级改造工程，投资2.98亿元，完成1406个单体项目建设，改造井口5588口，农村户均容量达到2.3千伏安。积极服务重点工程建设项目用电，供电能力和质量均显著提高。

安全生产　严格落实国网公司本质安全工作部署，开展迎峰度夏隐患排查、“三查三强化”安全专项行动等活动，查改各类隐患1062项。强化安全教育，组织安规考试856人次；学习典型事故教训，提升作业安全管控水平。加强电力设施保护宣传，发放宣传图册2万余本，更换台区宣传图板60块。严格落实到岗到位制度，到位监督861人次，安全督察队督查现场349处，查处违章14起。加大线路保护区巡视力度，清理树障50240棵。积极开展防外破特别行动，排查完善各类警示标识723处。与县公安局联合成立警电联合办公室，提升依法维权水平。完善电网运行风险预警管控体系，下发预警通知书62份。高质量完成69项大修技改工程和512项春秋检任务。实行“安全事件周例会说清楚”制度，加强事故原因分析和措施预控，开展配农网大整治，完成57条重复跳闸线路治理，八级及以上安全事件同比减少44.27%。落实消防安全“责任强化年”活动措施，查改消防隐患20项。加强应急管理，修订应急预案25项，电网安全迎峰度夏，圆满完成重大节日及活动保电任务。

优质服务　发布“深化大服务机制落地应用助推广饶经济社会发展”十项供电服务举措，全面提升服务品质。定期公布配网开放容量，提升业扩流程效率，新增高压业扩305户/36.45万千伏安，新上分布式光伏发电233户/2615.58千瓦；推广“互联网＋业扩报装”服务模式，高、低压新装业务线上受理率达到100%，服务时限达标率100%。积极沟通协调，县政府出台新的新建住宅小区供配电设施配套费政策。积极开拓市场，接转油田及电厂直供户2.5万千伏安，增加售电量6340万千瓦时。开展用电信息采集攻坚，完成46座变电站采集设备升级，改造台区549个、三层采集点5477处，更换表计24658只、旧损计量箱11742台。完成86个跨资产管理小区资产清查和移交协议签订，接收资产2.24亿元。严格执行电价政策，强化反窃电和营业普查，加强电费回收风险防控，追补电费260万元。超前开展居民费控推广工作，费控率达到85.51%。“多表合一”采集水表4131只，掌上电力绑定用户1.53万户。对60家企业电工开展业务培训，建立大用户用电交流微信群，及时沟通解决用电问题。深入推进“五个一”标准化抢修，开展不停电作业453次，减少停电4.72万时户，增供电量1890万千瓦时。严格落实投诉“说清楚”制度，加强明察暗访，排查服务隐患，防范服务风险。

企业管理　定期召开班组对标分析会，严格落实提升措施，常态化开展大讲堂和应知应会考试，筑牢班组建设基础。抄表班等2个班组荣获省公司“先进班组”，市场班等3个班组荣获省公司“进步班组”，大码头所荣获省公司“标杆供电所”，李鹊、广饶所荣获省公司“进步供电所”。扎实推进星级供电所创建工作，提升综合管理水平。加强课题研究和创新创效，1项成果获国家发明专利授权、8项成果获实用新型专利，1项管理成果入选省公司十佳法治企业实践，1项成果获东营市职工优秀技术创新成果一等奖、3项获东营市优秀五小成果奖。组织走出去学习先进单位经验做法，加快管理水平提升。强化工作攻坚，敢于“啃硬骨头”“打硬仗”，完成公司“子改分”改革，岗位绩效工资制度全面落地，实施全员选岗竞岗，开展劳动纪律整顿，实施全员电子化考勤。完成4座变电站不动产权证办理，调度楼取得省政府建设用地批复。高质量完成历史档案数字化加工，启动档案室改造。开展依法治企自查自纠，迎接省公司综合审计、经济责任审计。加强集体企业经营管理，完成改革改制，压减企业1户，健全制度体系。完成在岗农电工社保补缴。

三个建设　坚持争先发展，内质外形成效显著。完成党委、纪委、工会换届选举。开展党员组织关系集中排查，完成党费补缴。全面推进“两学一做”学习教育活动，印制学习资料“口袋书”，开设领导干部专题党课。深化服务型党组织建设，扎实开展“三亮三比”主题活动，提炼营销党支部电力先锋造福万家“四讲四有”具体化优秀成果、大王供电所党支部“红土情、国网魂”和稻庄供电所党支部“廉洁文化，内化于心”典型活动。结合建党95周年，开展学党史、促党建“红色革命”教育，举办“永远跟党走·光辉电力人”庆七一晚会、书画展，承办省电力书法美术协会走进广饶“庆祝建党95周年”笔会。组织职工趣味运动会、庆“三八”妇女节、老年门球赛等系列活动，丰富职工文体生活。积极配合做好市公司“上挂下派”工作，举办中层干部培训班，提升干部素质；召开青工座谈会，关心青年成长成才。坚持每周学习纪委典型问题通报，队伍保持干事干净。加强主题传播，在县级以上报刊网站发表稿件信息272篇。公司22支"海蓬志愿"服务队结对帮扶58户特殊困难家庭和困难学子，彰显公司负责任形象。加强员工健康管理，完成职工健康查体工作。周密做好信访隐患排查，落实领导包案制度，确保队伍稳定、公司和谐。

（韩海港）

# 环境保护

## ·综　述·

广饶县环境保护局下设办公室（政策法规股、宣传教育办公室）、规划财务股、环境管理股（生态建设管理办公室）、污染防治办公室、行政审批股5个股室，县环境监察大队、县环境监测站（县环境信息与监控中心）、县污染物排放总量控制办公室3个事业单位，共有工作人员65名。2016年，县环保局坚持"生态立县、环境优先"的理念，紧紧围绕全县水气污染整治专项行动，按照"一二三四"的工作思路，倡树一个目标—建设天蓝地绿水净的美丽新广饶，突出两项重点——铁腕执法、建设智慧环保，关键三个治理——工业污染物治理、大气污染治理、流域污染治理，狠抓四项具体工程——治污工程建设、网格化环境监管、环评手续办理、环保干部自身建设，进一步加大工作力度，全县环境质量持续改善。县环保局被山东省精神文明建设委员会授予"省级文明单位"称号。周怀国、丁子良、王淑梅、董冰、蒋来芬、李玉花、孙效忠、燕明泽、于珍获得环保部颁发的长期从事环保工作纪念章。

水气污染整治

## ·重点治污工程建设·

重点抓好20项环保重点工程建设，完成19项，暂停实施1项。水污染治理方面。重点实施厚远现代牧业有限公司大型沼气工程、金岭化工股份有限公司苯胺污水处理厂提标改造工程、城区管网改造工程、河流监控能力建设等8项工程，其中广饶现代农产品加工产业园污水处理厂建设项目规划变更申请暂停实施。以上工程全部完成后，将实现全县重点河流断面水质的根本改善。大气污染治理工程方面。共实施奥星化工挥发性有机物治理项目、燃煤机组超低排放改造项目、重点企业泄漏检测与修复项目、燃煤小锅炉淘汰整治项目等10项工程。上述工程全部建成投用后，空气质量将实现明显好转。危废污染治理工程方面。实施重点危废企业厂区安装视频监控项目和危废产生企业内部配套建设危废利用处置设施工程。上述工程的实施，将有效提高危废处理能力，有力保障环境安全。

## ·环保执法监管·

加强日常环保执法监管。在全县组织开展环保大检查活动，全面加强重点企业的环境监管。共出动执法人员3500余人次，开展日常监察1600余家次，查处环境违法行为540家次，立案处罚288起，取缔“土小”污染企业4家次。针对部分企业存在的突出问题约谈其负责人18家次，由县广播电视台跟踪报道约谈情况，以此督促企业落实整改要求，提高环保意识。建立健全全县网格化环境监管体系。按照“属地管理、分级负责、无缝对接、全面覆盖、责任到人”的原则和“定区域、定职责、定人员、定任务、定考核”的要求，建立县、镇街、社区（村）三级网格化环境监管体系。全县共建成一级网格1个，为广饶县环境保护委员会，建成网格单元21个；建成二级网格10个，为各镇街、开发区和滨海新区；建成三级网格407个；摸清污染源数量591个，全县网格化环境监管体系主体框架基本搭建完成。将环境信访处理、河流断面监控、土小企业取缔、环境污染应急和污染源监管作为网格化环境监管的五大工作体系进行常态化推进，并利用网格化环境监管体系开展秸杆禁烧、环保专项行动、环境隐患排查、小锅炉整治和网格化监管信息公开等工作，取得明显成效。

环保大篷车活动

## ·建设项目环保审批·

清理整顿环保违规建设项目。按照省、市政府关于清理整顿环保违规建设项目的有关要求，针对全县清理出的环保违规建设项目，按照关停取缔、停产限产治理、限期补办环保手续三种措施，分类开展专项整治，有效解决未批先建等环保违规问题。全县共有环保违规建设项目261个，其中补办手续类项目235个，淘汰类项目26个，已全部整治完成。严把环保审批关。实行建设项目联审制度，对新、改、扩建项目，严格市场准入，对高投入、高消耗、高污染、低效益及无总量指标的项目，一律不予审批；对已通过环保部门审批的建设项目，严格监督其执行环保“三同时”制度；对拒批或停止建设的企业，从用电、用水等方面予以综合整治，严防企业未批先建。全年共审查建设项目345件，拒批30件，对198个项目进行了环保验收。

## ·降污减排·

层层分解落实减排责任，大力解决减排工作中的薄弱环节和突出矛盾，突出重点行业和企业，对省、市重点调度的水污染企业、大气污染企业，完不成减排任务的，不再审批新项目、不予出具相关环保证明、加倍征收排污费，影响恶劣的列入“黑名单”，确保圆满完成减排任务。

## ·环保队伍建设·

扎实组织开展“两学一做”学习教育，开展党支部书记、局党组成员轮流上台讲党课和手抄《党章》一百天活动，并围绕“坚定理想信念、保持党员本色”主题，进行专题学习研讨，让学习落到实处。组织开展对照检查“负面清单”大讨论活动，梳理党支部、党员等5项内容26个问题的“负面清单”，并以“负面清单”为靶子，制定整改措施；围绕“哪些情形不能入党”开展集中研讨，制定“5个环节、22个不”的负面清单，提高发展党员工作质量。加强党风廉政建设。严格落实“一岗双责”制，制定《广饶县环境保护局党组落实党风廉政建设主体责任的实施办法(试行)》《广饶县环境保护局纪检组落实党风廉政建设监督责任实施办法》和《广饶县环境保护局2016年党风廉政建设和反腐败工作任务分工方案》，签订党风廉政建设责任书，建立干部廉政档案，把党风廉政建设和反腐败工作任务逐项落实到分管领导、责任股室和具体人员，形成一级抓一级、层层抓落实的责任体系。加强环保人才建设。针对当前环保形势和工作任务，对环保系统干部职工进行有计划、有针对性的教育和培训，提高干部职工的业务水平。注重加强年轻干部的教育培训，召开“追梦扬帆，共话成长”青年干部座谈会，号召广大青年干部发挥自身优势，干事创业、扎实苦干，为全县环保事业贡献自己的力量，为打造一支结构合理、团结互助、朝气蓬勃的环保干部队伍奠定基础。

# 广饶食用菌

广饶县已有30多年的食用菌栽培历史。广饶食用菌产量高、棵大、肉肥、营养价值高,很受当地群众的欢迎。主要品种有香菇、平菇、草菇、凤尾菇等。广饶县已将广饶食用菌列为开发项目,面积正在扩大,产量骤增。

广饶县地区气候适宜,日照强,昼夜温差大,对"广饶食用菌"的生长十分有利。广饶食用菌个大、品质好、味道鲜美、产量高,营养丰富,富含人体所需氨基酸、维生素。广饶食用菌还有个最大特点,就是发菌快。据测定:"广饶食用菌"每百克含蛋白质大于20克,每百克含脂肪小于1.2克。

广饶食用菌具有较高的营养价值和药用价值,它含有丰富的蛋白质,7种人体所需要的氨基酸和少量脂肪,富含维生素B1、B2、B12、C和叶酸等,还含有纤维素、铁和磷等。经常食用,可预防恶性贫血,改善神经功能,对高血压、动脉硬化等病症有一定的疗效。

# 广　饶　梨

广饶梨是广饶县的特色产品之一,种植历史悠久,主要分布于广饶县的广饶街道、乐安街道、丁庄街道、大王镇、稻庄镇、李鹊镇、大码头镇、花官镇和陈官镇境内。广饶县气候特征是雨、热同季,大陆性强,寒暑交替,四季分明,有小清河和支脉河两大水系的12条河流,为广饶梨提供了优越的自然环境。广饶梨果实硕大,果皮呈淡黄色,果肉洁白如玉,酥脆爽口,浓甜如蜜,更兼皮薄多汁,弹指即破,入口即酥,落地无渣的特点,特别好吃。广饶梨不仅味美汁多,甜中带酸,而且营养丰富,含有多种维生素和纤维素,不同种类的梨味道和质感都完全不同。梨既可生食,也可蒸煮后食用。在医疗功效上,梨可以通便秘、利消化,对心血管也有好处。

# 社会事业与人民生活

## 科学技术

### ·科　　技·

机构　2016年科技局内设办公室(政策法规股)、科技发展股(行政审批服务股、技术市场管理办公室)、地震办公室。

科技创新主体建设　加快科技型企业和高新技术企业的培育。围绕“强化投入、优化平台、梯次推进、创新发展”的思路,对一般型企业、科技型企业、高新技术企业分门别类制定梯次升级推进办法、措施和扶持政策,促进一般型企业着力产学研合作,建立健全企业研发机制,促进科技型企业着力提升创新能力,促进高新技术企业增强核心竞争力。全县有高新技术企业16家,有65家企业获得市科技型企业认定。强化创新项目管理。争取上级科技政策扶持,围绕新材料、新能源等战略性新兴产业实施一批科技计划项目。推荐山东鼎盛精工股份有限公司、大王农业科技园区等申报市级以上科技计划项目40余项,其中21项获得立项,争取无偿资金836万元。

创新创业载体平台打造　推动长城创新港孵化器建设。长城创新港总投资4.5亿元,建设24栋多层标准化厂房项目,每层配套综合服务区、仓库、办公及其它设施。该项目累计完成投资1亿元,建成厂房3.6万平方米,广饶尖蜂航空科技有限公司、山东华科再生资源有限公司、东营森澜机电设备有限公司已入住,另外

“科技扶贫·你我同行”培训活动

12家企业正在洽谈入驻事宜。加快科技公共服务平台建设。投资20万元筹备建设广饶县技术转移服务平台，该平台以“互联网＋技术服务”为核心，整合科技资源，建立互联互通的线上线下技术服务公共平台。平台线上设计已完成，即将上线。正与哈工大（威海）在广饶成立产业技术创新联盟，与青岛科技大学在广饶建立技术转化机构。成立了首家科技服务业机构——广饶县快鱼科技服务有限公司。加快企业研发机构建设。推荐大海新能源和万圣博科技公司的2家中心申报了省级工程技术研究中心。全县省级以上研发机构达到46家，其中国家级5家。全县省级以上研发机构累计投入资金3600万元，购置三维测绘仪、门尼粘度仪等试验检测仪器18台（套），各中心研发硬件实力得到进一步提升。先后研发了绿色环保纸基印染功能材料的开发与应用、轮胎管控一体化等新产品、新技术、新工艺11项。

“山东省农科院—广饶瀚海科技有限公司有机肥技术研究院”成立签约仪式

*产学研合作* 带领企业走出去。组织半球面粉、金阳光食品等11家农业龙头企业负责人参加山东省现代农业、食品业技术创新论坛暨科技成果对接洽谈会，达成初步合作意向2个。组织广饶康达环保水务有限公司参加中国科学院—山东省节能环保产业技术论坛暨专题对接交流会，初步了解节能环保领域的先进技术。把优秀的专家引进来。邀请组织北京化工大学、青岛科技大学、哈尔滨工业大学（威海）、吉林大学等高校院所40余名高层次专家参加东营橡胶轮胎暨汽车配件产业高端人才洽谈会，推介发布技术成果70余项，与会专家与企业达成初步合作意向近40个。其中山东百变机器人有限公司等3家企业与高校科研院所签订合作协议。创新校企合作机制。广饶瀚海科技有限公司与山东省农科院农业资源与环境研究院联合成立“山东省农科院—广饶瀚海科技有限公司有机肥技术研究院”，东营海瑞宝新材料有限公司与北京化工大学联合成立“胺族材料结构设计与可控制备技术研发中心”。

*知识产权管理* 推进企业知识产权创造。先后组织企业参加市级知识产权实战、信息分析、信息推送等培训班4次，培训人员120人次。1～11月，全县累计申请专利929件，其中发明专利申请180件，授权发明专利96件。PCT申请实现零的突破，山东万圣博科技股份有限公司2件发明专利进入PCT程序，永泰集团4项外观设计获得俄罗斯授权。扩展知识产权运用。实施知识产权优势企业培育工程，组织开展知识产权贯标和质押融资工作。14家企业开展贯标工作，永泰集团已经通过企业知识产权管理规范体系认证，鼎盛精工顺利通过外审。秦恒科技成功在国家知识产权局进行专利质押登记，获得贷款2000万元。在第九届国际发明展览会上，金泰集团“高强度钢板热冲压成形自动化生产成套装备”和金山汽配“改性酚醛树脂基电子陶瓷刹车片”项目分别获得银奖、铜奖。加强知识产权保护。开展专项执法，组织人员对商场和药店进行检查的同时，与市知识产权局保护科、东营区及东营经济开发区执法人员联合对广饶银座进行2次专项检查，共检查日用品、食品药品领域的500余件

科技成果鉴定会

商品，查处假冒专利案件6起。

科技成果管理　组织成果鉴定9项，推荐17项成果申报东营市科技进步奖、成果转化奖、成果促进奖等奖项，争取荣誉奖励资金44万元。其中10项科技成果获东营市科技进步奖，万圣博公司的“芳纶1414纤维生产工程技术开发”、金泰集团的“高强度钢板热冲压成型自动化生产成套装备关键技术研发”等3项成果获一等奖。推荐正和木业公司的“水性聚氨酯热固化复合纤维板的研发”项目申报东营市科技成果转化项目，争取无偿资金50万元。该项目技术水平达到国际先进水平，获得授权发明专利2项，项目达产后，可实现销售收入2000万元。

## ·地震监测与管理·

积极开展重点人群密集区的地震应急演练工作，与县教育局联合下发《关于在全县中小学开展地震应急疏散演练活动的通知》，督促各学校制定应急疏散演练活动方案，开展严密、有序的应急演练，帮助学生掌握应急逃生技能。加强对全县方永利养殖场、守勤养殖场等3处地震宏观观测点的管理，共为3名群测群防测报员兑现补助经费8700元。完善地震监测体系建设，广饶县强震测震台实现全国联网，省地震局能够及时对广饶县地质活动数据进行实时采集分析，对震情及时进行预报，搭建了良好的防震减灾平台。在县乐安大厦建设广饶县地震监测与应急指挥中心1处，面积120平方米，集地震监测、应急指挥、视频会商、震情值班、信息服务、宣传教育等功能融为一体，大幅提高了地震信息获取、地震现场监测和地震应急指挥的能力。

## ·气象技术·

机构　县气象局有职工12人，工程师5人，助理工程师4人；局内设办公室、气象台、测报科、科技服务中心4个科室。

业务工作　全年基础业务工作质量保持了稳定，上报国家局气候资料中心的观测数据无任何差错。2016年1月1日起新旧站开展对比观测业务。

在全年的预报服务工作中，除做好每天的手机短信服务外，遇有强降水、大风、雾和霾天气等

普及气象知识

都及时通过手机短信、政府办公平台等发出预警信息，全年通过手机短信发布各类气象信息25万余条次，发布各类预警信号80期，重要天气报告28期，《春耕春播气象服务专报》5期、《夏收夏种气象服务专报》4期、《秋收秋种气象服务专报》4期、《农业气象旬月报》34期、《设施农业气象服务周报》30期。对第三节吕剧艺术节、第七届国际轮胎展、“两会”等县内重要活动，秋收秋种、夏收夏种等重要农事活动均开展跟踪气象服务，为各级领导指挥防御气象灾害提供了科学依据。

2016年，继续加强人工影响天气的管理工作，按照省定规范化炮点要求完成大码头镇高炮作业点的改造任务。强化24小时值守班的备战要求，从高炮的日常保养维护到具体的作业实施，均进行严格的考核，全年高炮防护区内无冰雹灾害发生。

安全生产和依法行政工作。自3月开始，加大新上危化企业的防雷安全监管力度，同时，对涉氨企业的防雷安全开展专项检查。全年开展防雷安全检查的单位或企业超过300家，对不符合防雷安全的项目或设施均提出整改意见并进行跟踪检查落实。全年本县行政区域内未发生雷击造成人员伤亡的事故。

（杨　燕）

# 教育体育

## ·教育事业综合管理·

**概述**　2016年，全县有各级各类学校156所，其中，幼儿园110所、小学25所(不含3处教学点)、初中12所、九年一贯制学校3所、普通高中1所、中等职业学校1所、高等职业学校1所，在校生84470人，教职工6435人。年内，广饶县顺利通过国家三类城市语言文字工作评估，荣获山东省第六届全民健身运动会先进单位称号。

**教育事业发展**　着力推动学前教育规范发展。实施幼儿园改造提升工程，投资6269万元在镇(街道)新建、改扩建幼儿园17所，新增园舍面积22802平方米；持续实施第二期学前教育三年行动计划，深入推进示范(类别)园创建工程，5所幼儿园创建为省级示范幼儿园；招聘120名合同制幼儿教师充实幼师队伍，队伍结构进一步优化。着力推动义务教育均衡发展。实施规范化学校创建工程，组织7所学校申报省市级规范化学校复评，市级以上规范化学校占比达到95%。高中教育实现质量突破、特色发展。在2016年高考中，广饶一中本科录取2374人，录取率77.25%；其

县委县人大老领导到乐安中学视察

中普通本科录取2038人,上线率76.1%;普通本科一批上线994人,上线率37.12%。7名学生被清华北大录取,1名学生被保送北京大学,3名学生获得2017年清华大学一本线招生资格。职业教育实现特色提升、快速发展。职业中专高考本科录取突破639人(其中春季高考录取618人,夏季高考录取21人),录取率达到61%,春季高考本科录取率稳居全省前列。高考高分段学生人数明显增加,各专业列全省前10名的学生达16名,其中1名学生以全省专业第1名被录取,4名学生以全省专业第2名被录取。职业院校规模不断扩大,中职招生1781人、高职招生2037人,院校在校生达到10608人(中职5028人、高职5580人)。狠抓省级规范化学校创建工作,投资近1000万元持续推进省规范化中职学校建设项目,全面提升学校基础能力、教师队伍及专业建设水平。全市中职学校品牌专业遴选和专业分级认定,县职业中专5个专业被认定为规范化专业,4个专业被认定为示范性专业,其中1个专业被列为市级品牌专业建设计划。在市技能大赛中获得4个一等奖、7个二等奖、8个三等奖,其中1个项目代表东营市参加全省竞赛,在15个地市代表队中位居第6名,荣获省级三等奖。广泛开展社会培训,与相关单位、企业开展电子商务创业、农村劳动力技能、会计、计算机专业技能等培训2831人次,服务地方经济发展的能力大幅提高。实施英才学校初中部体育看台工程,投资659万元完成县英才学校初中部体育看台主体建设工程。加大规范化学校、现代化学校创建力度,年内,15所学校、幼儿园创建成为东营市教育现代化学校(7所幼儿园、8所中小学)。有9所学校创建为省级规范化学校,30所学校创建为市级规范化学校,51所中小学校(幼儿园)创建为市教育现代化学校。

国家三类城市语言文字工作评估广饶县汇报会

**教师队伍管理** 制定全县名师、名校(园)长管理办法,持续实施中小学教师培训和名师名校长建设工程,培训干部教师19077人次。1名校长被评为第二期齐鲁名校长建设工程人选,1名教师被评为第三期齐鲁名师建设工程人选,23名教师被评为全市乡村教师、"四有"好教师和"山东省最美教师",6名教职工参评全县有突出贡献中青年专家。71名教师被评为"东营市第二批市级青年骨干教师",5名教师被评为"东营市表现突出的青年骨干教师重点培养对象",5名教师被评为"东营市表现突出青年骨干教师重点培养对象指导教师"。325名教师获全县"一师一优课、一课一名师"评选一等奖并被评为课题名师,531名教师获全县二等奖;208名教师被评为"广饶县教学能手",180名教师被评为"广饶县教学工作先进个人"。着力加强职业院校"双师型"教师建设,双师型教师占专业教师比例达到70.95%。强化制度建设,制发《关于规范和加强全县教职工队伍管理的意见》和《广饶县中小学教职工绩效考核分配指导意见》,起草《广饶县义务教育学校校长教师交流轮岗实施方案》,管理制度体系不断完善。组织438名教师参加初级、中级、高级教师职称评审。着力完善师资补充机制,新增教师145名。

特色兴教　强化乡村少年宫建设，年内1所学校新创成为中央级乡村学校少年宫。举办大课间、合唱节、诗歌节、艺术展演、篮球联赛、乒乓球联赛、排球联赛、传统体育项目进校园、校园文化艺术节、中小学生软笔书法大赛、优秀童谣征集、校园学生才艺展示大赛、中小学生英语风采大赛、“阳光跑步”、经典诵读等系列活动，促进学生全面发展，110名学生被评为市级三好学生、优秀学生干部。在全省职业院校学生中华经典诵读大赛中，县职业中专选送的朗诵作品《九歌·国殇》和吟诵作品《国风·秦风·蒹葭》分获省二等奖和省一等奖。大王镇第一小学学生王亚琦在全国“小梅花”戏曲大赛中获金奖。县实验一小被授予为“山东省吕剧传承示范学校”。广饶县被授予“山东省吕剧传承示范基地”。县英才学校幼儿体操队第11次获得全国大赛金奖。组织开展了2016年全县中小学幼儿园基础教育教学信息化评选活动，178件作品获县一、二等奖，19件作品参加市级评选。扎实推进中小学小班化教育试点，指导36处试点学校进行小班化教育试点（3所为2016年市级试点）。通过结对帮扶、建立教研共同体和教研员送课到校等方式，积极开展薄弱学校帮扶工作，引导3所学校成立联合教研共同体，组织3所优质学校与7所薄弱学校开展结对帮扶。深化和谐高效课堂教学，开展和谐高效课堂开放月、和谐高效课型研讨、同课异构、公开课展示等学科教研活动，11所学校被评为“东营市教学示范学校”。切实加强学生健康教育，广泛开展阳光体育活动，举办中小学生田径联赛，顺利完成5712名初中应届毕业生的体育与健康测试工作。扎实开展省、市级地震科普学校创建工作，年内2所学校创建为省级地震科普示范学校，3所学校创建为市级地震科普示范学校。广饶县实验中学跻身“全国中小学节约型校园建设百所示范校”。

广饶县“华盛杯”少先队鼓号队检阅式

教育保障　坚持落实政策和加强整治相结合，拟订中小学食堂财务管理办法（试行）、幼儿园财务管理暂行办法，对全县中小学校及幼儿园的财务、收费及食堂财务进行全面检查，建立实行教育收费备案制度和公示制度。全面落实“奖、助、减、免、补”政策，为义务教育学校拨付专项经费3708余万元。着力做好学生资助工作，发放各阶段资助金4450.48万元，资助总量达到8689人次；为227学生办理助学贷款176.695万元；为全县302名低保家庭子女学生提供了36936元的学生装免费资金。统筹化解大班额问题，制发《广饶县解决城镇普通中小学大班额问题实施方案和专项规划》，加快学校新建、改扩建进度，加大教师招聘力度，着力解决校舍、师资不足等问题。强化安全管理，狠抓校园安保及周边环境整治，建立实行校园安全网格化实名制管理制度。对全县159所学校（幼儿园）开展以校园安保和消防为主的隐患大排查，为全县156所学校幼儿园安装一键报警设备256台。完成春季高考、夏季高考、中考、初中学生学业考试和高中学生学业水平考试、初中信息技术等级证书考核工作。

实施解决城镇普通中小学大班额工程　为解决城镇普通中小

学大班额问题，启动实施大王实验小学建设、县兴安学校建设工程，计划2016～2017年投资1.3亿元完成大王实验小学建设，2016～2018年投资1.8亿元建设规模50个教学班的兴安小学和48个教学班的兴安初中。其中，2016年投资5000万元完成大王实验小学四层综合楼建设，塑胶运动场地、塑胶篮球场、排球场等基础设施配套；投资9000万元完成了兴安小学教学楼、图书办公楼、艺术实验楼、学生午休楼、学生餐厅主体框架建设。

## ·东营科技职业学院·

通过高职高专人才培养工作评估　6月7～8日，山东省高等职业院校人才培养工作评估专家组对东营科技职业学院进行评估回访。学院综合办学情况得到专家组充分肯定，顺利通过第二轮高职高专人才培养工作评估。

招生就业　2016年录取2376人，顺利完成招生工作目标；2013级学生全部顺利就业。

教学改革　学院持续推进基于能力本位项目教学法改革，职业教育人才培养特点的教学改革深入推进，有96名教师顺利通过项目化课程改革。

彩虹工程创新创业学院启动　6月28日，全国青年彩虹工程创新创业学院东营分院在学院学术中心正式启动。创业学院已入驻公司86家，创业从业人员450人以上，成为推动创新创业教育的重要平台，形成学院服务社会的重要窗口。在此基础上，学院与共青团中央联合成立青年创新创业孵化基地，为创业大学生和青年提供法律、财务、金融、税务等创业咨询等全方位孵化服务。

大赛获奖　在2016年全国职业院校物流企业经营大赛中获得团体一等奖。

彩虹工程创新创业学院东营分院启动仪式

## ·广饶县第一中学·

综述　学校始建于1951年9月，是一所普通高级中学。学校有3个校区，1个艺体中心和1个国际部。有专任教师794人，其中特级教师1人，高级教师179人，一级教师247人；有教学班182个，在籍学生9151人。

学校占地794亩，总建筑面积21万平方米，有教学楼7幢，实验楼、图书楼、办公楼各3幢，体育馆1座，艺术楼2幢，学生宿舍楼18幢，学生食堂餐厅7个；有计算机近2000台，全部接入校园网；有多媒体教室200余个，微机室、电子阅览室、综合电教室13个；学校图书馆藏书49万余册，并与广饶县图书馆实现图书资源共享，图书可用数量达到百余万册；电教、图书、实验和艺术、体育、卫生等配套装备达到省规范化学校建设标准。学校荣获全国教育科研先进单位、全国语文教改示范校、全国创新教育示范学校、全国地理科普教育先进单位、全国青少年法制知识网络大赛优秀组织奖、“宿州二中杯”第八届全国中学生地理奥林匹克竞赛团体一等奖、省级文明单位、省级规范化学校、省级依法治校示范校、山东省首届教育科研十大示范学校、山东省教学示范校、山东省语言文字规范化示范学校、山东省艺术教育示范校、山东省传统体育项目学校（篮球、田径）、山东省绿化模范单位、东营市五一劳动奖状、东营市先进基层党组织、东营市五四红旗团支部等省、市级以上表彰奖励百余项(次)。学校连年被评为“全国高中数学联赛优胜学校”“物理奥林匹克竞赛金牌学校”“化学奥林匹克竞赛金牌学校”“生物奥林匹克竞赛优胜学校”,是北大、清华等一流大学的优秀生源培养基地和全省首批20所军校和国防生招生工作优秀生源基地之一。2016年,燕春霞、许孝友荣获东营市教学能手,魏文荣获山东省实验说课一等奖,崔海华荣获东营市实验说课二等奖。

广饶一中2016年奥赛和北大清华科学营培养工作取得重大历史性突破　2016年下半年,广饶一中在全国奥林匹克决赛和北大清华科学营培养工作中,共有5名同学取得奥赛决赛资格,夺得2枚金牌、2枚银牌和1枚铜牌,其中王帅宇(金牌)名列全国30名,同时进入国家集训选拔队,并被北京大学保送录取。赵悦华(金牌)、刘宇琦(银牌)、张浩翔(银牌)等3名同学被清华大学优惠到一批线;李云翔(铜牌)参加北大科学营优惠60分,孙云琦(省赛区一等奖)参加北大科学营优惠60分。全校共有6名学生获北大清华或保送或一批线或60分的优惠资格。广饶一中奥赛和北大清华科学营综合成绩名列全国前茅,实现重大历史性突破。

2016年高考情况　文化课考生报考2678人,较上年增加104人,重点本科上线994人,较上年增加49人,上线率为37.12%,比上年提高0.41个百分点;二批本科上线人数为1044人,较上年增加93人,上线率为38.98%,比上年提高3.03个百分点;二批以上文化课本科上线2038人,较上年增加142人,上线率为76.1%,较上年提高2.44个百分点;艺体报考395人,双过关336人,录取率为85.06%,较上年提高2.35个百分点。全校共录取本科2374人,录取率77.25%,较上年增长2.03%,清华、北大录取7人,央美1人,北京体育大学录取6人。

(孙兵团　张永刚)

## 广饶县职业·中等专业学校·

专业建设　在东营市中职学校品牌专业遴选和专业分级认定中,5个专业被认定为规范化级别,4个专业被认定为示范性级别,其中1个专业被列为市级品牌专业建设计划。

师资建设　2016年与山东交通学院签署“优质生源基地”建设协议;与华东师范大学、东北师范大学等重点高校联合开设教师职业提升高级研修班。朱其村、李秀明、刘安强、王成学、刘海燕、刘光学、李绍远、武玉强马小婧、徐西杰、常玉广、李红喜被评为东营市教学能手,袁军兰获得东营市职业英语技能大赛一等奖指导教师。

学生管理　2016年创建为山东省中小学安全文化教育基地。组织参加全国中等职业学校“文明风采”竞赛,获国家级和省级“优秀组织奖”,获得国家级奖项1个,省级奖项65个;王秋波同学获“东营市最美青年”荣誉称号。

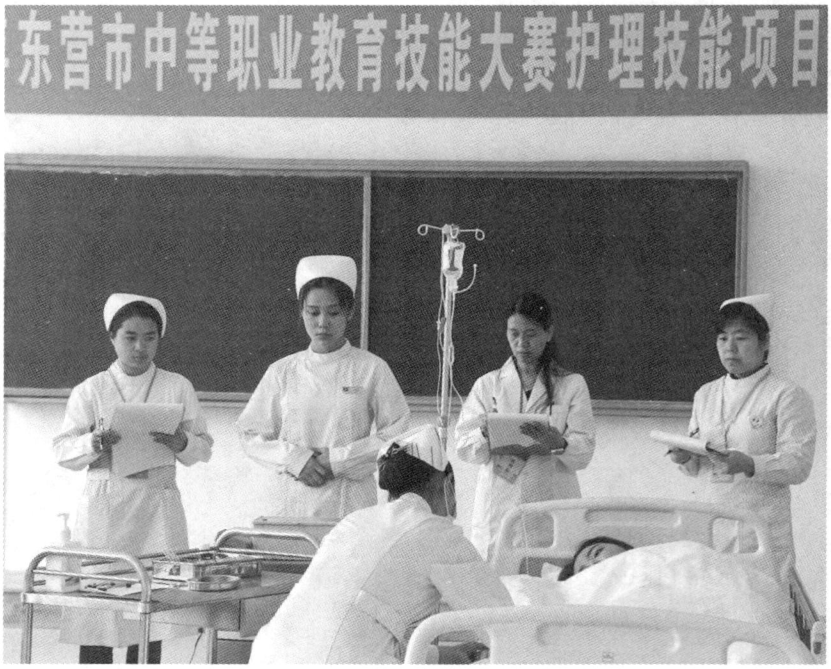


承办东营市中等职业学校技能大赛

育人成果　组织校内技能大赛，承办东营市中职技能大赛。获市级一等奖4项，二等奖8项，三等奖7项；省级团体三等奖1项，个人三等奖2项。

2016年录取新生1780名，其中中职学籍1483人，普高学籍297人；考取本科639人（春季高考考取618人），其中化工专业全省第一名1人，护理、商贸、财经、学前教育四个专业全省第二名各1人，10个专业全省前10名共16人。

社会服务　学校围绕现代农业、县域经济发展、农村劳动力转移，主动融入区域经济建设，提高社会服务能力。完成新农民创业培训、企业职工岗前培训等各类培训31期43个班1770人次；协助县教育局完成各类教师进修培训共15878人次。

## ·广饶县实验中学·

学校日常工作　教育教学成绩更加突出。全员育人、全面优化的教育教学策略成效显著，重点高中录取比例跃上历史新高。全校毕业生549人，广饶一中录取412人，文化课录取374人，特长生录取38人，录取率75%，高出全县24个百分点。

教师队伍素质进一步优化。在教育部举办的优课评选中，四位老师的课被评为部级优课。在东营市教学能手评选活动中，推荐参评的李学斌、张娜、马洪兴、韩琳、朱倩倩、禹海军、高秀云、高洪莲8名教师全部被评为东营市教学能手，12名教师被确定为东营市青年骨干教师，10名老师被列为市初中第三批青年重点培养对象。

学生培养不断创新。普遍树立大教育观念，以培养"阳光心态、合作态度、扎实基础、进取精神的现代人"为育人目标，学生全面健康发展。在第二届"校园舞蹈的春天"全国中小学舞蹈教育研讨会暨"中小学舞蹈教育传统校"授牌仪式上，来自全国各地的200所学校参加，县实验中学作为唯一一所县级学校参加活动并被授予"中小学舞蹈教育传统校"称号。在山东省中小学生校园艺术节合唱比赛中，是广饶县唯一一支初中代表队参加比赛，并取得第二名。

学校办学水平不断提高。在全国第二届教育系统节能减排论坛暨"立达信杯"全国中小学节约型校园建设百所示范校颁奖活动中，县实验中学是山东省13所、东营市唯一一所荣获"全国中小学节约型校园建设示范校"的单位，申请加入全国教育系统节能减排校长（校际）联盟；在全省卫生工作评比中，被山东省爱国卫生运动委员会办公室授予省级卫生先进单位；在全市春苗营养厨房绩效考核中，被评定为A等；在东营市爱卫会组织的"无烟单位"创建活动中，被评为东营市无烟单位。被全国和谐德育研究与实验总课题组、中国伦理学会德育专业委员会评为先进实验校，被清华大学教育研究院培育学生核心素养研究与实验总课题组评为先进实验学校，被东营市精神文明建设委员会复评为东营市文明单位。

重点工作　2月19日，召开八届四次教代会，充分发挥全体教职工智慧和凝聚教职工的力量，对加强依法治校、民主决策和民主监督，提高办学效益，具有重要意义。

山东省初中历史部编新教材培训及高端备课研讨会在学校举行

获奖的学校合唱队

10月8～14日，举办第十一届校园文化艺术周，开展秋季田径运动会、书画展、合唱比赛等多种形式的活动，展现学生健康向上的精神风貌和艺术体育教育所取得的累累硕果，推动校艺术体育教育的深入开展，促进学生素质的发展。

10月17～18日，“山东省初中历史部编新教材培训及高端备课研讨会”在县实验中学举办，来自全省各地市的初中历史教师、教科研人员、管理工作者近700人参加会议。

11月3日，山东省中小学生校园艺术节合唱比赛在东营市雪莲大剧院隆重举行，来自市直、油田及各县区中小学的16支合唱队参加比赛，县实验中学是广饶县唯一一支初中代表队。教师高秀云等指导的参赛曲目《雪花》《水母鸡》，张浩然、刘佳煦、张钰皎等参赛队员精彩的演唱得到了省专家评委组的充分肯定和现场观摩老师的一致好评，取得第二名。

11月21日，在第一教学楼报告厅举办“温馨和谐，关注成长”班主任专业化成长论坛，全体教职工到会听取报告。

## ·广饶县第一实验小学·

综述　2016年，学校荣获全国德育科研工作先进实验学校、山东省吕剧传承示范学校、山东省传统文化体验教育实验学校等称号，获得第三十一届全国青少年科技创新大赛东营赛区暨第九届教师科技创新大赛和全省“我的感恩故事”征文活动“优秀组织奖”。2016年9月25～26日，成功承办山东省小学新教材高端备课研讨会。

教师培养提升工程　一是师德师风建设。学校注重师德建设，以提高教师思想政治素质和职业道德水准为重点，以四德工程和师德考核为载体，引导广大教师牢固树立中国特色社会主义理想信念，带头践行社会主义核心价值观，自觉增强立德树人、教书育人的荣誉感和责任感，规范从教行为，杜绝有偿家教，净化教书育人环境，做学生健康成长的指导者和引路人，努力争做让人民满意的教师。2016年，被省文明办确定为“四德工程建设示范点”。

嵌入式培训一对一活动

二是继续实施“嵌入式”教师培养工程，实现学校和教师共同发展。围绕“如何培养卓越教师”这一目标，以“教师质量提升”为抓手，具体通过聚焦教师质量的“人格倾向”“专业准备”“教学行为”三个维度的现状、改进、提升、优化，与上海名师研究所合作，开展教师嵌入式培训活动。已成功完成前期培训学习、录课、上传、师生评议等工作，切实提高了教师业务水平，实现了学校和教师共同发展。

三是建立教师梯级培养机制，努力打造“和润”精品团队。充分发挥省市级学科带头人、名师、教学能手的带动、辐射作用，培养各级业务骨干、各学科领军人物。以“和润教育”理念引领教学改革，精心打造“和润课堂”。注重引爆集体备课磨课效力，改革考核机制和方式，加强团队合作意识，充分发挥集体智慧，凝聚教学合力，积极开展“合作派位式”团队精品课实践探索，创新形成富有学校特色的学科教学模式。在市、县“一师一优课，一课一名师”活动中，共 32 名教师参加，15 人获得市一等奖，12 人获市二等奖，27 名教师获县一等奖，5 名教师获县二等奖。

四是开展“基准课堂人人一节公开课”活动，促进教师专业化成长。学校实行大学科组集体听评课研讨活动，讲课教师认真备课，组内磨课，反复试讲，最后展示，教师的教学能力和专业素养都得到了不同程度的提高和发展。有 1 名教师执教省级公开课，3 名教师执教市级公开课，多名教师执教县级公开课；在全市学科教学能手评选中，5 名教师全部通过评选，获得市级教学能手称号；在全市优质课比赛中，6 名教师获一等奖，10 名教师获二等奖；先后有 60 多人次在各级各类教育教学活动中获奖；有 20 多名教师在市县级刊物发表文章，有 10 多名教师在省级以上刊物上发表文章。

学生教育与管理　一是强化常规管理，关注学生的养成教育。学校以“文明礼仪规范月”为契机，动员全体学生积极行动起来，学习文明礼仪知识，自觉践行文明礼仪，做文明礼仪的先锋。从班级纪律、卫生、路队等常规管理工作入手，引导学生从自己做起，从现在做起，从一点一滴做起，自觉规范自身言行，争做文明学生，进一步优化学校育人环境，净化学生思想，收到良好的教育效果。校大队委成员王满宁当选广饶县唯一市少先队理事会理事。

二是丰富德育实践内容，提高学生道德文明素质。举办“赏花灯、猜灯谜”社会实践作品展暨传统文化教育活动，启迪学生的智慧、动手能力，培养学生对传统文化的兴趣，激发学生热爱生活、合作分享的美好情感；组织学生开展“走进鹊苑，体验生态农业”系列社会实践活动。与广饶武生果蔬农民专业合作社校外社会实践基地合作，开展“亲吻自然，逐梦田园”社会实践活动，丰富了学生的课外生活。组织学生开展“小手拉大手　共筑碧水蓝天”系列社会实践活动，组织“碧水蓝天小使者”走上街头，向市民们介绍“保护环境，从我做起”的重要性，发放“小手拉大手，共筑碧水蓝天”携手行动倡议书 1000 多份。组织一至五年级部分学生走进孙子文化园，参观兵器馆，了解兵器演变的历史，游览园内景区，感悟

校园艺术节

孙子兵法十三篇的精髓内涵，感受家乡厚重的文化特色，培养学生热爱家乡之情。

三是挖掘课程资源，提升学生的艺术素养。学校把“社团活动”和“课程超市”建设结合起来，根据不同年级学生的认知特点和认知规律，组织教师修订编印了吕剧、书法、绘画、泥塑、合唱、乒乓球等活动课程教材，成功举办“挑战自我、拥抱快乐”学校艺术节、“童心如歌，和润圆梦”庆“六一”课程成果展示、队列队形广播操比赛、学生书画、美术作品展、经典诵读比赛等活动，为学生搭建了展示自我的平台。在国家、省、市、县各级比赛中，有20多名教师荣获“优秀指导教师”称号。“小梨花戏剧社”编排的吕剧节目《乡音乡情》获省戏剧节一等奖第一名。在东营市第六届经典诵读与演讲比赛、广饶县诵读比赛、合唱比赛活动中，均获得一等奖。在全县“华盛杯”少先队鼓乐队检阅式比赛中，军乐队以第一名的成绩荣获“金号奖”。在全县中小学生篮球联赛中，校男、女代表队双双取得第一名。在全县第二届小学生快乐汉字听写大赛中，荣获集体一等奖。在全县中小学生乒乓球联赛中，获得6个单项第一、团体总分第一名。在全县“建幸福广饶，做美德少年”少儿故事大王比赛活动中，2名同学获得并列第一名，在市比赛中1名同学获第一名、1名同学获第三名。在全县师生习作比赛中，12名学生获一等奖。

## ·广饶县英才学校·

**教师素质提升**　强师德提师能，重教育抓培训，促进教师专业成长。一年来，1人被评为省优秀班主任、1人入选东营市有突出贡献的中青年专家，10人被评为市级教学能手，12人被评为县教学能手，县级以上名师、教学能手、学科带头人、骨干教师等达到180多人。在“一师一优课、一课一名师”活动评选中，48名教师获市县优课一等奖，1名老师获全国数学建模教学大赛一等奖。

**德育工作**　“养正教育”校本德育体系不断丰富和完善，在养正学生良好品行习惯、培养社会主义核心价值观和发展学生核心素养方面发挥着越来越重要的作用。养正教育、党史国史教育经验分别在全国和省会议上分享、交流和推广。王俊涛、宋宇健、赵文喆、李承鹏4名同学因助人为乐入选“山东好人之星”。

**学校特色**　坚持改革、开放、创新、多元的办学思路，在建设校园文化、构建德育体系、创建启智课堂、创新艺术教育、拓展幼儿体操等方面进行大胆实践与探索，形成自己的特色，并产生广泛影响。坚持以教学质量为中心，积极进行“先学后导”和谐高效课堂教学模式的实践与探索，“一体三单五环节”启智课堂教学模式不断改进。立足培养学生核心素养，组建了剪纸、国画、舞蹈、合唱、乒乓球、武术、举重等兴趣团队，实行选课走班，培养学生个性特长，成功举办“中国梦·校园情”第五届校园文化艺术节和庆元旦大型书画与传统工艺展，先后有200多名学生在各级各类艺体活动中获奖，全县田径运动会、乒乓球比赛、舞蹈节、合唱节、诗歌节等均获得一等奖。学校幼儿

广饶县英才学校幼儿体操队在2016年全国幼儿体操表演大会上夺得金奖

体操队第11次夺得全国幼儿基本体操大赛金奖，并获得全国幼儿大众蹦床比赛特等奖、山东省体操锦标赛混合12人操团体第一名。坚持开展阅读考级，广泛开展“经典诗文诵读”主题活动，评选表彰书香班级、阅读小明星、读书明星家庭，让师生通过颂读完善自我，成就人生。学校编排的革命情景剧《大火种》，荣获东营市青少年“重温党史国史共叙英雄故事”主题情景剧大赛第一名。在山东省学校国防知识竞赛中，聂世琛同学以全省第二的成绩获得一等奖，孙飘扬获得三等奖，学校获得团体总分第四名和优秀组织奖。

*教学设施建设* 积极争取县财政支持，投资659万元的初中部体育看台建设工程列入广饶县年度惠民实事，进展顺利。投资4700余万元的英才体育馆建设项目列入2017年广饶县重点工程。2016年，省、市关工委先后三次在学校召开党史国史教育、春苗营养厨房、关心下一代工作现场会，省关工委主任高新亭及各地市领导对学校的工作给予高度评价。学校荣获“中国教育创新示范单位”“全国足球示范校”。

## ·广饶县同和小学·

2016年，广饶县同和小学以“想孩子一生，办人民满意教育”为办学宗旨，以“遵循规律、科学发展，以人为本、和谐发展”为办学指导思想，以“让每一个孩子快乐学习、健康成长”为办学目标，以博雅教育为载体，以小班化教育为主要特色，扎扎实实推进素质教育，实实在在培养有社会责任感、有教养的合格小公民。2016年被评为山东省教师发展研修基地、山东省卫生先进单位，获得全国青少年法治知识网络大赛组织奖、东营市青少年羽毛球比赛暨中小学生体育联赛小学组混合团体第一名，排球队荣获县排球比赛男女双冠；鼓号队表演荣获县一等奖。在广饶县首届“乐安名士”国学知识竞赛中获得第一名。学校诗歌队的《唐诗吟唱》节目在山东省中小学校园艺术节中演出并获得好评。在全市青年骨干教师重点培养活动中，马仁厚被认定为表现突出的指导教师，李安秀、逯霞、金红、付湘君被确认为市级青年骨干教师。教师县级以上参赛102人次，县级一等奖以上58人次，其中1人获省级优质课比赛一等奖；县级以上公开课4人次，县级以上经验交流发言3人次，5人获得市级教学能手称号。学生在县级以上参赛181人次，其中，获县级一等奖121人次。学校综合教学楼扩建工程被列入县政府重点工程。

实施嵌入式培养工程，实现教师卓越提升。学校继续依托上海名师研究所实施嵌入日常教学的卓越教师培养工程，把专家请进来，进行一对一指导。2月19日，上海市中小学心理辅导协会袁胜芳到校作《情绪与学习效果》的专题报告；3月20日，华东师大课程与教学研究所王小明教授到校作《教师如何写论文》的专题报告；下半年安徽师范大学何更生教授和上海浦东教育发展研究院教研部副主任章健文等专家也分别做了专题报告；4月25日、26日，学校与上海名师进行同课异构活动，认真分析与上海学校的在备课上的不同之处，查找不足。5月22日上午，进行嵌入式培养学习研修，进一步规范课堂教学行为，明确下一阶段研修任务。6月25日、26日，组织第二次专家“一对一”培训：上海市教委教研室小学部主任数学教研员姚剑强老师、上海市闵行区教育学院小学语文教研员景洪春对语文、数学教师的课堂教学进行了“一对一”培训；12月18日至19日，上海市特级教师高永娟和姚剑强等专家再次到校进行高层次的教研指导。专家对教师们在课堂教学教研水平的提升做出肯定评价，并提出进一步努力的建议。针对专家点评提出的建议，教师们进行二次备课、二次上课，教学实践能力提高迅速，成效显著。

实施小班教育，课程体系建设有特色、更个性。学校除开全开足国家课程、地方课程外，以超市课程、课程盛典、社会实践活动为主体的校本课程也更加完善，有特色、有个性。抓好特色教育，发展学生的兴趣爱好，个性特长。学校开设选课走班72个，除原有的排球、陶艺、古筝、写生画、小厨艺、《孙子兵法》诵写演等课程外，新增戏曲、足球、乐安古调等课程，每班学生25人以下，实现真正的小班化个性教育。学校还举办课程盛典，如采摘节、读书节、艺术节、秋季达标运动会等，学生参与率达100%。开展诸如孙子文化园半日游等社会实践课程，进一步将国家课程、地方课程活动化，校本课程本土化。在活动过程中增长知识、培养习惯、涵养品性、实现教育的“蝴蝶效应”，是学校实现全人教育的着力点。活动课程的特点是全员参与、重在体验，学生素质明显提升。

## ·体　　育·

竞技体育　制定出台竞技体育考核管理办法。走访大量的教练员和专业人员和资深体育教师，历时半年，反复考察，几易其稿，出台《广饶县学校青少年体育工作综合考核细则(试行)》(以下简称《细则》)。《细则》的出台为促进青少年运动员全民发展和提高人才培养质量，推动体育后备人才培养管理工作向更高水平发展提供了重要保障。积极组织和承办竞技体育赛事。成功承办2016年“中国体育彩票杯”山东省武术套路(乙组)锦标赛，本次比赛是举办的省级竞技类重要赛事，在为期四天的比赛中吸引了省内20支代表队近400名选手参赛，还有50多名官员、裁判员参与，比赛获得圆满成功，东营市代表队王滢涵荣获女子B组初级拳桂冠。积极举办、承办青少年比赛。上半年，成功举办全县中小学田径、乒乓球运动会，共有1000余名运动员参加比赛。承办2016年东营市青少年排球、乒乓球、羽毛球比赛，参加2016年东营市青少年田径、足球、篮球比赛和“中国体育彩票杯”山东省足球锦标赛。通过开展青少年运动会，为广饶县参加省、市比赛选拔了一批优秀苗子，激发了各中小学参与青少年体育训练的积极性。围绕备战24届省运会做好运动员注册和审查工作。上半年共完成363名(含幼儿体操)运动员的注册和确认工作，为参加24届省运会打下坚实的基础。积极组织竞技体育业务培训，聘请市体校教练员，组织全县中小学生体育教师足球教练员、裁判员培训，组织相关体育教师参加2016年东营市教练员培训班、2016年东营市业余训练点教练员培训班以及省级排球裁判员培训，组织人员参加东营市足球二级裁判员培训；参加山东省健身气功一级裁判员培训；组织报名参加山东省健身气功五种功法培训班学习。强化后备人才基地建设，加大后备人才输送力度。以中、小学为阵地，整合资源，创造条件，扎实推进特色运动队建设，选好中小学特色运动队。继续做好同和小学排球，丁庄初中足球、柔道、摔跤，英才学校举重、武术，县一小和大王一小少儿篮球，花官中心初中手球等特色运动队伍训练工作，向各镇(街道、开发区)教育办，局属各学校，广饶滨海学校下发《关于2016年向市体校输送体育后备人才的意见》，把输送体育后备人才任务分配到相关单位。

群众体育　大力开展群众体育活动。以和谐、运动、健康为主题，营造良好的全民健身氛围，推动群众体育蓬勃开展。充分发挥各协会、俱乐部的作用，积极开展形式多样、群众喜闻乐见、便于参加的健身活动。上半年，会同部分镇街道、企事业单位举行了20多次职工运动会。与妇联共同举办了庆三八环湖健步行活动，共有700多名妇女爱好者参加本次活动。举办县第二届青年足球联赛。全民健身运动活动形式多样、内容丰富，具有较高的群众参与性和成果延续性，至6月底共举行各类群众性体育活动50余场，直接参与人数5000人次。山东省第八届万人象棋总决赛在县体育中心举行，共有全省21支代表队，200余名象棋爱好者参赛。8月25日，东营市老年人创新项目展演在广饶县体育中心举行，本次活动由东营市老年人体育协会主办，广饶县体育中心、广饶县老年人体育协会承办，来自各县区的九支代表队一百多人参加。2016年山东省“全民健身宣讲团”健身知识培训班(广饶站)在县体育中心举行。广饶县热烈庆祝全国第八个“全民健身日”暨全民健身精品体育项目展演大会，在县博物馆文化广场隆重举行。此次展演由广饶县老年体协承办，600多人参加展演，分别展演了太极拳(剑)、养生太极掌、行进健身球操、双扇舞、空竹等18余个健身项目，吸引了2000多人观看。积极举办广饶县第六届全民健身运动会。制定《广饶县第六届全民健身运动会实施方案》，及时召开相关单位协调会，举行了广饶县第六届全民健身运动会启动仪式。上半年举办了老年门球、老年人健身气功等项目的比赛。成功承办东营市第六届全民健身运动会乒乓球比赛和健身气功比赛。2016年东营市第六届全民健身运动会轮滑比赛在市全民健身中心举办，追风轮滑俱乐部代表广饶县参赛。东营市第六届全民健身运动会传统武术比赛在市武术协会举办，刘维彬带队参赛。2016年东营市第六届全民健身运动会钓鱼比赛在东营华林垂钓基地举办。2016年东营市第六届全民健身运动会门球比赛在垦利县举办，广饶县组队参赛。组队参加省市级赛事，激发全民健身热忱。5月8日，根据上级安排，组织全县各界300名长跑爱好者参加2016年黄河口(东营)国际马拉松赛；广饶县阳光幼儿园代表山东省参加在北京举行的第26届“拓影影视杯”全国幼儿基本体操表演大会。本次比赛英才学校幼儿体操队参加幼儿基本体操、彩绸操、呼啦圈操和幼儿蹦床的表演，第十一次夺得全国幼儿基本体操大赛的甲组金奖。积极承办体育赛事，提升群众体育层次。成功承办“兴源杯”中欧篮球对抗赛、“天道竞技精工坊杯”垂钓大赛和2016年CIDU中国“黄河杯”第四届国际舞蹈公开赛暨第四届黄河三角洲舞蹈艺术节，吸引了来自滨州、潍坊、烟台等黄河三角洲周边地区24支代表队，600余名舞蹈小将同台竞技。2016年“中国体育彩票杯”山东省排球冠军赛(乙组)在广饶县体育中心举行，此次比赛由山东省排球运动管理中心主办，东营市体育局、广饶县人民政府承办，广饶县教育(体育)局协办，由获得2016年山东省排球锦标赛各组别前8名的16支队伍240余人参赛。2016年11月5～10日中国女子乒乓球俱乐部超级联赛在广饶县体育中心巅峰对决。11月5日山东齐鲁交通女队以3∶0战胜四川穹窿先锋俱乐部女队，10日山东齐鲁交通女队在广饶主场以3∶1战胜吉林长白山农商银行队。通过承办国家级、省级赛事，宣传了广饶县的形象，提升了广饶县的知名度。

*群众体育组织建设* 审批通过了广饶县天驭轮滑俱乐部、广饶县双喜健身俱乐部、广饶县假日户外运动俱乐部、广饶县乐途户外运动俱乐部、广饶县孙武游泳健身俱乐部、广饶县武术协会等7家协会、俱乐部。全县发展各类体育组织20多家，其中体育协会6家，体育俱乐部15家，涵盖乒乓球、羽毛球、跆拳道、武术套路、武术散打等项目。全县以协会为龙头，以群众为基础，以各个体育俱乐部为骨架的体育社团网络逐步形成。

*体育场馆运营* 充分发挥体育馆公益作用，最大限度服务于民。创新和规范体育馆管理方式，做好体育中心体育馆和广饶县游泳馆暨乒羽中心的管理、运营和维护工作。利用场馆有利优势积极承办高水平体育赛事，着力提升体育馆和游泳馆的人气和社会影响力，吸引社会力量投入体育建设。加大场馆管理力度，制定《广饶县体育中心场馆管理办法》，实行严格的每日巡查制度，做好巡查记录，每日巡查已成为常态。

*体彩销售* 2016年，本着“抓基础，促规范，增容量，拓渠道”的工作思路。努力做好全县体彩网点终端机的更新换代和网点的形象建设工作，新增和激活14家网点，至12月底，全县共有69家体彩站点，其中有效网点56家，有销量网点66家。做好省市中心举行的各项促销活动，如超级大乐透3.6亿元大派奖等。全县共计销售7405万元，同比增长19.16%。其中乐透型彩票销售4304万元，同比减少5.41%；即开型彩票销售568万元，同比下滑27.62%。竞彩销售2533万元，同比增长187.86%。完成基本任务的125%，完成目标任务的104%。

*公共体育设施建设* 完成广饶县公共体育设施布局规划，明确广饶县公共体育发展事业的发展目标，结合发展趋势突出广饶公共体育特色，深化、优化了公共体育设施布局。根据上级文件要求，对公共体育设施布局进行“十三五”规划。制定《广饶县公共体育设施布局规划编制工作实施方

案》,并依托县政府转发给各镇及有关职能部门。5月5日,省规划设计院到广饶县调研公共体育设施,积极配合省规划院与县国土资源局、县住建局、县旅游局等职能部门及各镇对接,取得规划所需资料,并发放调查问卷到各镇及学校,为更合理的规划征求资料。对新建健身广场、已建广场体育器材损毁情况进行摸底统计,根据调研情况有针对性地对新建广场发放健身器材;对已有广场健身器材损毁的进行维修、维护更换。根据省、市体育局的安排,对全县所有村庄、社区健身器材平台录入情况进行统计。5月给花官镇西薛村免费发放室内乒乓球台1张,给陈官镇古家村免费发放室外乒乓球台2张。

体育宣传　密切加强与各级媒体的沟通和合作,落实2015～2016年度全民健身新闻报道优秀作品征文活动方案。共报送各类信息51条。其中省级16篇,市级15篇,县级及其他媒体20篇。同时,进一步发挥宣传栏、显示屏、广饶大众、电视台、体育局网站等媒介的作用,广泛进行体育宣传,倡导健康生活方式,普及科学健身知识,在全社会形成崇尚体育健身、积极参加体育健身的社会风气。

重要赛事　4月10日,2016年“天道竞技精工坊杯”垂钓大赛在广饶县李鹊镇博冠垂钓中心鸣枪开赛。此次比赛由CAA市场及产业委员会、天道竞技精工坊主办,广饶县教育(体育)局、广饶县博冠垂钓园承办,吸引了全国200余名钓鱼精英者参赛,本次比赛是国家级四类赛事,是中国钓鱼运动协会面向各省钓鱼爱好者参加的普及型赛事,享受国家赛的技术支持、竞赛管理和积分优惠。

4月23日,2016年CIDU中国“黄河杯”第四届国际舞蹈公开赛暨第四届黄河三角洲舞蹈艺术节在广饶县体育馆激情上演。本次比赛由广饶县体育局、中华国际舞蹈联合会主办,广饶县体育中心、中联华夏艺术有限公司、中华国际舞蹈联合会竞赛委员会承办,烟台银河国际舞蹈专业学校协办。比赛吸引了来自滨州、潍坊、烟台等黄河三角洲周边地区24支代表队,600余名舞蹈爱好者同台竞技。本次比赛本着公平、公正、公开的原则,为广大的舞蹈爱好者提供了一个展示自我风采的舞台,标志着广饶县体育舞蹈走向一个更高的水平。比赛设置了幼儿组、少儿组两个组别以及拉丁舞、牛仔舞、中国舞、热舞、集体舞等不同舞种。

5月6～9日,2016年“中国体育彩票杯”山东省武术套路(乙组)锦标赛在广饶县体育中心举行。本次比赛由山东省体育局主办,山东省武术院、东营市体育局承办,广饶县教育(体育)局协办。吸引了省内20支代表队近400名武术小将参加角逐,他们一招一式或刚柔并济,或勇猛有力,武术感觉、力量、灵活度、柔韧度等都表现良好,展现出了武术小将的扎实基础,为观众上演了一场精彩纷呈的“武术大餐”。竞赛项目及组别为乙A组:长拳、刀、棍、剑、枪、对练,乙B组:男、女长拳,男子刀术、男子棍术,女子剑术、女子枪术,男、女集体基本功一项,本次比赛采用国家体育总局最新《武术套路竞赛规则》。

9月20～24日,山东省第八届万人象棋总决赛在县体育中心举行,共有全省21支代表队,200余名象棋爱好者参赛。

2016年11月5～10日,中国女子乒乓球俱乐部超级联赛在广饶县体育中心巅峰对决。11月5日山东齐鲁交通女队以3∶0战胜四川穹窿先锋俱乐部女队,11月10日山东齐鲁交通女队在广饶主场以3∶1战胜吉林长白山农商银行队。

11月13日山东省钓鱼协会主办的中国体育彩票“青岛银行”杯2016年中国好钓手(CBF)钓鱼精英赛总决赛在广饶县博冠垂钓中心举行。来自全国各地的200名垂钓高手参加比赛。

11月16号朝鲜国家花样游泳队21名队员到广饶县游泳馆进行技术交流。

# 文化传媒

## ·文化事业·

文化设施建设　提升县级公共文化设施服务水平。投资15余万元，在城区内建设3处电子阅报屏，于6月底投入使用，向市民免费提供《人民日报》《大众日报》等6种报纸的阅览和文化、交通、医疗、教育等7方面的信息查询。

创新推进村级文化设施建设。投资10多万元，在25个村（社区）开展农家书屋图书自动化管理系统建设试点工作，实现县、镇、村三级图书一卡借阅；在97个村居建设“乡村剧场”，全部完成建设，总投资900余万元。

公共文化服务　依托“百姓文化大讲堂”对基层文艺爱好者进行多层次的专业培训，到4个镇街组织了广场舞、扇子秧歌培训班，在县文化馆组织了7期二胡、司鼓培训班，共计培训文艺骨干3200余人次；积极扶持基层文艺演出团队，针对参加“进千村乐万家”文化惠民活动的35支演出团队，组织了灯光音响师培训、庄户剧团导演培训等4期培训班，共培训200余人次。

文化产业发展　积极推进乐安文化市场项目建设，该项目各项手续已办理完成，整个工程正在加快施工进度；投资1000余万元新建设的大地影院于10月份开始营业，投资3000余万元建设的乐安文化古玩城已引进入驻商户37家；利用文化产业发展基金，对符合扶持条件的3家企业给予资金扶持88.08万元。

大型文化活动　6～10月，继续组织第十七届“广饶之夏”广场文化活动，定期演出文艺及戏曲专场节目56场次；9月10～12日，组织承办山东省第三届吕剧艺术节，并在艺术节期间组织了名家下基层、精品折子戏（吕剧小戏、吕剧伴奏器乐）比赛、专场汇报演出；9月13～16日，举办广饶县民俗文化展，集中展现广饶县民俗文化特色和“十二五”以来各镇街的经济社会发展成果。

送书画下乡

## ·剧团工作·

戏剧创作和演出　对经典传统吕剧《姊妹易嫁》等进行挖掘整理，在常年演出的基础上进行深加工和进一步打造。为庆祝中国共产党建党95周年，受东营市委组织部委托编排的现代吕剧剧目《社区来了新书记》，得到省市专家的的一致好评，同时被列为山东省2017年重点扶持剧目。吕剧小戏《红杏出墙》参加第二届“中国·宜兴梁祝戏剧节”决赛获

姊妹易嫁排练

“最佳剧目”奖，大型现代吕剧《夫妻井》荣获第九届山东省泰山文艺奖，小品《当你老了》参加第三届山东省小品新作大赛获二等奖。吕剧小戏《红杏出墙》和小品《当你老了》分获第六届东营市“黄河口文艺奖”一、二等奖。

“吕剧进校园”活动　每周三下午活动课时间到县实验小学、英才小学、县直一小和同和小学开展吕剧教学活动，进校辅导 50 次，培训学员 1300 人次。编写吕剧培训教材，通过建立吕剧兴趣小组、吕剧剧社的形式全面推开“吕剧进校园”活动。开展“吕剧大家唱”少儿暑期免费培训班，利用暑假期间在全县范围内招收吕剧表演学员 26 名。

对外交流　2016 年 10 月，小戏《红杏出墙》赴济南参加山东省文化厅组织的第二届全省小戏新创作优秀作品展演，同月应邀赴青岛大学组织吕剧专场演出。11 月参加“中韩国际艺术文化交流”活动；12 月组织 8 名演职员赴法国巴黎和意大利罗马参加艺术交流活动，扩大了吕剧艺术在国际上的影响力，让吕剧走出国门。

吕剧进校园

## ·图书工作·

基础业务　2016 年共计采购图书 6400 余种，1.7 万余册；征订 2017 年报纸期刊 270 余种。2016 年图书报刊外借册次达到 15 万余册，流通总人次达到 20 万余人次；利用图书流动服务车开展下基层活动，全年流动服务 50 次，流通图书 3000 余册次。全年共计征集各机关、企事业单位等地方文献资料 105 册。

总分馆体系建设　广饶县图书馆公共服务体系构建起由 1 个县级中心馆、10 个镇街及县直分馆、27 个村社区、县直部门图书服务点和 1 个图书流动车服务站的城乡图书总分馆网络体系。2016 年 12 月，建成 3 个阅读书社，入藏图书 1737 册，各分馆及各图书服务点共计入藏图书 41155 册。

图书电子化建设　为使读者更加便捷的获取图书电子资源，更好地拓展和延伸图书馆服务，开通了手机移动图书馆及电子书借阅机，免费向读者提供电子图书、期刊、视频等多种资源。手机移动图书馆与馆内系统相连，读者登陆后可以实现借阅信息查询，图书续借，通知公告浏览等多项功能，更加方便快捷的为读者提供服务。

社会活动开展　2016 年图书馆开展了一系列各类社会活动，共计举办新书展览 12 期次，公益性培训讲座 26 期次，基层图书管理员培训班 1 期次，全民阅读等各类活动 15 期次，如“开心闹元宵欢乐猜灯谜”“广饶县读书朗诵大赛”“十佳优秀读者”评选、“校园读书行”“图书馆就在我身边”少年儿童有奖征文、“你读书，你选书，我买单”等活动，参与人数 4 万余人次。

## ·电影工作·

广饶县电影公司是国有企业，是集放映、发行、制片为一体的发行放映公司，是山东省广饶县农村公益电影管理服务中心，全年共承担 6000 余场次电影放映任务。2016 年根据山东省广电局文件要求，认真组织实施，投入 22 支数字电影放映队，严格按照《山东省农村公益电影标准化放映实施细则（试行）》开展公益电影放映。经过 8 个月，全面完成 6686 场公益电影的放映任务，

公益电影放映

所有场次均通过山东省农村电影数字放映工程服务监管平台的认证。2016 年获得“省先进放映单位”荣誉称号。

## ·文化市场管理·

文化市场整治　以查处网吧接纳未成年人、超时经营为重点，深入开展网吧市场整治行动。进一步规范娱乐市场经营秩序，严肃演出市场管理，着力整治卫星电视传播秩序，开展校园周边文化市场综合治理等活动。共检查文化经营单位 2000 家次，出动执法人员 8000 人次，办结案件 32 起，全县文化市场经营有序。

扫黄打非斗争　对全县的图书音像店进行集中检查，全面加强印刷复制企业监管，进一步规范“印刷企业五项制度”，开展扫黄打非“净网 2016”行动、“秋风 2016”行动、“固边 2016”行动、“清源 2016”行动、“护苗 2016”行动，反复清查出版物市场，坚决查堵非法出版物，严厉打击政治性有害出版物，开展打击“三假”活动，扫黄打非工作取得明显成果。

审批服务　分行业组织举办文化经营单位从业人员法规培训，全面做好所有文化经营单位的年审换证工作，加大对审批事项标准化建设的力度，积极推行行政权力清单制度建设。

安全生产　开展公共安全生产提升年活动，全面排查网吧、娱乐场所、出版物市场、印刷企业等文化经营场所和营业性演出活动存在的突出问题和安全隐患，确保全县文化经营单位重大事故零发生率，为文化市场的繁荣发展创造良好的社会环境。

荣誉　广饶县文化市场综合执法大队被中华人民共和国国家版权局授予 2015 年度查处侵权盗版案件有功单位二等奖；广饶县吕剧艺术中心的《红杏出墙》被中国田汉研究会授予第二届“中

国·宜兴梁祝戏剧节”“最佳剧目”奖；广饶县被山东省新闻出版广电局授予山东省首届全民阅读活动示范县；广饶县文化广电新闻出版局被山东省“扫黄打非”工作领导小组授予2015年全省“扫黄打非”工作先进集体；广饶县吕剧艺术中心被山东吕剧艺术节组委会、山东省戏剧家协会表彰为山东省第三届吕剧艺术节优秀组织；广饶县吕剧艺术中心的《当你老了》被山东国际大众艺术节组委会、山东省文学艺术界联合会评为第三届山东省小品新作大赛二等奖；广饶县吕剧艺术中心的《红杏出墙》被山东省文化厅表彰为第二届全省小型戏剧新创作优秀作品暨基层院团优秀剧目展演；广饶县文化馆被中国国际青少年艺术节山东组委会、放飞梦想全国青少年才艺展示活动山东组委会授予山东省优秀艺术人才培训基地；广饶县吕剧艺术中心的《夫妻井》被中共山东省委、山东省人民政府、山东省泰山文艺奖评选委员会被评为第九届山东省泰山文艺奖三等奖；广饶县吕剧艺术中心的《社区来了新书记》被山东省文化厅被表彰为山东地方戏振兴与京剧保护扶持工程2016年度扶持项目；广饶县电影公司被山东新农村数字电影院线有限公司授予2016年度农村电影工作先进单位；广饶县被山东省戏剧家协会授予山东省吕剧传承示范基地；广饶县文化广电新闻出版局被中共东营市委宣传部、东营市文化广电新闻出版局授予2016年“黄河口之春”闹元宵文化展演组织工作奖、2016年“黄河口之春”全市社会文艺团体汇演组织工作奖；广饶县图书馆被东营市文化广电新闻出版局、东营市文化活动中心表彰为东营市2016年读书朗诵大赛优秀组织奖；广饶县文化馆被东营市委宣传部、东营市文化广电新闻出版局、东营市广播电视台表彰为2016年东营市“群文之星”才艺大赛组织奖；广饶县文化广电新闻出版局被东营市文化广电新闻出版局表彰为东营市“进千村乐万家”文化惠民巡演组织工作奖；广饶县吕剧艺术中心被东营市文化广电新闻出版局授予东营市“进千村乐万家”文化惠民巡演十佳文艺团体。

## ·广播电视·

**内宣工作**　不断深化“走、转、改”活动成果，积极落实“三贴近”原则，引导记者做有深度、有温度的新闻，真正为群众解气、解渴，落实媒体担当。至12月底，两台制作播发《广饶新闻》700多期，播发稿件6000余条；制作播出民生新闻《第一时间》及特别节目《民生看行风》350余期，播发稿件2400余条，其中监督性报道400余条，生活服务类报道240余条。在电视《广饶新闻》栏目中开播了“‘两学一做’学习教育”“聚焦环保”“学习贯彻六中全会精神”“关注道路交通安全”“学习贯彻县委十一届十四次全会精神”等新闻专栏16个，重磅组团式宣传成效明显；在民生新闻栏目《第一时间》中开设“有事您说话”板块，把镜头对准百姓反映强烈的焦点问题，帮群众之所难、解群众之所需。把握节点，先后策划推出“我的消费我做主”“能工巧匠”等板块，积极弘扬主旋律，传播正能量。

春节民间艺术展演

县广播电视台播控中心

外宣工作　各宣传部室本着“对外宣传重效果、重质量”的原则，及时调整和研究发稿策略，破除外宣唯分论，努力做到重质不轻量、贪多不求全，突出全县重点工作、围绕重点项目，努力实现宣传效果最大化。至12月底，电视新闻在央视发稿10条，其中，中央《新闻联播》1条；省台发稿155条，其中，《山东新闻联播》48条，市台发稿1300余条。外宣成绩始终保持在全省、全市前列，中央台发稿实现新突破。电台新闻中央台用稿5条；省台用稿157条，其中，《山东新闻》39条，《山东新闻联播》38条；市台用稿718条，其中，头条24条，录音报道481条。

自办栏目　2016年，采取频道制和中心制相结合的运行模式，力求实现“节目制作精品化、栏目设置特色化、节目包装新颖化”。《快乐童行》《广饶行》《创业潮》等电视专题栏目努力做到贴近百姓生产生活、用广饶语言讲好广饶故事，自办节目质量明显提高。新闻综合、影视党建、科教文艺三个频道整体互动，各档栏目互为补充，各类观众需求兼顾，频道制与中心制相结合的运行模式初步形成有序、协调的工作氛围。以大型活动提升广电影响力，先后举办广饶县“出彩广饶人”百姓春晚、“绿色家装·幸福生活”家居建材节、“生态广饶·携手共建”双微互动活动、“爱在七夕”千人相亲盛典、广饶县第四届电动汽车展销会暨“环保达人秀”。

精品生产　高度重视精品生产工程，大力实施精品战略，投入大量人力、物力、财力，不断提高广播电视栏目及作品的策划、摄制水平，逐步形成精品生产的良性机制，打造了一批群众喜闻乐见的广播电视节目，创作了一批高层次、高质量的广播电视作品。据统计，2016年度共有30件作品获市级以上奖励。其中，“山东新闻奖”三等奖1件，山东省新闻出版广电局举办的2015～2016年度优秀公益广告评奖二等奖1件、三等奖1件，办台水平得到进一步提升。12月，县广播电视台被山东省新闻工作者协会表彰为山东省县级广播电视系统“十佳广播电视台”。被山东广播电视台授予2016年度山东电视宣传先进集体一等奖，被山东广播电

庆祝记者节“我是记者”演讲比赛

视台授予2016年度山东广播宣传先进集体一等奖。王谦、李玉梅、李汉章、孙龙强在山东广播电视台举办的广播、电视宣传优秀通讯员评选中获一等奖，张文颜、田凌志、张振华获二等奖。

县广播电视台荣获全省县级广播电视系统“十佳广播电视台”称号　近年来，县广播电视台以新闻宣传为中心，牢牢把握党委、政府舆论喉舌性质，坚持政治家办台，认真贯彻团结、稳定、鼓劲和正面宣传为主的方针，大力宣传县委、县政府重大决策部署，精准报道、深度解读。至2015年底，广播宣传荣获山东广播宣传先进集体一等奖“三十年”连冠，电视宣传连续14年荣获山东电视宣传先进集体一等奖。充分发挥广电媒体职能，突出公益主题、联合各镇街、各部门，开展了丰富多彩的大型活动，增加经营创收的同时，有力提升了广播电视台的影响力。同时，县广播电视台不断创新升级，以移动新媒体业务为平台，努力构建“互联网＋广电”的宣传格局，持续推进广播电视与网络、微信等新媒体在内容、渠道、技术、经营、管理等方面的深度融合，打造新型主流媒体，抢占新媒体时代宣传舆论工作制高点。县广播电视台在山东省新闻工作者协会举办的全省县级广播电视系统优秀广播电视台评选活动中，荣获山东省县级广播电视系统“十佳广播电视台”称号。

央视《新闻联播》关注广饶县民生保障工作　7月23日晚，央视《新闻联播》在“学习贯彻习近平总书记七一重要讲话”专栏，对广饶县落实习总书记重要讲话，重视民生保障工作进行报道。报道以丁庄镇丁庄村农村幸福院为视角，从关注基层养老工作着手，反映了政府真情为民、关注民生的服务理念。这条2分19秒的提要，实现了广饶县广播电视台在央视《新闻联播》发稿质量的新突破，外宣工作迈上新台阶。

近年来，广饶县广播电视台高度重视外宣工作，提出对外宣传重效果、重质量的理念。对此，各宣传部室及时调整和研究发稿策略，破除外宣唯分论，努力做到重质不轻量、贪多不求全，实现宣传效果最大化。2016年，广饶县广播电视台在央视《新闻联播》发稿1条、《朝闻天下》发稿3条、《新闻直播间》发稿1条；在央广中国之声《新闻和报纸摘要》发稿近10条。

表13　　**县广播电视台获奖作品一览表**

| 序号 | 作者 | 获奖作品题目 | 授予机关 | 参评项目 | 等次 | 备注 |
|---|---|---|---|---|---|---|
| 1 | 李玉梅 | 《广饶农村建成首例太阳能供暖工程新能源采暖成为现实》 | 山东省新闻工作者协会 | 广播新闻短消息 | 三等奖 | 山东新闻奖 |
| 2 | 李玉梅 | 《广饶农村建成首例太阳能供暖工程新能源采暖成为现实》 | 山东省新闻出版广电局 | 广播新闻短消息 | 二等奖 | 山东省广播电视节目奖 |
| 3 | 任　娜 | 《请关闭远光灯》 | 山东省新闻出版广电局 | 公益广告 | 二等奖 | 优秀公益广告 |
| 4 | 李秋香 | 《拒绝酒驾注意行车安全》 | 山东省新闻出版广电局 | 公益广告 | 三等奖 | 优秀公益广告 |
| 5 | 吴　桐 | 《文明行车，远离手机》 | 山东省新闻出版广电局 | 公益广告 | 三等奖 | 优秀公益广告 |

续表

| 序号 | 作者 | 获奖作品题目 | 授予机关 | 参评项目 | 等次 | 备注 |
|---|---|---|---|---|---|---|
| 6 | 赵金燕<br>孙姗姗<br>王　潇 | 《我的爱对你说》 | 山东广播电视协会 | | 一等奖 | |
| 7 | 赵金燕<br>王　潇 | 《乡村文明的守护者》 | 山东广播电视协会 | | 二等奖 | |
| 8 | 李玉梅 | 《广饶轮胎进军互联网，传统制造业实现华丽转型》 | 东营市文广新局 | 广播新闻长消息 | 一等奖 | 东营广播电视节目奖 |
| 9 | 李秋香<br>郭　翔<br>任　娜<br>李　新 | 《寻找最美女游客》 | 东营市文广新局 | 广播剧单剧本 | 一等奖 | 东营广播电视节目奖 |
| 10 | 栾丽曼<br>黄甜甜<br>孙艳美<br>李玲玲 | 特别节目《广饶县第三届十佳孝亲敬老楷模颁奖典礼》 | 东营市文化广电新闻出版局东营市广播电视学会 | | 二等奖 | |
| 11 | 赵金燕<br>王　潇<br>孙姗姗 | 《一人善举温暖两座城》（三集） | 东营市文化广电新闻出版局东营市广播电视学会 | | 二等奖 | |
| 12 | 赵金燕<br>王　潇<br>孙姗姗 | 《“移动智能就医”系统方便患者就医》 | 东营市文化广电新闻出版局东营市广播电视学会 | | 二等奖 | |
| 13 | 李汉章 | 《江苏男子景区晕倒，广饶游客撸袖救人》 | 东营市文广新局 | 广播新闻长消息 | 二等奖 | 东营广播电视节目奖 |
| 14 | 李玉梅 | 《广饶首例农村太阳能供暖工程建成，新能源采暖成为现实》 | 东营市文广新局 | 广播新闻短消息 | 二等奖 | 东营广播电视节目奖 |
| 15 | 张振华 | 《金融IC卡走进菜市场，东营首个便民闪付项目落地》 | 东营市文广新局 | 广播新闻短消息 | 二等奖 | 东营广播电视节目奖 |
| 16 | 李　新 | 《金庸作品解读——郭襄传、阿碧传》 | 东营市文广新局 | 广播文艺长篇连播 | 二等奖 | 东营广播电视节目奖 |
| 17 | 李小丽 | 《戏曲大家唱》 | 东营市文化广电新闻出版局、东营市广播电视学会 | 广播电视节目 | 二等奖 | 广播文艺奖 |

续表

| 序号 | 作者 | 获奖作品题目 | 授予机关 | 参评项目 | 等次 | 备注 |
|---|---|---|---|---|---|---|
| 18 | 郭　翔 | 《中国·广饶》 | 东营市文广新局 | 播音主持广播播音 | 二等奖 | 东营广播电视节目奖 |
| 19 | 赵金燕<br>王　潇<br>孙姗姗 | 《中年男子流浪异乡 你的家在哪里?》 | 东营市文化广电新闻出版局东营市广播电视学会 | | 三等奖 | |
| 20 | 赵金燕<br>王　潇<br>孙姗姗 | 《婚假风俗守文明 莫把“恶俗”当“风俗”》 | 东营市文化广电新闻出版局东营市广播电视学会 | | 三等奖 | |
| 21 | 李　新<br>赵莹莹 | 《爱情和旅行》 | 东营市文广新局 | 广播文艺文学节目 | 三等奖 | 东营广播电视节目奖 |
| 22 | 李　新<br>王晓兰 | 《微信爱生活》——话题:辞职 | 东营市文广新局 | 广播文艺文学节目 | 三等奖 | 东营广播电视节目奖 |
| 23 | 张春梦 | 《做客广饶台》——安华卫浴 | 东营市文广新局 | 广播社教公众性节目 | 三等奖 | 东营广播电视节目奖 |
| 24 | 马莎莎 | 《给你想听的音乐,给你震撼的声音》 | 东营市文化广电新闻出版局、东营市广播电视学会 | 广播电视节目 | 三等奖 | 广播文艺奖 |
| 25 | 王睿韬 | 《给你想听的音乐,给你震撼的声音》 | 东营市文化广电新闻出版局、东营市广播电视学会 | 广播电视节目 | 三等奖 | 广播文艺奖 |
| 26 | 毕海宁<br>张文颜<br>吴波涛 | 《探秘黑茶之源》 | 东营市文化广电新闻出版局、东营市广播电视学会 | | 三等奖 | |
| 27 | 毕海宁<br>李铁飞<br>姜方燕 | 《俄罗斯探“蜜”之旅》 | 东营市文化广电新闻出版局、东营市广播电视学会 | | 三等奖 | |
| 28 | 王之贤 | 《信息巴士》 | 东营市文广新局 | 播音主持广播播音 | 三等奖 | 东营广播电视节目奖 |
| 29 | 任　娜 | 《东营义工放弃休息开展各类公益活动》 | 东营市文广新局 | 播音主持广播播音 | 三等 | 东营广播电视节目奖 |
| 30 | 吴波涛 | 公益广告《假如篇》 | 中共东营市委宣传部 | | 最佳创意奖 | |

# · 文博工作 ·

*考古保管和文物保护* 完成第一次全国可移动文物普查收尾工作。按时完成一普数据集中修改工作，按照规范要求，编制各项普查成果报告，参加全省一普数据审核与普查总结报告编制，提交了“广饶县第一次全国可移动文物普查工作报告”。通过这次文物普查工作的开展，摸清了全县范围内文物收藏情况，掌握了文物保存的现状，也为国家制定文化遗产的保护和利用提供了详实资料和科学依据。

积极推进傅家遗址保护规划、五村遗址保护与展示工程编制工作。向县政府呈报了开展傅家遗址保护规划编制、五村遗址保护与展示工程方案编制项目请示。向县财政局递交了两个项目的采购计划审批表和预算表。通过政府招标，与曲阜安怀堂文物工程设计有限公司、北京建工建筑设计研究院两家中标单位分别签订政府采购合同。邀请县城市管理局对五村遗址保护与展示方案的设计与进行编制单位沟通交流，并根据修改意见和建议进行修改完善，尽快将方案呈报至省文物局审批。

稳步推进关帝庙大殿安防系统提升。关帝庙大殿安全防范系统工程于2014年立项，2015年经国家文物局批准拨付专项资金338万元，2017年将正式启动该工程。该安防系统包括建设一处高标准的监控室，安装高清摄像机，综合设置周界防护、内外区域和空间防护，安装高清大屏幕系统和安装声音复核系统。方案经过多次修改讨论，技术参数发布，前期准备工作已经结束，招标公告拟定完毕，年后实施招标，预计2017年6月完成建设安装任务。

做好野外文物的升级与保护工作。大力实施“文物安全天网工程”，按照市文物管理处通知要求，经过认真筛选，将东北坞盐业遗址群、稻庄民国四合院、申盟亭古墓群等10处文物古迹推荐为第三批市级重点文物保护单位。对新公布为第五批省级重点文物保护单位的寨村泉顺院、乐安故城址等4处文物古迹更换保护标志碑，完善“四有”(有保护范围、有保护标志、有记录档案、有保护机构)工作。按照省文物局关于做好2016年度省级重点文物保护专项资金申报工作的通知要求，申报乐安故城保护工程、柏寝台三期保护工程、中共刘集支部旧址安防消防工程3个项目，总预算资金约1800万元。

积极做好冢头墓群保护工程。向省文物局呈报了对冢头墓群进行考古勘探的请示，并委托山东海岱考古中心编制《冢头墓群考古勘探工作方案》。4月，按照政府采购程序，向县政府呈报开展冢头墓群保护方案编制项目的请示，通过单一来源采购的方式，确定山东海岱文化遗产保护咨询服务中心为方案编制单位，签订政府采购合同，随后项目逐步展开，10月16～30日，完成冢头墓群考古勘探调查，确定墓群的范围，完成方案初稿。

南河崖盐业遗址群1号遗址保护与展示方案编制项目逐步展开。4月底，召开与东营农高新区的碰头会，商讨项目招标事宜。按照政府采购程序，向县政府呈报项目的请示并向县财政局递交采购计划审批表和预算表，及时

东展厅改造后现场

与中标单位太原市晋博文物保护有限公司签订采购合同。完成方案初稿。

西展厅改造后现场

展厅改造和陈列展览　文物展厅改造工程。为丰富展厅内容及展示形式，争取上级资金400万元，对博物馆一楼展厅进行改造提升。对一层东西两展厅进行改造提升，共涉及“史前文明”“渠展之盐”“馆藏集粹”“石刻造像”“广饶民俗”4个展厅，重新规划展览流线，正确引导零散观众的参观。加入多媒体科技手段进行场景提升，更换文物展柜，让更多珍贵文物走出库房，与观众见面。新增钱币展厅，更好地向观众展现我国的货币文化。

民俗展厅改造工程。为推动全县历史文化展示和“乡村记忆工程”，让文物“活”起来，将三楼打造成为广饶民俗展厅，展览充分发掘广饶农村特有的文化元素，收集部分老百姓使用过的老旧物件，以实物展示、图片重现、文字介绍、实景模拟等形式，尽可能地再现乡村传统、劳作传承、民间习俗、特色工艺等生产生活的实况。

地下文物库房提升改造工程。年初，编制项目实施方案，经反复修改完善后，报省文物局和县政府同意，于9月4日开工，预计2017年1月初接受专家组验收。该工程被省文物局列为2016年度文物保护百项工程集中开工项目之一。这次文物库房的提升改造，争取上级资金380万元，根据文物不同等级量身打造展厨展柜，最新安装了恒温恒湿系统、文物振动报警系统，是自建馆以来最为科学化、规范化的一次提升改造工程，使馆藏文物的科学保护在硬件条件上得到显著提升，智能化水平目前名列全省第一，在全国也是最先进的。

民俗展厅改造后现场

临时展厅工程。经过详细规划，在原一楼中厅位置设立临时展厅，以承接上级文物部门推出的临时性展览，并与外地市进行有特色的文物交流展览，每年开展经常性的文博宣传教育活动，适应更多形式的展览的需要，是让文物“活起来”的重要阵地。

楼梯改造及一楼前厅改造工程。借助这次展厅改造的有力时机，开展无障碍设施建设，对一楼中厅南边步行楼梯进行拆除，改为钢构步梯，加装电梯1部，解决残疾人、老年人等特殊群体参观的需要，为他们更好的参与社会文化生活提供机会和条件，推动博物馆公共服务向社会弱势群体、特殊群体延伸。对一楼大厅进行改造提升，更换天花板，对大厅墙面进行更新处理，采用干挂洞石工艺。同时，在大厅安装18平方米液晶拼接屏，以多媒体形式集中展示东营市历史文化。

二楼展厅改造前期准备工作。继完成一楼、三楼改造之后，二楼陈展改造工作从9月撰写二楼展厅展览大纲，内容分为“中共广饶县党史展”“千年古县”“吕剧起源与发展专题展”三部分。10月底，完成大纲初稿。11月16日，向县府提交的改造申请得到同意批复。项目设计招标已完成。

文物展示和宣传　以“国际博物馆日”和“中国文化遗产日”为契机，大力开展文化宣传活动，并制定了活动方案。印制发放《博物馆条例》《山东省文物保护条例》等宣传材料，并推出整点免费讲解活动，吸引了众多游客参观。

举行陈展改造开馆仪式系列活动。6月30日，博物馆与县关工委联合举办中国共产党成立95周年“华泰杯”“听党话　跟党走　铭记历史　关爱未来”书画展暨东营市历史博物馆开馆仪式。特邀请东营市旗袍协会奉献的魅力旗袍走秀、红色经典歌曲等节目，整个活动集历史性、艺术性、观赏性于一体，向现场观众展现旗袍这一中华百年传统服饰的魅力，赢得参观群众一致好评。

“华泰杯”书画展

开展传统茶艺文化体验活动。为让广大市民更好地了解我国源远流长的茶艺文化，5月，博物馆与广饶县“御茶知味”茶室共同在孙武祠院内举办传统茶艺文化体验活动，老师在讲授茶道的选茗、择水等内容后，现场讲解、演示茶艺的基本过程，并请现场观众品茗。整个演示过程美轮美奂，极具艺术性、知识性与趣味性。

做好省博物馆藏鲁绣精品展。为更好地发挥博物馆的社会教育职能，承担起非物质文化遗产保护、宣传和展示的重任，博物馆于2016年10月12日至11月10日，与省博物馆合作展出《十指春风绣乾坤——山东博物馆藏鲁绣精品展》。鲁绣作为山东地区的代表性刺绣，迄今已传承2000多年，是中国“八大名绣”之一，2009年被列入山东省非物质文化遗产名录。此次精品展分为4个单元，共展示鲁绣精品42件。

举办“墨涌乐安”书画展活动。为繁荣书法艺术，促进广大书法爱好者的学习交流，提高全县书法队伍的创作水平。2016年12月31日，由广饶县文联、广饶县书法家协会、中国书协山东省书法考级中心联合主办的“迎元旦、贺新春”《“墨涌乐安”广饶县书法作品展》在东营市历史博物馆临时展厅开展。此次展览，共展出100幅书法作品，来自全县各个社区和乡镇。每件作品均书体兼备，风格各异，以不同的笔墨语言，阐释了作者对书法艺术的理解和追求，立体、多元、全方位展现了书法队伍的创作实力和水平。

荣誉　东营市历史博物馆先后被授予“市级文明单位”和“东营市情教学基地”等多项称号。赵春超、董娜被山东省文物局授予山东省第一次全国可移动文物普查先进个人称号。

（王　芳）

## ·新华书店·

2016年，新华书店广饶分公司落实出版集团“规范管理年”和“创新提升年”发展战略，加快图书发行各个环节的转型、升级和改造步伐。

*图书配送* 新华书店广饶分公司在县文广新局等相关部门密切配合下，完成全县2016年度农家书屋的配送工作。

*全民阅读活动* 2016年5月1日至8日，成功承办县委宣传部主办的“书香五月 悦读广饶”优秀图书展，这是落实山东新华书店集团“全民阅读”山东行系列活动之一；5月8日母亲节这天，与县委宣传部、县文明办、县妇联、县教育局、县广播电视台等六家单位联合举办“书香五月·悦读广饶”系列活动之“送母亲一本好书”诗词有奖竞答活动。

*校园书屋建设* 9月，升级改造有2300名学生的县实验中学校园图书超市，营业面积达到240平方米，增设了文具、饮料饮品等多项多元经营项目。

*门店升级改造* 从10月开始，投资200余万元对中心门店实施升级改造，改造后的门店营业面积达1500平方米，经营项目以图书为主，兼营文具、眼镜等项目，设有儿童购书、活动专区和咖啡饮品区，正装修和积极备货，将于2017年元旦后择机尽快营业。

（梅金华）

## ·孙子研究·

*第三届中国孙子兵法研究成果奖启动仪式* 9月27日，由中国孙子兵法研究会主办，山东孙子研究会、广饶县人民政府承办的第三届中国孙子兵法研究成果奖启动仪式在广饶县成功举行。来自北京、辽宁、苏州和济南、莱芜、临沂、滨州等地孙子研究机构的代表，大众日报、东营日报、中国网、大众网、齐鲁网等10余家新闻媒体的记者共60余人参加启动仪式。中国人民解放军军事科学院军事历史和百科研究部副部长李泉将军代表主办单位致辞，并宣布第三届中国孙子兵法研究成果奖启动；山东国际孙子兵法研究交流中心主任赵承凤将军出席仪式并讲话；山东孙子研究会执行会长南兵军将军代表承办单位致辞。广饶县人大常委会副主任许忠志主持启动仪式，副县长迟健全面介绍了本届成果奖具体活动安排和广饶县经济社会发展情况。

*孙子学术研究* 总结2015年孙子文化研究成果和孙子文化论坛成果，编印完成《孙子研究在广饶》《国学经典——孙子兵法》两部书籍和期刊《孙子与齐文化》第15期。收集、整理1917年（民国六年）至2016年广饶籍孙子研究学者和部分著名历史学家的孙子研究成果及相关文章，汇编完成《孙子研究在广饶》一书，将广饶县100年来孙子文化研究的成果进行系统总结和集中展示。该书共52万字，2016年9月由中国文史出版社出版，在彰显广饶深厚历史文化底蕴的同时，也从侧面见证广饶现代孙子研究工作逐步发展壮大的历程。孙子文化研究中心还与县旅游局合作，编印了《国学经典——孙子兵法》研学产品，内容不仅有《孙子兵法》十三篇的原文及译文，还有孙子故里各类考证资料和证明材料。孙子文化研究中心积极参与各地孙子研究机构组织的学术征文活动，先后为“中华文化与孙子兵学学术论坛”“首届中国（蒙山）鬼谷子文化国际论坛”“2016山东（国际）孙膑文化与经济发展论坛”、山东社科论坛——齐鲁兵学文化传承与发展研讨会、“孙子兵法研究：创新与发展”学术研讨会等大型论坛活动，提交高质量学术论文5篇。论文《浅谈孙子兵学思想与孔子儒学思想的结合应用》《浅谈孙武选择“奔吴”之因》《试论〈孙子兵法〉中的运动战思想》《齐鲁兵学和孙子文化产业构想》等4篇文章被2016年《孙子研究》刊用。协助东营市外宣办审定《孙子兵法》纪念碑文字，包括孙武简介、《孙子兵法》全文和孙武像；协助县住建局对县政协九届五次会议韩光明委员提出的“关于进一步弘扬孙子文化的建议”的提案认真落实并作出答复意见；协助孙子文化旅游区管委会审阅兵圣宫布展文本大纲，及时调整布展方向，

*学术交流* 第三届中国孙子

兵法研究成果奖启动仪式筹备期间，孙子文化研究中心陪同县委宣传部领导赴北京、济南，向主办单位中国孙子兵法研究会、承办单位山东孙子研究会汇报筹备情况，与两会的首长商讨评奖活动及启动仪式筹办事宜，积极寻求开展孙子文化交流与合作的机会。利用受邀参加孙子学术研讨活动的机会，先后赴济南市参加山东孙子研究会主办的“中华文化与孙子兵学学术论坛”，山东省社科联与山东孙子研究会共同主办的齐鲁兵学文化传承与发展研讨会，山东省社科联与山东国际孙子兵法研究交流中心共同主办的长征精神与新时期时代精神学术沙龙暨第三届兵商论坛；赴临沂市参加“首届中国(蒙山)鬼谷子文化国际论坛暨临沂蒙山鬼谷子文化研究会成立大会”；赴菏泽市参加“2016山东(国际)孙膑文化与经济发展论坛”；赴滨州市参加“山东社科论坛暨孙子兵学与红色文化——纪念红军长征胜利80周年研讨会”；赴杭州市参加“2016丙申年吴大帝仲谋公诞辰1834周年秋季祭祖大典”；赴苏州市参加由中国孙子兵法研究会主办的“孙子兵法研究：创新与发展”学术研讨会，并作重点发言。认真配合外地单位对孙子文化旅游区的参观考察，先后接待中华文化孙子兵法学会台北分会长张建华、滨州学院孙子研究院院长孙远方、临沂汉墓竹简博物馆研究中心主任纪洲丽等多批客人，商谈孙子文化产业发展大计，为孙武商学院筹建寻求合作。

广饶孙氏根亲文化　指导广饶孙子故里研究会(广饶孙氏宗亲会)开展宗亲联络联谊活动，加强对重大活动的指导，3月12日在孙子文化园组织举行孙中山逝世91周年纪念活动；11月18日赴杭州市富阳区参加“2016丙申年吴大帝仲谋公诞辰1834周年秋季祭祖大典暨纪念孙中山诞辰150周年活动”；12月赴苏州市相城区参加“2017公祭孙武大典筹备大会”。指导孙子故里研究会开展《乐安孙氏宗谱》编撰工作，凝聚和加强了各地乐安孙氏后裔同孙子故里广饶县的血脉联系。

（郭　晖）

## ·《广饶大众》报社·

综述　2016年以来，《广饶大众》报社围绕学习和宣传贯彻党的十八大和十八届五中、六中全会精神，突出“两学一做”学习教育、社会主义核心价值观、重点工程重点项目建设、民生、县镇人大换届、移风易俗、迎接国家卫生城市复审、省级食品安全先进县验收、安全生产、生态环保、禁毒、扶贫、全面深化改革等宣传工作重点，圆满完成各项工作任务，为在全县营造健康向上的浓厚发展氛围做出了积极努力。全年编辑出版《广饶大众》149期、2000个版面。《广饶大众》被山东省新闻工作者协会、山东省新闻工作者协会县级媒体工作委员会评为山东省优秀县市报、山东省“十强”县市报，被市文明委授予复查合格市级文明单位。

舆论宣传　对县“两会”、县委常委会议和全体会议、县纪委全会、县政府常务会议及其他重要的工作会议精神，不拘篇幅在头版头条位置给予及时、全面报道，并进行充分宣传。如1月集中报道了县“两会”盛况，配发社论，并对《政府工作报告》《十三五规划》等重要文件进行解读。从2月15日至3月9日，对全县经济工作会议精神给予集中宣传，全面报道会议概况；配发系列评论3篇，详细阐述会议精神；刊发11个镇街、部门贯彻落实会议精神的思路打算。3月7日至4月1日，在对县纪委十一届六次全会精神全面报道的基础上，开设专题栏目，刊出17名基层党委、纪委、纪检组主要负责人对全会精神的理解认识和贯彻落实举措，推进了工作、思想的交流和会议的贯彻落实。认真做好县乡人大换届选举宣传工作，及时报道工作动态，解读政策要求，刊登宣传口号，先后刊登《中央“九严禁”换届纪律要求》35期，换届纪律“九严禁”系列评论8篇，营造风清气正的换届氛围。围绕全面宣传和解读党的十八届六中全会精神，刊发《论学习贯彻党的十八届六中全会精神》系列评论五篇，并用整版版面先后刊登《踏上全面从严治党新征程——关于〈关于新形势下党内政治生活的若干准则〉和〈中国共产党党内监督条例〉诞生记》《新〈准则〉〈条例〉“新”在哪里》等文章，营造了浓厚的舆论氛围。4月底至5月中旬，对第七届中国(广饶)国际橡胶轮胎暨汽车配件展览会进行全面报道。4月以来，及时关注全县“两学一做”专题教育开展、纪念建党95周年、迎接半年上级群众满意度调查、全面深化改革等情况，及时报道工作动态和成效。全力做好禁毒、打击打孔盗油犯罪、创建食品安全先进县、迎接省级文明县年度测评等工作重点的宣传，努力保持持续、强劲的舆论攻势。

民情民意反映　围绕民生工作和读者所想、所盼，继续开设《聚焦惠民实事》《民生杂谈》《法律问答》《百姓故事》《卫生与健康》《关心下一代》等栏目，坚持正确导向，传播先进理念，引导读者正确认知改革开放成果带来的生活变化。在三版“民生杂谈”栏目刊发评论《扶贫要念好“精准经”》，并刊登《全国“扶贫日”倡议书》；开设“聚焦精准扶贫”系列专栏，刊登“聚焦精准扶贫·党(工)委书记谈扶贫”系列4期，4位乡镇的党(工)委书记就如何开展好精准扶贫工作谈了自己的看法。“聚焦精准扶贫·部门动态”栏目中，对全县各有关部门的扶贫工作开展情况进行报道，重点报道好的经验和做法，共刊登7期。改进和提升《关注》栏目，及时解读党和国家重大方针政策动向和社会舆论热点，尽最大努力满足群众的知情需求，发挥舆论引导作用。配合形势需要，认真解读全国两会精神、营改增政策、食品安全常识、安全生产知识、禁毒常识和有奖举报政策、人才政策等等。《广饶大众》开办了“代表建议办理”“提案追踪”专栏，集中报道有关部门和单位对人大代表建议和政协委员提案的办理情况，对生态文明、公益事业、环境保护、食品安全、交通出行等一系列事关群众切身利益的工作开展情况进行全面回应。开设《“第一书记”在基层》栏目，全面系统地展示“第一书记”在村工作、活动、学习及到村后村里的变化等情况，推广“第一书记”在工作中的好做法、好经验，先后共出刊39期。

公益宣传　报纸中缝围绕“两学一做”、拆违治乱、禁毒、“防艾”、移风易俗等持续刊登宣传口号，努力营造和保持健康氛围、引导舆论。同时围绕社会主义核心价值观、讲文明树新风、移风易俗、绿色环保、勤俭节约、尊老爱幼等主题，持续刊登公益广告，共刊登121期，占49.5个整版。开设《移风易俗　节俭养德》专栏，进一步弘扬勤俭节约、艰苦奋斗的优良传统，净化社会风气，引导广大干部群众逐步建立科学、健康、文明的生活方式，鼓励大家畅所欲言、向旧风陋习宣战，共刊登29期。继续开设《经典品读》栏目，对国学经典篇章进行阐释解读，与读者一起品鉴古代仁人志士修身、齐家、治国、平天下的思想理念和伟大实践，共刊出12期。在春节、元宵节、清明节、端午节等中华民族传统节日前后，以弘扬中华民族优秀传统文化为重点，营造浓厚节日氛围，弘扬正气，积极配合了社会主义核心价值观的宣传。在妇女节、劳动节等节日期间，突出节日特点，开办《巾帼风采》《劳模风采》《时代先锋》栏目，传播正能量，增强民族自信心和自豪感。开辟“纪念红军长征胜利80周年”宣传专栏。积极配合最美广饶人物、道德模范的评选，及时公示候选人情况、公布评选结果，开设《道德的力量》专栏，全面报道5名第四届市级道德模范及提名奖获得者的事迹。

社会活动参与　先后参与“新华书店杯”寒假读一本好书征文大赛、关爱环卫工人“爱心驿站”“践行社会主义核心价值观，争做‘最美青年’”主题活动、“广饶的春天”文学和摄影作品有奖征集、“书香五月·悦读广饶”优秀图书展、“国税杯”“我是共产党员”学党章知识竞赛和演讲比赛、“金岭杯”第二届青年足球赛等8项社会活动。

(黄晓伟)

# 卫　生

## ·卫生事业综合管理·

公立医院改革　继续深化医药卫生体制改革，推进分级诊疗制度建设，促进县级公立医院健康发展。将县级公立医院经费补助由定额补助改为差额补助，实施53个病种的临床路径管理，进一步规范医疗行为，缩短平均住院床日，提高医疗服务质量。对符合条件的患者，实行“先诊疗后结算”服务，积极推进区域统一预约挂号平台建设。实施优质护理示范工程，完善医院护理质量管理标准体系，提高护理服务质量。

基本药物制度　继续实施药品零差率销售，县财政每年安排3000余万元保障镇街卫生院正常运行，安排1200万元对在岗乡医给予专项补助，同时各镇街给予资金配套。严格实施基本药物制度，落实公立医院配备和优先使用基本药物政策，减少药品流通环节，降低药品采购成本，改变基层医疗机构以药养医的模式，减轻了群众的用药负担。建立基本药物考核评估制度，定期检查基本药物使用情况。县基层医疗卫生机构能够根据需要正常采购和使用市级补充药品。

中医药事业建设　县中医院临床中医药专业技术人员占60%以上，与省中医院等医疗集团开展全面合作，实施中医名牌战略，做大做强特色专科，进一步提高中医药服务水平。继续推进基层中医药服务能力提升工程，加强镇街卫生院中医药综合服务区建设。2016年新申报3处国医堂、中医馆项目，有2处通过省级考核，1处待市级考核。成功举办广饶县首届中医药博览会，进一步扩大中医药影响力。

公共卫生服务　投资1410万元改扩建46处基层医疗卫生机构，基本形成县、乡、村三级医疗卫生服务网络。代表山东省迎接2015年度国家基本公共卫生服务项目考核，取得全国第三名的成绩。全县共规范建立居民电子健康档案46.18万份，电子建档率达88.83%；健康管理65岁以上老年人47468人；高血压、糖尿病、严重精神障碍等重点疾病患者健康管理共计56758人。积极开展健康教育、健康指导、慢性病和重性精神疾病患者随访干预等工作。加强乡村医生队伍建设，严格执行乡村医生养老保险、准入和退出机制。完成全县243名乡村医生执业再注册工作，对133名退休乡村医生资格证书进行了注销。

爱国卫生运动　启动城乡环

首届广饶中医药博览会

境卫生整洁行动，扎实开展爱国卫生宣传工作，积极推进健康教育促进工作，提高城乡居民健康素质。在中小学校全部开设健康教育课，开展地方病防治知识教育。积极组织开展省、市级卫生单位、卫生村创建和市、县无烟单位创建活动。有11个单位、14个村并命名表彰为市级卫生先进单位和卫生村称号；12个单位命名表彰为市级无烟单位；45个单位命名为县级无烟单位。农村改厕工作稳步推进，前期已在全县建成改厕示范村45个、改厕示范户2580户。

卫生监督工作　先后培训公共场所从业人员、医护人员、乡村医生等3232人，开展各类卫生法律法规宣传10余次，发放宣传资料3.4万余份。继续推行公共场所量化分级管理，继续深入开展打击非法行医工作，加强医疗机构、公共场所、中小学及托幼机构等单位的经常性监督，监督覆盖率100%，开展专项执法检查632户次，开展公共场所、餐饮具、生活饮用水等单位卫生安全指标检测528份(批)次，合格率100%。积极推进医疗卫生机构传染病防治分类监督综合评价试点工作，迎接了山东省食品安全先进县创建评估验收工作。全年受理、办结卫生行政许可项目共计841件，全年窗口7个月次被县政务服务中心评为“优秀服务窗口”。

惠民实事　为镇街卫生院更新必需的基本设备。2016年，县、镇两级财政共投入400万元

广饶街道社区卫生服务中心投入使用

为广饶街道社区卫生服务中心等8处镇街卫生院更新彩超、血液分析仪等基本医疗设备，所有设备已完成招标采购。继续开展村卫生室、社区卫生服务站三年建设项目。2016年计划投资1410万元，新建、改扩建村卫生室、社区卫生服务站46处。对35～64周岁农村妇女及城镇无业妇女进行“两癌”筛查。全县共完成乳腺癌检查30047人，发现乳腺良性病变3961人、可疑患者338人，确诊乳腺癌16例；完成宫颈癌检查29082人，发现生殖道感3332人、HPV阳性1847人、可疑患者44人，确诊宫颈癌7例。县医院门诊病房楼建设、县妇女儿童医院建设、县中医院迁建、九九阳光乐园项目均列入政府购买服务，并已完善前期手续，正进入招标程序。

荣誉　广饶县通过全国爱国卫生运动委员会2015年国家卫生县城复审，代表山东省通过国家卫计委、国家财政部开展的2015年度国家基本公共卫生服务项目考核，获得全国第三名，被国家卫生计生委命名为2014～2016年全国计划生育优质服务先进单位，被山东省卫生和计划生育委员会、山东省总工会授予全省第一届计划生育基层服务管理技能竞赛优秀奖。广饶县创新项目“加强优生指导服务、促进计生服务管理工作”被山东省人口和计划生育领导小组表彰为2015年度全省计划生育服务管理创新奖。广饶县人民医院被山东省细菌耐药监测网(质控中心)2015年度山东省细菌耐药监测数据报送先进单位。县疾控中心被山东省疾病预防控制中心授予全省消毒与感染控制工作先进集体、全省环境卫生工作先进集体、全省免疫规划业务工作先进集体，被山东省皮肤病性病防治研究所授予全省麻风病防治工作先进单位、全省地方病防治工作先进集体。

县中医院被山东省医务工会授予2015年度全省卫生计生系统“安康杯”竞赛活动优胜班组。广饶县卫生和计划生育局在全市寄生虫病防治技能竞赛中被东营市卫生和计划生育委员会、东营市总工会、东营市人力资源和社会保障局授予一等奖，在全市危急重症孕产妇救治技能竞赛中被东营市卫生和计划生育委员会、东营市总工会、东营市人力资源和社会保障局授予三等奖，在全市食品安全风险监测技能竞赛中被东营市卫生和计划生育委员会、东营市总工会、东营市人力资源和社会保障局授予三等奖，在全市影像阅片竞赛中被东营市卫生和计划生育委员会、东营市总工会、东营市人力资源和社会保障局授予三等奖。广饶县卫生监督执法局在全市放射卫生监督技能竞赛中被东营市卫生和计划生育委员会、东营市总工会、东营市人力资源和社会保障局授予一等奖。广饶县人民医院被共青团东营市委授予2015年度“东营市五四红旗团委”，在2016年度全市改善医疗服务暨医师岗位技能比赛中被东营市卫生和计划生育委员会、东营市总工会、东营市人力资源和社会保障局授予团体三等奖，在全市急救技能竞赛中被东营市卫生和计划生育委员会、东营市总工会、东营市人力资源和社会保障局授予三等奖。广饶县中医院在全市中医护理岗位技能竞赛中被东营市卫生和计划生育委员会、东营市总工会、东营市人力资源和社会保障局授予二等奖，被东营市精神文明建设委员会授予2015年度市级文明单位称号。

广饶县疾病预防控制中心纪淑芳被山东省疾病预防控制中心评为全省食品安全风险监测工作先进个人，张继峰被山东省疾病预防控制中心授予2014～2015年度山东省慢病非传染性疾病防制工作先进个人，高海宁被山东省疾病预防控制中心授予全省病媒监测先进个人，张佐堂被山东省皮肤病性病防治研究所授予全省麻风病防治先进工作者。广饶县中医院庞艳英被东营市总工会授予“东营市五一劳动奖章”。广饶县卫生监督执法局成向德获得全市放射卫生监督技能竞赛一等奖，被东营市卫生和计划生育委员会、东营市总工会、东营市人力资源和社会保障局授予“东营市卫生计生系统职工技术能手”称号。崔林兴在全市放射卫生监督技能竞赛中被东营市卫生和计划生育委员会、东营市总工会、东营市人力资源和社会保障局授予二等奖。广饶县人民医院李韬在全市寄生虫病防治技能竞赛中被东营市卫生和计划生育委员会、东营市总工会、东营市人力资源和社会保障局授予二等奖，顾红芹在全市寄生虫病防治技能竞赛中被东营市卫生和计划生育委员会、东营市总工会、东营市人力资源和社会保障局授予三等奖，刘亭亭在全市食品安全风险监测技能竞赛中被东营市卫生和计划生育委员会、东营市总工会、东营市人力资源和社会保障局授予三等奖。

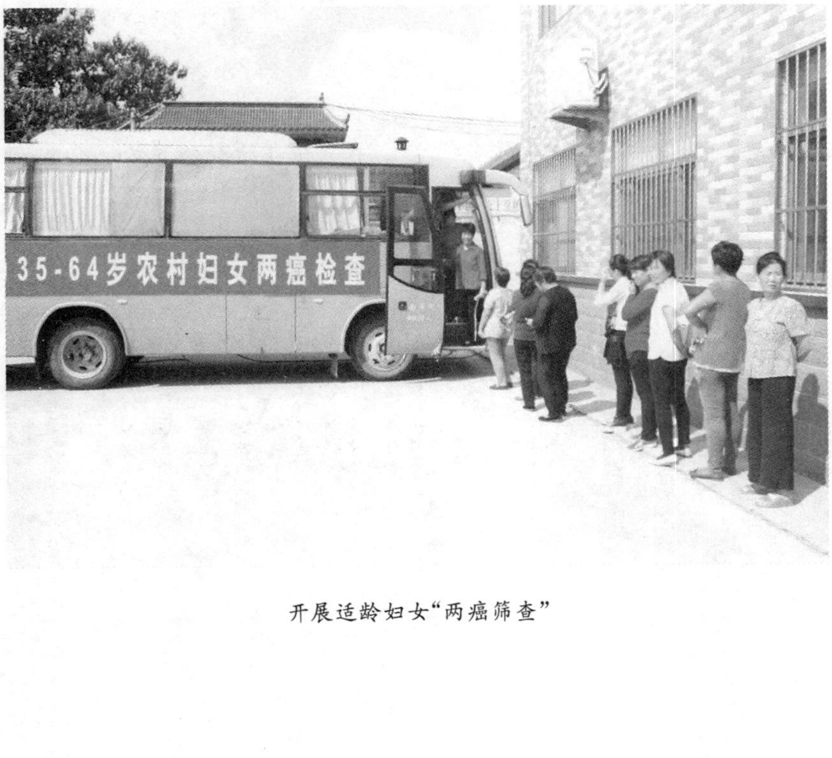

开展适龄妇女“两癌筛查”

## ·妇幼保健·

公共卫生妇幼项目　全面完成农村孕产妇住院分娩补助和育龄妇女发放叶酸工作，全年共计为5782名孕产妇发放住院分娩补助289.1万元。继续开展农村妇女和城镇下岗无业妇女宫颈癌、乳腺癌免费检查项目，全年两癌免费检查33012人，确诊乳腺癌16例、宫颈癌9例。依托各乡镇（街道）卫生院为本辖区内的0～6岁儿童和孕产妇建立保健手册。新生儿访视率、儿童健康管理率达到90%以上；全县早孕建册率达到96.94%，孕妇健康管理率、产后访视率均达到96.52%以上。

社会卫生工作　加强对《出生医学证明》管理与使用。全年初次签发出生医学证明5612份，换证、补证23份，废证2份，废证率低于1%。严肃妇幼卫生信息管理，每季定期召开妇幼卫生信息例会。2016统计年度内全县活产7944例，产妇7858例，孕产妇系统管理率为96.05%，3岁以下儿童系统管理率为97.89%，孕产妇死亡率为0，婴儿死亡率为3.02‰。新筛工作日益规范。6月1日起顺利开展新增26种新生儿遗传代谢性疾病复查工作。全年递送血片9162人份，复查179人份，筛查率98.79%，召回率100%。全面完成全县幼儿教师查体等常规查体，检查1421人，查体率达95.56%，对查体合格者及时发证。继续在全县推行免费婚前医学检查工作，设置专人在县婚姻登记处进行婚检宣教，共完成婚前医学检查4558人次，全年婚检率76.1%，检查出内科、外科、妇科、生殖系统等疾病263例。

出生缺陷防治　积极应对国家生育政策调整带来的服务压力，通过调整和规范完善服务流程，全面提高免费孕前项目服务质量。全年共为6264对计划夫妇进行免费孕前优生健康检查，发现高风险人群695例，占检查总人数的5.55%，完成艾滋病初筛12544人次，对高风险人群逐户建立家庭档案，实施重点跟踪指导和随访服务。免费孕期监护项目成效显著，积极应对全面二孩政策实施后怀孕人群急剧增加压力，不断完善服务流程，做到监护一例建档一例。进行免费孕期超声监护服务8484人次，其中进行胎儿颈项透明层测量7552例，发现畸形胎儿42例，死胎及其他病理妊娠99例，对监护中发现的异常情况均给予针对性的咨询指导，及时实施终止妊娠手术；完成免费唐氏综合征筛查9354例，发现高危人群802例，确诊唐氏儿10例，18－三体综合征1例，对发现的高危人群及确诊异常者，均逐户建立家庭档案，实施重点跟踪指导和随访服务。农村妇女免费增补叶酸项目规范运作，发放叶酸5015人，共计26330瓶，通过加强随访提高叶酸服用依从率，有效降低了神经管缺陷的发生。

## ·卫生防疫·

疫情和传染病防控　加强传染病疫情管理，严格网络直报制度。加大对手足口病、霍乱和腹泻病、结核病、寄生虫病、布病、流感和食源性疾病等重点传染病的防控力度。开展各类培训、宣传6次，培训人员1100余人次，发放宣传资料2.3万余份。全年开展各类快检、实验室检验等8156份（批）。全年共报告传染病病例3041例，发病率为每10万人608.20例，其中，甲类传染病0例，乙类传染病831例，丙类传染病2210例。

免疫规划　加强预防接种门诊建设，率先在全省实行数字化

卫生应急演练

门诊，加大疫苗针对性疾病防控，加强学校卫生。强化疫苗全过程监管，认真开展2016年预防接种规范管理专项行动，在全国查处问题疫苗案件中，县疫苗管理工作受到各级领导的好评。2016年，全县建证(卡)7970人，建证建卡率100%，共接种155739剂次，八苗全程接种率96.98%，位居全市第一。

慢性病监测　扎实开展死因、脑卒中、冠心病和肿瘤监测，全年报告死亡病例3012例，粗死亡率为6.35‰。对慢性病监测信息系统存活的病例进行随访，病例随访5791例，随访率97%以上。建立高血压、糖尿病患者档案48842份。继续开展35岁以上人群首诊测血压制度。

重性精神疾病防治　严重精神障碍患者登记2161人，其中在管患者2069人，检出率4.10‰，管理率95.74%。上报严重精神障碍危害性评估3级以上患者102人，圆满完成严重精神障碍患者排查评估任务。筛查、诊断严重精神障碍患者199例，为63例贫困患者提供门诊免费服药治疗，对51例危险性评级为1～5级有危险行为和严重药物不良反应的患者进行应急处置，对3000名已登记患者的家属开展家庭护理和管理教育；完成对800例严重精神障碍患者的数据质控工作。对陈官镇燕儿村、李鹊镇沟头村共499户及89名儿童进行严重精神障碍流行病学调查，调查结果与全省发病率基本持平。

世界无烟日宣传活动

地方病防控　共采集盐样300份，非碘盐样18份，碘盐合格率为71.28%。开展碘缺乏病防治知识宣传，发放宣传材料2000余份。在稻庄镇等5个镇开展碘缺乏病碘营养调查，对200名学生进行甲状腺B超检查，甲状腺肿大率4.5%；对全县331个村进行水氟检测，为防控碘缺乏病和地方性氟中毒等地方病提供准确数据。

健康教育　不断完善县乡村三级健康教育网络，加强软硬件设施建设。持续开展亿万农民健康促进行动，结合“健康中国行”、世界卫生日、全省健康教育宣传周、世界无烟日等开展各类宣传活动10余次，开展各类培训、讲座130次(场)，发放各类宣传资料30万余份，1.8万人次前来咨询。积极开展减盐防控高血压活动，1502名学生参与实践，143家食堂、餐饮单位从业人员接受减盐培训，发放减盐公示牌163块，减盐食谱1000份、知识手册2700份。

皮肤病性病防治　继续实施艾滋病“四免一关怀”政策，对274名在押人员进行HIV抗体检测，干预暗娼、男男性行为者2348人次，检测357人。强化对HIV感染者和艾滋病病人规范化管理、预防保健服务和定期随访等工作，每季度对艾滋病人进行CD4检测，发放宣传材料1.25万余份，积极开展自愿咨询，VCT人数1050人，按时完成流动人口哨点监测任务共414份，无一例抗体阳性。在东营职业学院开展针对青少年学生的艾滋病防治宣传教育活动，发放资料1500余份。艾滋病处全省低流行水平。加强麻风村及麻风病人管理，改善麻风病人的生活条件，分发预防性药品，认真开展麻风病筛查，组织开展“世界防治麻风病日”慰问及宣传活动，完成1993年以来出现的麻风病人的随访及其亲属健康筛查工作。

# ·广饶县人民医院·

综述　医院占地面积63365平方米，建筑面积为51905平方米，其中业务用房面积为41606平方米。开放床位720张。2016年医院门急诊接诊716997人次，其中急诊接诊92824人次，抢救成功率达99.9%，收治入院32487人次，开展各类手术6552台次，住院总床日数达228504天，实现业务收入2.6亿元。全院设有28个临床医技科室和16个行管后勤科室，有在岗职工889人，其中高级职称71人，中级职称256人。

医院拥有西门子64排128层螺旋CT、瓦里安直线加速器、GE1.5T磁共振、日立数字胃肠机、日立全自动生化分析仪、GE全数字彩超、飞利浦血管造影仪等万元以上先进设备500余件(套)，设备总价值8000余万元。医院先后开展了心血管介入治疗，各类腹腔镜、胸腔镜、关节镜手术，复杂脑瘤手术，断指(趾)再植术，全髋(膝)关节置换术，脑出血微创颅内血肿清除术，新生儿重症监护等多项高难度技术。产科和皮肤科被评为全市重点学科，心内科被评为市级重点学科建设单位，麻醉手术科也被评为市首批临床专科护理培训基地。医院先后被授予省级文明单位、全省首批医患和谐示范医院、全省“两好一满意”活动先进集体、全市卫生系统先进集体等称号。

完善内部运行机制　完善内部决策执行机制，“三重一大”事项，通过领导班子集体讨论决定，充分发挥医院党组织的政治核心和职工代表大会的民主监督作用，积极开展院务公开工作，打造“阳光医院”。完善医院分配制度，按工作量核算绩效，同时向临床一线、关键岗位、业务骨干和作出突出贡献的人员倾斜，按岗位设立医疗、护理、医技和行管后勤四类独立的核算体系，并通过工作数量考评、质量考评、责任考评等多种方式实现工作质量和工作数量的统一。

医院质量管理　医院以标准化建设工作为载体，建立医疗质量、护理质量、院感质量、药品控制等9个质量考核小组，按照PDCA模式，定期深入一线督查考核，奖优罚劣，责任到人，全面推进质量提高。同时积极申报市级重点学科，通过专科建设带动医院技术水平的不断提高。

“智慧医院”建设　医院先后完成门诊一卡通、挂号系统、收费系统、药库和药房管理系统、LIS、RIS、门诊就诊流程优化系统、电子病历、临床路径管理、PACS影像系统、OA办公系统、手术麻醉系统、重症监护系统等信息系统的安装和使用，搭建了医院交流的数字平台。通过自助终端机实现自助发卡、自助缴费、自助查询、自助打印报告单等功能。不断规范预约诊疗工作，先后开通电话、网络、现场等多种预约方式，方便了患者预约就诊。

患者医药费控制　为真正让公立医院改革的红利惠及广大人民群众，严格控制次均费用的不合理增长，重点控制药品和卫生材料的使用，制定各临床科室的平均住院日指标，并将其纳入绩

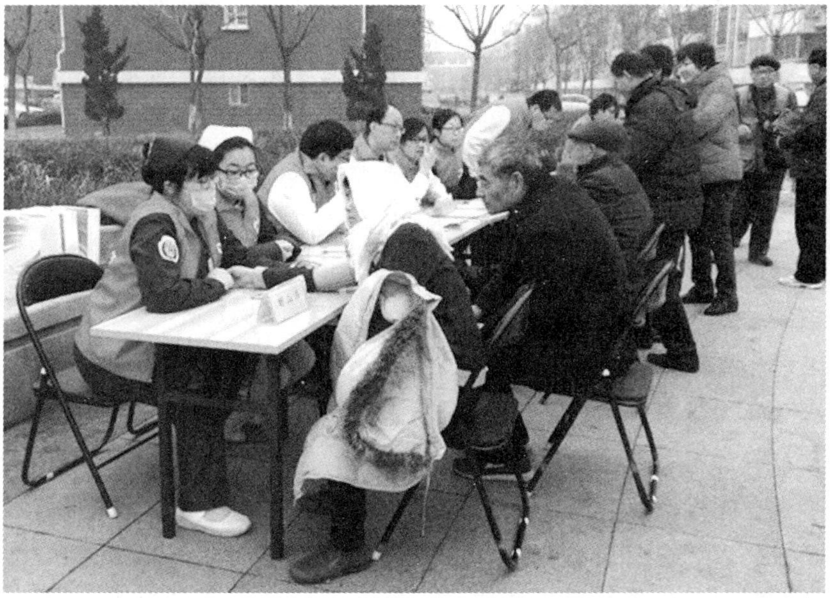

义诊活动

效考核体系。住院次均费用为4972.96元，门诊次均费用为143.76元，远低于全省平均水平。加强临床路径管理工作，先后确定146个病种的临床路径管理试点工作，并将临床路径并入电子病历管理，有效降低了群众的就医负担。

人性化优质服务　认真组织开展“三好一满意”、优质护理服务示范工程、“进一步改善医疗服务行动计划”等活动，认真推行住院病人100%随访工作，医院的各项工作有一种良性的监督机制，有效地克服了监管不到位、流程欠合理、医患沟通不足、服务缺位等问题。2016年住院患者满意度一直保持在99.8%以上。

公益服务　发挥全县医疗卫生服务中心职能，扎实做好全县手足口病、甲型H1N1等传染病防控和轮胎博览会、孙子文化节等大型活动的医疗保障任务；开展义诊服务群众活动，定期到县军休所、帮扶村广饶街道朱家村和西苑小区等社区送健康，与县电视台合作播出《健康有约》栏目，传播健康知识。积极做好援疆对口帮扶工作，先后派出4名业务骨干到新疆疏勒县人民医院进行技术帮扶。积极开展卫生帮扶，与大码头镇卫生院、广饶街道社区卫生服务中心、花官镇卫生院、李鹊镇卫生院签订帮扶协议，每年派送一批专业技术人员对基层卫生院进行技术帮扶、社区村庄义诊健康宣教。

## ·广饶县中医院·

综述　广饶县中医院始建于1983年9月，是一所集医疗、教学、科研、急救、康复于一体的综合性二级甲等中医医院，为全县医疗保险、交通事故定点医院。拥有双排螺旋CT、飞利浦彩超、直线加速器、中医四诊系统、呼吸机、前列腺电切镜、低温等离子灭菌器、无痛胃镜、双极电切电凝系统、彩色精子质量检测系统、重庆中联临床路径信息系统等大中型医疗设备120台(件)。至2016年，广饶县中医院医疗用房11348平方米，固定资产5057万元，设置有高档病房楼和标准化层流手术室，有职工318人，已建成具有影响力的中医特色专科16个，中医专家门诊5个，重点专科5个。其中肿瘤专科是东营市惟一国家、省、市、县四级重点专科，中医内分泌科是省“十三五”中医药重点专科，中风专科是市、县级重点专科，形成以肿瘤专科为龙头，中风、理疗、肛肠、不孕不育等中医专科为骨干，内、外、妇、儿等科室齐头并进、共同发展的良好局面。

公立医院改革　以解决病人“看病难、看病贵”为目标，努力破除“以药补医”机制，突出公立医院公益性质；完善人事制度改革，积极探索试行行管后勤岗位一人多职、一职多岗的用人机制，以合理利用人力资源；全面落实全员聘用制，继续推行院、科两级聘用制，所有科室主任、护士长全部实行竞聘上岗；不断推进“临床路径”工作，在原有基础上11月新上“临床路径”管理模块并聘请专家开展“临床路径”项目培训；在认真贯彻西药、中成药零利率基础上，严格落实国家基本药物制度，基本药物全部实行挂网招标采购。继续实施“卫生强基工程”，与4家乡镇卫生院建立对口支援关系，通过专家与技术骨干

广饶县中医院“远程宫腔镜诊疗中心”授牌仪式

坐诊带传、技术支持、对口培训等形式，加强基层中医药适宜技术的推广培训与指导，全面提升全县农村中医医疗服务能力和整体技术水平；通过完善绩效工资核算办法，提供优质护理服务、先诊疗后结算及药品零差率销售等医改措施，不断将医改推向深入。

技术协作　于2015年3月成为山东省中医院技术协作医院，省中医院每隔1周选派骨伤、脑病、脾胃病、肛肠病等4个专业的专家定期到县中医院坐诊，开展学术讲座，指导手术，并组织8个专业的专家参加广饶县中医药文化节暨广饶县中医院首届膏方节；病理科开展了"互联网＋智慧"医疗服务体系建设，患者在48小时内就能得到北京病理专家的咨询报告；妇产科与北京远程中卫妇科医院管理有限公司开展协作，与北京复兴医院、安贞医院建立技术协作关系，并于12月8日成功举办中华国际医学交流基金会"千县万医公益医学培训"，妇科微创技术与广饶站培训，同时被北京妇产远程医疗技术创新联盟授予"远程宫腔镜诊治中心"，成功开展宫腔镜手术新技术；肿瘤科与北京金卫肿瘤医院管理有限公司已签署合作协议，将与北京各大肿瘤医院建立长期技术协作关系；口腔科与山东欢乐口腔医院有限公司开展技术协作；心内科与中国医学科学院阜外医院建立心血管病远程会诊中心，与100余家基层卫生室及社区门诊建立互助医疗网络体系，自6月

广饶县中医院首届膏方节

已完成446余例心电图病例筛查；眼科与北京远程视界集团技术协作更加密切。县中医院是省残联"集善·远程视界"白内障复明基金项目定点实施医院，争取到中国健康促进基金会主办的"贫困白内障患者复明工程"公益援助基金，1～12月完成白内障手术806台次，支付贫困白内障患者健康基金补助123万元。

中医药特色项目建设　制定关于继承和发扬中医药特色优势的实施方案，实现"传统疗法全覆盖"的目标，达到"人人有专长"的目的。完成全国中医类别执业医师资格实践技能考试东营考区考试等多项任务。制定传统疗法激励政策，调动医护人员开展中医特色诊疗项目的积极性，全院共开展中医适宜技术项目53种，开展人次逐年增多，非药物中医技术治疗人次占出院人数的32.61%。内科、妇科、儿科及针灸、推拿科集中开展"冬病夏治"穴位贴敷疗法；推拿科开展了中医定向透药疗法、莎皓子透皮给药等新技术；中医内分泌科成功申报并获批山东省"十三五"中医药重点专科建设项目。药剂科新开展了膏方预防与治疗，至12月初共加工膏方1100付。

中医特色护理服务　在临床各科室开展中医护理模式病房创建活动，制定创建活动实施方案和考核标准，采取多种形式营造良好的中医氛围，全面提升中医护理服务水平。积极开展耳穴压豆、艾灸、拔火罐、刮痧、穴位贴敷、中药溻渍、中药浴足等中医护理技术，至12月底，全院共开展中医护理适宜技术28项，服务患者16405人次，与上年相比增长24.4%。

人才培养　认真做好国家中医药管理局中医适宜技术视频培训，举办各类业务讲座培训20余次，定期举办住院医师的规范化培训，选派科室业务骨干到上级

医院进修学习20余人次，参加各类学术会研讨班、交流和短期培训30人次，组织三基理论考试2次。完善紧急风险预案，规范危重病人救治流程，在临床各科室开展急危重症应急大演练，提高医护人员对急危重症的应急能力和处置水平，收到良好效果。先后开展心梗三项快速检测、督灸、肛肠科PPH手术、宫腔镜妇科手术等新技术，为医院发展提供了技术保证。加快护士长、护士工作能力的培养。派出护士长及护理骨干参加省、市学术交流会51人次，2名护士长参加PICC专业技术培训班，取得合格证书。庞艳英、燕东兰、刘珍秀3名护士在全市护理岗位技能竞赛中荣获二等奖，陈海秋、秦爱玉2名护士获三等奖，县护理代表队在全市中医护理岗位技能竞赛中荣获团体第二名。董萍萍被东营市精神文明建设委员会授予道德模范，庞艳英被东营市总工会授予东营市五一劳动奖章。

（赵允峰　崔林兴）

## ·食品药品监管·

综述　县市场监督管理局（县食品药品监督管理局）成立于2016年1月，是由原县工商局和原县食药局2个单位合并组建，设14个职能股室和县食品药品稽查大队、县消费者投诉中心2个事业单位，10个镇街派出机构，有在职干部职工152人。主要职责：负责各类企业、农民专业合作社和从事经营活动的单位、个人等市场主体的登记注册和食品、药品、医疗器械、化妆品等行政许可；依法规范和维护各类市场经营秩序；承担消费者权益保护责任；广告活动的监督管理；商标监督管理，推荐著名商标；指导全县民营经济发展；负责保健食品、化妆品、酒类食品安全的监督管理；承担食品生产、流通及餐饮服务环节的食品质量安全监管职责；指导食品药品安全事故应急处置和调查处理等工作。2016年12月，广饶县被山东省食品药品监督管理局、省食品安全委员会办公室授予山东省食品安全先进县称号。

食品安全　扎实开展省级食品安全先进县创建工作。多次筹备召开创建工作调度会议、验收会议，对照创建标准，分解落实成员单位创建任务，3月28～29日，组织协调有关成员单位迎接了省食安办委托第三方评估机构（山东财经大学）对广饶县省级食品安全先进县创建试点工作的中期评估。11月3～4日，迎接了省食品安全先进县创建验收，成功创建为省级食品安全先进县。

按期完成县政府安排的惠民实事。投资500万元在全县建设完成广饶县食品安全信息平台及在线监测系统，在50所学校食堂和100家食品生产企业、大型餐饮单位、大中型超市安装电子实时摄像头，对食品生产经营单位高风险环节进行实时监控；在10个镇街食品药品监管所、4个大中型超市、5家大型餐饮单位、1家蔬菜批发市场建设完成高标准食品快检室，提升食品安全现场快检能力；为10个镇街食品药品监管所配备标准化执法装备，提升基层执法能力。

推进食品安全抽检工作。牵头完成全县食品安全抽检工作，制定下发全县2016年食品安全监督抽检工作计划，明确全年食

在乐安中学召开“学校食堂开放日”现场观摩会议

品抽检监测范围涵盖食用农产品种养殖、食品生产、流通、餐饮等环节，抽检品种包括蔬菜、肉及肉制品、乳制品、酒类、饮料等40余个品种，全年计划共抽检食品2041批次，完成2068批次。

开展食品安全“清源”整治行动。制定全县食品安全“清源”行动实施方案，筹备召开“清源”行动调度会议，定期调度各有关单位整治进展情况。2016年1月15日至2月底，县食品药品监管局、农业局、畜牧局、海洋与渔业局、林业局等有关部门联合对全县食品市场进行“清源”整治行动，在全县食品安全各环节全面开展治理整顿。活动期间，共检查各类食品生产经营单位365家次，抽检食品50批次，下达责令改正通知书17份，查处违法案件2起。

开展各类食品安全专项整治行动。开展“守护舌尖安全”专项整治行动。制定下发《2016年全县“守护舌尖安全”整治行动实施方案》，明确食安委成员单位的整治任务，以农药兽药使用专项整治、肉及肉制品专项整治、病死畜禽无害化处理专项整治、集体用餐专项整治、餐饮具集中消毒单位专项整治、农村食品安全专项整治等“六个专项整治”为抓手，守护全县群众舌尖上的安全。9月，牵头迎接了全省“守护舌尖安全”专项整治督查，获得上级好评。认真开展食品生产企业专项整治，严厉打击各类违法行为，督促食品生产企业做好厂区卫生、

执法人员对零售企业进行检查

进货原料索证索票、过程控制、出厂检验、建立销售台账等事项。先后开展白酒、肉制品、糖果制品等专项督查检查。出动执法人员236人次，检查食品生产企业125家次，查处食品违法案件16起。食品流通环节，为全县2087家食品流通单位，建立食品流通经营主体信息库，其中法人单位116家、个体工商户1971家，落实食品流通许可“三严”措施，把好经营主体准入关和出口关；强化食品流通行业专项整治，先后出动执法人员3113人次，检查食品流通单位3847户次，抽检食品346批次，合格率99%。加强对食品经营单位的食品卫生管理、生产经营场所卫生、从业人员健康状况等方面的检查，开展了食用油、食品添加剂、酒类及肉类经营单位专项整治活动，查处不规范经营行为9起。餐饮消费环节，将学校、企业集体食堂、生冷食品、无证餐饮作为餐饮环节风险防控关键点，不断完善餐饮单位内部管理，落实工作责任制，对餐饮单位加强监督，建立餐饮环节高风险部位重点防控检查机制。对全县餐饮服务单位进行量化分级和等级评定，完成量化等级评定985家，其中优等104家、良好774家、一般107家。开展保健食品、化妆品专项整治行动，加强对医药批发、连锁、商超、专卖店等保健食品重点流通区域的检查。出动执法人员303人次，监督检查保健食品经营企业62家次、化妆品经营企业41家次、化妆品生产企业1家次，处理投诉举报3起，立案2起，结案2起，配合市局完成保健食品抽验23批次，化妆品抽验29批次。

**药品安全** 科学规范，提升涉药械单位规范化管理水平。按照新版GSP开展认证检查、跟踪检查、飞行检查，共检查单位118家，促进了药品经营企业规范经营。按照《山东省药品使用质量

管理规范》《医疗器械使用监督管理办法》的要求，对24家一级以上医疗机构开展药械使用的专项监督检查和指导，提升了药械使用管理规范水平。

深化整治，依法严厉查处涉药涉械违法行为。突出疫苗、中药饮片、麻黄碱药品、定制式义齿、体外诊断试剂等重点品种，先后开展疫苗专项检查、药品流通领域集中整治、药械使用专项检查、医疗器械专项整治2016行动、医疗器械流通领域集中整治等多项药械市场专项监督检查行动。累计检查涉药械单位579家，出动执法人员918人次，抽检药品138批，快检药品300批，查处涉药械案件23起，全县未发生药械安全事件。

法规宣传　健全完善食品安全宣传工作机制，初步形成政府、企业、消费者共同参与的多方位食品安全宣传网络体系。积极通过政府门户网站、“阳光政务热线”“食品安全宣传周”，广泛宣传食品安全法律法规，引导安全消费。在《广饶大众》、县电视台、县食品药品监管局门户网站、官方微信公众平台开设“创建省级食品安全先进县”“食安广饶”专题专栏，定期播放食品安全公益广告。在县城区显著位置悬挂大型户外宣传牌，利用城区主干道两侧或中间栅栏设置食品安全宣传牌，在各种商场超市摆放先进县宣传牌。印发无纺布宣传手提袋、大中型餐饮企业餐桌上摆放宣传牌、在一次性餐饮洁具包装上做宣传提示。利用广场、商场大型显示屏投放宣传视频和食品安全提示，在各镇街选取显著区域刷写、悬挂宣传标语，进一步提升食品安全先进县创建社会知晓率和参与率，共发放宣传资料10万余份，食品安全知识读本6500本，无纺布手提宣传袋2万个，悬挂宣传条幅2415条，循环播放宣传标语300余条，发布食品安全公益短信54000条。为提高人民群众的食品安全意识和自我保护意识，完善12331食品药品投诉举报机制，优化投诉举报工作流程，12331投诉、网上投诉、县长书记公开热线等投诉全部由专人统一接收登记，按照办理流程，认真做好受理、办理、反馈、结案、归档等事项，做到投诉一件办理一件，查实一件处理一件。2016年受理食品咨询、投诉举报47起，全部按期办结。

亮点工作

食品安全监管实时化　县政府投资建设了食品安全电子监控指挥中心，实施食品安全电子数据存储，实现学校食堂、大型生产、流通、餐饮单位食品安全在线动态监控，互联互通，从指挥中心可即时察看各单位现场食品加工经营画面，随时通话，指导不规范行为。组织开发广饶县食品安全监管云服务平台，建设了行政执法、服务企业、消费者评价、实时监控、应急管理、投诉举报等8个子系统。利用服务平台，借助科技手段开展食品安全电子视频监控和联网监管，使企业登记、行政执法、消费者评判、行政考核、信息公开等日常需求联动化、自动化、简便化。

食品快速检测　在全县10个镇(街道)派出机构建立食品安全快速检测室，选取10家大型超市、大型餐饮、农贸市场建设并配备农药残留快速检测仪、多功能食品安全快速检测仪、兽药残留快检仪等设备，实现随时检测，及时鉴别不安全食品。加强食品安全隐患排查，对抽检食品进行先期筛查，提高抽检靶向性，解决群众送、我来检的问题，为群众餐前把关食品安全提供方便。

(孙文者)

# 人民生活

## ·计划生育·

综述　2016年，全县共计出生10065人，人口出生率为19.66‰，合法生育率为97.49%，人口自然增长率为14.45‰，出生人口性别比(男：女)为107.01：100，长效避孕节育措施落实率为76.6%，流动人口建档率和联系通报率等各项指标均达98%以上。

资源整合　县《优生指导服务手册》应用工作获得全省计划生育工作创新奖。2016年，结合工作实际对手册内容进行规范和调整，将婚检纳入其中，婚检率从以前的60%左右提高到接近80%，取得良好效果。在工作中，不断推进网络队伍、阵地设施、服务项目、技术资源的整合融合。在镇街，广饶街道、丁庄镇、大码头镇、花官镇将原计生服务阵地设施整合到镇街卫生院，技术服务人员统筹协调，建立起从建档登记、孕前孕期检查、孕期保健、儿童计划免疫和儿保项目的系列化服务流程，有效地方便了群众，提高了各项服务项目的覆盖率。在村级，村计生主任同时兼任健康知识宣传员、健康促进指导员、卫生监督协管员，在健康知识宣传普及和适龄妇女“两癌”筛查、老年人查体、儿童免疫接种等组织指导中发挥了显著作用，实现了计划生育技术服务与基本公共卫生服务工作的相互促进、共同提高。

开展关爱流动人口服务活动

流动人口基本公共卫生服务均等化　制定出台《广饶县流动人口基本公共服务均等化试点工作实施细则》，对均等化服务进行具体细化。各镇街计生办对县域内流动人口进行全面排查清理，逐户发放《广饶县流动人口基本公共服务均等化告知书》，明确流动人口可享有的均等化服务项目内容、服务机构和办理程序，与各镇街卫生院协同逐人建立健康档案，纳入基本公共服务范围。印制《流动人口基本公共服务“一证通”》供流动人口使用。“一证通”在县域内卫生计生机构内享受国家提供的儿童预防接种、传染病防治、孕产妇和儿童保健、基本公共卫生健康建档、计划生育服务、健康教育等6类免费服务，及子女入托、入学等均等化服务。凡流入人口持“一证通”到相关单位接受服务时，除本人身份证外不再要求提供其他证件，有效地减少了由多次提供材料、多次审验给群众带来的负担。

计划生育扶助保障　全面落实计划生育各项奖励扶助政策，

实现计划生育家庭奖励扶助政策的城乡全覆盖。开展好“人口关爱基金”募集工作，全县计生工作者、计生协会会员、有爱心的企业和个人积极参与奉献爱心，全县共1330人参加募捐，筹集善款11.762万元。实行城镇部分计生家庭奖励扶助项目，对符合条件人员，按每人每年960元的标准发放奖励扶助金，做好农村部分计划生育家庭奖励、特殊家庭奖励扶助金和生育关怀行动资金的发放工作。2016年60岁以上计生家庭奖励5035人，发放241.6万元；特别家庭扶助197人，发放55.62万元。失独家庭特别扶助对象的扶助标准在上级规定标准的基础上，每人每月增加65元，达到人均565元，全面落实一对一或多对一结对帮扶，医疗费用在医保报销的基础上，由镇街财政报销余额部分。对45～49岁独生子女家庭全部加入意外伤害保险，2016年保险费投入28.629万元。深入开展“计生助福”行动，通过宣传发动，招募领导干部、社会人士和计划生育工作人员组成志愿者队伍，对41名父母双亡的计划生育家庭孤儿和116名贫困低保家庭的独生子女进行结对帮扶。对节育手术并发症对象，在全额报销节育手术并发症治疗费用的同时，按上一年度农民人均纯收入的标准，分别给予30%～50%的生活补助。对加入城乡养老保险的独生子女户、双女户家庭全面落实参保每人每年20元和养老金每人每月20元的补贴政策。春节期间，共发放计划生育公益金15.2万元，人口关爱基金12.56万元，救助354户特殊计生家庭。

计生行业作风建设　严格落实“三规范、一公开”制度，严格执行再生育审批政策，对计划生育行政审批事项，严格落实首接负责、一次性告知、限时结办、责任追究等各项制度。加强依法行政，对社会征收严格执行标准和程序规范，将征收情况通过媒体和公开栏进行公示和宣传，共征收社会抚养费135.53余万元；加大非诉强制执行力度，对违法生育未及时缴纳社会抚养费的，及时申请法院强制执行。畅通举报投诉渠道，及时处理群众信访案件，处理群众来信来访和政策咨询276件，未出现越级上访和群体性事件。

计划生育宣传教育　大力开展计划生育宣传工作，针对生育政策调整和人口形势的发展变化，组织开展计划生育集中宣传活动，编印发放《人口与健康》知识手册、流动人口服务等各种宣传材料10万余份。与广饶广播电视台合作，开办《人口与健康》栏目。组织在国家、省、市、县各级各类媒体发表各类稿件1000余篇。各镇街积极开展书画展、计生国策赶大集等活动，依托新农民学校、人口文化大院，对基层干部、育龄群众开展计划生育法规政策、生殖保健、优生优育等知识培训。将计划生育政策纳入党校科级干部和青年干部培训的重要的内容，在全县范围内营造有利于计划生育工作，平抑生育高峰的强大舆论氛围。

（赵允峰　崔林兴）

## ·民政工作·

综述　2016年，县民政局先后制定出台《广饶县民政专项资金管理办法》《广饶县民政局党组工作规则》《广饶县民政系统脱贫攻坚实施方案》等规范性文件21个，有效促进了各项工作开展。先后迎接民政部烈士褒扬工作视察、省委组织部“两学一做”学习教育督导、省民政厅党风廉政工作调研、区划地名工作调研、社会事务规范化工作调研、农村幸福院建设调研、省社科院民政事业“十三五”规划调研，承办了第三个国家烈士纪念日全市公祭活动，组织召开了全市社会事务工作现场推进会，举办了首届广饶养老产业博览会。2016年，广饶“双拥模范县”创建实现“七连冠”，县民政局被省委、省政府、省军区联合表彰为爱国拥军模范单位。

大救助机制建设　建立大救助信息系统，按照全县人口8%的比例采集困难群众人员信息，已采集录入人员信息16334条。积极开展“救急难”工作，每个社区、村都确定至少1名急难信息联络员。加大临时救助工作力度，共救助23户困难群众，支出临时救助资金19万元。加强、规范对流浪乞讨人员的救助管理，共救助流浪乞讨人员 23 人次。全面推行医疗救助"一站式"即时结算服务，共为 950 余名城乡困难群众即时结算医疗救助资金 120 余万元。

城乡低保　提高城乡低保救助标准，城市低保标准提高到每人每月 550 元，农村低保标准提高到每人每年 4200 元，比全市标准高出 80 元，实现低保线与贫困线的"两线合一"。加强低保动态管理，抓好城乡低保民主评议、信息核对、长期公示、信访查处等工作机制，对新申报低保对象继续做到县乡两级入户核查率、民主评议率、部门信息核对率三个 100%。新增低保 221 人，取消低保 695 人。加强城乡低保长期公示工作，每季度对低保公示栏公开情况进行检查，对全县所有在保对象在政府网站向社会公众长期公示。

慈善事业　5 月，开展慈善工作规范化建设月活动，对各镇街慈善总会规章制度、救助审批程序、村居慈善工作站成立情况和农村慈善公益基金管理使用情况进行规范、检查，确保各镇街慈善总会慈善规章制度完善、救助程序规范、资金管理严格。县慈善总会开展"扶贫济困送温暖活动"，救助困难群众近 3000 户，发放救助款物 133 余万元。各镇街慈善总会根据各自情况走访慰问困难群众，共走访慰问困难群众、困难职工等 1307 户，救助金额 102 余万元。开展"扶贫济困送温暖""情暖万家""关爱企业困难

慰问拉练官兵

职工活动""春蕾计划""慈善基金助学""朝阳助学"等救助活动。联合沪滨眼科医院、湖南爱眼公益基金会开展"慈善光明行——白内障患者免费手术"项目，为贫困白内障患者进行免费手术。

防灾减灾救灾　加强减灾体系建设，对所有镇(街)、村(居)两级灾害信息员全部进行业务培训。为各镇街配发救灾专用手机，确保灾情能够及时上报。对全县农村困难群众居住危房情况进行全面普查，共普查危房 139 户。对救灾物资储备仓库进行搬迁，通过政府招标采购方式，配齐配全救灾储备物资。组织各部门开展以"减少灾害风险·建设安全城市"为主题的第八个防灾减灾日活动，广饶街道西苑社区、民安社区被评为全国综合减灾示范社区。

养老福利事业　持续提高五保供养标准，由每人每年 6800 元提高到 7300 元，累计发放五保资金 447.3 万元。扎实推进养老机构消防安全专项治理工作，全面提升敬老院安全意识和管理水平。启动全县养老服务业发展"十三五"规划和养老设施专项规划编制工作，新建 6 处幸福院、3 处城市社区日间照料中心，积极推进九九阳光乐园建设项目，对原九九阳光乐园已建工程进行财务审计和资产评估，完成新项目的立项工作；严格落实儿童福利政策，发放孤儿基本生活费 63.22 万元；通过政府购买服务，继续为全县困难老年人提供助餐、助洁、助浴、助医等专业化的上门服务，落实困难老年人高龄津贴制度和失能护理补贴制度。

双拥优抚安置　"春节""八一"期间，开展形式多样的走访慰问活动，密切了军政军民血肉联系。全面落实各项优待抚恤定补政策，及时发放抚恤定补金。组织 179 名 2015 年自主就业退役的士兵开展技能培训。做好 2016

年秋冬季退役士兵接收安置工作。为20名原112团退役人员办理参战待遇，选送40名优抚对象分别赴东营荣军医院和青州荣军医院进行疗养。落实军休干部待遇，军休服务水平有效提升。烈士纪念日期间，连续三年组织承办全市的烈士公祭活动，进一步激发全社会的爱国主义热情。8月，在民政部公布的国务院批准的第六批国家级烈士纪念设施名单中，广饶县烈士陵园成功入选。

城乡社区管理　制定《关于推进“四社联动”创新社会治理和服务的实施方案》和《关于加强城乡社区协商的实施意见》，发动社会力量参与社区建设，不断探索实现由民做主的有效途径。下发《关于实施农村社区服务中心建设三年行动计划的通知》，积极推进工作进度，确保2018年底全县所有的农村社区全面完成服务中心建设任务，2016年建设8处。联合县财政局转发省、市民政、财政部门《关于推进“村改居”工作的通知》，对村改居工作进行调查摸底，将广饶街道五村和乐安街道牛家村纳入“十三五”时期村民委员会实施“村改居”工作规划。广饶街道国安社区的“齐心国安”品牌被市民政局评为2016年度东营市优秀社区服务品牌。

区划地名工作　完成广饶—东营线、广饶—博兴线、广饶—临淄线、广饶—寿光线四条行政区域界线的边界联检和平安边界创建工作。积极推进广饶县撤县设市工作，完成撤销丁庄镇设立丁庄街道办事处工作。扎实推进第二次全国地名普查补查工作，及时更新领导机构、购置普查设备、落实普查任务。整理完成地名信息4133条，地名普查补查取得阶段性成果。

专项社会事务　2016年登记注册民办非企业单位9家，社会团体15家。扎实开展婚姻、收养登记工作，办理结婚登记2974对，办理离婚登记774对，803对补领结婚证，收养登记24件，合格率均为100%。继续实行殡葬惠民政策，火化率保持100%。2016年继续实行殡葬惠民政策，共为3106名群众发放补助殡葬费用310.6万。深入开展乡村文明行动，完善红白理事会机构，健全红白理事会章程，强化社会管理，端正社风民风。

烈士纪念日全市公祭活动

## ·人力资源和社会保障·

就业　2016年，全年城镇新增就业9362人，城镇登记失业率1.76%，环比和同比均基本持平，全县就业局势健康稳定。一是创业载体建设加快。创业孵化平台建设进一步加快，依托长城创新港、山东尚能集团、东营科技职业学院分别打造了广饶大学生创业园、广饶电子商务创业基地、全国青年彩虹工程创新创业学院东营分院等3处创业孵化平台，硬件环境明显改善。三大基地共入驻实体98家，在谈实体12家。其中由东营科技职业学院打造的创新创业学院被评为“2016年市级创业孵化示范基地”，创业载体吸引力不断增强。二是强化创业资金扶持。积极落实创业担保贷款及财政贴息政策，实行申请受理、审核、放贷等“一站式”全程服务，不断扩大扶持范围，增加贷款额度。发放创业担保贷款2091笔2.34亿元，连续4年创业贷款过亿元；为东营宏太建筑安装有限公司等8家小微企业贴息50万元；扶持创业人员1970人，创业带动就业2955人，创业担保贷款撬动创业、促进就业的“杠杆”作用进一步凸显。其中，为2名贫困人员发放贷款4.5万元，实现创业贷款的精准发放，助力了扶贫攻坚工作开展。认真贯彻落实创业带动就业补贴政策，今年以来为562创业者发放创业带动就业补贴242.2万元。其中，一次性创业补贴221.6万元，创业场所租赁补贴12.6万元、创业岗位开发补贴8万元。三是创新创业成效初显。12家企业和创业团队参加市级创业大赛，其中1家获得创业团队组二等奖，1家获得企业组三等奖，成绩突出；稻庄镇、花官镇、大码头镇3个镇街和开发区杜宋中心社区、广饶街道西苑社区、稻庄镇淄河店社区3个社区分别获批市级创业型乡镇、创业型社区，以大众创业、万众创新为代表的各类创业载体活力初显。四是促进就业供需对接。春节前，开展企业用工需求调查，摸清底数，全面掌握538家重点企业用工需求。在此基础上，开展“春季用工洽谈会”“高校毕业生洽谈会”“就业援助服务月”等大型公共就业服务活动，每周三定期举办1场小型招聘会，全年共举办招聘活动45次，提供就业岗位16300余个，达成用工意向6500余人次；结合“温馨人社”微信、微博、网站等互联网方式，及时发布更新各类招聘信息，“无缝隙”发布岗位信息，促进招聘求职供需的高效对接。五是职业培训取得新突破。全面推行“企业订单、劳动者选单、培训机构列单、政府买单”的四单式培训模式，依托新型农民学校、东营科技职业学院和各镇街人社所、重点企业，进一步提升培训质量和实效，全年开展就业技能培训2606人，创业培训1346人。六是帮扶解困，充分援企稳岗。建立失业预警机制，指导37家企业开展失业动态监测，及时掌握经济波动期失业变化的情况，有针对性地预防和调控失业；发挥失业保险稳定器作用，为966名失业人员发放失业保险金536.43万元，保障了失业人员的基本生活；援企稳岗为企业减压，全年为67家符合条件的企业发放稳岗补贴285.65万元，为31家企业发放企业吸纳就业困难人员社会保险补贴135万元；帮扶困难群体，为504名灵活就业困难人员发放社会保险补贴265万元；坚持突出重点，为52名高校毕业生申请就业见习补贴26万元。

2016高校毕业生专场招聘会

**社会保障**　一是联合扩面征缴工作稳步推进，基金运行总体平稳。职能股室配合联动，开展“全民社保登记”，扩大社会保险覆盖面，全县共有180家企业办理新增社会保险登记，新增就业人员参保6881人，社保覆盖率87.04%。至11月底，社会保险基金收入12.13亿元，支付基金9.8亿元。二是社会保障制度不断完善。按照“先易后难、稳妥推进”的原则，联合财政、国土等部门，选取部分村居开展被征地农民养老保险工作，全年完成211个村，落实被征地保障资金3.02亿元；从11月开始兑现待遇，为3.5万名被征地农民月增发养老金74.5万元。深入开展“同舟计划”，扎实推进建筑业按项目参加工伤保险专项扩面行动，全县按建设项目参加工伤保险项目已达43个，参保3088人，征缴工伤保险费161.70万元，从源头上维护建筑业职工的工伤保险权益，降低建筑等行业的风险。三是加强基金收支管理。推进全县领取待遇人员生存认证工作，联合中科曙光公司、中保信联公司，开展指静脉、声纹采集，已采集指静脉28000余人，声纹认证1600余人，生存认定工作更加便捷、高效、准确。医疗保险全面实施按病种分值为主的付费方式，取消居民医疗保险普通门诊签约管理，实施“个人账户＋统筹基金报销”的管理模式，共计为99.28万人次报销1793.19万元，提高了居民受益度。启动职工器官移植门诊医疗定点由特约药店转到医疗机构管理机制，实行“协议管理、定额结算、超支不补”，遏制不合理费用；聘请山大二院专家对器官移植患者进行现场查体和修订治疗方案，解决个别患者治疗方案失真问题，缓解器官移植慢性病医疗费用居高不下的状况。建立健全协议管理医疗机构准入退出机制，全面启动医药机构协议管理，组织专家对24家新申报协议管理医药机构现场验收，聘请博兴县五名医疗专家进行综合评分，起到了很好的监督作用。四是财政补贴力度持续加大。提高城乡居民医疗保险财政补助标准，由每人每年400元提高到430元，各级财政为39.85万名参保人员共计补助2.16亿元。五是退休人员待遇持续提高。将城乡居民基础养老金由去年的160元提高到175元，实现“四连增”，9.7万老人因此受益。企业退休人员养老金实现“十连涨”，月人均增加177元，人均养老金达到2093元，6480名企业退休人员生活待遇因此改善。

人事人才工作　一是严格各类人才招用选拔。经笔试、面试、考察体检、派遣安置等环节，事业单位新聘用事业单位工作人员278人，其中硕士研究生28人；首次采用控制总量方式为公立医院招聘人员97人，有力支持了公立医院改革的顺利开展。开展2016年度劳动合同制幼儿教师招聘，为县直及9个镇街47所幼儿园招聘120名幼儿教师，进一步支持了学前教育的发展。按市人社局统一安排，做好公务员考录职位（公检法系统职位除外）的网上报名、面试资格审核、考察、派遣安置等工作，新录用公务员12人，充实了基层干部队伍。二是加大引智力度，强化高层次人才队伍及平台载体建设。兴达轮胎有限公司技术顾问奥野知幸获第三届黄河口友谊奖，外国专家队伍进一步壮大。华泰集团魏国华获评泰山产业领军人才，华泰集团傅英娟获评优秀博士后研究人员，华泰集团郑丰林、永泰集团王显涛获评齐鲁首席技师，正和集团王贤山、县英才学校赵翠兰获评2015年度市突出贡献中青年专家；县首席技师评选工作顺利开展，高层次技术技能人才培养力度进一步加大。为5家企业争取黄蓝两区人才引进资助项目无偿奖补资金54万元，为“百名英才进广饶”事业单位引进人才发放第二年度安家补助资金共计126万元。山东圣光集团获批山东省博士后创新实践基地，推荐科达集团申报山东优秀博士后科研工作站，华泰集团、金岭集团申报东营市首席技师工作站，高层次人才平台载体建设持续加强。三是专技人员管理更加规范。进一步规范事业单位岗位设置调整

县人力资源和社会保障综合服务中心

管理,对63个单位的1343个岗位进行调整,管理更加规范有序;对全县中小学专业技术岗位,实行总量控制,共核定岗位4863个,有力支持了教育发展;积极开展专业技术职务资格评审及非公有制职称过渡工作,共上报工程等系列职称评审材料806份,实现职称平稳过渡。实施专业技术人员知识更新工程,组织19689人次参加继续教育培训,专业技术人员业务水平进一步提升。四是人事管理再上台阶。新增7个单位开展了公务员平时考核试点,在全县各事业单位推进绩效工资制度改革,切实建立科学的考核机制和有效的激励约束机制。严格依照政策开展工资福利工作,为11300名机关事业单位在职工作人员调整了基本工资,为159名离休人员增加了基本离退休费。规范了精神文明奖发放。开展干部档案专项审核,审核并反馈4300卷;完成1627份档案的整理和数字化扫描,推进档案管理的规范化和信息化。

事业单位新招聘工作人员培训

劳动维权　一是开展专项行动。先后开展农民工工资支付专项检查、清理整顿人力资源市场秩序专项检查、劳动保障监督审查以及企业薪酬调查、劳务派遣企业年度监督检查5次专项行动。共检查各类用人单位180户次,接待来访投诉330余起,下达责令改正指令书13份,立案处理123起,解决拖欠工资110余万元。二是做好工伤认定工作。实行工伤认定听证质证、未参保案件调解制度,受理工伤认定申请426起,作出认定398起,按期结案率100%。三是继续实行"阳光仲裁"。坚持"案前调解、案后调解、庭审调解"相结合,受理劳动人事争议案件715起,结案715起,均较往年有较大增加,按期结案率继续保持100%;为166家企业22143人办理网上劳动用工备案,为12776人办理劳动合同解除备案,最大程度地维护劳动关系的和谐,最大可能地化解劳资双方矛盾。四是完善网格化劳动监察系统。以镇街人社所为基础,做好网格划分和系统信息维护,实现对用人单位的动态监管,做到全县劳动保障监察业务协同处理和资源共享。

服务品牌创建　2016年,紧紧围绕"一个品牌、一张名片、一套体系"建设,开展"精准服务创建年"活动,取得业务工作和群众满意度双提升。一是树立"温馨人社"服务品牌。在干部队伍建设方面,用温馨的态度、温馨的笑脸、温馨的语言、温馨的解答,组建"一岗精、两岗通、三岗懂"的业务工作队伍,树立良好的干部形象;在便民服务方面,用温馨的细节、温馨的提醒、温馨的设施、温馨的环境,提供优质的便民服务。"温馨人社6512333"业务咨询电话家喻户晓,"温馨人社"官方微信公众号关注人数突破3万,切实打通政策落实"最后一公里",做到"热情服务零距离""业务受理零推诿""业务经办零差错",树立人社部门"为民、务实、清廉"的服务品牌。二是打造政务服务新"名片"。县人力资源社会保障综合服务中心投资850万元,改造历时一年,4月底正式启用,面积4400平方米,设立70多个服务窗口,可同时为800人提供就业服务、人力资源服务、社会保障等"一站式"综合服务,可容纳80余家企业同时进行招聘洽谈,彻底解决长期以来服务场所分散、面积狭小窗口不足、群众办事排队拥挤的问题，服务能力明显提升。设立无障碍通道、叫号机、服务指示牌、自助查询机，安装触摸屏查询系统，便捷群众自助办理业务。大厅装饰展现温馨人社标识、标语、规章制度、服务流程、服务承诺，打造一个有文化内涵、有人社特色的政务服务“名片”。三是完善“精准服务”体系。作为深入“温馨人社”品牌创建的重要举措，把2016年作为“精准服务创建年”，瞄准工作中制约服务质量效率提升的“短板”问题和人民群众满意度较低的难点热点问题，制定“精准服务创建年”实施方案，梳理出精准服务项目23类76个，实行台账化管理，细化措施、明确责任，确定时限、逐项落实，办理精准服务业务2000余件，精准服务体系初步建立。四是规范精准服务标准。在综合服务中心等窗口单位，实行“五制”“四公开”“三亮明”“两创”，即首问责任制、服务承诺制、一次性告知制、限时办结制和责任追究制，办事程序公开、办事依据公开、办事时限公开、办事结果公开，全体人员亮明承诺、亮明标准和共产党员亮明身份，争创“党员示范岗”和“优质服务窗口”，目标明确、精准发力，服务效能提升明显。五是提供人性化精准服务。综合网上认证、纸质认证、电话认证、QQ认证、上门认证等多种方式，开展退休人员养老金领取资格认证，上传网上协助认证信息67笔，协助办理异地网上认证577笔，减轻了群众负担。针对慢性病鉴定人群提供灵活多样的服务，患者到各镇街便民服务中心随时报名、即时受理，县级审核后7个工作日内向患者发放慢性病证，全年为1006名特殊慢性病患者顺利办理慢性病申报手续。六是打造“互联网＋人社”模式。化解社保卡办理周期长、领取不便等问题，增加微信公众平台、APP客户端等渠道，开通补办社保卡EMS邮寄，已办理邮寄238张，让客户实现动动手指就可以自助办理，足不出户就可以拿到社保卡。解决外地就业的广饶县户籍人员开具未就业证明难题，就业和社保等其他信息由经办人员通过人社一体化系统联网核实，申请人凭身份证和个人情况说明即可办理，实现“信息多跑路、群众少跑腿”。精准服务获得干部群众充分认可，群众满意度持续提高，“温馨人社”品牌形象进一步提升。七是提升基层平台整体实力。为镇街基层平台统一配备电脑、打印扫描一体机等设备，从夯实软硬件基础、组建专业队伍、提升业务素质等方面入手，切实加强基层公共（就业）服务平台建设，持续探索人力资源社会保障业务下沉模式，逐步形成县、镇、村一体的基层公共服务体系，社会管理和公共服务水平显著提高，群众对人力资源和社会保障工作的满意度不断提升。八是开展精准就业扶贫。为贫困居民严格执行参保优惠政策，个人缴纳部分全部由政府代缴，做到应保尽保。积极调整大病保险待遇，将符合条件的贫困人口起付标准减半，医疗费用每段补偿比例提高5%，年度大病保险最高支付限额提高到50万元。在结对帮扶的陈官镇古家村四户村民中，带技术、带信息、助培训、帮就业，援建村民电子阅览室，投资帮扶村道路硬化，帮助贫困人口改善生产生活条件。

“春风行动”暨春季用工洽谈会

队伍建设　一是开展“党员先锋岗”创建。制定专门方案，实行“四公开”“三亮明”，在服务窗口引进评价机制，严格评价标准，20名同志获评“党员先锋岗”（第一批），起到了很好的带头示范作用，有力的促进了工作规范化和服务优质化。二是完善考核评比机制。修订完善《广饶县人力资源和社会保障局股室（中心）考核实施方案》，实行“双百分制”，细化考核标准，量化考核细则，实现机关管理精细化。首次制定《广饶县人力资源和社会保障局公务员平时考核实施方案》《广饶县人力资源和社会保障局事业单位工作人员（机关）绩效考核实施方案》，分类管理，建立起日常考核与绩效指标、民主评议相结合的综合评估考核体系，奖惩激励约束机制不断完善，机关效能不断提升。三是建立基金监督机制。印发《关于建立社保基金和就业资金监督机制的通知》，根据通知要求，2016年抽查社保基金和就业专项资金的业务档案116卷，对资金支出项目进行检查，审查支出范围、政策依据、审批程序、支付流程等，确保资金支出符合审批程序、符合政策规定。四是加强信息宣传工作。全年在国家级媒体发表信息稿件1篇，《大众日报》等省级媒体发表稿件5篇，市、县媒体发表信息稿件307篇，人均发表信息稿件4篇，发布“温馨人社”微信信息160条，改版升级了县人力资源社会保障局网站，宣传报道和舆论引导工作取得长足进展。五是做好来信来访答复工作。答复信访件43起、网上民声119起、市长（县长）书记县长公开电话173起，按期答复率100%，及时采纳群众意见建议，回应百姓呼声，督促工作整改，促进了作风改进。

荣誉　广饶县人力资源和社会保障局被省人社厅授予人力资源社会保障系统先进集体称号，被省文明办授予省级文明单位，被授予市级卫生先进单位、东营市无烟单位。广饶县人力资源和社会保障综合服务中心被授予市级卫生先进单位。广饶县社会保险管理服务中心获评2015年度基金报表工作先进单位，秦宁宁、李宁获评基金报表工作先进个人。广饶县社会保险管理服务中心获评2015年度城乡居民养老保险统计报表、基金报表工作先进单位，周文峰获评城乡居民养老保险基金报表先进个人。大王镇人社所被人社部授予全国人力资源和社会保障系统2014～2016年度优质服务窗口。

## ·扶贫工作·

2016年，广饶县紧紧围绕精准扶贫、精准脱贫目标，夯实基础，压实责任，突出重点，全面推进，全县脱贫攻坚工作取得阶段性成效。4个省扶贫工作重点村已按标准程序摘帽退出；建档立卡贫困户已按标准程序全部脱贫退出。

从严把好入口关。建档立卡工作一开始就严格标准程序步骤，对所有贫困对象有关家庭情况、贫困程度、致贫原因、帮扶需求等一一核实，确保准确无误、不漏不错。在此基础上，定期进行“回头看”，组织开展3轮精准再识别，提高建档立卡数据准确度，保证经得起检验。从严把好出口关。严格执行贫困退出标准程序，既看扶贫对象的收入是否稳定超过扶贫标准线，更看是否稳定达到“两不愁、三保障”的目标，将收入核实准，将情况掌握透，真正把退出工作做扎实、做到位。对已经实现脱贫的，跟上做好再核实、再确认工作，通过严把扶贫对象进出关口，强化动态管理、精准管理，做到脱贫的及时销号、返贫的及时挂号，有效提高扶贫工作精准度，为脱贫攻坚奠定了坚实基础。

坚持一切从实际出发，根据扶贫对象的具体情况，将贫困户划分为带动型、救助型、助学型、帮扶型、关爱型五种类型，针对脱贫具体需求，对症下药、精准施策，确保帮到点上、扶到根上。对有劳动能力的带动型贫困户，通过加强技能培训、设置农村公益性岗位、强化创业扶持等措施，帮助解决创业就业增收问题。共协调发放创业贷款6万余元，推动24户贫困户实现创业、就业。对因病、因突发事故致贫返贫的救助型贫困户，通过适当提高基本医疗保险报销比例、开展大病救助等措施，减少康复医疗费用支出。对46名符合大病和慢性病救助条件的贫困户，全部落实救助政策。对子女就学存在困难的助学型贫困户，通过就学资助、助学贷款、捐助救济等方式开展跟踪帮扶，先后资助贫困学生53名，实现从学前教育到高等教育资助全覆盖。对因丧失劳动能力致贫返贫的帮扶型贫困户，通过提高保障标准、实施政策兜底等方式帮助脱贫。自2016年1月起，实行低保线与市定贫困线“两线合一”，先后将51名符合低保标准的贫困人员纳入低保救助范围。对生活缺乏保障、不满足低保纳入标准的关爱型贫困户，设立54处日间照料中心，积极动员企事业单位、群团组织、社工组织等社会力量开展节日慰问、日常送温暖等针对性帮扶活动，由团委、妇联牵头开展关爱孤儿和留守儿童活动，为126名失去双亲或其它原因得不到父母抚养的特殊困难儿童招募到“代理妈妈·代理爸爸”，开展“一对一”结对救助，有效促进了贫困户实际困难妥善解决。

注重做好统筹文章，将各类扶贫政策、资金整合起来，集中投放、定向发力，实现扶贫效益最大化。政策方面，积极研究对接上级有关扶贫政策，针对村情户情找准工作结合点，围绕产业、旅游、电商、光伏、金融等方面，研究出台28项专项实施方案，突出扶贫重点，因村因户施策，促进各项政策精准滴灌到贫困户和贫困户所在村。全县贫困户所在村已发展“旅游村”“电商村”等36个，带

市县领导现场检查指导扶贫开发工作

动贫困户169户。产业方面，坚持走富民强村路子，对4个原省定贫困村，组织实施光伏发电项目；对贫困户所在村，通过土地流转、龙头企业和种养大户带动帮扶的方式，吸纳贫困户加入，发展特色产业，先后实施扶贫产业项目11个，为贫困人口增收致富提供了有力支撑。积极推广“龙头企业＋合作社＋贫困户”发展模式。通过积极发展农业龙头企业、农民专业合作社等经营主体，引导贫困户通过土地流转、扶贫资产折股等形式参与入股，全县4个省定贫困村的60户贫困户、100名贫困人口均与农业企业和合作社签订脱贫帮扶协议，拓宽了增收渠道，增加了资产收益。资金方面，制订出台《广饶县小额扶贫信贷工作暂行办法》《广饶县小额扶贫信贷风险补偿暂行办法》，由县财政金融扶贫小额信贷风险补偿基金提供担保，设立扶贫贷款贴息专项资金，帮助贫困农户发展生产、自主创业、增加收入。富民生产贷方面，大码头镇桑三村结合自身种植现状，由村委会牵头成立广饶县民益种植农民专业合作社，吸纳全村22户、43名贫困人口为社员，依托县农业龙头企业山东飞雪粮油食品有限公司实施的粮油食品精深加工项目，通过订单种植，带动发展优质粮食种植基地，由合作社与企业签订订单合同，促进贫困户增收。为促进企业良性发展，带动更多的贫困人口脱贫致富，县扶贫办与大码头镇党委政府积极帮助企业与金融机构进行协调，确定由广饶农村商业银行对飞雪粮油提供扶贫贷款260万元，资金于11月14日发放到位。富民农户贷方面，为大码头镇央三村贫困户徐占国协调贷款3万元，用于牙科诊所购置镶牙补牙设备，预计年增收1万元；为大码头镇东流桥村贫困户吴树平协调贷款1.5万元，养殖奶牛两头，预计年

增收1.2万元。同时，与东营莱商村镇银行合作开展“扶贫贷”业务，为全县227户建档立卡贫困户发放“扶贫贷”11.35万元。

注重做好宣传发动工作，充分调动各方面扶贫积极性，推动形成专项扶贫、行业扶贫、社会扶贫“三位一体”大扶贫格局，凝聚起脱贫攻坚强大合力。部署开展“分类施策、结对帮扶、精准扶贫”加快推进农村扶贫开发工作，采取县直部门定点包村、机关干部挂钩帮户、骨干企业结对帮扶贫困户所在村的方式，充分发挥各方优势，全力推进脱贫攻坚。全县62个贫困户所在村、267户贫困户全部落实结对帮扶县直部门、企业和机关干部，签订扶贫双向承诺书。组织开展民企帮村同心同行、精准扶贫巾帼先行等系列帮扶活动，促进各项扶贫措施精准落地，营造了全社会参与支持脱贫攻坚的浓厚氛围。

## ·城镇和农村居民生活·

*城镇居民生活* 2016年，县城镇居民人均可支配收入达到37108元，比上年增加2732元，增长7.9%。从收入构成看，人均工资性收入28977元，经营净收入1369元，财产净收入3842元，转移净收入2920元。

2016年，城镇居民人均消费性支出21944元，增长6.0%。从消费构成看，人均食品烟酒支出4725元，人均衣着支出2343元，人均居住支出4923元，人均家庭设备用品及服务支出1544元，人均医疗保健支出4820元，人均交通和通讯支出2011元，人均教育文化娱乐服务支出1058元，人均其他商品和服务支出520元。

*农村居民生活* 2016年，广饶县农村居民人均可支配收入达到17249元，比上年增长7.9%。从收入构成看，人均工资性收入12017元，经营净收入4061元，财产净收入764元，转移净收入407元。

2016年，生活消费支出达到11646元，增长5.3%。其中食品烟酒支出2231元，衣着支出415元，居住支出1896元，生活用品及服务支出351元，交通通信支出5836元，教育文化娱乐支出743元，医疗保健支出160元，其他用品和服务支出14元。

# 镇、街道、广饶滨海新区

## ·广饶街道·

综述　广饶街道位于县城驻地,面积82.5平方公里,粮食直补面积37400亩,其中有效灌溉面积42138亩。2016年底,辖88个村,13个城市社区(含3个农村社区);有33142户,115252人;其中女46123人;非农业人口38429人,人口出生率为18.25‰,人口自然增长率为14.57‰;人口计划生育率为98.93%。

2016年,实现生产总值94.3亿元(现价,下同),比上年增长17.6%,其中一、二、三产业增加值粉分别达到3.1亿元、19.2亿元和71.99亿元。工业总产值134.3亿元,实现利税3.8亿元。农林牧渔业总产值36668万元。全年粮食作物播种面积4953公顷,总产7.45万吨;瓜菜413公顷,总产6.2万吨;种植业产值25500万元。全年造林1691亩,森林覆盖率达31.2%;林业产值225万元。年末大牲畜存栏400头,猪存栏2.1万头,羊存栏1500只,家禽存栏9.5万只;畜牧业总产值10438万元。水产品总量1650吨。渔业总产值650万元。农村用电量2.5亿千瓦时。公共财政预算收入2.9万元。农民人均纯收入17750元,比上年增加1432元。有中学1处,小学2处,在校学生2145人,适龄儿童入学率100%。幼儿园(含托儿所)12处,入园幼儿2150人,入园率100%。有医院1处。

广饶街道民安社区、西苑社区、康居社区被国家减灾委员会、民政部评为全国综合减灾示范社区。山东齐成石油化工有限公司被中华全国工商业联合会评为中国民营企业制造业500强,被中国石油和化学工业联合会评为2016中国石油和化工民营企业百强,被中国经济发展研究会、国际清洁能源论坛、中国能源报社评为2016中国能源集团500强,被中国石油和化学工业联合会、中国化工职工思想政治工作研究会评为全国石油和化工行业党建、思想政治工作优秀单位,被省工商行政管理局评为省级"守合同重信用"企业。山东半球面粉有限公司被中国粮食行业协会、中国粮油学会、中国粮食经济学会评为2014年度粮食加工企业50强,被第十七届中国绿色食品博览会组委会评为第十七届中国绿色食品博览会金奖,被中国粮食行业协会评为2015年度中国小麦粉加工企业50强,被中国国际粮油产品及设备技术展示交易会评为第十四届中国国际粮油产品及设备技术展示交易会金奖,被山东省粮食行业协会评为"放心粮油产品"企业。广饶街道办事处被山东省人民政府安全生产委员会评为全省安全生产工作先进乡镇(街道),被山东省妇女联合会评为幸福进家活动先进单位,被山东省精神文明建设委员会评为省级文明村镇。广饶街道文化站被山东省新闻出版广电局评为示范农家书屋。阳光社区被山东省地震局、山东省民政厅、山东省科学技术协会评为山东省地震安全示范社区。广饶县莲花养猪农民专业合作社被省农业厅、发改委、财政厅、水利厅、海洋渔业厅、省地税局、省工商行政管理局、省供销合作社、国家银监会山东监管局、省国税局等部门评为农民合作社省级示范社。东营金明工贸有限公司被省工商行政管理局评为省级“守合同重信用”企业。渤海经典小区、贵和苑北区被山东省城市建设管理协会评为2016年度省级园林绿化示范式小区。

产业经济　加快工业提档升级，完成化工企业评级评价，大力培育扶持骨干企业，着力抓好齐成石化投资17.8亿元的汽柴油加氢项目的续建，推动工业经济内涵提升、高端发展。聚力推动现代服务业提速扩量，规划建设了潍高路南侧汽车文化产业园、城北沿河辛路亚坤汽配城、河辛路两侧新能源汽车后服务产业三处汽车产业园区，积极推进锦湖超市和金鑫机车市场改造项目，乐安城市广场、宇通电子商务综合服务平台和胎大王——中国轮胎电商第一平台等商业综合体开业运营，三产服务业业态规模与档次不断提升。围绕农业提质增效，规划建设了杨庙社区蔬菜种植业、长安路两侧农产品加工业、颜徐社区观光采摘业等三个农业片区，培植壮大了元灏面粉、颜徐猕猴桃、大寨沟西瓜等农业项目，全街道蔬菜播种面积达到1.4万亩，瓜果种植面积达2200余亩，新增农、林、牧、渔等高效设施农业面积300亩，街道城郊型农业呈现品牌化、特色化发展路子。

城镇化建设　加快推进旧村改造，实施乐安商贸城老片区搬迁改造、生态国际慢城建设桥头王村改造提升、老城区村庄院落调查摸底、怡景苑小区分房等，做好兴安中学、中南世纪城等重点工程的施工协调，保障全县各项重点工程的顺利推进。深入开展拆违治乱专项行动，完成颜徐老片区整治提升、小区内违建排查统计、大型户外广告拆除、河辛路立交桥以南张庄花砖市场改造提升等工作，共拆除违章建筑119处、201间、7万余平方米，拆除户外大型广告牌19处，清理落地广告牌、小广告牌等158处，城乡精细化管理水平进一步提高。做好辖区内建设秩序的巡查及违规乱挂广告牌的巡查，全年共查处违章建设101起，停工65起，拆除28起。

民生保障　坚持发展成果全民共享，2016年累计民生投入达到8000余万元，实施了涉及教育、公益设施建设等10件惠民实事。着力优化农村基础设施配套，17个村庄的公益设施建设等得到加强，老旧小区改造项目建成投用，各小区环境面貌、配套设施等方面焕然一新。加强城乡文体设施建设，全力实施文化惠民工程，大力开展群众文体活动。重视教育发展事业，新建或改扩建幼儿园、学校3所。社会救助、城乡低保、困难群体补助等惠民

美丽乡村建设

政策得到有效落实。大力开展生态绿化和环境治污，累计造林1691亩，城乡环境质量得到好转。高度重视安全生产，健全安全责任体系和网格化监管网络，持续开展专项行动，深化源头预防和隐患治理，安全生产形式总体稳定。深入推进“平安街道”建设，健全应急管理体系和治安技防设施配套，加强社会矛盾排查化解，部署禁毒行动，严厉打击违法犯罪，社会大局和谐稳定。城乡居民医疗服务水平提升、物业提升达标工程、公益性墓地建设项目、平安村居工程、农村自来水改造工程和城区为民服务场所提升工程等实事按期完成，街道和谐指数不断提升，群众的社会满意度明显提高。

社区建设　结合全县城市社区三年提升计划，集中推进社区党委建设，在每个社区都成立社区党委，理顺党组织关系。着力实施“一居一品”，打造康居社区“仁和康居”、锦湖社区“家·锦湖”、迎宾社区“迎宾秀”、新城社区“聚力新城”等4个社区品牌，为居民提供更加便捷的社区服务。加快老旧小区改造，对西苑小区、清风小区等19个老旧小区和59个单位自建住宅小区实施清脏治乱、路面维修等方面的改造，城区3万余名群众直接受益。突出抓好物业服务。街道成立物业管理服务中心，探索建立开发商自有物业公司、市场化物业公司和街道准物业服务三层物业管理服务体系。开发商自有物业、市场化物业实现物业管理的覆盖。

基层党组织建设　聚焦作风建设持续发力，严格执行中央八项规定精神，深入开展“两学一做”学习教育，着力推进“慵懒散”专项治理，街道作风建设焕然一新。以“服务先锋”党组织创建活动为抓手，着力抓好书记创新项目实施，全面推进农村“五化一代理”、城市社区区域化党建、非公企业党组织管理创新等重点任务，扎实落实基层党组织标准化建设、“五化两提高”、城市社区“三年提升计划”等工作，全街道基层党建工作实现目标化管理、项目化推进。严格落实党风廉政建设责任制，不断扎紧制度笼子，积极推进阳光政务，反腐倡廉工作向纵深挺入。

尝百家宴　品邻里情

## ·大王镇·

综述　位于县境南部，距县城15公里，面积122平方公里，有耕地5957.78公顷，其中有效灌溉面积5610公顷。2016年底，辖97个自然村，97个村民委员会；有28485户，94540人；其中女47377人；人口出生率为18.8‰，人口自然增长率为13.6‰；人口计划生育率为98.5%。

2016年，实现生产总值224.8亿元，比上年增长7.8%，其中一、二、三产业增加值分别达到43814万元、1815693万元和388967万元，分别比上年增长2.8%、7.5%和8.7%。工业总产值1685.6亿元，实现利税163.1亿元。农林牧渔业总产值103413万元。全年粮食作物播种面积6424.67公顷，总产4.2万吨；瓜菜948.27公顷，总产8.36万吨；种植业产值42218万元。全年造林181.4公顷，森林覆盖率达48%；林果总产2637吨；林业产值884.9万元。年末大牲畜存栏5146头，猪存栏0.97万头，羊存栏10662只，家禽存栏46.2万只；畜牧业总产值23397万元。水产品总量485吨，渔业总产值4845万元。水库2座，总蓄水能力520万立方米。农业机械总动力达176772千瓦，农村用电量6636万千瓦时。财政收入103360万元。有中学2处，小学6处，在校学生9893人，适龄儿童入学率100%。幼儿园(含托儿所)24处，入园幼儿3329人，入园率100%。有医院2处。电话普及率达到每百人105部。小康水平指数达到100%，有97个村达到小康水平。

美丽乡村

2016年，大王镇被中华人民共和国农业部评为全国一村一品示范村镇，被山东省住建厅评为省级美丽宜居小镇，被东营日报社评为东营日报社新闻报道先进集体，被东营市人民政府残疾人工作委员会表彰为2015年度全市残疾人就业及保障金征收工作先进单位。《共产党宣言》纪念馆被山东大学命名为党建实践基地，被山东省国防教育办公室命名为山东省国防教育基地；镇妇联被山东省妇女联合会表彰为“幸福进家活动”先进单位；镇残联被东营市人民政府残疾人工作委员会评为2015年度全市残疾人组织建设先进集体；延集村被山东省新闻出版广电局评为示范农家书屋；刘集后村被山东省社会科学界联合会评为山东省社会科学普及示范村；吴家村被山东省住建厅评为省级美丽宜居村庄；西李村被山东省委评为山东省先进基层党组织，被山东省新闻出版广电局评为书香之村；南陈官村被山东省妇女联合会表彰为“幸福进家活动”先进单位；复兴王村、田门村、赵家村、周庄村、后贾村被评山东省爱卫会评为山东省卫生村。

**产业经济**　贯彻保企业就是保财源、保稳定、保民生的理念，设立防范化解企业金融风险工作领导小组，科学规范运作助保贷、大王集团担保、企业发展助力基金“三位一体”融资信用担保体系，创新设立2个融资平台，做大做紧大王集团担保能力，优化助保贷运作程序，完善保证金、助保金制度，为企业防范和化解金融风险提供全方位服务。贯彻“积极作为，打运动战，不打阵地战”的思路，引导企业抢抓国企混改经营机遇，通过与国内大企业、行业龙头和技术领先企业股份合作、租赁式生产、联合式销售等多种形式，借势借力摆脱困境，走上发展正轨。推动企业积极融入“互联网+”，通过“胎大王”、华泰集团科技信息中心、广丰橡胶轮胎交易中心、乐悠悠网上销售平台等电商平台建设，拓宽产品销售渠道。2016年实现全镇企业线上销售额60亿元。大企业、大集团稳健发展，华泰集团入围中国轻工业百强，大王集团入围世界著名品牌500强，6家企业入围全国化工企业500强，3家企业入围中国橡胶制品制造业百强。

**重点项目建设**　推进实施总投资110亿元的以省重点——哈迪斯公司年产500万套轨道列车空气弹簧减震总成为代表的一批重点工业项目；着力培育壮大新兴产业，海容公司新型节能一体化建筑墙体模块产业化项目市场不断拓宽，一鸣公司PVB中间膜项目产能逐步提高。以工业化理念经营农业，精致生态农业示范园区建设亮点突出，四支路改造等基础配套工程和嘉颐现代花卉物流配送中心、健友家庭农场等项目顺利实施，农业现代化水平进一步提升。广饶县花卉苗木农业科技园被评为省级农业科技园。现代服务业蓬勃发展,保税物流园区泰强物流二期1.5万平方米的4座仓库、4个货台建成,恒丰京港大厦投入使用,出口监管、进口保税经济南海关批复运营,中国轮胎出口质量技术促进委员会等7个单位挂牌入驻。

小城市建设 瞄准现代化小城市的目标定位,大力实施城建及基础设施类工程,泰宇城市花园、恒宇御景家园二期等住宅小区,花园路等道路改造提升工程相继完工,镇区老旧小区环境改造提升工程有序实施,公共自行车服务系统上线运行。坚持镇区一体、融合发展,兴广铁路华星站、永和110千伏变电站投入使用,铺设工业天然气管网,开发区基础设施日臻完善。以城镇管理“三年计划”为抓手,镇区23个居民小区管理步入正轨,建管联动机制不断完善,持续开展拆违治乱等专项行动,有力维护了城镇建设秩序;实施镇区“披绿”工程,有序引进麦冬草进镇区,全面推行常天湿法保洁,城镇环境进一步改善。深入摸底调研农村群众意愿,确立“政府规划、以村为主、自求平衡、分类突破”的原则,积极借鉴各地先进经验,鼓励有条件的村实施农村新型社区建设。

三大专项行动 乡村文明方面,深入实施“美丽乡村”工程,围绕示范片区和典型示范村创建,狠抓清脏治乱,统筹推进“五化”,城乡环卫一体化水平不断提升;贯彻“治字当头,管字当家”的理念,对83处废弃坑塘实施综合治理,并探索建立长效管理机制;深入开展精神文明创建,大力倡导移风易俗、倡树文明新风,“喜事新办、丧事简办”理念深入人心。生态环境整治方面,围绕去煤生态化,分层次推进企业层面的燃煤小锅炉淘汰整治和农村层面的农村旱厕改造、碳晶板取暖供热、天然气进村入小区等工程;“三年增绿”年度计划全面完成,新增造林2609亩,植树26.32万株;加大水气污染治理力度,完成阳河织女河综合治理工程年度建设任务,孙武湖水已引入阳河;试点推行排污管口明示制,规范污水处理费代征事宜;持续开展扬尘治理,严厉打击偷排偷放行为,铁腕清理“土小”污染企业。公共安全方面,健全完善安全生产网格化监管体系,狠抓企业主体责任落实;结合“大快严”集中行动,通过政府购买服务的形式,聘请安全专家每季度对全镇企业进行“拉网式”安全生产检查;按照“三评级一评价”年度工作要求,扎实推进化工产业转型升级工作。加快镇消防站和市政取水泵站建设,着力提升安全保障能力。树立“让毒品在大王销声匿迹”的高目标,高度重视并加强禁毒工作,群众安全感大大提升。

社会事业 优先发展教育卫生事业,立足解决大班额问题,镇实验小学、育才小学有序推进;区域医疗联合体规范运行,完成9处农村社区医疗卫生室新建改扩建。严格落实各项惠农政策,城乡居民养老医疗保险等标准逐年提高,社会化养老实现破题,精准扶贫成果持续巩固,保障体系不断完善。深入实施文化惠民工程,建成18处“乡村剧场”和12处文化广场,民间文艺汇演、“双爱月”、消夏晚会等特色文化活动持续开展;《共产党宣言》纪念馆先后被命名为全省党史教育基

织女河水系

地、山东省关心下一代教育基地、山东大学党建实践基地和山东省国防教育基地；以刘集村保护和传承首版中文全译本《共产党宣言》作背景，改编的电影《大火种》被中宣部列入纪念建党95周年重点影片，并在全国公映。

基层组织建设　紧紧围绕基层服务型党组织标准化建设和“五化一代理”的工作要求，严格执行村干部集中办公、轮流值班制度，改善提升村级活动场所，全面推行为民服务全程代办制，创新实施党员积分制管理和企业党建阵地建设2项“书记抓党建”项目，狠抓镇直机关单位“双规范一创建”工作，年度党员集中轮训及新农校系列培训有序开展。认真总结并推广村级纪检委员规范履职和农村基层党风廉政建设2项试点工作经验，村级检察联络室完成创建，以“廉检联动”助推农村党风廉政建设。扎实深入开展“两学一做”学习教育，全镇所有党支部分别制定学习教育计划，科级以上党员干部、驻村(企)党建指导员当好“辅导员”，做到责任落实到位；将十八届六中全会精神、换届纪律等内容融入学习教育全过程，做到常学常新、与时俱进；坚持立说立行立改，汇总归纳农村党员、机关党员、企业党员不合格表现，建立台账，销号管理，确保整改成效。统筹抓好基层党建重点任务、县委党风党建巡查整改等工作，先后迎接中组部、省委组织部对大王镇“两学一做”学习教育的调研。

华泰10号机升级改造项目

### 大王经济开发区

大王经济开发区坚持镇区一体、协同发展，着力提高承载能力，大力实施新型工业化战略，做大做强汽车配件、橡胶轮胎、精细化工、绿色造纸四大产业，推动产业升级、人才聚集和科技创新水平的快速提升。至2016年底，开发区内拥有规模以上工业企业77家，院士工作站1个、博士后科研工作站3个、国家级企业技术中心2个、国家级实验室3个，与中国农科院、中国工程院、德国福伊特等120多家高等科研院所、技术公司建立了长期合作关系，100多名国内外知名专家加盟大王经济开发区建设，搭建了完备的科技创新体系。2016年，开发区规模以上工业主营业务收入达1677亿元，增长3.8%；进出口总额111.1亿元，同比下降9.4%，其中出口额79亿元，下降1.8%。大王经济开发区已发展成为世界最大的环保型新闻纸生产基地、全国最大的汽车摩擦材料研发制造出口基地、全国重点子午胎生产聚集地、全省重要的盐化工及石油化工基地、全省无内胎钢制车轮生产基地和全省科技兴贸出口创新基地。

## ·稻庄镇·

综述　位于县境东部，距县城7.5公里，面积115平方公里，有耕地6667公顷，其中有效灌溉面积6000公顷。2016年底，辖85个自然村，85个村民委员会；有21753户，72508人；其中女36285人；非农业人口1800人；人口出生率为20.91‰，人口自然增长率为15.04‰；人口计划生育率为97.01%。

2016年，实现生产总值125亿元，比上年增长6%，其中一、二、三产业增加值分别达到60244万元、936260万元和261770万元，分别比上年增长4.5%、6.4%和8%。工业总产值726亿元，实现利税100.3亿元。农林牧渔业总产值10624万元。全年粮食作物播种面积107305公顷，总产7.9万吨；瓜菜446.5公顷，总产3.2万吨；棉花38公顷，总产35.3吨；种植业产值16000万元。全年造林81公顷，森林覆盖率达39.6%；林果总产137吨；林业产值60000万元。年末大牲畜存栏3500头，猪存栏1.5万头，羊存栏5295只，家禽存栏94.4万只；畜牧业总产值41000万元。水产品总量620吨，渔业总产值2460万元。农业机械总动力达135000千瓦，农村用电量4172.4万千瓦时。财政收入33900万元。农民人均纯收入17164元，比上年增加951元。有中学2处，小学2处，在校学生5165人，适龄儿童入学率100%。幼儿园(含托儿所)16处，入园幼儿2042人，入园率100%。有医院1处。电话普及率达到每百人85部。小康水平指数达到100%，有85个村达到小康水平。

稻庄镇大营初中被省地震局、教育厅、省科协评为山东省“地震科普示范学校”，被市教育局评为东营市“教育现代化学校”，被东营市爱卫会评为“市级卫生先进单位”。稻庄镇大营小学被东营市教育局评为东营市“教育现代化学校”和东营市“规范化学校”。南塔村被山东省精神文明建设委员会评为“省级文明村”，被省农业厅评为“省级美丽乡村”。鞠刘村被山东省精神文明建设委员会评为“省级文明村”，被东营市社会治安综合治理委员会评为“平安单位”。淄河店村被山东省新闻出版广电局评为“示范农家书屋”。闫口村被山东省精神文明建设委员会评为“省级文明村”。

经济运行　将稻庄高效生态经济园作为加快转调的主阵地，按照“集群化、高端化、集约化”的发展原则，2016年，重点实施了山东兴达钢帘线有限公司年产20万吨钢帘线项目、山东鲁宁集团机床生产项目等总投资28.6亿元的4个战略性新兴产业项目。全镇工业企业发展到287家，其中规模以上工业企业53家，预计实现工业总产值535亿元，主营业务收入510亿元，实现利税65亿元，利润54亿元。继续加大招商引资力度，全年共引进外来投资在建项目6个，合同总投资37.08亿元，合同利用外资27.91亿元。大力发展现代农业，全镇新增高效设施农业53000平方米，新成立农民专业合作社4家，新增市级以上标准化畜禽养殖场2个，新注册家庭农场9家，特色草莓大棚种植面积达到3000余亩。同时，着眼服务实体和助力转型，积极培育生态旅游、商贸物流等新兴服务业，服务业增加值比重提高9个百分点。

城乡统筹　牢牢抓住“全省百镇建设示范镇”这一机遇，以加快新型城镇化建设为抓手，以加快农村基础设施建设为重点，不断加快城乡统筹建设步伐。持续加大投入力度，提升城镇基础配套水平，投资2000余万元实施镇区供暖改造工程；加大对农村公益设施的投资力度，投资2200万元实施3处农村敬老幸福园的改扩建、7处村级卫生室建设、3处幼儿园建设和中小学基础设施配套工程。继续完善农村基础设施配套水平，投资411.7万元完成

兴达钢丝帘线

22个村4117户旱厕改造，超额完成县委、县政府下达的改造任务；投资30余万元，为全镇县乡道路安装交通信号灯、减速带等道路生命防护设施。继续实施《农村基础设施建设奖补办法》，全镇有28个村庄进行基础设施建设，各级财政累计补贴资金1900余万元，带动全社会投资7700余万元。

三大专项行动　强力推进水气污染整治提升行动，实施总投资1600万元的西水热电锅炉超低排放改造、第一污水处理厂提标改造、燃煤锅炉取缔等3项重点环保工程，查处整顿违规企业55家、取缔“土小”污染企业8家，镇域水气质量明显好转。扎实开展“大排查、快整治、严执法”专项行动，突出化工行业转型升级、废弃坑塘整治和道路交通安全三个重点，按照“一企一档”要求，全镇302家企业全部完成建档工作，完善了风险管控和隐患排查治理双重预防机制，实现关口前移、精准监管、源头治理、科学预防，全镇安全生产保持大局稳定。着力抓好深化乡村文明行动，把乡村文明建设提升年行动列为全镇农村重点工作和头等重要的民心工程，按照“整体启动、分类推进，突出重点、标本兼治，制定规范、全面提升”的原则，全面抓好环境卫生综合整治工作，在巩固上年创建成果的基础上，新创建24个典型示范村，全镇73%以上的村庄达到典型示范村标准，新打造灰堆、广小张示范片区2处；41个村

村级美化工程

庄完成绿化任务，植树3.56万株；10个村庄完成亮化任务，安装路灯304盏；15个村庄完成美化任务，美丽乡村建设步伐不断加快。

民生社会事业　年初确定的供暖改造、村级卫生室改造提升、农田水利建设等8件民生实事基本完成，镇财政各项民生投入预计达1.7亿元，占一般预算支出的75%。坚持教育优先发展，投资约800万元实施稻庄镇徐楼学区幼儿园项目，正在进行主体建设；投资120余万元分别为稻庄实验中学、大营初中运动场铺设了硅PU、柏油路，建设了乡村少年宫，极大改善了学校的办学条件。镇实验中学连续九年中考取得优异成绩，一中统招上线率历史性的突破62%。大力实施卫生强基惠民工程，投资190余万元新建6处标准化村级卫生室，改建1处标准化村级卫生室；继续实施全镇适龄农村妇女宫颈癌乳腺癌检查、老年人免费健康检查两项惠民实事。全面提升宣传文化建设水平，积极开展“中国梦·小康情”百姓宣讲、四德工程、移风易俗等群众性精神文明创建活动，建设乡村剧场15处，组织开展“共筑中国梦·欢庆幸福年”全镇民间艺术串演、“美丽乡村·幸福生活”广场舞大赛等一系列文化惠民演出350余场。积极推进平安稻庄建设，社会治理得到加强，社会秩序保持和谐稳定。

基层组织建设　扎实开展党员组织关系集中排查工作，建立党员花名册，完善党员信息采集表，认真清理“口袋”党员、“空挂”党员，对12个作用发挥不到位的非公企业党支部进行撤销合并，对1名失联党员按自行脱党处理，给予除名。从严从实推进党费清缴和基层党组织换届工作，对未按期换届的基层党组织建立专门台账，充分发挥党建指导员作用，指导未按期换届的基层党

组织严格按照程序进行换届；组织党员干部深入学习党章党规党纪、上级党费收缴管理文件精神和基层党组织换届有关规定，切实增强党性意识，强化按时足额交纳党费的义务观念和自觉参与党组织换届的自觉性，完成了基层党组织换届工作和党费专项检查工作，清缴党费57万元。全面推进“两新”组织覆盖，成立非公有制经济组织和社会组织党委，按照产业关联、业务相近的原则，成立各类功能型或特色党支部，增强党组织服务功能。2016年，新成立非公企业党组织7个。认真实施党建示范点培育工程，从全镇单独建立和联合建立的共69个党支部中实地调研，按照“五有”“六好”标准，择优筛选出大海集团党委、鲁宁集团党支部等10个非公企业“党建示范点”重点培养对象。狠抓软弱涣散村党组织整顿，对于薄弱村，深化班子成员帮包机制，借助上级选派“第一书记”，精心挑选农村工作经验丰富的同志组成转化提升工作小组，逐村制定转化提升方案，全镇建档的9个软弱涣散村党组织有6个完成转化提升，1个有显著提升，2个效果明显。

“两学一做”学习教育　认真制定全镇“两学一做”学习教育实施方案，明确学、做、改的重点任务，将落实推进措施细化为8大项23小项，每一项都有具体执行办法，强化操作性。镇党委统一制定全镇“两学一做”学习教育配档表，明确学习时间、内容和具体要求。全镇“两学一做”学习教育正按照实施方案和配档表安排，有条不紊地顺利推进。党政班子成员带头建立“两学一做”学习教育联系点，帮包至少1个农村和1个非公企业党组织，为全镇85个村和48个“两新”组织党组织配备了134名党建指导员，形成党委书记牵头抓总、班子成员分片负责、党建指导员具体指导、支部书记具体落实的上下联动的工作格局。注重创新学习载体，围绕学习教育好经验、好做法，分领域开展3期“支部书记论谈”，比先进、找差距。充分发挥7名市县“第一书记”、2名大学生村官作用，创办《村官》杂志，组建宣讲团，通过微型党课巡回演讲，学习教育大讨论等方式，丰富学习教育形式。深入开展讲党课活动，18名副科级以上干部、9名党总支书记、134名党支部书记结合实际分别为所在党组织讲了党课，累计讲党课300余场；组织先进基层党组织书记、优秀第一书记录制党课视频4期，邀请市委党校教授讲党课，观看电教片500余次。以解决问题为牵引深化学习教育，集中利用三天时间，组织“两代表一委员”、老干部等召开征求意见座谈会8场，发放调查问卷1800份，征求意见建议937条，梳理汇总8个方面25项问题，班子成员查摆问题93项，全镇167个基层党组织也结合实际分别征求意见建议837条。针对查摆出的突出问题和征求到的意见建议，各党组织认真制定整改问题清单，细化整改措施，明确完成时限和责任人，实行销号管理。镇领导班子查摆出的18个问题已经整改完成。

特色草莓种植大棚

## ·丁庄街道·

综述　丁庄街道位于县境东北部，距县城33.5公里，面积363平方公里，有耕地8535.9公顷，其中有效灌溉面积8535.9公顷。2016年底，辖45个自然村，45个村民委员会；有51866人，其中女26261人；人口出生率为20.68‰，人口自然增长率为14.84‰；人口计划生育率为94.5%。

2016年，实现生产总值46.26亿元，比上年增长3.7%，其中一、二、三产业增加值分别达到59892万元、227806万元和174957万元，分别比上年增长1.7%、3.3%和2.4%。工业总产值204.88亿元，实现利税17.86亿元。农林牧渔业总产值143331万元。全年粮食作物播种面积9703.85公顷，总产68197.754吨；瓜菜764.47公顷，总产3604.384吨；棉花2736.87公顷，总产3287.596吨；种植业产值61467.55万元。全年造林124.67公顷，森林覆盖率达17.4%；林果总产1469.8吨；林业产值4534.46万元。年末大牲畜存栏11443头，猪存栏30307头，羊存栏7085只，家禽存栏965470只；水产品总量70800吨，渔业总产值73802万元。农民人均可支配收入16320.38元。有中学1处，小学4处，在校学生共4233人，适龄儿童入学率为100%，幼儿园（含托儿所）16处，入园幼儿1081人，入园率100%。有医院2处。电话普及率达到每百人92部。

山东俊源石油有限公司荣获山东省专精特新中小企业称号、省级“一企一技术创新企业”称号；齐润集团被评为省级安全生产标准化二级单位；丁庄镇中心初级中学、中心小学被山东省教育厅评为省级规范化学校；丁庄镇中心幼儿园、实验幼儿园被山东省教育厅评为省示范幼儿园；丁庄镇中心小学被共青团山东省委、山东省教育厅、山东省少工委评为省级少先队工作规范化学校。

*产业融合*　工业经济持续增长。全力抓好服务保障。坚持实行党政班子成员联系重点企业、服务推进重点工程项目等制度，帮助提供信息、落实政策、解决困难问题，全方位全天候服务企业。2016年，主营业务收入过亿元的企业发展到6家，拥有自由进出口权的企业达到6家，年内预计实现进出口额4.5亿美元。全力抓好项目建设。坚持“工作项目化、项目责任化”，把项目建设作为稳增长、促转调的主抓手，围绕国家政策和产业升级方向，论证实施了齐润公司200万方原油库区及1000万吨/年输油管线项目、华邦化学公司10万吨/年碳四深加工改制项目等一批重点工程项目，有力支撑了全街道经济社会持续健康发展。全力抓好风险化解。高度关注企业资金安全，密切关注企业运营。顺利推进俊源公司、正华工贸公司、立工机械制造公司、万泰公司4家企业实现规范化公司制改制。鼓励引导企业与强企、国企开展合作，“做强做大”企业规模，企业抗风险和竞争能力显著提升。2016年，规模以上工业企业发展到15家，规模以上工业主营业务收入205亿元，规模以上工业利税18.5亿元。现代农业稳步推进。把农业发展作为转型升级的基础支撑，稳步发展基础农业，大力发展果蔬种植、苗木花卉、规模化养殖等特色农业，发展家庭农场等新型农业经营主体142家，农业龙头企业9家。加快农田基础设施改造，完成0.7万亩高标准农田改造、沿河扬水站及建筑物配套

全镇重点工程项目和惠民实事观摩

改造工程和片区治理工程，进一步改善农业生产条件。第三产业繁荣发展。大力发展现代服务业。立足丁庄区位优势，重点发展商贸物流、近郊旅游产业，规划丁庄物流园区、小城镇综合体、首集市场商业区等一批重大载体项目，大力发展河海旅游观光业，促进服务业规模加速扩张。2016年，预计限额以上商贸企业完成社会商品零售额3.9亿元，限额以上商贸企业主营业务收入63.9亿元，分别比上年增长6%和21%。

人代会

新型城镇化建设　小城镇规模不断壮大。按照“以人为本、城乡统筹、产城融合、城乡一体”思路，协调推进新型城镇化和美丽乡村建设。加大小城镇开发步伐，开工建设锦泽花园二期和盛世家园住宅小区，完成怡馨花园小区环境改造提升工程；投资885万元，实施镇区集中供暖、供水、绿化、亮化和道路改造提升等市政配套工程，修建改造镇区道路1500米，新增绿化面积15400平方米，镇区居住、商务、服务等功能不断完善。农村基础设施不断完善。持续开展乡村文明建设专项行动，总投资2317.1万元，实施村级公益事业建设，推动城乡环卫、供水、供气一体化和农村旱厕改造，基础配套和公共服务显著提升。深入开展生态环境建设年、建筑市场“打霸治痞”、拆违治乱专项行动，城乡环境得到进一步改善。

生态环境建设　把生态建设摆在优先位置来抓，持续推动源头管控、工程治污和执法监管，加快企业、工程治污项目建设。统筹推进路域、城镇、水系绿化和生态林场、农田林网建设，大力实施“三年增绿”计划，新增造林面积2343.4亩，植树29.39万株。牢固树立安全发展理念，扎实推进网格化和实名制管理，持续开展隐患排查整治、打非治违等集中行动，有效维护群众生命财产安全。深入推进乡村文明建设，加强农村环境综合治理，健全长效保洁管理机制，实施农村“五化”、旱厕改造等一批基础配套项目，城乡环卫一体化实现高标准运行，有效改善了农村生产生活环境。

民生事业　2016年，民生投入占镇财政支出比例的65%。全面落实各级支持大众创业万众创新的政策措施，累计发放小额担保贷款1100万元；统筹抓好重点人群就业，促进城乡居民稳定增收。全力提高社会保障能力，连续提升城乡居民医保、养老、低保、农村五保和特殊人群救助标准，实施妇女孕期及“两癌”免费检查和老年人免费健康查体。大力发展教育事业，投资1600万元实施幼儿园提升改造工程，全面加强教职工队伍建设，办学条件进行一步改善，教学质量稳步提高。健全完善医疗卫生服务体系，投资290万元，实施社区卫生服务站建设改造，更新配套医疗设备，城乡居民医疗服务水平明显提升。积极开展群众性文体活动，修建公共体育场、乡村剧场等一批文体娱乐设施，群众文化健身需求得到保障。广泛开展社会主义核心价值观宣传教育，持续深化群众性精神文明创建，不断加强公民思想道德建设，实现善德义举四德榜村村全覆盖，倡树形成了良好的社会风尚。持续推进“平安丁庄”建设，加强社会矛盾纠纷排查化解，严厉打击违法犯罪，群众权益得到更好保障，社会保持和谐稳定。

# · 李鹊镇 ·

综述　李鹊镇位于县境南部，距县城5公里，面积66.5平方公里，有耕地4733公顷，其中有效灌溉面积4733公顷。2016年底，辖57个自然村，57个村民委员会；有12944户，38786人；其中女19288人；非农业人口961人；人口出生率为17.47‰，人口自然增长率为10.49‰；人口计划生育率为97.17%。

2016年，实现生产总值32.3460亿元，比上年增长8.8%，其中一、二、三产业增加值分别达到43012万元、100923万元和179525万元，分别比上年增长3.3%、5.5%和10.2%。规模以上工业总产值26.4635亿元，规模以上工业利税总额22486万元。农林牧渔业总产值80456万元。全年粮食作物播种面积7477公顷，总产5.7万吨；瓜菜2011公顷，总产15.3万吨；种植业产值56854万元。全年造林106公顷，森林覆盖率达28%；林果总产300吨；林业产值473万元。年末大牲畜存栏1306头，猪存栏0.89万头，羊存栏1325只，家禽存栏49.5万只；畜牧业总产值18609万元。水产品总量1.2吨，渔业总产值1597万元。农业机械总动力达73236千瓦，农村用电量9046.31万千瓦时。财政收入4433万元。农民人均纯收入17438元，比上年增加1440元。有中学1处，小学2处，在校学生2441人，适龄儿童入学率100%。幼儿园（含托儿所）7处，入园幼儿720人，入园率100%。有医院2处。电话普及率达到每百人90部。小康水平指数达到100%，有57个村达到小康水平。

李鹊镇被新华社半月谈杂志社、中国国情调查研究中心授予中国生态文明先进乡镇称号。东耿村、郭老村、后里东村、小郭家村被东营市卫生计生委授予市级卫生村称号。天红肉鸭农民专业合作社被山东省农业厅授予省农民合作社省级示范社称号。山东新兴物流有限公司被中国交通运输协会授予先进物流企业称号。广饶胜大粮油有限公司中国粮食行业协会授予示范加工企业称号。

苗木花卉市场

现代农业建设　李鹊镇着力强化政策扶持引导，加快转变农业发展方式，促进农业增产增效、农民增收致富。苗木花卉产业迸发新活力。重点抓好苗木花卉交易市场运营管理，举办首届省级苗木博览会，省内外346家苗木企业参展，签订购销合同131笔，交易额近5000万元。农业项目发展态势良好。坚持标准化生产、产业化经营、品牌化建设和社会化服务，精致农业发展势头强劲。重点抓好山东天红鸭业有限责任公司林下150万只肉鸡生态养殖项目、滨源蔬菜标准化基地等6个农业类重点项目，均已建成投产；借力全市“三年增绿”计划，投资790万元，实施县乡道路、农田林网和村庄绿化等五大增绿工程，累计植树22.34万株。农业产业化改革不断深化。稳步推进苗木花卉暨农产品信息交易中心建设，新增规范化家庭农场7家、合作社5家，新型农业经营主体竞相发展，农业生产组织化水平不断提高。投资2080万元的县、镇两级为农综合服务中心已经建成，分别提供粮食和园林种植管理服务。

*物流园区建设*　依托区位优势，加快广饶物流园区资源整合，力促商贸物流产业提档升级。手续办理加快推进，园区总体规划和控制性详细规划通过审批，区域环评初稿已完成，立项、能评、水评、环评、项目选址已完成，安评手续等待验收；配套工程不断完善，扎实推进园区骨干道路建设，硬化道路3万平方米，兴华路西延、兴贸路西延及西环辅路初步设计方案已完成，争取早日打通园区“四纵三横”路网格局；铁路工程迅速实施，3.2万平方米露天平台、2万平方米煤储区、铁路支线配套附属设施、22万伏变电站均已建成；李鹊货运站散货线已并入全国铁路网，实现全国性铁路货运物流。至12月底，铁路支线预计运送货物195万吨，实现产值5070万元，物流园区区位优势逐步转变为产业优势。

鹊苑精致农业示范园

*休闲旅游*　结合广饶国际慢城的创建，李鹊镇强力推动“文化＋旅游”融合发展。充分挖掘李鹊历史文化资源，科学设计旅游线路，全力打造“鹊林叠翠·魅力李鹊·特色文化生态游”宣传文化品牌。突出精品旅游项目建设，上农休闲旅游区国家级垂钓池、跑马场、儿童游乐园、渔耕文化博物馆等项目已完工，旅游项目呈现出谋划运作一批、开工建设一批、建成开业一批的良好发展态势。依托鹊苑观光园举办的“春美李鹊随手拍”、青年联谊会、“小鬼快跑”、垂钓比赛等多项文化旅游活动，吸引上万名垂钓爱好者及游客，景区知名度不断提升。

卸油平台

*镇区和新农村建设*　按照县委“规模适度、产业集聚、要素集约”的要求，加快新型城镇化建设，着力打造生态、秀美、宜居、园林小城镇。在镇区，投资492万元实施小张社区改造提升工程，重点对兴业路、张石路两侧实施雨水、弱电、污水等五大改造工程，不断强化公共服务配套，提高镇区承载力；投资410万元，重点推进完成惠东路北延、惠畅路建设和兴业路东首改造等镇区道路提升工程，拉设了镇区建设大框架；扎实开展河辛路两侧改造提升工程，封堵路口56个，封堵门窗360余处，拆除大型广告牌47块。新潍高路二期改线工程建成通车，互联互通交通大格局初步形成；在农村，大力实施旱厕改造工程，完成改造2700余户。

*基层党建*　认真抓好“两学一做”学习教育活动，组织全镇党员围绕自身实际承诺践诺，开展

“带党徽、亮身份、做贡献”主题实践活动。坚持规范提升，投入资金20余万元为57个村村委会办公室安装114个视频监控探头，规范村干部轮流值班、集中办公、民主决策和党支部“三会一课”等制度。投资30万元，按照统一柜台、统一版面、统一项目、统一人员、统一服务流程“五统一”的模式，在全镇建设15个村级便民服务站，提升了村级服务水平。统筹抓好镇领导班子成员“四个一”、村镇干部“说事”、民情信息员、村级工作季度观摩等制度机制的落实，党建规范化水平不断提高。

## ·大码头镇·

综述　位于县境东北部，距县城25公里，面积130.29平方公里，有耕地8715公顷，其中有效灌溉面积5667公顷。2016年底，辖37个自然村，37个村民委员会；有17133户，51399人；其中女25419人；非农业人口13460人；人口出生率为19.38‰，人口自然增长率为14.51‰；人口计划生育率为96.69％。

2016年，实现生产总值32.16亿元，比上年增长6.1％，其中一、二、三产业增加值分别达到5.05亿元、8.59亿元和18.51亿元，分别比上年增长2.8％、－0.4％和8.8％。工业总产值8.3亿元，实现利税7735万元。农林牧渔业总产值10.3亿元。全年粮食作物播种面积14689公顷，总产10.28万吨；瓜菜9公顷，总产3.13万吨；棉花1112公顷，总产1314吨；种植业产值5.9亿元。全年造林24公顷，森林覆盖率达19.6％；林业产值140万元。年末大牲畜存栏490头，猪存栏6800头，羊存栏2614只，家禽存栏63万只；畜牧业总产值1.8亿元。水产品总量1200吨，渔业总产值1659万元。水库2座，总蓄水能力550万立方米。农业机械总动力达92476千瓦，农村用电量1590万千瓦时。财政收入3424万元。有中学2处，小学4处，在校学生4863人，适龄儿童入学率100％。幼儿园（含托儿所）10处，入园幼儿857人，入园率100％。有医院2处。电话普及率达到每百人97部。

东营市东茂耐盐碱植物有限公司被中国林产品交易会组委会授予夏黑芽变葡萄荣获第十三届交易林产品交易会银奖，被中国林产品交易会组委会授予第十三届中国林产品交易会银奖，被中国林产品交易会组委会授予盐松中华坚柳荣获第十三届中国林产品交易会金奖，被中国林产品交易会组委会授予阳光玫瑰葡萄荣获第十三届交易林产品交易会银奖，被省经济林协会授予2016中国（昌邑）北方绿化苗木博览会优良果树苗木金奖。蒋官村被省爱卫办授予2016年度山东省卫生村。小刘桥村被省爱卫办授予2016年度山东省卫生村。大码头供电所被国网山东省电力公司评为国网山东省电力公司2016度先进班组（工人先锋号）。大码头镇被省文明委评为“省级文明村镇”，被市安委会授予安全生产基层基础工作先进单位，被东营市教育局授予市级教育现代化乡镇。桑一村被市爱卫办授予市级卫生村。广饶县汉森耐盐碱植物种植专业合作社被市林业局授予2016年度全市农民林业专业合作

小丁家村西红柿采摘

社市级合作社。

任会波被山东省农业技术推广总站授予2015年度全省农技推广先进个人，被山东省人力资源和社会保障厅、山东省财政厅、山东省农业厅评为山东省优秀乡镇农业技术人员，被全国农牧渔业丰收奖奖励委员会办公室授予2014～2016年全国农牧渔业丰收奖成果奖二等奖。刘飞被山东省卫计委、总工会授予山东省基层卫生岗位练兵技能竞赛三等奖。燕东花被山东省卫计委、总工会授予山东省基层卫生岗位练兵技能竞赛三等奖。任淑华被山东省卫计委、总工会授予山东省基层卫生岗位练兵技能竞赛三等奖。燕欣锋被山东省卫计委授予全省基层卫生技能竞赛主持人选拔赛优秀奖。

大码头新材料工业园　在基础设施建设方面，配合实施石大路跨S230东青线及G25长深高速(东青段)高架桥建设工程，主体建设已全部完成，预计2017年5月竣工通车。项目完成后可实现园区与东王路、石大路的对接，将彻底解决园区交通瓶颈；投资1.9亿元，实施了集中供热站、污水处理厂及管网配套工程、消防站和110kV输变电工程等基础设施建设，园区承载力进一步提升。在重点项目建设方面，东营市润泽新材料有限公司实施的年产10万吨碳氢制冷剂及环保溶剂项目和东营海瑞宝新材料有限公司实施的年产2000吨聚氨酯新型液体扩链剂项目达产，中触媒华邦(东营)有限公司实施的异丁烯综合利用项目正在加快设备安装，力争2017年5月正式投产。三个项目达产后可实现销售收入23.1亿元，利税4.3亿元，利润1.69亿元。

桑三村光伏发电

特色农业　食用菌产业稳步发展。方华食用菌二期工程全面达产，荣乌高速两侧林下经济示范基地建设顺利推进，林下发展模式范围从食用菌扩大到畜牧养殖，2016年全镇生产各类食用菌4万吨，实现销售收入5亿元。棉花产业融合发展。坚持集群化、规模化发展模式，推动棉花产业升级改造，拉长产业链条，棉花产业一、二、三产融合发展的链条基本形成。龙头企业和合作组织不断发展壮大。飞雪粮油日产500吨面粉加工项目全面达产，年加工能力突破15万吨，拓宽了周边群众的增收渠道，年内新增家庭农场6家、专业合作社5家，上报县级龙头企业2家。高效生态农业发展日益突出。发展耐盐碱葡萄种植示范基地1处、小麦良种实验基地1处、渔业养殖基地1处。

民生工程　主要实施六大惠民工程。在道路建设方面，投资300万元实施了人行道铺装及路灯安装；投资1000余万元建设了大码头路、大小路等6条乡级路。在水利建设方面，投资1800万元实施了大码头镇小清河调水修复改造工程，实现小清河水直接引入预备河，彻底解决了灌溉水源不足的问题。在教育方面，投资600万元，新建央上、高杨2处幼儿园，改造提升东常徐和屋子2处幼儿园；投资27万元，实施镇中心小学南大门东西公路项目；投资40余万元实施校园安全工程。在村级公益事业建设方面，累计投资3000余万元，硬化村级道路54.7公里、衬砌路边沟90.3公里、植树7.6万株，建设乡村剧场9处。在精准扶贫方面，对确定的109户贫困户，依托新农校、农民合作社、帮扶企业和上级帮扶队伍，从党建、产业、政策、基础设施建设等四个角度发力，因村施策、因户施法，打好了精准扶贫攻坚战，所有贫困户全部退出。在社会保障方面，结合提高城乡居民社会保障水平、文化配套建设工程、卫生室建设等9件惠民实事的实施切实解决群众最关心的民生问题，不断提高群众的满意度和幸福感。

基层组织建设　抓好载体建设，推动党建任务落实。持续抓好“三帮带两促进”基层党建书记项目，通过“党委帮带支部、支部帮带党员、党员帮带群众”，构建起“三位一体”、齐抓共建的党建工作格局；在农村全面推进“五化一代理”，全镇首批20个村级便民服务站全部投入使用，村干部轮流坐班、“开门办公”实现制度化、正常化；认真抓好新型农民学校培训，2016年共开展各类培训140余期，参训人数达2万余人次；与山东广电网络有限公司广饶分公司合作，创新实施“智慧党建”项目，实现对村干部轮流坐班、党员集中活动日、党员大会、群众代表会议、“四议两公开”程序实施等工作的全程数字监控纪实，强化党员教育管理。抓严抓实“两学一做”学习教育。共查找出镇领导班子“两学一做”学习教育问题清单8项，班子成员问题清单56项，并严格抓好整改。抓好重点工作，推动党建工作更加规范。对全镇78个党支部的2204名党员组织关系及党费收缴情况进行全面核查，收到507名党员补缴党费36.31万元，切实加强党员管理。指导全镇46个企业和镇直党支部按时、按程序完成换届。对12个基层组织软弱涣散村，成立帮扶工作组，由包村党政班子成员及管区书记牵头重点帮扶，因村施策进行转化。全力支持下派“第一书记”开展各项工作，并做好党代表和党员违纪违法未给予相应处理情况排查清理工作，2016年共处理违纪党员7名，违法党员4名。

房家村便民服务室

精神文明建设　大力实施公民道德建设“四德工程”，37个村“善行义举四德榜”实现全覆盖；积极开展文明广饶人、广饶好人、山东好人推荐评选活动，1人上榜“山东好人”。公共文化服务体系建设水平明显提升，为全镇37个村配备专职文化管理员，对24处农家书屋进行数字化提升，改扩建农村文化大院28个，分别达到一类、二类标准；建设村级文化广场28处，全部安装健身路径。文艺人才培养水平明显提高，全镇成立秧歌队、舞龙队、锣鼓队等传统民间艺术表演队伍28支，广场舞队33支，共有农村庄户剧团11个，经常参加演出人员达到1000余人。积极做好移风易俗工作，全镇37个村成立红白理事会，制定红白理事会章程，共签订责任状2万余份。

## ·花官镇·

综述　位于县境北部，距县城18公里，面积116.7519平方公里，有耕地6393.17公顷，其中有效灌溉面积5311.5公顷。2016年底，辖37个自然村，39个村民委员会；有13964户，41949人；其中女20135人；非农业人口1856人。

2016年，实现生产总值40.8705亿元，比上年增长6.3%，其中一、二、三产业增加值分别达到56126万元、256090万元和96489万元，分别比上年增长2.4%、5%和8.6%。工业总产值201.05亿元，实现利税34.14亿元。农林牧渔业总产值105276万元。全年粮食作物播种面积11980.8公顷，总产8.9万吨；瓜菜2191.7公顷，总产11.7万吨；棉花429.5公顷，总产0.37吨；种植业产值63969万元。全年造林406.9公顷；林业产值25万元。年末大牲畜存栏头，猪存栏1.15万头，羊存栏2864只，家禽存栏275.4万只；畜牧业总产值34308万元。渔业总产值4162万元。水库2座，总蓄水能力100万立方米。农村用电量846.5万千瓦时。财政收入4913万元。农民人均可支配收入16432元，比上年增加437元。有中学1处，小学3处，在校学生3809人，适龄儿童入学率100%。幼儿园(含托儿所)8处，入园幼儿1020人，入园率100%。有医院1处。花官镇被复评为省级文明村镇。

产业经济 强化服务，加大项目建设力度。全镇规模以上工业企业达到19家、商贸企业6家，重点服务业9家。新纳限上商贸企业东营市哈飞特商贸有限公司，新增服务业规模以上企业3家：同和养殖农民合作社、海科农机农民专业合作社、东营市圣鋆农业发展有限公司。广饶信和化工有限公司在齐鲁股权交易中心挂牌，全镇有尚泰、营丰、宏硕棉业、蓝强化工、信合化工5家企业

乐安府食品有限公司全自动饮料生产线一角

挂牌。广饶县信和化工有限公司、广饶蓝强工贸有限公司、山东营丰生物科技有限公司、广饶丽枫生物科技有限公司共4家企业完成规范化公司制改制工作。新建农村淘宝平台5处。大蒜蒜薹亩均产量1100斤、蒜头亩产2000斤左右，亩产值突破1万元。建设生态工业示范园。完成规划、区域环评、土地规划调整等手续；投资1000万元建设2条园区主干道路；投资500万元架设10千伏主干高压电力线；加快雨污排水、给水、人行道、绿化、亮化等配套工程和污水处理厂推进，为项目落地提供硬件支撑。

2016年，洛程村被中国计划生育协会评为全国计划生育协会工作先进单位。花官镇政府被山东省中石化油气管道重大隐患整治工作领导小组授予山东省管道隐患整治先进集体荣誉称号、被省妇女联合会表彰为幸福进家活动先进单位。山东鹤园食品有限公司被山东省工商局授予2014～2015年度山东省“守合同重信用”企业，荣获“食安山东”2015年饮料、乳品行业优秀企业荣誉称号。山东乐安府食品有限公司乐安府健康食品产业园入围东营市第三批市级现代农业园区。东薛村被省新闻出版广电局授予2015年“书香之村”称号。北口村、东薛村被省爱卫会评为爱国卫生先进单位。花官镇残联被东营市人民政府残疾人工作委员会评为全市残疾人组织建设先进集体。山东荣丰食用菌有限公司、广饶县花官镇计划生育服务中心、花官中心卫生院、广饶农村商业银行股份有限公司花官支行复评为市级文明单位。广饶县交通运输局花官交通运输管理所被市交通运输局、市文明委授予全市交通系统《世纪文明示范窗口》。东营市康森秸秆制品有限公司被东营市发展和改革委员会认定东营市工程实验室。

**民生实事**　统筹考虑小城镇、园区、农村新型社区合理布局，实现小城镇和园区发展相互支撑、相互促进。在城镇规模方面，新建居民小区2处，可容纳居民800余户。投资700余万元实施老旧小区改造提升、朝宗路、柏寝路绿化亮化等市政建设工程；投资400余万元改造提升小城镇和产业园区交汇路口，增加右转车道。投资2000余万元的卫生院公共卫生综合楼投入使用，新建、改建村级卫生服务站6处，改造提升幼儿园3所。新型养老保险和居民医疗保险参保率均达到100%。扎实开展精准扶贫工作，全镇贫困户64户、109人全部脱贫，李楼村退出省定贫困村。组织实施7500亩中低改项目、小清河小河子泵站和渠道建设，农田灌排体系更加完善。乡村文明专项行动新创建中心片区（古东、古西、重兴、雒家、温家5个村），扩面新增6个村，硬化村庄10个、绿化村庄10个、亮化村庄2个，美化墙面2.9万平方米，改造油坊、芬李、温楼等16个村1906户旱厕。实施拆违治乱，拆除河辛路沿线立柱广告牌26个，拆除河辛路东侧、来家大沟南岸板房等违法建设14处，拆除面积32795平方米。9月1日始，全镇城乡环卫一体化及环境整治工作由深圳玉禾田环境事业发展集团有限公司承接，实行市场化运作，镇建委配合县环卫处做好监管工作。实施文化惠民工程。围绕创建国家公共文化服务体系示范区，建设乡村剧场10个，舞台面积均达到100平方米以上，配套了灯光架；建设花官镇生态公园健身工程，新建塑胶篮球场、羽毛球场、乒乓球场等体育设施；实施图书自动化管理，配送图书2700余册，完成油坊、草刘、草北3处农家书屋自动化管理试点工作。组织春节文艺队伍巡演160余场；“进千村乐万家”“百团千场乐万家”文艺演出送戏进村169场。9月全面铺开移风易俗工作，村村建立红白理事会，制定婚丧礼仪标准和流程，公开红白事办理情况。杜绝大操大办、披麻戴孝等陋习，到场督查白事68次、红事8次。

构建文化服务体系

**纳入国家农村产业融合发展试点示范工程**　9月，花官镇纳入国家农村产业融合发展“百县千乡万村”试点示范工程，是全市2个乡级示范点之一。该工程围绕推进农村一二三产业融合发展的模式探索、主体培育和政策创新，实施百个县级、千个乡级、万个村级农村产业融合发展试点示范工程，形成可复制、可推广的农村产业融合发展模式，培育新型业态，打造领军企业，推动产城融合，增强利益联结，促进农民增收和农村经济转型升级，加快推进农村一二三产业融合发展，促进农民增收和农村经济转型升级。

**入选市级创业型乡镇**　全镇2016年有个体工商户1708户、从业人数3928人，企业120户。全面落实创业扶持政策，打造550平方米的便民服务中心，累计为72名创业者提供小额担保贷款516万元，实施创业援助，扶持大学生就业创业。全镇经济活动人口2万人，新增就业1500余人，失业率控制在2.5%以内。11月，花官镇入选2016年市级创业型乡镇，是全市10个市级创业型街道（乡镇）之一。

便民服务站

长深高速公路建设　长（春）深（圳）高速横贯花官镇东西，总长12公里，涉及东刘、洛程、后勤、王庄、西薛、张刘、封家、芬李、李楼、司田10个村，需拆迁28户民房、6处养殖小区、2处厂房，征地近1700亩，占全县任务总量的70%。10月，花官镇成立以镇党委书记为总指挥、镇长为常务副总指挥，抽调7名班子成员、50余名镇机关干部、60余名“村两委”成员，40余名县住建局、国土局人员组成的长深高速迁占指挥部，开展放线、调查、评估等工作。至年底，放线评估及用地协议签订工作全部完成。

为民服务代理制

按照“五个一”标准村村建设了为民服务站，实行为民服务全程代理，实现群众办事“小事不出村、大事不出镇”。抓好《“三会一课”制度》《村干部集中办公轮流值班制度》《发展党员“四票决四公示”制度》《“四议两公开”制度》《农村财务管理制度》等各项规章制度建设、落实。以东薛村为试点，示范推广党建规范化建设，进一步强化民主决策、组织实施、监督检查、公开公示等关键环节，抓好村民代表选举和决议流程，促使“三重一大”事务的决策阳光操作，公开透明。

## ·陈官镇·

综述　位于县境北部，距县城25公里，面积108平方公里，有耕地6333公顷，其中有效灌溉面积6000公顷。2016年底，辖26个行政村，26个村民委员会；有7698户，25414人，其中女12261人；人口出生率为18.36‰，人口自然增长率为17.14‰；人口计划生育率为94%。

2016年，实现生产总值19.3亿元，比上年增长9.97%，其中一、二、三产业增加值分别达到29915万元、55391万元和107694万元，分别比上年增长3.5%、4.5%和15.2%。工业总产值26.3亿元，实现利税31222万元。全年粮食作物播种面积10633公顷，总产6.29万吨；瓜菜26.67公顷，总产427.8吨；棉花1894公顷，总产1445吨。全年造林23.7公顷，森林覆盖率达8%；林业产值20万元。年末大牲畜存栏2300头，猪存栏0.9万头，羊存栏5500只，家禽存栏40万只。水产品总量400吨，渔业总产值360万元。水库1座，总蓄水能力1000万立方米。农业机械总动力达14709千瓦，农村用电量1590万千瓦时。财政收入2745万元。农村居民可支配收入16059元，同比增长8.7%。有中学1处、小学1处，在校学生2108人，适龄儿童入学率100%。幼儿园（含托儿所）7处，入园幼儿506人，入园率100%。有医院1处。电话普及率达到每百人98部。小康水平指数达到100%，有26个村达到小康水平。

杨同利被东营市工会表彰为工会先进工作者。古家村被中共山东省委宣传部表彰为社区宣传思想文化工作示范点。高店村被市政法委表彰为市级平安单位。

产业经济　新型工业化加速推进。陈官循环经济示范园区逐步壮大，建园以来，累计投资1.1亿元实施了园区基础设施配套，聘请3家专业中介机构对园区产业布局进行新一轮调整完善，布局更加合理，定位更加准确。加大项目建设，以陈官循环经济示范园区为依托，先后实施了总投资5500万元的泰然新能源生物科技研发中心、生物质热电联产项目、涌金橡胶轮胎储备仓库和麟丰化工15000吨硫酸处理4个重点项目，推动镇域经济不断发展壮大。高效农业加快发展。加强水利基础设施建设，对支脉河6处泵站、三干灌区各建筑物进行检修，圆满完成9万亩农田春灌工作；实施了总投资8200万元，涉及22个村、4.3万亩土地的高标准农田开发建设项目，提升了土地产出效益。积极开展农业生产服务，加强棉花种植技术指导和田间管理，积极推广棉花、小麦政策性农业保险，做好了农机购置补贴登记服务工作。全年共完成棉花投保1.7万亩，小麦投保2.8万亩；购买农机22台，补贴金额约66.47万元。大力发展现代畜牧业，以建设畜牧强镇为目标，积极引导群众发展畜牧养殖。2016年，新建肉鸭养殖场5处，种鸭场、肉鸡场各1处，发展家庭农场1处，在建1处。

新型城镇化建设　牢抓新型城镇化建设不放松，确定实施了城镇“西扩南展”发展规划。依托这一规划，城镇西扩区建设不断加快，新型农村社区、企业职工集中居住区、教育园区拓展区和为民便民服务区等四大功能片区逐渐成型，城镇规模进一步膨胀，小城镇建设实现突破性发展。投资1210万元，实施中心幼儿园和学校餐厅续建工程，进一步完善教育园区设施配套。投资1500万元实施学校平房区改造项目，投资300余万元实施河辛路西侧府前街至广交路段景观提升工程，稳步推进政府驻地改造提升工程。投资300万元，实施英才路西延至西外环路、盛世路南延至英才路建设工程，竣工通车，西扩区道路绿化亮化工程已完成规划设计，西扩区建设实现扩容提质。提升城镇管理水平，完善市场化管理模式，切实抓好水、电、气、暖等公共设施维护管理，持续加大拆违治乱力度，对违法违规建设行为坚决打击，全面改变城镇面貌。

山东寰球加氢反应器有限公司高端石化装备制造项目车间

美丽乡村建设　深入实施乡村文明行动，新建斗柯示范片区，打造古黄扩面示范片区，投资80万元重点新建了坡南村、芦李村等5个典型示范村，实施示范村墙体粉刷工程和主街道美化工程，村容村貌焕然一新；扎实开展移风易俗工作，全镇26个村全部建立红白理事会；新增镇机关、利友公司、涌金公司三个善行义举四德榜，善行义举四德榜实现全覆盖，全镇18346人上榜，上榜率达到80%，推荐“中国好人”线索160人，其中3名同志分别获得东营市第四届道德模范、“感动广饶人物”和“广饶好人”荣誉称号。扎实开展城乡环卫一体化工作，聘请专业环卫公司，对全镇26个村的环卫垃圾及县域干线公路两侧、县乡公路等重点区域实行集中清运管理，保障辖区面貌干净整洁。深入开展水气污染治理，加强镇域内支脉河段管理、夏秋秸秆全面禁烧和转化利用工作，实现水质达标、空气质量持续向好。加大燃煤锅炉整治力度，全镇14家企业15台燃煤锅炉全部改造完成。加强生态绿化建设，突出抓好干线路域林网和三干水系绿化工程，河辛路东古家段、河辛路西华通公司前陈官村路段流

大刘社区

转完成,新增流转土地 54.7 亩,植树 5.7 万株,高斗、董庄、李家和古家四个村完成村庄绿化。

安全生产与社会稳定工作　严格落实安全生产网格化和实名制管理,出台全镇安全网格化管理实施意见,制定完成二级网格化管理责任图和村级及企业三级网格化管理责任创建工作,建立责任到人、职责到位、全面覆盖的安全生产网格化管理体系;持续开展安全生产大检查和打非治违等专项整治行动,对辖区内人员密集场所开展"地毯式"消防安全大排查,采取专家查隐患的方式,对四个重点监管企业进行隐患排查,查出隐患 116 处,在一般监管企业查出隐患 89 处;严厉打击非法经营小作坊行为,关停取缔"土小"污染企业 1 家,对 2 家不具备安全生产条件的企业采取断电整顿措施。深入推进"平安陈官"建设,积极构建治安"网格化管理服务"平台,形成"1 个镇—4 个社区—26 个村—509 个片"的四级管理网络体系,投资 30 万元,新增梯门、碑寺、古家、董庄 4 个视频监控村;扎实推进综治保险征收工作,完成综治保险征收 15.7 万余元,连续 3 年超额完成上级给定的工作目标。积极做好新形势下的信访稳定工作,建立健全镇、村、组三级信访网络和矛盾纠纷排查机制,实行重大矛盾纠纷领导包案,化解各类不稳定因素,全镇无一次重大信访案件发生。

民生工程　重点抓好文化惠民、医疗惠民等 9 件惠民实事,全力保障和改善民生。以创建国家公共文化服务体系示范区为契机,新建 8 处"乡村剧场"舞台,开展"进千村乐万家"和"幸福陈官·文化惠民"广场文化活动 95 场,放映农村数字公益电影 380 场。扎实推进医疗惠民工程,医疗保险财政补助标准由每人每年 400 元提高至 430 元,投资 28 万元采购全自动血液细胞分析仪及全自动尿液分析仪各 1 台,投资 85 万元新建改造古黄卫生室、斜里卫生室和东齐卫生室,为 42 名患者实行免费眼科手术治疗,为全镇五保、城乡低保对象发放医疗救助金 11.6 万余元,为重度残疾儿童提供抢救性康复救助,每人每月发放 200 元交通食宿补贴,实施了妇女孕期及"两癌"免费检查、慢性病申报工作和养老保障工作。扎实推进民生保障工

镇中心幼儿园建设完工

程，城乡低保标准由每人每年3960元提高至4200元，城镇低保由每月每人520元提高至550元，为低保户发放低保救助金133万余元，为优抚对象发放各类优抚金、补助金117万余元，按等级为特困残疾人每人每月分别发放100元、150元、180元救助金；积极促就业扩创业，城镇新增就业370人，为35名创业人员申请创业补贴14万元。稳步推进居民饮水提质工程、危房改造、旱厕改造、电网改造提升工程和村级公益设施建设，居民生活水平不断改善。

（吴　商）

## 广饶经济开发区·（乐安街道）·

综述　位于县境中心区域，面积86.5平方公里，有耕地3533.3公顷，其中有效灌溉面积3533.3公顷。2016年底，辖77个自然村，77个村民委员会；有12853户，44337人；人口自然增长率为7.6‰。

2016年，实现生产总值172.8亿元，比上年增长7.3%，其中一、二、三产业增加值分别达到32929万元、1489306万元和205824万元，分别比上年增长2.7%、7%和9.3%。工业总产值1337亿元，实现利税1103709万元。农林牧渔业总产值66821万元。全年粮食作物播种面积108240亩，总产49339吨；瓜菜4758亩，总产29011吨；种植业产值34988万元。林果总产113吨；林业产值376万元。年末猪存栏21894头，羊存栏3081只，家禽存栏79万只；畜牧业总产值22148万元。公共财政预算收入4.3亿元。农民人均纯收入17249元，比上年增加1256元。有中学1处，小学2处，在校学生2447人，适龄儿童入学率100%。幼儿园（含托儿所）10处，入园幼儿980人，入园率100%。有医院3处。

乐安街道杜宋中心社区被东营市公共就业和人才服务中心评为市级创业型社区。广饶开发区（乐安街道办事处）残联被东营市人民政府残疾人工作委员会评为全市残疾人康复工作先进集体、全市无障碍环境建设工作先进单位。广饶经济开发区被东营日报社评为新闻报道先进集体。广饶开发区卫生院被东营市爱国卫生运动委员会评为东营市无烟单位。广饶经济开发区中心小学被东营市教育局评为东营市第三批教育现代化学校。广饶开发区乐安中学被东营市教育局评为东营市第三批教育现代化学校。

重点工程项目建设　加强经济运行调度，加快推进重点工程项目建设，全力稳运行、保增长，以项目建设促发展。实施总投资163亿元的39个重点工程项目，工业类项目中，大海新能源发展公司的年产1GW太阳能硅片生产项目等5个项目开始试生产，其余均按计划顺利推进。重点服务业项目中，长城创新港二期项目两间厂房建成并投入使用，喜乐汇文化产业园主体建设完成，并投入使用。2016年在建、续建、新建的6个招商引资项目总投资91.4亿元，年内到位资金25.7亿元。

新型城镇化建设　扎实推进搬迁改造工作，顺利完成三里村的分房安置，对67户居民分房136套。做好总投资14亿元、占

山东金宇实业股份有限公司高架立体智能仓库

地315亩的宏润居新型农村社区建设，正在进行楼层施工，农村人口市民化进程加快。重点打造青青家园、同泰南区2个社区，新成立同泰社区居委会，强化社区党组织管理，建立完善社区管理制度，提升社区管理水平，打造城市社区典型，辐射带动作用不断增强。加快房产开发项目建设，水岸名居一期项目完成，达到分房条件，圣泽舜城、四季花城主体基本完成，正在按计划有序推进。

生态文明建设 扎实推进生态绿化工程，加快“三网”绿化生态建设工程推进，成片造林1536亩，植树18.45万株；预备河环城防护林建设工程实现流转土地718.31亩，对预备河林地实施公开招标、统一管护，补植苗木12348株。加大村庄绿化力度，完成30个村庄绿化任务，植树2.4万余株。深入开展乡村文明建设，总投资675万元对和王、钟家等12个村街道进行硬化，安装路灯180盏，改善群众出行条件；筛选韩疃、陈家等9个村为典型示范村进行重点打造，共清理乱搭乱建、乱堆乱放、乱涂乱画等370处，建设文化墙950平方米，安装宣传版面200多块，乡村环卫质量明显提升。

安全环保建设 全力保障企业安全生产，深入开展“大快严”“危化企业严执法百日行动”等工作，检(复)查企业756家次，查出安全隐患1950余条，全部整改完成；加大打非治违工作力度，进行全面彻底排查，建立工作台帐，对排查出的145个手续不完善建设项目，采取限期整改、完善手续、停产整顿、关闭取缔等措施实施分级分类整治，全部整治完成；深入推进“两个体系”和企业标准化创建工作，19家危化企业、8家工贸标杆企业完成“两个体系”建设，26家企业完成标准化三级达标创建。严格加强环境质量监管，深入开展水、大气、扬尘污染治理，实施建成区雨污分流工程、小型燃煤锅炉环保改造项目等一大批环保重点工程，已基本完成。全面开展环保执法检查和异味整治专项行动，每周不少于2次夜间环保巡查，共检查企业350余次，并下达责令改正决定书，处理环保信访投诉51起，取缔4家“土小”污染企业；实行网格化环境监管，建立二级网格16个，三级网格77个，做到辖区内环境监管全覆盖，全区安全环保形势持续向好。

便民服务大厅

民生工程建设 以保障和改善民生为根本目的，社会事业实现良好发展。做好就业和社会保障工作，加强就业服务平台建设，促进农村劳动力转移；做好各项保险征缴，居民养老和医疗保险保障水平不断提升；抓好低保、五保、残疾人服务等社会救济工作，新增低保户11户，为伤残军人等发放抚恤和生活补助180万余元，为符合条件的3516名老人发放生活救助金257万余元。全面强化社会管理综合治理，坚持开展交通秩序综合整治工作，整改和增设道路划线、减速带警示灯、道路指示牌40余处，修剪道路绿化树木60余处，依法取缔占道经营摊点200多个。投资10万余元高标准建设社区戒毒社区康复办公场所，打造62处反邪教警示教育基地，为10个村安装农村视频监控，社会管理载体水平得到不断提升。

基层文化建设 大力提升群众精神文化生活水平，以综合文化服务中心为阵地，依托新农民学校，先后聘请专家授课10余次，开展农村实用科技知识培训12期，文艺骨干培训10期，达1500多人，演出队伍发展到60支。组织榆林庙会书画展、寨村书画展等民间文艺活动，得到社会各界和广大群众的欢迎和称赞。加大农家书屋工程建设力度，为同泰社区、张庄村、大尧村配发图书3000册；多方筹措资金60万元，建成田王村等10处高标准乡村剧场。总投资58万余元开展“百团千场乐万家”巡演、“一村一年五场戏”活动，共送戏下乡290场、“电影下乡”920余场。

*基层党组织建设* 以创建服务型党组织为抓手，创新思路，强力推动，党的基层基础不断夯实。不断提升农村党建，建立支部书记学习教育责任清单，修订完善村级管理考核办法，压紧压实党建工作责任；投资100余万元在77个村建设村级便民服务站，为群众代理代办事项1800多件；扎实推进农村“党建一条街”，不断提升党组织工作标准化水平；结合抓党建促脱贫工作，着力抓好北贾村、范李村2个软弱涣散党组织整顿工作，通过成立驻村工作组、派驻“第一书记”，加强队伍管理、健全配套组织、发展公益事业等措施，已完成转化提升。积极推进社区党建，强化社区党组织管理，对同和、凯泽、同悦社区的党组织进一步理顺，重点打造同和、同泰2个社区服务中心；创新社区党建体制机制，建立完善“村改居”社区党务公开、党员议事会、组织生活会、民主评议、联席会议、社区党建工作定期通报评议等工作制度。着力规范非公企业党建，对92家非公企业党组织情况进行逐户排查，建立工作台账，所有非公企业均配备1名党建指导员，确保党组织工作全覆盖；在非公企业重点推行“三有三化”工作，打造了尚能、圣光等企业党建典型。

污水处理场

## · 广饶滨海新区 ·

*招商引资工作* 2016年，滨海新区坚持将全员招商战略摆在发展的头等重要位置，积极抢抓东营市列入京津冀一体化协同发展的历史机遇，研究制定《关于强化招商引资助推经济健康快速发展的意见》，本着“抽硬人、硬抽人、办成事”的原则，从各局室抽调中层骨干和机关干部，组建6个招商组(局)，与原单位工作脱离，由全员招商工作领导小组统一调度管理，集中办公，实施专业招商。全年累计上门走访企业200余家，邀请到区考察企业30余家，组织举办一次项目集中签约仪式，参加了东营市融入京津冀协同发展推介会暨重点项目签约仪式。成功签约总投资73.3亿元的万呈集团中国游居120岁工程——游居健康城东营站项目、山东里奥节能环保科技有限公司空气净化设备制造等4个项目，储备了山东海川海洋生物科技有限公司鱼肽蛋白及鱼油深加工项目、山东好妯娌科技有限公司齐鲁厨卫制造产业园项目等8个重点在谈项目。

*创新驱动战略* 加强教育引导，以企业家素质提升促企业管理提升。着力构建企业管理人员教育培训平台，通过送出去学习，请进来指导培训，引导企业逐步建立标准化管理体系，加快推进企业现代化、规范化管理。组织企业负责人参加各类培训活动16

次，提高企业管理人员素质。着力构建政策服务平台，引导企业主动向上级政策靠拢。先后帮助万圣博、鼎盛、华驰等公司争取到重点行业升级改造项目贴息和县黄蓝引导资金共计 326.92 万元；协助万圣博成功获批第五批山东省"专精特新"中小企业。积极完善科技服务平台，促进企业自主创新能力提升。依托高层次人才交流中心，进一步加强与高校交流合作，促进产学研结合和企业转型升级，协助鼎盛精工成功获批山东省高新技术企业；协助瑞昊机械成功获批山东省第九批"一企一技术"创新企业。不断强化金融服务平台，研究借鉴融资新模式。积极适应经济发展新常态，研究借鉴融资新模式，坚持"多条腿走路"，帮助企业化解融资难题。先后邀请莱商银行、广发银行等金融机构到新区企业考察 10 余次，累计为企业协调银行贷款 5000 万元。建立挂牌后备资源企业库，重点培育；鼓励鼎盛、万圣博、唯正等企业进行规范化公司制改制，不断优化公司经营管理水平；推动鼎盛精工顺利完成二期股票增发，并成功兼并山东远达船舶股份有限公司。2016 年全年，新区 10 家限额以上企业预计实现产值 4.36 亿元，其中，7 家规模以上工业企业预计实现产值 4.05 亿元；完成全社会固定资产投资13.56亿元；实现一般公共预算收入 3397 万元，同比增长 21.58%。

基础配套管理　一是市政配套及管理更加完善。集中供热按期实现，亿利洁能集中供热项目顺利投产，开始为华邦化学等企业供热。铺设供热管道约3.2公里，完成滨海佳苑、滨海医院、管委会机关驻地 3 处换热站的建设及改造，实现冬季采暖季集中供热。绿化工程顺利扫尾，完成唐营路东段、中央大道东延、滨九路南段绿化工程灌木种植，以及友谊路绿化工程苗木种植。绿化养护步入正轨，完成中央大道和东八路绿化养护工程招投标工作，实现新区绿化工程打包养护、整体管理。二是拆违治乱行动扎实开展。组织对友谊路沿街商铺立式广告牌及主干道路、企业广告牌进行清理，共清理违法乱放广告牌 30 余块；拆除新区主次干道两侧路灯广告牌 830 个；拆除违章邻舍 3 处，违章构筑物 3 处、非法养殖池 300 亩，拆除立柱广告牌 6 个，落地立牌广告牌 18 个。

2016 年广饶滨海新区项目集中签约仪式

社会服务　一是打造企业发展"稳"环境。围绕"打防控"一体化机制，构筑社会秩序、建筑施工、综治信访"安全网"。深入实施联防机制，积极开展"五项整治"专项行动，集中打击市霸、料霸，为建筑市场保驾护航；深化综治信访应急管理机制和向企业选派挂职综治主任（政法书记）制度，指导帮助企业预防、处理各类劳务纠纷，全年妥善处理 8 起农民工工资纠纷，处理信访积案 3 起。二是创优企业服务"软"环境。以通过 ISO9001 管理质量体系（服务）认证为契机，进一步完善便民服务中心运转管理机制，不断提升涉及民生事项、行政审批等领域的业务水平；年内为新区企业、居民办理各类服务事项 810 余项，办结率 100%，群众满意率大幅度提高。着力营造企业安全稳定的发展环境，深入开展打霸治痞，规范手续办理、打非治违、拆违治乱等专项行动，全年开展各领域专项治理或检查 60 余次，未发生1起建筑施工、安全生产、食品药品等安全事故。三是提升民生服务环境。不遗余力加大民生投入，投资20余万元新建滨海学校200千伏安变压器，投资10万余元修缮了南教学楼、办公楼防水等学校基础设施，教育承载能力不断增强。投资7万余元，完成滨海医院电力改造；充分利用山东省职业病健康查体资质和购置的DR、彩超等先进医疗设备，承接了辖区内5家企业的职业病查体工作，开展了超过1000人次的健康查体，医疗保障水平不断提升。

110KV 临湖变电站工程

**干部队伍作风建设**　一是“两学一做”，抓牢干部队伍作风建设。严格落实中央“八项规定”，狠抓“四风”问题整改，强化党规党纪约束，保证干部队伍素质高、自身硬。深入开展“两学一做”学习教育，领导干部带头学、带头讲，通过“上大课、每天学、每周测、强监督”等措施，集中深入学习党章党规和习近平总书记重要系列讲话精神，学原文、悟原理，教育引导全体党员干部学做合格党员，争做模范党员。深入开展十八届六中全会精神学习，出台工作方案，制定学习计划，承办县委党校十八届六中全会精神滨海宣讲会，通过多形式学习，进一步明确了工作、生活中的纪律约束和行为准则。二是紧盯责任，不断深化党风廉政建设。按照上级纪委统一部署，设立新区专职纪工委书记，调整充实了党风廉政建设工作领导小组，组织架构进一步完善。严格落实党委主体责任和纪委监督责任“两个责任”，研究出台《广饶滨海新区党风廉政建设主体责任清单》，通过与各局室签订《党风廉政建设承诺书》，以“签字背书”的形式，层层落实责任，逐级传导压力。持续加大党员干部作风整肃力度，出台《关于加强干部队伍作风常规检查工作的通知》，以党工委班子成员为组长，组建3个督查组，先后组织开展纪律明查暗访近20次，对发现的问题进行及时提醒规劝并督促整改。不断深化党务政务公开，制定出台《广饶滨海新区党务政务公开制度》。严格落实民主集中制，印发《关于严格执行“研究事项议题单”的通知》，全面提高党工委会议和管委会主任办公会议效率。三是力求创新，规范提升基层党建工作。

山东欧美雅机械科技股份有限公司硫化机控制器项目

研究制定《中共广饶滨海新区工作委员会关于加强2016年党建工作的指导意见》。突出抓好“评先树优、优中选优、创先争优”三大举措，着力打造滨海新区“两先三优”党建品牌建设，着力构建坚强的基层组织体系，保障党员队伍的先进性。深化党管人才机制，充分发挥高层次人才科学引领作用，依托高层次人才交流中心，加强与清华大学、哈工大、东营技术学院等高校交流合作，促进产学研结合和企业转型升级，不断加大高层次人才引进力度。四是丰富载体，着力深化精神文明建设。以成功创建“县级精神文明单位”为契机，坚持将精神文明建设作为提高服务水平、凝聚团队战斗力的重要手段。建立善行义举“四德榜”，评选新区“四德模范”，并在新区网站刊登宣传；万圣博公司董事长崔庆海荣获“第十届广饶县劳动模范”，职工王念水荣获“第十届东营市劳动模范”。

# 广饶奶牛

广饶奶牛是由1993年引进的8～10只荷斯坦牛，与当地品种杂交，通过自然和人为选优汰劣，逐步培育而成的品种。1997年山东省农业厅召开的全省奶牛基地区县工作汇报上，给予广饶奶牛很高的评价。

广饶奶牛头部清秀，鼻镜广大，鼻孔大，前额呈盘形，身体棱角明显，有角，也有无角系。成年牛重：母牛为550～700千克，公牛950～1100千克，许多成年牛可达到600～725千克。身躯及乳房的容积大，乳用特性好。产奶量高，对饲料要求也较高，特别是饲料的质量对产奶性能有着明显的影响。

广饶奶牛生活的最适宜温度是0～24℃，超过30℃对产奶量就会产生影响。一个泌乳期365天产奶量为3820千克，乳脂量152千克，乳脂率为3.89％。泌乳系统发育良好，乳房附着良好，质地柔软，乳静脉明显，乳头大小、分布适中。肢势端正，蹄质坚实，适应性能良好，遗传稳定，很多地区现已饲养。

# 人物

## 山东省富民兴鲁劳动奖章获得者

高欣华　男,1963年9月生,山东省广饶县人,1982年7月参加教育工作,中共党员,大学文化,高级经济师,曾任原广饶一中物理教师、广饶县教育局团委书记、东营市一中物理教师、广饶县劳动保险事业处主任、广饶县安监局局长等职务。2009年2月调任广饶县一中任副校长、副书记,主持学校日常工作,2011年任校长、党委副书记。他先后荣获"东营市模范共产党员"等荣誉称号。六年来,他带领一中人,构建"和谐文化"聚人心,重塑"一训四风"提境界,践行"四种精神"争上游,深入推进内涵建设,积极找寻新的增长点,不断激发办学活力,树立"由管理走向经营,由传统走向创新,由单一走向多元"的转型发展思路,从管理模式、学校文化和学生个性培养发展方面破题,学校办学水平和教学质量步入全省前列,各项工作实现了历史性突破,已成功跻身全国教育品牌行列。

他主持工作七年多来,面对"教师过千、学生逾万"的实际,改变过去粗放式的经验管理,在注重目标管理的同时,扭转了合校后"教学管理严重违规、人心散乱、教师积极性不高"的局面,并紧紧团结和带领一中人,高举"和谐、创新、发展"的大旗,构建了以"精神文化、制度文化、环境文化、课程文化和行为文化"为主要内容的和谐文化体系,促进了"和谐发展、成人成才"的理念深入人心,引领广饶一中强校、名校建设步入了一个新境界。

着力创新"总校领导下的校区负责制"管理体制,激发和调动全校广大教职工的工作积极性和创造性,开创了学校各校区"和而不同、合作共赢"的新局面,确保了广饶一中持续健康和谐发展,为探索和构建县域普通高中集团化运营模式做出了突出贡献。

在他的倡导下,学校通过"需求激发,文化导向,组织引领,机制激励,合作共享,技术推动"的方式,积极实施人才队伍专业化,建立了一支品质好、业务精、能力强、肯动脑、会干事的人才队伍,为学校各项事业的顺利发展提供了保证,为学校的可持续发展打下了基础。

几年来,广饶一中逐步探索针对不同文化层次、不同兴趣爱好和发展倾向的专题或系列课程的研发,也逐步或正在形成500余种具有广饶一中特色的课程系列的雏形。新的课程思想的建立和落实,为教育教学和改革提供了强有力的理论支撑。立足教育人才众多的优势,着力打造一只专兼职的教学科研队伍,深入研究素质背景下的教学改革，积极探索教学组织新模式，以小语种培养、奥赛竞赛、兴趣小组、乐队、协会、训练队等为依托，为学生个性发展和提高教学质量搭建载体。六年来，学校重点本科上线数为由2010年的502人增加到2015年的945人，上线率由2010年的17.48%提升到2015年的36.71%；普通生本科上线数由2010年的1293人增加到2015年的2341人，上线率由2010年的46.23%提升到2015年的75.22%，重点本科和本科人数稳居全市第一名。六年来，考取北大、清华人数均为全省县级普通高中学校第一名。

王金鉴　山东正顺集团科技技术公关部部长。在他的带领下，他和他的团队多年来一直对车轮生产技术不断革新，率领技术团队到全国有名的车轮生产单位参观、学习，并不断对汽车行业的发展进行研究，确保车轮生产跟上时代的发展。

引进国外先进技术和设备，努力赶超世界先进水平。2014年，在王金鉴的主导下，企业投资1000万美元引进了德国的WF旋压机，仅用不到半年的时间，这台“机器人”设备就投入了使用，每小时可生产车轮半成品200多件，节省人工5～6名，生产效率是原来旋压机的3倍。先进技术的投产，提高了产品质量，减少了次品率，引起了业界有关专家的高度重视，许多同行业的技术人员慕名来到生产车间参观。

在引进技术设备的基础上，产学研结合自主研发创新。2013年，由王金鉴主导的技术团队同威海金时代车轮有限公司合作，通过一年的精心研制，一次性实验成功了节能减排高强度冷成型旋压工程车轮，并且获得国家发明专利证书和国家实用新型专利证书。产品改变了以住产品的热成型旧工艺及其物理性质，加强了产品韧性，在工程车轮行业中独树一帜并且占有一定优势，得到了配套厂家的认可。同时，每件成品成本节省90多元，既降低了成本，又达到了节能减排的效果。

响应“转方式调结构”，车轮主导，多点开花创效益。国家发出“转调”号召后，王金鉴放眼适应市场需要的上下游产业。2012年，公司投资6000万元建成了山东汇丰能源科技有限公司，并同清华大学、南京工业大学等建立了良好的产学研合作关系，使公司在小型风力发电机组研究开发及测试方面处于国际领先地位。2013年，在东营经济开发区建立国内第一个高端金属3D打印技术研发中心、加工服务中心及金属3D打印设备制造的产业化基地，建立了一支多学科、多层次的科研开发队伍，掌握了多项核心技术。

作为这些科技项目的领路人，王金鉴为了攻下一个科研项目，与团队人员一起昼夜加班，长期的劳累，使他患上了腰椎间盘突出症。但在项目上马前的关键时间，他都盯靠在一线，每项工作都力求精益求精。

# 山东省“十佳好军嫂”

金美丽　1989年出生，在2007年与大码头镇东燕村燕鹏飞相识。

婚前正值燕鹏飞出国维和，家中仅剩年86岁的爷爷和身患重病的母亲，爷爷、母亲无人照料，无法尽到儿子应尽的孝道，她知道这个情况以后，二话不说，直接搬到他家，打电话告诉鹏飞：“家里有我在，你安心工作。”在以后的日子金美丽到燕鹏飞家中帮忙照顾爷爷和母亲，受到邻居们的交口称赞，受到了村委及村民的高度认可。面对鹏飞父亲患病期间家庭欠下巨额债务，家庭中又有两位患病老人需要照顾，金美丽身边亲戚朋友都劝她与燕鹏飞分手，脱离苦海，避免婚后由于家庭因素引起矛盾。但是面对各种家庭困难，面对亲戚朋友的劝告，金美丽不但没有怨言，反而一心一意要坚持把家庭照顾好，为使燕鹏飞能够在国外安心完成维和任务，她把所有的苦都装在肚子里，每天报喜不报忧，在燕维和期间，其父亲患重病，她默默的照顾重病的公公，直至老人家去世，期间，她一直没有把这个消息告诉远在异国他乡执行任务的燕鹏飞，独自抗下了这一切，直至燕执行任务回国后，才把这个噩耗告诉他。

结婚后，夫妇二人育有一女，为使女儿有一个好的环境与教育，金美丽把燕鹏飞年迈的爷爷与母亲接到县城，一家4代人挤在不足70平米的房子里，担任起了上有老，下有小的重任，但她从来没有怨言。家中爷爷的胳膊有残疾，每遇气候转冷则行动不便。金美丽在入冬初就开始置备家中取暖设施，整个冬天下来，房子里非常暖和，爷爷的手也能伸直了，看着老人恢复的非常好，金美丽心里也感到异常欣慰 。2015年底，婆婆因突发脑血管疾病住院，金美丽每天上班家庭两点一线的生活中又多了一个医院，她每天下班后除了要照顾年迈的爷爷、正在上幼儿园的女儿，还要赶赴医院照顾患病的婆婆，每天给其按摩、做可口的饭菜，怕丈夫在部队因家中事分心，她仍然没有把这一切告诉燕，默默承受。生活虽然忙绿，但他们一家人非常的和睦，幸福。

她做的是一份汽车销售工作。进入了销售行业，总是处于一种紧张的工作状态，她平时陪伴老人与孩子的时间就少了。节假日都是家长陪伴孩子的时候，每每想到这里她总是觉得对不起女儿，亏欠女儿的太多，也使得她在工作上更加的努力。2011年获得单位最佳新人奖，2012年、2013年分别获得最佳销售奖。

由于金美丽的全力付出，燕鹏飞在部队表现突出，工作出色。自2004年12月入伍以来，他始终积极学习党的创新理论，始终与部队党委保持高度一致。同时燕鹏飞多次参加军区文工团赴各地保障任务，2008年、2010年分别参加北京奥运会、济南全运会保障任务，受到上级领导的高度赞扬，多次被评为“优秀士兵”“优秀士官”“优秀共产党员”等。2008年赴南苏丹维和期间，由于表现突出，被联合国授予“和平勋章”。2009～2013年连续四年参加分部军交运输比武，荣获个人第一名的好成绩。2013年底因个人事迹比较突出，被评为联勤第九分部“十大感动人物”。

# 东营市劳动模范

张占凤　女，广饶县城乡环境卫生处职工，参加工作22年来，先后被东营市人民政府、东营市城市管理委员会授予“全市环卫行业先进个人”“十佳城市美容师”等多项荣誉称号；被广饶县总工会授受“五一劳动奖章”；连续18年评为全局“先进工作者”。

环卫工作的特殊性，使张占凤养成了没白没黑、上下班没有准点的习惯，她从早上5点上岗，一直干到晚上6点多，10多个的大年除夕，她都是和同事们干到新年爆竹燃放后，才能回到家里吃上家人包的水饺。星期天、节假日别人都带孩子出去玩，她却泡在路段清运垃圾，巡查清扫保洁情况。22年来，她休过的节假日屈指可数，平均每年不足12天，每天上班工作时间，均在12小时以上。

2013年8月，广饶县城乡环卫处一名垃圾清运车辆司机生病，一时找不到顶班人员，张占凤得知情况后，主动请缨，始终无怨无悔，2014年12月，广饶县工商银行公厕化粪池满溢，很多人一看就发愁，她却第一个冲上前去搬起抽粪管子抽粪时，管子破裂，粪水、冰水溅了她一身、一脸，她始终不在意，不管吃多少苦，受多少累，只要看到自己的劳动成果，她心里就有一种成就感和自豪感。由于长年累月工作在环卫一线，她患上了胃下垂的毛病，处领导看到她瘦弱的身体，让她注意身体，可她总是说："干环卫，就得有责任心，不能怕苦讲条件。"

2015年8月至10月，广饶县在迎接国家卫生县城复审期间，张占凤所负责的路段是国家卫生县城复审的重点部位，面对艰巨任务，不讲任何条件，带领全路段环卫一线人员，提前上岗、延时加班，一夜之间全部完成城区50个地埋式垃圾中转站封填工作。在对城区拆迁现场、空留地、储备土地、破产企业住宅小区内垃圾卫生死角清理中，她连续五天从早上5点到晚上10点，清理垃圾领着干、带着干，清理整治卫生死角2860余处；她与维修人员一起更新设置公厕指示牌27块、标识牌18块，城区路段布设新式垃圾桶580个。

王念水　1998年7月参加工作，2011年进入山东万圣博科技有限公司担任技术员，后任山东万圣博科技有限公司技术组长，主抓生产管理与技术开发工作。在工艺操作上他精益求精、敢闯敢试，大胆进行技术改进10余项，提高了生产效率，降低了生产成本；在工作中思路开阔、善于学习，先后为公司培养了技术骨干20余名。2015年12月16日，公司产品芳纶1414纤维生产技术顺利通过专家鉴定。作为主抓生产技术的王念水，凭借积极、认真、负责的工作态度，为公司芳纶1414纤维生产技术在短时间内获得鉴定作出了积极贡献。他的努力付出也得到了社会的认可，先后荣获"广饶好人·敬业奉献之星"、广饶县"五一"劳动奖章等荣誉称号。

"在岗就要爱岗，爱岗就要敬业"，这是王念水同志牢固树立的职业理念。在多年的工作中，他一心扑在事业上，兢兢业业，埋头苦干。对于军工产品的芳纶1414纤维，缺的不是市场，而是产量。作为技术组长的王念水，他深知自身工作的重要性，自项目上马那天起，不管是炎热酷暑，还是寒冬腊月，他总是第一个到单位，谋划每日工作、巡查施工现场、掌握施工进度、检查安全生产，他都亲力亲为。芳纶纤维被中国化纤工业协会列为绿灯项目，提早实现产业化是关键，而产能的高低主要取决于生产环节是否能够连续稳定运行。他以身作则，每天深入生产现场一线，哪里有问题就有他的身影出现，坚持对车间重要设备管道运行情况进行巡检，发现问题及时解决，他说"我们不能等设备出现问题才着手解决，要把工作做到前头，工作重心前移，把问题消除在萌芽状态，变被动为主动"，他时刻用这句话来警示自己，也时时提醒车间的工人。他带头起草制定了车间设备维护和检修计划，使设备的故障率大大降低，同时严格要求各班组做好设备维护，并对巡检、点检情况进行监督，有力推动了车间对设备运行维护情况的主动掌控。他组织召开每周、每月专题会，找出差距，进行总结，提出目标，督促完善。在他的带领下，2015年公司产量增加了50%。

魏立军　该同志凭借一股干事创业的热情和高超的机械维修维护技术，从华泰普通维修工中脱颖而出，成为了华泰集团机械设备维修、项目建设的骨干。他先后参与过华泰四条新闻纸生产线以及70万吨铜版纸大型纸机项目的建设安装工作，多次解决了大型新闻纸机的设备故障，被誉为华泰纸机高速运转的"护航员"。2015年被评为广饶县首席技师。

在工作中，他细心钻研，先后解决多次纸机的疑难杂症。45万吨纸机靴压传动振动，存在严重安全隐患，通过分析发现这套传动减速系统中的减速机采用了常用的减速设计，魏立军逆向思维大胆提出相反的方案，把减速机由减速设计调整为增速设计，改造后振动明显减轻，车速提高了2.5米/秒，不仅解决了隐患，而且纸机效率也得到了提升。铜版纸项目自投运以来，出现过一次靴套爆炸事故，给生产造成困扰，魏立军在外方专家不能及时到位的情况下，提出全面冲洗油路、靴压站、检查清洁靴辊真空箱、同时将宽靴板改造成窄靴板，彻底解决了靴套爆炸的问题，为以后靴压管理提供了宝贵经验。

面对严峻的环保形势，魏立

军还积极提合理化建议，成为节能降耗减排增效的排头兵。如：他提出对华泰杨木浆进行节能提质改造，改造后吨浆电耗由1250下降到1100千万时，纤维束由4.0%下降到1.0%，达到铜版纸、新闻纸、文化纸的使用要求，年增效益650万元。他还参与建设了水处理沼气提纯天然气项目、污泥干化焚烧项目等，这些项目的成功实施，既减轻了环保压力，又带来了可观的经济效益，为推动华泰产业转型升级做出了积极的贡献。

徐奇祥　该同志投身农信事业三十载，为农村金融发展、地方经济发展作出了卓越的贡献。自担任广饶农商银行董事长以来，他凭着对农信事业的热爱和高度使命感，迎难而上、忘我工作、拼搏奉献，带领广饶农商银行全体干部员工抓经营、强管理、树形象、促发展，各项业务指标不断刷新，成为全省农信系统的一面旗帜。自2007年，广饶农商银行综合实力一直保持全省农信系统县级法人机构第一名，实现了“九连冠”；2011～2015年，该行绩效状况连续五年被省财政评为“AAA”级优秀地方金融企业，位列全省前茅；2013、2015年度，该行连续两届被评为农村商业银行“标杆银行”；还先后荣获全国精神文明建设先进单位、全国农村合作金融机构“最佳支持中小企业贡献奖”、中国银行业文明规范服务示范单位、为民服务创先争优示范窗口单位、富民兴鲁奖状、省级文明单位、山东省服务名牌等荣誉称号。他始终以优秀共产党员标准要求自己，认真学习，坚定信念，心系三农，服务为民。在农村金融发展，推动普惠金融工作中，尽心尽力，带领广饶农商银行人成为山东农信事业的排头兵、领头雁。在经济新常态下，始终为地方经济发展、企业健康成长着想，关键时刻，勇于担当，敢于奉献，积极推行中小企业应急转贷资金项目和主办银行制度，为企业雪中送炭，与企业共患难，齐心协力迎战难关。至2016年，在他的推动下，广饶农商银行累计成功办理应急转贷资金300多笔，金额50多亿元，据估计，为企业节省融资成本8000多万元。自2010年以来，累计投放信贷资金800多亿元，累计上缴各类税金12.62亿元，有力支持了地方经济发展。2010年7月荣获山东省富民兴鲁劳动奖章。

孙学义　该同志在各级党委、政府和中国化工集团公司的领导下，敬业奉献，依靠突出的政治素质和业务能力，成为优秀企业家。带领公司科学发展，面对经济新常态，围绕提质增效的工作主线，坚持实干创新和精益化管理，企业结构调整和转型升级取得突出成绩。公司一批大项目、好项目顺利实施，生产保持大负荷运行，产品质量升级成效突出，两化融合加快推进，构建了先进的“电子商务信息一体化”平台，绩效管理实现全员覆盖，运营水平持续提升。抓好安全生产和节能减排，企业连续多年实现零事故、零污染目标。合法经营，公平竞争，依法足额纳税，坚持以人为本，回馈社会和职工。组织扎实开展党建工作，严格履行党委的主体责任和纪委的监督责任，实施教育实践活动、“三严三实”专题教育，落实一岗双责制，营造了健康和谐、风清气正的企业氛围。在各级政府组织的经济活动中，积极建言献策，为推动地方经济社会发展贡献了力量。公司2015年实现营业收入279亿元，利税12亿元，其中缴税6.8亿元，连续三年位列广饶县年度纳税百强榜首，经营业绩、发展质量和企业形象突出。其个人荣获“中央企业优秀党务工作者”“第22届山东省优秀企业家”“第九届东营市优秀企业家”“东营市五一劳动奖章”“广饶县优秀共产党员”等荣誉，2013年～2015年被中国化工集团公司连续授予“化工奖章”。

刘景涛　该同志加强政治修养，带头转变作风。认真学习贯彻习总书记系列重要讲话精神，在党的群众路线教育和“三严三实”专题教育活动中，带头查摆自身问题并全部整改到位。定期下基层调研，积极帮纳税人解难释疑，探索实施了一系列便民办税服务措施。

履行主体责任，确保廉洁从税。狠抓“两个责任”落实，严格贯彻领导干部廉洁从政若干准则，强化监督监察，保证了干部队伍不出事。个人也从未接受纳税人任何礼品、礼金和各种有价证券，做到了勤勉守矩、廉洁自律。

坚持依法组织税收收入，综合运用多项措施，促进税收收入稳定增长。2015 年组织税收收入 354307 万元，积极落实各项税收优惠 22.4 亿元。提质增效，税收征管实现新突破。创新风险防控机制，组织编写了全省首部《税收征管服务规范一体化操作手册》，开发了“电子活页系统”，实现了征收管理规范化和纳税服务高效化的统一。高效组织营改增扩围工作，保障了税制改革顺利开展。提速减负，纳税服务开创新局面。开展“便民办税春风行动”，打造“同城通办”升级版，推行“电子档案”为纳税人减负。深入推进国地税合作，积极推进“互联网＋税务”行动计划，对 6 大类 52 项征管涉税业务实行电子化、无纸化流转。严管善待，干部队伍迸发新活力。认真履行党建职责，严格落实党建责任，充分发挥基层党组织战斗堡垒作用。加强教育培训，推行绩效管理，有效激发了队伍活力。组织开展共建帮扶、文明争创等各项活动，树立了良好的部门形象。2015 年获得全省国税系统优秀局长。

*崔秋华*　该同志是广饶县人民医院护理专业的学术带头人，山东省静脉输液专业委员会委员，东营市护理管理和护理文化专业委员会副主任委员，东营市门急诊专业委员会副主任委员。

参加工作 32 年来，在护理岗位上无怨无悔，积累了丰富的经验。任职护理部主任以后，重视护理质量安全管理。她主持修订制度、编写预案、再造流程，严格质控，逐渐完善质量检查标准，细化检查细则，建立了一套较为完善的质量检查及反馈整改机制。她注重业务培训，把提高护理人员整体素质作为常抓不懈的重要工作。并兼任滨州职业学院、山东医专和淄博职业学院等护生临床教学工作，被多家医学院校评为“优秀带教”。在她的带领下，积极开展以“三好一满意”为目标的“优质护理服务示范工程”创建活动，协助神经内科和骨一科成功创建为山东省“优质护理服务示范病区”。同时，她非常重视医院护理学术发展，积极协助科室开展了 PICC 及超声引导下 PICC、血液过滤及净化等专项技术，并协助手术室护理组成功申报为东营市首批临床专科护士培训基地。她自行设计“临时性加床”获院内新技术一等奖，主持并组织开展科研成果 3 项，其中 2 项分别获得东营市科技进步二等奖和三等奖，发明专利 3 项，主编著作 2 部，发表论文 12 篇。由于工作业绩突出，连续多年评为广饶县“先进卫生工作者”、荣获山东省“巾帼建功标兵”、山东省卫生系统“三好一满意”活动示范标兵、山东省“富民兴鲁劳动奖章”、广饶县“劳动模范”等荣誉称号，并光荣当选东营市第七届人大代表。

*项在功*　2004 年，项在功担负着 700 多乡亲们的重托，担任了项家大营村党支部书记、村委会主任。作为一名村干部，深知“自己不会富，不能当干部；只顾自己富，不配当干部；带领大家富，才是好干部”。自己找到了致富门路，才能带领乡亲们走上致富道路。他首先多方搜集致富信息，绞尽脑汁寻求致富道路。他大胆投入，以每年承包费 27 万元的价格包下了 180 亩农田，引进良种进行大规模的粮食种植，每年的粮食总产量达到了 180 吨，成了稻庄镇有名的种粮大户。接下来又开始了 1500 亩的林下经济开发实验。2014 年又筹资投入一千多万元，创办了集科研、种植、养殖、生产加工、旅游休闲为一体的绿色生态园—稻庄广汇高效生态农业园区。

随着农业规模经济的不断扩大，如何达到农民利益的最大化呢？经过深入调查和广泛征求意见，他带动村民成立了粮食生产合作社，进行粮食生产、加工、销售一条龙服务，带领村民创造出了巨大的农业生产经济效益。为带领大家共同致富，他毫无保留地将自己所掌握的农业科学知识和技术传授给村民们。仅 2013 年至 2015 年的 3 年时间里，就在村里先后举办了十多期农村实用技术培训班，使村内 85％的村民掌握了 1 至 3 门实用技术。在他的帮助下，广大村民的发展观念进一步更新，发展本领进一步增强，全村逐步走上了脱贫致富之路。农村富了，农村文化生活也必须跟上。为满足村民的文化生活需求，在村财政紧张的情况下，累计投入资金100余万元，修建村民活动中心和教育培训室、文体娱乐室、图书阅览室、老年活动室、乒乓球室、篮球场、棋牌室等活动场所，并挂牌向村民开放。组织广大戏曲爱好者成立了项家大营村庄户剧团，每年在全县农村巡回演出达50多场次，并代表全县到东营市参加了农村文化调演。

他先后获得广饶县“劳动模范”、广饶县“乡村之星”、广饶县最美农民、镇优秀基层党支部书记、创先争优优秀党支部书记、双十佳党支部书记、优秀共产党员等光荣称号。项家大营村也先后获得了省级文明村、市级小康文明村、市级安全文明村、市级科普示范村、市级文明信用村、市级十佳卫生村等荣誉称号。

刘秀云　东营民和牧业有限公司总经理，山东省奶牛养殖协会会员，“全国城乡妇女岗位建功先进个人”、省“三八红旗手”、省“十大巾帼增收标兵”，省无公害产品、产地认定内检员。近几年来，刘秀云也积极参与各项社会公益事业，在2013年被评为尊师重教先进单位，同时也积极响应“慈心一日捐”活动。2013年6月在清华大学经管学院与欧洲著名商学院巴黎HEC商学院合办的企业高管培训班学习一年，成为一名优秀的毕业生。

2013年进一步发展壮大，成为东营农业产业龙头企业，同时也带动了周边农户300余户一起步入此行业，形成行业链条式发展，与农户共同发展致富，成为真正的农业区域致富带头人，得到了群众的广泛赞誉。公司还与周边村庄商议实现了土地流转，并种植专业优质的青贮饲料和饲草，有效提高周边农民的经济效益，带动周边经济发展。

在刘秀云的不断努力下，公司固定资产3000多万元。2016年存奶牛1300头，产奶畜头数有600多头，日产鲜奶11吨，为伊利集团“金典”产品的奶源供应商，占据伊利集团鲁东片区奶源供应的首位，公司年创经济利润300多万元。公司经营理念是：奶品代表人品，绝不添加一滴水，以质量求生存。公司科学管理，高效规范，是一所现代化高标准的牧场。

# 东营市道德模范

**诚实守信模范**

李军　李军是农行广饶县支行个人金融部一名普通的员工，入行26年来，一直奋战在基层一线，认认真真、兢兢业业。

12月1日上午9点左右，李军例行到城南批发市场自助银行进行巡检，巡检中发现在自助设备处有一个钱包，下意识的环顾了四周，并没看见人，联想到近期发生的自助设备安全事故，为确保设备安全，李军上前对钱包进行检查，发现里面有身份证、大宗现金及十多张银行卡。这时，他才确定，这一定是客户办理业务把钱包遗忘在这里了。

“丢失这么多钱和银行卡，客户一定很着急，肯定会四处寻找，很可能会找回来。”于是，李军就在自助设备处耐心等待，但是等待了近2个小时，也不见有人来寻卡。他立刻联系了广饶街道派出所，向民警讲明事情经过，并将钱包交到派出所。随后一段时间，李军在开展本职工作的同时，积极协助民警寻找失主，功夫不负有心人，最终联系到了失主并物归原主。

12月7日，失主孙女士携带感谢锦旗来到广饶县支行个人金融部。面对失主的深深感谢，李军说道：“这是我应该做的，算不了什么，换做是别人也会这么做的。”

有这么一句话，“做一件好事容易，难的是做一百件，一千件，做一辈子好事”。

老人摔倒扶与不扶，这本不该是问题的问题，近年来却成为社会热议的焦点，如果遇到老人在马路上摔倒了，您会怎么办？李军用自己的实际行动给出了自己的答案。

2015年6月份的一天早上，一位70岁老人，经过迎宾路与孙武路交叉路口时，突然感到不适，几个颠簸后，重重摔倒在地上。这一幕恰巧被上班路上的李军遇见，他当时也没有多想，立刻停车上前帮助老人，由于不清楚老人身体状况，怕引起次生危险，李军并未擅自移动老人，而是轻轻地扶起，一边赶紧致电120急救中心，一边借助老人的手机通讯录顺利联系到他的女儿，告知情况。不多久，120救护车率先抵达，李军协助医护人员将老人转移到担架上并目送救护车离开，李军才悄悄离去。对于此事，李军说道："当时也没想那么多，人在做天在看，相信世界是美好的，如果自己不扶，老人出现意外，一辈子心里都会有阴影，扶了就问心无愧！"

像这样的事儿在李军的生活中比比皆是，同事朋友谁家有什么难事，都愿意找他帮忙，而他都会乐于相助，起到了模范表率作用。

*左建峰*　2002年底入伍，期间获得部队各类嘉奖多次，连续五年被评为"优秀士兵"，获三等功1次，集体二等功1次。2009年1月进入东营市第二人民医院工作，任该院安保科负责人。

左建峰自入职以来对工作勤勤恳恳、任劳任怨，时刻牢记医院"博爱奉献，追求卓越"的理念，认真贯彻和落实医院的各项规章制度，团结同事，业务娴熟，服务规范。

不善言辞是左建峰留给同事们的最初印象。随着工作的深入，同事们慢慢发现稳重、踏实、诚实守信、乐于助人的左建峰才是最真实的他。

5月14日，左建峰像往常一样围着医院巡视。当他经过医院北大门时，突然发现前面车旁有一个装东西的塑料袋。他捡起袋子一看，内有整整齐齐的五沓现金。左建峰没有多想，立刻通过医院监控系统寻找失主的去向。十几分钟后，左建峰在住院病房找到了失主陈新国。在确认了失主信息后，他把钱原封不动的送到了失主手中就离开了。陈先生家住潍坊市坊子区，是东营市第二人民医院住院患者的家属。"来医院之前取了5万块钱现金，下车的时候比较着急，把钱的事给忘了，这一下车就给带下来了。还没走到病房就被两名安保人员拦住了，问我车牌号是多少，问我有没有丢东西，我这才想起钱的事。"失主说，"接过钱，我还没来的及说谢谢，那两位同志就离开了。"

事后为了表示对这位无名好心人的感激之情，失主陈先生连续几天到东营市第二人民医院寻找，终于在一周后找到了左建峰，并为他送上了一面"拾金不昧"的锦旗。

据了解，这已经不是左建峰第一次让丢失的钱财物归原主了。自他进入东营市第二人民医院工作以来，在巡逻的过程中先后捡到过手机、手表、笔记本电脑、现金，总价值超过八万元，无一例外的都通过多方努力找到了失主。左建峰在金钱面前挡住了诱惑，这种急他人之所急、拾金不昧的精神值得我们每个人去学习。

在工作中，左建峰还处处发扬模范带头作用，连续多年被评为医院"先进工作者"和"平安医院创建先进个人"。作为一名党员，左建峰深知到他的一举一动都会直接或间接地影响到身边同志的工作激情。因此在平时的工作中，他时时刻刻处处用党员的标准严格衡量、约束自己的言行，不断加强党性修养，按照党章的规定履行党员义务。无论是工作还是生活中他都力求率先垂范，发挥着一名党员的先锋模范作用。在与同事相处时，总是以"与人为善"的心态对待每一个人，把党组织的温暖传输给每位同事；在日常工作过程中，每一位新入职的安保人员他都亲自培训，带领他们熟悉巡逻线路，教会他们回看监控录像，给他们讲解医院的各项规章，就是为了让新入职的同志能尽快进入工作节奏，在他和同事们的不懈努力之下，为医院打造出一支积极负责的安保队伍。他所在的安保中心也被评为"平安医院创建先进科室"。他不计得失，用他的爱心让员工感受党的温暖，用他自身的言行感召周围的同志，让"党员"这一光荣称号在他身上闪耀发光。

左建峰在日常生活中坚持实事求是，在职工群众中树立了较高的信誉度。在日常的生活、工作中，他主动热心。答应同事的事情都努力做到，看到谁需要帮忙，就主动去帮忙。工作时与同事诚信交往，做到“四个互相”，即：互相支持，互相信任，互相尊重，互相配合。和他共过事的人对他评价都很高，因为这人信得过、靠得住。

多年来，左建峰依然坚持以一颗诚信的心来面对自己的事业，做人踏踏实实，做事诚实守信。他是一名诚实守信的二院人。

**见义勇为模范**

刘建斌　中共党员，广饶县大王镇苏刘村民，养鸭专业户。

2015年1月13日大王镇明庄村的一个养鸭棚突然起火，当时火势四处蔓延情形非常危急。起火的鸭棚负责人名叫吕广玉，自己经营着两个鸭棚和一家汽修厂。13日上午，吕广玉在鸭棚里分完鸭苗，12点左右就到紧挨着的汽修厂去吃饭，可刚坐下没一会，就听到外面有响动，出来一看是自家的鸭棚着火了。吕广玉就打算踹开门，赶紧灭火。但是还没等他踹开门火苗就窜了过来，情急之下，就拨打了119火警电话。

报警后，在等待消防车的过程中，吕广玉和妻子就赶紧想办法救火，无奈火势猛烈，眼看着就引燃了卧室房顶。就在两人不知所措时，苏刘村村民刘建斌正巧看到这一幕，就赶紧跑过来帮忙救火。刚开始用掀拍火，火势很猛，连忙回去提水灭火，后来连喝的桶装矿泉水也搬过来灭火。他自己也经营着养鸭大棚，同为养殖户，他深知一旦鸭棚烧毁，损失将十分惨重，况且紧挨着汽修厂有很多易燃物品，一旦着火，后果不堪设想。

他奋不顾身的跟吕广玉夫妻俩一同救火，持续了近一个小时，才算扑灭。当他筋疲力尽地坐在地上，才发现自己的脸在救火过程中被烧伤。吕广玉夫妻表示歉意时，刘建斌满不在乎：这点小伤不算啥，几天就好了。

虽然鸭棚和房屋被烧，但所幸养殖的6500多只鸭子仅烧死了200多只，这在很大程度上减少了损失。吕广玉一家都非常感谢刘建斌大哥的鼎力相助，执意表示感谢，刘建斌婉言谢绝。

王加田　花官镇杨王村村民，是一名中共党员。

2015年7月20日下午，王加田到村南的河里捕鱼虾，在河边休息时，听到远处传来求救声。原来是几个不会游泳的孩子下河避暑，其中一个孩子不小心进入了深水区。由于小河刚刚进行了疏挖，河宽16米左右，水深两米多。河中央，只露出半个手臂在水里划拉。

“有人溺水了！”王加田撒开脚丫子，急忙紧跑了三四百米，来不及喘口气，就冲进了两米多深的水里。由于跑得急，尽管王加田懂水性，还是在水里呛了几口，感觉肺就像要炸了一样。这时孩子已经漂在水面上了，王加田容不得休息，忍着疼痛，奋力游向溺水的孩子。靠近孩子后，王加田用手摁着孩子一边的肩膀让他翻过来，却被孩子的腿打到了一边儿。这时，孩子已经口吐白沫、嘴唇发紫、两眼翻白。见状，王加田更急了，每一秒钟都至关重要。水太深，脚无着力点，他便在水里不断摸索孩子的脚腕，没想到因为孩子太胖，根本攥不住。王加田只能一手拽着他的脚趾头，一手划水，用尽全身力气拽着孩子划向岸边。两米多的水深，王加田一直踩不到底，加上体力消耗大，几乎挣扎不到岸边。年已60多岁、体重只有130多斤的王加田，硬是凭着一股急劲儿，将体重180多斤的溺水孩子拽到了岸边，又赶紧把孩子放平进行了急救。看到孩子恢复了意识，嘴唇上的紫色渐渐褪去，王加田悬着的心才放了下来。经过一番折腾，王加田已筋疲力尽，一屁股坐在岸边喘着粗气，一时间竟没有力气站起身。

“当时什么也没想，只想着得赶紧把孩子救上来，孩子没事最重要。”面对孩子和家长的感谢，王加田说，“这是我应该做的，谁看到都会救。”

**敬业奉献模范**

崔艳会　53岁的崔艳会是广饶县城乡环境卫生处一名清扫保洁员，自1987年2月份到环卫处工作以来，她认真践行着“兢兢业业干环卫，一心一意做奉献”的诺言，发扬了“宁愿一人脏，换来万人洁”的行业精神，辛勤地汗水洒遍了县城区的大街小巷，在环卫一线一干就是29个春秋，为广饶的环卫事业发展做出了积极的贡献。

崔艳会担任的是街道清扫的工作，这项工作看起来容易干起来难，有时硬梆梆的垃圾难以下手，发酵的垃圾更是臭气熏天，时间久了，全身都沾满垃圾的臭味，但她从来没畏惧过，不好铲的用手刨，再难闻的也坚持清除干净。

崔艳会干环卫工作近30年。30年来，她亲眼见证了城区的变化，也见证了环卫工作的重大变革。30年前的环卫设备尚很落后，保洁人员需要自己拉着人力板车，清扫清运一人完成。用他们自己的话说，当时的保洁工作出的真的是“牛劲”，垃圾越放板车越重，单靠人力很难拉动，尤其是寒冷的冬季迎着风的时候，冷气呼呼的往嘴里灌，一早晨下来，肚子里全是凉风，整个嘴都是麻木的。如此艰难的工作条件下，很多姐妹都放弃了，只有崔艳会坚持了下来。而且三十年如一日，始终在环卫保洁工作上任劳任怨。

有一年冬天，一场暴雪过后，路上结了冰，站都站不稳，可为了尽快将冰雪清理干净，不耽误早上上班市民的正常出行，崔艳会凌晨就出门了，想尽各种办法，用铁锹铲，用扬镐砸，然后再把碎冰块收到板车上拉走，怕收得太慢，就直接用手捧，手被冻得通紫，被碎冰碴扎的伤口一道一道在流血。用她自己的话说，那时候每年冬天清积雪、破坚冰已经成了家常便饭，甚至一个冬天手都是紫的、肿的。

集中落叶的季节也是她很犯愁的一件事情。2014年11月份的一场狂风暴雨后，街道路面上积满了厚厚的树叶，为了确保行人上班时路面洁净，崔艳会5点就冒着寒雨骑着人力三轮保洁车从家里出发来到自己的路段清扫落叶，因为风雨未停，树叶边扫边落，新清扫的路面一会又落满一地，但是她依然坚持一遍遍的清扫。为了保持路面洁净，午休时间她在路边买了2个火烧，一口热水都没喝，吃完了接着干活，一直干到下午6点多。在一次清雪工作中，因为路面太滑意外摔倒，右手掌和右脚踝扭伤，直到今天右手掌受伤部位的骨节高出一截，右脚踝阴天就疼痛。

记得有一年夏天高温季节，崔艳会正值感冒发烧，为了保证所辖路面的清扫质量，她每天凌晨4:00至晚上11:00全部在路面上来回巡查，顾不上回家吃饭、休息，每天工作十几个小时。路旁的果壳箱脏了，她从家里带来抹布、洗衣粉、餐洗净，一个一个地擦洗。果皮箱内有杂物，她用手一个一个捡，手伸不进的地方她用夹子伸进去一个一个夹，直到干净为止。一连几天下来，她的手脚磨出了血泡，她仍然带病坚持上班。

环卫工作的特殊性，使崔艳会养成了规律的作息时间：凌晨4点起身，4点半开始作业，6点第一遍清扫结束，6点半吃早饭，7点后上路保洁直至午饭时间；吃过午饭后顾不上午休立马上路保洁至天黑，细算一下，每天上班时间多达十几个小时。尤其是逢年过节，崔艳会更忙，29个大年除夕，她都是和同事们干到新年爆竹燃放完毕，将街道上的燃放物全部清扫干净后，才能回到家里和家人团聚。用家人的话说：“每年除夕，我们从来都不是指望她回家来包水饺，只希望她能早点回家吃上水饺就行。”在她的词典里，好像压根就没有什么“节假日”“星期天”的说法，她舍小家、顾大家，加班加点、披星戴月，因为忙于工作，很多家里的事根本无暇顾及。在担任环卫工人的29个年头里，她28年如一日，在清扫保洁这个平凡的工作岗位上，用扫帚、收子、铁锹，把环卫工人的闪光点诠释的淋漓尽致，用辛勤劳动的汗水描绘着城市美丽的容颜，而“奉献”，就是对她大半生工作最好的注解。

2001年对崔艳会来说是不寻常的一年，先是丈夫遭遇车祸，腰部、膝盖受伤严重需要住院治疗，本来应该时刻陪在丈夫身边、照顾丈夫的她却觉得自己停下来没人清扫街道会耽误工作，于是请假照顾了丈夫几天之后，工作责任心强烈的她找来兄弟姐妹们帮忙照顾丈夫，自己每天仍然坚持按时上下班。因为受伤严重，她丈夫直到现在不能动，只能躺在床上，崔艳会白天上班，下班就精心的照顾丈夫，没有耽误一天工作。不久之后，年仅21岁的独生儿子不幸去世，面对这个她不敢相信、不能接受的现实，她觉得自己已经活不下去了。在度过无数个以泪洗面的日日夜夜后，坚强的她毅然决然地坚守在自己的工作岗位上，心里再苦、家里再困难，她也没向领导提过任何要求和特殊待遇。她始终觉得自己既然在这个岗位上工作，就要勤勤恳恳、踏踏实实的把工作干好。

春迎风沙、夏顶骄阳、秋涉落叶、冬踩残雪。29年来，崔艳会就是这样一心扑在环卫工作上，日复一日、年复一年，默默地工作在清扫保洁的第一线。29个春夏秋冬，10万多个早晨，她没有一天是在早上4点之后起床的。10万多天里，她走过了广饶县城区的大街小巷数上百万次，扫遍了城区的每一条道路，扫帚用掉了一把有一把，鞋子穿破了一双又一双，保洁车骑坏了一辆又一辆，从青年干到中年，从中年干到老年……模范称号获得了一个又一个，但她没有骄傲，干工作始终如一。从她身上我们看到了从小事做起、把小事做好的老黄牛精神，爱岗敬业，尽职尽责的职业风范以及淡泊名利，无私奉献的人生态度。

李金莲　自1988年7月参加公安工作以来，一直在基层派出所从事户籍窗口工作，已经在这个平凡的岗位上勤勤恳恳地工作了近28个年头。工作中她总是以无私无畏的敬业奉献精神、高度的党性原则、强烈的责任心，不断锐意进取，忠于职守，立足岗位，扎实工作，密切联系、服务群众，默默地创造着一个个不平凡的工作业绩。1998年、2001年、2002年、2003年、2006年、2014年先后被东营市公安局授予“优秀户籍民警”“刑释解教人员调查考察先进个人”“人口年报先进个人”“全市公安机关十佳女民警”“个人嘉奖”及“二代证换发先进个人”、公安机关“双为”先进个人等荣誉称号，2002年被东营市公安局、东营市妇联授予“优秀民警”“市三八红旗手”荣誉称号，2012年被东营市文明委授予“十佳文明服务标兵”荣誉称号；2004年、2005年、2010年、2011年、2014年先后被省公安厅授予“人口年报先进个人”“全省优秀公安派出所民警”“公安基层工作银盾荣誉奖”以及“全省优秀户籍员”“山东省第六次人口普查先进个人”等荣誉称号，她所在的户籍窗口先后被东营市公安局、山东省公安厅表彰为“文明户籍室”，也正是因为她的真心为民、兢兢业业，在2015年经过层层选拔、公开大众投票等程序，她被光荣的评为“感动广饶·最美警察”。

李金莲现所在的广饶街道派出所辖区既有城区、农村，又有城乡结合部及油区。涉及党政机关、企事业单位、农村等共有立户单位260个，常住人口96955人，平时四项变动业务量大；流动人口相对集中、活动性频繁，现已登记发证7990人。自她担任户籍管理工作以来，已累计办理户口迁出、迁入、出生、死亡等登记手续达60多万人次，为辖区内居民发放身份证20多万人次，发放户口本10多万本，没有出现一起违法违纪和违规现象。从第一次接触户籍工作至今的二十八年间，户籍政策也随着时间的变迁不断发展变化，信息系统更新速度很快，她一直没放松业务上的学习和提高，遇到不懂之处虚心求教，积极利用业余时间学习相关理论、业务知识，努力提高自身思想觉悟和道德修养，工作中勇于创新实践，不断提高服务水平和服务质量。特别是在当前，户籍窗口面临“深化户籍制度改革”“异地办证”“软环境”建设、“争创高效、群众满意的基层派出所”“绩效考核”“网络舆论”等严峻的考验中，她更是尽职尽责，她所在的辖区从未出现过因她工作失误造成群众上访或投诉的现象，真正做到了服务受理“零推托”、服务方式“零距离”、服务质量“零差错”、服务目标“零投诉”。尤其是在2010年第六次人口普查户口整顿期间，适值炎炎夏日，每天一上班户籍室里便挤满了办理各项户口业务的群众，她耐心地一一解答，并积极采取入户核对与集中清查相结合的方法，全面摸清辖区实有人口情况。她未能实现等女儿中考结束，好好陪她“游世博”的心愿，舍小家顾工作，牺牲节假日休息时间，加班加点，坚守岗位，在不影响正常为群众办理各项户口手续的前提下，圆满完成了辖区内户口整顿工作。此次户口整顿工作共核查本辖区实有人口 93010 人,30016 户,登记人户分离 2389 户,登记户口待定人员 232 人次,政策外生育人员 21 人次,变更更正户口项目 408 人次,为搞好本辖区的第六次全国人口普查工作打下了坚实的基础。

工作中,李金莲始终把群众是否满意作为一面镜子、一把尺子,对前来办理户口的群众,坚持做到文明办公,礼貌待人,热情服务。为了拉近与群众间的关系,她始终想群众所想,急群众所急,做他们的知心人、贴心人,让群众既感受到人民警察的执法规范,又感受到人民警察的可爱可亲。工作多年来,她总是坚守着"站立式、微笑式"服务,即在接待群众时,站起身面对面地微笑着与群众进行交流,用双手接送证件,以示对群众的尊重。坚决杜绝了"门难进、脸难看、话难听、事难办"的现象发生。在日常工作中,她严格执行"办理户口限时服务"的规定,从群众看得见摸得着的实事入手,真抓实干,竭诚为民服务,为群众办理户口和身份证、居住证时,力争达到规范、准确、快捷;对手续不全的,总是不厌其烦地做好解释工作,直到群众弄明白为止,真正做到了"急群众所急、想群众所想"。一个寒风凛冽的冬夜,李金莲紧张工作了一天,下班后,准备探望生病在床的母亲,刚踏入病房突然接到值班室电话说一位辖区居民明天要去广州签订一份数十万元的合同,可是他的身份证却怎么也找不到了,而没有身份证便不能乘坐飞机,急得团团转。李金莲了解这一情况后,急忙返回办公室,一边安慰这位居民,一边以最快的速度为他办理了户籍证明保证其按时登机,这位居民激动得连声致谢。二十八年来,她从不计较个人得失,忘我工作,收到群众的表扬信上千封,赢得了辖区群众的普遍赞誉。

延尊泉　是大王邮政支局的一名农村投递员。他担负着大王镇北部片区,包括延集社区 11 个村庄、100 多个企业和 2 个镇直单位的直投工作,每天仅报纸就要投递 700 余份,平均每天能走 60 多公里路程。自从 1995 年进入邮政部门工作以来,他在单调而艰苦的投递员岗位上一干就是将近 20 年。多年来,延尊泉工作一直认真负责,他所包的辖区用户从未发生过缺报少刊、丢村甩点、捎转邮件的现象,投递准确率达 100%。

每天,延尊泉总是早上六点,就来到了他工作的起始地点—县邮政局大王邮政支局,开始了一天的工作。在经过一个多小时的紧张操作,几摞的报纸、一堆的信件终于被延尊泉按村庄、路线、客户等分类规整后,再搬运上车。

在大王镇北部区域,延尊泉是认识人最多的人。他负责投递的报纸订户有 200 多户,他存下了几乎所有客户的电话,能说出每个订户的姓名和基本情况。多年来,他的足迹遍及这片区的角角落落,这也让他成了镇上远近闻名的"名人",无论走到哪里,都有人热情地和他打招呼。村民对他也非常信任,充话费、代人存取钱、拿着当事人身份证取包裹等业务之外的事都放心地交给他代办。当然,辛苦中有时也带着委屈,电话约好见面接快递,有时候半个小时见不到人,如果先做别的业务再回来时间可能耽误更多。

随着电子商务的发展现在快件业务增加了很多,遇到"双十一""双十二"销售旺季的几天里,他每天能多回支局拉货两三次。他给自己定下规矩,当天业务绝不过夜。销售旺季,等送完所有快递,累的连喝水的力气都没有。春节期间,延尊泉只有年三十和年初一两天的假期。为了能使群众尽早收到包裹,延尊泉给自己加班加点。他的敬业精神赢得客户的称赞,被誉为放心"代办员"。

由于延尊泉尽职尽责,每年都被表彰为邮政系统"先进个人",2014 年被评为"大王镇十佳模范人物",2015 年延尊泉被表彰为"广饶好人·敬业奉献之星"。

**孝老爱亲模范**

刘明范　在地上放着用砖块搁起的面板,两把黑乎乎的凳子,硬硬的炕上有一张破旧的席和一床棉被,几件又旧又脏的衣服堆在坑沿下的一个纸箱上,一张旧桌子上摆着一台 14 寸的小电视,空旷的两间黑屋子里让人感觉缺那么多东西,这是丁庄镇刘道村一个普通的农民家庭。在这个家里,我们见到了朴实而又坚强的刘明范和他的女儿刘元元。20多年来,照顾失明大哥和智障妻子,艰辛的生活让本来才58岁的刘明范看起来更沧桑、更凄苦。

刘明范的哥哥因自幼双目失明,户口本上的名字就叫"刘盲范",没有劳动能力。母亲20多年前因病去世,母亲在去世前拉着哥俩的手说无论什么时候都不能让你"瞎哥"落到地上,他含着眼泪答应了母亲。从此,刘明范便承担起了照顾哥哥的重任。由于带着一个盲大哥,刘明范很难找对象。别人多次劝他放弃对哥哥的抚养,先找个对象成个家,可他总是放不下与自己相依为命的哥哥,把哥哥放到什么地方能放心呢?养老院他想过,哥哥双目失明什么都做不了,什么事都得有人照顾,这么多年他都习惯了,让别人照顾他还真不放心。可是带着一个盲人一起找对象谈何容易,有谁家会将自家的姑娘嫁到这么一个要啥没啥的家庭中?他偷偷地哭过,他也怨过,但一份完整的亲情支撑着他艰难地生活着。他决定要找对象成个家就得带上哥哥一起生活。直到35岁时,刘明范才与邻村一个自幼家贫体弱的姑娘结婚,并于婚后第二年生下了女儿元元。女儿的到来给这个困难的家庭带来了无限的快乐,也给他带来了生活的动力和压力。结婚的前几年,他忙地里的活,妻子在家做点饭,看着家,照顾着孩子,但是,时间长了,对着那一贫如洗的家,本来就体弱的妻子逐渐患上抑郁性精神病,一开始的时候,妻子只是痴呆呆地坐着什么也不说,到后来逐渐地什么家务活也干不了,地里的活,盲哥,媳妇,孩子,刘明范每天只能是顾了这头跑那头。刘明范很珍惜这份来之不易的家,他小心地爱护妻子,照顾盲哥。为了大哥、媳妇和女儿能吃好、喝好,有一个美好的未来,他努力地干活挣钱,种地之余还到附近的建筑工地打零工赚点零花钱。

每天早上不到6点钟,刘明范就起身煮一大锅的饭菜,这将是他们一家人的早饭和午饭。刘明范盛好饭分别端到哥哥和媳妇的面前,一点点地喂他们吃,盲哥什么也看不到,他把饭端到盲哥手里,给盲哥夹着菜,空隙里还要给有病的媳妇喂饭,妻子总是把饭弄的到处是,但他还是耐心又耐心喂他们吃饱,每次给盲哥和自己媳妇吃完饭后,刘明范自己再简单地吃上两口就匆匆忙忙地到建筑工地干活去了,直到晚上七八点钟才能回家,顾不上一天的劳累再做晚饭给一家人吃。当问起刘明范累不累时,他说,"咋能不累,但这是我亲哥哥,我再苦再累也不会放弃他,媳妇现在生活不能自理,但有媳妇在家孩子就有妈,我就有个完整的家,这样生活就有奔头。"2012年7月,健康聪明的女儿元元考上了曲阜师范大学学习英语专业,一家人的生活又多了一份希望。刘明范的盲哥虽然看不到,但他懂的,侄女元元一和他说,他就高兴地不得了,光一个劲地说老天有眼,望着啥也不懂的妈,元元多么盼望着她能清醒一点,要是她能明白女儿考上了大学,她肯定会很高兴的。"连累兄弟了,这样的家庭摊上了,没办法啊。"刘明范的大哥经常无奈地说。

2003年,他家的老屋漏雨,已成危房却无钱维修。村委会考虑到他家的特殊情况,将刘明范一家安置在村里闲置的小学教室里,并为其哥哥办理了低保。一家人这才有了个安定的家。

可能因为年龄的问题,刘明范妻子的病越来越糟,并且时好时坏,有时半夜大哭大叫起来,大冬天的就把被褥全部放入水中冲洗,洗后再放到火炕上滕干,到了夏天有时会一丝不挂的坐在炕上,吃喝拉撒全部在屋里,刘明范无论忙活到多晚,进门后首先给她打扫、清洗,做好晚饭后再给她端到面前哄着她吃。在左邻右舍眼中,他不但是一位好兄弟还是一位好丈夫,更是一位好父亲。

"俺闺女很争气,考上了个好大学,又有了社会上一些好心人的资助,今年7月份就正式毕业了,俺就盼着她毕业后能找到一份好工作,报答帮助过她的好心人,能贴补点家里,给她妈治治病,再有块地盖上属于自己的三间房,有个下雨不漏、刮风不透的家就行了。"刘明范说出他的心愿。

照顾好一大家子人,让家人有个好的生活,刘明范始终都在努力地生活,努力地劳作着。

薛玉英　薛玉英是花官镇张铺村一名普通妇女，今年69周岁。年近垂暮之年的她近50年来与弟媳和睦相处，无微不至地照顾92岁高龄的失明婆婆，认识她的人无不对她竖起大拇指。

薛玉英21岁结婚嫁到张铺村，当时婆家家境比较贫困，婆婆张龙真独自一人艰难地拉扯着两子一女。薛玉英的丈夫是长子，婚后，他们夫妻两个自然就和老人共同承担起了抚养弟妹的生活重担，当时弟弟才十几岁。几年后薛玉英夫妇也有了自己的孩子，为人母的她更加深切地体会到婆婆的不易，她暗下决心，一定要好好的孝顺婆婆，让婆婆有一个幸福的晚年。考虑到婆婆的年纪比较大，婚后，薛玉英让婆婆在家看孩子，她和丈夫则承包了田里的脏活、累活，一家人和睦共处，日子虽然清贫，但她深感幸福。

10年前，老人家的眼睛逐渐视力模糊，她和丈夫带着老人四处求医抓药，可是老人的眼疾一直不见好转，两年后，老人双目失明了。张龙真老人本来性格开朗，喜好热闹，可是失明后，心情经常烦躁，常常无缘无故发火，薛玉英更加心疼婆婆。无论每天干活多忙，都会在婆婆身边跟婆婆聊天，跟婆婆讲讲白天村里的好玩的事儿，天气好时，她就搀扶着婆婆出来晒晒太阳，叫上邻居老太太一起拉拉家常，给老人解闷宽心。近几年，老人的身体逐渐不如从前，腿脚也不受使唤，逐渐发展到没人搀扶就不能挪步。为了更好地照顾老人，薛玉英与弟媳商量让婆婆在两家轮流住。每次到薛玉英家住时，薛玉英在自己床边安上婆婆的床，白天黑夜侍奉在婆婆身边。吃饭时，她经常一勺一勺喂给老人吃，有时老人愿意自己吃，薛玉英就会像照顾孩子一样，给老人围上饭巾，然后自己先尝尝饭菜凉热，不凉不热再端到老人嘴边。老人有时咳嗽，喉咙干燥，喜爱吃糖，薛玉英每逢花官集，给老人买上冰糖，用袋子包起来装到老人口袋里，随时拿出来吃，薛玉英隔上几个小时也会扒一块糖放进老人嘴里止咳。

人常说：久病床前无孝子。可是薛玉英侍奉老人几十年如一日，从没说过一句怨言。在她的言行引导下，她的孩子们也非常孝顺，每逢过年过节，都会带上礼物围在奶奶身边有说有笑，乐得奶奶合不拢嘴。薛玉英多次被镇妇联评为“好媳妇”荣誉称号，当邻里夸奖她时，她只是笑笑说：“老人岁数大了，生病长灾是必然的，是无法预测的，这时候，他们最怕的就是孤独，最需要的就是子女的关怀，再说谁还没有老的那一天，孝敬老人天经地义，家有老人也是做儿女的福气。”

杨振营　杨振营是一名教师，20年来在平凡的岗位上兢兢业业；他是一个儿子，为照顾多年患病的爷娘不顾苦与累。他跟大多数人一样，懂得百善孝为先；他跟大多数人又不一样，在卧床双亲眼前尽孝，六年如一日，不离不弃。

一说起杨振营老师孝敬老人这些事儿，不管是街坊邻居，还是亲戚同事，没一个人不竖起大拇指的。“真是好儿子！见过孝顺父母的，没见过这么有耐心、这么不嫌脏不知累的……”多年来，听到过赞语无数，杨振营总是一脸的平静与坦然。他觉得，父母病了老了，做儿女的让长辈有一个干净体面的晚年，这是再平常不过的事情。

杨振营一共兄弟姐妹四个，年龄相差很大。20年前他在天津上大学的时候，大哥早就分家自过，老人的活儿过问得少。两个姐姐也嫁到它村，根本顾不过来。当时两个老人都年近70，父亲患有腰椎病，母亲小裹脚下不了地，坡上的农活父亲一人咬牙支撑，日子过得清苦。大学两年，杨振营没跟家里要过一分钱，每月还把做家教挣来的钱寄回来补贴家用。1995年，24岁的杨振营大学毕业，看到眼前这个穷困潦倒的家，看到供自己上学累弯了腰、愁白了头的双亲，一安顿好工作，他就对爷娘说，今后坡上地里的活我来干，你二老放心在家享清福就行。从那以后，杨振营就一个人挑起了家庭的担子。遇到不太会的活计，他就向街坊们请教，直到学会为止；自己干活速度慢赶不上趟儿，他就靠时间磨，靠劲头儿拼，别人家的农活忙完了，他的也收了工。一人不能分身用，杨振营这一个肩膀上挑的是家庭，另一个肩膀挑的是工作，教书育人的工作不能含糊，为了不耽误教学，遇到农活忙的时候，他就四五点起床，从学校赶到坡里，早去早来，中午和下午放学再干一会，一天24小时里挤时间。近20年来，杨振营在教学上没因农活耽误过一堂课，任教生物课也始终在学校里挑大梁。村里人看到杨振营这么拼命地干，说从没见过这样的大学生，整天泡在地里，一身臭汗满身泥的，杨家二老真是享了清福了！

2010年，杨振营的父母都患上了不同程度的“脑萎缩”，行动僵硬迟缓，头脑有时清楚，有时糊涂。当时老人虽然患病，身体方面还基本能自理，杨振营做的就是一天三顿为两位老人做饭。从学校到村里，虽然仅6里的路程，但一天三顿饭三个来回，挡不住天天这样。2013年，杨振营的父亲又突发脑溢血，出院后生活上基本不能自理，一天到晚大多时间躺在床上，吃饭靠人来喂，大小便靠人来背。杨振营就对大姐、二姐说，我看父亲离不开人，你们干活累，白天有空过来搭把手，晚上爷娘我来照顾吧！两个姐姐拗不过这个小十几岁的弟弟，杨振营干脆在老家跟父母一间屋住了下来。没课的时候从学校早回去，遇到有晚自习他就上完课后再往老家赶。父亲行动不便，每天晚上小解二十多次。有时候，20天不解大便，一拉就三四天不停，这种情况往往小便和大便一起来。杨振营就用手机定了时，每隔30分钟振铃一次。有一次晚上，由于太困，振铃没听见，杨振营朦胧中感到脸上湿漉漉的，等他睁开眼，看到父亲正拿着尿壶在眼前比划，原来父亲想解手，手又不听使唤，把尿倒到了自己的脸上身上，大便也弄得被褥上到处都是。从那以后，杨振营再也不敢睡觉太死，经常冷不丁地惊醒爬起身来。

2014年9月的一天，杨振营患严重老年痴呆的母亲在院子里意外摔倒，左侧股骨头粉碎性骨折，医生说老人年事已高，不能做手术，只能在家卧床休养。没想到过了不多久，老人又突发脑血栓，左边半个身子失去了知觉。一下子两个老人都躺在了床上，都需要人照顾。为了不让床上的母亲受罪，他专门买了一个气垫床，底下垫上厚厚的褥子，上面再铺上塑料纸和尿布。老人身子一动不能动，大小便失禁而且没有规律，床上拉被窝里尿，杨振营就隔半小时看一遍，遇上母亲拉了尿了，他就赶快地用温水为母亲洗身、擦拭，换尿布，翻身子，生怕老人长褥疮，这样经常一个晚上要折腾四回五回，一回就大半个小时。为了更方便照顾二老，杨振营直接睡在父亲和母亲中间，身子一边是母亲，一边是父亲，哪个需要就先忙活哪个，哪个不舒坦就把手伸向哪个，经常是一个晚上睡不了两个小时的觉。

2015年6月的一天，不幸的事再一次降临，杨振营的父亲突然摔倒，第二天竟不幸离世。这一沉痛的变故让杨振营措手不及，他拿着为伺候摔伤父亲，刚从广饶买回的气垫床失声恸哭。街坊邻居看在眼里，疼在心里。大伙儿纷纷劝慰杨振营，都说这么多年了，老人床上拉被窝里尿，能活到八十多岁，多亏有你这么孝顺的儿子。老人走得很知足了！

杨振营的父亲去世后，他照顾母亲更细心了，唯恐卧床的母亲受一丁点儿的委屈。每天一回到家，他都细细地为母亲擦洗，按摩，涂褥疮膏，看母亲舒服了才肯躺下来休息。为了给母亲增强体质，他叫村里的医生每个月给母亲打营养点滴，每次输液要五六天时间，他都小心地陪护在母亲的身边，喂饭喂水，换尿布，拆洗被褥。在照顾母亲的过程中，最让杨振营难受的是老人痴呆健忘得厉害，遇到糊涂的时候，连儿子都认不出来，经常冲着自己大喊大叫，让他赶快走，走得远远的。头脑清醒时，就使劲地缠着儿子，害怕孩子会飞了似的，舍不得儿子离开半步。一有时间，杨振营的妻子和孩子就过来，给老人买好吃的东西，为老人洗脸、梳头，帮老人拆洗被褥，老人总高兴得合不拢嘴，嘴里“好人、好人”地喊个不停。每当看到这些，杨振营心里又会感到莫大的欣慰。听同为老师的杨振营的妻子董素香说，村里村外有五六个老人跟公婆走得熟悉，丈夫看到老人们的头发长了，就买来电推子义务为老人理发。有的老人年龄大了，腿脚不方便，杨振营就拿着理发工具到老人的家里去，这样一干就是七八年。平日里，杨振营还经常帮邻近的老人买炭，背柴，安电，修水管……大家都说，杨振营的孝心是大伙的，他是大家的好儿子哪！

听到这些，杨振营总是那句话："没有了老人，就没有了家。现在爷走了，还有娘在，还有乡亲们在。有机会尽孝心，就有一个完整的家，我感到很幸福，也很知足。"

**助人为乐模范**

董萍萍　是广饶县中医院的一名护士，同时也是院团支部书记。工作以来，她以一名白衣天使最朴素的心愿，热心帮助他人，积极投身于各种社会公益事业，得到了身边同事朋友的普遍好评和一致肯定。

2015 年 4 月 26 日，董萍萍带着儿子跟团到临沂市沂南县竹泉村旅游。上午 11 时许，在刚要踏上景区内一个约 40 米的吊桥时，她看到在吊桥上一名中年男子背着一个年轻男子前行。出于职业敏感，董萍萍发现该男子的头和四肢都无力的下垂，估计出现了休克，不能耽误。董萍萍把年仅 4 岁半的儿子交代给同行的朋友后，赶紧追上去，指导这个陌生的小伙子家人将其放平并开始展开急救。董萍萍对年轻男子进行了认真检查，发现其呼吸已暂停，但庆幸还有心跳。她便和小伙子的家人将其摆成休克卧位，并掐捏人中穴。大约过了一分钟，小伙子慢慢有了呼吸，但是意识仍不清楚，一直念叨着头疼，董萍萍检查瞳孔后发现大小及对光反应正常，董萍萍当即联系了广饶县中医院神经内科的专家进行了深入咨询，对小伙子的病情严密观察，为防止小伙子出现抽搐、呕吐、呛咳，她一直守在身边，直到 120 救护车到来。董萍萍把小伙子的具体情况与急救医生交流后，便带着儿子悄然离开了现场。当时晕倒男子的家人试图留下她的姓名和联系方式，以便日后答谢时，却都被董萍萍以一句"我是一名医务工作者，这些都是我应该做的"婉言谢绝。后来市民通过微信找到了董萍萍，并称她为"最美女游客"，对于自己被市民点赞的事，董萍萍表示："本就是一件小事，出手救人，是一种职业本能。"

"热心肠"是邻居朋友对董萍萍评价最多的一个词，邻居有事她必伸出援助之手，热心帮忙。邻里之间有什么困难，也总是会想到找她来帮忙。比如，时不时地帮助小区里的老人做些力所能及的事，陪她们聊聊天，这些小事不知道做了多少。同时身为医务工作者，邻里生病，她总是热心帮忙，能解决的现场解决，严重的帮忙联系住院，邻居们都笑称她是"家庭医生"，自己虽然累点，但是换来的是邻居们的健康和邻里间的信任和团结。父母是孩子的第一任老师。父母的一言一行、一举一动都在无形中影响着孩子的成长。在日常生活中，董萍萍的孩子也在她的言传身教中，养成了热心助人的好品质。"我长大后要给非洲的孩子送吃的。"今年过年期间，原本不爱吃饭的儿子看到电视上非洲儿童的视频后，对妈妈董萍萍说道。"让孩子要力所能及的给别人帮助，自然会感受到来自社会的善意。"这是董萍萍的亲子教育观念，也是自己秉持的价值观——为人一定要善良。

身为医院团支部书记的董萍萍，一直热心公益事业和志愿服务。每年组织医院志愿服务队配合团县委组织的各项志愿活动，比如"国际孙子文化节""国际轮胎展"等等。此外她还结合单位职业特点深入社区义诊，在某些疾病多发季节还代领相关科室工作人员到敬老院、学校，进行防病知识讲解，得到群众广泛好评。2014 年和 2015 年冬季，还分别响应"阳光义工组织"和"县红十字会"的号召，在全院开展"为震区儿童捐赠一件棉衣"的活动，共募捐到 260 余件棉衣棉鞋，并在第一时间送往灾区。从几年前接触到"春蕾助学工程"后，董萍萍就通过妇联找了一个帮扶对象，每年资助 200 元钱，直至被帮扶孩子中学毕业。董萍萍就是这样用善举温暖着身边的每一个人。

董萍萍在一线工作了 10 年，2015 年被调到人事科工作。尽管到了后勤岗位，董萍萍依然不断接受单位组织的专业知识和技能的培训。广饶县中医院院长李怀玉评价说，董萍萍工作兢兢业业，在同事、患者当中都有很高的威信。能做出救人义举，是多年的积淀，也尽到了医务工作者的责任。护士的工作是24小时待命，随时准备好第一时间与病人打交道，在手术室里做过11年护理工作的董萍萍练就了过硬的专业素养。自进入广饶县中医院以来，董萍萍多年代表医院参加市、县里的操作比赛，并拿到名列前茅的成绩。综合素质靠前，董萍萍竞聘上岗，成为广饶县中医院的团支部书记。在董萍萍认真、负责的工作态度下，广饶县中医院的团委工作多次被市、县团组织评为"红旗团支部"。尽管获得了诸多荣誉，董萍萍依然保持着淳朴、低调的本色。5月12日，董萍萍婉拒了东营市江川国际旅行社提供的免费旅游名额，笑称自己只是普通人，只不过在面临突发状况时做出了正常反应。

从事护士这一职业10年间，董萍萍先后荣获"广饶县护理技术能手""巾帼建功岗位明星""优秀青年志愿者""护理技术能手""东营市美德游客""沂南县最美游客"等荣誉称号，并在山东省卫生厅2012年12月举办的"全省卫生系统感悟'大医精诚'演讲"比赛中获得三等奖。

秦金印　77岁，稻庄镇大店村村民。

1月15日下午，秦金印来到大店幼儿园办公室，他说："我今天来，就想为咱幼儿园捐点煤，天冷了，别冻着孩子，我的能力有限，这三吨煤先烧着，不够再想办法。"当时，老师们都被惊呆了，三吨煤，得要花三千多元，这钱虽然对很多人来说不是一笔很大的数目，但是，对秦金印来说，那可是一笔巨款。

秦金印和他的老伴是靠小买卖和捡破烂为生，本来身体就体弱多病，再说年龄大了，花钱的地方多了去了，这种情况下还能想着幼儿园，想着幼儿园的孩子们，大家感到非常的敬佩。园长激动地握着大爷的手说："大爷，有这份心就够了，您身体本来就不好，用钱的地方多，幼儿园的问题我们自己能解决。"大爷摆了摆手："现在党的政策好，党和政府为我着想，我也要为孩子会尽一份力，把这份爱心传递下去。就这样定了，不为别的，为孩子，为下一代！"说完就走了。

三吨煤，那双手不知道捡了多少破烂？过了一会，送煤的师傅把三吨煤炭送来了，秦金印并没有再出现。

# 东营市十佳敬老楷模

薛玉英　人物事迹见东营市道德模范之孝亲敬老模范。

杨振营　人物事迹见东营市道德模范之孝亲敬老模范。

# 东营市十佳模范老人

成俊恒　男，74岁，1964年参加中国共产党。退休前任广饶县档案局（馆）副局长、馆长。先后担任广饶县文化馆副馆长、广饶县博物馆馆长等职。系中国楹联学会会员、北京世纪名人国际书画院院士、山东省老年书法家、东营市书法协会会员。在工作期间，曾获得山东省档案系统先进工作者、东营市档案工作者等荣誉称号。并多次被评为"优秀党员""先进工作者"。在工作中，他为人正直、乐于助人，勤勤恳恳，无私奉献，为全县文化、博物、档案工作的发展做出了积极的贡献。退休之后，依然积极参与党委、政府开展的各项文化宣传活动，从不计报酬、不讲价钱，具有良好的道德操守。并培养了一大批书画爱好者。被广大业内人士称为“德艺双馨”的书法艺术家。

退休后被抽调参加《广饶县人大志》的编写工作，由于成俊恒同志对档案比较熟悉，先后查阅了馆藏党委、政府、人大、基层组织的各类档案1200余卷（次），对每一类档案都需手工认真抄写，然后进行系统的研究分析，确定所编写的内容。在编写过程中，从编目、选材、编写到修改、校对、补充、完善。始终坚持认真细致的工作，从不放过任何疑点。由于工作量大，时常加班加点。造成了腰椎间盘突出，坚持边治疗、边工作，从不叫苦叫累。经过积极的努力形成了近百万字的《广饶县人大志》草稿，在此基础上几易其稿，用了一年零十个月的时间正式出版。比原计划提前两个月完成任务。全书共75万字，装帧新颖，图文并茂，内容详实，受到了史学专家和领导的称赞。此书被省史志办评为优秀志书。

从2005年在老年大学工作，任办公室主任、教务长、老年书画研究会会长，校刊《晚晴》副主编。在十一年间。成俊恒都是早上班，晚下班，风雨无阻。尽管自己年事已高，但视学员如亲人，烧水递茶，无微不至。事事从学员出发，为他们学习提供良好的条件。组织各类书画展览、整理学员档案、协助领导安排各项工作，真正做到了为领导服务、为教师服务、为学员服务。还积极为宣传部、县文联、老干部局、老龄委等单位征集作品参加省、市书画展，以活跃丰富群众的文化生活。

成俊恒退休之后，仍然关心着档案事业的发展。在县档案馆晋升省特级的过程中，充分发挥个人特长，为县档案馆建设广饶县爱国教育基地献计献策，并亲自设计、制作。在制作过程中，认真查阅整理资料，时常加班加点，按时完成了任务，为县档案晋升特级档案做出了贡献。此情被时任县委书记周延明发现，并给予热情的关怀和鼓励。此事迹在《中国档案报》上予以报导。2007年为县博物馆绘制吕剧之乡创始人时殿元等四人的人物肖像。吕剧创始人时殿元，早在1946年前，没有留下照片，经过与当地老人座谈、走访，根据提供的相关资料进行创作而成。原稿存于广饶县博物馆。2014年为广饶县博物馆绘制广饶县明朝进士李焕章、徐振芳、李舜臣肖像，根据石刻线条进行创作，使其达到原始肖像的真实效果。还为明朝御史成勇、清代兵部右侍郎成其范绘制肖像。为刘营村（史口镇）、西毛村绘制古庙宇、古牌坊等古建筑图形，推动了编史修志工作的深入开展。多次参加省、市、县书画展览，组织学员参加社区书画展览，带领学员下乡为群众书写春联。2005年，书法作品在北京展出，先后两次刊登在《中国名人名家书画报》上。为繁荣书法艺术和推广书法艺术，先后为众多艺术爱好者创作书法作品，以满足他们的要求。为村里修路带头捐款，为开展农村丰富多彩的文化活动，帮助扎龙、画龙衣，书写宣传标语等。2016年，开始任村志主编。

入党50多年来，始终以党员的标准严格要求自己，服从组织安排，多次被评为先进工作者和模范党员。

魏洪智　广饶县广饶街道十二村人，1954年10月生，高中毕业，自1996年至今担任十二村党支部书记。自担任村党支部书记以来，他带领村两委及全体村民开拓进取，一心为公，关注村级民生，取得了较好的成绩。先后被选为广饶县第九届、第十届党代会代表，东营市市第七届人大代表，曾荣获“2015年广饶十佳孝亲敬老楷模”，多次获得“优秀党支部书记”称号，十二村也先后被东营市授予“村务公开示范村”“育龄群众之家”称号，获得广饶县“五个好党支部”“安全文明村”等称号。

为了搞好支部团结，要始终坚持以大局为重，做到不利于团结的事不干，不利于团结的话不说，尤其是走上村党支部书记后，更是把团结作为凝聚力量的前提，坚信团结出战斗力，团结出政绩，日常生活工作中尽力维护班子团结，遇到事情都会征求每个支委成员以及群众代表的意见和看法，不搞一言堂，对于村内重大事项的决策，和群众关心的重大事情，坚持做到办事公正、处事公平、要事公开，组织在村里实行了村务、财务、党务三公开制度，增加了工作透明度，消除了隔阂和疑虑，赢得了群众的理解和支持。同时，作为支部书记，高度重视党员发展工作，不断为党组织增添新鲜血液。为确保发展新党员的质量，多次派专人调查发展对象的基本情况和以往表现情况，注重把符合条件的年轻致富能手发展成为党员。

1996年以前，十二村一穷二白，无办公地点，无集体财产，无集体收入，是镇上的落后村和贫困村。我们在全面分析本村的发展形势，拓宽思路，大力积极扶持农民发展胡萝卜、大葱种植等优势产业。同时，利用自己路熟门广的优势，主动当起全村群众的技术员、经纪人，为群众提供技术指导、业务服务，帮助农民解决农产品销售，带动群众共同富裕。根据十二村的实际情况，大力发展二、三产业，从信息、资金、贷款多方面帮助、引导村民经营二、三产业，并对土地实行了经营化、集约化的管理，土地经营所得到了村民手中，形成大农业及基地化管理模式，全村5个土地承包大户共经营土地700多亩，以订单农业、订单蔬菜为主，年销售收入达200万元以上。

在全村集体经济非常困难的情况下，自1997年开始先后带领村民多方筹资建起了一栋420多平方米的办公楼及文化大院一处，改善了办公条件。协调资金先后打机井九眼，深井三眼，新上变压器三台，为农业生产和发展经济打下了坚实的基础。自1997年，村增加固定资产投资70多万元，村集体收入20多万元，全村由原来的人均年收入900元增加到7000多元，发展了经济，壮大了集体，富裕了群众。十几年来，村民先后从村集体经济受益近百万元。

担任村干部的这些年来，魏洪智始终坚持，钱可以花，但每一分钱都要花在刀刃上。为全村百姓办事花钱值，但把钱用在迎来送往就不是村干部应该做的。他把争创"十星级文明户"作为村民争荣誉、赶先进的主要形式，把这作为党支部的一项重要工作，并且始终坚持半月一小评、年终一总评，按照户自评、代表认定、支部审核、张榜公布的程序，认真开展，规范操作，很好地转变了村级政风。十二村党支部一班人团结战斗、齐心协力，各项工作扎实运作。建立健全了民调会、治保会、治安巡逻队，先后制定了村规民约、红白理事会章程、村务财务公开制度、村务双向决策制度，问计于民、服务于民、受益于民。村民的事情村民办，先后整修村内道路3条，新建村民活动广场一处，使全村安定、团结、乡风文明、经济发展、人心正气、和谐共处。

在担任十二村党支部书记的这些年里，魏洪智尽力弘扬孝文化和敬老孝老的传统美德，在村内发起成立了敬老、爱老、孝老的"三老协会"，从经济上、精神上为老人做好事、做实事，自2011年开始，十二村发起成立了"三老协会"，旨在关心老人精神生活，解决老人经济困难，推动全村人与人之间，家庭与家庭之间以及家庭与社会之间的和谐发展。发挥个人和十二村的号召力，组织带动全村在职工作人员、村内有一定成绩的企业家为全村老年人募捐，加深了在外务工人员和家乡父老的感情，使他们既能常回家看看，又能为家乡做出一定的贡献。募捐所得款全部用于十二村的敬老爱老事业，"三老协会"会在老年人过生日时送蛋糕；在重阳、中秋、春节等节日送上慰问金；在老人生病住院时，到医院看望并送去康复金；平日村里老人和子女有家庭矛盾的及时上门调解，促进家庭和谐；提倡崇尚科学、反对迷信、新事新办、婚丧事务、一切从俭的红白事务办理原则，有力的推动了全村的精神文明建设。

# 广饶县劳动模范

范春亮　山东凯泽建筑有限公司一名普普通通的瓦工。他热爱祖国，热爱集体，热爱本职工作，遵纪守法，责任心强，敬业求实，积极钻研，勤奋进取，无私奉献，多次被评为公司的先进工作生产者。

随着施工工艺越来越先进的现实使他感到过硬的技术是保证服务质量的根本，因此他把提高施工技术当作第一要事。于是他自费购买瓦工技术要领方面的工具书，还征订了《建筑工人》《瓦工技术图解》等业务杂志，扩大知识面。

在工作中，他苦活、累活争着做，勤学苦练技术技能，很快熟悉把握了工作特点和操作工艺程序。他曾和队友讲："工作必须专心做，许多东西取决于经验。只有勤做事，勤用脑，才会有办法。"经过多年的刻苦钻研和实践，他成了砌筑工作的行家能手，精于解决各种墙体的砌筑问题。经他砌筑的墙体工程交验合格率达到100%。

做好工作离不开过硬的技术和良好的职业道德。侯光荣以过硬的技术和高度负责的精神赢得用户的信赖。对他来讲，在工作中有两件事是片刻不能放松的：一件是用"钉子"精神刻苦钻研技术；一件是"诚信"二字。他常说，只有靠过硬的技术和良好的信誉才能更好地为人民服务。

孙雪梅　广饶峰源置业有限公司客户服务中心经理，多年来积极贯彻公司领导关于公司发展的一系列重要指示，诚实守信，爱岗敬业，团结进取，勇于创新。

从业一来，自销售经理再到客户服务中心经理，一直投身于销售工作中，从销售前线到销售支持，均做到了恪尽职守，时刻以公司的发展方向为要求，辛勤工作，为公司的销售工作及客户的维系工作做出了应有的贡献。

身为销售大家庭的一员，孙雪梅始终严格要求自己，在公司举行的各项营销活动中，她积极创新，团结进取，做好公司与客户之间的沟通工作；自2013年以来，孙雪梅带领全体员工，先后完成了渤海尚城、贵和苑北区、渤海经典一、二期等项目的销售工作，销售面积达21万平方米，实现销售额11000万元，销售业绩在同期市场中均位居县城第一。

孙雪梅深知客户对于开发企业的重要性，故对于售后服务工作尤其重视，第一次销售靠产品的魅力，第二次销售靠服务的魅力，孙雪梅认真倾听客户的抱怨，站在客户的立场上想问题，提出使工作流程简化，实现最大化地方便客户；对外，要认真对待每名客户提出的意见，做到了尊重公司的每位购房业主。

从事工作几年来，孙雪梅始终坚持理论与实践、文化与知识相结合的工作理念，她坚持没有最好，只有更好，不管在哪个工作岗位，她都以身作则，严格要求自己，孙雪梅在同事中是大家学习的榜样，在领导眼中她是一个可以值得信任、赋予重任的好同志。她在向大家传递着我公司"与时俱进、求真务实、沟通协作、追求卓越"的企业精神。

王芳　广饶街道中心幼儿园园长。坚持开拓创新，切实提高幼儿园的管理水平。秉持"个性化发展，生活化教育，和谐中成长"的办园理念，形成了"实施快乐教育，塑造完整儿童"的办园特色，健全完善了《广饶街道中心幼儿园绩效奖惩考核办法》等24项管理制度及考评细则，实现了学校管理的制度化、规范化。近3年来，幼儿园先后获得省级示范幼儿园、省级认定街道中心幼儿园、东营市三八红旗集体、东营市教育现代化学校、东营市星级平安校园、东营市幼儿园特色教育活动先进单位、市级卫生先进单位、东营市幼儿园特色活动展示优秀单位、县教育工作先进单位、县级区域活动优秀园所，幼儿园在县2014年度事业单位绩效考核中被评为A级单位。

“春蚕到死丝方尽，蜡烛成灰泪始干”是王芳的座右铭，工作中她以新思路、新方法来指导教学，努力使自己成为业务领域的行家里手。近年来，王芳先后获得市学前教育工作先进个人、全市教育系统安全工作先进个人、市实施学前教育三年行动计划考核先进个人、县教学能手等荣誉称号。

王芳同志把廉洁自律作为立身之本，时时刻刻用共产党员的标准严格要求自己，要同志们做到的，自己首先做到。对同志精诚团结，对工作兢兢业业，不以权谋私，脚踏实地，干一行，爱一行。

王兵　山东齐成石油化工集团有限公司董事长、总经理。从2009年8月短短的几年时间，王兵团结和带领公司全体员工，将齐成石化从最初单一的油品流通业务，发展成为总占地面积达2000余亩，拥有员工1500余人，集石油化工、精细化工、油品贮存流通、汽车运输等于一体的综合性民营企业，一次性原油加工能力430万吨，年综合油品加工能力1100万吨，走出了一条让业界都为之惊叹的齐成特色发展之路。

在发展壮大的同时，王兵始终把践行社会责任作为企业发展的根基和源泉。积极参与新农村建设，筹措资金200余万元实施了街道及胡同的硬化、绿化、美化，新建文化大院和文化广场。帮助贫困户、贫困家庭寻找脱贫致富的路子。先后成立广饶县俊国沼气合作社、颜华草莓种植合作社、奥程循环农业合作社，发展草莓大棚300余个。从2009年开始出资为60至70周岁的老年人参加新农合(70岁以上由政府统一负责)，为420名50至80周岁的老人购买“银龄”安康保险。每年春节村里的老人们都会收到他的礼物，慰问金、食用油等，人均价值500余元。同时，他还设立了齐成石化奖学金，积极参与“心愿直通车”“公益成才计划”，帮助贫困学子成长、成才。捐资助学，扶老济困，赞助各种公益活动，累计达数百万元。

“干一件事情，要么不干，要干就要干到底，并要干好。做人，做事，要有永不放弃的精神。”一直以来，他就是这样凭着自己对事业的那份执着追求，诠释着自己的人生价值。

李卫国　山东恒丰橡塑有限公司班组长。他从一名普通员工干起，经过自己不懈努力迅速发展成为公司一名班组长。一直以来他始终坚持公司利益至上、爱厂如家，把个人的成长进步融入公司的发展之中以饱满的热情和积极的态度，出色完成各项工作任务。对工作认真负责、任劳任怨、不计个人得失。他不仅及时地完成车间领导布置的各项任务，而且与班组同志相处融洽，亲如一家，在工作和生活中对大家关爱有加。

工作中爱岗敬业、吃苦耐劳，勤奋好学。始终工作在最前沿，为了搞好工作，不怕麻烦细心观察实验的现象，向领导请教向同事学习，自己摸索实践。工人有遇到困难的，他总是及时伸出援手，忙前忙后、嘘寒问暖，帮助解决困难、渡过难关，让工人感受到了公司家一般的温暖。他经常强调职工“爱队如家，勤俭节约”绝不允许有浪费现象。调试工艺指标，提高产品合格率，优化生产设备，降低生产成本，提高生产效益。每班仔细观察数据变化，收集消耗数据，他经常强调职工“爱队如家，勤俭节约”绝不允许有浪费现象。在工作中，合理组织用工，职工学技术、争先进的积极性得到明显提高。同时大胆的让新人挑重担，将他们安排在重要的岗位上锻炼，充分调动了新工人学技术的积极性、主动性。

他工作作风严谨，为人正直，遵纪守法，有高尚的品德和良好的精神风貌。能做到办事不推诿，遇事不回避，做到不贪不占，不损坏集体利益，清正廉洁。为了充实自我，将自己锻炼成德才兼备的好干部，树立自己在群众中良好威信，李卫国视学习为自己的第二工作。在工作学习之余，他耐心向其他党员学习，努力改造自己的人生观、价值观，让自己始终和群众紧密结合在一起，做群众的带头人。他深知从事产品生产，方方面面的工作细节比较复杂，环节多，安全管理需要更加细致。他严格要求职工按岗位标准化作业，严把安全质量关，确保全班职工安全无事故，从而促进了班组整体水平的不断提升。他的严于律已也让车间的同事敬佩不已。

要想干出一番事业，总要付出过人的心血和汗水。李卫国同志凭着对事业的执着追求和敬业精神，以他的实际行动在平凡的岗位上默默奉献着自己的青春和热血，用创造和实干谱写辉煌。

许光清　信义集团副总经理，负责东营山信新型材料有限公司工作，在生产经营中，他以市场为导向，适应经济发展的新常态，积极拓展营销思路，以提高经济效益和公司管理水平为总抓手，各项工作一直实现了稳步向前发展的良好局面。

许光清政治素质强，思想端正，坚决拥护中国共产党的领导和社会主义制度，严格遵守国家法律法规，拥有强烈的事业心和责任感。工作上勤奋工作，精益求精，奋发进取，开拓创新，不断提高企业经济效益和发展水平，带领公司取得了一个又一个辉煌的成绩。在他的带领下全体员工团结一心、敬业爱岗，多次被信义集团公司评为“先进集体”荣誉称号。在2015年6月获得公司“先进标兵”荣誉称号。

在生产经营管理中，靠科技创新提升产品质量和市场竞争力，驱动企业健步发展。新型材料有限公司自主研制的陶瓷片核心材料钛酸盐片晶、钛酸钾晶须产品属专利产品，被国家科技部立项为科技创新项目。该产品集产学研于一体，能改善摩擦系数的稳定性，减小磨损，提高耐热，避免噪音，保证刹车平稳，并能增强塑料复合材料的机械性能，填补了国内空白，打破了日本企业在陶瓷刹车片产业方面的垄断，使公司在陶瓷刹车片的研发生产上实现了质的飞跃。信义陶瓷刹车片以其使用寿命长、噪音小、环保等品质，获得市场广泛认可，市场占有率和市场竞争力得到很大提高。

许光清在发展经济过程中不断引进先进生产设备和先进技术，利用新配方、新工艺、新技术，不断提高产品的科技含量、附加值和市场竞争力。积极开发新市场、新客户，加大对外销售的力度，新材料公司实现了给多家客户进行批量供货的稳定局面。通过参加国内外大型展会、投资洽谈会等方式积极拓展国内外市场，取得了满意的成效。强化质量管理，提高产品竞争力。质量是企业的生命，提高产品质量是企业生存发展的根本之路。积极开发新市场、新客户，加大对外销售的力度，新材料公司实现了给多家客户进行批量供货的稳定局面。通过参加国内外大型展会、投资洽谈会等方式积极拓展国内外市场，取得了满意的成效。通过创新营销模式，充分发挥“互联网+”等新途径，为产品谋求更广大的市场空间，助力企业转型升级，实现快速发展。公司在确保兄弟单位首先供应的前提下，国内市场有了新的突破，新增多家客户，同时国外合资客户也陆续订货。

面对国内外持续加大的经济下行压力，许光清在公司发展中以提高发展质量为中心，坚持务实高效，稳中求进的方针，转变经济发展方式，按照“质量效率型集约增长”的发展方向，科学谋划，优化整合，对产业结构、经营项目、管理模式等方面进行了调整，使发展结构不断提层次、上水平，生产经营总体运行平稳，各项经济指标实现了较大幅度的增长。

魏凤兰　大王镇中心初中副校长。多年来，坚持开拓创新，与时俱进，完善健全了学校的各项管理，加强了对青年教师的指导培养，提升了学校教研教学水平，为学校发展做出了突出贡献。

该同志爱岗敬业，教书育人，实现自身价值。自参加工作以来，在教学岗位上她勤勤恳恳、兢兢业业，尽心尽力做好本职工作，坚持用以德育人的教育理念引导学生和教师的成长。该同志勇于探索，研究教育；更新观念、科学管理，创设特色名校；落实科研兴校，培养学校特色。

一份耕耘一份收获，付出伴随着的是硕果累累。她执教的优质课《清朝前期经济的发展和闭关政策》，公开课《和同为一家》、《美国经济的发展》获市县一等奖；撰写的论文《开展校本教研打造效益课堂》《浅谈信息技术与历史学科的整合》《浅析中学科研工作的实效性》《宽容之中显真爱》,案例《宽容之中显真爱》,课件《和同为一家》在国家、省、市、县教育教研成果评比中分获一等奖;她所承担的四项省、市立项的教研课题的组织和实验工作,分获得省、市一等奖;师德年度考核年年优秀,2003 年被评为县优秀教师和骨干教师,2007 年加入东营市教育学会,2010 年复评为市教学能手,2012 年被评为“广饶县初中历史学科带头人”,2013 年被评为“广饶名师”“市初中历史教学教研评选工作专家”“东营市初中历史学科带头人”;多次被县镇评为“教学管理工作先进个人”;2012 年至 2014 年连续三年被评为“优秀县人大代表”。学校也连续多年被评为广饶县素质教育先进单位、县教学管理先进单位、县职业教育工作先进单位,中考成绩连续多年名列全县前茅。

李来玲　大王集团董事长,主持大王集团日常工作,负责全镇企业管理、参与企业金融风险防范和化解工作。自 1983 年参加工作以来,该同志立足本职岗位,勤勤恳恳、扎实工作。尤其是 2013 年以来,面对经济下行压力和繁重的发展任务,该同志带领大王集团全力盯靠企业金融风险防范和化解工作,有效缓解了企业资金压力。依托镇内产业链条和优势,引导企业顺势而为,借势借力走出困境。促成了胜星公司与中机国能、沃森公司与恒丰公司、天通公司与恩诚公司合资合作;华轮公司与华诚集团的合资合作取得实质性进展;加快了恒宇公司、江山公司等生产经营困难企业的脱困步伐。多渠道筹措资金,设立了总规模 4.9 亿元的企业发展助力基金,累计为 78 家企业提供过桥资金 424 笔,总额 51.11 亿元。围绕解决中小企业融资难的问题,与建设银行合作,创新开展了“助保贷”业务,先后为泰盛公司等 11 家企业提供了 5500 万元贷款。对行业关联度大、资产负债率高、担保关系复杂的企业重点关注,及时进行预警。同时,积极与有关单位对接,严厉打击集资诈骗、恶意逃债等违法犯罪行为,维护了良好金融秩序。引导企业通过兼并重组、合资合作等方式走向资本市场,实现资源优化配置,促进企业标准化、制度化、规范化发展。进一步提升大王集团担保能力,规范大王集团担保行为,最大程度地减少担保风险,提高集团的诚信度和信用等级。多年来,该同志带领大王集团一班人马,凝心聚力、担当创新,推动大王经济不断实现新的发展。

李晓亮　李晓亮于 1994 年创办了广饶县大王拔丝硫磺粉厂。在李晓亮的辛勤付出和正确决策下,拔丝厂一步步发展壮大,由一个小作坊逐步发展为年产值达 10 亿元人民币,利税共计 5600 万元人民币并在齐鲁证券挂牌的山东大王实业股份有限公司。

山东大王实业股份有限公司占地面积 300000 平方米,拥有总资产 8.2 亿元。公司有职工 400 余人,其中,中高级职称工程技术人员 40 余人,行业专家 12 人,外聘高级工程师、专家 6 人。公司于 2008 年通过了 ISO9001:2000 质量管理体系认证,并于 2012 年通过了 ISO9001 质量管理体系、ISO14001 环境管理体系和 OHSAS18001 职业健康安全管理体系三体系认证。实现年产值 10 亿元人民币,利税共计 5600 万元人民币。

这些年来,李晓亮一直兢兢业业干工作,尽职尽责谋发展;企业在不断发展壮大的同时,不忘社会公益事业,真正做到“致富思源不忘本,回馈社会多报恩”,多年来,每年帮扶一个贫困村;在九九重阳节时,组织王西村老人观看电影且给每位老人发放精美、实用的礼品;出资帮助王西村村委修路;同时积极响应镇上的各种爱心捐款活动,积极带领员工参加“慈心一日捐”、爱心献血等等。

李晓亮不仅带领员工们积极参加社会上各种爱心公益活动,同时积极响应大王镇“三年增绿、建设绿色乡镇”的号召,在大王林场开辟了占地 200 多亩的“大王实业林场”,并先后引进国槐、法桐、白蜡、樱花等苗木,对其精心培育,每逢春夏,大王实业林场展现一幅勃勃生机、生机盎然的美丽画卷。

闫志刚　山东鲁宁集团副总经理。参加工作以来,始终脚踏实地、勤勤恳恳、默默奉献，把所有的精力和热情都毫无保留的投入到工作当中。工作中严格要求自己，精益求精，追求卓越，狠抓公司管理，为公司员工起到了良好的模范带头作用，同时以个人的能力取得了较大的进步和提高，用实际行动赢得了广大职工的认可，得到了各级领导的肯定。

闫志刚政治素质高。本人具有坚定的共产主义信念，较强的政治责任感。平时注意学习党的理论、方针、政策，时刻保持与党中央的高度一致，自觉地与歪风邪气作斗争。工作中，能刻苦钻研业务知识，善于敏锐洞察新的形势，把握时代的脉搏，自觉锤炼，具有不断增强做好组织工作的能力。几年来，他就是这样一丝不苟，兢兢业业，认真工作，经常受到领导和同志们的好评，为自己积累了较为丰富的工作经验，并具备了较强的业务水平。

多年来，闫志刚始终以较强的驾驭能力和良好的沟通能力开创工作的新局面，始终严格要求自己，立足本职岗位，脚踏实地做好每一项工作。工作中狠抓产品质量管理，在生产经营中，他敢为人先、永争一流，视产品质量为生命。对待工作，他坚持的原则是滴水不漏，发现质量问题，不手软，不留情，坚决返工。严格的管理，勇于创新的理念，铸就一个个精品，给公司产生了良好的经济效益和社会影响。

一份耕耘一份收获，正是因为他饱满的工作热情，执着的敬业精神，严谨的工作态度，才能使他能够较好地完成了各项工作。在职工中树立了较高的威望，赢得了各级领导的好评。

马晓光　先后担任语文教师、班主任、镇教育团委书记、镇实验中学副校长、校长、镇教育办公室主任等职务。2005 年 7 月，在稻庄镇实验中学教育质量处于低谷的时候，他临危受命出任学校业务副校长，在短短一年时间内，使得学校各项工作获得了极大的转变，2006 年学校的中考成绩也由全县倒数跃为全县前列，之后连续六年取得全县第一名的优异成绩。稻庄镇实验中学已经成为全县教育的一颗明珠、一面旗帜。

他始终坚持以身作则，在工作中不断取得的骄人的成绩。作为一名校长，马晓光对自己的业务水平要求极高，不断地提出新的目标。为了提升自己的水平，他积极主动地寻找机会去参加各种培训与学习，不断提高自己的业务知识水平与教育教学能力。他先后多次参加北京师范大学等举办的骨干教师、校长培训学习。他撰写的论文分别获国家级奖项、市级一、二等奖。他先后担任了全国教育科学“十五”规划国家重点课题及省重点课题的主持人并取得了丰硕的成果。他曾参编和主编多部教育教学专著。曾获得广饶县师德标兵称号、全市先进教育先进工作者、全国百名科研创新校长、广饶县名校长、全国德育科研先进工作者称号。

在工作中，他特别注重工作创新。2007 年，他倡导课堂教学改革，创建的“滚动式 · 双环节”和谐高效课堂的教学模式得到了市教科院、省教研室的高度认可。2011 年 11 月，他推广的“选课走班”的成功经验被确立为市级特色项目，多次被东营教育电视台、省级刊物、报纸及众多网络媒体所报道，在省内外都有较大的影响。

从教二十年来，马晓光非常注重发挥集体的力量，他带动所负责学校成员协同作战，共同拼搏，创造了一次又一次辉煌的成绩，极大提升了学校的办学效益与水平。

刘关锋　中级经济师，历任广饶农商行大王桥分理处主任、大王支行外勤副行长、稻庄支行外勤副行长、陈官支行行长、李鹊支行行长，2016 年，为广饶农商行稻庄支行行长。该同志自参加农信社工作以来，为辖内当地经济发展做出了重大的贡献。自任职以来，他立足本职、兢兢业业，自强不息、求实奋进，打开了工作局面。凭着自身的人格魅力，严于律己，以身作则，以创新进取的姿态和优良的作风，紧紧围绕“支持三农、服务三农”的宗旨带领稻庄支行创造了一个又一个辉煌。稻庄支行先后被共青团山东省委评为“青年文明号”，还获得了市级“先进集体”“文明服务单位”“精神文明建设先进单位”等荣誉称号。面对我国经济新常态，针对稻庄镇企业现实情况，勇于担当，积极推行中小企业应急转贷资金项目,始终为企业健康发展着想,携手企业,共渡难关。他始终以优秀共产党员的标准要求自己,认真学习,积极探索,提出了“人无我有,人有我优,人有我新”的工作理念,促进了该支行各项工作稳定、健康、快速的发展。至2015年12月末,该支行全年各项业务收入16886.22万元。各项存款余额为147511.74元,较年初上升20918.04万元,日均存款余额139841.89万元;各项贷款余额达到了195704.13万元,比年初增长34435.82万元;发放齐鲁惠农一本通种粮直补14073笔,金额999.56万元,有力支持了当地社会经济的发展。

武金章 广饶县稻庄镇南塔村党支部书记,之前在村内会计,2014年11月份村两委换届时当选为南塔村党支部书记。他认为自己能够当选,是广大村民和党员对他的最大信任,干就干好,下定决心,把压力变为动力,把各项工作干出成色、干出新气象,一定要干出点实事,来回报乡亲们的信任。于是他就重点走访了村里的老党员和村民代表,征求他们的意见和建议,认真梳理他们反应的问题。通过走访,他了解了全体村民对于改善村庄环境面貌有迫切的要求。于是他首先组织两委班子成员商量,然后召开了全体党员和村民代表会议,决定从改善村居环境开始,整治村容村貌着手,通过兴办惠民实事,来赢得群众的信任和支持。说到治理村庄环境,启动资金是关键,他作为一个支部书记,在全体党员大会上对村庄环境整治和建设做了计划汇报,并带头拿出60万元,垫支村庄建设。在他的带领下,相继有6名党员和8名群众分别每人拿出60万元垫支搞村庄建设,就这样有了900万元的启动资金。再就是积极争取上级公益事业一事一议奖补政策和镇党委、政府基础设施建设补贴政策,以及市下派工作组的帮扶,这样村庄建设资金问题就解决了。

2015年他带领群众疏通池塘,疏挖外运垃圾58000立方米,每天动用大型挖掘机3部、翻斗车30辆,干了2个多月才完成,并搭建了16座风景石桥,旧日的臭水沟,变成了3条景观水系。硬化道路路面12000多平方米,铺设花砖3万多平方米,池塘草坪砖35000平方米。架设路灯、景观灯116盏,粉刷墙壁8万多平方米,相继投资1650万元。通过与山东农业大学的合作,依托有利位置,积极流转土地,已流转土地800亩,用于搞蔬菜采摘,大力发展设施农业观光和生态建设,带领村民走出发家致富路。昔日的破烂后进村变成了远近闻名的文明先进村。

李世瑄 东营齐润化工有限公司副总经理。多年来,他兢兢业业,工作中勇挑重担,从一名普通的工人成长为公司的业务骨干、副总经理,赢得了广大干部职工的赞誉,多次获得公司突出贡献先进个人、优秀管理者、共产党员标兵等称号,获得2015年东营市五一劳动奖章。

多年来,李世瑄始终把学习作为做好工作的首要条件,努力学习党的基本路线、政策法规,积极参加党课教育和各项专题教育,联系实际撰写心得体会。在业务学习上,积极学习原料检验的相关标准,认真审查所进原料的性质。工作中,他结合业务工作实践,坚持岗位练兵,虚心向行家求教。工作之余,他坚持自学,利用业余时间,攻读了鲁东大学大专学历,并在工作过程中学以致用,受到企业领导和同事们的一致好评。

“在岗就要爱岗,爱岗就要敬业”。在工作中,他坚持出满勤,把心思和精力都用在了工作上。主动承担先进班组创建、职工教育培训、思想政治工作、劳动考勤等工作;同时,在原料罐区扩建、卸油台改造撰写合理化建议,面对原料检验同经济效益直接挂钩的现实,他深入一线调查研究,掌握第一手资料,出色的提出了原料检验工作更加严格的工作标准和更加完善的工作方法,保证了原料输入的质量,为生产的持续稳定发展打下了良好的基础。

李世瑄以身作则,关心身边新职工的工作和生活。对新入职的大学生,亲自进行专业指导和培训;在新员工实习期间,作为优秀导师与新员工签订师徒协议,并进行一对一辅导和帮助;对外地及离家路途比较远的职工,作为一名部门领导，他从吃饭住宿、到业余生活等多方面都给予特别关照，与职工谈心，帮助他们解决困难，对他们关怀备至，进一步增强了所在部门职工凝聚力，激发了他们的积极性，原料科的各项工作，连续多年在部门评比中获得优异成绩。

多年来，李世瑄扎根齐润，立足本职工作，为了铸造自己的事业，呕心沥血、苦干实干、无私奉献，他凭着对工作高度负责的态度和执着敬业的精神，深深的感染和激励着身边的每一位同志，起到了模范带头作用，在平凡的工作岗位上，做出了卓越的成绩。

常怀营　丁庄镇常寨村党支部书记。自2013年以来，他努力学习宣传贯彻执行党的路线、方针、政策，积极带领群众发展经济、奔小康。他注重抓党建、筑和谐，注重基础设施建设，改变村容村貌，注重经济建设，改善全村经济状况。多年以来，常怀营在平凡的岗位上，扎扎实实工作，默默无闻的奉献，干出了不平凡的成绩，多次被评为优秀村干部，得到了上级党委、政府和当地群众的认可。

为了搞好支部团结，他始终坚持以大局为重，做到不利于团结的事不干，不利于团结的话不说；不搞一言堂，对于村内重大事项的决策和群众关心的重大事情，坚持做到办事公正；处事公平，事事公开。按照镇党委的安排，坚持每月15日组织全村党员进行学习，使每个党员增强了责任，坚定了信心。

2013年上半年投资100余万元对村内主街道进行了硬化，安装路沿石、铺设花砖。2013年下半年投资140余万元对村东进村路进行了拓宽改造，极大了方便了群众出行。2015投资150余万元建设了村南进村路，对村内巷子进行了改造升级；同时投资40万元对河南幼儿园进行了改造；投资30余万元新建了村内卫生室。极大方便了群众就医和孩子教育。

2014年，为改善农业排灌条件，解决农业用沟渠排灌不通畅、浇灌不方便的生产问题，常怀营带领两委班子，在实地勘察的基础上，提出了对全村田地沟渠普遍疏通一遍的计划，带领一班人，放下家中的事，盯靠在一线，利用两个多月时间，对全村沟渠疏挖了一遍，全长达11000余米，彻底实现了旱能浇、涝能排的目标，受到了全村村民的广泛赞誉。全村土地统一浇灌，节省了大量劳力，使更多的村民腾出时间从事二、三产业，从而增加了农民收入，得到了村民的拥护。

在日常的工作当中，常怀营时刻关注低保户、困难户生活状况，为他们解决生活中的困难；在各种自然灾害来临时，亲临现场，排查险情，确保群众财产不受损失。春节期间，代表组织关心慰问老党员，老干部和困难家庭，对矛盾纠纷及时排查、调解，把矛盾及时化解在萌芽状态，确保社会治安稳定。

李海峰　山东新兴物流有限公司副总经理，高级物流师。李海峰参加工作以来，端正自己的思想，认真学习业务知识，短期掌握工作流程，加强对一线员工的业务培训，特别是2014年8月铁路专用线份开工建设以来，严格按照施工方案科学施工，努力克服工期短、任务重等不利因素，确保了铁路专用线工程高速度、高质量顺利推进。2015年6月9日铁路专用线正式通车运营后，李海峰在工作中大胆管理，严格按照要求管控人员、现场、设备，把安全隐患降到最低点，大幅度压缩了企业物流成本，实现物流服务一体化运作，使山东新兴物流有限公司的交通、区位优势和产业集聚发展优势更加凸显。

公司制度管理方面，李海峰进一步加强规范化管理，逐步完善了公司的规章制度。在他的带领下，公司组织编写完成了《公司人力资源管理规定》《物资采购管理规定》《工程鉴证管理规定》《安全生产管理制度》等一批规章制度，并汇编成册，为企业的长足发展提供了制度保障。

同时，李海峰进一步创新工作流程，创造性的提出每班卸一列，按卸车列数及吨数考核的原则，充分调动了员工的工作积极性；在李海峰的带领下，铁路运营部全年共安全卸车245列，合计卸油62万多吨，无任何安全事故，给公司创造了较大利润，为员工解决了就业的难题，得到了公司员工的一致好评。

刘桐岭　广饶县李鹊镇小张村村民。自1987年起，他开始从事蔬菜、粮食购销生意，凭着肯吃苦、不服输的劲头，成为了远近闻名的致富能人。2010年刘桐岭带头成立了广饶汇通粮食种植农民专业合作社，合作社成员人均增收9500元，比未入社农户增收30%以上。刘桐岭是李鹊镇人大代表，广饶县首届乡村之星，第三届东营市乡村之星，2013年被中粮集团小麦加工事业部聘为战略委员会委员。

刘桐岭为带动当地农业产业化的发展，依托李鹊镇优质小麦基地，通过土地流转建设粮食高产示范基地，带动村民从事优质小麦种植，帮助农户引进优良品种，推广先进农业生产技术，组织实施规模化生产，实行统一耕地、统一供种、统一播种、统一配方施肥、统一病虫害防治、统一回收的“六统一”耕作模式，可辐射带动250000亩优质小麦种植。同时，主动与中粮集团结成战略合作伙伴，带领农户签订小麦订单，确保广大农民增产增收。

为更好的服务农业生产，刘桐岭投资建设了为农综合服务中心，为老百姓提供农资配送、配方肥直供、统防统治、农业机械化作业服务、农技信息咨询、大田托管服务，不断拓宽社会化服务领域，引导农业集约化经营，解决了经营分散、组织化程度不高的问题，为农业产业化提供了广阔的空间，带动了机械化耕作及新技术、新品种的推广使用，提高了农业生产效率。

刘桐岭致富不忘回报社会，勇于承担社会责任，积极参加社会公益活动，在扶贫济困、捐资助学、慈善捐款、抗震救灾、新农村建设等方面慷慨解囊，弘扬社会正能量，展现了积极奉献的社会主义新时期的农民新形象。

成建光　山东飞雪粮油食品有限公司副总经理，自经营面粉加工企业十几年来，积累了丰富的企业管理经验和高超的专业技术能力。

成建光在企业管理中坚持精细化管理，对生产中的各个环节严格把关，开源节流，勤俭节约，避免浪费，使企业在严峻的市场竞争中逐渐做稳做大；对员工坚持人性化管理，一切以员工利益为重，让员工有一种“入厂如到家”的感觉。在专业技术能力方面，对于制粉的整个过程他都能熟记在心，并能够结合企业的实际情况对设备和技术进行研发升级，使企业在制粉设备和研发力量上始终走在同行业的前列。

作为农产品加工行业的领军人物，他深知农业是我们的立国之本。为了进一步发展壮大自己，继续为农民增收多做贡献，他给公司制订了具体的目标：3年之内小麦粉加工能力达到40万吨，优质小麦种植基地达到20万亩，形成利益联结机制农户达到1.6万户；其他粮食作物如大米、小米等加工能力达到5万吨，带动相关种植面积2万亩，形成利益联结机制农户达到2000户；面条、冷冻食品等食品深加工能力达到年产3万吨，进一步提高农产品的科技含量和附加值，为广大农户争取更大、更多利益。

2012年5月公司生产的“农丰乐”牌小麦特精粉，被山东省粮食行业协会授予“放心面”称号。2013年9月份公司被广饶县粮食行业商会授予理事单位。2014年3月公司被大码头镇党委政府授予“安全生产工作”先进单位，“农业产业化工作”先进单位，“招商引资工作”先进单位。

2015年成建光本人多次被大码头镇党委、政府评为“优秀共产党员”“综治工作先进个人”东营市乡村之星等荣誉称号。

房诗宝　2011年5月担任房家村支部书记、村委会主任期间，从服务群众，为群众做好事、办实事入手，扎实开展工作，通过努力工作，房家村的经济和社会各项事业取得了长足的进步。

为了更好的带班子带队伍，他提出了有创新意识的目标：以人为本创先进，服务居民做表率。即勤奋工作，做农村干部的表率；发挥作用，做党员的表率；创先争优，做同行的表率。提出了以自治管理家园、用活动提高素质、强服务凝聚民心、用文化陶冶情操的工作思路。房家村严格按照上级要求，强化村级班子建设，努力打造一支干事创业的村“两委”班子。严格党员的教育和管理，提升党员队伍素质，充分发挥房家村党员队伍的先锋模范作用。

近几年以来，房家村投资500

余万元，先后建设道路8000米，衬砌路边沟5000米，建设文化广场1000平方米，植树绿化10000余株，实施了电网改造工程等。2016年，房家村充分利用上级政策扶持与自筹资金相结合，投资150余万元建设了医疗、养老、办公于一体的综合服务楼一处。解决了村民的就医和老年人的日间照料问题。

近几年，房家村开展土地流转、成立合作社、建设家庭农场、建设良种示范田等方式，先后成立了养殖合作社5家，家庭农场1家，建设良种示范田300余亩。通过努力，房家村人均增收2000余元，实现了共同致富的目标。

房家村通过近几年的积极努力，先后荣获2016年大码头镇村级综合考核第一名，2012年广饶县“十佳党支部”、2013年省级乡村文明行动示范村2015年省级卫生村等荣誉称号。

门秋令　东营市康森秸秆制品有限公司副总经理。作为一名中共党员和公司管理人员，他努力学习、积极工作，充分发挥好公司领导人员的模范带头作用。

该同志在业务技术上，刻苦钻研，积极进取，先后向国家知识产权局申请并授权了4项实用新型专利，带领他的创新团队，从简单的生产一次性秸秆纤维餐饮具到生产一次性“可降解”的秸秆纤维餐饮具迈出了创造性的一步。将一根根被农户废弃、甚至就地焚烧的秸秆创造为一条条的“黄金”！公司的秸秆纤维一次性餐饮具已销往美国、俄罗斯、日本等多个国家和地区。公司先后成为“东营市农业产业化重点龙头企业”“东营市科技型企业”“东营市十佳技术创新企业”“山东省高新技术企业”等等。

该同志还是“广饶县钓鱼协会”和“广饶县康森农作物秸秆利用农民专业合作社”的发起者，并担任2个民间组织的会长职务。广饶县钓鱼协会先后与广饶县旅游局、广饶县电视台合作组织休闲垂钓比赛多次，为广饶县的孙子文化旅游发展起到了相应的宣传推荐作用。广饶县康森农作物秸秆利用农民专业合作社的成立使更多的农户认识到农作物秸秆的价值所在，减少与杜绝了因秸秆就地焚烧、废弃带来的环境污染问题。

该同志在工作中勤勤恳恳、任劳任怨，用自己的辛勤和汗水换得公司建设的顺利进行，学习上他是先进分子是优秀代表，工作上他是好同志好榜样，生活上他是亲密挚友是好大哥。他用自己的实际行动诠释了一名广饶人甘于奉献、爱岗敬业的优秀品质，诠释了广饶人勤恳、敬业、创新的精神风貌。

吴军良　神宇集团董事长。集团旗下有山东神宇机械制造有限公司、山东荣泰新材料科技有限公司、山东金沃耐火材料科技有限公司等多家子公司。吴军良获得过“十佳民营企业家”“先进工作者”“科技先进个人”“企业管理先进经理人”“劳动模范”的荣誉。他的企业同样也获得了“国家质量达标企业”“先进私营企业”“质量管理达标企业”等一系列荣誉。

自参加工作以来，吴军良始终以企业为家，兢兢业业，废寝忘食，一心扑在工作上。凭着多年的工作经验和管理经验，由原来的单一产业逐步发展成跨行业、多元化的集团式企业。创业以来，他就将“诚实做人、守信经商”作为办厂的宗旨，不当阔老、不做奸商，以淳朴厚道、诚信正直的品行与人打交道。“诚实做人，守信经商、亲民爱民、互惠互利”已经成为神宇集团独具特色的经营风格和企业文化。

神宇机械公司所在的广饶县十二村设立有“三老协会”，以敬老、爱老、孝老为协会宗旨，深受广饶县各级领导和村民的好评。自神宇机械公司成立以来，吴军良多次以个人和企业的名义为协会捐款，支持协会活动。

吴军良认真贯彻落实科学发展，不断完善企业管理制度，坚持“以人为本、以诚立信”的企业理念。他克服重重困难，在危急和逆境中勇敢面对，大胆进行科技创新，使得企业一步步稳固，不断增强企业的抗风险能力。

他热心于公益事业，不计个人报酬、不图回报、不图索取、自愿为社会和他人提供便利和帮助，是一个致富不忘回报社会、努力实现梦想、追求远大目标的人。

燕东雁　2014年3月之前，在山东华星石油化工集团有限公司项目部担任副主任，积极参与各项项目建设，严把项目建设质量关，从未出现任何差错。2014年3月，担任山东麟丰化工科技有限公司项目部项目经理，时刻牢记“安全第一，预防为主，防治结合”的原则，第一时间发现并制止施工人员与本单位职工的不安全作业行为，并严格要求施工单位前期安全培训工作。为尽快完成项目建设，燕东雁经常加班熬夜，与单位一线职工同吃同住，特别是在公司5万吨/年高纯度正丁烷项目前期，更是废寝忘食，原本一年多的施工期在短短半年时间内完成，施工质量却没有丝毫减损。项目建成后，燕东雁并没有放松对自己的要求，而是更加认真地对各项设备进行复检，为安全生产提供有力保障。同时，亲自督导陈官循环经济示范园污水处理厂项目的施工与建设，为陈官循环经济工业园污水处理达标排放提供了强有力的保障，也为当地的环境保护事业贡献了一份自己的力量。2016年，更是废寝忘食地致力于单位内废酸再生装置的建设施工中。废酸再生装置不仅仅符合环保标准化的要求，更是废物再利用、节省化工资源的重要装置。所以，燕东雁在严把项目质量关的同时，也在为国家节省资源奉献着自己的一份力量。燕东雁在积极投身工作的同时，更是严格要求自己。多年与众多施工单位接触，无论是项目投标还是项目现场施工过程中，从未向施工单位索取一分一厘。无论何时何地，总是把质量放在第一位。燕东雁这种爱岗敬业、廉洁奉公的职业精神深深地感动着山东麟丰化工科技有限公司的全体员工。

张乃升　广饶县陈官镇斜里村村支部书记、主任。充分发扬民主，以制治村，领着群众干，做给群众看。大事小事，由党员群众代表会议定，严格按照“四议两公开”的程序及内容，将日常工作纳入科学管理化的轨道。注重村级公益事业发展。村里工作规范了，他便抓住机遇，加快发展。该村最大的优势就是离镇政府近，镇西扩区建设需要该村南土地，他带领干部群众，紧紧抓住机遇，按照“四议两公开”程序，统一思想，确定土地流转的方案，顺利流转土地492亩，不仅支持了新型城镇化建设，也为村集体带来了收入，更为村民发展致富创造了机会。在广泛征求群众意见的基础上，上任以来先后硬化村内主要街道、小巷2.4千米，衬砌排水沟5千米，栽植绿化树木4000余株，安装110余盏，新建了文化广场，方便了群众生产生活。他积极引导村民调整产业结构，带领村民致富奔小康。帮群众选致富路子、提建议，建设占地300余亩养殖小区1处。2015年下半年又新上苹果种植示范园1处。他注重化解矛盾。充分发挥老党员、老干部作用，严格村级管理制度，坚持带班值班，服务群众，及时解决群众生产生活中遇到的困难和问题。严格要求自己，不贪不占。无论是外出联系项目、筹措资金，还是具体到为群众服务的每一件事情，自己从未从集体中报一分差旅费、招待费。

张龙强　自1987年10月参加工作以来，先后从事操作工、班长、车间主任、副总经理、总经理等岗位，任山东东方华龙工贸集团有限公司石化公司总经理。2012年2月被广饶经济开发区评为安全生产工作先进个人，2013年2月被广饶经济开发区评为优秀党员和安全生产工作先进个人。张龙强思想端正、开拓进取、刻苦钻研，他以极大的热情和钻劲，学习专业的知识，将学习内容融会贯通，总结出了自己独特的工作方法指导生产，在优化操作、节能减排方面做出了巨大贡献。他先后提出20多项大的改造方案，在他坚持下有7项新技术在公司率先应用，大大提高了装置安全性，减少了污染，获得了极大的经济效益。他注重创新管理，引入各种先进的管理机制和办法，不断加强干部职工队伍思想政治教育和业务培训，培养出一支业务素质高、组织纪律性好的优秀职工队伍，为企业发展储存了宝贵的人才资源。他爱岗敬业、无私奉献，自参加工作以来，以高度的责任感、使命感，立足自身岗位职责，长期坚持与一线操作人员交流，他“白加黑”“五加二”把大部分精力盯靠在安全生产上，顶严寒，冒酷暑，盯靠在生产一线，为企业安全生产和平安稳定打下了坚实的基础。多年来，他多次提出合理化建议并进行技术改进，取得了明显的经济效益。在生活上平易近人、孝敬老人、关爱子女，他热心助人、严于律己，宽厚待人，乐观向上，在单位树立了良好的形象。

孙国徽　自2000年8月入职赛轮金宇集团(前身金宇轮胎集团)以来，担任上市公司赛轮金宇集团旗下子公司山东金宇实业股份有限公司总经理。参加工作10余年来，始终勤勤恳恳，扎实苦干，雷厉风行，创新工作。2015年任公司总经理以来，带领公司全体员工，立足实际，开拓创新，求真务实，认真履行自己的职责，各项工作取得显著成效，为公司发展、社会进步做出了积极贡献。工作中，他积极钻研业务，运用信息化手段和开创运用行业先进技术推动轮胎行业发展。在公司发展之初，开创性地在生产运营中实施牵引车拖动台车的操作模式，提高劳动效率，节省人力成本。率先在内资企业中建立起贯穿全工序的信息化管理系统，使公司产品真正经得起时间的考验，成为内资企业中第一家应用覆盖全工序信息化管理系统的企业，促进了公司发展。平时，孙国徽还积极履行社会责任，推进企业环保、绿色生产。在孙国徽的参与和推动下，在2013年10月份开工建设二期年产1500万条大轮辋高性能半钢子午胎项目，总投资22亿元。按照市县各级领导环保节能、能源利用提升思路，在公司引进国内外先进技术和生产设备等重大战略决策中，发挥了很大的作用。至此，企业技术、装备已处于国内轮胎行业最高水平。孙国徽在其中的付出的辛勤劳动和智慧得到了公司上下一致认可和高度评价。

刘强　自1985年进入广饶县化肥厂工作以来，先后担任电仪车间技术员、主任；2002年进入山东正和钢塑型材有限公司，担任技术部部长；2015年被山东正和热电有限公司正式聘用担任技术总监。

刘强在担任山东正和钢塑型材有限公司技术部部长期间，对钢塑共挤门窗存在的缺陷多次进行改造，先后获得了钢塑门窗新型压条、排水口改造两项国家专利。2013年负责正和热电技术工作以来，深知电厂承担县城集中供暖和开发区工业用汽，关系民生问题，关系到省级经济技术开发区工业能否安全平稳运行。对生产主要设备冷焦机自行设计改进，颠覆传统生产工艺并取得了国家专利，该设备的使用将余热再利用，年节约标煤5000吨，节水40000吨。刘强一直践行“节约一滴水、一度电、一分钱”的工作理念，对电厂各处余热进行充分回收利用，先后对锅炉定、连排排汽、除氧器排汽等余热进行设备改造，多项改造为公司年节约标煤1000吨，年节约软化水10000吨；对电动机进行变频改造，年节约厂用电1500万度，节约了生产成本。在刘强积极与用热单位协商下，将热用户的凝结水通过管道引回电厂重新利用，节约了用水和制水费用；刘强还担任电厂二期、三期扩建项目技术负责人，从设计策划、土建工地、安装现场、开工现场全程指挥，保证了项目顺利开车成功。积极响应国家的环保政策，在他的全面指挥下自2013年开始对公司各锅炉脱硫、脱硝装置逐步升级改造，经过几年的脱硫脱硝改造业绩、投入资金、比国家的环保政策提前实施，排放指标比国家出台的政策还严格，使山东正和热电有限公司成为东营市环保达标企业的标杆；并推行6S管理，建设城市花园电厂。

理大燕　自2014年进入山东省大海新能源发展有限公司，一直在切片清洗车间清洗区域从事插片工作，虽然是很平凡的岗位，但她始终兢兢业业，尽心尽责，严格要求自己做好每一片产品；虽然每天重复着同样的工作，但她并没觉得枯燥厌烦，而是在重复的作业手法中寻找新的技巧，她善于学习、勤于思考，乐于助人，总是把好的方法分享给其他员工，带动大家一起提高劳动效率。她的勤奋与努力也得到了公司的认同，在2015年年底获得了公司年度优秀员工。近三年来她积极参加车间组织的“节能、减排、降耗”为主题的方案，带头参加学习、带头分析，个人各方面素质都有较大水平的提升。将学习的效果落实到工作中，积极进取、开拓创新，与其他同事圆满完成了各项工作任务，在日常的标准化作业中认真学习、虚心请教,积极参加各项培训课程,不仅扎实了自己的理论功底,同时将理论与实际相结合,对工作操作技能方面有了很大的改善。“在岗就要爱岗,爱岗就要敬业”。这是理大燕牢固树立的职业理念。在两年多的工作时间中,她一心扑在工作上,兢兢业业,埋头苦干。清洗车间是个“拴人”的岗位,基本上不管白班还是夜班,在产能不断增加的情况下,她在工作期间从不擅自离岗和请假。几年中,她坚持出满勤,把心思和精力都用在了工作上。不管大小事情,她都认认真真地去做,做得非常出色,并且经常为车间的6S还有花污改善、工装改良等各方面出谋划策,还经常为了超额完成产量自愿加班,她这种敬业精神受到了公司职工的广泛赞誉。

崔庆海 1990年7月参加工作,2011年创办了山东万圣博科技有限公司并担任总经理。他带领企业与清华大学进行产学研合作,在国外技术严密封锁的情况下,立足自主创新,组建了以清华大学高层次专家为核心的30多人研发团队,配合引进国内外研制的先进设备,总投资4.1亿元,上马了年产2000吨芳纶1414纤维项目,并已成功投产。“创新是企业生存发展的灵魂”。他带领公司先后建立了东营市高强纤维材料工程试验室、东营市企业技术中心两项科研平台,完成了拥有自主知识产权的10余项创新技术,并成功转化实施。公司于2013年12月认定为市级“专精特新”中小企业和“东营市科技型企业”,2014年9月被认定为市级“一企一技术”创新企业,2015年4月批准成立东营市首家国民经济动员中心山东省特种纤维动员中心,同年9月被认定为市级中小企业“一企一技术”研发中心,2015年12月被认定为市级企业技术中心。2015年12月16日,公司“芳纶1414纤维生产工程技术开发”项目通过以中国工程院院士孙晋良教授为主任委员的科技成果鉴定,项目技术水平达到了国际先进水平,标志着他成功将公司打造成为国内第一家稳定批量生产对位芳纶纤维的厂家,打破国外技术垄断和封锁,填补了国内技术空白,为县、市乃至国家经济社会发展和国防科技进步做出重大贡献。

李华玉 广饶县公安局特警大队大队长。身先士卒,妥善处置大批突发事件。2013年来,该同志带领队伍成功处置上访性、突发性、群体性事件610起次。亲自带队到北京接访40次、到省接访19次、到市接访18起次,到县政府驻地处置上访事件450起次,到县辖区境内处置其它突发事件162起次。2016年1月,被省公安厅评为全省优秀特(巡)警大队长。2013年来,该同志带领队伍和有关单位共同圆满完成170(场)次涉及中央和省领导调研、孙子文化节、轮胎展会等活动的安保警卫任务。恪尽职守,联勤联动保稳定。2013年来,该同志带领大队参加治安集中清查等多警联动活动51次,配合有关警种盘查可疑人员1500余人次、各类车辆1050台次、看押嫌疑人139人次,拘留违法行为人301人次,社会治安整治效果显著。以身作则,巡逻防控为人民。确定实行了“徒步与机动车巡逻结合、流动与定点守候结合、定时与错时”的巡防模式,以“平安大巡防”和“常态化联合武装”为抓手,实现了动态环境下对社会治安的有效控制。无私奉献,铸就人民警察好形象。2016年全国“两会”期间,该同志带领公安局7名民警同广饶县全国“两会”驻京值班人员一道,在北京执勤安保二十余天,圆满完成接处访维稳安保任务,实现了广饶县“零”非访的全省工作目标,受到县委、县府主要领导的好评,用自己的实际行动践行了人民警察的核心价值观。

景爱英 参加工作以来,以扎实勤勉的工作态度,在发改局平凡的工作岗位上十几年如一日,用实际行动践行着一名基层工作人员的爱岗敬业、忠于职责。

她善于研究政策,着力推动发展。在工作中,认真研究国家产业政策和投资导向,并将国家政策与我县产业、项目相结合,充分用好国家扶持资金,服务县域经济发展。近三年来,共争取农业项目12个,争取无偿资金扶持2227万元,带动本地投资2350万元;争取环资类项目4个,争取扶持资金1190万元,带动企业节能环保投资23328万元。忠于本职工作，倾心服务基层。始终把服务企业放在第一，同时又把认真负责贯彻始终。为做好项目资金争取，深入项目现场实地察看有无承担项目实施的能力，保证符合条件的项目纳入扶持范围。在项目建设中，指导项目规范建设，确保项目顺利实施如期竣工通过验收。在碳排放权交易市场建设中，积极学习政策，认真研究碳排放的专业知识，开展企业碳排放情况的细致调查，将符合范围的企业全部纳入进来，力争在碳排放权交易配额分配和市场交易中争得主动。勇于奉献担当，赢得众人口碑。景爱英身兼多职，在负责的农村经济、地区经济、资源环境业务工作外，还兼任单位财务工作。工作任务重叠时，加班就是必然的选项。但是她总是毫无怨言，认真完成每项工作，默默奉献。她严于律己，每项工作都遵守着严格的办事程序、严明的工作纪律。她团结友爱，跟同事互敬互谅，互帮互让，宽以待人，能够发挥模范带头作用，赢得了全体干部职工的高度赞誉。

朱振东　广饶县教学研究室主任。系中国教育学会初中教育专业委员会山东分会理事，山东省教育科学研究所兼职研究员，东营市教育学会常务理事、副秘书长，东营市生物学科教学指导委员会委员，东营市教育督导员，广饶县教育学会副理事长，广饶县第九届政协常委。

工作以来，自觉贯彻执行党的路线，方针政策，努力学习先进的教育教学理论。忠诚党的教育事业，爱岗敬业，无私奉献。工作中严以律己，以身作则，团结同志、勤政廉洁，开创性做好本职工作，为广饶县基础教育事业的发展做出了突出贡献。

勇于进行课堂教学改革，积极组织并亲自参与教改实验。主持的全国教育科学“十一五”规划课题“和谐德育研究与实验”子课题“新时期中学生道德教育方法创新研究”，在中小学学校德育教育的方法和途径方面进行了研究和创新，促进了广饶县德育教育工作的开展。学校德育工作经验在2011年全国和谐德育年会暨第十四届学术研讨会进行了交流推广，个人被评为德育科研先进工作者。研究报告于2012年6月获山东省中小学教育科研优秀成果一等奖。主持的山东省教育科学“十一五”规划重点课题“和谐高效教学的本土化行动研究”，有效推动了全县中小学课堂教学改革，显著提高了课堂教学效率。课题研究的重要成果之一《和谐高效教学及本土化行动》一书由天津教育出版社出版，课题研究成果获山东省教育科研优秀成果二等奖。

认真开展学科教学研究，经常执教示范课、公开课，开展同课异构、送课到校活动。使广饶县生物学科教研工作始终处于全市前列。作为东营市生物学科教学指导委员会委员和首批东营市青年教师重点培养对象指导教师，认真履行职责，积极参与对青年教师的教育理论培训和课堂教学指导研讨。每年为新进教师和年青教师讲课，年青教师讲公开课或外出赛课前，夜以继日地组织磨课，使磨课成了广饶县生物教研最重要的、最有效方式之一。

先后荣获山东省教育科研先进个人、山东省青少年科技教育工作优秀组织工作者、东营市特级教师、东营市优秀科技工作者、东营市优秀教研员、广饶县师德先进个人、广饶县优秀教师等荣誉称号。

任秀凤　广饶县妇幼保健计划生育服务中心优生咨询室主任。首创“五心服务法”和“两卡服务模式”，在全市全省计生系统推广。五心即真心、交心、专心、放心和用心。二十多年来，任秀凤共做各种计划生育手术上万例，从没有发生过任何医疗事故差错和纠纷。两卡即联系卡和连心卡.她与2000余名服务对象建立了联系卡，实现了为群众服务“零”距离。

发挥“三项作用”，带动计生服务工作全面发展。即示范、辐射和带动作用。在她的影响下，县乡技术人员爱岗敬业，无私奉献，县妇幼保健计生服务中心于2010、2011、2014年荣获“全国计划生育优质服务示范站”与“省级巾帼文明岗”“全国妇幼健康服务先进集体”等荣誉称号。

致力于优生工作，被一百多个孩子喊做“亲妈”。她建立广饶优生QQ群、广饶优生邮箱；每年巡回到乡镇、村(居)，举办优生知识培训班30多期，接受培训的人数在万人以上；她主持开通了优生热线咨询电话，每年解答来站、来电咨询8000多人次；为全县460个遗传病家庭建立了家庭档案，逐户面对面咨询服务和随访指导，先后陪同39个家庭到中科院遗传中心、省血液中心等单位进行产前诊断。2010年4月国家免费孕前优生健康检查项目落户广饶，她主动担当起项目的综合评估、档案整理的重担，几年来对59690名（29845对）参加免费孕前优生项目的夫妇的健康检查信息进行生育风险综合评估，并为发现的2956个高风险因素家庭进行了建档，逐户指导随访。2013年4月，又承担了全县免费孕期监护项目高危家庭的优生咨询指导工作，至2016年，已指导高危人群3041例，确诊唐氏儿16例，全部实施终止妊娠手术，避免了缺陷儿的出生。工作任务虽然繁重，但她没有退缩，以扎实认真的工作作风，亲切耐心的服务态度，赢得了广大计划怀孕夫妇的好评，为广饶县的优生事业做出了突出贡献。

朱万亮　县农业局农业产业化股股长，先后在小张乡农技站和县农业局从事农业技术推广及产业化发展工作。自参加工作以来，模范执行党的路线、方针、政策，立足岗位，奋发进取，勇于奉献，干一行爱一行，一心扑在工作上，连续多年考核为优秀，起到了良好的模范带头作用，多次被农业部、省农业厅及市县农业部门评为先进工作者、被团省委记三等功等。近三年来他参与完成了《广饶县现代农业园区发展规划》《广饶精致农业示范区发展规划》的编制工作，指导现代农业园区发展到51家，其中市级现代农业园区33家，促进了全县现代农业快速发展。三年来，重点推进了23项市县农业重点工程项目建设，全面完成建设任务，完成投资22多亿元，通过建设仓储物流、粮油加工、秸秆加工、园区建设等内容，推动和提升了农业龙头企业的整体发展能力和水平，带动了产业发展。三年来，为全县农业龙头企业、现代农业园区争取各类扶持资金等2700余万元，有效地解决了企业存在的困难和问题，增添了企业发展活力。组织了50多家（次）龙头企业参加山东名优产品英国、香港、西班牙等国际博览会、中国国际农产品交易会、山东国际农产品交易会、黄河三角洲（中国·垦利）国际生态农业博览会。通过参加以上会展、洽谈、推介、签约活动，展示了广饶县农业企业和名优农产品形象，提升了广饶县农产品在全国乃至国际上的知名度，拓宽了名优农产品国际市场。

卢明光　广饶县国土资源局大码头国土资源所科员。该同志自1991年7月从事土地管理工作以来，扎根基层、奋战一线25年，无怨无悔，竭诚奉献，不论时间早晚，不论任务轻重，不论分内分外，只要工作需要，他都不怕吃苦受累，不谈任何条件。

大码头国土资源所全所4名工作人员，承担着方圆130平方公里的土地管理工作，人手少、工作繁杂琐碎，卢明光都能从每件小事做起，从点点滴滴做起，用心做好工作。面对工作中的困难，他总能积极主动想办法，在历年来土地变更调查、土地利用总体规划修编调整完善、土地开发整理及卫片执法检查工作中，他不怕苦、不怕累，能够发扬“白加黑、五加二”的精神，出色的完成了各项工作。尤其是家中3位亲人相继罹患老年痴呆、白血病等情况下，他在尽好家庭责任的同时，对负责的各项工作，都能扎扎实实处理到位，即使不得已请假，都会千方百计找补回来，从不影响工作。平凡而艰辛的工作，炼铸着他不平凡的人生境界，他以他的实际行动，诠释了爱岗敬业这4个字的真正含义，受到了身边群众和服务对象的一致好评，也因他展现出的高尚道德品质和乐观、豁达、坚强表现，先后被省、市、县评为“道德模范”。

黄爱云　从事城乡规划管理工作已近三十年，在平凡的岗位上，干出了不平凡的业绩，展现了一名住建系统干部职工的奉献精神和良好形象。

2013年以来，黄爱云同志负责全县建设项目规划手续办理工作，面对繁琐的手续办理材料和方案审查工作，她舍小家，顾大家，以身作则，任劳任怨。三年多来，办理完成建设项目选址申请197项，建设用地规划许可183

项，建设工程规划许可96项，建筑规划设计方案92项，施工图政策性审查106项，完成建设工程规划竣工验收336栋建筑，工作中无一项出现漏批错批现象，也未出现超过时限未完成审批的现象。

黄爱云秉持“规划浪费是最大浪费”的观点，通过对法律法规规范的学习，认真钻研业务知识，不断提高业务水平，积极学习借鉴外地先进规划设计理念，运用到日常工作中，有效保证了规划方案的质量和水平，为城市建设提供科学合理的指引。结合工作实际制定了服务承诺制、限时办结制等制度，完善了工作清单化方法。通过创新举措，手续审批流程更加规范，审批时限进一步缩短，方便了办事群众，提高了工作效率，赢得了社会各界的普遍好评，三年多来未出现一次群众投诉举报现象。

黄爱云和蔼可亲，关心呵护年轻同事，年轻同事在业务上有不懂的地方她总会耐心细致地进行讲解，年轻同事在生活中有做的不妥当的地方她也会及时指出并督促改正，她乐于将自己三十年来的工作经验传授给年轻人，与青年一代分享工作中的乐趣，成为领导认可、同事尊敬的“黄大姐”。

# 第二届 “感动广饶·道德模范”

延尊泉　事迹见东营市道德模范之敬业奉献模范。

秦太柯　稻庄镇卫生院中医师。1982年从北镇卫校毕业后，秦太柯被分配到大码头卫生院工作，1985年开始接触中医。因为和所学专业不同，秦太柯从头开始一点一点自学自研，经过11年的摸索和学习，他掌握了中医基础理论和基本实践操作，并通过了中医医师资格考试。通常来看中医的都是慢性病和难治症，对每个病人都要详细地望闻问切，有的还要现场施治，两次三次也不一定治愈，在细细问病脉诊时，还要解答病人的疑问，从心理上给病人安慰。他曾经看过的一个病人，来就诊时就是胃部疼痛，已经看过三家医院，用了很多药就是不见好转。从交谈中他发现这个病号性格是敏感过度型，于是给舒肝药疏气活肝，予肝经穴位下针，同时给予言语疏导，半小时的治疗后，患者的病症竟然明显减轻，几次治疗后痊愈。秦大夫说，这类病人的治疗，完全依赖于医生的耐心心理疏导和必要的辅助疗法，而不是简单一句“没有什么病”的答复。生活中的秦大夫，是个热心肠，遇见有带钱不够的患者，就自掏腰包为他们垫付药费，还为病人义务加工药粉，有时间就教他们一些自我保健的按摩推拿手法。对一些家庭困难的病号，治疗费他一分不收。他说，病人信任咱，咱也把这份信任用这样的方式去表达，让病人早日康复，也让病人宽心。周边地区前来寻医问药的人越来越多。经常一大早他还没来上班，病人已在外面排队等候了。

荣咨玉　广饶县实验一小退休教师。退休后，荣咨玉积极参加社区的公益事业。她被大家推选为楼长，为做好居民工作，她经常拖着病体，楼上楼下，走家串户跟大家谈心交流，宣传党的政策，征求大家的意见和建议，为居民排忧解难。当她了解到有两家住户缺乏沟通，产生小误会时，主动上门做了大量的思想工作，促成两家变为好朋友。去年6月，社区要组建合唱团，但国安社区是新建社区，设备缺乏，荣咨玉主动承担了这一工作。经过数日的努力，写出了《社区情深》《水岸华庭美家园》《国安美、碧水秀赛过云南》三首歌词。由于过度操劳，荣咨玉病倒住院了。但她放心不下合唱团的排练，白天在医院治疗，晚上向医生请假坚持到场指导排练。看到双休日孩子们的学习、安全成为家长的负担，荣咨玉带头组建了退休教师工作室，举办雏鹰培训班，免费为学生辅导数学。经过一段时间的辅导，孩子们学习数学的兴趣提高了，自信心增强了，双休日过得充实、安全。她高兴地说："站在讲台上，看着他们天真可爱的笑脸，我顿时感到仿佛回到了风华正茂、奋笔执教的时代。"

董善才　李鹊镇黄西村村民。2015 年 8 月 5 日上午 9 点，正在遛弯儿的董善才经过李鹊镇赵庄村村东孙武湖畔时，听到一名妇女站在湖边大声呼救："救命、救命，有人掉到湖里了……"董善才往湖中一看，距离岸边十来米远的地方，只见两只手在湖中奋力挣扎。见此情景，他立马跑到岸边纵身跳进水中救人。他快速游过去，靠近了落水者。董善才抓住落水者的胳膊，用力让他保持平躺的姿势，并用胳膊夹住他的身体向岸边游去。等快到岸边的时候，岸上群众用鱼竿把他们两人拖上了岸。上岸后，董善才看到落水者并无大碍，就悄然离开了。

张怀鹏　花官镇古东村村民。2016 年 1 月 22 日早上七点左右，张怀鹏在门口扫雪时突然听到"砰"的一声，发现在村丁字路口转弯处有辆车因为路滑刹不住车掉进了路边的大沟里。大沟水面结的冰被车砸了一个大洞，落水车底盘朝上，车窗破碎，已经有不少冰水流入车内，情况十分危急。张怀鹏赶紧跑到事发地，并喊来邻居张子玉、张国防、张怀吉等人进行营救。他小心翼翼地沿着冰面爬到落水车前想打开车门让司机尽快出来，可由于车门部位有一部分是在冰面下方，加上车辆受到撞击，试了好几次都没有打开车门。无奈之下，张怀鹏回到岸边，与岸上的人商量：由于车辆倒翻在冰面上，不适合大量人员近距离救援，当务之急就是要通过绳子把车扶正。离家比较近的张怀鹏急忙从家中拿来一根粗绳，沿着冰面把粗绳绑到落水车辆的底盘上。在 20 余人的共同努力下，倒翻车辆终于被扶正。张怀鹏又赶紧跳入水中，推开冰碴子，从已破碎的车窗口把浑身湿透的司机温先生救上岸。大家帮助联系到了温先生的家人，很快家人赶来将温先生接走就医。

孙丽梅　县疾控中心职工。2005 年 12 月，婆婆不幸患脑血栓住院，孙丽梅就请假在婆婆身边照顾。由于病情严重，婆婆大小便失禁，她就时刻注意给婆婆检查，一有屎尿马上擦洗干净。婆婆有时一个晚上大便十几次，但她每次都及时为婆婆擦洗身子、换洗被褥，大便时常弄到手上、衣服上，有时一晚上也睡不了几个小时，她没有一丝怨言。由于及时治疗和悉心照顾，婆婆的病情很快稳定下来。出院后，考虑到丈夫照顾婆婆不方便，只要有空，她就回家打扫卫生、整理房间，清洗床单、被罩和衣服，为婆婆换洗尿垫。婆婆经常晚上睡不着觉，她就和丈夫陪婆婆聊家常，说一些高兴的事，让婆婆开心。有时婆婆想吃花生、鲜玉米等硬食物，为了好消化，她就一口一口嚼给婆婆吃。婆婆虽然患病卧床十余年了，但由于她的精心照顾，婆婆从没有得过褥疮。多年来，她多次荣获"好媳妇""十大孝星"等荣誉称号。

杨祥喜　陈官镇杨斗村村民。杨祥喜原本有一个让人羡慕的家庭：夫妻勤劳和睦，儿女聪明懂事。可天有不测风云，女儿因病离世。2004 年，不幸再次降临到这个家庭，16 岁的儿子因交通事故损伤脑干，经过全力抢救，虽保住了性命，却丧失语言和记忆能力，智商只有四五岁儿童的水平，完全失去生活自理能力，时时处处需要照顾护理。为了给儿子治病，杨祥喜到处求医问药，花光了所有积蓄，还欠下一身的债。但他没有放弃，咬紧牙关，用爱撑起了摇摇欲坠的家。12 年来，孩子吃饭、吃药都是杨祥喜一口口地喂。洗脸、刷牙、洗头、洗脚、洗澡、剪指甲、理发……事事都要他经手。一有空他就给儿子做全身按摩，以防肌肉萎缩。儿子怕黑，晚上杨祥喜就搂着他睡觉，一刻也不敢离开。为了让儿子加强锻炼，他专门请人焊接了双杠支架，只要有时间，爷俩就在上面做康复练习。"这些年多亏了他，我脑子被刺激地不好使了，身体也不行，照顾不了他。他对孩子，比我这个当妈的强多了。"每当说起杨祥喜受的累和委屈，老伴就止不住地抹眼泪。通过悉心照料，儿子很少感冒发烧，已经能进行简单的手势交流：如果想吃饭或者想出去玩，他就竖大拇指；如果不高兴了、不舒服了、吃饱饭了，就轻轻地摆手。

宋宇健　李承鹏　王俊涛　赵文喆　广饶县英才学校九年级学生。2016年1月17日下午1点40左右，近80岁高龄的项大爷骑三轮车外出，当行至乐民小区旁边绿轴附近时，因雪天路滑不幸摔倒在地，头部严重摔伤，昏迷不醒。当时很多路人围观，却没有人伸出援助之手。在这危急时刻，上学路过此处的英才学校九年级学生宋宇健、李承鹏、王俊涛、赵文喆四名同学见状后立即上前查看，并借用路人手机拨打了120急救电话，并且不顾天气寒冷，纷纷将自己身上的羽绒服脱下来盖在项大爷身上为老人取暖，直到救护车赶来才离开。由于救护及时，项大爷转危为安。家属经过多方打听才得知救人者是英才学校的学生。1月22日，项大爷的儿子特意赶到学校表示感谢。这四名学生被评为“山东好人之星”。

王吉生　个体。东营义工广饶分会每次活动都有他的身影：敬老院中陪老人聊天、包水饺，助学活动中主动捐助贫困儿童，把工友当兄弟姐妹。花官镇杨王村王乐口患有眼疾，眼睛视力低下，妻子双腿残疾生活不能自理，一家的重担都落在了上初二的女儿身上。王吉生听说后，主动走访。联系医院，为王乐口一家免费体检，并为他家安装电脑，帮他女儿买了新书桌，联系了学习资助人。2016年6月份王吉生接到王乐口妻子的求助电话，王乐口需要到县残联办理残疾证。王吉生二话没说紧急召集了其他两位工友，第二天早上7点多就冒雨驱车前往。花官杨王村的道路修路，十分难走，从杨王村到县残联、从残联到县医院十楼检查病情，再返回花官镇残联填写表格、又回县残联办理手续，王吉生冒雨来来回回跑了100多公里，终于帮王乐口办好了一级残疾证明。王乐口妻子激动地说：“感谢东营义工的帮助，感谢社会好心人，让这个家庭看到了生活的希望。”自2015年8月加入义工分会以来，王吉生已参加公益活动61次，累计工时287小时。因表现突出，被聘为东营义工广饶分会关爱部部长，并被评为东营义工优秀管理者。

项洪亮　稻庄镇高家大营村村医。一次偶然的机会，项洪亮看到了颜某的求助信息：女儿因烧伤需要爱心人士捐献头皮。项洪亮主动联系了颜某同意捐献。“当时对捐献头皮这方面也不了解，就是心疼小姑娘。”项洪亮说。5月20日上午，他抵达北京304医院，第一次为颜某女儿捐献头皮。“刚做完手术时，项洪亮水土不服，拉肚子再加上头皮疼，让他身体备受折磨，但他没有一句怨言，一直忍着。”颜某说，“我们全家都很感激。”18天后，尽管头皮还有点疼，但项洪亮依然再次踏上了赴京的道路，为颜某女儿第二次捐献头皮。他说：“我只想用行动跟大家证明一下，其实捐献头皮没有那么难。”据了解，两次捐献头皮，项洪亮的家人都不理解，他就跟家人说：“在别人有困难的时候大家都帮一下，我们的社会才能充满爱心。”“平时就怕疼，没想到遇到了这种事他却第一个冲了上去，真的很勇敢！”项洪亮同事竖起了大拇指。

# 广饶好人季度之星

**广饶好人·春季之星**

广饶好人·助人为乐之星

宋宇健　李承鹏　王俊涛　赵文喆　事迹见第二届“感动广饶·道德模范”。

张景海　县公安局交通管理大队三中队副中队长。2月13日一早，在单位值班的张景海发现一名全身被雨雪淋透的年轻男子正在门卫处的房檐下冻得发抖。他把该男子叫到办公室。得知男子还没吃早饭，张景海为他买来方便面。交谈中得知，该男子是临沂平邑县人，并只记得家中座机电话。张景海赶紧拨通电话，联系到了男子的父亲刘先生。原来，该男子患有精神病，年前刚出院，腊月二十八自己骑着摩托车说是去济南玩，由于没有带手机，家人一直联系不上他，正着急找人。得知孩子在广饶被收留后，焦急万分的家人才放下心来。为了尽快帮助男子返回家乡，张景海又联系了广饶汽车站，为他购买了回家的车票及食品，并委托客车司机代为照顾，同时，还与小伙子的父亲联系好接站。因不方便携带，男子的摩托车留在了三中队暂为保管。当天下午六点多接到其父刘先生的报平安电话后，张景海才舒了一口气。3月15日，刘先生专程从临沂赶到广饶三中队，将写有“为民解难，一心为民”的锦旗递到了张景海手中，再次表达了全家人的谢意。张景海先后多次荣获市、县公安局嘉奖等表彰。

武国勇　山东金宇轮胎有限公司职工。从2008年开始，武国勇就坚持每年献血两次。2011年，他申请加入了造血干细胞志愿者队伍。2015年11月，广饶县红十字会接到上级通知：武国勇与一位血液病患者的HLA(人类白细胞抗原)低分辨分型相合，要求进行再动员。武国勇得知后表示同意，还获得了家人的支持，并签署了高分辨检测分型同意书。11月10日，武国勇进行了血样采集，寄往深圳进行高分辨配型检验。2016年1月8日高分辨配型成功。随即全面健康体检，各项指标全部符合移植要求。3月3日和4日在济南千佛山医院进行造血干细胞采集。武国勇成为了我县第6名、我国第5467名造血干细胞捐献志愿者，他也先后获得市优秀红十字会会员、县道德模范、县优秀红十字志愿者等称号。

广饶好人·见义勇为之星

张怀鹏　事迹见第二届“感动广饶·道德模范”。

广饶好人·孝老爱亲之星

西召云　稻庄镇鞠刘村村民。2005年，西召云的女儿出了车祸，成了“植物人”。西召云毅然将女儿接回了家，这一照顾就是11年。为了让女儿舒服些，就来回给她翻身，每天给女儿做治疗按摩，早上起床一次，晚上睡觉前一次。因为年龄大，每次做完按摩西召云就累得气喘吁吁，要歇好久才能恢复过来。女儿不能吃饭，她就一勺勺给她喂饭，为了让女儿大便顺畅，每天上午10点煮一个梨，下午2点准时喂女儿吃2根香蕉。本来就没有收入来源的西召云和老伴省吃俭用，把最好的都留给女儿。每天三顿饭，按时给她吃，全做女儿能吃的饭菜。女儿吃喝拉撒全在床上，西召云就天天给女儿换洗尿布，尿布不知用了多少。尤其冬天，天冷水凉手都冻裂了。为了女儿，西召云从没叫过苦喊过累。在她的悉心照顾下，女儿有了一点点知觉，还能被抱着坐到轮椅上。西召云承诺，只要自己在一天，就好好照顾女儿，不离不弃。

广饶好人

韩美英　广饶县人民医院急诊科护士长。韩美英从小跟着姥姥、姥爷长大。1999年姥爷前列腺癌住院手术，由于各种原因刀口不能愈合，一住就是四十天。住院期间，她既要上班又要照顾老人，半个小时为老人翻一次身，膀胱冲洗24小时不间断。在她悉心照料下，老人的病情也日见好转，康复出院。2001年冬天，姥爷又不慎滑倒致股骨胫骨折，再次住院手术。因为骨折后翻身的时候老人很疼，翻身很受限制。看到姥爷疼痛难忍的样子，她的心就像刀割一样，但不翻身就容易得褥疮，她每天忍着心疼，小心地为老人翻身。有一天姥爷告诉她："我活着拖累你们，我不想活了，也不想受这个罪了。"听到这话她再也抑制不住内心的伤痛，祖孙两个抱头痛哭，哭完后，她鼓励安慰老人：只要有我在，您会好起来的，您要好好活着，我还没有孝顺您，我不许您离开我。2013年，韩美英的婆婆腰椎骨折，术后一躺就是几个月，生活不能自理。她工作再忙，都会抽出时间，陪老人聊天解闷，增强老人战胜疾病的信心。2014年6月份，96岁的爷爷查出患有胰腺癌，术后长期带着引流管，每周都要换药一次。为了减少爷爷来医院的波折劳顿，她每周六都会带上爷爷爱吃的食物，回家为老人检查伤口、换药、换引流管。经常挂在爷爷嘴边的一句话就是：幸好有你啊，要不爷爷早入土了。韩美英的父母也都六十多岁了，她无论再忙也会每周回家看看，看看老人身体怎么样，耐心和父母唠唠家常。看到老人有什么不开心的事情，她都会想办法耐心开导，这样父母放心，自己工作也安心。

来延志　花官镇来家村村民。来延志参军回来之后，看到一贫如洗的家庭，决定要靠自己的努力让一家人过上好生活。由于没有多少钱，他就跟妻子一起去赶集，骑着自行车早早地去提货，然后赶到集上去卖，每次赶集回来，他都会从集上带点父亲愿意吃的东西，第一时间去看望父亲，每天晚上都会跟父亲聊聊天，给父亲洗洗脚、搓搓背，看到父亲睡下后自己再睡。2005年，父亲因眼底漏光导致双目失明，这可急坏了来延志，他带着父亲四处求医，得到的结果是只能在家里好好养。由于刚刚失明，父亲情绪有些激动，来延志看在眼里，疼在心里。他按时给父亲喂粥喂饭，经常搀扶父亲熟悉路况，俗话说"久病床前无孝子"，可来延志做到了"久病床前有孝子"。近年来，随着父亲年龄越来越大，身体经常感到不适，不管是感冒住院，还是眼睛复查，来延志都陪在身边，悉心照料。

宋金生　陈官镇文化站站长。4月11日至4月16日，县委宣传部组织全县宣传文化干部到浙江大学参加素质提升培训学习。4月12日晚6点左右，下课后的宋金生和同事一起回宿舍。当经过学校秋涛北路时，发现路边有几张被行人踩得皱巴巴的纸，他捡起这些纸仔细看了看，原来是一张《增值税一般纳税人资格登记表》和几张复印件。其中登记表盖有企业单位公章和税务机关的公章，填表日期就在4月12日，另外几张是该企业的工商、税务、企业法人等资料复印件。宋金生意识到，这盖章的材料一定是原件，原件丢失，补办起来非常麻烦，而且这些材料不像是当做废品故意丢弃的，于是，他就把这些材料带回了宿舍。回到宿舍后，宋金生发现材料的经办联系人是一名姓濮的女士，于是他就试着按登记表上的手机号码给濮女士发了一条短信，询问一下这些材料是不是她丢失的，是否还有用处。一会儿，失主就回了短信说："谢谢，我以为落在了税务局，回去找，没找到，自己很着急。"原来这些材料是濮女士给企业办手续用的，如果丢失了，很多手续都不能办。宋金生和濮女士约定，第二天上午把材料转交给她。濮女士对材料的失而复得感到非常高兴，非要给宋金生感谢费，还要请他吃饭，都被宋金生婉言谢绝了。

## 广饶好人·夏季之星

### 广饶好人·敬业奉献之星

郭明娃　东营市第二人民医院心血管内科二病区主任。作为东营市第八批援疆干部，2014年2月郭明娃远赴新疆疏勒县执行为期三年的支医任务。初到疏勒，她克服语言、生活习惯等困难，精心制定带教计划，立志为疏勒留下一支永久的医疗队伍。由于不良的饮食习惯和健康意识欠缺，当地不少群众患有高血压、冠心病、高血脂、糖尿病，且由于不重视健康规范治疗，经常是小病扛、大病拖，致使就诊的危重患者较多。2015年4月12日中午，一位患者突发胸闷喘憋，郭明娃闻迅立即赶到病房。患者血压高达230/80mmHg，心电图示房颤伴快速心室率，听诊双肺满布干湿罗音，心室率170次/分，心率绝对不齐，心音强弱不等，病情危急！结合患者病史及表现，她迅速做出诊断：患者突发快房颤诱发急性左心衰。让患者端坐体位，迅速给予高流量吸氧、输液等救治。经过积极抢救，患者血压及心率逐渐下降，胸闷喘憋缓解，转危为安。家属满含热泪激动地握着郭明娃的手，不停地说着："热合麦提（维族语，意为谢谢你）。"郭明娃在疏勒县声名远扬。每当同维族老乡谈起郭明娃，他们总会伸出大拇指。

张昊　王盼盼　魏大钧　董建盟　李鹊镇大学生村官，分别在太和三村、赵庄村、太和二村和东辛张村任村党支部书记助理。为了丰富农村留守儿童的生活，他们开展了公益项目"青春微课堂"。每周邀请1位优秀青年代表到村农家书屋为留守儿童上兴趣微课程，拓展孩子们的视野。自项目创立，累计邀请授课嘉宾18人，招募志愿者22人，开设兴趣课程及体验活动85学时，参与留守儿童1000余人次，"青春微课堂"让留守孩子们找到了"新家"。他们还举办了"玩转城市体验活动"，带领10名留守儿童走进东营历史博物馆、孙武祠、孙子文化旅游区、儿童职业体验中心等场所进行城市体验活动。7月15～29日，联合山东大学助翔支教团队分别在四人任职村庄举办了为期14天的"山大夏令营"，帮助留守儿童提高学习能力、增长见识。他们组建大学生村官"两学一做"微型党课宣讲团，为党员佩戴党徽、重温入党誓词、表演"两学一做"排头兵三句半、宣讲微型党课等，让广大党员、群众加深对"两学一做"学习教育的理解。宣讲活动于6月5日在太和三村启动，巡回宣讲4次，惠及3个社区4个村的100余名党员，深受广大党员群众的好评。

广饶好人

张金科　广饶县乐安街道石村村民。张金科虽然只有初中文化程度，但他刻苦钻研农技知识，自学完成了大学专业的课程。他创办了广饶县首家农业科学研究所，组建种业公司，培育广饶县自己的良种。在优质抗虫棉种试繁基地建设期间，他在棉田里经常一蹲就是一天。抗虫棉的花铃期正值三伏天，有一次连续下了几天大雨，棉田积水，为排涝保铃，他连续劳作，十分疲惫，最后晕倒在地里。他说："只有保住棉桃才谈得上抗虫棉的高产。如果错过这个环节，就会浪费一年的工夫，什么都得重新开始。"张金科还主动将自己的知识传授给乡亲，多年来，张金科免费为农民提供各类咨询6000多人次，带动周边种殖户200多户。为了更好的弘扬传承民俗文化，他多方筹集资金300万元成立了"广饶县农耕民俗文化记忆馆"，面积500平方米的展厅，陈列着提水的辘轳、织布的纺车、耕地的木犁等800多件农耕民俗物品，这些都是张金科用30多年的时间搜集来的。这是东营市首家以展示农耕文化为重要内容的农耕民俗文化记忆馆，自2015年11月份开馆以来，已经有近万人参观。他先后多次受到国家、市、县科技及农业部门的表彰和奖励。

张兆晖　大码头司法所所长。从事司法工作6年来，张兆晖共调处各类矛盾纠纷120余件，调解金额1300余万元，调解成功率98%以上。经他调解的案件，无一诉讼者，无一群众反映违法违规违纪办案，无一起因处置不当引起群众上访。工作中，张兆晖扎根乡镇街道、社区农村，为群众解难。2013年12月，燕某某在下班途中遭遇车祸死亡。燕某某父母悲痛欲绝，且年龄大，又都是残疾人，既没钱请律师又不懂法律。得知此事后，张兆晖多方奔波，数次沟通协调，三方最终达成调解协议，肇事司机和燕某某供职单位共计赔偿燕某某父母130余万元。由于工作突出，他先后被授予全省"最美人民调解员"并记个人一等功、全市优秀司法所所长、全市优秀人民调解员、司法行政先进个人等荣誉称号。

武荣德　李守华　刘雪燕　方秋玲　大码头镇宣传办工作人员。4月25日上午9点40左右，武荣德、李守华、刘雪燕、方秋玲前往蒋官村进行采访。当车辆行至镇政府驻地西约500米处时,他们发现有一辆电动三轮车侧翻在公路北边。见此情景,大家赶紧停好车跑了过去。只见车内一名青年妇女紧紧抱着孩子困在里面,正在着急地呼救,2岁的孩子吓得哇哇大哭。这时,一辆大码头至广饶的城乡公交车也恰好经过,司机也把车停在路边,带领10多名乘客下车准备救人。就在众人想要上前直接扶正车子的时候,李守华喊了一声进行阻止:“先别扶车,大人孩子都在里边,先把人救出来要紧!”于是,众人先想办法打开了车门,把受惊的孩子抱了出来,站在一旁的方秋玲赶紧接过孩子,并对孩子进行安抚。接着,大家又合力把受困的母亲救了出来。随后,武荣德招呼大家一起把电动三轮车扶了起来。这次事故母女俩虽然受到了惊吓,但好在均未受伤。孩子母亲一边抹泪一边向施救者表达了感谢。原来,这位被救妇女是附近的村民,驾驶新买的电动三轮车载女儿外出,因操作不慎导致翻车,被困在了车里。

*王秀斌*　驻稻庄镇鞠刘村第一书记。驻村后,他迅速入户走访调研,走访了全村90%以上住户,拉近了与群众的距离。作为第一书记,他强调制度建设,注重党建作用。他与村“两委”成员一起,修改完善了鞠刘村红白理事会章程,扎实开展移风易俗,他代表鞠刘村在全市移风易俗推进现场会上作了经验介绍。他在稻庄镇率先探索推行了党员联系服务群众“网格化”办法,促进村级各项事务有序运转。他与村“两委”成员一起,积极协调,多方筹措资金,对村内11条东西小巷、3条围村路进行了硬化和2条大街重新罩面,改善了群众生活环境。他以“说破嘴、跑断腿”的精神,为村里争取来了音响、围棋、象棋、鼓架、锣等文化器材;协调供电部门投资75万元,对该村进行了电网改造;在村内主干道两侧重新安装了21盏LED路灯,方便了群众出行。为了增加农民收入,他倾力土地流转,帮助村民流转土地145亩。同时,他还关注民生事业,村低保对象和80岁以上老人,在他与村“两委”的帮助下,全部纳入救助范围。他协调派驻单位,开展了“温暖过冬”主题活动,在寒冬为村内6户低保户和2户困难户送去了心意。

*刘玉梅*　东营市玉兴印刷有限公司职工。5月5日傍晚,刘玉梅下班后,在一家粮油超市门口捡到一个钱包。经询问周围的人,没有找到失主。她决定打开钱包查找失主身份信息。打开后,她发现里面有一沓现金及身份证、银行卡、社保卡、账目凭证和工作文件等物品,身份证信息为花官镇草南村杨先生。这时,刘玉梅想到公司里有草南村的同事,可以通过同事联系查找。但是她没带手机,且天色已晚,于是她将钱包保管好带回了家。第二天一大早交到了公司办公室,负责人找来草南村的同事辨认,通过同事的家人,终于联系上了失主杨先生。原来,5月5日傍晚,杨先生到超市购物,匆忙中把钱包丢了,到家后才发觉。杨先生沿着从家到超市的路来回寻找,结果没找到。钱包里的账目凭证和工作文件对失主本人和单位很重要,身份证和银行卡、社保卡补办也很麻烦。

**广饶好人·秋季之星**

*广饶好人·孝老爱亲之星*

*杨祥喜*　事迹见第二届“感动广饶·道德模范”。

*广饶好人·助人为乐之星*

*纪鹏飞*　大王镇张齐村村民。纪鹏飞2012年加入全国“心连心”志愿者协会,是东营义工协会广饶分会、爱心车队部部长。多年以来,他累计无偿献血46次,除两次全血外,其余全部是捐献血小板,献血总量达到17000毫升,相当于4个人的总量,挽救了多人的性命。作为家里顶梁柱,刚开始献血时遭到了全家人的反对,但在电视里了解到血库紧张,他还是瞒着家人偷偷去了。家人见他献血对身体没有影响,由最开始的担心反对变成了支持。“献血既能挽救别人生命,也对自己身体无害,只要身体允许,我要一直献下去!”,纪鹏飞如是说。2016年,广饶县某中学学生因烧伤严重转移到北京治疗,纪鹏飞组织好友自驾到北京探望,希望能为受伤的学生献血。从学生家长口中得知急需头皮移植,他二话不说,直接捐献。半月后,当得知还需要二次移植头皮时,

他又毫不犹豫立马捐献。由于二次捐献头皮的时间间隔太短,失血太多,他患上毛囊炎,奇痒难忍,伴有疼痛,非常痛苦,晚上 11 点多,他到东营市第二人民医院开药。走到泰山路口遇到一起重大交通事故,他赶忙停下车,一边帮助拨打电话报警,一边救助伤者。他和热心群众一起把困在严重变形车厢里的伤者救了出来,又陪着伤者到医院做检查。安顿好伤者后,他悄然离开。

刘静静　广饶馨海社会工作服务中心理事长。2015 年 6 月,刘静静组织 6 名社会工作师注册成立了广饶县首家专业的社会工作服务机构——馨海社会工作服务中心,在做好专业工作的同时,她又自发组织成立了广饶馨海社工志愿者服务队,采取社工+义工的“双工联动”模式,长期为康居等周边社区的老年人、残疾人提供专业的志愿服务。2015 年 12 月的一天,早晨不到 5 点她接到一位空巢老人的电话,说身体不舒服。她顾不上吃饭,穿好衣服急忙跑下楼,直奔老人家。雪后的路面湿滑泥泞,她小心的驾驶着私家车,将这名老人送到了医院,安排好病房,楼上楼下代替老人办理住院手续。他们每个月都要为没有开通天然气的空巢老人代买代购液化气,老人们居住分散,每次都要在社区里转好几个圈,先去拉上空煤气罐,灌好后再送回去,再帮着搬上楼。刘静静和志愿者们得到了社区居民的一致好评。

广饶好人·敬业奉献之星

项在功　稻庄镇项家大营村党支部书记、村委会主任。2004 年年底,项在功临危受命,担任欠款数万元、环境脏乱差的项家大营村党支部书记、村委会主任。他主动把自己办企业挣的血汗钱变成了支持村公益事业的爱心钱,先后拿出 200 余万元为村里偿还了欠款,硬化了村内大街小巷,在对街道环境卫生彻底治理基础上,种植了山楂、樱花等观赏植物,同时安装了 65 盏路灯,项家大营村容村貌发生了翻天覆地的变化。2015 年,为彻底解决村内水管老化,影响群众饮水安全的问题,他又出资 80 万元重新铺设了最新工艺的 PE 水管。同时,项在功还十分关注教育。每年利用教师节、儿童节、春节等机会,为学校捐资助学,先后为贫困学生捐款 15.8 万元,救助贫困学生 20 多人。2015 年,他为稻庄镇大营初中捐资 10 万元。

广饶好人

荣咨玉　事迹见第二届“感动广饶·道德模范”。

赵忠信　李鹊镇北赵村村民。赵忠信从事桩基工程十多年,他从最初靠一台钻机打庄稼灌溉水井做起,一步步发展起来。生活富裕了,他就总想着为村里做点什么。北赵村的路灯安装多年,由于年久失修,许多灯已不能正常照明,甚至有几盏灯头已经掉了下来,直接影响村民晚上出行安全。村里虽然制定了路灯更换计划,但由于资金尚未筹措到位,路灯一直没有更换。得知这一情况后,赵忠信当即决定,自己出钱 2 万元,为村里更换路灯。赵忠信主动联系了路灯厂家。8 月 30 日,他就把 70 盏新路灯送到村委大院。9 月 3 日,经过调试后的路灯正式亮灯,村民们在灯下开心地跳起了广场舞。“我能有今天的成就,离不开乡亲们的帮助,吃水不忘挖井人,为村里做点事是非常应该的,只要条件允许,我会尽力为村民们做更多的事。”赵忠信说。

王玉津　广饶街道朱家小学教师。2014 年年底,由于平时繁重的工作加上年终考试连续几天的劳累,王玉津感觉视力模糊,头晕脑胀,但她一直坚持到放寒假才到医院做检查,被诊断出小柳原田综合症。她的病情十分严重,视网膜大量脱落,眼睛红肿胀痛视力模糊,大量的激素药物使她的身体浮肿而虚弱,整个寒假都是在医院度过的。寒假过后病情稍微稳定的王玉津毅然返回课堂给孩子们上课,并没有因为身体的原因放松对自己的要求,每一节课都能做到“有备而来”,每一本作业都精心批改。常常是看上几本作业眼睛就肿胀流泪,她就看一会儿,闭眼休息一会儿,从没落下过学生的一本作业。生活中,她始终本着“尊重、理解、关爱学生”的原则与学生相处,与学生既是师生关系,也是朋友关系,得到了学生及家长的信任和喜爱。教学中,她工作勤奋、成绩突出,撰写了多篇高质量的教育论文,多次在国家、省、市、县获奖；执教的市级公开课《最大公因数》受到与会专家和老师的好评。本人连续被评为“广饶县师德先进个人”“广饶县优秀教育工作者”“广饶县优秀教师”。

**广饶好人·冬季之星**

广饶好人·助人为乐之星

李建英　圣光集团职工。2013年她偶尔听说大码头镇有几个孤苦可怜的孩子需要帮助，就记在了心里。小燕俊的妈妈是四川人，自生下她之后就不辞而别，父亲寻妻多年未归，相依为命的爷爷奶奶也无劳动能力。为此，她在圣光集团发起了“圣光正能量”爱心捐款倡议，帮助小燕俊。不到两天时间，整个公司捐款4千多元，善款分别给孩子买了书籍、学习用品和生活用品。每到重要节假日，李建英还会探望孩子，并一直坚持。她总是尽自己最大的努力，给小燕俊送去温暖的爱。从第一次孩子排斥的眼神到信任的眼神，她感到无比的欣慰。同时，李建英还组织了为云南彝族贫困地区、山西临汾地区捐助衣物活动，共捐助衣服多达5000多件。做善事不需回报，多年来，她就是这样默默坚持，朴实奉献。

广饶好人·孝老爱亲之星

赵雷　中国农业银行广饶县支行大王分行职员。赵雷的妹妹从小患有脑瘫，生活无法自理，一直是母亲和他照顾。1990年父亲去世，母亲受刺激突发脑溢血，导致半身不遂，2007年又不慎摔倒，尾椎骨折从此生活不能自理。照顾母亲和妹妹的重任落在了赵雷身上。当时他的孩子正上大学，所学的音乐专业花费较高。叔伯兄弟怕他太累，便提出要轮流伺候老人和妹妹，但被他拒绝了，他说：“母亲和妹妹跟我这么长时间了，我比你们更了解她俩，并且你们工作也忙，经常在外地来回不方便，只要老人跟妹妹能够过得更舒心一点，我累一点又怕什么呢?”他每天早上五点就起床到母亲家里给母亲、妹妹做饭，多年如一日从未间断过。他每天还要为老人喂饭喂药、洗漱更衣、倒屎倒尿。老人由于长期行动不便，心情不免沮丧，有时还对尽心尽力照顾她的赵雷恶语相向，吃饭也没有胃口。赵雷没有抱怨，想着法儿为母亲和妹妹做可口的饭菜。为了减轻老人心理负担，他还经常为老人讲笑话，逗老人开心，鼓励老人树立信心。

广饶好人

赵爱玲　李鹊镇黄东村村民。赵爱玲是广饶县绿利源育苗基地、广饶绿利源蔬菜种植农民专业合作社负责人，主要从事蔬菜育苗、种植及销售。起初，她自费组织村里易于接受新生事物的能人强人，到寿光实地学习，率先建起高标准大棚。2006年，在她的带动下，全村新上高标准大棚120个，仅大棚蔬菜种植一项人均增收3000元。为使种棚户选上好品种，她又建起了高标准无菌无激素种苗繁育基地。2010年4月，赵爱玲将绿丰源种苗商行改成了绿利源种苗基地，并成立了广饶绿利源蔬菜种植农民专业合作社，合作社发展成员80多户，育苗基地也发展成为大学生寒暑假实践基地。她致富不忘社会、不忘乡亲，多年来热衷于公益事业，捐资助学、修路、照顾孤残、抗震救灾、支援“三网”绿化，累计捐资达6万多，向广大菜农优惠提供各类种苗1000多万株，向该镇菜农无偿赠送种苗7万多株，向群众免费赠送栽培管理技术资料2万余份。同时，为带领群众早日脱贫致富，绿利源蔬菜种植农民专业合作社特意招收了30多名特困群众在合作社工作。多年来，该基地先后培养出70多名农村“土专家”和科技明白人，这些人大部分成为致富的带头人，赢得了社会广泛赞誉。她本人也先后多次荣获“三八红旗手”“巾帼科技致富能手”“巾帼创业带头人”等荣誉称号。

任爱华　广饶街道西苑社区居民。退休后，任爱华组建了“西苑社区中老年健身队”，多次代表社区参加市、县比赛并获奖，她本人也获得二级教练证书。与任爱华住在一个楼上的许多年轻住户，因工作忙，孩子放学后没有地方学习，任爱华就主动把孩子们接到家里，给他们辅导功课、做饭、陪孩子聊天。时间长了，家长也特别放心，孩子们都亲切的叫她“任奶奶”。看到社区许多孩子们渴望学习国画，她就主动找到社区，每周拿出两个晚上，在社区免费辅导国画课程，前后共有20

余名青少年受益。平时，谁家在外面晾晒被子，晚上忘了拿，或者突然下雨，任爱华都会先帮他们收起来，然后留下联系方式。任爱华还有个"习惯"：每天晚上临睡前，都要下楼看一下楼道门是否上锁，谁家车子还在外面等等。邻居们都说，社区有个"任奶奶"，放心！

董小敏　广饶街道康居社区居民。刚结婚没多久，公公因为突发疾病去世，婆婆一直跟随女儿在安徽生活，爷爷的女儿年龄也大了，照顾老人也很吃力，董小敏就放弃外出打工的念头，主动承担起照顾老人的重任。为了让老人多晒太阳，董小敏把老人安排在朝阳的卧室。刚开始，老人身体还好，生活能够自理，董小敏平时主要给老人洗衣做饭，打扫房间，没事的时候用三轮车带着老人到附近公园转转。2010 年 3 月，董小敏剖腹产生下小女儿刚刚三天，老人不小心摔断了胳膊，正在坐月子的董小敏顾不上养好自己的身体，一边照看着嗷嗷待哺的孩子，一边照料老人的饮食起居。2015 年冬天，天空下了一点小雪，老人像往常一样外出遛弯时，不小心摔了一跤，造成腿部骨折，在医院整整住了一个月。为了不耽误丈夫上班，住院期间都是董小敏自己服侍在老人病床前。出院后，老人需要躺着静养，生活起居全靠董小敏来照顾，洗脸、喂水、喂饭、按摩、端屎、端尿，而她从来没有嫌脏、嫌臭、嫌烦。为了防止爷爷生褥疮，她还专门为老人买了气床垫，还时常为老人拆洗被褥，定时擦身洗澡、修剪脚趾甲。

许佐弼　花官镇南口村村民。许佐弼是一名普通的退休教师，在花官初中任教期间，许佐弼担任音乐老师，他喜欢教学生唱戏曲。哪怕一个年级只有一个孩子喜欢，他也倾其所学地教，让学生认真学。几年下来，在他的努力和鼓舞下，越来越多的学生和老师喜欢上了戏曲，也培养了大批学生。退休之后，许佐弼积极为恢复和弘扬村里失传多年的传统戏剧而奔走。他组织了村里爱好文艺的村民组成锣鼓队，南口村又恢复了传统的戏剧演出。为了使传统戏剧得到更好的传承，许佐弼在演出之余挖掘整理古老的戏剧曲谱。他整理了吕剧锣鼓通《一封书》以及九龙翻身、绿狮子、闹花船等经典曲谱。2014 年花官镇举办锣鼓培训班，他积极帮助老师们教课，并凭借记忆将经典古谱传抄给大家，促进学员共同进步。他多次获得市、县级创作奖项。

成桂英　广饶街道东毛村村民。成桂英是广饶大嫂家政服务中心经理。2016 年 4 月份，她自筹资金 8 万元成立了广饶大嫂家政服务中心，职业有月嫂、育婴师、小儿推拿师、催乳师、发汗师、面点师、营养配餐师等。她始终坚持严格培训、考核、录用、上岗、再培训、再提高的服务制度，保证所派遣服务人员的服务质量，为下岗职工和农民工提供了就业和再就业的平台，为所需服务的社会团体、居民家庭、居家老人提供了专业人力资源服务。2016 年以来，她被稻庄镇、广饶街道特聘，为 161 个村(社区)6500 余人现场培训家政服务课、养生课、面点课。她先后帮助 130 余名 18～48 岁之间渴望就业和改善生活的女性从事家政服务工作，90 余名家庭妇女接受月嫂培训后走上工作岗位，解决了基本的生活经济来源，2016 年 5 月，广饶大嫂被东营市妇联评为"巾帼创业示范基地"。作为东毛村妇女主任，她还积极带领全村妇女致富。于 2015 年 6 月份组织东毛村 35 名妇女到沂南县参观学习当地火龙果、猕猴桃、樱桃等特色农业种植技术，回村后，她又协调村"两委"为 3 户农户流转 35 亩土地，种植猕猴桃。帮助残疾妇女流转土地 50 亩，种植樱桃、蔬菜大棚，让她们从传统农业种植模式中摆脱出来，走上了新的致富道路。

高明　乐安街道范李村村民。女儿很小的时候他跟妻子离了婚。怕女儿受委屈，他一直没有给自己张罗婚事，一个人辛苦地抚养孩子。2015 年经人介绍认识了现在的妻子，原以为新生活开始了，谁料结婚刚刚半年，一场灾难就降临到这个家庭。他们原准备再生一个孩子，去医院做孕前检查的时候，妻子总觉得头疼，顺便检查，却被医生告知有脑瘤。他顾不得悲伤，立即带着妻子到了济南，济南的医生建议去北京医院确诊一下。他又带着妻子一路颠簸到了北京。北京医院排队看病的人太多，他只好在附近旅馆安顿好妻子后，没白没黑地排队，终于挂到了专家号。听到治疗及休养费要花二十多万时，妻子说："要不咱们离婚吧，咱们才结婚半年，别人不会说你什么的，我也不想拖累你。"可高明说："不要多想，好好养病，既然结了婚，我就得管你。"为了陪护妻子，他只能辞掉工作，一个人在医院跑上跑下，家里的积蓄花光了，他就找亲戚朋友借，有的朋友劝他放弃，他摇头，说人不能做这种临阵脱逃的事，遇上了就得担当！手术后妻子病痛难忍，生活不能自理，他就给妻子喂饭，喝水，伺候妻子大小便。在医院整整三个月，他瘦了一大圈，医院的医生和护士都对他这种不离不弃的行为连连称赞。

卜孟江　大王镇吴家村卫生服务站医生。61岁的卜孟江，本该颐享天年，可里里外外却成了最忙最累的人：87岁高龄的婆婆需要她照顾，全村200多名老年人的健康更是离不开她。前些年，公公生病卧床不起，婆婆年迈，行动不便，丈夫因工作原因经常出差，卜孟江便主动一个人挑起照顾老人的重任，给老人打针用药、洗脸梳头、端屎端尿、擦洗身子，每天精心准备老人爱吃的饭菜，并亲自喂饭端水。2005年底公公去世，婆婆伤心不已，她更寸步不离、耐心陪伴和开导，使婆婆慢慢走出悲伤。除了奉养双亲，作为村医，40年来，全村200多名老年人的身体状况都在她心中。大部分时间，她都是背着药箱，走在上门送医送药的途中。卜孟江赢得了村民的一致称赞。

李美芹　县法院未成年人案件综合审判庭副庭长。李美芹自2008年进入县法院工作，先后在刑事审判庭、研究室、民事审判庭等多部门工作，从事民商事案件审判工作。2012年以来，共审计各类民商事案件800余件，所审结案件中，无一被投诉、被发改，无上访案件发生。在做好本职工作的同时，她还积极参与各项活动，应邀担任广饶县新农民学校志愿讲师，受聘为东营市女性大讲堂志愿讲师，利用周末、晚上、假日等时间，多次深入社区、村庄举办法制讲座，受教育群众达数千人次；为关爱未成年人健康成长，她先后多次到广饶一中、县英才学校、稻庄镇实验中学等讲授法制课，教育师生近万人。因工作成绩突出，她先后荣获全市"妇女儿童工作先进个人"、县"优秀共产党员"、县"三八红旗手"等称号。

# 广饶县"好军嫂"名录

| | |
|---|---|
| 金美丽 | 东营瑞和汽车销售服务有限责任公司业务经理 |
| 徐　玲 | 广饶县稻庄镇淄河店农村社区妇委会主任 |
| 常　征 | 广饶县丁庄镇宋院村村民 |
| 卢春娟 | 广饶县大王镇人民政府职工 |
| 孙雪梅 | 广饶县开发区寨村村民 |
| 王婷婷 | 广饶县开发区管委会职工 |
| 武敬敬 | 广饶县公安局大王分局工作人员 |
| 宋　燕 | 广饶县妇幼保健计划生育服务中心职工 |
| 魏英英 | 广饶县职业中等专业学校职工 |

# 广饶县“优秀兵妈妈”名录

成淑芹　广饶县稻庄镇中心幼儿园教师
王长娥　广饶县开发区丁村村民
吴　霞　广饶县李鹊镇崔刘村村民
李长英　广饶县实验中学教师

# 县级领导班子成员名录

（2017 年 2 月 20 日）

## 中国共产党广饶县常务委员会

梁润生　广饶县委书记、党校校长
宋学华　广饶县委副书记，县政府县长、党组书记
陈伟颂　广饶县委副书记
王兴法　广饶县委常委、组织部部长
张子柱　广饶县委常委、县纪委书记
陶家孟　广饶县委常委、政法委书记
李增明　广饶县委常委、统战部部长
李兴杰　广饶县委常委、办公室主任
西牧山　广饶县委常委，县政府副县长、党组副书记
隋艳珍　广饶县委常委、宣传部部长
王建文　广饶县委常委（挂职，下派工作队队长，2017 年 1 月任职）

## 广饶县人民代表大会常务委员会

李道明　广饶县人大常委会主任、党组书记
燕东军　广饶县人大常委会副主任、党组副书记
高凤远　广饶县人大常委会副主任、党组副书记
许忠志　广饶县人大常委会副主任、党组成员，县总工会主席（兼）、党组书记
任炳松　广饶县人大常委会副主任、党组成员

## 广饶县人民政府

宋学华　广饶县委副书记，县政府县长、党组书记
西牧山　广饶县委常委，县政府副县长、党组副书记
张江圣　广饶县政府副县长、党组成员
迟　健　广饶县政府副县长
刘茂和　广饶县政府副县长、党组成员
刘　磊　广饶县政府副县长、党组成员

## 中国人民政治协商会议广饶县委员会

孙翠秀　广饶县政协主席、党组书记
戚德仁　广饶县政协副主席
朱洪明　广饶县政协副主席、党组副书记
李增祥　广饶县政协副主席、党组成员
贾效国　广饶县政协副主席
吴晨曦　广饶县政协副主席

# 附　录

## 广饶县人民政府
## 关于印发广饶县国民经济和社会发展第十三个五年规划纲要的通知

广政发〔2016〕2号

各镇人民政府、街道办事处，开发区，广饶滨海新区，县政府各部门、单位：

《广饶县国民经济和社会发展第十三个五年规划纲要》（以下简称《纲要》）已经县十七届人大五次会议审查批准，现印发给你们，请认真贯彻实施。

广饶县人民政府
2016年3月24日

## 广饶县国民经济和社会发展第十三个五年规划纲要

"十三五"时期（2016～2020年），是全面建成小康社会的决胜期，是认真落实"四个全面"战略布局的关键期。科学编制和有效实施"十三五"规划，对于推动广饶经济社会新一轮科学跨越、加快建设经济强县生态之城幸福家园，具有重大意义。《纲要》主要阐明政府战略意图，确定政府工作重点，引导市场主体行为，描绘经济社会发展蓝图，是全县人民共同奋斗的行动纲领。

### 第一章　立足新起点　开创新局面

一、成就经验

"十二五"时期是我县发展极不平凡的五年，是成功应对重大挑战、取得重大成就的五年，是在科学发展道路上锐意创新、砥砺奋进、迈出坚实步伐的五年。面对国内外复杂多变的经济环境，全县上下在县委、县政府的坚强领导下，坚持以科学发展为主题，以加快转变发展方式为主线，稳增长、促改革、调结构、惠民生、防风险，科学务实、积极作为，保持了经济持续健康发展和社会和谐稳定，各方面工作都取得新的发展和突破，胜利完成了

“十二五”规划确定的主要目标任务，站在了转型发展更新更高的历史起点上。

综合实力大幅提升，发展质量显著增强。“十二五”时期，县域综合实力和竞争力持续提升，在全国县域经济基本竞争力百强县中前移24个位次，跃居第44位。2015年，预计全县实现生产总值750亿元，“十二五”年均增长14%，是2010年的1.63倍；人均生产总值达到146942元，是2010年的1.6倍；公共财政预算收入达到42.4亿元，年均增长20.4%，是2010年的2.54倍；全社会固定资产投资达到760亿元，五年累计完成2635亿元，年均增长23.6%；社会消费品零售总额达到170亿元，年均增长13.8%，是2010年的2倍。发展更加注重质量效益，公共财政预算收入占生产总值比重达到5.65%，比2010年提高2.02个百分点。金融运行良好，全县金融机构各项贷款余额达到884.3亿元，是2010年的2.3倍；各项存款余额达到642.3亿元，是2010年的2.34倍。

积极调整产业结构，转型升级步伐加快。三次产业结构由2010年的6.8:72.5:20.7调整为2015年的5.6:66:28.4，服务业增加值占生产总值比重提高7.7个百分点。加快实施新型工业化战略，构建起传统产业、高端制造业、新兴产业同步发展的产业体系，规模以上工业企业达到267家，实现主营业务收入4191亿元，年均增长19.1%；实现利税474亿元，年均增长17.4%。高新技术产业产值占规模以上工业总产值比重达到38.2%，比2010年提高5.9个百分点，在全国工业百强县(市)中广饶居全国第16位、全省第2位。坚持政策和市场双向推动，现代物流业等生产性服务业发展壮大，会展经济、电子商务等新业态加快发展，各类专业市场及中心商务区特色更加鲜明，广饶物流园区、大王保税物流园区加快推进，孙子文化旅游区、红色刘集旅游区创建为国家AAAA级旅游景区，孙子文化园开始运营，每年一届孙子国际文化旅游节和国际橡胶轮胎暨汽车配件展览会成功举办，服务业规模和质量逐步提升。农业产业化、规模化水平不断提高，全县农业龙头企业发展到305家，农民专业合作社达到529家，注册家庭农场238家，认证“三品一标”农产品305个，产地面积37万亩，农业综合效益进一步提高。

基础建设日臻完善，发展承载能力不断加强。新型城镇化建设扎实推进，被列为省级新型城镇化综合试点县。加快县城区和大王镇、稻庄镇、经济开发区相向对接发展，启动滨海新区建设，逐步扩大城镇发展规模，人口城镇化率达到55.9%，比2010年提高19.1个百分点。坚持老城区改造和新城区扩容同步推进，城市总体规划等22项规划编制完成，城区集中供暖、供水、燃气、绿化、亮化、污水和垃圾处理等一系列市政配套工程相继实施并竣工，金融商务区、中心商务区、国际博览中心等一批城建重点工程建成投用，县城区新增绿地面积246万平方米、供热面积650万平方米、市政道路35公里，中心城建成区面积达到30平方公里。制定完善差异化考核办法，引导镇街围绕实现主要指标“三年倍增”的目标，加强小城镇基础设施和公共服务设施建设，镇域经济实力和承载能力得到提升，公共财政预算收入过亿元镇街达到5个。扎实推进农村建设，“十二五”期间新建、改建村级公路1018公里，新建农村新型社区9处、社区服务中心40处，一批农田水利、电力等基础设施工程建成投用。寿平铁路、德大铁路通车运营，淄河建闸蓄水二期、南水北调广饶供水单元工程、潍高路改线一期工程(广饶段)等工程建成投用，高店水库改扩建工程、潍高路改线二期工程(广饶段)开工建设，对经济社会发展的支撑力不断增强。

改革创新稳步推进，发展活力显著提升。各项改革稳步推进，积极推进企业上市，上市挂牌企业达到27家，其中主板上市4家、新三板上市2家，引进股份制银行、村镇银行等银行金融机构9家，新增小额贷款公司、融资租赁公司等地方金融机构21家，金融服务体系更加完善；普通高中和职业教育资源整合全面完成，成立市场监督管理机构和新的食品安全检测机构，完成卫生、计生机构整合；陈官撤乡设镇；深入推进工商注册制度便利化改革、行政管理体制改革等，激发市场主体活力；实施预算制度改革，细化预算编制，完善全口径预算体系；行政审批制度改革加快推进，设立政务服务中心和公共资源交易平台，加强行政审批事中事后监管，投资项目在线审批监管平台试运行，编制公布县政府部门（单位）行政审批项目清单、行政权力清单、政府责任清单、行政审批中介服务收费项目清单等；加快医药体制改革，稳步推进县级公立医院改革，实行药品零差率销售，落实药品加成补偿；农村综合改革、投融资体制、公车制度改革等重点领域改革扎实推进。对外开放的广度和深度不断拓展，成功创建为国家级出口轮胎质量安全示范区、食品农产品质量安全示范区、省外贸转型升级（轮胎）专业型示范基地、机电产品出口基地。2015年实现进出口总额52.5亿美元，年均增长8.3%，是2010年的1.49倍；出口总额28.7亿美元，五年累计达164.1亿美元，年均增长12.8%；实际利用外资累计1.72亿美元。企业"走出去"步伐加快，奥戈瑞、永泰等13家企业设立境外投资企业26家，涉及美国、英国等16个国家和地区。科技创新不断加强，省级以上研发机构达到46家，博士后科研工作站3家，省级院士工作站1家，新建省级"一企一技术"研发中心11家、创新企业14家。大力培育知名品牌，新增省级以上驰名商标、名牌产品、著名商标55个。累计授权专利2192余件，其中发明专利196件，鉴定登记国内领先以上科技成果24项。

生态建设扎实推进，人居环境持续改善。坚持生态优先，深入开展生态环境整治提升年行动，下大气力治理水气和扬尘污染，五年共实施重点环保治理工程230个，取缔"土小"污染企业255家次，重点河流水质稳定达标，主要污染物排放量继续下降，万元生产总值能耗累计下降17%，化学需氧量排放量下降17.6%，二氧化硫排放量下降34.1%，节能减排取得新成效。加快实施以生态林场建设为重点的生态绿化工程，建成生态林场3个，林木覆盖率达到28%；城乡环境综合整治加快推进，实施了农村生活污水治理、生活垃圾处理和畜禽养殖污染治理等项目，城乡环境更加优美、洁净、宜居。

人民生活显著改善，社会事业全面进步。实施普通中小学办学条件和城乡幼儿园标准化、数字化校园、职业教育基础能力建设和教育惠民工程，城乡全部实现免费义务教育，山东大王职业学院更名为东营科技职业学院。全面提升公共卫生服务能力，启动县中医院迁建，全县拥有万元以上诊疗设备947台（件），群众就医条件得到明显改善。强化政策激励和综合治理，人口素质普遍提高，年均人口自然增长率5.63‰。强化食品药品安全监管，有效防控重大疫情，群众生命健康得到更好保障。深入实施文化惠民工程，更多文体设施建成投用，市历史博物馆实现升级改造。城乡居民收入较快增长，城镇居民人均可支配收入达到34283元，年均增长10.1%，是2010年的1.61倍；农村居民人均可支配收入14950元，年均增长12.6%，是2010年的1.8倍。就业再就业工作不断加强，城镇登记失业率为1.9%。养老、医疗、低保等基础保障补贴标准大幅提升，社会保障体系更加完善。积极开展文明城市创建，培育和践行社会主义核心价值观，社会文明程度显著提高。深入推进"平安广饶"建设，健全应急管理机制，社会治理得到加强。安全生产标准化建设和安全专项整治工作扎实推进，公共安全基层基础明显提升。代表全市在全省率先开展了国民经济应急动员暨后勤保障演练，军民协作应急处突能力加强，全省双拥模范县创建实现了"六连冠"。民族宗教、外事侨务、新闻出版、知识产权、妇女儿童、科普、对台、史志、档案、助残、老龄、人防、气象、防震减灾等各项事业都取得了新的成绩。

过去的五年，特别是"十二五"后半段以来，国际国内发展环境变化超出预期，全县上下积极应对经济下行和转方式调结构双重压力，深入开展党的群众路线教育实践活动和"三严三实"专题教育，立足实际，勇于探索，大胆实践，为"十三五"及今后时期的发展积累了许多宝贵经验，奠定了坚实基础。

一是始终坚持科学发展、稳中促调。五年来，无论外部环境如何变化，始终聚精会神搞建设，一心一意谋发展。在速度变化、结构优化、动力转换的发展新常态下，面对需求不足、产能过剩、金融风险等诸多挑战，始终把稳增长作为首要任务，积极应对，科学决策，结合广饶发展实际，制定并落实了一系列战略部署和政策措施，着力保企业保运行、抓投入上项目、促统筹惠民生，经济在攻坚克难中实现平稳增长。坚持把转型升级放到突出位置，以投入促发展、以增量促优化、以项目促调整，一批有利于产业结构调整的重大项目建成投产，支持发展的新的增长点正在形成，发展质量和效益显著提升。

二是始终坚持特色发展、改革创新。五年来，不断深化对广饶发展阶段、发展规律的认识，把推进新型工业化作为核心战略，坚持以工业化带动农业产业化、推进服务业现代化、加速城乡一体化，坚持在实践中探索，在创新中发展，走出了一条独具特色的县域发展道路。积极推进市场化运作，改革投融资体制，运用市场化手段成功实施了一批重大基础设施工程。大力推进对外战略合作，支持企业资源整合和强强联合，开放型经济加快发展。实施创新驱动战略，积极开展人才创新、平台创新、技术创新，增强了企业创新创牌能力。优化市场发展环境，加快推进行政审批和注册便利化改革，增强了发展活力。

三是始终坚持统筹兼顾、协调发展。五年来，始终坚持以统筹发展为目标，着力推进城乡规划、产业发展、基础设施、公共服务一体化，加快城乡发展互动、资源互享、设施互通，城乡面貌大幅提升、城乡功能更加完善、城乡经济全面发展。坚持集聚发展、重点带动，在加快县经济开发区、大王经济开发区、滨海新区建设的基础上，规划稻庄高效生态经济园、陈官循环经济示范园、大码头新材料工业园建设，大王经济开发区创建为省级经济开发区，形成了园区化集聚发展格局。坚持以生态建设为保障，多措并举节能降耗，重拳出击治理污染，齐心协力清脏治乱，全力以赴绿化家园，环境质量持续改善。

四是始终坚持民生为本、执政为民。五年来，始终坚持把群众的利益放在首位，坚持发展为了人民、发展依靠人民、发展成果由人民共享，以解决人民最关心最直接最现实的利益问题为着力点，每年将60%以上的财政支出投向民生领域。每年坚持为民办一批重点实事，五年来向群众作出承诺的51件惠民实事全部顺利完成，连续大幅度提高养老、医疗、低保等基础保障补贴标准，大力提高公共服务水平，全力维护公共安全，促进社会和谐稳定，人民群众生活水平显著提高。

二、环境条件

“十三五”时期国内外发展环境更趋错综复杂，不确定不稳定、不可预见性因素增多，转型发展、科学跨越的外部压力加大、内在要求迫切，但总体上仍处于可以大有作为的重要战略机遇期。

从国际看，和平与发展仍是当今时代主题，世界经济在深度调整中曲折复苏，新一轮科技革命和产业革命蓄势待发，国际产业分工格局与规模形态正在发生变化，如美国工业互联网战略、德国工业4.0战略、英国工业2050战略等；绿色发展成为时代潮流，可能会催生新一轮能源革命，如页岩气革命、可再生能源等，有利于我们充分利用两种市场两种资源。同时，世界经济仍将处于后危机时期的结构调整期，经济增长趋缓成为世界经济新特征，经济环境仍然比较复杂，国家政治经济治理体系和规则悄然变化，大国全球战略调整引发地区不稳定因素增多，各种形式的多双边贸易合作兴起，如TPP(太平洋战略经济伙伴关系协定)等；我国已深度融入全球经济，各种风险和矛盾交织传递，面临新产业革命、新贸易规则、地缘政治环境、能源版图变化以及转变发展方式等诸多新的环境。

从国内看，经济发展方式加快转变，新的增长动力正在孕育，经济长期向好基本面没有改变。新型工业化、信息化、城镇化、农业现代化、绿色化加快融合，发展路径将进一步合理；深入实施“一带一路”、京津冀协同发展、长江经济带三大战略，对外开放优势和区域协调发展优势将进一步凸显；鼓励创新创业、实施“中国制造业2025”和“互联网＋”行动计划等，发展动力进一步增强。省委、省政府提出了“一个定位、三个提升”的总体要求，实施重点区域带动战略，继续加快推进黄河三角洲高效生态经济区和山东半岛蓝色经济区建设，为我县推动产业转型升级、资源综合利用和发展高效生态经济创造了良好机遇。同时，我国经济正向形态更高级、分工更复杂、结构更合理的阶段演进，市场变化带来的需求性下调、转方式带来的结构性下调和资源环境趋紧带来的约束性下调同时存在且相互交织，长期积累的深层次矛盾逐步暴露，经济下行压力依然较大，面临着跨越中等收入陷阱的重大挑战。

从我县看，未来五年，我县正处在转型升级、科学跨越的关键阶段。国家深入实施京津冀协同发展战略和《环渤海地区合作发展纲要》，继续推进黄蓝两大国家战略，使广饶在更宽领域、更深层次上融入重点区域发展格局。省、市对县域发展高度重视，出台了一系列政策措施，拓展了我县未来发展空间。尤其是经过多年发展，我县形成了较为坚实的产业基础，主导产业集群化优势突出，骨干企业群体不断壮大，基础设施日臻完善，园区带动作用明显增强，发展环境持续优化，培育了一批高素质、驾驭发展能力强的干部队伍和懂经营善管理、诚实守信的企业家人才队伍，在加快转型升级上具有较大潜力、韧性和回旋空间。同时，发展中也面临一些深层次矛盾和问题：经过多年快速发展，原有的粗放型、外延式增长已基本达到极限，资源环境压力加大，转方式调结构任务艰巨；传统优势正在减弱，形成新的发展模式、加快新旧动力转换需要一定过程；制约发展的体制机制障碍仍然存在，深化改革开放任务艰巨；社会民生领域还存在一些短板，缩小城乡差距、推进城乡一体发展的步伐需要进一步加快；群众利益诉求更加复杂多元，社会治理难度加大。

面对历史机遇和严峻挑战，我们必须保持清醒头脑，准确把握新常态下的发展环境和深刻变化，进一步增强发展意识、忧患意识、危机意识、责任意识，坚定信心、攻坚克难、积极作为，更加奋发有为地做好工作，不断开创广饶各项事业发展新局面。

三、发展目标

（一）指导思想

高举中国特色社会主义伟大旗帜，认真贯彻党的十八大和十八届三中、四中、五中全会精神，以马克思列宁主义、毛泽东思想、邓小平理论、“三个代表”重要思想、科学发展观为指导，深入贯彻习近平总书记系列重要讲话精神，按照“四个全面”战略布局，以创新、协调、绿色、开放、共享五大发展理念为引领，以提升发展质量效益为核心，以改革创新为动力，加快形成引领经济发展新常态的体制机制和发展方式，统筹推进经济建设、政治建设、文化建设、社会建设、生态文明建设和党的建设，在率先全面建成小康社会基础上，加快建设经济强县生态之城幸福家园、当好全市引领发展新常态的排头兵。

率先全面建成小康社会，推动经济社会持续健康发展，必须始终坚持人民主体地位，坚持科学发展，坚持深化改革，坚持依法治国，坚持统筹国内国际两个大局，坚持党的领导。必须深入贯彻创新、协调、绿色、开放、共享的发展理念，将五大发展理念贯穿于经济社会发展各方面和工作全过程。必须勇于担当、积极作为、科学务实，既在补齐短板上多用力，也在放大优势上下功夫，着力实现更高质量、更有效率、更加公平、更可持续的发展。

（二）指导原则

坚持创新发展。深入实施创新驱动发展战略，积极培育新产品、新业态和新商业模式，以提高经济发展质量和效益为中心，优化劳动力、资本、土地、技术、管理等要素配置，优化增量、调整存量，培育发展新动力。加快转型发展，着力形成新的发展方式，促进经济增长向依靠消费投资出口协调拉动转变，向一二三产业协同带动转变，向科技进步、劳动者素质提高、管理创新转变。

坚持协调发展。协同推进新型工业化、城镇化、信息化、农业现代化和绿色化，采取有力措施加快区域协调发展、城乡协调发展，以镇域经济发展为重点，积极稳妥推进新型城镇化和城乡发展一体化，提高发展的全面性、协调性和可持续性。

坚持绿色发展。科学布局生产空间、生活空间、生态空间，扎实推进生态环境保护，集约节约利用资源和能源，发展循环经济，推广低碳技术，增强可持续发展能力，让良好生态环境成为人民生活质量的增长点。

坚持开放发展。把改革作为推动发展的强大动力，正确、准确、有序、协调推进各领域各环节改革，提高改革行动能力，释放制度红利，更好发挥政府作用和市场在资源配置中的决定性作用。实施更加主动的开放战略，综合运用国际国内两个市场、两种资源，健全对外开放新体制，在更广领域、更高层次、更大范围上参与区域经济和国际竞争合作，塑造开放型经济发展新优势。

坚持共享发展。坚持发展为了人民、发展依靠人民、发展成果由人民共享，全面解决好人民群众关心的教育、就业、收入、社保、医疗卫生、食品安全等问题，推进城乡公共服务均等化，加强和创新社会治理，推进依法治县，让改革发展成果更多、更公平、更实在地惠及广大人民群众。

（三）发展阶段

"十三五"时期，我县将进入率先全面建成小康社会、全面推进转型跨越、全面完成黄蓝国家规划目标、全面建成美丽幸福新广饶的关键阶段。

创新发展加速期。创新能力不强已经成为制约广饶向更高层次发展的主要矛盾之一。在新的起点上，必须实施创新驱动战略，加快建设创新型城市，完善提升区域创新体系，推进产业、科技和体制机制创新，增强发展新活力，培育发展新动能，构筑开放开发新高地。

转型升级跨越期。需求不足、产能过剩、资源制约压力加大，我县主导行业多数处于产业链低端，市场、资源、人才、技术、品牌等方面的竞争日趋激烈，倒逼广饶加速转型升级，努力形成率先转型优势，加快推动经济社会发展由资源依赖向创新引领、粗放型增长向集约型发展、城乡二元结构向城乡一体化发展转变，营造产业核心竞争力优势。

率先全面建成小康社会决胜期。"十三五"时期，我县将率先全面建成小康社会，但各类群体公平享受基本公共服务的需求与地方政府供给能力不足的矛盾仍然较大。要求广饶必须着力补齐短板，更加重视结构调整，更加重视社会建设，更加重视民生改善，解决好人民群众关心的教育、就业、收入、社保、医疗卫生、食品安全等问题，提前两年率先实现全面建成小康社会。

（四）发展目标

总的目标是，科学发展走在前列，率先全面推进转型发展，率先全面建成小康社会，实现更高质量、更有效率、更加公平、更可持续的发展，把广饶建设成为经济更加发达、环境更加优美、文化更加繁荣、社会更加和谐、生活更加美好的经济强县、生态之城和幸福家园。

经济增长。经济保持中高速增长，在提高发展平衡性、包容性、可持续性的基础上，在全市率先实现经济总量和城乡居民人均收入比2010年翻一番，城乡居民收入增幅超过地区生产总值增幅，农村居民收入增幅超过城镇居民收入增幅。到2020年，生产总值年均增长7.5%左右；公共财政预算收入年均增长7%左右；全社会固定资产投资年均增长13%左右；社会消费品零售总额年均增长10%左右；进出口总额、实际利用外资保持适度增长。综合实力显著提升，跨入全省县域发展前列。

结构调整。产业结构进一步优化，信息化与产业深度融合，传统产业迈向中高端水平，先进制造业加快发展，新产业新业态不断成长，服务业增加值占地区生产总值比重达到35.4%，高新技术产业产值占规模以上工业总产值的比重达到46%以上，率先实现农业现代化。要素使用效率、综合产出效益和现代管理水平全面提高，科技进步贡献率达到67%。

城乡协调。新型城镇化战略深入实施，镇域经济发展取得明显成效，镇街发展更加均衡协调，县城、中心镇集聚辐射能力进一步增强，乡村文明建设取得重大进展，城市功能进一步完善，常住人口城镇化率达到63%。

创新创业。自主创新能力不

断加强，研究与试验发展经费支出占 GDP 比重力争达 3%以上，万人拥有有效发明专利数达到10件。营商环境优化提升，发展空间格局明显优化，大平台大产业大项目大企业建设加快推进，各类园区优化发展，基础配套水平加快提升。政府公信力和行政效率进一步提高，体制机制再添新活力，民主法制更加健全，社会管理制度不断完善，创业创新环境更加优化。

生态建设。生态文明理念深入人心，生产方式和生活方式绿色、低碳水平上升。节能环保和生态建设取得显著成效，循环经济体系基本形成。单位 GDP 能耗、单位 GDP 二氧化碳排放和主要污染物排放量减排实现阶段性目标，达到国家和省、市要求，环境空气质量达标比例达到50%以上，全面消除劣Ⅴ类水体，土地、水等资源利用效率大幅提高，林木覆盖率达到32%，生态安全屏障基本形成，可持续发展水平明显提升。

民生改善。城乡居民收入较快增长，低收入者收入明显增加，中等收入群体持续扩大，城乡居民收入年均增长7.6%左右，收入差距明显缩小。人口自然增长率控制在15‰以内。教育、卫生、文化、体育等社会事业加快发展，公共服务体系更加完善，社会主义核心价值观深入人心，平安广饶建设取得重大进展，群众幸福感获得感明显增强，社会更加和谐稳定。

## 第二章　统筹国土布局　优化发展空间

探索实行经济社会发展规划、城乡规划、国土利用规划、生态环境保护规划等多规合一，突出提高国土开发利用效率，调整优化空间结构，推进功能分区与土地利用、产业布局、城镇建设相衔接，形成生产空间集约高效、生活空间舒适宜居、生态空间自然秀美的格局。

### 一、推进功能分区建设

根据资源环境承载力、现有开发密度和发展潜力，落实主体功能区战略，统筹考虑人口分布、经济布局、国土利用和城镇化格局，将国土空间划分四大功能分区。

城镇化区域。包括城镇现有建成区和拓展区。作为推进城镇化的国土空间，以提供服务产品为主体功能，以提供农产品和生态产品为辅助功能，是人口集聚的主要区域。要加大交通、能源等基础设施建设力度，依托县城区、重点镇，加快小城市建设，引导人口集中集聚。在保障农业和生态发展空间基础上，在县城、镇区周边预留城市渐进区、缓冲区，作为城镇化发展预留区，适度扩大建设用地规模，促进经济集聚与人口集聚同步。稳妥有序推进农村新型社区建设，推进农业现代化、农村社区化联动发展，实现生产方式和生活方式融合转变，构建和谐美丽乡村。

工业化区域。包括经济集中开发区和拓展区以及沿海防潮大堤内以盐碱荒滩为主的成方连片未利用地等。作为承载工业化的国土空间，以提供工业品、生产性服务产品为主体功能，是工业经济集聚的主要区域。要实行优化开发和重点开发，优先布局重大制造业项目，加强内涵挖潜和优化整合，充分利用现有建设用地，尽可能利用闲置地、空闲地、废弃地，提高空间利用效率。预留孵化区、创业区，作为工业化发展的拓展区。

农业化区域。以田园风光为主，主要承担农产品生产和农村生活功能的地域。作为发展农业生产、建设农村居民点和乡村道路等基础设施的国土空间，以提供农产品为主体功能，以提供生态产品、服务产品和部分工业品为辅助功能。要优化农业生产布局和品种结构，科学确定不同区域发展重点，突出特色，推进连片建设。支持主产区加强农产品加工、流通、储运设施建设，引导农产品加工、流通、储运企业向主产区城镇聚集。积极发挥农业的生态、景观和间隔功能，严禁有损自然生态系统的开荒。

生态区域。以自然生态为主，主要承担生态服务和生态系统维护功能的地域，包括海洋保护区、水源涵养区、生态林地、湿地等。作为构筑生态安全屏障的国土空间，以提供生态产品为主体功能，以提供农产品、服务产品为辅助功能。要严格控制开发强度，各类开发活动不得损害生态系统的稳定和完整性，严禁在核心区进行新的开发建设活动，原有的生产、开发活动要逐步退出。

二、统筹城镇发展布局

推进规划创新，加强城乡建设规划与产业布局、土地利用、生态环保等规划相互衔接、多规融合，优化空间格局，规范空间开放秩序，总体上形成“一核四轴五板块”的城镇化空间布局。

一核。即由县城、大王镇和稻庄镇共同组成的县域发展核心。

四轴。即以省道河辛路、东青路、潍高路和永青路为依托的两纵两横发展轴，贯穿全县各镇街和开发区。

五板块。即县城中心区、广饶经济开发区、孙子文化旅游区、大王稻庄城乡一体化发展示范区和滨海新区。

三、优化产业发展布局

(一)工业布局

按照“布局集中、产业集聚、用地集约”的要求，突出特色、错位发展，提升完善园区规划，促进资源在空间上的有效配置。重点推动形成“3＋3”工业园区格局。

广饶经济开发区。在优化提升石油化工等传统产业的基础上，着重发展新型工业，积极培育新能源、新材料、新型装备制造业等高新高端产业，高新技术、高附加值、低消耗、低污染的“两高两低”产业比重明显提高，加快进入全省省级经济开发区综合实力前10位，争创国家级开发区。不支持布局石油化工一般扩能项目，除原有化工企业升级改造项目外，不支持新增石油加工、炼焦业及造纸业，不支持布局化学原料和化学制品制造，橡胶和塑料制品制造业中的低档产品扩大产能项目。

大王经济开发区。按照“镇区一体，融合发展”的工作思路，拓展大王经济开发区四至范围，加快推进新型工业化，走高端高效高质发展之路，做优做强汽车配件、橡胶轮胎两大主导产业，提升生态化工、绿色造纸产业，加快培育新兴产业，在转型升级上实现新突破。不支持布局石油化工一般扩能项目，除原有化工企业升级改造项目外，不支持新增石油加工、炼焦业及造纸业，不支持布局化学原料和化学制品制造，橡胶和塑料制品制造业中的低档产品扩大产能项目。

广饶滨海新区。按照高端、高效、低碳、生态、开放的发展定位，重点发展先进机械加工、高端装备制造、新能源、新材料及新兴海洋产业，建成海洋经济特色产业园区，创建省级高新技术产业园区。除原有化工及改造升级项目外，不支持新增石油化工、炼焦业、化学原料和化学制品制造业，橡胶制品制造业，化工医药，有色金属冶炼等产业。

稻庄高效生态经济园。优化提升橡胶轮胎产业，重点发展机车机械制造、生物制药、新型材料产业。不支持投资石油化工一般扩能项目，除原有化工企业升级改造项目外，不支持新增石油加工、炼焦及造纸业，不支持投资化学原料和化学制品制造业、橡胶和塑料制品制造业中的低档产品扩大产能项目。

陈官循环经济示范园。按照创建循环经济和生态工业的发展模式，科学搞好规划设计，加快园区基础设施配套，着重发展新能源、精细化工、机械加工制造业。除原有化工及改造升级项目外，不支持投资石油加工、炼焦、有色金属冶炼业，不支持新增化学原料和化学制品制造业、橡胶和塑料制品制造业中的低档产品项目。

大码头新材料工业园。按照建设广饶县产业转移承接基地、新型工业化发展平台的发展方向，重点发展高分子新材料、环保节能新材料、精细化工、机械加工产业。不支持新增石油加工、炼焦业、橡胶和塑料制品制造业、农副食品加工中水产加工业，不支持投资有色金属冶炼、印染、造纸业。

(二)农业布局

按照南部镇街发展优质粮菜、北部镇街发展生态棉牧、中部镇街发展绿色菌菜、县城周边镇街发展近郊农业的战略布局，推动“四区两廊两园区”建设。

四区。即在李鹊镇、大王镇、广饶街道、乐安街道及稻庄镇南部，建设高效粮菜产业区；在陈官镇、丁庄镇、大码头镇和花官镇北部，建设生态棉牧产业区，探索粮改饲种植结构调整和种养结合农牧业发展新模式；在广饶中部，横跨小清河两岸，发展大蒜食用菌产业，建设菌菜产业区；在县城周边区域，建设城郊农业产业区，重点发展休闲观光农业。

两廊。沿小清河、溢洪河两岸，大力发展沿河水系林带，建设大型绿色休闲观光长廊；打通沿倪宽河（北贾沟）、预备河、淄河到孙武湖的倒"U"型水系，进行沿河绿化美化，形成与321省道沿线相呼应的绿色农耕文化长廊。

两园区。新潍高路精致农业示范区。规划范围为沿新潍高路两侧各宽2公里，以高效生态农业为核心，突出"高效、生态、精致"特色，对已有优质粮食生产、花卉苗木基地、设施蔬菜生产、特色养殖、农产品加工、休闲垂钓、织女河景观带、生态林场等进行整合、链接和提升，沿新潍高路打造一批主题化、景观化、差异化的精致农业园区，建设集高效生产、观光体验、休闲度假、文化创意、生态涵养等多功能于一体的大型现代高效生态精致农业产业带。广饶现代农产品加工产业园。总规划面积13平方公里，在原有"一城镇五产业"（一城镇：花官小城镇；五产业：富硒大蒜研发生产、禽类加工、工厂化食用菌、食品加工、秸秆综合利用）发展基础上，结合新的发展形势要求，打造集小城镇建设、生物技术开发、农业高端产品精深加工制造、农产品物流以及古济水文化休闲带等多产业、高端科技集聚区。

（三）服务业布局

全县服务业形成"一主一副一区多点"的空间布局。

一主：县城中心区。着力以中心商务区、金融商务区、潍高路经济带为核心，高标准规划，高水平设计，高起点开发，大力引进商务办公、金融保险、现代商贸、会展经济等高端业态，打造城市发展核心标杆和现代服务业中心。

一副：工业配套服务集群。依托大王—稻庄—经济开发区工业基础，重点发展为工业配套服务的科技研发、现代物流等生产性服务业集聚区。

一区：孙子文化旅游区。围绕"以孙子文化为主题，打造国内和世界著名品牌，建设具有唯一性的旅游目的地"的目标定位，秉承"全域旅游"发展理念，力争创建为国家AAAAA级旅游景区。依托"国际慢城"建设，投资开发游客集散中心及休闲产业服务园，加强旅游资源整合，重点围绕游、购、娱、吃、住、行等旅游六要素，全面提升广饶县旅游设施、服务配套能力。同时，适当加入齐文化、乐安孙氏根亲文化、广饶民俗文化和红色文化的元素，打造内涵丰富、独具特色的旅游度假区。

多点。重点建设广饶物流园区、大王保税物流园区和滨海物流园区，配套建设11个专业物流节点。同时，依托各镇街中心区，重点发展商贸、餐饮、住宿、娱乐、文化、信息、快递物流和社区服务等生活性服务业，建设区域性商贸中心和物资资源集散地。

四、构建生态安全格局

以生态保护优先为原则，构建"两带四区多点"的生态安全格局。依据生态环境特征、生态问题、生态敏感性的差异以及生态服务功能的不同，划分为生态城镇区、生态产业区、生态农业区、生态保育区四大生态分区及两大绿带，分别采取不同的生态建设策略和方法，实现生态环保的一体化。

两带。生态旅游观光带：小清河及其滨水绿带。

生态绿带：支脉河及其滨水绿带。

四区。生态城镇区：中心城区及各镇区范围。

生态产业区：滨海新区范围。

生态农业区：农村地区（除生态保育区范围）。

生态保育区：包括三大林场（丁庄生态林场、大王生态林场、孙武湖生态林场）、一个基地（李鹊镇种苗花卉基地）、一个旅游度假区（孙子文化旅游区）、两座水库（县经济开发区水库、高店水库）。

**第三章　统筹城乡一体　推进协调发展**

坚持新型城镇化发展方向，以"人的城镇化"为核心，促进五化同步、城乡一体、协调发展，逐步实现城乡居民收入均等化、城乡要素资源配置合理化以及城乡产业发展融合化。

一、加快推进县城区建设

按照"东接、北连、西延、南展"的城市发展思路，加快推进旧城改造和新区开发，提升城市功能和品位，增强承载和辐射带动能力。

优化城市规划布局。以乐安大街、孙武路为轴，城中片区为城市综合公共服务中心，布置行政中心、文化中心、体育中心、商业商务服务中心；城东片区建设以居住、商业、会展及旅游服务为主的居住会展旅游综合区；城西片区建设高新技术产业园区，以发展无污染的一类工业为主；城南片区集中建设生活物流和工业物流的物流市场区；城北片区重点建设以石油化工、机械电子和纺织印染等加工制造业为主的高端加工制造产业园区；工业项目不得跨越綦公路向南、跨越孙武路向东发展。

完善城市功能。以争创中国人居环境奖为抓手，按照先急后缓、量力而行的原则，逐年规划实施一批城市建设和基础配套工程，加快旧城区改造，完善城市功能，增强城市综合承载力和辐射带动力。构建“六横七纵”主干路网，形成东西联系、南北拓展的道路骨架系统。加快推进“海绵城市”建设，科学务实规划城市水系，改造孙武路排水暗渠、恢复月河水系，实施雨污分流，构建城市和谐生态环境。实施集中供热管网、燃气管道建设改造工程，提升城市供热、供气等公用设施档次。配套供电设施，完善供电网络，提升供电输送率，确保安全用电。构建完善环卫处理体系，新建生活垃圾焚烧发电项目，实现城乡生活垃圾处理减量化、无害化、资源化。整合城市风貌特色，激发功能业态活力，提升功能业态档次，高标准规划建设商业中心、特色街区、社区服务设施和各类网点，加强县城停车场和便民市场建设。弘扬独具特色的城市人文精神，塑造人文魅力、现代服务、生态宜居的城市特色。

推进地下综合管廊建设。加快推进城市有机更新，集约节约利用城市土地，规划预留环卫、市政、燃气、供热等基础设施建设空间，合理布局，统筹兼顾，地上地下市政公用设施同频同建。加强地下供水供热供气管线、高压电线、通讯电缆等各类管线的统一规划，推进地下公共管沟统一建设、统一管理、统一使用。城市新建道路、城市新区、各类园区和集中连片的旧城改造，采取综合管廊模式进行建设，力争一次敷设到位。

积极发展慢行交通模式。改善自行车交通系统，优先发展慢行交通系统，加强人车分离，促进人车和谐共存。加强慢行交通与城市风貌、景观、休闲、观光和商业等中心便捷的联系，引导居民采用慢行交通或步行＋公交等出行方式，营造舒适、清洁、宁静的城市环境。

二、推进城乡一体发展

以全省新型城镇化试点为契机，构建统筹城镇化建设和城乡发展一体化的体制机制，促进城乡有序、协调、持续发展，实现城乡基础设施一体化和公共服务均等化。

以人为本推动新型城镇化。按照尊重意愿、自主选择、因地制宜、分布推进、存量优化、带动增量的原则，通过多种形式平稳、有序推进农村转移人口市民化，逐步推动农村就业人口由第一产业向二、三产业转移；引导人口向县城、镇区集聚，促进乡村地区人口集聚。统筹推进土地、财税、金融等制度改革，配套完善居住、就业、教育、医疗、社保等政策体系，构建政府主导、多方参与、成本共担、协同推进的农民工市民化投融资机制。加强权益保护和服务管理，吸引农民进城，加快职业非农化、生活方式城市化和思想观念现代化。加强农村转移劳动力技能培训、进城务工农民就业指导和权益维护。2020年，常住人口城镇化率达到63%。

推动产城融合发展。推动产业结构升级与城市功能结构优化紧密结合，实现以产促城、依城兴产，促进产业和城市融合发展。按照布局集中、产业集聚、土地集约、生态环保的原则，积极推动农村新型社区、产业园区“两区”同步规划、同步建设，进一步优化各类园区，合理配置产业用地，引导产业向园区集中，实现产城联动发展。积极倡导“数镇一园”和“一园多社区”模式，鼓励各镇街结合实际、因地制宜，建设高端工业、现代商贸物流业、生态农业等园区，支持各镇街联合建立工业园区，新上工业项目原则上均应进入工业园区，严格控制在工业园区以外批准新的工业用地和工业增量项目。县城区、镇区完善设施配套，提升人居环境，积极发展现代服务业，强化现代服务功能，吸引集聚周边乡村就业人口；产业园区加快转型升级，推动单一产业功能向综合功能转型。乡村地区逐步推动农村社区和农业产业化有机融合。

统筹区域协调发展。深入推进全省县域经济发展试点，按照各镇街区位特点、产业基础和发展优势，因地制宜，宜农则农，宜工则工，宜商则商，建成特色鲜明的镇域经济。完善差异化考核机制，强化支持保障措施，激发镇街发展活力。工业主导型镇街依托工业基础优势，加快基础配套，优化产业布局，推进传统产业高端化、新兴产业规模化，实现主导产业的提档升级；农业主导型镇街突出发展高效生态农业，壮大优势特色农业和农业示范园区，推动区域资源优势向产业优势转变，实现生态保护与现代产业发展的统筹兼顾；服务业主导型镇街突出发展服务业，加快推进服务业提质增效，逐步形成布局合理、层次分明、功能完善的服务业体系；综合发展型镇街加快推进小城镇建设，优化产业布局，提升产业规模，统筹推进特色优势产业协调发展，建设城乡一体、特色发展的综合型镇街。

繁荣发展小城镇。按照规模适度、布局合理、功能健全、突出特色的要求，把小城镇作为统筹城乡发展的重要节点，加强城镇基础设施建设，把小城镇建设成为区域性人口集聚中心、产业集聚中心、商品集散中心，促进农民向城镇集中、居住向社区集中。稳妥推进城中村、园中村和老旧片区搬迁改造，进一步优化城镇建设空间。健全城镇公共服务体系，着重提高城镇的吸引力和凝聚力，提高其辐射带动农村新型社区发展的能力和水平，实现产业布局、基础设施、生态环境协调发展。支持大王镇、稻庄镇完善基础设施和公共服务，率先建成现代化小城市。着力推动产业结构升级与城镇功能结构紧密结合，形成综合发展的独立园区、企业化社区、城市综合体等多元化发展模式。

三、加快建设美丽乡村

按照社会主义新农村建设总体要求，推进城乡公共资源和公共服务均衡配置，健全农村基础设施投入长效机制，强化产业支撑，加强环境整治，创新管理体制，保护和建设具有生态文化品质的美丽乡村。

积极稳妥推进农村社区建设。因地制宜确定规划设计风格和建设模式，突出特色，加快农村新型社区建设，统筹安排基础设施和公共服务设施建设，做到同步设计、同步施工、同步投入使用，改善人居环境。实施农村社区服务中心建设三年行动计划，示范建设50个农村新型社区，将符合条件的21个农村新型社区纳入城镇化管理。完善社区服务中心功能，将社区警务、医疗卫生、计划生育、人民调解、劳动就业、社会保险、社会救助、信息咨询、养老服务等纳入社区服务中心，加快教育、文体、养老设施配套建设，为社区居民提供“一站式”服务。同步推进农村新型社区与特色产业园区建设，方便社区居民就业创业，实现居住在社区、就业在园区，促进就地就近城镇化。

提升乡村建设管理水平。规范乡村建设秩序，合理优化乡村居民点布局，细化生产、生活、服务等功能板块定位。加快推进农村公路升级改造，加强村庄道路硬化，实现农村道路由村村通向网络化、户户通延伸。实施农村电网改造升级工程，提高农村供电能力和可靠性，实现城乡用电同网同价。改善农村消防安全条件，加强乡村旅游服务网络、邮政综合服务平台和宽带网络建设。大力开展特色村庄保护，根据不同地区的自然历史文化禀赋，进一步培育历史文化、风俗民情、自然风光、产业发展、城郊休闲等各类特色村。

改善农村人居环境。开展农村环境综合整治，切实改善农村人居环境，建设生态宜居新村。深化乡村文明建设行动，持续实施村庄美化、绿化、亮化、硬化、净化活动，建设休闲文化广场和景观标志。探索低成本、可持续的农村垃圾、污水处理模式，实施农村厕所卫生化改造，2018 年全面完成改造任务。进一步完善城乡环卫一体化保洁长效机制，加强城乡垃圾处理设施建设，构建生活垃圾分类回收、密闭运输、集中处理体系，形成有序更新机制。推进农业面源污染治理和土壤环境整治，加快农村河道、水环境整治，严禁城市和工业污染向农村扩散。建立因地制宜推进传统农村生活污水处理设施建设，实现污水集中收集处理，到2020年，全县农村生活污水处理率达95%以上。加强以太阳能、生物沼气为重点的清洁能源设施建设，大力推广秸秆综合利用。开展美丽乡镇、宜居村庄和乡镇旅游示范村创建活动，提升村镇人居环境。

推进乡村文明建设。以村风、民俗、文化为重点，积极推进移风易俗，形成文明进步向上的新风尚。以关爱、互助、诚信为重点，开展多种形式的道德教育和实践活动，推进实施"四德工程"，培育和睦友善的新关系。以科学、卫生、健康为重点，广泛开展科学知识普及活动，建设科学文明健康的新生活。以守法、有序、安全为重点，广泛开展平安村庄建设，营造安全稳定的新秩序。以服务、设施、阵地为重点，加强农村公共文化基础设施建设，形成多样便民共享的乡村特色文化服务新体系。

四、推进智慧城市建设

强化城镇化与信息化融合互动，以智能化整合城市发展的物质资源、信息资源和智力资源，实现城市经济、社会管理的数字化、智能化、科学化。

智慧政务。通过信息化整合，实现政务网上一站式服务，将涉及到百姓日常事务处理的政务处理全过程信息化，并沟通多部门业务流程，实现群众、企业办事一站式服务。推进视频会议、移动办公、移动政务系统建设，完善政务公开平台、行政效能电子监察系统、政府公共服务热线等智慧政务应用，进一步提高政务效能。

智慧城建。统筹推进城市规划、国土利用、城市管网、园林绿化、环境保护等市政基础设施管理的数字化和精准化。梳理城市管理流程，完善现有数字城管系统，建立城市统一的地理空间框架及建筑物数据库，构建智慧城市公共信息平台，塑造优质城市环境。提高平台的开放性，吸引群众参与城市管理，促进信息对接互融。

智慧交通。建设路网智能监控体系，实现交通诱导、指挥控制、调度管理和应急处理的智能化，提高交通运行效率。

智慧文教。实施优质数字教育资源共享和网络环境下的教育模式创新，推进智慧校园建设，为群众提供终生学习的教育环境。加快文化信息资源共享，建设一批高质量的文化信息资源库，实现纸质文献资源、数字资源和多媒体资料等公共图书和文献资料的共知共享。

智慧医疗。以解决看病难、看病繁和方便患者为出发点，建设医养护一体化居民健康服务综合信息网，完善检查预约、住院预约、社区康复护理、家庭病床管理、社区家庭医生、养老服务等功能，创新医疗服务模式。

智慧社保。完善就业信息平台、社会保障信息平台、住房保障信息系统，推广网上社保办理、个人社保权益查询、跨地区医保结算等。

智慧社区。通过智慧社区平台的建设，融合社区物业管理、家政服务、电子商务、社区医疗、养老服务等内容，为社区居民提供一个安全、舒适、便利的现代化、智慧化生活环境。

**第四章　加快转型升级　提升质量效益**

坚持实施传统产业升级和新兴产业培育双轮驱动，加快信息化和三次产业深度融合，以科技创新为核心动力，实施品牌和质量强县战略，推进先进制造业、现代服务业、现代农业协调发展，着力构筑特色鲜明、优势突出、集约高效的现代产业体系。

一、打造广饶工业升级版

全面对接《中国制造2025》，认真落实省工业转型升级"1+22"方案，坚持创新驱动、智能转型，深入推进产业转型发展，优化行业结构、技术结构、产品结构、组织结构，打造广饶工业经济升级版。

（一）优化提升传统产业

造纸产业。以稳定产能、调整结构、提升效益为重点，完善提升产业链条，加速新产品研发，重点发展终端产品。研究推广节能减排和资源回收利用技术，创新管理营销服务，提升品牌影响力，实现制造过程的智能化和绿色化。重点开发生产技术含量高、附加值高的轻量化、功能性、环保型纸及纸板产品，促进本色及高档生活用纸和低白度或轻型印刷书写纸的发展。

化工产业。加快向低排放、可循环、规模化、精细化转变，打好产业整治提升攻坚战，认真开展化工生产企业“三评级一评价”，分类采取资源整合、改造提升、淘汰关闭措施，淘汰关停一批落后企业，严格控制项目准入，强化监管措施，用安全环保倒逼化工产业转型升级。推进企业进区入园、产业整合重组，全面提升化工行业产业层次、质量效益、循环发展水平和集聚集约集群发展水平，加快形成安全生态、环境友好、高端引领的发展格局。石油化工。按照“油头—化身—高化尾”的思路，积极探索精细化、特色化石油化工发展模式，对现有石油化工企业分类进行改造、升级或产业转型，进一步提高碳四综合利用水平，发展烯烃、芳烃及下游产业。加强液化石油气、炼厂干气、石脑油等轻烃资源的分离、转化、深加工，延长石化产业终端，形成良性循环产业链，探索采用具有特色的炼油—芳烃加工方案，实现差异化发展。盐化工。控制基础烧碱产品的生产规模，延伸发展高技术含量、高附加值的氯、氢、烧碱下游深加工产品，加强盐卤综合利用及深加工，推动硅化工产业链纵向延伸，形成多元化、精细化、功能化的新型盐化工体系。精细化工。加大自主研发及技术引进力度，加强新产品开发，丰富精细化学品种类，不断提升产品质量与档次；加大医药化工、化学纤维、合成树脂、特种橡胶等医药中间体及化工新材料项目的引进力度。

纺织产业。加快改变以棉纺初加工为主的行业结构，重点突破高档面料，加快发展家纺、服装。提高现有产品质量、生产管理技术，积极开拓高性能纤维、生物质纤维和功能性差别化新型纤维织造和产业用纺织品等领域，大力推进和提高染整技术水平。积极开发终端新制品生产，推进家纺高端化，将原料生产、色织、服装制造和市场开拓有机融合，提高产品附加值。

橡胶轮胎产业。支持骨干企业加快发展，推进兼并重组和产能整合，完善行业公共服务平台，加快自主知名品牌培育，提高行业竞争实力。加大研发投入，突破充氮硫化、低温混炼、分压供蒸汽、温差硫化、轮胎自动化成型、在线检测技术等一批行业共性关键技术和装备，控制低档轮胎产能规模，积极发展乘用子午线轮胎、载重子午线轮胎、工程子午线轮胎，鼓励开发绿色轮胎、低滚动阻力轮胎、雪地胎、节油轮胎、缺气保用轮胎等特种、智能和高端产品，推动轮胎生产向服务化、个性化、高端化和再制造化延伸。鼓励集聚发展丁苯橡胶、顺丁橡胶、丁腈橡胶、氯丁橡胶等配套原材料，打造以轮胎生产为中心，集合成橡胶、钢帘线、橡胶助剂、轮胎胶囊等于一体的完整产业链条，打造国际知名的“轮胎之都”。

（二）加快推进制造业智能化

装备制造产业。增强产业技术引进与创新能力研发，着力提升先进重大装备自主设计、创造、总包能力。加快发展石油机械及关键配件、硫化机、模具、减速机、农用装备等产品，鼓励发展数控机床、轨道交通装备、先进节能环保装备、高端基础零部件等高端、智能装备，积极发展以数字化、柔性化及系统集成技术为核心的智能制造装备，提高高强度钢板热冲压成型成套装备、锂电子制造自动化装备、刹车片自动化液压装备等特种装备水平，推动装备制造业高端化，打造全省先进的加工制造业基地。

机电产业。加快调整产品结构，巩固优势产品地位，发展中高档产品，积极开发高精度和高技术汽车配件产品，加强铝镁合金锻造车轮、载重车无内胎车轮、工程车无内胎车轮等行走系统配件产品，刹车片、刹车盘、刹车鼓等制动系统配件产品，等速万向节、齿轮、驱动桥等传动系统配件产品，涡轮增压器、发动机、方向机、消声器等关键零部件及发动机缸体、变速器箱体等其他汽车配件产品新技术的研究和应用。鼓励为国内外大型汽车制造企业进行产品配套。鼓励向整车制造方向发展，引进和发展工程场地用车、工程作业改装车辆及环保用车辆等特种车辆。探索新型生产模式，发展零部件再制造技术。

（三）培育发展新兴产业

新能源产业。围绕风能、太阳能、地热能等新能源开发利用，加快能源转化利用核心设备研发，打造新能源装备产业基地。加快太阳能热利用技术推广应用，重点推动太阳能光伏产业发展，完善光伏垂直产业链。支持开发生物质能，实施地热能应用示范工程、农村沼气推广工程，搞好废弃余热综合利用。实施新能源汽车推广计划，加快适应新能源发展的智能电网及运行体系建设。

新材料产业。加强重点新材料关键技术研发和科技成果产业化，重点发展新型功能材料、高性能纤维及复合材料、新型铝合金材料、工程塑料等结构材料，在高性能膜材料、氟材料、半导体材料、高性能陶瓷材料、新型环保节能建筑材料等高新技术领域有所突破，提升芳纶纤维材料发展水平，尽快形成具有先进水平的新材料和智能绿色制造体系。

新医药产业。按照医药中间体—医药原料药—化学药剂、中药药材种植—中药饮片—中成药为链条，围绕关键技术研发和产业化，加快发展医药中间体、化学原料药、中成药、生物制药等产业。深化产学研合作，加强基础和应用研究，联合开展技术攻关，尽快形成一批重大创新药物和技术。

新一代信息技术产业。围绕高端、关键终端设备和产品，突破核心技术，发展专用电子设备、器件和软件，丰富产品体系，提升水平和规模。加大“互联网＋工业”业态培育，推进云计算、物联网等信息技术应用，促进重点产品智能提升和功能拓展。

（四）实施企业集团梯次培育战略

实施大企业培优工程，依据主营业务收入水平，制定企业梯次培育计划，对列入计划的企业在政策扶持、土地供应、要素支持等方面给予重点倾斜。鼓励优势企业通过强强联合、兼并重组、境外并购、投资合作等方式做大做强。抓大不放小，加大对中小企业的扶持力度，解决瓶颈制约、培育独特优势，促进科技型、智慧型中小企业发展，形成大中小企业优势互补、良性互动、协调发展的格局。加快推动规模企业规范化公司制改制，加快实施企业上市推进计划，引导企业建立现代企业制度。

（五）推进制造业服务化

探索和创新制造方式和服务业态，加快推进制造业的智能化、数字化、网络化、服务化，发展产品定制、零部件定制、柔性制造、个性化制造等。在规模化、批量化生产的同时，注重满足不同层面、不同客户和消费者的市场需求。鼓励引导制造业围绕产品功能扩展服务业务，搞好售后服务、全寿命周期服务。支持大中型骨干企业、“专精特新”科技型优势中小企业凭借自身的技术、人才优势，促进产业链从加工制造向研发设计、品牌营销等高端环节延伸，提供工业设计、成果推广、维护检修、检测检验等专业服务和增值服务，打造制造与服务相互融合的综合型企业。

专栏1：工业转型升级重大行动

1、“3＋1”行动计划。即创新驱动、信息化带动、公司规范化行动、严控准入。创新驱动，重点坚持以企业为主体，加大高新技术和先进适用技术的研发和应用推广力度，推动工业发展动力向创新驱动转变。信息化带动，重点推进“互联网＋”行动，深化信息化和工业化融合，支持新兴业态发展。公司规范化行动，鼓励深化规模以上企业规范化公司制改制，推动企业建立现代企业制度。严控准入，全面执行能耗、环保、安全等准入标准，加强产业发展规划引导，严控产业区域布局，加快淘汰落后产能，提高资源集约节约水平。

2、骨干企业“四个一”工程。实施大企业带动战略，在每个行业筛选一批骨干企业，每个骨干企业都引进一个具有较大影响力的战略伙伴，打造一个高层次职业化的经营管理团队，培育一个拥有市场话语权的知名品牌建设，一个把握行业发展方向的技术研发体系。

3、中小企业成长计划。突出优势和特色，支持中小企业专业化、精细化、特色化、新颖化发展，完善治理结构，建立现代企业制度，提高技术创新和企业管理水平，增强中小企业内生增长动力。

4、品牌提升工程。支持企业组织和参与制订、修订行业标准或国家标准，引导企业争创省级、国家级知名品牌和商标，鼓励有实力的企业收购海外品牌，开展境外商标注册、国际认证、专利申请和品牌培育，鼓励拥有国家级和世界级名牌产品的龙头企业进行资产重组、品牌集聚。发挥行业协会、技术机构、龙头骨干企业和中小企业作用，联合打造区域品牌。

5、重大项目支撑。优化提升传统产业，重点建设油品质量升级、50 万吨/年环境友好型碳氢化合物环保溶剂、25 万吨/年双酚 A 及原料配套、120 万吨/年连续重整、20 万吨/年双氧水法环氧丙烷、160 万吨/年加氢白油精制、异丁烯综合利用、30 万套空气悬架等项目；培育发展新兴产业，重点推进太阳能建筑一体化、智能电网、再生型能源装备制造、新能源电动汽车、PVB 制造夹层、工业用机器人、芳纶 1414 纤维、电子级环氧树脂半导体材料等项目建设。

二、推动服务业科学跨越

坚持市场化、产业化、社会化、国际化发展方向，创新服务产品和服务模式，推动生产性服务业向专业化和价值链高端延伸、生活性服务业向精细和高品质转变，形成功能完善、融合开放、繁荣发达的服务业发展新格局。

（一）大力发展生产性服务业

现代物流业。坚持培育与引进并重，引导工业企业主辅业分离，鼓励发展专业第三方物流，培育一批大型现代物流企业。建立基于互联网的物流管理信息平台和物流信息交换平台，充分利用条形码、电子数据交换、货物跟踪定位、自动分检等先进技术，提升物流企业的信息化、智能化和精准化水平。积极培育粮食、水产品、医药、冷链等专业物流，完善重要商品储备制度，强化应急物流体系建设。积极拓展保税物流、金融物流、绿色物流、第四方物流等新业务，搭建现代物流服务网络体系，打造重要的区域性物流中心和全国区域物流枢纽。支持快递业健康发展。

金融服务业。扎实推进全省县域金融创新发展试点工作，扶持县内金融机构发展，大力优化金融生态环境，健全完善金融服务体系。大力发展村镇银行、社区银行，扶持各类小额贷款公司、担保公司做大做强。加快推动金融商务区建设，积极引入民营资本和战略投资者，培育发展民营银行、消费金融公司、科技银行等新型金融机构，鼓励引导各类银行、保险、期货、信托等金融机构到我县建立分支机构和区域总部。建立完善融资租赁业运营服务和管理信息系统，推广大型制造设备、施工设备、运输工具、生产线等融资租赁业务。

科技信息服务业。加快创新成果的转化和应用，构建以企业为主体、产学研结合的技术创新体系。大力支持和培育技术评估、技术服务、管理咨询等科技服务机构和组织，建立和完善科技服务与技术交易市场。重点发展研究开发、检验检测认证、创业孵化、知识产权等科技服务，鼓励发展数字设计、创意动漫、网络多媒体制作等信息服务，加快农业信息和管理知识、新技术推广和示范服务业。

商务服务业。建立健全专业服务业、中介服务业、租赁服务业、广告服务业等业态齐全的商务服务产业体系。积极发展资产评估、会计、税务、审计、商法、勘察设计、工程咨询等专业咨询服务，加快发展咨询设计、集成实施、运行维护等信息技术咨询服务，加强知识产权咨询服务，发展检索、数据分析和加工等基础服务。大力发展总部经济，积极引进大企业集团区域性总部。

（二）积极发展生活性服务业

文化旅游业。挖掘我县齐文化、吕剧文化、红色文化、工业企业文化资源，增强“孙子故里、美丽广饶”旅游形象品牌吸引力和影响力，突出抓好孙子文化旅游区、红色刘集旅游区、千乘休闲观光园等项目开发建设，加快发展特色海洋游和温泉休闲度假游，建设游客集散中心、汽车营地等一批基础设施，打造全国重要的旅游目的地。依托核心景区创建智慧景区，全面提升旅游景区智能化管理和服务水平。规划建设具有孙子文化底蕴和广饶特色的“国际慢城”。鼓励旅游公共服务主体多元化，支持民营和中小旅游企业发展，培育一批有竞争力的大型旅游企业集团。孙子文化旅游区创建为国家AAAAA级旅游景区。到2020年,争取创建为全省旅游强县,年接待游客达到700万人次,打造产业完整、产品齐全、形象突出、特色鲜明的文化旅游目的地。

现代商贸业。围绕金融商务区、中心商务区、全福元城市综合体、文化市场等,打造城市中心商业圈及集聚区。适应消费结构转型升级的需要,不断丰富商业业态,完善商业模式,运用现代服务技术和经营方式改造提升传统商贸服务业。建设一批新的商业载体,鼓励商贸流通企业提升经营规模、档次和水平,积极引进国内外品牌连锁经营的高档商贸中心,培育和壮大商贸流通龙头企业。加快商贸流通网络建设,规划建设一批特色商业街、专业市场、综合购物中心和商贸中心,营造群体优势。加快农村商贸设施和流通网络体系建设,促进农村消费升级。

社区服务业。大力发展家政服务、家庭保姆、卫生保健、心理咨询和社区照料服务等家庭服务业,构建便民惠民的居民服务体系。理顺社区管理和服务体制,逐步建立起政府扶持、社会参与、市场运作的现代社区服务发展机制,不断完善社区服务设施,健全服务网络,丰富社区服务业态,形成管理效益优良、群众参与踊跃、服务手段先进、覆盖范围广泛和服务门类齐全的社区服务业发展新局面。

养老服务业。坚持政府引领、社会主办、市场运作,完善政策,创新体制机制,大力推动养老方式多样化、服务对象公众化、投资主体多元化、运作机制市场化、服务队伍专业化。统筹规划老年服务设施和服务机构,根据人口数量和养老需求,按规定配套完善养老服务设施。鼓励社会力量举办规模化、连锁化养老机构,个人举办家庭化、小型化养老机构。强化社区养老服务功能,提升社区养老和居家养老服务水平。推进医养融合发展,提升失能、半失能老人养老护理水平。有计划地推进各镇街公办医疗、养老机构融合发展,整合资源,建设老年人医养护理院。到2020年,全面建成以居家为基础、社区为依托、机构为补充,功能完善、规模适度、覆盖城乡、服务优良的养老服务体系。

(三)突破培育新兴服务业

汽车服务业。积极发展汽车物流、汽车及零部件采购分销、汽车文化、汽车金融以及汽车售后维修保养等服务,延长汽车消费产业链,培育新的汽车服务业态,形成服务理念先进、服务标准规范,品牌化、集群化的汽车服务业产业链条。

电子商务。积极推动行业电子商务应用,建立行业信息资源共享和交换机制,促进行业服务方式转变,提升行业整体竞争力。支持优势电子商务企业做大做强,加强与阿里巴巴等大型电商企业的合作,积极引进国内外知名电子商务企业来我县设立区域总部、功能总部和分支机构。整合行业电子商务平台资源,推动大型商贸流通企业利用电子商务扩展流通渠道和市场空间,鼓励建设纺织服装、特色农产品、装备制造等行业信息化服务平台,支持有条件的镇街建设电子商务示范基地、示范园区。

会展服务业。以建设区域性会展中心为目标,通过专业化办展、市场化运作、多元化发展,培育引进会展服务企业,吸引大型品牌会议展览,加快展会品牌培育和会源展源开发。提升国际轮胎汽配展等品牌会展,重点培育农副产品、艺术展示、健身体育、商贸流通等新展会,建立起一产业一展会、一区域一特色的会展发展模式。提升国际博览中心运营和服务水平,改善周边酒店、餐饮、商务、交通等配套条件,建立包含会展策划设计、广告宣传装饰、会务接待与旅游于一体的专业协作、配套全面、结构合理、经营先进的会展服务体系。

节能环保服务。完善第三方节能服务体系,培育一批能源审计、节能评估、清洁生产审核、节能环保产品认证等专业化服务机构。打造节能服务平台,推广能源合同管理,提供节能咨询服务。培育一批污水垃圾处理、脱硫脱硝、生态修复、环境监测等专业化服务企业。推进环境空气自动监测站和机动车尾气检测社会化运营。建立完善再生资源回收体系和废弃物逆向物流交易平台,规范引导生产性企业协同开展产业废弃物资源化利用。

专栏 2:现代服务业重大项目

1、孙子文化旅游区。实施 AAAAA 级提升工程,推进孙子文化园、孙武商学院、马鸣寺、乐安古城等项目建设,投资开发游客集散中心及休闲产业服务园,力争创建为国家 AAAAA 级旅游景区。

2、国家轮胎及橡胶制品质量监督检验中心广饶橡胶轮胎分中心试验场。总建筑面积 60 万平方米,主要建设室外专业轮胎试验道路(含高速环道、综合性能测试道等 11 类 30 余种)、室内检测实验室及配套基础设施等。

3、广饶物流园区。总规划面积 5194 亩,分为产业物流区、货物转运区、铁路货运区、综合商务区和配货交易中心五大功能区。主要建设李鹊站接轨改造、六支铁路专用线建设及终端配套站台及装卸设备、货场等基础设施。

4、大王保税物流园区。占地面积 4500 亩,建设以保税物流服务、金融信息服务、产品增值服务、展贸服务、配套服务为一体的保税物流中心(B 类),园区按照功能定位划分为管理服务区、口岸作业区、保税仓库区和综合发展区 4 个功能区。

5、滨海物流园区。依托德大铁路(齐润)专用线,建设滨海物流园区,辐射周边丁庄镇、陈官镇、大码头镇、广饶滨海新区等货物运输。

6、广饶汽车文化产业园。主要建设配套服务区、机动车服务中心、汽车品牌 4S 店、汽车休闲体验区、汽车文化体验区等配套设施。

7、孙武商学院。占地面积 82 亩,总建筑面积 38820 平方米。建设报告厅 1 处、多功能厅 2 处、教室 15 个,配套建设餐饮、住宿等服务设施。

8、乐安古城。占地面积约 140 亩,主要建设仿古商业街。

9、乡村旅游。着力打造“一轴五金花”。突出“一轴”,着力打造以孙武湖为中心的“一湖两岸”乡村旅游发展轴,大力发展房车营地、滑雪场、休闲垂钓、果蔬采摘等群众参与性、互动性强的乡村旅游项目;聚力“五朵金花”,重点打造大王林场“平原绿海”、上农休闲旅游区“鹊林叠翠”、千乘休闲观光园“休闲农家”、孙武湖温泉“兵圣汤泉”和瀚海海上休闲旅游区“河海观澜”乡村旅游“五朵金花”。依托大王镇花卉蔬菜、稻庄镇和广饶街道草莓、大码头镇和花官镇食用菌、大蒜等特色产业,塑造乡村旅游个性,逐渐形成“一镇一主题”的发展格局。

10、国际慢城。借鉴国内其他国际慢城建设发展的先进理念和模式,不断完善配套功能设施,把慢生活理念与广饶生产、生态、生活的原始元素相融合,凸显国际慢城特性。

11、金龙湖文化旅游开发。主要开发湖区及周边景观绿化等工程,建设金龙湖游船码头、支脉河、海上文化旅游配套设施,建成河湖海“三位一体”的三水风情文化旅游区。

12、唐头营遗址文化公园。以唐头营遗址为中心,依托“唐王东征”历史典故,建设能充分体现唐风遗韵的高标准遗址公园。

三、加快发展高效生态农业

强化高效、生态、高产、优质、安全发展理念,进一步转变农业发展方式,以规模化、标准化、品牌化经营农业,提高农业产业化进程,走生产技术先进、经营规模适度、市场竞争力强的农业现代化道路,让农业更强、农民更富、农村更美。

(一)调整优化农业结构

绿色种植。稳定粮食播种面积,实施高产攻关和增产模式攻关,提高粮食整体生产能力。深入开展“一村一品”创建活动,开展粮棉高产创建,实施“菜篮子”惠民工程,抓好工厂化食用菌产业转型升级,逐步扩大大蒜、中药材、草莓等种植面积。完善提升生态林场建设和经营管理水平,放大林场生态效益和社会效益,积极发展林木种苗、花卉良种繁育基地建设,鼓励发展林下经济及相关产业。大力发展现代种业。

生态畜牧。加快传统分散养殖向标准化规模化养殖转变,积极推广地下养殖、林下养殖等绿色、先进养殖模式,鼓励发展奶牛、肉牛、肉羊、生猪、蛋禽等标准化规模养殖和产品深加工,抓好畜禽污染防治和疫病防控,打造产加销一体化产业链。大力发展獭兔、狐狸、水貂等特色养殖，提高养殖效益。

现代渔业。以黄河口品牌渔业为主导，以工厂化养殖、标准化池塘、休闲渔业为重点，以现代渔业园区为载体，促进现代渔业发展，重点发展黄河口甲鱼、南美白对虾、优质鲫鱼、锦鲤等名优水产品。

休闲观光农业。突出发展采摘体验、休闲垂钓、农家乐，着力打造一批休闲观光农业示范园区。

（二）积极推进农业产业化

着力培育家庭农场、种养大户、合作社、龙头企业等各类新型经营主体，培育新型职业农民，形成以农户家庭经营为基础、合作与联合为纽带、社会化服务为支撑的现代化农业经营体系。按照做大总量、培育品牌、集群发展的方向，集中力量建设一批特色鲜明、示范带动效应显著的现代化农业园区，建成全国重要的农产品生产加工基地。支持龙头企业通过合同价格优惠、利润返还、股份合作等方式与农户建立紧密的利益联合机制，提高农民参与产业化经营的收入，带动县内10万户农户进入产业化生产经营。大力提升农机装备的自动化、智能化、全程化水平，鼓励多种方式发展规模种养、农产品深加工和农村服务业，开发农业多种功能，实现产业链增值收益更多留在产地、留给农民。力争到2020年，农业龙头企业发展到350家，家庭农场发展到380家，农民专业合作社630家。大力发展一村一品、村企互动的产销对接模式，积极推进一二三产业融合发展，加快产业互补联动。

（三）建立完善农业服务体系

建立健全科技教育培训体系，加强农业技术推广普及，实施引进、试验、示范、繁育与推广工程，大力推广生态设施配套、生态种植、生态养殖，促进高效生态农业发展。全面实施以土壤改良修复、农药残留治理、地膜污染防治、秸秆肥料化利用、禽畜粪污无害化处理、重金属污染修复等六大工程为重点的耕地质量提升计划。加快中低产田综合治理、旱作节水、保护性耕作等项目建设。按照国家和省市统一部署，开展耕地轮作休耕试点。围绕小麦、玉米、棉花等主导产业建立示范带动作用明显的试验示范基地，将试验示范基地打造成农民看得见、学得到的科技样板田。健全完善农业标准体系和农产品质量监测体系，大力实施优势农产品质量提升工程，对产地环境、投入品使用、生产过程、生产质量实行全程监控，实行严格的农产品质量安全可追溯制度、召回制度、市场准入和退出制度，实现从田间到餐桌的全程质量控制。加快无公害农产品、绿色食品、有机农产品和农产品地理标志“三品一标”认证和基地创建，打造一批品种优、品质高、品牌响的名牌农产品。

专栏3：高效生态农业重大工程

1、特色种植业。实施测土配方施肥、秸秆循环利用和农作物良种等工程，重点建设30万亩高效生态特色农业生产基地。

2、畜牧养殖基地。在花官、丁庄、陈官等镇打造现代畜牧园区，重点打造花官标准化肉鸡养殖园区、丁庄奶牛产业园区、陈官和丁庄为重点的标准化生猪养殖园区。

3、种苗花卉。重点推进彩色苗木种植、玫瑰种植基地建设及精深加工产业化、智能温室等项目，尽快建成黄河三角洲（李鹊）优质苗木花卉交易市场。

4、特色蔬菜基地。以潍高路为轴线，在大王镇、李鹊镇连线建设高效农业产业带，带动基地规模达到10万亩。在广饶街道、稻庄镇建设标准蔬菜生产基地、草莓生产基地以及城郊农业发展区。

5、林下经济。依托生态林场，发展林药、林菜、林苗、林下养殖等林下经济，不断提高林下食用菌、林下中药材种植、林下油用牡丹基地建设等新兴林下经济发展规模。

6、润金休闲农庄。规划占地516亩，主要建设近郊采摘、农事体验区、农林园艺展览区、宽苑文化主体园区。

7、名优水产品养殖基地。在丁庄镇、大码头镇以工厂化养殖、标准化池塘为重点，建设南美白对虾标准化养殖基地。

8、农业综合开发高标准农田建设项目。重点实施高杨1万亩高标准农田水利建设、央上5000亩高标准农田水利建设、大码头镇东北部8000亩高标准农田水利建设项目。

9、陈官镇农田水利建设项目。重点实施0.5万亩粮食高产创建示范区建设、抗旱应急水源、1万亩高标准农田建设项目。

**第五章　完善基础设施　增强发展支撑**

突出薄弱环节，着力优化结构，提升能源、交通、水利、信息等基础设施网络化、现代化水平，打造适度超前、功能完善、配套协调、高效安全的基础设施支撑保障体系。

一、综合交通网络建设

加大重大交通基础设施建设力度，提升等级以上道路的通行质量和水平，构筑起国、省、县、乡、村五级公路脉络分明、配置合理的路网体系。加快城乡公交一体化，实现公交客运服务水平向集约化、精细化发展。积极配合推进铁路、港航等多渠道运输体系建设，推动我县综合物流枢纽工程。以市场经济为导向，建立起客运快速化、货运物流化的智能型综合交通运输体系。

铁路建设。配合推进黄大铁路、京沪滨海高速铁路、环渤海城际铁路（东营—潍坊）建设工程，规划建设寿平铁路广饶经济开发区支线。依托园区建设铁路专用线。

公路建设。大力发展高等级公路，配合实施长深高速公路（高青至广饶段）建设工程，配合推进环渤海高速公路建设工程，加快东青高速扩容改建。规划实施河辛路城区段改线、庐山路南延、石大路（河辛路至东青路段）拓宽改造、石大路跨S230东青线及G25长深高速（东青段）高架桥、长安路南延二期等重大道路建设工程，推进建设S323潍高路改线二期，继续加强技术等级偏低、饱和度较大路段的升级改造，优化路网结构，提高公路运输服务能力。加快农村公路升级改造，形成以新型城镇为中心，覆盖镇街、新型农村社区的公路网络系统，到2020年，公路总里程增加193公里，达到2270公里。

综合交通。重点做好东营港广饶港区总体规划编制，适时启动小清河复航一期相关工作。紧靠场站、物流园区，发展多式联运，实现货运的高效集散。整合现有客运站，明确各场站功能，加快客运站之间的联系，发展功能完善、布局合理的节点网络，实现客运的无缝衔接。

公交客运站场建设。加快推进城乡公交一体化，新建广饶县城乡公交总站1处，建设大王镇、稻庄镇、大码头镇、李鹊镇、丁庄镇、花官镇、陈官镇等7处换乘站，新建、改建县内候车亭、站点牌752个，城乡公交营运线路总数达到42条，公交车总量达到188辆。

二、水安全保障体系建设

完善防洪抗旱体系。对区域内淤积排沟进行疏挖治理，完善抗旱除涝功能。加快防潮堤工程建设，逐步完善沿海防潮体系，以重点河道疏浚为重点，提高河道行洪能力。着力推动防汛抗旱信息自动化工程项目建设，提高区域内汛情监控、测报及传输能力。加快淄河治理三期工程建设，有计划地疏挖骨干排水沟，构建标准适宜的防灾减灾骨干工程网。

加快农田水利建设。大力推动农业节水，积极推广渠道防渗、管道节水、喷灌滴灌等节水技术，配套节水灌溉设施工程建设，提高用水效率。继续实施以续建配套和节水改造为重点的灌区改造工程，配套完善灌渠及渠系建筑设施，提高渠道调配水能力，切实提高农田灌溉水有效利用系数。

提高水资源保障能力。强化水资源统一规划、调度和配置，全面提高水资源供应能力，提高生产生活用水效率。充分利用黄河水、南水北调水源和雨洪资源，以高店水库扩建增容工程、淄河水厂和连通工程等重大项目建设为重点，加强区域调水工程建设力度，为大王镇、稻庄镇、县经济开发区等工业区提供工业用水水源，促进水源的优化配置。以城乡供水一体化为目标，实施全县安全饮水提质增效工程，以第二水厂扩建工程为依托，引水至陈官、丁庄两镇，替换高氟区水源，彻底解决高氟区饮水安全问题；完善全县供水主管网，充分利用镇街现状供水管网，分片建设标准化水厂，分区域供水，提升花官镇、李鹊镇、大王镇、稻庄镇、大码头镇的生活用水水质。

加强水生态环境保护。落实最严格水资源管理制度，贯彻执行取水许可和用水计划管理制度，切实转变用水方式。加强地下水动态监测，加快调整用水结构，采取禁采、限采综合措施，限制地下水的过量开采，逐步关闭自备井，对禁采区和超采区地下水进行综合治理。加大饮用水水源和水生态工作保护力度，防止水资源污染。对重点河道水质进行监督检测，控制河道纳污，促进小清河、支脉河、淄河等重点河道的水生态质量明显改善，加强重点水土流失区域综合治理，健全水生态文明制度体系。

三、现代能源体系建设

完善能源消费强度和消费总量双控机制，优化能源结构，提高能源开发利用效率。

电力。优化发展输电网，侧重发展配电网，实现各级电网全面协调发展，确保电网安全和电力供应。坚持“以热定电”，建设高效燃煤热电机组，同步完善配套供热管网。鼓励园区配套建设大型热电机组和背压式热电机组，发展热电冷多联供。

油气。积极引入LNG、L－CNG等天然气资源及其重点项目，提高能源多元化水平和清洁能源利用规模，优化一次能源结构。不断完善输油管道、供气管网及油气接收站、转运站、调峰站等设施，加大油气储运保障。对全县天然气发展重新规划，在全县实施天然气“镇镇通”工程，将天然气管网延伸至镇街驻地社区和工业园区。继续积极推进燃气入户、燃气入企工程进度，提高居民生活质量、改善生活环境、提高企业能源利用率和促进节能降耗。积极推进从东营港到广饶、青岛港到广饶的油气运输通道建设。

能源储运设施。根据城市规划和社会发展布置新的电源布点，增强电网网架，提高配电电网供电可靠性及线路转供能力。加大油品仓储物流设施建设，支持地炼企业和第三方物流公司发展原油、成品油物流和仓储业务，鼓励企业新上液态天然气调峰站和加气加液站点，完善液化石油气供应，推动城市管网到户全覆盖，增强县域油气安全储存、运输和使用能力。加快电动汽车充电基础设施的统筹规划和建设。

四、高速信息网建设

推进三网融合发展。以宽带普及提速和网络融合为重点，加快构建高速、安全、泛在的新一代综合信息基础设施。加快推进电信网、广播电视网、互联网三网融合，支持互动电视、网络电视、广电宽带等业务发展。利用光纤和新一代移动通信技术、下一代广播电视技术，强化网络性能，提升用户端接入能力。推进宽带网络向社区和农村延伸，以4G、WLAN为主要承载技术加快无线网络建设，推进公共免费WIFI接入点建设，无线局域网服务覆盖主要公共场所。

提高社会信息化水平。推广利用物联网、云计算等新技术，加快公共服务设施信息化改造，构建开放、高效、便捷、安全的信息网络平台。引导推进IPv4向IPv6的网络演进、业务迁移与商业运营。加强信息安全监控、密码保障、容灾备份等基础设施建设，实行重要单位信息安全等级保护制度，强化互联网安全管理。加快信息强农惠农，提高农业生产经营信息化水平。推进建设集居民消费、公共服务、企业经营于一体的电子商务平台，积极发展信息系统集成服务、互联网增值服务和数字内容服务。

促进大数据产业发展。大力推动政府部门数据共享，统筹规划大数据基础设施建设，稳步推动公共数据资源开放，推动大数据在工业、新兴产业、农业农村等行业领域应用，发展大数据产品体系，完善大数据产业链。健全大数据安全保障体系，促进大数据产业健康发展。

专栏4：基础设施重大工程

1、潍高路改线二期工程（广饶段）。起点为潍高路改线一期工程终点，终点为申盟亭村西300米处，双向六车道一级公路标准，设计速度80公里/小时，路基宽度32米，路线全长8.9公里。

2、河辛路广饶城区段改线工程。起点为潍高路改线二期工程（广饶段）终点，终点为石大路与河辛路交叉点，规划双向六车道一级公路标准，设计速度80公里/小时，路基宽度32米，路线全长14公里。

3、广青路拓宽改造工程。起

点为广北农场，终点为滨州界，按双向四车道一级公路标准，设计速度 80 公里/小时，路基宽 24.5 米，路线全长 29.7 公里。

4、庐山路南延工程。起点为东营南站北四路与庐山路交叉口，南至广饶城区康安路，按双向四车道一级公路标准，路面宽度 24 米，全长 36 公里，概算投资 9 亿元(广饶县境内投资 6.9 亿元，东营区境内投资 2.1 亿元)。

5、石大路(河辛路至东青路段)拓宽改造工程。西起河辛路，东至东青路，按双向四车道一级公路标准，全长 10.4 公里，路面宽度为 24 米，概算投资 1.35 亿元。

6、石大路跨 S230 东青线及 G25 长深高速(东青段)高架桥建设工程。全长 1316 米，路面宽 12 米，双向二车道。

7、长安路南延二期工程。北起吕道口村，南至潍高路改线段，全长 2.8 公里，按双向四车道一级公路标准，设计时速 60 公里/小时，道路红线宽度 69 米，路面宽度 24 米，概算投资 6860 万元。

8、水利工程。加快实施淄河治理三期、南水北调北分水口单元、丁庄陈官农村饮水工程、预备河治理二期工程、大码头镇小清河调水修复改造工程、丁庄镇沿河扬水站及建筑物配套改造工程和片区治理工程、小清河小河子泵站和主干渠清淤及建筑物配套工程等重点水利工程。

9、高店水库增容工程。水库库容增至 2300 万立方米，将现有水库坝体加高，衬砌内坡，增设防浪墙和防渗系统，建设入库和出库泵站。

10、老城区改造提升。对老城区范围内的老旧小区进行改造提升，对城中村拆迁建设安置小区，配套完善基础设施和公共服务设施。

11、环城水系。自长安路东侧潍高路北侧现状水系起，沿潍高路—团结路—綦公路南侧现状水系，进行沟渠疏挖、衬砌、桥涵修建及沿线景观建设，长度 10580 米，水面宽 15～50 米；月河路(潍高路—綦公路段)对原月河沟进行改造，长度 3560 米。

12、滨海新区集中供热工程。设计规模为 900 吨/小时的供汽能力。一期投资 1.2 亿元，建设 2×35 吨/小时微煤雾化工业锅炉，6.6KM 的供热管线以满足近期园区供热需求。二期投资约 15 亿元，依园区发展规划拟建设 4×220 吨/小时规模热电联产项目。

13、滨海新区中央大道二期工程。西起滨九路、东至东九路，全长 7 公里，路面宽度 32 米。

14、滨海新区东九路建设工程。北起支脉河，南至小清河，道路全长 5.4 公里，路面宽 37 米。

15、滨海新区路网建设工程。主要建设海一路、海三路、海五路、海七路、海八路等“七横四纵”道路工程，路网全长 56.7 公里。

## 第六章　建设生态文明　实现绿色发展

牢固树立绿色、循环、低碳发展理念，大力推进资源节约型、环境友好型社会建设，建立节约资源和保护环境的产业结构、生产方式、生活方式，促进人与自然和谐共生。

### 一、切实加强生态建设

加强生态安全屏障建设。以生态涵养为首要任务，全面改善生态环境，维护生态安全，改善人居环境，构筑重要的生态涵养功能区。加快农田综合防护林体系和沿海防护林体系建设，建立起较为完善的生态防护林体系。实施三年增绿计划，加快县城环城森林建设，推进林网、路网、水网“三网”绿化一体综合治理工程，加大植树造林力度，着力实施好绿色廊道、村镇绿化、农田林网以及生态林场等工程，到 2020 年，林木覆盖率达到 32%。

改善城乡生态环境。加强对河流源头、沿岸水源涵养区和水库库区的强制性保护，继续实施小流域综合治理和水土保持工程，对境内河流实施生态保护与修复治理，建设生态河道。加大湿地生态保护和恢复力度，改善湿地生态环境，增强湿地生态功能。加强地面沉降、咸水入侵、海岸侵蚀淤积和土壤盐碱化以及油气开发污染的监测、预防和治理。探索“城市风道”理念，做好规划布局，提高县城区和工业集中区空气扩散能力。深入开展文明城市创建和生态文明乡村建设，加强生态文化教育，大力推行绿色消费和低碳生活理念。

加大环境治理力度。加强大气污染防治，落实大气污染区域联防联控机制，推进实施大气污染防治行动计划。建立健全大气复合型污染监测和防治体系，加强工业废气、城市扬尘、机动车排气综合治理。继续推进电力、化工、表面涂装、包装印刷等行业有机废气治理，加快车用燃油品质升级，严控机动车尾气排放，全面实施绿色环保标志管理，持续增加空气优良天数。2020年基本达到国家环境空气质量二级标准。深化水污染防治，推进实施水污染防治行动计划。强化河流污染防控，加强入河排污口监管，完善水污染预警和应急管理机制；加强饮用水源保护，重点推进水源有毒有害物质监测与控制，推进地下水污染防治，确保地下饮用水源水量水质安全。严格水污染物总量控制，降低污染负荷，确保达标排放。到2020年，全面消除劣Ⅴ类水体。加强对产生重金属、危险废物、持久性有机污染物和生产使用危险化学品企业的污染防控和监控力度。加强危险废物、医疗废物全过程监管和利用处置设施建设。全面推进农业面源污染防治和土壤污染治理与修复。

加强海洋生态保护。按照海域单元使用计划，科学开发利用海洋资源，强化具有特色的海岸自然、人文景观保护。推进沿海防护林建设，加强侵蚀岸段的治理与保护。实施海陆污染同步监管防治，实施重点海域污染物排海总量控制制度，加强海洋环境应急管理能力建设，完善海洋环境监测评价体系和灾害观测预警体系。实施海洋生态保护区建设，重点推进广饶国家级海洋特别保护区建设。

二、促进资源节约集约利用

节能减排。实施重点产业能效提升计划，在化工、橡胶轮胎、有色金属、造纸纺织等重点用能单位开展节能低碳行动，大力发展清洁能源，支持节能环保新技术（产品）研究开发、示范与推广，对热电厂燃煤锅炉实施超低排放、石化企业催裂化装置配套脱硝设施、重点污水处理厂完善DCS控制系统。提高准入门槛，严格控制高耗能、高排放行业新增产能，加快淘汰落后产能。严格执行建筑节能标准，完善既有建筑节能改造，大力发展绿色建筑。优先发展城市公共交通，鼓励使用清洁交通运输工具，大力推广先进高效绿色运输方式。加快推进镇街和农村污水管网和处理设施建设，继续加大机动车污染减排力度。实施全民节能行动计划，倡导绿色生活方式，引导消费者购买使用节能环保产品。深入开展反过度包装、反食品浪费、反过度消费行动，推动形成勤俭节约的社会风尚。

节约用地。实行最严格的耕地保护制度，建立土地节约集约高效利用机制，提高单位土地投资强度和产出效益，实行行业用地定额标准和投资强度控制标准。严守耕地保护红线，永久保护基本农田，科学推进未利用地开发，加大土地整理复垦力度，规范开展城乡建设用地增减挂钩，盘活闲置土地、存量用地，推进低效建设用地二次开发，提高建筑容积率。科学有序利用地下空间，做好统筹谋划开发，提高综合管廊、商贸设施建设水平。集约集中用海，加强岸线、滩涂保护。

节约用水。重点实施地表水库和工业水厂建设，以及污水厂中水回用工程，引黄调水，实施地下饮用水城乡供水一体化，节约地下水资源。统筹生态、生产、生活用水，建立节约用水机制，积极推行居民用水阶梯式水价制度、非居民用水超定额加价制度。严格控制高耗水行业准入，减少结构性耗水。加强企业水平衡测试，推进工业节水技改，提高工业水重复利用率。推广使用节水新技术、新工艺、新设备和新器具，推进农田节水灌溉设施建设，加快节水型社会建设。

循环经济。按照减量化、再利用、资源化的原则，加快建立循环型产业体系，提高全社会资源产出率。加快工业园区循环化改造，实现废物交换利用、能量梯级利用、废水循环利用。推广循环经济典型模式，完善循环产业链条，加快产业园区循环化改造。发展再制造和再生利用产品，围绕清洁能源应用、节能降耗、节水节材、资源再利用、废弃物资源化等重点领域推进关键技术攻关，实施低碳技术产业化示范项目，构建覆盖全社会的资源循环产业体系。

三、建设生态文明制度

划定生态红线。严格执行生态红线制度，确保辖区内生态环境稳定安全。加强生态敏感区的管制与保护，尊重生态本底，保护农田、水系、林地、湿地等重要资源，划定绿线、基本农田控制线等生态控制线，禁止随意占用基本农田、填河和填埋沟壑等粗放建设行为。绿线指城市各类绿地和重要生态绿地范围的控制界限。包括三大林场(丁庄生态林场、大王生态林场、孙武湖生态林场)、河流水系两侧绿地、基础设施走廊防护绿地、城市各类绿地公园等。

建立源头严防制度。明确生产空间、生活空间、生态空间的开发管制界限，建立覆盖全部国土空间的用途管制制度，确保生态空间面积不减少。对自然生态空间统一进行确权登记，建立归属清晰、权责明确、监管有效的自然资源资产产权制度。严格执行环境资源影响评价和污染物排放许可制度。开展环境容量研究及应用，实施环境容量预算和主要污染物总量预算指标管理，完善以预防为主的环境管理制度。

建立过程严管制度。建立资源环境承载能力监测预警机制。严格实行能源消耗强度和总量双控，完善节能、节水、节地、节材倒逼机制。建立实施能效、水效和污染物排放"领跑者"制度，对新增项目实行用能指标核定和能耗准入对标审查。建立健全资源有偿使用制度，开展碳排放交易。探索排污权抵押等融资模式。探索制治分离、治管分离机制，适时出台环境污染第三方治理办法。完善资源谁使用谁收费、环境谁污染谁付费、生态谁破坏谁付费制度，加快建立健全生态补偿机制。

建立后果严惩制度。对严重污染环境的工艺、设备和产品实行淘汰制度。严格实行生态环境损害赔偿和责任追究制度，对违犯法律规定、违背空间规划、违反污染物排放许可和总量控制等行为，加大惩罚力度。建立企业环境行为信用评价制度，适时探索编制自然资源资产负债表，落实环保机构监测监察执法垂直管理制度，对领导干部实行自然资源资产和环境责任离任审计。建立生态环境损害责任终身追究制度。

专栏5：生态环保重大工程

1、城镇污水处理能力提升工程。实施陈官镇、大码头镇、花官镇污水处理厂及配套管网建设，配套提升稻庄镇、李鹊镇、广饶街道、滨海新区污水处理水平，全面实施城镇建成区和工业产业集中区雨污分流工程，推动县污水处理厂等城镇污水处理厂中水回用工程。

2、生态湿地工程。重点推进阳河、织女河综合治理建设工程，加强织女河—淄河人工湿地、小清河东营广饶段生态河道示范工程运行管理，提升预备河人工湿地、新淄河人工湿地、群众沟人工湿地净化能力，强化芦清沟等天然湿地水质净化功能。

3、环境整治与节能改造工程。重点实施正和集团、华星集团、金岭化工等重点行业企业有机污染物治理与修复，加强石化行业油气回收利用改造，加强电机系统优化等一批环境整治与节能改造项目。

4、资源循环利用工程。重点实施污水厂中水回用工程，深入推进粉煤灰、废矿物油等工业固废资源化利用，推动生活垃圾分类回收。

5、循环经济试点示范工程。以实施循环经济试点示范工程为重点，加快循环经济项目建设，培育循环经济链条，逐步实现"资源→加工→废料→原料"多次利用的良性循环，构建企业、行业、区域三个层面的循环经济体系。

6、城乡饮水提质增效工程。项目计划分两期实施，一期解决广饶北部区域居民生活饮用水氟超标的问题。二期利用镇街现状供水管网，分片建设水厂，分区域供水，提升花官镇、李鹊镇、大王镇、稻庄镇、大码头镇的生活用水水质。

7、地下水超采区治理与水生态保护工程。重点实施高店至淄河水库供水管线工程、淄河水厂扩建工程、淄河蓄水补源工程。

## 第七章　坚持开放创新　提升发展活力

全面深化各领域改革，充分发挥市场在资源配置中的决定作用、更好发挥政府作用和有效发挥社会力量作用，发挥人才资源优势，深入实施创新驱动发展战略，着力扩大对外开放，培育发展新动能，增强发展新活力。

一、全面深化改革

行政体制改革。加快转变政府职能，推进简政放权，全面清理行政许可审批事项，完善政府权力清单、行政审批事项目录清单、责任清单和市场准入负面清单，完善政府服务平台，建立以“四清单、一平台”为主要框架的政府权力运行体系。深化行政审批制度改革，加强事中事后监管。加快事业单位分类改革，推动公办事业单位与主管部门理顺关系和去行政化。深化机关事业单位工资制度改革。健全工资正常增长机制、支付保障机制，完善最低工资增长机制和企业工资集体协商制度。大力推行政府购买服务，凡属事务性管理服务，原则上引入竞争机制，通过合同、委托等方式向社会购买。完善发展成果考核评价体系，纠正单纯以经济增长速度评定政绩的倾向。全面完成公务用车制度改革。优化政府组织结构。深化商事制度改革，降低市场主体准入门槛，落实“三证合一”“一证一号”制度。优化行政区划设置，推进广饶撤县改市。

经济体制改革。加快建设统一开放、竞争有序的市场体系，提高资源配置效率和公平性。完善公共资源交易中心，健全统一规范管理的交易体制机制。推进劳动力、土地、资本、技术等要素市场建设，完善市场决定价格机制。稳妥推进土地征收制度改革，推行工业用地租赁制，完善工业用地配置方式，规范完善土地租赁、转让、抵押二级市场。鼓励民间资本设立自担风险的民营银行和金融租赁公司、金融消费公司，引导符合条件的大型企业集团组建财务公司，积极稳妥发展小额贷款公司。加快发展多层次资本市场，支持企业上市、发行债券和私募股权融资。支持发展期货市场。鼓励保险公司创新试点，完善保险经济补偿机制。强化金融监管与风险防控，防范系统性区域性金融风险。清理废止阻碍非公有制经济发展的歧视性政策和不合理规定，制定非公有制经济进入特许经营领域具体办法，消除市场准入、政府服务、土地融资等方面存在的各种隐性壁垒。优化企业治理结构，鼓励企业并购重组和引进战略投资者，引导和支持民营企业建立现代企业制度。严厉打击违反市场秩序行为，对违背市场竞争原则和侵害消费者权益的企业建立黑名单制度。

财税和投资体制改革。创新政府投资方式，减少和取消财政对竞争性行业的直接补助，用于产业发展的资金主要采取基金等市场化模式运作；用于社会事业发展的资金实施以奖代补、民办公助等方式，引导社会资金投向，努力提高资源配置效率和资金使用效益。严格政府投资管理，实施项目建设招投标、监管、评估和责任追究制度，落实项目代建制管理。推广政府与社会资本合作(PPP)，吸引和鼓励社会资本通过特许经营等方式，参与城市基础设施建设和公共事业投资运营。完善政府预算体系，健全全口径预算制度，完善常态化预算公开机制，完善跨年度预算平衡机制，推行预算绩效管理。规范转移支付制度，推进支出管理改革创新，优化调整支出结构，建立事权和支出责任相适应的制度。积极推进清费立税，建立常态化收费公示、听证制度，实施涉企收费目录清单制度，从严控制新增收费项目。

农业农村和其他改革。加快户籍制度改革，实施居住证制度，实现基本公共服务常住人口全覆盖。稳定农村土地承包关系，赋予农民对承包地占有、使用、收益、流转及承包经营权抵押、担保权能，允许农民以承包经营权入股产业化经营。赋予农民对集体资产占有、收益、有偿退出及抵押、担保、继承权。保障农户宅基地用益物权，改革完善农村宅基地制度。稳妥推进农民住房财产权抵押、担保、转让。开展农村土地承包经营权、农村集体产权、农民住房财产权改革试点，建立健全农村产权流转交易市场。加快农业金融改革，改善新型经营主体融资环境，完善农业保险制度。推进供销社综合改革试点。同时，全面推进民主法制、纪律检查体制、党的建设制度等方面深化改革。

二、创新驱动发展

健全市场导向机制。把握技术创新市场规律，让市场成为优化配置创新资源的主要手段，让企业成为技术创新的主体力量，让知识产权制度成为鼓励创新的基本保障，营造大众创业、万众创新的政策和制度环境。调整创新决策和组织模式，扩大企业话语权，吸引更多产业专家和企业家参与研究制定创新规划、计划、政策和标准。竞争性产业技术创新的研发方向、技术路线和要素配置模式由企业自主决策。完善主要由市场决定要素价格的机制，促使企业从依靠过度消耗资源能源、低性能低成本竞争，向依靠创新、实施差别化竞争转变。

加强重要领域和关键技术研发。大力实施创新驱动，加强基础研究，强化原始创新、集成创新和引进消化吸收再创新。实施科技型中小企业技术创新专项，开发一批拥有自主知识产权的专精特核心技术，推动中小企业向科技型企业转型。重点围绕新能源、新材料等新兴产业实施技术创新重大专项，抢占技术制高点。围绕传统产业转型升级，大力实施县自主创新重大专项，组织技术攻关和产品开发，形成一批具有国际国内领先水平的关键核心技术和产品，提高企业综合竞争力。围绕发展现代农业和保障人民健康，支持良种培育、丰产栽培、健康养殖、农产品精深加工、疫病防控等领域的研发、推广和应用，突破一批关键共性技术，为提升生产水平和社会管理提供技术支撑。

强化创新平台建设。整合现有各种社会资源，争取更多高校院所在我县设立产业技术研究院。加强科技成果转化公共服务平台建设。围绕能源、信息、海洋、高端装备等领域，探索采取企业主导、院校协作、多元投资、军民融合、成果分享的新模式，整合形成若干产业创新中心。鼓励发展众创、众包、众扶、众筹空间，探索建立技术交易市场，建设一批低成本、便利化、开放式的新型创业孵化设施。强化外引内联、合作共建，优先在行业龙头企业、高新技术企业建设一批重点（工程）实验室、工程（技术）研究中心、企业研究院、高新技术研发中心和企业技术中心。到2020年，每个优势产业领域至少建立一家国家级创新平台，至少拥有一项标志性技术和拳头产品。

完善制度保障体系。统筹推进科技、管理、品牌、组织、商业模式创新，建设创新型城市。到2020年，基本形成以长城创新港等企业孵化器为中心，以哈工大东营工业技术研究院、泰斯特工业技术研究院等为骨干，以中试基地、教学科研实习基地、标准实验室、试验检测中心和各类科技中介服务机构等为基础的县域科技创新体系。加大科技创新投入力度，建立全社会多元化投入体系。鼓励发展科技中介服务，完善科技成果评价奖励制度。全面落实企业研发投入加计扣除、研发设备加速折旧、所得税减免等激励政策。推进重大科技基础设施建设和开放共享，促进科技和金融结合，探索建立从实验研究、中试到生产的全过程科技创新融资模式，促进科技成果资本化。实行严格的知识产权保护制度，将侵权行为信息纳入社会信用记录。建立创新风险共担、利益共享机制，营造勇于探索、鼓励创新、宽容失败、褒奖成功的创新生态。

实施质量强县战略。支持骨干企业提升研发设计、品牌创建、营销网络拓展能力，积极参与国际标准、国家标准、行业标准制定和实施，培育国际国内名牌产品和名牌企业，提高“广饶制造”国内外辐射力和影响力。

### 三、统筹推进人才队伍建设

加强高层次创新创业人才队伍建设。围绕提高自主创新能力，以高层次创新创业人才为重点，注重培养造就一批掌握核心技术、引领新兴产业发展的科技创新领军人才、一批科技创新能力和学术研究水平国内领先的创新团队。组织成立高层次人才发展促进会，加强高层次人才的培养引进，推动高层次人才交流和政产学研用合作，为高层次人才创新创业提供优质服务。到2020年，高层次创新创业人才总量达到300人左右。

引进经济社会发展重点领域急需紧缺人才。积极调整优化人才队伍整体结构，深入实施“乐安学者”等重大人才工程，紧紧围绕推动产业结构升级、产业技术水平提升和高新技术优势特色产业发展等方面，重点培育和引进高效生态农业、现代服务业、新能源、新材料、海洋产业等经济社会发展重点领域急需紧缺人才。围绕服务和促进全县化工、轮胎、机电等6大主导产业发展，大力培育和引进高技术、高技能和企业经营管理人才，深入实施“百名优秀企业家”素质提升工程，重点培养造就一支懂法律、会经营、善管理、重诚信的复合型企业经营管理人才队伍。同时，加大党政人才、农村实用人才和社会工作人才的培养与引进力度，提升人才队伍整体水平。

营造良好人才发展环境。深入实施人才优先发展战略，健全人才工作领导体制和运行机制，建立人才优先投入机制，建立健全政府、社会、用人单位和个人多元化投入机制。继续深化人才工作项目化管理，加快突破重点人才工程，在不同领域、行业选树一批人才工作成效好、示范带动好、作用发挥好的典型。创新人才工作考核机制，提高人才工作考核科学化水平。实行领导干部联系专家人才制度，建立上下联通、左右联动的服务体系，开辟人才服务“绿色通道”，为人才创新创业提供快速便捷的政务服务。

四、扩大对外开放

(一)转变外贸发展方式

优化进出口结构。以自有品牌、自主知识产权和自主营销为重点，在推进轮胎产品出口稳步增长的同时，重点扶持高新技术产品、机电产品、农产品出口，推动出口产品向高技术含量、高附加值、高效益转变。深入推进出口基地建设，抓好出口轮胎、出口食品两个国家级示范区和省外贸转型升级专业型示范基地、机电产品出口基地、科技兴贸出口创新基地三个省级基地运营提升，打造区域品牌，提高对外贸易便利化水平。加快推动加工贸易转型升级，引导加工贸易企业由单纯的加工制造向设计、研发、品牌等内涵延伸，鼓励企业开展境外商标注册、国际认证和境外专利申请，打造一批具有国际影响力的知名品牌。支持企业扩大先进技术、关键设备、核心零部件进口，扩大天然橡胶、铜材等重要能源资源性产品进口，鼓励企业合理增加与群众生活密切相关的一般消费品进口，推动对外贸易协调发展。

推进出口市场多元化。继续实施境外市场开拓百展计划，鼓励企业参加境内外知名展会。在巩固欧美日等传统出口市场的同时，努力扩大俄罗斯、非洲、拉美等新兴市场出口。加强国际市场研究，健全应对贸易摩擦的体制机制，指导企业积极应对和规避贸易壁垒。引导企业开展跨境贸易人民币结算、参加出口信用保险、参与反倾销应诉、转口贸易等方式，规避出口经营风险。加强营销和售后服务网络建设，培育出口产品自主品牌，提高优势产品竞争力。

(二)提升利用外资效益

优化利用外资结构。坚持利用外资与结构调整相结合，积极吸引跨国公司及全球行业领先企业战略投资，引导外资投向高端制造业、高新技术产业、战略性新兴产业和现代服务业，带动高端产业加快整合集聚，严格限制高污染、低水平和产能过剩项目。扩大利用国外贷款规模，重点投向农村生态环境、民生工程、公共服务等政府主导领域。

创新利用外资方式。坚持引资、引技、引智相结合，更高层次、更宽领域开展战略合作。鼓励外资以参股、并购等方式参与县内企业的改组改造和兼并重组，充分利用境外资本市场。坚持择优选资，全面提升利用外资的质量、效益和水平。创新招商引资方式，在股权融资、跨国并购、境外上市方面实现新发展。积极引进国外技术创新机制、现代管理经验和高素质人才，鼓励跨国公司在我县设立地区总部、研发中心、培训基地、采购中心等各类功能性机构。

(三)加快“走出去”步伐

对接融入国家“一带一路”战略，重点围绕天然橡胶、木浆等重要资源，引导企业在境外建立原材料基地，缓解我县资源短缺问题。加快“走出去”转移过剩产能，引导企业在境外投资设立展示中心、仓储分拨中心、售后服务中心等国际营销网络、生产基地和经贸合作区，打造一批优势产业在境外集聚发展的平台。鼓励企业创新方式走出去开展跨国绿地投资、并购投资、证券投资、联合投资，实现品牌、技术、市场和营销网络的全球整合。引导有条件的企业到境外设立、兼并和收购研发机构，设立国际科技园和孵化器。引导优势企业收购境外先进技术和知名品牌企业，培育一批具备一定国际竞争力的跨国公司。推动高端型劳务外派，支持对外工程承包。

## 第八章　保障改善民生　促进共享发展

加快推进以全面改善民生为重点的社会建设，建立符合县情、体系健全、覆盖城乡、均衡持续的基本公共服务体系，让发展成果更多更公平地惠及全县人民。

### 一、积极扩大社会就业，健全社会保障体系

鼓励创业带动就业。坚持就业优先战略，实施更加积极的创业、就业政策。实施“大众创业”战略，实施农民工创业行动计划和大学生创业引领计划，支持农民工、大学生等人员返乡创业。加大小微企业创业支持力度，支持居家创业。支持风险投资、创业投资、天使投资等发展，引导社会资金和金融资本支持创业活动。建立完善城乡劳动者平等的就业制度和统一的就业失业登记制度，推进农村富余劳动力就地就近转移就业，保障农民工同工同酬权益。规范公益性岗位开发和管理，加大对困难人员就业援助力度，鼓励用人单位招用就业困难人员。认真做好退役军人就业工作，支持自主择业。依法保障职工基本权益，健全劳动关系协调和矛盾调处机制，构建和谐劳动关系。完善创业股权激励制度，放宽股权奖励、股权出售的限制，吸引科研人员在职创业、离岗创业。到2020年，新增就业人数3.3万人，城镇登记失业率控制在2.4%以内。

完善就业创业服务体系。健全政府促进就业责任制度，整合各类平台资源，完善城乡均等的公共就业创业服务体系。建立完善城乡统一规范的人力资源市场，推进建设公共就业信息服务平台，消除影响平等就业的制度障碍和就业歧视。推行终身职业技能培训制度，加强职业培训和创业培训，重点实施农民工职业技能提升和失业人员转业转岗培训。加强公共就业创业服务能力建设，创新就业创业服务供给模式，鼓励向社会力量购买基本就业创业服务成果。支持服务机构为初创企业提供法律、财务、咨询、技术等服务，促进公共基础平台开放共享。

完善社会保险制度。坚持全覆盖、保基本、多层次、可持续方针，实施全民参保计划，加强制度衔接，不断提高保障水平和统筹层次，到2020年，社会保险综合覆盖率达到95%以上。健全养老保险制度，完成机关事业单位养老保险制度改革，规范落实被征地农民养老保险政策。落实渐进式延迟退休年龄政策。提高基本医疗保险筹资水平，加快推进异地就医即时结算，落实居民大病保险政策，完善职工大病保险制度，积极开展职工长期护理保险工作，逐步实现社会保险应保尽保。加强社会保险基金监督管理，确保基金安全。大力发展企业年金、职业年金、商业保险。建立基本养老金正常调整机制，确保与经济社会发展持续同步、有序合理增长。

健全多层次社保体系。完善低保标准动态调整机制，合理提高低保标准和补助水平。以扶老、助残、救孤、济困为重点，逐步拓展社会福利保障范围，适度提高五保老人、孤儿等特定群体供养水平。搞好街道和社区(村)基层服务平台建设，形成完善的社会保障管理服务体系。完善社会救助体系，健全社会福利制度，支持发展慈善事业，做好双拥优抚安置工作，广泛动员社会力量开展社会救济和社会互助、志愿服务活动。建立健全残疾人教育、就业、社会保障服务体系，加大残疾人生产扶助和生活救助力度，大力推进无障碍设施建设。坚持实物安置和货币补偿相结合，引导社会参与，加强保障性住房建设和管理，大力发展公共租赁住房，继续实施棚户区、城中村和农村危房改造，有效解决居民基本住房问题。到2020年，新增城镇保障性安居工程3419套。加大扶贫力度，进一步完善精准扶贫措施，大力减少因病致贫、因病返贫人员。

### 二、建立现代教育体系，促进教育优质均衡发展

实现基础教育高位均衡发展。坚持教育公平，缩小城乡、区

域、校际差距，实现基础教育优质、均衡发展，保证进城务工人员随迁子女平等接受义务教育。推进学前教育优质规范发展，重点加强农村公办幼儿园和幼师队伍建设，每个镇街按照省示范园标准办好一所以上公办幼儿园；推进0～3岁婴幼儿早期教育；建立完善的政府主导、公办为主、民办补充的办园格局，到2020年，公办及公办性质幼儿园达到90%以上，省市类别园占有率达到90%以上。完善"组团＋园区"发展模式，合理调整区域学校布局和新建居民小区配套学校建设，加快义务教育学校现代化建设和规范化学校建设，实现义务教育优质均衡发展，到2020年全县义务教育学校全部创建为东营市教育现代化学校，义务教育适龄儿童少年入学率保持100%。实施高中质量提升和特色建设工程，普及高中阶段教育。着力解决"大班额"问题，积极推进小班化教学，90%以上义务教育阶段学校和全部普通公办高中实现小班化教学。加快发展特殊教育。

促进职业教育优质创新发展。着力发展职业教育，到2020年，中、高等职业教育规模达到1万人以上。实施职业教育基础能力建设工程，加强实训基地、骨干专业建设，县职业中专力争创建为省级示范性中等职业学校。着力推进公共实训中心建设，推动实训资源共建共享，建成1～2个贴近企业实际、产教结合的多功能专业实训中心，5～6个特色重点专业。健全职业技能竞赛制度，鼓励优秀人才脱颖而出。完善评价考核管理制度，形成教育与产业、校内与校外相结合，以素质能力评价学生、以教学效果评价教师、以贡献水平评价学校的评价机制。健全政府主导、行业指导、企业参与的办学机制，统筹协调组织开展人才需求预测、职业人才培养规划制定和技能型紧缺人才培养。完善校企合作办学模式，支持学校和企业开展人才合育、教学合作、研发合创、产业合建、资金合股等多种形式的合作，建设学生生产实习和创业就业基地，开发"订单式"课程，推行校企一体化办学。

推进高等教育创新发展。引导和推动东营科技职业学院根据地方经济社会发展对人才的需求，合理调整学科专业结构，加大与地方支柱产业、新兴产业紧密相关的学科专业建设力度。支持和引导学院主动融入区域技术创新体系，与行业企业共建产学研联盟和合作基地，加强与高层次科研机构和知名高校的合作交流。积极推进学院科研示范基地建设，促进科技成果的转化和产业化，增强学院服务经济社会的能力。

推进教育体制机制创新。实施区域教育现代化工程，全面实现教育现代化目标，教育综合竞争力跨入全国同类地区先进行列。依法加大对民办学校的管理，推进民办教育发展。积极推进幼儿园、中小学、中等职业学校等集团化办学。推进教育管办评分离，扩大学校办学自主权，加快现代学校制度建设，推进中小学去行政化，完善中小学编制动态管理机制和教师招聘、交流、退出机制。优化教育资源配置，试行学区制和九年一贯对口招生，解决"择校热"问题。完善家庭困难学生资助制度，实现家庭经济困难学生资助全覆盖。加大校园安防设施投入，确保校园校舍校车安全。坚持义务教育阶段免试就近入学。完善中小学生综合素质评价方案，进一步落实小学减负、初中减压的要求，切实减轻中小学生过重课业负担。全面推进继续教育和终身教育体系建设，构建学习型社会。

### 三、建设健康城市，提高全民健康水平

深化医药卫生体制改革。按照保基本、强基层、建机制的要求，实行医疗、医保、医药联动，全面推进医药卫生体制改革向纵深发展。坚持公立医院公益性，巩固完善公立医院改革成果，探索建立现代医院管理制度，切实解决好看病难、看病贵问题。稳步推进公立医院去行政改革，加强卫生行政管理部门在制度、规划、指导、监管、服务等方面的职责。推进医药分开，实施一般诊疗费制度，纳入基本医疗保障报销范围。加强医疗质量监管，完善纠纷调解机制，构建和谐医患关系。支持社会办医，鼓励和规范医师多点执业，促进优质医疗资源有序流动和科学配置。到2020年，

每千人执业(助理)医师数达到3人,按照每千常住人口不低于1.5张床位为社会办医预留规划空间,同步预留诊疗科目设置和大型医用设备配置空间,支持社会办医纳入医保定点范围。全县所有公办医疗卫生机构全部配备和使用基本药物,并实行零差率销售。建立基本药物优先选择和合理使用的监测考核评估制度。到2020年,初步建立覆盖城乡居民的基本医疗卫生制度。

完善新型公共医疗卫生服务体系。合理划分不同层级医疗机构的服务功能,加快形成县镇两级、镇村一体、防治结合、分工合理的医疗卫生服务体系。探索县域内医联体服务模式,构建分级医疗、急慢分治、双向转诊的诊疗模式。加强疾病预防控制、卫生应急、传染病防治和精神卫生服务体系建设,健全卫生监督体系,完善公共卫生服务网络。抓好重大突发公共卫生事件和安全事故的应急准备、处置与医疗救援,提升医疗紧急救援能力。加强重大新发传染病、慢性非传染性疾病和地方病防控,推进职业病防治体系建设。深入开展群众性爱国卫生运动,全面做好饮用水监测等公共卫生检测与预防性健康体检工作,提高应急救护知识的社会知晓率,提升群众的自救互救意识和能力。加强县中医院、综合医院中医科及农村、社区的中医药服务网络建设,发展适应人民群众需求的中医药医疗与预防保健服务。

切实提高人口素质。坚持计划生育基本国策,落实国家生育政策,引导理性生育,推动出生人口性别比综合治理,优化人口结构。强化优生优育服务,提高出生人口素质。落实一对夫妇可生育两个孩子政策。积极应对人口老龄化,进一步完善老年人权益保障和优待政策法规。

大力发展体育事业。落实全民健身国家战略,加快完善公共体育设施,把全民健身设施建设纳入城市建设规划、新建改建小区、社区规划和小城镇发展规划,实现农村和社区全民健身设施及配套公共服务基本保障全覆盖。积极发展竞技体育,普及推广体育健身项目,推进健身技能入户工程,广泛开展群众性体育活动。

保障妇女儿童权益。落实男女平等基本国策,坚持儿童优先原则,贯彻实施妇女儿童发展规划,切实保障妇女儿童合法权益。全面提升女性素质,提高广大妇女参政议政比例,增强妇女参与经济发展和社会管理的意识和能力。加强妇女劳动保护、卫生保健及法律援助工作,加大贫困母亲救助力度,统筹推进留守儿童、困境儿童关爱服务工作。严厉打击针对妇女儿童的违法犯罪行为,预防和制止家庭暴力行为,提升儿童防性侵能力。

四、加强和创新社会治理,维护社会和谐稳定

创新社会治理体制。发挥党委领导的核心作用和政府的主导作用,强化社会管理和公共服务职能,鼓励和支持社会各方面参与,依法自我约束、自我管理,实现政府治理和社会自我调节、居民自治良性互动。健全基层民主管理制度,依法规范和保障基层群众自治。大力培育发展社会组织,完善内部治理结构,激发社会组织活力,提高自我发展和服务社会能力。健全各级应急管理机构,完善公共突发事件处置工作预案,建立社会稳定风险评估、社会利益协调和社会矛盾纠纷调处机制,提高全社会处置公共突发事件能力。把信访纳入法治化轨道,建立政府机关依法处理涉法涉诉信访事项和协调配合机制,完善涉法涉诉信访案件终结制度。深入推进平安广饶建设,完善立体化治安防控体系,实施群防群治和网格化管理,健全反恐维稳长效机制,依法严厉打击暴力恐怖、民族分裂、黑恶势力、极端宗教等违法犯罪活动。

切实维护社会公共安全。完善和落实安全生产责任和管理制度,实行党政同责、一岗双责、失职追责,有效防范和遏制重特大事故发生。实施安全生产"黑名单"制度,抓好安全生产网格化、实名制管理。严格安全生产许可制度,推广先进适用的安全技术设备。细化安全生产防范制度,严格安全生产目标考核和责任追究。持续深入开展危险化学品、交通运输、建筑施工、地下管网、道路交通、烟花爆竹等重点行业领域的治理整顿。加强食品药品安全监管,严格执行产品质量标

准，强化检测、监测能力建设，让人民群众吃得放心。健全防灾减灾救灾体系，建立自然灾害和重大公共事件的监测、预测和预警机制，加强救灾物资储备体系建设，提高人民群众紧急避险和自救能力。

全面推进法治广饶建设。完善监督工作机制，健全人大监督“一府两院”制度体系，加强对宪法和法律、法规贯彻实施情况的监督。强化对行政权力的制约监督，形成科学有效的权力运行机制和监督体系，切实做到法定职责必须为、法无授权不可为。坚持依法科学民主决策，把公众参与、专家论证、风险评估、合法性审查和集体讨论决定确定为重大行政决策法定程序。推进和完善政府法律顾问制度。深化行政执法体制改革，推进综合执法，加强对行政执法的统一领导。严格行政执法，完善行政执法程序，健全行政裁量权基准制度，全面落实行政执法责任制。弘扬法治精神，强化法治意识，建设法治社会。深化司法体制改革，优化司法职权配置，强化人权司法保障，加强对司法活动的监督制约，保证公正司法。建设公共法律服务体系，完善法律援助制度，健全司法救助体系。坚持标本兼治、综合治理、惩防并举、注重预防的方针，加快推进惩治和预防腐败体系建设。

推进诚信体系建设。加快信用广饶建设，建设公民和组织守法诚信褒奖机制和违法失信惩戒机制，完善社会信用体系，重点推进政务诚信、商务诚信、社会诚信和司法公信。建立完善征信系统数据库，健全信用法律法规和标准体系，搭建统一的信用记录平台，形成覆盖全社会的征信系统。建立完善守信激励和失信惩戒机制，加强诚信文化建设，普及诚信教育，使诚实守信成为全民的自觉行为规范。扶持信用管理行业，培育信用服务机构，发展资信评估行业，健全信用评估体系。

五、繁荣发展文化事业，着力建设文化强县

构建核心价值体系。坚持用邓小平理论、“三个代表”重要思想、科学发展观和习近平总书记系列重要讲话精神武装全党、教育人民，用中国梦和社会主义核心价值观凝聚共识、汇聚力量。积极开展爱国主义、集体主义、社会主义教育，坚定理想信念，增强道路自信、理论自信和制度自信。实施公民道德建设工程，加强社会公德、职业道德、家庭美德、个人品德教育，培育知荣辱、讲正气、作奉献、促和谐的良好风气。深化拓展文明城市、文明村镇、文明单位、文明行业等群众性精神文明创建活动，广泛开展志愿服务。深入开展全民阅读活动，推动全民阅读进家庭、进社区、进校园、进农村、进企业、进机关。开展礼节礼仪教育，积极开展全民艺术普及、全民科普活动，提升全民科学素质。牢牢把握正确舆论导向，健全社会舆情引导机制。加强网上思想文化阵地建设，发展积极向上的网络文化，净化网络环境。加快媒体数字化建设，推动传统媒体和新兴媒体融合发展，打造一批新型主流媒体。

完善公共文化服务。以创建国家公共文化服务体系示范区为抓手，统筹城乡文化设施建设，推动基本公共文化服务标准化、均等化发展，引导文化资源向城乡基层倾斜，创新公共文化服务方式，推进基层综合性文化中心全覆盖。实施公共文化设施提升、文化信息资源共享、农村电影放映、农家书屋建设、进千村乐万家等文化惠民工程，推进县图书馆、文化馆、博物馆、美术馆、纪念馆、镇街综合文化站等免费开放。建设乡村剧场，力争到2017年底实现全覆盖。弘扬吕剧文化和孙子文化，深化省吕剧艺术节、孙子国际文化旅游节等重大文化活动内涵，进一步丰富内容和形式。丰富城乡基层群众的精神文化生活，支持成立各类群众文化团队，广泛开展群众乐于参与、便于参与的城乡基层文化活动。加强文化人才培养，繁荣文化艺术、新闻出版、广播影视事业，创作更多传播核心价值观、体现优秀文化精神、反映时代审美追求的精品力作。重视哲学、社会科学研究，加强新型智库建设。采取政府购买服务方式，开展系列公益性文化活动。

加快文化产业发展。着力促进文化与科技、信息、旅游、制造等融合发展，创新文化创作、生产和传播方式，推动演艺、新闻出版、体育、人文旅游、艺术设计、广告营销、工艺品制造等传统文化产业转型升级、做大做强，大力发展创意、影视、动漫、数字、新媒体等新型文化业态，重点扶持形成5～10家有影响、有规模、有竞争力的骨干企业，打造一批知名文化品牌，构建现代文化产业体系。发挥区域特色文化产业优势，优化文化产业发展布局。创新文化管理体制，鼓励社会力量投资发展文化产业，增强文化发展活力。传承弘扬中华优秀传统文化，深入实施文化保护工程，加强历史文化遗址、历史建筑和文物的保护工作，促进吕剧振兴。做好史志和档案工作，推进档案信息化。

**第九章　健全保障机制　推进规划实施**

强化规划实施的政治保证和思想保证，凝聚各方面力量，形成强大合力，保障规划目标和任务顺利实现。

*一、落实政府主体责任。*充分发挥党的领导核心作用，坚持党总揽全局、协调各方，完善党委研究经济发展战略和中长期发展规划、定期分析经济形势、制定重大政策、推动工作落实的工作机制。加强领导班子和干部队伍建设，加大干部教育培训力度，不断提高履职尽责的素质和能力。大力倡树看实干、重实绩的用人导向，深化干部人事制度改革，优化领导班子知识结构和专业结构，完善政绩考核评价体系和奖惩机制。加强和改进作风建设，坚持全面从严治党，把党的纪律和规矩挺在前面，健全完善"三严三实"作风建设长效机制，深入贯彻落实中央八项规定精神，持续从严正风肃纪，促进改进作风常态化长效化。强化权力运行制约和监督，落实党风廉政建设党委主体责任和纪委监督责任，加快构建不敢腐、不能腐、不想腐的有效机制，努力实现干部清正、政府清廉、政治清明，为经济社会发展营造良好政治生态。

*二、凝聚团结奋进力量。*积极发展社会主义民主政治，践行党的群众路线，始终保持党同人民群众的血肉联系。坚持科学执政、民主执政、依法执政，完善重大决策的规则和程序，拓宽反映社情民意的渠道，推进决策的科学化、民主化。支持和保证人大、政协依法履行职能。巩固和发展最广泛的爱国统一战线，充分发挥民主党派、工商联和无党派人士的作用。认真贯彻民族、宗教、侨务等方面政策，充分发挥好工会、共青团、妇联等群团组织的作用。扎实做好关心下一代工作。健全民主制度，丰富民主形式，拓宽民主渠道，保障群众的知情权、参与权、表达权和监督权。

*三、强化项目带动。*坚持基础性、先导性、战略性方向，着力发挥投资对经济增长的关键作用，稳定投量、优化投向、注重投效，按照"筛选储备一批、开工建设一批、建成投产一批"的要求，每年筛选论证一批带动能力强、技术含量高、有震撼力的大项目、好项目，落实项目推进服务责任制，保持投资合理较快增长。以产业政策为导向，坚持分类指导，有保有压，坚决控制"高耗能、高污染、低效益"项目和产能过剩行业。政府投资优先投向三农、社会民生、公共服务、科技创新、生态环境等领域，引导信贷资金和社会资金投向，以投资结构优化带动产业结构升级和发展方式转变。充分把握国家、省宏观政策导向，加强沟通对接，积极争取更多上级政策、项目、资金。

*四、提升消费拉动。*坚持居民收入增长和经济发展同步、劳动报酬增长和劳动生产率提高同步，深化收入分配制度改革，兼顾效率和公平原则，千方百计增加城乡居民收入。完善社会保障体系，不断提高消费能力，解决没钱花、有钱不敢花的问题。鼓励发展餐饮、教育、老龄、家政、休闲娱乐等消费业态，积极培育文化、信息、旅游、信用等消费热点，增加消费有效供给，解决有钱没处花的问题。加强流通基础设施和网络体系建设，完善消费平台，加强市场监管，清除抑制消费的不合理规定；实施鼓励消费的财税、金融政策，保护消费者合法权益，解决有钱不愿花的问题。

*五、深化军民融合发展。*坚持"军民兼容、平战结合"的原则，依托我县产业发展基础，加快军民结合产业示范基地和国民经济动员中心创建，形成具有特色的军民融合产业体系。引导和支持有实力、有优势的民营企业进军军工领域，鼓励其根据自身实际

和技术优势参与军工装备生产；鼓励企业充分利用好军方技术，采取技术转让、合作开发、二次开发等方式，研究开发科技含量高、市场前景好的军民两用高新技术产品，提升产业层次。积极开展双拥工作，推进军民融合、军地共建。扎实做好新形势下的民兵预备役工作。

六、优化营商环境。全面正确履行政府职责，合理控制政府直接配置资源、干预微观经济权限，为市场发挥作用提供更大空间，营造公平公正、开放成熟的制度环境。健全科学决策、民主决策、依法决策机制，进一步完善重大事项集体决策制度、专家咨询制度、社会公示和听证制度、决策责任制度，增强公共政策制定的透明度和公众参与度。全面推进政府信息公开，建立科学合理、权责明确、严密规范、公开透明、制约有效的行政审批运行机制，提高办事效率和服务水平。坚持放管结合，激发市场主体活力，加强事中事后监管，提高监管效能和质量。完善提升中小企业公共服务平台，落实财税、金融、土地等支持政策，促进小微企业发展。开展降低实体经济企业成本行动，清理和规范涉企行政事业性收费，减轻企业负担。健全公司法人治理结构，积极发展混合所有制经济，支持国有资本、集体资本、非公有制资本等交叉持股、相互融合，支持、引导非公有制经济健康发展。

七、健全规划实施机制。牢固树立科学发展观和正确政绩观，把落实规划的立足点转到转方式调结构、提质量增效益、重生态保民生上来。充分发挥考核的导向、评价、激励、约束作用，着力构建有效管用、简便易行的规划考核机制。推进规划体制改革，严格规划程序，健全规划体系，完善专项规划与总体规划衔接机制，维护规划的权威性、约束性，保证规划实施的连续性、一致性。强化规划的分解落实，建立政府职责事项和约束性指标落实目标责任制。加强规划实施督促检查，实行规划实施年度巡查报告制度，完善规划评估修订机制。

**图书在版编目（CIP）数据**

广饶年鉴．2017卷／广饶县史志办公室编．—北京：方志出版社，2017.9
ISBN 978-7-5144-2548-2

Ⅰ.①广…　Ⅱ.①广…　Ⅲ.①广饶县－2017－年鉴
Ⅳ.①Z525.24

中国版本图书馆CIP数据核字(2017)第235322号

**广饶年鉴（2017卷）**

| | |
|---|---|
| **编　　者：** | 广饶县史志办公室 |
| **责任编辑：** | 章　瑾 |
| **出 版 人：** | 冀祥德 |
| **出 版 者：** | 方志出版社 |
| | 地址　北京市朝阳区潘家园东里9号（国家方志馆4层） |
| | 邮编　100021 |
| | 网址　http://www.fzph.org |
| **发　　行：** | 方志出版社发行中心 |
| | 电话（010）67110500 |
| **经　　销：** | 各地新华书店 |
| **印　　刷：** | 青岛国彩印刷有限公司 |
| **开　　本：** | 889×1194　　1/16 |
| **印　　张：** | 28.75 |
| **字　　数：** | 812千字 |
| **版　　次：** | 2017年9月第1版　　2017年9月第1次印刷 |
| **印　　数：** | 0001～1000册 |

ISBN 978-7-5144-2548-2　　**定价：**198.00元